Kommunikatives Handeln im Top-Management

Europäische Hochschulschriften
Publications Universitaires Européennes
European University Studies

Reihe V
Volks- und Betriebswirtschaft

Série V Series V
Sciences économiques, gestion d'entreprise
Economics and Management

Bd./Vol. 2874

PETER LANG
Frankfurt am Main · Berlin · Bern · Bruxelles · New York · Oxford · Wien

Kerstin Schreiber

Kommunikatives Handeln im Top-Management

Ein Ansatz zur Entwicklung ethisch legitimierter unternehmenspolitischer/-strategischer Entscheidungen

PETER LANG
Europäischer Verlag der Wissenschaften

Die Deutsche Bibliothek - CIP-Einheitsaufnahme

Schreiber, Kerstin:

Kommunikatives Handeln im Top-Management : ein Ansatz zur Entwicklung ethisch legitimierter unternehmenspolitischer/-strategischer Entscheidungen / Kerstin Schreiber. - Frankfurt am Main ; Berlin ; Bern ; Bruxelles ; New York ; Oxford ; Wien : Lang, 2002
(Europäische Hochschulschriften : Reihe 5, Volks- und Betriebswirtschaft ; Bd. 2874)
Zugl.: Duisburg, Univ., Diss., 2001
ISBN 3-631-39010-6

D 464
ISSN 0531-7339
ISBN 3-631-39010-6

www.peterlang.de

Vorwort

Auch zu Beginn des neuen Millenniums sind die Zeichen unternehmerischer Tätigkeit in unserer Gesellschaft allgegenwärtig. Skandale und Katastrophen machen dabei nur allzu deutlich, zu welchen Konsequenzen unternehmerisches Handeln führen kann. Dabei ist in den vergangenen Jahren die Sensibilität der Bevölkerung immens gestiegen. Unternehmerische Entscheidungen werden nicht mehr länger nur daran gemessen, welchen ökonomischen Vorteil sie erbringen, sondern auch inwieweit sie gesellschaftlichen Wertvorstellungen Rechnung tragen. Gesellschaftliche Akzeptanz avanciert damit immer mehr zu einem Erfolgsfaktor wirtschaftlicher Tätigkeit. Dabei rückt die Frage in den Mittelpunkt, wie das Top-Management bei seinen Entscheidungen sowohl privatwirtschaftliche, als auch gesellschaftliche Interessen angemessen berücksichtigen kann. In Anbetracht der „Werturteilsfreiheit" in den Wirtschaftswissenschaften fehlt den Ökonomen allerdings bislang weitgehend ein Instrumentarium, um sich mit solchen normativen Fragestellungen zu befassen.

Auch wenn im deutschsprachigen Raum bereits seit den 80er Jahren eine verstärkte Auseinandersetzung mit wirtschafts- und unternehmensethischen Fragestellungen zu konstatieren ist, fehlt es nach wie vor an praktikablen Vorschlägen, das in fortgeschrittenen theoretischen Diskussionen gewonnene Wissen in praxisrelevante Zusammenhänge zu transformieren. Genau hier setzt dieses Buch an. Aufbauend auf den bislang vorliegenden Theoriekonzeptionen deutschsprachiger Autoren, wird das Verfahren der ethischen Argumentation für unternehmerische Entscheidungsprozesse fruchtbar gemacht. Dabei kommen ganz besonders die Erkenntnisse Adam Smiths' zum Tragen, der bereits im 18. Jh. einen Weg aufzeigte, das Selbstinteresse einvernehmlich mit dem Gemeinwohl zu verbinden. Seine Konzeption einer Ethik, die durch das Prinzip der Unparteilichkeit zum Ausdruck kommt, ermöglicht es, Konflikte zwischen divergierenden Interessen aufzulösen und angemessene Handlungsalternativen zu suchen. Dem liegt der folgende einfache Grundgedanke zugrunde: Wenn man sich in die Lage von anderen hineinversetzt und versucht diese zu verstehen, erweitert sich nicht nur systematisch das Verständnis der Handlungssituation – es verändert sich damit auch die eigentliche Beurteilungsgrundlage. Oft verhindern nämlich gerade mangelnde Sorgfalt bei der Erhebung relevanter Interessen, das bewußte oder unbewußte „Verdrängen" bestimmter Perspektiven, Vorurteile oder gar Selbstzentriertheit kreative Konfliktlösungen, die nicht nur ethisch legitimiert, sondern auch ökonomisch ausgesprochen erfolgreich sind. Vielfach hilft es daher schon, das Problem in einem größeren Zusammenhang zu sehen und einfach die Perspektive zu wechseln. So können zwar nicht immer ideale Lösungen erreicht werden, aber Lösungen, die praxisnah sind und viele Seiten des Problems berücksichtigen. Dadurch kann die Legitimität einer Entscheidung bereits erheblich erhöht werden. Dieser Gedanke kommt besonders in der Theorie des kommunikativen Handelns von Jürgen Habermas zum Ausdruck, der als theoretischer Bezugsrahmen den Ausführungen dieses Buches zugrunde liegt.

Das vorliegende Werk macht allerdings auch deutlich, daß es nicht ausreicht, das Top-Management zum kommunikativen Handeln schlichtweg aufzufordern. Vielmehr bedarf es neben der entsprechenden Fähigkeit – der moralischen Urteilsfähigkeit – auch geeigneter Strukturen sowie einer Top-Management-Kultur, die unternehmensethische Diskussionen überhaupt ermöglichen. Daher wird vorgestellt, wie eine Entwicklung der moralischen Urteilsfähigkeit im Top-Management gefördert werden kann und wie die organisatorischen und kulturellen Bedingungen beschaffen sein sollten bzw. im Rahmen eines Entwicklungs- und Lernprozesses herbeigeführt werden können.

Die Anregungen zu dieser Arbeit gingen von Herrn Prof. Dr. Bodenstein aus, der diese auch als Erstgutachter betreut hat und dem ich an dieser Stelle besonders danken möchte. Darüber hinaus gilt mein Dank Herrn Prof. Dr. Müller-Stewens, durch dessen mentalen Einfluß ich überhaupt zu dieser Unternehmung aufgebrochen bin. Frau Dipl. Kff. Silke Engelen möchte ich für Ihre kritischen Anmerkungen danken und dafür, daß Sie mir immer wieder Gelegenheit zum intensiven Gedankenaustausch und zur kritischen Reflexion gegeben hat. Herrn Studienrat Kai Georg Glockner danke ich für die Ausdauer und tatkräftige Unterstützung bei der Gestaltung der Endfassung. Für die Hilfe bei Satz und Layout sei Herrn Kurt Fischer gedankt.

Niederkrüchten, im Dezember 2001 Kerstin Schreiber

Inhaltsverzeichnis

TEIL II: GRUNDIDEEN DER FUNDIERUNG EINER ETHIK FÜR UNTERNEHMEN

TEIL III: GRUNDLAGEN DER THEORIE DES KOMMUNIKATIVEN HANDELNS

Abbildungsverzeichnis

Tabellenverzeichnis

Teil I: Zur Notwendigkeit einer Ethik für Unternehmen

1 Problemstellung, Ziel und Gang der Arbeit

Die Wettbewerbsverhältnisse des 21. Jahrhunderts machen den *Erfolg von Unternehmen* immer mehr auch von der *Akzeptanz der Gesellschaft* abhängig.[1] Nicht mehr nur die Produkte entscheiden über das Image, sondern auch das Verhalten und das Erscheinungsbild in der Öffentlichkeit. Dabei sehen sich Unternehmen heute mehr denn je einer *kritischen Öffentlichkeit* gegenüber. Unter deren wachsamen Augen gerät das Handeln von Unternehmen immer stärker unter einen *Legitimierungsdruck*.[2]

1.1 Zur Relevanz öffentlicher Legitimation von Unternehmen

Der Druck von Unternehmen, sich öffentlich zu legitimieren, resultiert in erster Linie aus der *Verschlechterung der faktischen Verhältnisse der gesellschaftlichen Realität*.[3] Unternehmen greifen zunehmend irreversibel in Bereiche ein, die für die Zukunft der Gesellschaft von zentraler Bedeutung sind. Hierzu zählen neben der Ökologie auch die Privatsphäre und die Persönlichkeit.[4] *Katastrophen und Skandale*, wie z.B. die Verseuchung des Rheins durch Löschwasser aus dem brennenden Sandoz-Chemiewerk oder das Tankerunglück der TOTALFINA vor der französischen Westküste, die Katastrophe von Eschede, der Hühnerfutter- und BSE-Skandal, machen heute verstärkt deutlich, zu welchen Konsequenzen unternehmerisches Handeln führen kann:[5] Zur Zerstörung von ökologischen Lebensräumen, zur wirtschaftlichen Bedrohung ganzer Regionen sowie zu gesundheitlichen und lebensbedrohenden Gefahren für Menschen.[6] Doch dies sind nur einige der möglichen Folgen unternehmerischer Entschei-

---

[1] Vgl. Lucas-Bachert/Kalchreuter 1999: 8; Ulrich 1996a: 28; Bleicher 1994b: 136; Grabner-Kräuter 1993: 293f.; Homann/Blome-Drees 1992: 129; Dyllick 1990b: 4. Akzeptanz ist jedoch nicht bereits gegeben, wenn auf eine unternehmerische Entscheidung kein lautstarker Protest erfolgt. Vgl. Fülgraff 1991: 319.

[2] Vgl. Scherer 1997: 12; Burkart 1996: 246; Kappler/Scheytt 1995: 13; Osterloh/Tiemann 1995: 322; Münch 1991: 89; Staffelbach 1988: 32.

[3] Vgl. Dierkes/Zimmermann 1991: 15; Dyllick 1990a: XV. Vgl. zu Begriff und Gegenständen des unternehmerischen Handelns ausführlich Herms 1989: 61-66.

[4] Vgl. Apel 1997: 13; Noppeney 1997: 16; Bernet 1993: 11; Jönck 1992: 163; Hansen 1989: 235; Ulrich 1983: 73f..

[5] Vgl. Rheinische Post vom 21.01.2000: 1; Rheinische Post vom 08.01.2000: 37; Rheinische Post vom 29.12.1999: 4; Rheinische Post vom 28.12.1999: 1. Dabei wird davon ausgegangen, daß die gesellschaftlichen Risiken der Unternehmensleitung vielfach bekannt sind und durchaus hätten vermieden werden können. So war beispielsweise der Totalfina der marode Zustand des Tankers bewußt. Aus ökonomischen Gründen wurde der Einsatz des Schiffes jedoch befürwortet. Für den Tod der 101 Menschen beim ICE-Unglück von Eschede wurden mangelnde Wartung und ungenügende Testverfahren verantwortlich gemacht.

[6] Vgl. Boysen 2000: 87.

dungen.[7] Zugenommene Eingriffstiefen wirtschaftlicher Tätigkeiten treffen dabei auf eine *veränderte subjektive Bewußtseinslage in der Gesellschaft*:[8] Die gesellschaftlichen Wertvorstellungen haben sich in den letzten 35 Jahren erheblich gewandelt.[9] Standen in den fünfziger und sechziger Jahren des 20. Jahrhunderts noch die Befriedigung der direkten Lebensbedürfnisse wie Essen und Wohnen sowie der materielle Wohlstand im Vordergrund, so rücken mehr und mehr posttraditionale Werte, wie z.B. „lebenswerte Umwelt", „Gesundheit" und „Selbstverwirklichung" in das gesellschaftliche Zielsystem. Ökonomische Werte verlieren dadurch zunehmend an Bedeutung.[10] Aus diesen Verschiebungen in den Werthaltungen der Bevölkerung resultiert ein umfassender Wandel der *Erwartungen* an Unternehmen und damit der *Beurteilung* unternehmerischen Handelns.[11] Dieses soll nicht mehr länger nur rein ökonomischen Kriterien folgen, sondern wird auch daran gemessen, inwieweit es den veränderten gesellschaftlichen Wertvorstellungen Rechnung trägt.[12]

---

7 Vgl. Barben/Dierkes 1991: 206; Ruh 1988: 81-84. Privatwirtschaftliche und öffentliche Skandale führten in den USA bereits in den 70er Jahren zu der Frage nach moralisch-praktischen Kriterien unternehmerischen Handelns. Vgl. Grabner-Kräuter 1997: 210. In der deutschen Betriebswirtschaftslehre ist unternehmerisches Handeln nach wie vor weitgehend einseitig an ökonomischen Kriterien orientiert. Der Wirtschaftswissenschaftler Zabel resümiert, daß ein solches Handeln nicht nur ökologische und soziale Knappheit erzeugt, sondern infolge der ökonomischen Vorteilhaftigkeit „ethiklosen" Verhaltens letztendlich soziale Institutionen wie Markt, Staat, Familie und die symbiotische Arbeitsteilung zerstört werden. Vgl. Zabel 1999: 24. Vgl. ausführlich zu den Folgen einseitig ökonomischen Handelns Ulrich 1993: 91-169.

8 Vgl. Ulrich 1991c: 159; Dyllick 1990a: XV; Dyllick 1990b: 4. Die Legitimierbarkeit negativer externer Effekte ist dabei wesentlich von den Präferenzen der Bevölkerung abhängig, wie das Beispiel Mobilität mit dem Auto leicht deutlich macht. Vgl. Tippelt/Zimmermann 1991: 342f.

9 Vgl. Bernet 1993: 43-45; Raffée/Fritz 1992: 303; v. Rosenstiel 1990: 137. Bis Mitte des 20. Jahrhunderts ging es vorrangig um die Schaffung von Arbeitsplätzen, die der Existenzsicherung und dem Aufbau von Wohlstand dienen sollten. Dabei wurden die Konsequenzen, die sich für das gesellschaftliche Zusammenleben, die Gesundheit und Sicherheit der Menschen oder ihrer ökologischen Umwelt ergeben konnten, meist völlig ausgeblendet. Herms macht noch auf eine andere Erklärung aufmerksam: Die Orientierung an den religiös-weltanschaulichen Überzeugungen der „invisible hand" machte eine Rechtfertigung unternehmerischen Handelns lange Zeit überflüssig. Erst die Krise der öffentlichen Anerkennung von religiös-weltanschaulichen Überzeugungen führt damit zur Legitimationsproblematik für Unternehmen. Vgl. ausführlich Herms 1989: 82-86.

10 Vgl. Bernet 1993: 44; v. Rosenstiel 1990: 137.

11 Vgl. Deutsche Shell AG: 2.

12 Vgl. zum gesellschaftlichen Erwartungsspektrum Leisinger 1997: 21; Greenley/Foxall 1996: 105; Dyllick 1990a: XV. Während Statusziele, wirtschaftliches Wachstum und materieller Wohlstand an Bedeutung abnehmen, dominieren in immer größer werdenden Bevölkerungsteilen humanistische und geistige Werte, wie die Qualität des Lebens und Gemeinschaft. Daraus resultieren Erwartungen an Unternehmen wie Bereitstellung eines sicheren und menschengerechten Arbeitsplatzes, Möglichkeiten zur Selbstverwirklichung oder die Entwicklung innovativer und gesundheitlich unbedenklicher Produkte. Vgl. Ulrich/Fluri 1995: 60f.; Dyllick 1990a: 88f..

Unternehmen agieren damit im Spannungsfeld divergierender Interessen und Erwartungen der verschiedenen Stakeholder[13] wie Anteilseigner, Arbeitnehmer, Staat, Kunden und Gesellschaft.[14] Insgesamt nimmt dabei die *Bedeutung* der *Interessen der Bevölkerung* zu. Ist ein Unternehmen nicht in der Lage, sein Handeln mit Blick auf gesellschaftliche Kriterien zu rechtfertigen oder ist die Legitimation Ausdruck von Wertvorstellungen, die von einem maßgeblichen Teil der sozialen Umwelt nicht geteilt werden, so erreicht die Gemeinschaft immer häufiger über Gesetze oder moralischen Druck die *Anpassung des Wertsystems* eines Unternehmens.[15]

Eine wichtige Rolle kommt in diesem Zusammenhang den *Medien* zu. Zahlreiche Verstöße gegen zentrale Wertvorstellungen kämen gar nicht ans Licht der Öffentlichkeit respektive hätten keine solch durchschlagenden Konsequenzen, wenn sie nicht durch diese entsprechend aufbereitet und kommuniziert würden.[16] Die Medien steuern durch gezielte Selektion, welche Aspekte überhaupt wahrgenommen werden können. Gleichzeitig entscheiden sie über die *Intensität der Berichterstattung*, welche Themen von der Bevölkerung als besonders wichtig empfunden werden.[17] So wird in vielen Fällen nicht ein „Zustand an sich", sondern erst seine *Aufbereitung*, *Interpretation* und *Bewertung* durch die Medien zum eigentlichen Problem für Unternehmen (z.B. von Massenentlassungen in der Industrie, von Kinderarbeit in Indien oder Sicherheitsmängeln im Fernverkehr).[18] Darüber hinaus fungieren sie als *Infrastruktur*, durch die es möglich wird, Mißstände in und um Unternehmen auf die Bühne der Öffentlichkeit zu bringen.[19] Ihnen kommt insgesamt eine große *öffentliche Macht* zu, die mit zunehmender Ausweitung neuer Medien (z.B. Internet, Mobiltelefone etc.) eher noch ansteigen dürfte, da die Verbreitung von Informationen immer schneller und intensiver vonstatten gehen wird. Gerät unternehmerisches Han-

---

13 Englisch „to have a stake" = ein Anliegen haben. In einem Wortspiel mit dem Begriff der Shareholder hat sich der Begriff Stakeholder als Oberbegriff für sämtliche internen und externen Bezugs- und Anspruchsgruppen des Unternehmens durchgesetzt. S. Noppeney 1997: 16.

14 Vgl. Ulrich/Fluri 1995: 60; Bleicher 1994b: 136; Wang/Dewhirst 1992: 115; Hamm 1992: 139; Dyllick 1990a: 82; Steinmann 1969. Insbesondere (Groß-)Unternehmen wird von einem wachsenden Anteil der Bevölkerung der Status „quasi-öffentlicher Institutionen" zugeschrieben, die damit in besonderem Umfang gesellschaftlichen Interessen Rechnung zu tragen haben.

15 S. Bernet 1993: 10.

16 Vgl. De Haan 1995: 17; Dyllick 1990a: 77. „Es mögen Fische sterben oder Menschen, das Baden in Seen oder Flüssen mag Krankheiten erzeugen, es mag kein Öl mehr aus den Pumpen kommen, und die Durchschnittstemperaturen mögen sinken oder steigen: solange darüber nicht kommuniziert wird, hat dies keine gesellschaftlichen Auswirkungen." Luhmann 1986: 63.

17 Vgl. De Haan 1995: 19f.; Dyllick 1990a: 76.

18 Vgl. De Haan 1995: 24.

19 Dabei soll hier nicht die Frage thematisiert werden, ob die Medien lediglich als Spiegel oder als formende Kraft der öffentlichen Meinung anzusehen sind.

deln jedoch erst einmal ins *Licht der Öffentlichkeit*, so kann dies zu nur schwer voraussehbaren *negativen betriebswirtschaftlichen Konsequenzen* führen.[20]

Die so hervorgerufene *„öffentliche Exponiertheit“*[21] von Unternehmen birgt besonders *zwei Risiken*: Erstens können Konflikte mit gesellschaftlichen Akteuren zum *Verlust* der *sozialen Reputation* bzw. des *Images* führen, d.h. das öffentliche Ansehen des Unternehmens massiv belasten.[22] Hieraus resultieren nicht selten unkalkulierbare Gefahren für den angestammten Markt, aber auch Risiken des negativen Imagetransfers auf weitere Produkte. Dies kann zu nur schwer prognostizierbaren Umsatzrückgängen führen. Zu bedenken ist auch, daß hierdurch die *Attraktivität* des Unternehmens als *Kapitalanlage* z.B. für Aktionäre Schaden nehmen kann.[23] Speziell die Schärfe und Effektivität, mit der solche Interessen bereits organisiert sind, die Brillanz und Reichweite, mit der kritische Aspekte und Gesichtspunkte in der Öffentlichkeit dargelegt werden, sprechen dafür, daß diese Entwicklung besonderes Augenmerk verdient.[24]

Neben Gewerkschaften gehören vor allem Umwelt- und Konsumentenorganisationen, internationale und entwicklungspolitische Organisationen, kirchliche Institutionen und Bürgerinitiativen zu den organisierten Gruppen, die gesellschaftliche Anliegen wahrnehmen und vertreten.[25] Sie entfachen öffentliche Auseinandersetzungen um bestimmte unternehmerische Aktivitäten und versuchen, ihre Anliegen mittels verschiedener Strategien durchzusetzen.[26] Hierzu zählen neben der direkten Auseinandersetzung mit Unternehmen vor allem die Mobilisierung der Marktkräfte, z.B. durch den Aufruf zu Kaufboykotten, sowie die Mobilisierung des öffentlichen oder politischen Drucks. So entsteht in vie-

---

20 Vgl. Homann/Blome-Drees 1992: 129f..

21 Unter dem Begriff der öffentlichen Exponiertheit wird die Tatsache verstanden, daß Unternehmen durch ihre Tätigkeit öffentliche Interessen berühren, aber auch umgekehrt durch Handlungen, die im Namen öffentlicher Interessen ausgeübt werden, selber betroffen werden. S. Dyllick 1990a: 15.

22 Vgl. Wieczorek-Zeul 2000: 6; Aßländer 1997: 6; Hansen/Niedergesäß/Rettberg/Schoenheit 1995: 109. Auch aus institutionenökonomischer Sicht stellt das Image respektive die Reputation eines Unternehmens eine wichtige Größe dar. Erweist sich beispielsweise ein Unternehmen als guter Geschäftspartner (vertrauenswürdig bzw. zuverlässig), so ergeben sich daraus Wettbewerbsvorteile, da aufwendige Kontroll- und Sanktionssysteme entfallen. Aufgrund der niedrigeren Transaktionskosten avanciert dieses Unternehmen zu einem bevorzugten Partner der langfristigen Zusammenarbeit. Vgl. ausführlich Homann 1997a: 190.

23 Vgl. Schlote 1998: 55; Dyllick 1990a: 24-26. Immer deutlicher wird auch, daß der Reputation eines Unternehmens eine wachsende Bedeutung auf den Kapital- und Finanzmärkten zukommt. Vgl. Schlote 1998: 63; Demuth 2000: 82; o.V. 2000: 68.

24 Vgl. Kappler/Scheytt 1995: 13. Siehe zur Erklärung der Organisation der Interessen der Stakeholder und ihrer Aktivitäten Schaltegger 1999: 8-13.

25 Vgl. Hamm 1992: 138; Dyllick 1990a: 47-52; Achleitner 1985: 83-87.

26 Vgl. zu den einzelnen Strategien Salecker 1995: 135f. Weiterhin ist die ebenfalls dort aufgeführte Strategie des Gesellschafteraktivismus´ zu erwähnen.

len Fällen eine „gewaltige“ Gegenmacht, die sich zu einer großen Bedrohung für ein Unternehmen entwickeln kann und auf die es *richtig* reagieren muß.[27]

Zweitens wächst angesichts der beschriebenen Skandale und Auseinandersetzungen die *skeptische Einstellung* der Öffentlichkeit gegenüber Unternehmen bzw. deren Leitung. Immer mehr Menschen stellen die Glaubwürdigkeit und Integrität von Unternehmen bzw. deren Spitzenführungskräften in Frage.[28] Dies steigert die Wahrscheinlichkeit rechtlicher Eingriffe, die den Autonomiebereich von Unternehmen nachhaltig einschränken können (z.B. durch zusätzliche Auflagen und Kontrollen).[29] Verhaltensweisen eines Unternehmens, die von der Öffentlichkeit als *illegitim* angeprangert werden, haben häufig *staatliche Korrekturmaßnahmen* zur Folge.[30] Die sog. „öffentliche Meinung“ gewinnt angesichts der Tragweite der Folgen von unternehmerischem Handeln deutlich an Vehemenz. Dadurch wird insbesondere der Druck auf die Politiker immer größer, entsprechende Gesetze innerhalb kurzer Zeit durchzusetzen oder durch andere Maßnahmen das/die Unternehmen zu Kompromissen oder zum Nachgeben zu bewegen.[31] So ist z.B. die Forderung nach einer gesetzlichen Fundierung von *Grundsätzen ordnungsgemäßer Unternehmensführung* und der damit einhergehenden Verschärfung der Haftung des Top-Managements als Ausdruck einer zunehmenden Skepsis gegenüber der Güte der Unternehmensführung, zu werten.[32] In diesem Zusammenhang wurde bereits am 01. Mai 1998 das *Gesetz zur Kontrolle und Transparenz im Unternehmensbereich (KonTraG)* erlassen. Das dort geforderte Risikomanagement-System betrifft neben ökonomischen auch Risiken und Bedrohungen aus moralischem Fehlverhalten.[33]

Hinzu treten die Aktivitäten der US-Wirtschaft, die darauf drängt, daß auch europäische Unternehmen auf sog. Business-Principles verpflichtet werden.[34]

---

27 Vgl. Schaltegger 1999: 13f..

28 Vgl. Kaden 2000: 3; Schweizer 1990: 341; v. Rosenstiel 1990: 137. Von dieser Position aus argumentieren vor allem die Befürworter einer Unternehmensethik in Deutschland. Das Mißtrauen gegenüber Unternehmen und deren exorbitante Machtausweitung hat sich in den letzten Jahren derartig verstärkt, daß Fragen der Machtkontrolle und Legitimität von Unternehmen im Vordergrund stehen. Vgl. Dyllick 1990a: 109.

29 Vgl. Bernet 1993: 39. In allen modernen Industriegesellschaften ist der Trend unübersehbar, Unternehmen in immer größerem Ausmaß für die negativen externen Effekte ihrer Aktivitäten verantwortlich zu machen. Vgl. Dierkes/Zimmermann 1991: 39; Steger 1991: 189.

30 Vgl. Bernet 1993: 40; Dyllick 1990a: 20f..

31 S. Bernet 1993: 39. Eines der bekanntesten Beispiele der jüngeren Vergangenheit ist der Fall „Brent Spar“. Vgl. hierzu Deutsche Shell AG: 40f.; Osterloh/Tiemann 1995.

32 Vgl. Kemnitzer/Klunk 1999: 3; Talaulicar 1999: 8f.; v. Werder 1997: 902; v. Werder 1996a: 2; v. Werder 1996b: 32.

33 Vgl. Bierich 2000: 9.

34 Eine juristische Fachkommission des europäischen Justizministeriums arbeitet zur Zeit an der Umsetzung erster Richtlinien in nationales Recht. S. Bierich 2000: 9; Vgl. auch Lay 1998: 203. In den USA wurden von der Regierung die sog. „Model Business-Principles“ erlassen, an die

Diese zielen ebenfalls darauf, die *Qualität der Unternehmensführung* nicht nur zu normieren, sondern auch juristisch angreif- und damit sanktionierbar zu machen. Sollten sich solche Initiativen durchsetzen, steht das Top-Management deutscher Unternehmen zukünftig unter dem Druck, Entscheidungen gegenüber legitimierten Organen *öffentlich* zu *rechtfertigen*. Dabei wird insbesondere deutlich zu machen sein, inwieweit gesellschaftlichen Interessen Rechnung getragen wurde und warum die konkrete Entscheidung als gesellschaftlich *legitim* anzusehen ist.[35]

Daraus ergeben sich jedoch völlig neue und veränderte *Begründungs- und Legitimationsanforderungen* für Unternehmen.[36] Die Auffassung, daß der Markt seinen eigenen Gesetzen folgt und *allein* die Anwendung *rationaler, ökonomischer Prinzipien* den Erfolg sichert, wird damit obsolet.[37] Unternehmen verlassen zunehmend den Bereich privatautonomer Entscheidungs- und Gestaltungsfreiheit und werden *Beurteilungskriterien* unterworfen, die denen öffentlicher bzw. politischer Instanzen ähneln.[38] Erfolgsmaßstab ist damit nicht mehr länger nur die wirtschaftliche Leistung, sondern auch die *gesellschaftliche Legitimation*.[39] Ist diese nicht vorhanden, so besteht latent die Gefahr, daß Absatzzahlen und Profitabilität von einem Tag auf den anderen nachhaltig Schaden neh-

---

alle amerikanischen Unternehmen gebunden sind. Diese sehen z.B. den Klimaschutz, den Abbau aller Arten der Diskriminierung und das Unterlassen von Korruption und Schmiergeldzahlungen vor. Vgl. Steinmann/Olbrich 1998: 95-98. Es ist damit zu rechnen, daß sich diese Entwicklungen in den USA auch im europäischen Bereich auswirken werden. Vgl. Blickle 1998a: 4.

35 Ob dabei eine exzellente Öffentlichkeitsarbeit ausreichend ist, wird von der Verfasserin in Frage gestellt. Antworten auf gesellschaftliche Anliegen, die sich auf PR-Konzepte und Hochglanzbroschüren beschränken, werden wohl kaum einen Beitrag zur Legitimation leisten. Gesellschaftliche Anliegen zielen auf eine Veränderung der Unternehmensstrategie, konkrete Geschäftspraktiken oder gar eine Modifikation der Unternehmenspolitik. Diese Aufgabe ausschließlich über eine neue Corporate Identity oder Pressearbeit lösen zu wollen, dürfte wohl mittel- und langfristig scheitern. Gesellschaftliche Verantwortung muß sich in konkreten Unternehmensentscheidungen widerspiegeln. Der Verweis z.B. auf ein Leitbild in der Pressemappe ist dabei nicht ausreichend.

36 Diese Entwicklung betrifft nicht nur einzelne Fragen und Managementbereiche: Top-Manager werden in ihrem Alltag quer durch alle Branchen und Funktionsbereiche potentiell mit Problemen konfrontiert, bei denen gesellschaftliche Wertvorstellungen eine immer größere Rolle spielen. Hierzu zählen u.a. die Produktion (z.B. Auswahl von Produktionsstandorten, Sicherheit von Produktionsanlagen und Produkten), der Verkauf (z.B. Bestechung von Einkäufern und Zwischenhändlern), das Marketing (z.B. Irreführung des Konsumenten durch Auslobung von Produkteigenschaften, die das Produkt nicht erfüllen kann, wie z.B. bei Anti-Falten-Cremes) und das Personalwesen (z.B. Entlassung von langjährigen Mitarbeitern). Vgl. ausführlich Wieland 1994: 219-224; Lohr-Schütz 1991: 20-43; Dyllick 1990a: 27-33; Maucher 1989: 376-378.

37 Vgl. Lucas-Bachert/Kalchreuter 1999: 8; Kötter 1989: 118f..

38 Vgl. Wieland 1997: 10. Mögliche formalisierte ethische Kriterien der Beurteilung von Unternehmen finden sich u.a. bei Hoffmann/Reisch/Scherhorn 1998.

39 Vgl. Noppeney 1997: 14; Bernet 1993: 22; Steger 1991: 190.

men.[40] Das Top-Management ist damit vor verschiedene Herausforderungen gestellt. Im Mittelpunkt steht die erfolgreiche Gestaltung der *Unternehmenspolitik* und der daraus resultierenden *Unternehmensstrategien.* In einer Markt- und Wettbewerbsgesellschaft entscheidet die Positionierung im Wettbewerb maßgeblich über „Gedeih und Verderb" eines Unternehmens.[41] Dabei sind die zahlreichen rechtlichen Vorgaben, die Aufgaben und Handlungsspielräume verbindlich fixieren, zu berücksichtigen. Zusätzlich wird nun von Unternehmen erwartet, daß die Verfolgung von Marktzielen nicht gegen gesellschaftliche Wertvorstellungen verstößt. Die Unternehmensführung hat sich also bei ihren Entscheidungen an *ökonomischen, rechtlichen und gesellschaftlichen Imperativen* zu orientieren.[42]

Gesellschaftliche Legitimation rückt damit unweigerlich in den *Kanon der unternehmerischen Ziele.*[43] Um den Unternehmenserfolg langfristig sichern zu können, ist eine *angemessene* Integration der (berechtigten) Interessen *sämtlicher* Stakeholder in die unternehmerischen Aktivitäten anzustreben.[44] Es ist daher von zentraler Bedeutung, die Werte und Normen der Umwelt vermehrt als Rahmenbedingungen und Bestimmungsfaktoren in den unternehmerischen Entscheidungsprozeß einzubeziehen.[45] Unternehmen als „gesellschaftliche Akteure", bzw. als Teil des sozialen Systems, müssen sich an diese veränderten Umweltbedingungen anpassen, um ihr Überleben langfristig sicherstellen zu können.[46]

---

40 Diese Erkenntnis hat sich auch auf Seiten der Umweltschützer niedergeschlagen, die resümieren, daß Empörung und Angst nicht weiter führen, wenn sie sich nicht in sinkenden Absatzzahlen bemerkbar machen. „Umweltangst ist nur eine Störgröße, wenn sie sich in Geld ausdrücken läßt." De Haan 1995: 16.

41 Vgl. Zerfaß 1996: 40.

42 S. Zerfaß 1996: 35; Lattmann 1988: 10. Dem liegt die Auffassung zugrunde, daß Unternehmen, als „juristische Personen", ebenso wie jedes andere Mitglied der Gesellschaft bestimmte Rechte und Pflichten wahrzunehmen haben. Vgl. Fukuyama 1995: 21. Sie avancieren damit mehr und mehr zu „moralischen Akteuren". Vgl. insbesondere Enderle 1992: 147; siehe hierzu auch Leisinger 1997: 46; Wieland 1997a; Wieland 1993: 22; Gentz 1992: 102; Herms 1989: 61.

43 Dies kann z.B. durch die Integration Allgemeiner Grundsätze der sozialen und ethischen Zuträglichkeit erreicht werden. Vgl. Talaulicar 1999: 10f. Andere Möglichkeiten zur Behandlung der genannten Frage bildet die Veränderung der generellen rechtlichen Rahmenbedingungen unternehmerischer Entscheidungen. Vgl. Picot 1976: 246. In den USA ist diese Forderung auch in die Beurteilung des Unternehmenserfolges eingegangen. Neben die „corporate financial performance" tritt die „corporate social performance" als Erfolgsmaßstab. Vgl. Boyd/Carroll 1995: 3f.; Wang/Dewhirst 1992: 116.

44 Vgl. Thielemann/Breuer 2000: 10; Beschorner 2000: 74; Hansen 1999: 1; Schaltegger 1999: 5; Achleitner 1985: 60f..

45 Vgl. Aßländer 1997: 6; Küpper 1988: 325.

46 Vgl. Ulrich/Fluri 1995: 107; v. Rosenstiel 1990: 134; Kirsch 1990: 251; Krulis-Randa/ Staffelbach 1987: 407f.; Staffelbach 1987: 461; Enderle 1987: 435.

Die Frage, *ob* das Top-Management bei der Erfüllung seines Leitungsauftrages sozialen Werten und Normen Rechnung tragen darf bzw. muß, scheint somit zunächst positiv beantwortet zu sein.[47] Sodann eröffnet sich jedoch, angesichts der meist konfligierenden Zielvorstellungen und Interessen der diversen Anspruchsgruppen eines Unternehmens, das Anschlußproblem, *welchen* Werten und Normen in *welchem Umfang* gefolgt werden soll bzw. muß. Es geht also um das Problem, *wie* unterschiedliche Interessen abgewogen, bewertet und in eine Rangfolge gebracht werden sollen. Dabei ist festzuhalten, daß aufgrund der *„Werturteilsfreiheit"* in den Wirtschaftswissenschaften den Ökonomen weitgehend das Instrumentarium fehlt, um sich mit normativen Fragen zu befassen.[48] Es mangelt grundsätzlich an einem konzeptionellen Bezugsrahmen, anhand dessen eine wissenschaftsgerechte Auseinandersetzung mit normativen Fragestellungen möglich ist.[49]

Wie kann also die *Legitimität* von unternehmerischen Handlungen sichergestellt werden? In der Managementlehre wird die Integration von Stakeholder-Interessen insbesondere im Stakeholder-Ansatz thematisiert.[50] Bei diesem Ansatz herrscht jedoch eine rein strategische bzw. ökonomische Perspektive vor: Der Status des Stakeholders wird nur denjenigen Gruppen/Personen zugespro-

47 Vgl. v. Werder 1996b: 41. Es ist inzwischen allgemein anerkannt, daß der Vorstand nicht ausschließlich dem Aktionärsinteresse verpflichtet ist, sondern auch Arbeitnehmerinteressen sowie in bestimmten Grenzen auch Interessen der Öffentlichkeit angemessen zu berücksichtigen hat. Vgl. zu dieser Praxis in den USA Greenley/Foxall 1996: 106.

48 Der „Mythos" der wertneutralen Wirtschaft postuliert, daß moralische Überlegungen nichts im ökonomischen Entscheidungsprozeß zu suchen haben. Wirtschaften hat hiernach allein dem Ziel der (langfristigen) Gewinnmaximierung zu folgen. Gewinnerzielung ist dabei keineswegs ein Privileg, sondern moralische Pflicht eines jeden Unternehmens, da genau dieses Verhalten den Interessen der Allgemeinheit am besten dient. Damit werden jedoch gleichzeitig alle weiteren moralischen Überlegungen aus dem Entscheidungsprozeß als irrational ausgeklammert. Vgl. Steinmann/Löhr 1994a: 6f.; Homann/Blome-Drees 1992: 38f.; Steger 1991: 202; Lattmann 1988: 2-4; Staffelbach 1988: 38. Vgl. zur Werturteilsfreiheit ausführlich Becker 1994; Heinen/Dietel 1976a; Heinen/Dietel 1976b; Albert 1972.

49 Vgl. Bernet 1993: 47-49. Gründe dafür sind in der letztlich auf Max Weber zurückgehenden Werturteilsdiskussion zu suchen. Diese brachte zwar eine weitgehende Einigkeit im Hinblick auf die Erkenntnis, daß Werte und Normen im Objektbereich der Wissenschaften durchaus zulässig sind. Auch der Tatsache, daß Werturteile im Basisbereich der Wissenschaft, also dort, wo es um die Auswahl und Formulierung der Forschungsfragestellungen oder um die Bestimmung der Forschungsmethoden oder der Interpretation von Forschungsergebnissen geht, nicht nur vorhanden, sondern letztlich gar nicht auszuschließen sind, wird sich heute niemand mehr verschließen. Die Vehemenz jedoch, mit der Werturteile im eigentlichen Aussagenbereich der Wissenschaft bekämpft und verurteilt wurden, hat im Laufe der Zeit dazu geführt, daß sich kaum ein Wirtschaftswissenschaftler mehr dazu hergeben mag, sich näher mit normativen Fragen zu befassen. Diese werden als irrational – weil nicht logisch deduzierbar – aus der Betrachtung ausgeklammert. Vgl. Wöhe 1959: 159.

50 Siehe zum Stakeholder-Approach Freeman 1984. Sehr dezidiert beschreiben auch Achleitner 1985 und Salecker 1995 diesen Ansatz. Vgl. zur Weiterentwicklung und zur expliziten Verknüpfung mit Unternehmensethik ausführlich Freeman/Gilbert 1991.

chen, von deren Leistungen oder Beiträgen das Unternehmen unmittelbar abhängig ist bzw. die (aktuell) über ein wirksames Sanktionspotential (z.B. Mobilisierung öffentlichen oder politischen Drucks) verfügen.[51] Die *Interessen einflußreicher Gruppen* werden hierbei zu Lasten weniger bedeutender Gruppen gefördert, um einer problematischen Auseinandersetzung aus dem Wege zu gehen.[52] Dieses strategische „Klugheitsmoment" hat allerdings nur wenig mit einer *richtigen* bzw. *legitimen* unternehmerischen Handlung zu tun: Fragen der *Legitimität* lassen sich nicht gemäß den tatsächlichen Machtverhältnissen beantworten, da gesellschaftliche Ansprüche auf Normen der gängigen Moral und nicht auf Macht basieren und damit das gesellschaftliche Werte- und Normensystem zur Legitimitätsbasis avanciert.[53]

Wann kann man also sagen, daß ein Unternehmen „moralisch", „ethisch" oder besser „legitim" handelt?[54] Ist es legitim, wenn es aus karitativen Bedenken auf gewinnbringende Aktivitäten verzichtet? Wenn es bewußt Nachteile (Umsatzeinbußen) in Kauf nimmt, um nicht die gleichen fragwürdigen Praktiken anwenden zu müssen, wie die Konkurrenz (und dadurch seine ökonomische Existenz gefährdet)? Wenn strengste Arbeits- und Sozialstandards selbst dort eingehalten werden, wo dies nicht gesetzlich gefordert ist? Oder wenn im unternehmerischen Leitbild verankerte Prinzipien um jeden Preis umgesetzt werden? Und wie können solche Handlungsweisen z.B. gegenüber den verschiedenen Anspruchsgruppen begründet, gerechtfertigt, verteidigt und wissenschaftlich fundiert werden?[55]

Mit diesen Fragestellungen befaßt sich seit Anfang der 80er Jahre die Disziplin der *Unternehmensethik.*[56] Sie ist längst kein Modethema mehr, sondern steht für ein vielschichtiges Bündel von Lösungsansätzen, die das Selbstverständnis

---

51 Vgl. Schaltegger 1999: 3; Greenley/Foxall 1996: 105; Garavan 1995: 11f.; Dyllick 1984. In einer weiteren Fassung des Konzepts sind auch die latenten Machtpotentiale unmittelbar oder mittelbar Betroffener zu berücksichtigen, auch wenn sie im Augenblick noch nicht in der Lage sind, ihre Interessen wirkungsvoll gegenüber dem Unternehmen zum Ausdruck zu bringen. Vgl. Freeman 1984: 46.

52 Vgl. Thielemann/Breuer 2000: 11; Ulrich 1998a: 5; Ulrich 1997a: 442; Weitzig 1979: 81.

53 Nach Ulrich wird auch durch die Forderung Freemans nach Legitimität (Stakeholder connotes „legitimacy") die strikt machtstrategische Perspektive nur scheinbar ethisch entproblematisiert: Legitimität - im Sinne von begründeter normativer Gültigkeit – wird hier nämlich auf Akzeptanz (im Sinne von faktischer Durchsetzbarkeit) reduziert. Vgl. Ulrich 1999: 84f.; Ulrich 1998a: 5; Ulrich 1997b: 8f..

54 Die Begriffe Ethik und Moral werden später genauer voneinander abgegrenzt. Während Moral die faktisch geltenden Verhaltensnormen in einer Gesellschaft bezeichnet, befaßt sich Ethik systematisch und methodisch mit den Prinzipien und Gründen, die einer konkreten Moral zugrunde liegen sollen. Vgl. Berkel 1998: 118 und Teil II, Kap. 1.1.

55 Vgl. Brantl 1985: I.

56 Vgl. Talaulicar 1999: 9.

einer Unternehmensführung betreffen und sich insbesondere mit dem Konflikt zwischen ökonomischer Sinnhaftigkeit einerseits und Umwelt- und Sozialverträglichkeit unternehmerischen Handelns andererseits auseinandersetzen.[57] Dabei ist der Begriff „Unternehmensethik" mit höchst unterschiedlichen Vorstellungen und Zielen verbunden. Das Spektrum reicht von der *Instrumentalisierung der Ethik* zur optimalen Durchsetzung marktstrategischer Ziele, über eine *„Schönwetter-Ethik"*, die nur, wenn es dem Unternehmen finanziell gut geht, greift, bis hin zur *Integration gesellschaftlicher Aspekte in die Unternehmensführung.*[58] Wie ein Ansatz konkret ausgestaltet sein sollte, der besonders geeignet ist, dem *aktuellen und zukünftigen Rechtfertigungs- und Begründungsdruck* gerecht zu werden, wird nachfolgend zu klären sein.

Festzuhalten bleibt, daß der Erfolg wirtschaftlichen Handelns zunehmend von der öffentlichen Legitimation abhängig sein wird, und damit davon, *ob* und *wie* Unternehmen auf die vielschichtigen Forderungen der Gesellschaft einzugehen vermögen.[59] Ein Unternehmen kann seine ökonomische Existenz langfristig nur aufrecht erhalten, wenn es sich kontinuierlich auf sich ändernde Umweltbedingungen einstellt.[60] *Rechtfertigungs-/Legitimationskompetenz* und eine Sensibilität für gesellschaftliche Entwicklungen avancieren mehr und mehr zu unabdingbaren Erfolgsfaktoren moderner Unternehmensführung.[61]

1.2 Ziel und Aufbau der Arbeit

Ziel der Arbeit ist die Entwicklung eines *konzeptionellen Bezugsrahmens* zur *Verbesserung der unternehmerischen Rechtfertigungs- und Begründungskompetenz des Top-Managements.* Da Legitimationsprobleme vornehmlich die Ent-

---

57 Vgl. Rehbock 2000: 19; Zerfaß 1996: 24; Hansen/Niedergesäß/Rettberg/Schoenheit 1995: 109.

58 Vgl. Wieland 1997b: 240f.

59 Vgl. Wieczorek-Zeul 2000: 6; Burkart 1996: 247. Dabei ist von besonderer Bedeutung, nach welchen Wertvorstellungen Unternehmen geführt bzw. Entscheidungen und Handlungen letztlich ausgerichtet werden. Vgl. Bernet 1993: 37; Jönck 1992: 171.

60 Vgl. Popkes 2000: 7. Damit wird ein Unternehmen notwendigerweise zur „lernenden Organisation". Die kontinuierliche Erhebung und Integration moralischer Forderungen kann damit in einem weiteren Sinne auch als Teil eines normativen „Wissensmanagements" betrachtet werden. Vgl. auch Beschorner 2000: 74 und 77.

61 Vgl. Thielemann/Breuer 2000: 9; Blickle 1998a: 4f.; Blickle 1994b: 17; Bentele/Steinmann/Zerfaß 1996a: 11; Hax 1993: 777; Steger 1991: 197; Staffelbach 1987: 461. Damit wird gleichzeitig die ausschließliche Orientierung am Konzept des Shareholder values in Frage gestellt. Einige Autoren weisen bereits seit einiger Zeit darauf hin, daß Unternehmen, die sich einseitig am Shareholder value ausrichten, wenig Aussichten auf eine lange Lebensdauer haben. Auf lange Sicht kann nur ein Unternehmen erfolgreich sein, daß die Interessen aller Beteiligten gleichermaßen berücksichtigt. Siehe ausführlich die Studie von DeGeus 1998. Allerdings wird im Verlauf der Arbeit deutlich werden, daß Shareholder value und Unternehmensethik sich keineswegs gegenseitig ausschließen. Vielmehr kann der Wert eines Unternehmens für seine Aktionäre gerade durch Unternehmensethik gesteigert werden. Vgl. Otto 1999: 71-73; Scior 1998: 15; Schwarzer/Sommer 1998: 94; Noppeney 1997: 14.

wicklung und Verabschiedung von Unternehmensstrategien respektive -handlungen betreffen, gilt es, ein Verfahren zu entwickeln, mit dessen Hilfe gesellschaftliche Anliegen bereits im Rahmen der Entscheidungsfindung eine angemessene Berücksichtigung finden. Das Ergebnis eines solchen Prozesses spiegelt sich in legitimen (gerechtfertigten) Entscheidungen und Handlungsweisen wider.[62]

Dabei stehen im Rahmen dieser Arbeit *unternehmenspolitische und -strategische Entscheidungen* im Vordergrund.[63] Als *politisch* wird hier jede Entscheidung bezeichnet, „die Wertvorstellungen, Bedürfnisse oder Interessen einer größeren Zahl von Dritten und damit die Ordnung des gesellschaftlichen Zusammenlebens betrifft."[64] Hierzu zählen somit auch strategische Entscheidungen, die zumeist von besonderer gesellschaftlicher Bedeutung sind.[65] Allerdings beziehen sich diese eher auf den laufenden Betrieb und sind damit situationsbedingt. Unternehmenspolitische Entscheide hingegen sind eher allgemein und haben einen geringeren Konkretisierungsgrad. Sie dienen als *archimedische Punkte* für weitere Entwicklungen des Unternehmens und bestimmen somit die Richtung des Handelns auf lange oder längere Sicht.[66] Beide betreffen in der Regel eine Vielzahl von Personen oder Personengruppen und lösen damit einen hohen Grad an direkter und indirekter Betroffenheit aus.[67] So berühren sie unmittelbar und offensichtlich *gesellschaftliche Interessen.*

---

62 Legitimation hat hierbei immer die Form einer Argumentation. Eine Person legitimiert ihr Handeln, indem sie sich rechtfertigt. Vgl. Ofsti 1993: 303. Daher wird hier der Begriff Legitimation mit Rechtfertigung gleichgesetzt. Die Frage lautet damit: „Wie können Strategien/Maßnahmen entwickelt werden, die legitim sind, d.h. einer Rechtfertigung standhalten?" Da sich – wie noch zu zeigen sein wird – die „Richtigkeit" einer Handlung ebenfalls aus ihrer argumentativen Rechtfertigung ergibt, sind solche Strategien/Maßnahmen auch automatisch „gerecht" (im Sinne von „gerecht-fertigt").

63 In der Literatur ist die Trennung zwischen politischen und strategischen Entscheidungen nicht einheitlich. Kirsch ist z.B. der Meinung, daß auch strategische Entscheidungen Gegenstand der Unternehmenspolitik sind. Vgl. Kirsch 1990: 246. Ulrich/Fluri sehen Strategien hingegen als Handlungsalternativen zur Erreichung der in der Unternehmenspolitik festgelegten obersten Unternehmensziele. Vgl. Ulrich/Fluri 1995: 114. Siehe zur Abgrenzung von Unternehmenspolitik und Unternehmensstrategien auch Bleicher 1994a: 124-130.

64 Ulrich/Fluri 1995: 77.

65 Vgl. Kirsch 1990: 196. Selbstverständlich können auch operative Entscheidungen gesellschaftliche Belange betreffen, d.h. politisch sein. Vgl. Kirsch 1990: 246. Insofern wird ein Herunterbrechen des Ansatzes auf niedrigere Managementebenen begrüßt und keineswegs ausgeschlossen. Um konkret zu werden, muß der zu entwickelnde Ansatz jedoch an die aktuellen Rahmenbedingungen anknüpfen. Da nach Ansicht der Verfasserin Fragen der Legitimität unternehmenspolitischer und -strategischer Entscheidungen ganz besondere Dringlichkeit und Bedeutung zukommen und sich die Bedingungen auf Ebene des Top-Managements deutlich von den Voraussetzungen auf Ebene des Middle-Managements unterscheiden, wurde eine Eingrenzung vorgenommen.

66 Vgl. Bleicher 1994a: 128.

67 Vgl. Kreikebaum 1996: 167; Hickson 1986: 27.

Unternehmenspolitik und -strategien werden im Unternehmen vom *Top-Management* festgelegt.[68] Zu diesem zählen je nach Rechtsform, Größe, Branche, Produkt, Tradition und Usancen Führungskräfte der ersten und zum Teil der zweiten Führungsebene, wie z.B. Vorstände, Aufsichtsräte, Beiräte, Geschäftsführer, Direktoren, Generalbevollmächtigte und Prokuristen.[69] Im Rahmen dieser Arbeit werden jedoch ausschließlich die *Mitglieder der Unternehmensleitung* unter den Begriff des Top-Managements gefaßt.[70] Nach der bekannten Zuständigkeitsordnung der §§ 76 Abs. 1; 111 Abs. 1, 4 Satz 1 AktG, § 316 HGB liegt z.B. bei Aktiengesellschaften die Leitung des Unternehmens in den Händen des *Vorstands*, der die Gesellschaft unter eigener Verantwortung aktiv zu führen hat. In GmbHs übernimmt gem. § 6 GmbHG die *Geschäftsführung* die Aufgaben des Top-Managements. In deren Verantwortungsbereich fällt es damit, Rechtfertigungs- und Begründungsanstrengungen auf den Weg zu bringen und die Legitimität unternehmerischen Handelns sicherzustellen.[71] Von besonderer Bedeutung für den Fortgang der Arbeit ist jedoch, daß es sich um eine *plurale* Unternehmensleitung handeln muß, die sich aus mindestens zwei Mitgliedern zusammensetzt, da eine kommunikative – und keine monologische – Unternehmensethik auf den Weg gebracht werden soll.[72]

Wissenschaftliche Bemühungen, die sich die Entwicklung geeigneter Ansätze zur dezentralen Bewältigung der unternehmerischen Legitimationsproblematik zum Ziel gesetzt haben, müssen sich im Kern mit den folgenden Fragen auseinandersetzen:[73]

I. Ist eine Ethik für Unternehmen überhaupt notwendig und steht ihre Forderung in Einklang mit den Ideen der Marktwirtschaft? (Teil I: Zur Notwendigkeit einer Ethik für Unternehmen)

---

68 Vgl. Dörner 2000: 101; Schreyögg 1998: 42; Gutenberg 1983: 133-140; Gemünden 1983; Witte 1981: 280-282.

69 Vgl. Grunwald/Rudolph 1993: 196.

70 Die Begriffe Top-Management, Unternehmensleitung, Unternehmensführung, Spitzenführungskräfte sowie Vorstand werden im Rahmen dieser Arbeit synonym verwendet. Hierzu zählen sowohl männliche als auch weibliche Führungskräfte, auch wenn letztere in den Top-Etagen deutscher Unternehmen erst sehr zögerlich Einzug halten. Vgl. ausführlich Gronwald 2000: 290-300; Theobald 1998; Osterloh/Wübker 1995: 60; Geschka 1997: 13f.

71 Der Aufsichtsrat oder die Gesellschafterversammlung hat im Kern „lediglich" zu kontrollieren, ob der Vorstand den Anforderungen gerecht wird, während der Hauptversammlung kaum Einfluß auf unternehmerische Entscheidungen attestiert werden kann. Vgl. Hartmann/Härter 1999: 128-130; Kugler 1998: 214f.; Scheuch/Scheuch 1995: 52-54.

72 Für größere Aktiengesellschaften schreibt das Gesetz ohnehin eine duale Vorstandszusammensetzung vor. Vgl. Bernhardt/Witt 1999: 832. Sturn sieht den systematischen Ort der Moral ohnehin in intermediären sozialen Bereichen, wie z.B. dem Top-Management. Vgl. Sturn 1997: 232.

73 Vgl. Brewing 1995: 15-18; Zerfaß 1994: 299; Steinmann 1993: 4333.

II. Welche konkreten Vorgehensweisen sollen mit dem Begriff der (Unternehmens-)Ethik erfaßt werden, und wann und wo sind unternehmensethische Überlegungen im Kontext des Top-Managements angebracht? (Teil II: Grundideen der Fundierung einer Ethik für Unternehmen)

III. Ob und inwieweit läßt sich ein Ansatz der Unternehmensethik als Lehre von der Berücksichtigung gerechtfertigter Interessen überhaupt triftig begründen, und welcher theoretische Bezugsrahmen kann der Idee der dezentralen Legitimation zugrunde gelegt werden? (Teil III: Grundlagen der Theorie des kommunikativen Handelns)

IV. Wie kann eine begründungsfähige Unternehmensethik in konkreten Situationen praktisch ausgestaltet werden, und welche Implementierungsvoraussetzungen müssen hierzu auf Ebene des Top-Managements geschaffen werden? (Teil IV: Zur Implementierung einer kommunikativen Ethik auf Ebene des Top-Managements)

Der Aufbau dieser Arbeit orientiert sich an diesen vier Leitfragen. Die Notwendigkeit einer Ethik für Unternehmen ergibt sich nicht nur aus den negativen Begleiterscheinungen des Handelns in und von Unternehmen oder den medienwirksamen Katastrophen und Skandalen der jüngeren Vergangenheit. In Teil I, Kap. 2, wird daher aufgezeigt, wie die *Koordination gesellschaftlicher und privatwirtschaftlicher Interessen* traditionell erfolgt und warum diese Mechanismen bei der Legitimation unternehmerischer Aktivitäten immer mehr an ihre Grenzen stoßen. Daraus resultiert die Notwendigkeit einer unternehmensindividuellen und situationsspezifischen Rechtfertigung unternehmerischer Aktivitäten. Substantielle Ansatzpunkte für eine solche Reflexion eröffnet der Ansatz von ADAM SMITH (Teil I, Kap. 3). Aus seinen Ausführungen lassen sich wertvolle Anregungen und Implikationen für die Ergänzung der derzeitigen Koordinationsinstrumente ableiten. Die Überlegungen münden in der Forderung nach einer *Ethik für Unternehmen* (Teil I, Kap. 4).

In Teil II, Kap. 1, wird der Begriff der *Ethik* genauer spezifiziert und abgegrenzt. Die Erläuterung der verschiedenen (allgemeinen) Ethik-Ansätze soll ein Verständnis für die hier gewählte Konzeption der Diskursethik wecken und die Anlage einer Unternehmensethik in der gewählten Form verdeutlichen. Anknüpfend an die Darstellung der zentralen (deutschsprachigen) unternehmensethischen Ansätze von HOMANN/BLOME-DREES, STEINMANN/LÖHR und ULRICH, wird die Konzeption einer *integrativen Unternehmensethik* in Teil II, Kap. 2, problembezogen vertieft.

Die Diskursethik von HABERMAS bildet den zentralen theoretischen Bezugsrahmen dieser Arbeit. Daher werden in Teil III die *Grundlagen der Theorie des kommunikativen Handelns* im Hinblick auf die vorliegende Problemstellung konkretisiert. Die relativ breiten Ausführungen sind erforderlich, um das Werk und seine Implikationen für die Verbesserung unternehmerischer Entscheidungen möglichst umfassend herauszustellen. Nach einigen kurzen Vorbemerkungen zur Entwicklung der Philosophie wird die *Rationalität von Normen* mit Hilfe des Begründungsansatzes der Diskursethik wissenschaftlich fundiert. Im Anschluß wird der Begriff des kommunikativen Handelns genauer erläutert (Teil III, Kap. 2). Bei der Umsetzung dieser Theorie auf Ebene des Top-Managements spielen ganz besondere Voraussetzungen der *idealen Sprechsituation* eine entscheidende Rolle, die ausführlich in Teil III, Kap. 3, dargelegt werden. Eine kritische Würdigung der Diskursethik und die Frage, ob sie überhaupt auf die betriebswirtschaftliche Theorie und Praxis anwendbar ist, runden diesen Teil ab (Teil III, Kap. 4).

Im abschließenden vierten Teil sind einige grundsätzliche Implementierungsfragen zu klären, die in Teil IV, Kap. 1, aufgeworfen werden. Dieser Teil bildet gleichzeitig den Schwerpunkt der vorliegenden Arbeit. Die Diskursethik ist vornehmlich mit dem Einwand einer unzureichenden Berücksichtigung der jeweils besonderen *Situation* konfrontiert worden.[74] Daher wird in Teil IV, Kap. 2, aufbauend auf den vorangehenden Ausführungen und Grundgedanken zunächst ein Verfahren entwickelt, daß die *situative Anwendung* von Normen im Rahmen einer unternehmerischen Entscheidung zum Gegenstand hat. Hierdurch ist die *Auflösung von Normenkollisionen*, die sich aufgrund der Vielzahl divergierender Interessen in einer bestimmten Situation für das Unternehmen ergeben bzw. ergeben könnten, möglich.[75] Eine solches Verfahren bedarf neben der Moderation auch weiterer methodischer Gesichtspunkte, die im Rahmen der *Sokratischen Vorgehensweise* konkretisiert werden. Zur Implementierung sind jedoch bestimmte Voraussetzungen zu schaffen, die sowohl individuelle, als auch institutionelle Aspekte berühren. Insbesondere die *praktische Urteilskompetenz* des Top-Managements stellt eine zentrale Bedingung für das Zustandekommen und die Realisierung von Diskursen dar. Aber auch *strukturelle und kulturelle Bedingungen der Führungsorganisation* stehen vielfach der Umsetzung und Anwendung der hier vorgestellten Unternehmensethik entgegen. Aus diesen Gründen werden in Teil IV, Kap. 3, die Implementierungsbedingungen genauer erläutert und mögliche Barrieren der Umsetzung analysiert.

[74] Vgl. v. Schomberg 1993: 275; Rebstock 1993: 809.

[75] Diese argumentative Auseinandersetzung mit der speziellen Handlungs- bzw. Entscheidungssituation – bei der es darum geht, möglichst alle Perspektiven genauer zu verstehen – mündet im Ergebnis in eine Lösung, die zwar nicht für alle Parteien gleich vorteilhaft, aber *gerecht* ist. Darin kommt das Interesse an einer insgesamt tragfähigen Problemlösung und nicht an einer bestimmten Position zum Ausdruck.

Daran anknüpfend werden Handlungsempfehlungen zur Verbesserung der Rahmenbedingungen einer diskursiven Unternehmensethik auf Ebene des Top-Managements diskutiert.

Die Arbeit schließt mit einer kritischen Würdigung in Teil IV, Kap. 4, und führt im Ergebnis zu dem Plädoyer für die Implementierung einer diskursiven Ethik auf Ebene des Top-Managements. Diese fungiert als *Vision* für die Durchführung von unternehmenspolitischen und -strategischen Entscheidungsprozessen und erfordert eine Reihe von flankierenden, zum Teil unternehmens- und gesellschaftsübergeifenden Maßnahmen. Ein Ausblick, der die zukünftige Notwendigkeit und Dringlichkeit unternehmensethischer Reflexionen unterstreichen soll, rundet die Arbeit ab.

2 Zu den Grenzen heutiger Koordinationsmechanismen bei der Legitimation unternehmerischer Aktivitäten

Jede arbeitsteilige Wirtschaft und Gesellschaft steht vor dem grundlegenden Problem, die Interessen und Absichten sowie die daraus resultierenden Handlungen aller Individuen und Gruppierungen so aufeinander zu beziehen, daß eine erfolgreiche und dauerhafte Koordination gelingt und auch zukünftig immer wieder möglich ist. Dabei steht die gesamtwirtschaftliche Bedürfnisbefriedigung im Vordergrund.[76] Der wachsende Druck gesellschaftlicher Anspruchsgruppen auf Unternehmen deutet darauf hin, daß diese Abstimmung gesellschaftlicher und privatwirtschaftlicher Interessen zunehmend mißlingt. Aus diesem Grunde sind gesellschaftliche Anliegen bei unternehmerischen Entscheidungen verantwortlich zu berücksichtigen. Es stellt sich die Frage, aus welchen Gründen eine solche Integration erst in jüngerer Zeit an Bedeutung gewinnt und wodurch unternehmerisches Handeln bislang legitimiert wurde.

Traditionell erfolgt die Koordination gesellschaftlicher und privatwirtschaftlicher Interessen über die Lenkungssysteme von *Markt* und *Gesetz*.[77] Hinzu kommt seit den 70er Jahren von seiten der Öffentlichkeit die Forderung, daß auch Unternehmen bzw. deren Top-Manager bei ihren Entscheidungen die gängige *Moral* zu berücksichtigen haben.[78] Dies soll durch die Übernahme von *gesellschaftlicher Verantwortung der Unternehmensführung* realisiert werden.[79] Es wird daher im folgenden aufgezeigt, *wie* die Harmonisierung von ge-

[76] Vgl. Steinmann/Schreyögg 1993: 76 und 81.
[77] Vgl. Dyllick 1990: 80.
[78] Vgl. Homann 1997b: 11; Weise 1997a: 60.
[79] Vgl. Steinmann/Schreyögg 1993: 103. Diese Idee kann als Vorläufer der Unternehmensethik verstanden werden. Es konnte festgestellt werden, daß der Begriff „Verantwortung“ bei Praktikern positiver konnotiert ist als der Begriff „Ethik“. Vgl. Blickle 1998a: 6.

sellschaftlichen und privatwirtschaftlichen Interessen im System der Marktwirtschaft erfolgt und *warum* diese Koordinationsinstrumente immer häufiger an ihre Grenzen bei der Legitimation unternehmerischer Aktivitäten stoßen.

2.1 Grenzen marktlicher Koordination

Die etablierte Wirtschaftswissenschaft sieht den Markt als primäre Lenkungsinstanz. Die *neoklassische Markttheorie* lehrt, daß dieser die individuellen Pläne der Marktteilnehmer optimal aufeinander abstimmt.[80] Seine *Legitimation* erhält er dadurch, daß er sich als ausgesprochen effizientes Koordinationsinstrument der vielfältigen und komplexen Interaktionen der einzelnen Wirtschaftsakteure erweist und aus gesamtwirtschaftlicher Sicht zu einer optimalen Allokation knapper Ressourcen führt.[81] Der Markt stellt ein kybernetisches System dar, das zu einer bestmöglichen Nutzung der verfügbaren (knappen) Güter führen soll. Die Handlungspläne der Akteure werden über *Preise* abgestimmt, die sich aus dem Zusammenspiel von Angebot und Nachfrage ergeben.[82] Diese bringen zum einen den mengenmäßigen Umfang von Angebot und Nachfrage in Einklang und zeigen zum anderen, welche Art von Gütern überhaupt knapp sind und wo ein gesellschaftlicher Bedarf besteht.[83] Damit stellen sie Informationen zur Reaktion der Marktteilnehmer bereit (Steuerungsfunktion der Preise).

Den größtmöglichen Beitrag zum Allgemeinwohl leisten die Marktteilnehmer, wenn sie sich entsprechend dem Modell des „Homo oeconomicus" verhalten.[84] Ihre Hauptaufgabe ist die Optimierung des jeweils individuellen Nutzens, d.h., der Unternehmer soll seine Gewinne und der Konsument z.B. entsprechend seiner Präferenzen die Anzahl der verfügbaren Güter maximieren. Dieser Lehre zufolge sichert das private Nutzenstreben aller Marktakteure den größtmöglichen Beitrag zum Gemeinwohl: „Markt- und Preissystem bilden einen ‚perfekten' Mechanismus des Interessenausgleichs auf der Basis je individueller

80 Vgl. Baßeler/Heinrich/Koch 1991: 101; Woll 1990: 68f..

81 Vgl. Steinmann/Schreyögg 1993: 82; Dyllick 1990: 130.

82 Der Markt ist der ökonomische Ort des Tausches, an dem sich durch das Zusammentreffen von Angebot und Nachfrage Preise bilden. Vgl. Schmalen 1996: 25; Laux/Liermann 1993: 8; Woll 1990: 75.

83 Vgl. zum Marktmechanismus ausführlich Smith 1996: 48-56. Die Preise haben neben ihrer quantitativen Koordinationsfunktion auch einen qualitativen Aspekt: Sie ermöglichen ebenfalls, das Angebot nach Art und Qualität auf die Nachfrage abzustimmen; Ware, die nicht den Konsumbedürfnissen entspricht, wird auch nicht abgesetzt. Eine Vielzahl von Unterschieden in Angebot und Nachfrage wird so über ein einziges Signal gesteuert. Vgl. Dyllick 1990: 132.

84 „Geburtshelfer" des „Homo oeconomicus" war David Ricardo, der den nach möglichst großer Befriedigung trachtenden und nur zu geringstmöglichen Opfern bereiten Egozentriker in Anlehnung an die klassisch liberale Wirtschaftstheorie von Adam Smith schuf. Vgl. Ulrich 1993: 195f..

Präferenzen."[85] Die Gewinnmaximierung ist also kein Privileg der Unternehmen, sondern ihre moralische Pflicht, weil genau dieses Verhalten den Interessen der Allgemeinheit am besten dient.[86] Somit geht das Ziel der Nutzenmaximierung im öffentlichen Gesamtinteresse auf.[87]

In den beiden Jahrzehnten des Konjunkturaufschwungs nach dem Zweiten Weltkrieg brachte die Bevölkerung den Unternehmen eine hohe *gesellschaftliche Akzeptanz* entgegen.[88] Der *Markt* galt *als Hüter der Moral*, da von ihm der größte Beitrag zum Gemeinwohl erwartet wurde.[89] Dies gelang vor allem deshalb, weil sich zu dieser Zeit die *Zielsysteme* der Unternehmen und der Gesellschaft weitgehend in *Übereinstimmung* befanden. Es gab kaum Diskrepanzen zwischen dem, was der einzelne Konsument erstrebte, und dem, was das Unternehmen als soziale, produktive Einheit zu erreichen suchte: Wachstum, Konsum, Maximierung der Produktion, Rendite und Gewinn. Privatwirtschaftliche *und* soziale Ziele wurden beinahe ausschließlich quantitativ formuliert.[90] Daher war das „Urvertrauen" in den natürlichen und harmonischen Interessenausgleich über den Marktmechanismus ungetrübt.[91]

Faktoren wie Umweltverschmutzung/-zerstörung, Arbeitslosigkeit, gesellschaftliche Desintegration und zunehmender Sinnverlust wiesen jedoch bereits zu Beginn der 70er Jahre auf die sichtbaren Auswirkungen *einseitig ökonomischen Erfolgsstrebens* hin.[92] Angesichts zahlreicher Folgeprobleme privater Wirtschaftstätigkeit wurde die *Legitimitätsbasis* des Marktes zunehmend kritisch hinterfragt.[93] Im Mittelpunkt stand die Fragwürdigkeit von Wirtschaft als rein privater Veranstaltung.[94] Unternehmerische Betätigung führte bzw. führt zunehmend zu Wirkungen, die nicht mehr über die im Marktmodell vorgesehene Steuerung über Preise abgerechnet werden können, wie z.B. die durch Eisen- und Stahlerzeugung belastete Luft oder die Lärmbelästigung für Anwoh-

---

85 Steinmann/Schreyögg 1993: 84f..

86 Vgl. Thielemann/Breuer 2000: 8; Ulrich 1997b: 5; Homann/Blome-Drees 1992: 38f.; Strümpel 1991: 245.

87 Vgl. Noppeney 1997: 16; Ulrich 1993: 198f.; Habermann 1992: 159. Kritisch wird das Verhältnis zwischen Nutzenmaximierung und Gesamtwohl reflektiert von Ulrich 1998b: 43f.; Knobloch 1997: 170-174; Wieland 1997: 251.

88 Vgl. Leisinger 1997: 22.

89 Vgl. Leisinger 1997: 38f..

90 S. Bernet 1993: 43f..

91 S. Bernet 1993: 44. Doch weder Unternehmen noch die Gesellschaft schienen sich dabei der Tatsache bewußt zu sein, daß natürliche Ressourcen nicht beliebig reproduzierbar sind. Saubere Luft und sauberes Wasser sind wichtige Grundlagen unserer Lebensqualität und der Konsumgenuß kann durch industrielle Aktivitäten erheblich beeinträchtigt werden.

92 Vgl. Leisinger 1997: 38; Ulrich 1993: 112-121; v. Rosenstiel 1990: 140.

93 Vgl. Ulrich/Fluri 1995: 57f.; Steinmann 1969.

94 Vgl. Steinmann/Schreyögg 1993: 84 und 87f..

ner eines Flugplatzes.[95] Diese sog. externen Effekte, d.h. alle Folgen der privaten Wirtschaftstätigkeit, die von Drittpersonen oder der Allgemeinheit bezahlt[96] werden, tangieren vor allem qualitative gesellschaftliche Interessen, wie z.B. die ökologische Umwelt, die soziale Gemeinschaft und das Leben des einzelnen.[97]

Eine zentrale Rolle spielt die durch den *Wertewandel* in der Gesellschaft ausgelöste *Veränderung des gesellschaftlichen Zielsystems* und die damit einhergehende modifizierte Beurteilung externer Effekte:[98] Wachstum, materieller Wohlstand und Effizienz zählen längst nicht mehr allein zu den übergeordneten Zielen. An ihre Stelle treten postmaterielle Werte wie „lebenswerte Umwelt", „Gesundheit", „persönliches Wohlbefinden" und „Zufriedenheit am Arbeitsplatz", die gleichzeitig als Meßlatte an unternehmerisches Handeln angelegt werden.[99] Es herrscht die Sichtweise von Unternehmen als *quasi-öffentliche Institutionen* vor, die nicht mehr nur Privatangelegenheit der Eigentümer sind, sondern elementare Interessen der Gesamtgesellschaft zu erfüllen bzw. zu berücksichtigen haben.[100] Daraus resultiert auch die Erwartung an Unternehmen, sich den grundlegenden Veränderungen des gesellschaftlichen Zielsystems anzupassen.

Besteht eine Diskrepanz zwischen den Erwartungen der Öffentlichkeit und dem unternehmerischen Handeln, führt dies immer häufiger zu gesellschaftlichen Auseinandersetzungen. Die in diesem Rahmen an Unternehmen herangetragenen Forderungen stützen sich auf die gängige *Moral* und nicht auf eine für marktliche Ansprüche typische Rechts- oder Vertragsgrundlage.[101] Dies wird besonders am *substantiellen Inhalt* gesellschaftlicher Konflikte deutlich. Gegenstand bilden überwiegend Fragen des Konsumentenschutzes, des Umweltschutzes sowie der Entwicklungsländerproblematik, die primär auf *moralisch begründeten Positionen* beruhen.[102] So wird z.B. das Recht auf „einwandfreie und unbedenkliche Nahrungsmittel" als Argument gegen den Einsatz von Tier-

---

95 Vgl. zu den externen Effekten wirtschaftlicher Tätigkeit Ulrich/Fluri 1995: 56f; Wieland 1990: 147f.; Sälter 1989: 5-18.

96 Zum einen meint der Begriff „bezahlen" ein tatsächliches *materielles* Aufkommen von Drittpersonen für solche Belastungen, z.B. Steuern für die Beseitigung durch den Staat oder durch private Aufwendungen. Zum anderen ein *immaterielles* „Bezahlen" z.B. in Form von Gesundheitsschädigungen oder des Verlustes einer lebensfreundlichen Umwelt. Vgl. Ulrich/Fluri 1995: 56f.; Hax 1993: 770; Steinmann/Schreyögg 1993: 103-110.

97 Vgl. hierzu ausführlich Ulrich 1993: 101-121; Steger 1991: 188-190.

98 Vgl. zu den vielfältigen Ursachen des Wertewandels v. Rosenstiel 1990: 141-143.

99 Vgl. Berkel 1998: 133; Bernet 1993: 29 und 46; v. Rosenstiel 1990: 142f..

100 Vgl. Ulrich/Fluri 1995: 60.

101 Vgl. zum „Vertragsmodell der Unternehmung" Steinmann/Schreyögg 1993: 84.

102 Vgl. Schweizer 1990: 341-343.

mehl in der Schweine- und Rindermast angeführt. Ein solcher war zuvor nicht gesetzlich untersagt und entsprach dem ökonomischen Prinzip (Maximierung der Fleischproduktion). Hierdurch wird deutlich, daß sich *gesellschaftliche Ziele* von rein ökonomischen Inhalten in Richtung qualitative, an moralischen Vorstellungen orientierte Größen verschoben haben.

Gesellschaftliche Anliegen als *moralische Positionen* lassen sich jedoch nicht über das Markt- und Preissystem koordinieren.[103] Aus Sicht der Gesellschaft erforderliche Maßnahmen, beispielsweise die Bereitstellung von bestimmten Infrastrukturleistungen, die Förderung zukunftsträchtiger Technologien oder Umweltschutz, werden in der „freien" Marktwirtschaft unterlassen, da sie zu Kostenerhöhungen führen, die von der Konkurrenz ausgebeutet werden können. Achtet ein einzelner Anbieter nicht ausschließlich auf seine Effizienz, sondern berücksichtigt zusätzlich gesellschaftliche Interessen, so läuft er Gefahr, Wettbewerbsnachteile zu erleiden und von seinen Konkurrenten aus dem Markt gedrängt zu werden.[104] Jede freiwillige Leistung einzelner Unternehmen, sofern sie Kostenerhöhungen zur Folge hat, ist durch die Konkurrenz ausbeutbar und verschafft genau jenen Wettbewerbern Vorteile, die diese Leistungen nicht erbringen.[105] So wird ein Produzent, der z.B. aus moralischen Überlegungen heraus auf die Fütterung von Tiermehl verzichtet, langfristig nicht existieren können, wenn sich dieses Engagement in steigenden Kosten – und höheren Preisen für den Endverbraucher – bemerkbar macht. Honoriert der Konsument z.B. durch steigende Zahlbereitschaft ein solches Verhalten nicht, so scheidet der Anbieter langfristig vom Markt aus, da die Kunden auf günstigere Anbieter ausweichen.[106] Der Markt ist also hier nicht in der Lage, zwischen fehlender Leistung und moralischer Zurückhaltung zu unterscheiden. Er bestraft beides gleichermaßen.[107] Das Marktprinzip zwingt Unternehmen also, auf ihre Effizienz zu achten und ausschließlich profitable Angebote auf den Markt zu brin-

---

103 Vgl. Leisinger 1997: 38. Insofern definiert Dyllick „gesellschaftliche Anliegen" auch wie folgt: „Gesellschaftliche Anliegen sind nichtmarktliche Bedingungen oder Forderungen, die, falls sie bestehen bleiben, zu einer spürbaren Beeinträchtigung für die Tätigkeit oder die Interessen der Unternehmung führen." Dyllick 1990: 36.

104 Dem liegt der Gedanke zugrunde, daß die Berücksichtigung von gesellschaftlichen Interessen nicht im Wettbewerb zu realisieren ist. Soziale und ökologische Probleme der Wirtschaft sind hiernach kollektiver Art und können nicht von einem einzelnen Anbieter oder Nachfrager gelöst werden. Homann/Blome-Drees machen diesen Zusammenhang anhand der spieltheoretischen Illustration des Gefangenendilemmas deutlich. Vgl. Homann/Blome-Drees 1992: 29-35.

105 Vgl. Homann/Blome-Drees 1992: 28. In vielen Fällen zahlt sich gerade unmoralisches Verhalten aus, so z.B. die Entsorgung von Giftstoffen in Dritte-Welt-Länder, die preiswerter ist und eine Senkung der Kosten und damit des Verkaufspreises ermöglicht.

106 Vgl. Steinmann/Schreyögg 1993: 85f..

107 S. Homann/Blome-Drees 1992: 34.

gen.[108] Diese unnachgiebige Forderung erschwert jedoch die Verfolgung gesellschaftlicher Interessen bzw. macht sie beinah unmöglich.

Daher kann der Markt den Konsumenten auch nicht wirksam vor fehlerhaften bzw. gesundheits- und lebensgefährdenden Produkten oder Dienstleistungen schützen.[109] Wer sich nicht an die Regeln des Wettbewerbs hält, d.h. Gewinne maximiert, der wird mit wirtschaftlichem Ruin bestraft, ganz unabhängig davon, ob er nicht konkurrenzfähig ist oder aus moralischen Gründen bestimmte Handlungen unterlassen hat.[110] So werden aus Rentabilitätsaspekten auch solche Produkte auf den Markt gebracht, von denen der Unternehmensleitung durchaus bekannt ist, daß von ihnen gesundheitliche Gefahren ausgehen können. BSE in Rindfleischprodukten, TBT in Textilien und der Absatz von fehlerhaft produzierten Arzneimitteln oder nachweislich gesundheitsgefährdenden Produkten/Stoffen (z.B. DDT) in Drittweltländern zeigen in diesem Zusammenhang einige jüngere Beispiele auf.

Bisher läßt sich also folgendes festhalten: Der Markt leistet heutzutage nicht zwingend eine optimale Koordination gesellschaftlicher und privatwirtschaftlicher Interessen.[111] Die Lehre der klassischen Wirtschaftstheorie, daß das *ungehemmte Gewinnstreben* aller Marktakteure den größtmöglichen Beitrag zum Gemeinwohl leiste und die Akteure vollständig von der Berücksichtigung anderer Interessen entbinde, ist damit längst überholt.[112] Im Gegenteil wird ein sol-

108 Vgl. Homann/Blome-Drees 1992: 73-77.

109 Vgl. Leisinger 1997: 38; Hansen 1989: 235.

110 S. Homann/Blome-Drees 1992: 34. Die Volkswirtschaftslehre kennt bereits einen ganzen Katalog von Marktmängeln und Marktversagen. Die Marktunvollkommenheit ist allgemein anerkannt und wird staatlich korrigiert. Vgl. Norden 1998: 26; Schmalen 1996: 34; Dyllick 1990: 134-136. So neigt beispielsweise ein sich selbst überlassener Markt zur Aufhebung des Wettbewerbs durch Kartellabsprachen und Konzernbildung. Vgl. Schmalen 1996: 37; Kemper 1989: 8-10.

111 Vgl. Ulrich 1997b: 6f..Allerdings dient der Markt ohnehin nur dem gesellschaftlichen Interessenausgleich, wenn niemand die Möglichkeiten besitzt, zur Durchsetzung seiner eigenen Interessen Einfluß auf den Preis zu nehmen. Dies wird in der Theorie durch bestimmte Rahmenbedingungen, wie z.B. „vollkommene Märkte“, „vollständige Markttransparenz“ und „Anpassung ohne Zeitverlust“ gewährleistet, die allerdings in der Realität aufgrund von Konzentrations- und Wettbewerbsprozessen kaum mehr vorzufinden sind. Vgl. Kötter 1997: 109; Leisinger 1997: 38; Hansen 1988: 32-50. Siehe auch Tippelt/Zimmermann 1991: 344f.

112 Vgl. Bürgenmeier 1997: 60; Bierich 1995: 191. Daß speziell externe Effekte die Erreichung der gesamtwirtschaftlichen Wohlfahrt verhindern und so die zentrale Legitimationsgrundlage des Preissystems tangieren, ist theoretisch unbestritten. S. Steinmann/Schreyögg 1993: 88. Sicherlich erfordert diese Feststellung auch eine Revision des Begriffes „Allgemeinwohl“, der einseitig an wirtschaftlichen Erfolgsgrößen angelehnt zu sein scheint. Die wirtschaftliche Entwicklung der letzten hundert Jahre hat die meisten Menschen von der Sorge um das „tägliche Brot“ enthoben. Grundlage für die Ausgestaltung des unternehmerischen Ziel- und Wertesystems bildeten Wert- und Normensysteme des späten 18. Jahrhunderts bis hin zum Zweiten Weltkrieg. Immer mehr werden in der heutigen Zeit jedoch ganz andere Fragen, die eher mit immateriellen Werten

ches Verhalten den veränderten gesellschaftlichen Ansprüchen und Interessen kaum mehr gerecht und steht dem in einigen Fällen sogar völlig entgegen.[113]

Auch der Verweis der Neoklassiker, daß der Marktmechanismus *langfristig* die Einhaltung moralischer Verhaltensweisen der Marktteilnehmer sicherstelle, vermag nicht zu überzeugen.[114] Hiernach gilt: Wer moralisch nicht akzeptierbare Ziele verfolgt oder als unmoralisch angesehene Praktiken einsetzt, wird früher oder später dafür vom Markt bestraft – sein Image wird nachhaltig Schaden nehmen, die Umsätze sinken, die Gewinne werden zurückgehen und er wird seine Praktiken zwangsläufig einstellen müssen.[115] Doch diese aus der Marktreaktion gewonnene Erkenntnis kommt oftmals sowohl für die Allgemeinheit als auch für die Unternehmen zu spät. Irreversible Auswirkungen in der ökologischen Umwelt, nachhaltige Gesundheitsschädigungen und sonstige Folgen, die sich nicht oder nur mit hohen finanziellen und sozialen Kosten korrigieren lassen, sind potentielle Konsequenzen für die *Gesellschaft.* Imageschäden, die kaum reparabel sind, und Marktanteilsverluste, die sich nur schwer wieder wettmachen lassen, sind mögliche Folgen für *Unternehmen.*[116] Vielfach stehen diese Schäden und Verluste in keinem Verhältnis mehr zum Nutzen, den diese Aktivitäten den Unternehmen bringen sollten. Der Marktmechanismus kann jedoch solche „gefährlichen" Entwicklungen häufig einfach nicht *schnell* genug korrigieren.

Der Markt – und damit der Verweis auf die gesamtgesellschaftlich notwendige *wirtschaftliche Effizienz* unternehmerischen Handelns – stößt angesichts veränderter gesellschaftlicher Zielvorstellungen als alleinige *Legitimationsbasis* für Unternehmen immer mehr an seine Grenzen.[117]

2.2 Grenzen gesetzlicher Koordination

Tausend Fälle können eintreten, die der Gesetzgeber nicht vorausgesehen hat. Das Gefühl dafür, daß man nicht alles voraussehen kann, ist eine sehr notwendige Voraussicht. (Rousseau, Der Gesellschaftsvertrag IV)

Die Freistellung des Marktes von gesellschaftlichen Interessen ist ein Ergebnis der liberalen Klassik, die sich bis hin zur modernen Neoklassik fortgesetzt

in Verbindung stehen, relevant. Werte und Werteordnungen sind eben nicht ein für allemal festgeschrieben. Sie ändern sich in Raum und Zeit, sind dynamisch und passen sich den veränderten Umfeldbedingungen an. Vgl. Bernet 1993: 22-30.

113 Vgl. Leisinger 1997: 38; Kumar/Sjurts 1991: 164.

114 Vgl. Dörner 2000: 101; Bernet 1993: 42.

115 Vgl. Friedman 1971.

116 Vgl. Bernet 1993: 42-45.

117 Vgl. Nutzinger 1999: 5; Leisinger 1997: 35; Steinmann/Schreyögg 1993: 88; Osterloh 1989: 146; Steinmann/Oppenrieder 1985: 175f..

hat.[118] Mit der räumlichen Erweiterung der Außenhandelsmärkte wurden auch die ehemals staatlich reglementierten Binnenmärkte liberaler und damit dem freien Spiel der Marktkräfte überlassen.[119] Es entstand die eigentliche „Marktgesellschaft“, die weitgehend von der persönlichen Moral der einzelnen Akteure abgekoppelt und auf funktionale Systemintegration umgestellt wurde. Gewinn wurde zum wichtigsten Maßstab wirtschaftlichen Handelns und sollte gleichzeitig die gesellschaftliche Anerkennung sichern. Das Ziel der Wohlstandsmaximierung (Allgemeinwohl) – so glaubte man – würde durch den freien Markt am besten gelöst.[120] Aufgabe der liberalen Politik war die Schaffung und Stabilisierung der institutionellen Voraussetzungen einer ungehinderten, stetigen Kapitalverwertung. In den meisten westeuropäischen Ländern fand dies als „Laisser-faire-Prinzip“ Eingang in die Innen- und Außenpolitik.[121] Das Vertrauen in die Selbstregulierungs- und Optimierungskräfte des Marktes führte dazu, daß sich der Staat jeglicher Begrenzungen der Marktrationalität zum Schutze der Gesellschaft enthielt. Der Markt allein sollte die optimale Versorgung der Bevölkerung und den allgemeinen Wohlstand fördern.[122]

Bereits Ende des 19. Jahrhunderts waren die sozialen Folgen der freien Marktwirtschaft nahezu unübersehbar: Das Elend der (deutschen) Arbeiterschaft verschärfte sich infolge der Industrialisierung und aufgrund einer stark liberalisierten Gewerbeordnung zusehends. Die Ausbreitung der Armut gab wenig später Anlaß zur Einführung der BISMARCK´schen Sozialgesetze.[123] Erst nach

118 Vgl. Horn 1996: 55. Im deutschen Sprachraum wurde mit der sog. Historischen Schule im 19. Jh. ein theoretischer Sonderweg eingeschlagen, der Markt und Moral noch einmal vereint. Insbesondere Gustav von Schmoller war ein Vertreter dieser Richtung, der sich ganz vehement für Sozialreformen und den Fürsorgeauftrag des Staates einsetzte. Vgl. ebd.: 56-59.

119 Vgl. hierzu ausführlich Ulrich 1993: 92-94.

120 Die Transformation von Moral in Ökonomie wird von vielen Autoren auf Adam Smith zurückgeführt. Vgl. Homann/Blome-Drees 1992: 22f.. Damit wird der von ihm als zentrales Element wirtschaftlichen Wohlstands herausgestellte Eigennutz als einzige Triebfeder menschlichen Handelns interpretiert, was allerdings nicht ganz in dessen Sinne ist. Vgl. Leisinger 1997: 36; siehe auch Teil I, Kap. 3.2.

121 Dabei wird der geistesgeschichtliche Kontext bei der Interpretation des Werkes von Smith häufig unterschlagen. Die „invisible hand“ wird von der Mehrzahl der Zitierenden als der freie Markt- und Preismechanismus interpretiert. Im Mittelpunkt der philosophischen Grundlagen der Arbeit von Smith steht jedoch ein mechanisches Weltbild. Damit lehnt sich Smith eng an die von Zeno begründete stoische Morallehre an, die besonders die Geringschätzung des Lebens und des Todes sowie die bedingungslose Unterwerfung unter die Ordnung der Vorsehung als Tugend fordert. Vgl. Smith 1994: 458-491. So betrachtete er das Universum ähnlich wie Kopernikus, Kepler, Galilei und Newton als riesige Maschine, die – einmal angeworfen – sich selbst reguliert. Die Entwicklung der Welt liegt dabei in den Händen eines wohlwollenden „Schöpfergottes“, der die Geschicke der Welt lenkt. Die Idee des Laisser-faire bringt damit vor allem seine positive Grundhaltung in bezug auf die Schaffenskraft des Schöpfers und nicht im Hinblick auf die Effizienz des Markt- und Preismechanismus´ zum Ausdruck. Vgl. Büscher 1995: 277.

122 Vgl. Ulrich 1993: 96f..

123 Vgl. Horn 1996: 57; Hamm 1992: 139.

dem Zweiten Weltkrieg wurden jedoch weitreichende und umfassende ordnungspolitische Reformen verwirklicht, die insbesondere die sozialen Folgen des wirtschaftlichen Fortschritts eindämmten. Der *Ordoliberalismus* überwand die Doktrin von den natürlichen Selbstordnungskräften des Marktes und sah die Notwendigkeit eines demokratisch-politisch zu setzenden Ordnungsrahmens der Marktwirtschaft. Aus der „freien" Marktwirtschaft wurde die „soziale" Marktwirtschaft, die zumindest die offenkundigen, von der Mehrheit der Bevölkerung als untragbar empfundenen Folgen der Marktliberalisierung ausschalten, begrenzen oder zumindest kompensieren sollte.[124]

Zum Schutz bestimmter Interessengruppen, wie Verbraucher oder Arbeitnehmer, sind seitdem eine Vielzahl formaler Regelungen erlassen worden.[125] Diese wirken als externe Beschränkungen für unternehmerisches Handeln und sollen dazu beitragen, Interessenkonflikte harmonisch beizulegen.[126] Der gesellschaftliche Interessenausgleich wird somit auf *Ebene der wirtschaftlichen Rahmenordnung* durch entsprechende Gesetze, die für alle Marktteilnehmer gleichermaßen Gültigkeit beanspruchen, d.h. *wettbewerbsneutral* sind, realisiert. Unternehmen tragen also am besten zum Allgemeinwohl bei, wenn sie bei ihren Handlungen *ausschließlich* die *Effizienz* im Blick halten. Gewinnmaximierung – unter den Bedingungen einer geeigneten Rahmenordnung – ist damit keineswegs verwerflich, sondern dient den Interessen der Allgemeinheit nach wie vor am besten.[127]

Die Rahmenordnung erstreckt sich auf zwei verschiedenen Ebenen. Auf *gesamtwirtschaftlicher Ebene* wurden zahlreiche Gesetze erlassen, die unsere *Wirtschaftsordnung* konstituieren. Sie umfaßt die Gesamtheit aller rechtlichen Vorschriften, Koordinationsinstrumente sowie Zielsetzungen, Verhaltensweisen und Institutionen, die den Aufbau und Ablauf einer Volkswirtschaft bestimmen.[128] Die relevanten wirtschaftsrechtlichen Regeln werden auch als *Wirtschaftsverfassung* bezeichnet. Hierzu gehören neben den in Bund und Ländern verankerten Vorschriften insbesondere auch wirtschaftlich bedeutsame

---

124 Vgl. Dietzfelbinger 1999: 7; Ulrich 1993: 98f.; Strümpel 1991: 248.

125 Die Wirtschaftsordnung kann darüber hinaus als der Versuch angesehen werden, die Funktionsfähigkeit des Preissystems in der ökonomischen Realität zu verwirklichen und unter den sich ändernden historischen Bedingungen aufrecht zu erhalten. Vgl. Nutzinger 1999: 3; Dietzfelbinger 1999: 9; Steinmann/Schreyögg 1993: 86.

126 Neben den externen Restriktionen, wie z.B. die Umweltschutzgesetzgebung oder die Produzentenhaftung, hat der Gesetzgeber auch den internen Entscheidungsprozeß modifiziert und dafür Sorge getragen, daß z.B. im MitbestG, im MontanMitbestG und in der BetrVG durch die Mitbestimmung der Arbeitnehmer eine bessere Interessenwahrung möglich wird. Vgl. Steinmann/ Schreyögg 1993: 101f..

127 Vgl. Homann/Blome-Drees 1992: 38f..

128 Vgl. Baßeler/Heinrich/Koch 1991: 52.

Bundes- und Landesgesetze, wie beispielsweise das Gesetz gegen Wettbewerbsbeschränkungen sowie Aktien- und Steuergesetze.

Auf *einzelwirtschaftlicher Ebene* bildet die *Unternehmensverfassung* die zentrale Rechtsinstitution zur Interessenabstimmung.[129] Sie stellt die Summe der Rechtsnormen dar, die in der für das Unternehmen relevanten Gesetzgebung (je nach Rechtsform) schriftlich fixiert sind.[130] Darüber hinaus wird sie durch weitere, nichtgesetzliche Regelungen des jeweiligen Unternehmens konkretisiert.[131] Die Unternehmensverfassung (im weiteren Sinne) setzt sich somit aus den einschlägigen gesetzlichen Regelungen (z.B. Wettbewerbs-, Kapitalmarkt-, Verbraucherschutz-, Gesellschafts-, Arbeits- und Mitbestimmungsrecht), aus kollektivvertraglichen Vereinbarungen (z.B. Firmentarifverträgen und Betriebsvereinbarungen) sowie aus privatautonomen Rechtsregelungen (z.B. Satzungen, Geschäftsordnungen oder Unternehmensverträge), zusammen.[132]

Das Dilemma zwischen Markt und Moral wird durch die Trennung in die *Rahmenordnung* des Handelns (gesetzliche Handlungsregeln) und die *Handlungen* innerhalb dieser Ordnung (unternehmerische Handlungszüge) gelöst:[133] Mit Hilfe von dauerhaften Regelungen soll unternehmerisches Handeln kanalisiert und der gesellschaftliche Interessenausgleich gewährleistet werden. Wer sich im Rahmen der gesetzlich fixierten Vorschriften bewegt, agiert automatisch moralisch richtig. Verstöße hingegen werden unmittelbar juristisch sanktioniert. Damit ermöglichen die gesetzlichen Regelungen eine *Legitimation* des unternehmerischen Handelns, so z.B. der Verweis auf das geltende Arbeitsrecht bei der Frage der Entlassung von Mitarbeitern.[134] Bei *Vollkommenheit der Rahmenordnung*, d.h. bei vollständiger Ausgrenzung sämtlicher denkbarer unmoralischer bzw. gesellschaftlich nicht erwünschter Handlungsweisen durch Gesetze und Auflagen besteht daher prinzipiell keinerlei Bedarf an weiteren Legitimationsbemühungen. Unternehmerisches Handeln wäre dann *vollständig vorgeschrieben*. Die Akteure kämen gesellschaftlichen Forderungen allein durch Befolgung der Gesetze nach.[135]

---

129 Vgl. Bea/Göbel 1999: 146f. und 391; Gerum 1997: 282; Gerum 1989: 133.

130 Vgl. Bleicher 1991: 15. Bei der Gestaltung der Unternehmensverfassung sind vor allem die beiden grundlegenden Fragen nach den konstituierenden Interessen und den institutionellen Vorkehrungen zur Ausrichtung auf diese Interessen zu beantworten: Vgl. Gerum 1997: 282; Gerum 1992: 2481; Gerum 1989: 134.

131 Diese Regelungen finden ihren Ausdruck z.B. in der Geschäftsordnung, in Geschäftsverteilungsplänen oder anderen Dokumenten. Vgl. Bleicher 1991: 15.

132 Vgl. Gerum 1997: 287-301; Gerum 1989: 136.

133 Vgl. Homann 1992: 77 und Homann/Blome-Drees 1992: 25-29. Die Autoren wählen an dieser Stelle in Analogie zum Sport die Begriffe „Spielregeln“ und „Spielzüge“.

134 Vgl. Steinmann/Löhr 1994a: 100f.; Homann/Blome-Drees 1992: 20-29.

135 Vgl. Homann/Blome-Drees 1992: 114.

Aus pragmatischen und systematischen Gründen können die Bedingungen einer vollständigen Rahmenordnung jedoch niemals umfassend vorliegen.[136] Es ergeben sich so gut wie immer *Handlungsspielräume* für Unternehmen, z.B. bei der Wahl von Strategien oder den zur Umsetzung anzuwendenden operativen Mitteln und Maßnahmen.[137] Diese können durchaus zu Lasten gesellschaftlicher Interessen genutzt werden und lassen sich nicht durch eine Verbesserung bzw. Verschärfung der Gesetze verantwortlich begrenzen.[138] Denn nicht jede Handlungsoption eines Unternehmens kann vom Gesetzgeber vorhergesehen und juristisch vorgeregelt werden: Angesichts zahlreicher technischer Innovationen, der Erschließung neuer Märkte und der Veränderungen regionaler und weltweiter Rahmenbedingungen steigt die Zahl der Handlungsoptionen immens.[139] Damit wachsen auch die *diskretionären Spielräume* unternehmerischer Entscheidungen.[140] Die Antizipation und Begrenzung dieser Handlungsspielräume ist angesichts der hohen Umweltkomplexität und -dynamik und der daraus resultierenden Multioptionalität als unrealistisch anzusehen.[141]

Hinzu treten eine Reihe von weiteren Gründen, die auf die begrenzte Koordinationsfähigkeit rechtlicher Regelungen schließen lassen.[142] Hierzu zählen insbesondere:[143]

- **Time-lag:** Die Fortentwicklung des gesetzlichen und institutionellen Rahmens ist vom Charakter her reaktiv, d.h., sie erfolgt immer mit einem gewissen Zeitverzug. Erst wenn ein Problem eine hinreichende Dringlichkeit erlangt hat, werden die Probleme einer juristischen Lösung zugeführt. Aufgrund der relativ bürokratischen Strukturen zieht sich das Verfahren von der

136 Vgl. Homann 1992: 81.

137 Vgl. Finkelstein/Hambrick 1990: 488-490.

138 Insbesondere Großunternehmen verfügen über solche nichttrivialen Handlungsspielräume im Wettbewerb und können durch marktstrategische Handlungen die Marktstruktur selbst erfolgreich beeinflussen. Vgl. Gerum 1992: 2483. Dabei scheint der Handlungsspielraum der „Konzernfürsten" so groß wie nie zuvor zu sein. Vgl. Ogger 1999: 27.

139 Vgl. Lay 1998: 202.

140 Vgl. Steinmann/Löhr 1994a: 102.

141 Vgl. Dierkes/Zimmermann 1991: 39. Dies würde nämlich voraussetzen, daß der Gesetzgeber jede mögliche Handlung eines Unternehmens kennen und vorregeln würde. Da eine Reihe von Unternehmenshandlungen erst durch eine bestimmte Verkettung von Umständen problematisch werden, die jedoch niemals vorausgesehen werden kann, wird es nicht möglich sein, die unternehmerischen Spielräume ex ante angemessen zu begrenzen. Vgl. zum Staatsversagen ausführlich Lay 1993: 169-203.

142 Vgl. Steinmann/Oppenrieder 1985: 177. Siehe zum Staatsversagen im Umweltbereich Münch 1996: 136f.. Er macht allerdings interne und externe Einschränkungen des staatlichen Handlungsspielraumes für das Versagen verantwortlich.

143 Vgl. Homann/Blome-Drees 1992: 114 – 116 und Homann 1992: 81f; Dierkes/Zimmermann 1991: 39; Hauff 1991: 81; Kumar/Sjurts 1991: 166-169; Steger 1991: 191f.; Bleicher 1991: 18; Dyllick 1990: 142-144; Gerum 1989: 136-139.

Problemerkennung bis hin zur rechtswirksamen Lösung meist mehrere Monate, wenn nicht Jahre hin. Bis dahin sind in vielen Fällen bereits nachhaltige Schädigungen eingetreten.

- **Formalisierungsgrad und Umfang des Regelungsbedarfs:** Der Gesetzgeber ist bestrebt, die erlassenen Gesetze in einer allgemeinen Form zu fassen, damit möglichst viele Tatbestände erfaßt werden können. Diese formelle Allgemeinheit eröffnet jedoch zahlreiche Handlungs- und Interpretationsspielräume für Unternehmen, so daß sich eine Reihe von „Schlupflöchern" ergeben, die ihrerseits einer formalen Regelung zugeführt werden müssen. Des weiteren lassen dynamische Entwicklungen in Technik, Wissenschaft etc. einen erheblichen gesetzlichen Regelungsbedarf in immer kürzeren Abständen entstehen, der kaum mehr angemessen zu bewältigen ist.
- **Defizite im Sanktions- und Kontrollsystem:** Aufgrund der hohen Komplexität von z.B. Großunternehmen und ihrer Entscheidungsprozesse ist eine zur Sanktionierung erforderliche personelle Zuordnung stark erschwert. Darüber hinaus kann die Einhaltung der Gesetze niemals vollständig überprüft und garantiert werden. Die Regelungskapazität der Kontrollorgane ist faktisch sehr begrenzt, so daß das Funktionieren eines Rechtsstaates in einem hohen Maße von Zustimmung und Einsicht abhängig ist.
- **Globalisierung:** Die Herausforderungen einer Weltwirtschaft erfordern das gemeinsame Schaffen einer Weltordnung, an der sich alle Staaten beteiligen. Fehlende Einsicht und Interesse der Politiker etlicher Länder und Nationen lassen ein solches Projekt allerdings bislang scheitern. Unterschiedliche Gesetzeslagen bieten insbesondere multinationalen Unternehmen Möglichkeiten zur *Moralarbitrage* (z.B. werden Pflanzenschutzmittel oder Medikamente in Drittweltländern angewendet, die in Europa aus Gesundheitsgründen bereits verboten sind).

Unternehmerisches Handeln kann aufgrund dieser Mängel niemals vollständig vorgeschrieben werden. Damit wird deutlich, daß Gesetze weder im nationalen, geschweige denn im internationalen Bereich ausreichen, um die Gesellschaft bzw. die Umwelt vor negativen Folgen wirtschaftlicher Betätigung zu bewahren.[144] Wer z.B. Gesetzeslücken, ungeregelte Tatbestände bzw. Interpretationsspielräume ausnutzt und/oder sich den lokalen Rechtsgegebenheiten anpaßt, handelt zwar *legal*, diese Handlungen sind aber noch lange nicht *legitim*.[145]

144 S. Leisinger 1993: 33; Kumar/Sjurts 1991: 178-183. Vgl. auch Brügmann 2000: 22; Steinmann 2000: 19; Dietzfelbinger 1999: 7; Lay 1998: 202; Jörgens 1997: 190.

145 Die Legalität unternehmerischer Handlungen steht in den meisten Fällen ja auch ganz außer Frage; ihre ethische Rechtfertigbarkeit, d.h. ihre Legitimität wird hingegen von der Öffentlich-

Damit wird deutlich, daß die beiden Begriffe der *Legalität* und *Legitimität* keineswegs einfach gleichzusetzen sind.[146] Eine legale Handlung kann also durchaus illegitim sein.

So haben weder die marktliche noch die gesetzliche Lenkung die Berücksichtigung gesellschaftlicher Anliegen zwingend zur Folge.[147] Dezentrale Preisbildung und die Sicherung der gesellschaftlichen Interessen durch Gesetze sind daher zwar notwendige, aber keine hinreichenden Bedingungen für die einvernehmliche Koordination gesellschaftlicher und privatwirtschaftlicher Interessen.[148] Es besteht die Notwendigkeit einer *zusätzlichen* Lenkungsinstanz, die genau dort eine Orientierung ermöglicht, wo beide Koordinationsinstrumente zu kurz greifen.[149]

2.3 Grenzen moralischer Koordination

Aufgrund der stark wachsenden, unerwünschten gesellschaftlichen Nebenwirkungen (externe Effekte), deren Kosten der Mit- und Umwelt aufgebürdet wurden, erhob sich bereits zu Beginn der 70er Jahre der Ruf nach der *gesellschaftlichen Verantwortung* der Unternehmensführung.[150] Vor dem Hintergrund der

keit in Zweifel gezogen. Gerum stellt ein Vier-Felder-Schema zur Klassifikation des Verhältnisses von Recht und Ethik vor und zielt besonders auf den Fall legaler aber illegitimer Handlungen. Vgl. Gerum 1989: 139.

146 Darüber hinaus muß man sich auch bewußt machen, daß es zahlreiche Gesetze gibt, die jeder ethischen Grundlage entbehren. Als Beispiel seien die Apartheitsgesetze in Südafrika genannt. Vgl. Meyer/Abich 1997: 185.

147 Vgl. Dörner 2000: 103; Leisinger 1997: 33; Hax 1993: 770.

148 Dietzfelbinger konstatiert, daß außerdem die geltenden Gesetze gar nicht den aktuellen Bedürfnissen der Bevölkerung entsprechen und erst angepaßt werden müssen. Vgl. Dietzfelbinger 1999: 8.

149 Vgl. Steinmann/Löhr 1994a: 119. Selbstverständlich kann das nicht heißen, daß die Rahmenordnung ihre Aufgabe und Funktion verliert. Es steht außer Frage, daß ihr nach wie vor eine bedeutende Funktion zur Sicherstellung der Rahmenbedingungen und moralisch korrekten Verhaltens zukommt. Ihr zu einer möglichst umfassenden Vollständigkeit zu verhelfen, ist Aufgabe einer hier nicht näher zu umreißenden Wirtschaftsethik. Allerdings löst sie damit nicht die Probleme für Unternehmen, die in gesellschaftspolitische Auseinandersetzungen geraten.

150 Vgl. Homann 1997b: 11; Steinmann/Schreyögg 1993: 103; Tippelt/Zimmermann 1991: 339; Staffelbach 1988: 41. Angesichts der verstärkt angeprangerten sozialen und ökologischen Zustände traten zunehmend Vertreter einer interessenpluralistisch ausgerichteten Unternehmensverfassung auf den Plan. Diese protestierten in erster Linie gegen Großunternehmen, die – ihrer Ansicht nach – verantwortungslos mit Rohstoffen und der natürlichen Umwelt umgingen. Sie forderten eine Erweiterung der Verantwortung dieser Unternehmen. Neben den traditionellen Aufgaben (z.B. Produktion und Absatz von Waren und Dienstleistungen, Erzielung von Gewinn und wirtschaftlichem Wachstum) sollten die gesellschaftsschädigenden Auswirkungen, die im Zuge der grundlegenden Unternehmensfunktionen auftreten, berücksichtigt werden. Die sozialen Kosten der unternehmerischen Tätigkeit sollten soweit wie möglich reduziert und von den Unternehmen selbst übernommen werden (z.B. durch sparsamen Umgang mit natürlichen Ressourcen, durch verbesserte Arbeitsbedingungen, durch Reduktion der Umweltbelastungen durch innovative Verfahren).

ersten Nachkriegswirtschaftskrise in der BRD, der starken Inflationstendenzen, zunehmender Umweltverschmutzung und Rohstoffverknappung wurde eine Neuordnung der Beziehungen zwischen Unternehmen und ihrer Umwelt gefordert.[151] Aufgrund der anhaltenden Vermachtungsprozesse in der Wirtschaft wurde dabei vor allem Großunternehmen vorgeworfen, einen entscheidenden Einfluß auf gesellschaftliche Interessen auszuüben und ausschließlich die Maximierung ihrer wirtschaftlichen Leistungsfähigkeit im Auge zu haben.[152] Daher wurde eine Neudefinition der Aufgaben der Unternehmensführung vorgeschlagen: Die Unternehmensleitung soll nicht allein die Interessen der Eigentümer (und Arbeitnehmer) vertreten, sondern im Sinne eines *Treuhänders* die Interessen aller von der Unternehmenstätigkeit Betroffenen zu einem fairen Ausgleich bringen.[153] Eine solche Erklärung wurde 1973 auf dem Europäischen Management-Symposium in Davos im Kreise von Unternehmern und Managern diskutiert, entwickelt und verabschiedet.[154] Im Mittelpunkt dieses Manifestes steht die dienende und interessenausgleichende Rolle der Unternehmensleitung gegenüber den dort genannten Bezugsgruppen, wie Kapitalseigner, Verbraucher, Arbeitnehmer und Gesellschaft. Diese Funktion soll mit Hilfe eines „Moralkodexes“ für Top-Manager (Prinzip der „gesellschaftlichen Verantwortung“ anstelle des „erwerbswirtschaftlichen Prinzips“) verankert werden.[155]

---

151 Vgl. Steinmann/Schreyögg 1993: 89.

152 Dabei handelt es sich nicht nur um ökonomische, sondern auch um gesellschaftliche Macht in Form des Einflusses großer Unternehmen auf die Art und das Verhalten anderer gesellschaftlicher Institutionen des öffentlichen Lebens, oder um politische Macht als Möglichkeit von Großunternehmen, Prozeß und Ergebnis der Regierungspolitik zu beeinflussen. Die Analyse der Machtpotentiale und ihrer Auswirkungen auf die Marktstrukturen dient Steinmann gleichzeitig als indirekter Nachweis für Handlungsspielräume für Unternehmen: In der Situation der vollkommenen Konkurrenz, also bei totaler Machtlosigkeit, steht den Unternehmen kein Handlungsspielraum zur Verfügung. Sie fungieren lediglich als Mengenanpasser und scheiden aus dem Markt aus, wenn sie nicht die gewinnmaximale Menge ausbringen. Wie die Oligopoltheorie zeigt, greift dieser Mechanismus in dieser Situation nicht. Kein Oligopolist ist gezwungen, seinen Preis und seine Menge einfach anzupassen. Vgl. ausführlich Steinmann 1969: 133-200.

153 Vgl. Steinmann/Schreyögg 1993: 101; Weitzig 1979: 72. Das Treuhändermodell wurde bereits in den 20er Jahren in den USA aufgestellt. Zwischen 1930 und 1950 geriet es allerdings infolge des Zweiten Weltkrieges sowie der Weltwirtschaftskrise in Vergessenheit. Erst in den 50er Jahren wurde es von US-amerikanischen Autoren (z.B. Bowen, Boulding) wieder aufgegriffen und ist seitdem als „Idee der sozialen Verantwortung“ bekanntgeworden.

154 Vgl. Steinmann/Schreyögg 1993: 104. Vgl. ausführlich Dyllick 1990: 86-95, der dort eine Bestandsaufnahme der Managementliteratur zum Postulat der gesellschaftlichen Verantwortung der Unternehmung macht.

155 Steinmann 1973: 467f.. Entsprechend dieser veränderten Aufgabenstellung im Sinne eines sog. „Treuhändermodells“ kommt auch dem *Gewinn* eine andere Bedeutung zu: Er ist *notwendiges* und *unverzichtbares* Mittel (z.B. zur Sicherung des Unternehmenfortbestands), nicht aber Endziel (bzw. Formalziel) der Unternehmenstätigkeit. Insofern gilt es, *ausreichende Gewinne* zu erwirtschaften, welche die Existenz des Unternehmens langfristig sichern. Das eigentliche Ziel des Unternehmens wird in der Erfüllung seiner gesellschaftlichen Aufgaben gesehen. Vgl. Simon 1993: 23 und Weitzig 1979: 74f..

Auf eine gesetzliche Kodifizierung der Verantwortung wird in diesem Modell verzichtet:[156] Das gesellschaftliche *Gewissen bzw. die Moral der Top-Manager* soll den Ausgleich der divergierenden Interessen gewährleisten.[157]

2.3.1 Zur individuellen Moral von Top-Managern

Zunächst wird im Hinblick auf das Prinzip der gesellschaftlichen Verantwortung die Frage relevant, *ob* das gesellschaftliche Gewissen bzw. die individuelle *Moral* der Top-Manager die angemessene Berücksichtigung gesellschaftlicher Anliegen überhaupt sicherstellen kann.[158] Unbestritten handeln Unternehmen durch die sie leitenden Menschen. Daher ist es interessant, den Einfluß ihrer Weltbilder, Werthaltungen und Einstellungen auf Entscheidungen genauer zu untersuchen. In der Betriebswirtschaftslehre wird davon ausgegangen, daß es eine Art „Zwei-Welten-Theorie" gibt, die zum einen aus harten Fakten der Ökonomie, wie z.B. Preise, Kosten, Gewinne, und zum anderen aus den weichen Fakten, wie z.B. Werte, Erwartungen und Einstellungen, besteht. Es wird unterstellt, daß Manager ihre Entscheidungen zunächst nach ökonomischen Kriterien treffen und diese danach noch einmal im Lichte ihrer persönlichen Wertvorstellungen reflektieren.[159] Damit werden Werte und Normen durch die Wertorientierungen des Top-Managements in das Unternehmen bzw. in die jeweilige unternehmenspolitische Entscheidung hineingetragen.[160] Hierbei ist von besonderem Interesse, *welche* Werte bei der Beurteilung einer unternehmeri-

---

156 Vgl. Simon 1993: 23. Allerdings kann es als inkonsequent betrachtet werden, die unternehmerische Macht weiterhin nur aus Sicht der Eigentümer (bzw. Arbeitnehmer) zu legitimieren, wenn man doch den interessenpluralistischen Charakter der Großunternehmen bereits z.B. im Davoser Manifest anerkannt hat. Insofern bedarf es auch des zweiten Schrittes, nämlich der interessenpluralistischen (vs. -dualistischen) Legitimation der Machtausübung. Vgl. Simon 1993: 26. Aus Sicht der betroffenen Unternehmer und Manager erscheint eine solche Selbstverpflichtung jedoch nur allzu verständlich, bedeutet eine juristische Fixierung eine deutliche Einschränkung des Handlungsspielraums und eine zusätzliche – rechtfertigungsbedürftige – Prämisse im Entscheidungsprozeß. Das Davoser Manifest dürfte wohl eher ein Lippenbekenntnis gewesen sein, um sich vor den negativen Auswirkungen, wie z.B. Verbraucherboykotte, vorbeugend zu schützen. Vgl. zur Kritik des Davoser Manifestes ausführlich Steinmann 1973: 469-472.

157 Moral umfaßt den zu einem bestimmten Zeitpunkt in der Gesellschaft anerkannten Bestand an Werten und Normen. Dabei wird unterstellt, daß diese auch vom Top-Management durch Sozialisation verinnerlicht wurden und bei der unternehmerischen Entscheidungsfindung Berücksichtigung finden. Vgl. zum Begriff der Moral ausführlich Teil II, Kap. 1.1.1.

158 Bei der Wahrnehmung von Handlungsspielräumen orientieren sich deutsche Top-Manager oft vor allem an ihrem Ego. Sie haben in der Regel keine innere Bindung an das Unternehmen, die Produkte oder auch nur die Branche, in der sie tätig sind. Sie benutzen das Unternehmen vor allem als Vehikel zur Beförderung ihrer eigenen Karriere. Ogger 1999: 338f.. Zu etwas anderen Ergebnissen gelangten Stroh/Reilly 1998.

159 Vgl. Priddat 1996: 11.

160 Vgl. Leisinger 1997: 54f.; Küpper 1988: 322. Immerhin gaben 61% an, daß Werte sehr wichtige, entscheidungsrelevante Aspekte seien. Fakten wurden nur von 53% und Gefühle von 40% als sehr wichtig eingestuft. S. Wagner 1996: 107; Etzioni 1994: 98.

schen Handlung zugrunde gelegt werden und in welchem *Verhältnis* diese zu ökonomischen Entscheidungskriterien stehen.[161]

Eine Reihe von Beobachtungen läßt die Vermutung aufkommen, daß Top-Manager gerade keine moralischen Vorbilder sind, sondern im Gegenteil sehr stark bei ihren Handlungen eigennützigen Grundsätzen folgen.[162] Die Schlagzeilen der deutschen Medien zu Beginn des neuen Millenniums sprechen hier eine deutliche Sprache: Korruptionsaffären, verdeckte Spendenkonten oder die Abwicklung privater Aktivitäten über Firmenkonten erregen das öffentliche Interesse.[163] Noch nie wurden so viele Prozesse gegen Manager angestrengt. Genau 86.232 Fälle von Wirtschafts- und 41.381 von Umweltkriminalität zählte 1998 das Bundeskriminalamt im gesamten Bundesgebiet.[164] Darüber hinaus ist von einer großen Dunkelziffer auszugehen.[165] Allein der Schaden durch Wirtschaftskriminalität wird von Experten mit wenigstens 200 Milliarden DM pro Jahr veranschlagt.[166]

Besonders hervorzuheben ist folgende Entwicklung: Während bis vor einigen Jahren überwiegend Manager der mittleren Führungsetagen durch kriminelle Handlungen auffielen, rücken immer mehr *Konzernspitzen* ins Visier der Strafverfolger. Deren Delikte werden rigoros von den Medien aufgegriffen und rükken die *Moral des Top-Managements* in den *öffentlichen Brennpunkt*.[167] Die

161 Vgl. auch Steinmann 1973: 469.

162 Vgl. Kaden 2000: 3; Lenk/Maring 1998: 20. „Und gerade die Männer, denen die wirtschaftliche Existenz von Millionen Mitarbeitern anvertraut ist, zeigen immer deutlicher, daß sie die Moralvorstellungen, die sie von ihren Angestellten erwarten, auf sich selbst beileibe nicht anzuwenden gedenken." Ogger 1995: 68.

163 Vgl. Albes et al. 1999: 52-58; Hildebrandt/Koch/Krach/Schimöller 1999: 22-27 zur Affäre des ehemaligen Bundeskanzlers Helmut Kohl; Hogrefe/Vehlewald 1999: 34-36 zur Affäre des Ministerpräsidenten Gerhard Glogowski. Aber auch im Wirtschaftsbereich mehren sich die Vorfälle kriminellen Mißmanagements. Vgl. Kröher 1999: 218.

164 Vgl. http://www.bka.de/pks/pks1998/rg038.html und http://www.bka.de/pks/pks1998/rg035.html vom 02.01.2000.

165 Vgl. http://www.bka.de/pks/pks1998/rg038.html vom 02.01.2000. 61% der von der KPMG 1997 befragten deutschen Unternehmen waren in den letzten fünf Jahren bereits Opfer wirtschaftskrimineller Handlungen. 90% gehen davon aus, daß dieses Vergehen in den nächsten Jahren deutlich steigen wird. Vgl. Löhnert 1998: 9.

166 Vgl. http://archiv.berliner-morgenpost.de/bm/archiv1997/970901/wirtschaft/story02.html vom 02.01.2000.

167 Vgl. http://www.manager-magazin.de/magazin/artikel/0,1113,53984,00.html vom 02.01.2000. Vgl. Ulrich 1997a: 397-416; Bentele/Steinmann/Zerfaß 1996: 11; Zerfaß 1994: 297. Das Magazin Der Spiegel widmete gar eine Sonderausgabe dem Thema „Volk ohne Moral", nicht ohne kritisch zu resümieren, daß das Volk ein exaktes Spiegelbild der Herrschenden sei. Die keineswegs verschleierte Bedienungsmentalität deutscher Top-Manager führe dazu, daß selbst bei langjährigen loyalen Mitarbeitern der Sinn für Anstand und Moral schrumpft und sich eine Mentalität breit macht, daß die wenigen, die – aus schlechtem Gewissen oder wegen mangelnder Courage – beim großen Lug und Trug nicht mitmachen, letzten Endes die Leidtragenden sind. Vgl. Pötzl 1999: 48-50.

Liste unrechtmäßiger Aktivitäten reicht von Steuerhinterziehung, der Veruntreuung von Firmengeldern, Betrug und Bestechung bis hin zur umweltgefährdenden Abfallbeseitigung.[168]

Die Vermutung, daß Top-Manager sich nicht unbedingt gesellschaftlichen Interessen gegenüber verantwortlich fühlen, wird durch die Ausführungen zur moralischen „Grundorientierung" im folgenden untermauert. Im Vordergrund steht die Frage, welchen Stellenwert die *gesellschaftliche Verantwortung* für das Top-Management einnimmt, um daraus Rückschlüsse auf die Integration gesellschaftlicher Normen und Werte (als Ausdruck gesellschaftlicher Interessen) in die Entscheidungsfindung zu ziehen.

Im Anschluß an die Erläuterungen zur moralischen Grundorientierung der Gruppe der Spitzenführungskräfte wird eine empirische Untersuchung vorgestellt, die insbesondere das Vermittlungsproblem zwischen gesellschaftlichen Ansprüchen und unternehmerischen Erfolgszwängen thematisiert. Von besonderem Interesse ist die Frage, wie Manager über das Verhältnis von wirtschaftlichem Sach- und Erfolgszwang und gesellschaftlichen Normen denken, bzw. von welchen Maximen sie sich im Konfliktfall leiten lassen.

2.3.1.1 Moralische Grundorientierungen von Top-Managern

Moral ist ein theoretisches Konstrukt und kann daher nicht direkt empirisch erfaßt werden. Auch ihre Manifestation, die eigentlichen Werthaltungen, sind selbst nicht meßbar. Die Wissenschaft ist daher auf Umwege in der Erforschung von Werten und Normen angewiesen. Sie sucht nach Indikatoren, die beobachtbar sind und in einem direkten Zusammenhang mit den gesuchten Werten stehen (z.B. Ziele von Unternehmen aus Sicht von Managern oder Verantwortungsdimensionen).[169] Die Befragung von Managern wirft eine Reihe von Problemen auf. Gerade im Bereich der Moral ist davon auszugehen, daß die Antworten nicht ganz korrekt sind: Soziale Erwünschtheitseffekte sowie die unbewußte Abwehr gegen kognitive Dissonanzen sind mögliche Ursachen, die leicht zu einer Verzerrung führen. So stellen die erhobenen Werte keine objektiven Kriterien dar, sondern repräsentieren bestenfalls die subjektive Eigenwahrnehmung der befragten Personen.[170] Darüber hinaus sind folgende Punkte zu berücksichtigen:

---

168 Vgl. Kröher 1999: 213; Bölke 1999: 35-37; Schwarz 1998: 2; Ogger 1995: 75.

169 Vgl. die Übersicht über empirische Untersuchungen zur Bedeutung der Unternehmensziele in Lohr-Schütz 1991: 51-53.

170 Eine Möglichkeit bestünde sicherlich darin, die betroffenen Mitarbeiter über ihre Einschätzung der Moral ihrer Vorgesetzten zu befragen.

- Normen und Werte sind vielen Menschen *nicht bewußt*; nach ihren Entscheidungspräferenzen gefragt, werden z.T. Werte genannt, die sich nicht im Handeln widerspiegeln bzw. sogar konkreten Situationsbeschreibungen widersprechen (z.B. gibt eine befragte Spitzenführungskraft an, daß ihr der persönliche Kontakt zu Mitarbeitern und deren Wohlergehen im Beruf besonders am Herzen liegt; gleichzeitig kündigt sie jedoch langjährigen Mitarbeitern, um Rationalisierungsmaßnahmen in ihrer Abteilung sowie die Einführung einer neuen Computertechnologie durchzusetzen). Aus diesem Grunde wird auch in *conceived values* (als gültig vorgestellte Werte) und *operative values* (im Handeln wirksam werdende Werte) differenziert.[171]

- Den konkret benannten Normen und Werten werden zum großen Teil individuell sehr *unterschiedliche Bedeutungen* zugeschrieben (z.B. reicht die Interpretation des Wertes „Familie" von der Fürsorge und dem Zusammensein mit der Familie bis hin zur ausschließlichen Sicherung der materiellen Grundlage für die Familie).[172]

- Die *Umsetzung* der Normen und Werte *in Entscheidungen* ist interpersonell sehr unterschiedlich. Sie reicht von der Berücksichtigung von Werten, wenn sie effizient sind, über die Aussondierung unerlaubter Handlungen nach bestimmten Werten bis hin zur konsequenten Verfolgung bestimmter Orientierungen.[173]

- Menschen können im Beruf ganz *andere Beurteilungsmaßstäbe* heranziehen als im Privatleben. So sind viele Top-Manager davon überzeugt, daß im Geschäftsleben andere Normen gelten als im privaten Bereich (zumindest liegt eine andere Reihenfolge der Prioritäten vor).[174] Dieses auch als *bereichsspezifische Segmentierung* des moralischen Bewußtseins bezeichnete Phänomen führt dazu, daß der sachliche Geltungsbereich von Normen eingeschränkt und somit für bestimmte Bereiche (z.B. Wirtschaft) als irrelevant erklärt wird.[175]

---

171 Vgl. Wagner 1996: 126-128.

172 Vgl. Wagner 1996: 109; siehe ausführlich Löwisch 1995: 37-40.

173 Vgl. zur Integration von Werten in Entscheidungen ausführlich Lohmann 1996: 154-186. Der Autor unterscheidet z.B. „Instrumentelle Moralisten", „Verzichtmoralisten", „Moralische Regelfolger" sowie „Moralische oder Ökonomische Satisfizierer".

174 Vgl. Wagner 1996: 114f.; Hrubi fand beispielsweise heraus, daß sich nicht so sehr die Werte selbst verändern als ihre Rangfolge. Vgl. Hrubi 1993: 34. Seiler 1973: 44 weist auf das individualpsychologische Problem der bereichsspezifischen moralischen Urteilsfähigkeit hin. Die Fähigkeit, in einem Entscheidungsprozeß zahlreiche alternative Perspektiven zu berücksichtigen und Informationen dementsprechend zu bewerten, muß für getrennte Bereiche (z.B. Familie und Beruf) auch getrennt entwickelt werden.

175 Vgl. zum Phänomen der bereichsspezifischen Segmentierung Lempert 1985: 265f.. Kettner wirft die Frage auf, ob es eine Ethik für alle Bereiche der Moral geben kann, oder ob jeweils unter-

WAGNER, LOHMANN und SCHMIDT führten 1996 eine empirische Untersuchung zum Thema „Integration von Werten in Entscheidungen" bei Führungskräften durch.[176] Liebe, Ehrlichkeit, Gerechtigkeit, Menschlichkeit sowie Vertrauen waren die Werte, die von den Managern/-innen am häufigsten genannt wurden.[177] Erstaunlicherweise standen materielle Werte bei keinem der Befragten im Vordergrund, was dafür spricht, daß auch im Management eine Veränderung des Wertesystems hin zu postmaterialen Werten stattgefunden hat. Allerdings glaubten die befragten Führungskräfte in hohem Umfang, daß diese Werte in der Bevölkerung in starkem Maße vorhanden seien und auch gelebt würden.

Ähnliche Ergebnisse ergaben sich bereits bei einer früheren Untersuchung, die von KAUFMANN, KERBER und ZULEHNER durchgeführt wurde. Diese ermittelten im Rahmen einer Repräsentativerhebung normative Orientierungen und Einstellungsmuster von 530 Führungskräften in Deutschland.[178] Am wichtigsten erschienen den Führungskräften dabei die Werte Frieden (67,5%) Familie (63%), Achtung vor sich selbst (49,2%), Umwelt (48,7%), glückliche Ehe (48,1%), persönliche Freiheit (39,4%), Ehrlichkeit (39,2%) und daß jeder, der arbeiten will, auch einen Arbeitsplatz findet (31,1%).[179]

Neben dieser Hinwendung zu postmaterialen Werten ließ sich allerdings auch eine in sich geschlossene moralische Einstellung, die sehr treffend mit dem Begriff *Opportunismus* beschrieben werden kann, ausmachen.[180] Interessanterweise zeigte sich, daß mit geringerem Lebensalter der Befragten eine deutliche

schiedliche Ansätze in den verschiedenen Lebensbereichen zur Anwendung gelangen sollen. Vgl. Kettner 1993b: 317.

176 Die Rücklaufquote betrug etwa 12% (=38 Fragebögen). Die Untersuchung kann damit, worauf die Autoren auch selbst aufmerksam machen, nicht als repräsentativ bezeichnet werden. Vgl. Wagner 1996: 92.

177 Vgl. Wagner 1996: 106.

178 Die Erhebung wurde mittels eines strukturierten Interviews durchgeführt. Zu den Führungskräften zählten Selbständige und Freiberufler (23%), Angestellte in leitender Position (59%) sowie Beamte in leitender Position (18%). Die Befragung erfolgte durch standardisierte Interviews, die in der Regel eine Stunde in Anspruch nahmen. Vgl. Kaufmann/Kerber/Zulehner 1986a: 10. Ziel der Untersuchung war es, die für die Gruppe der Spitzenführungskräfte typischen sittlichen Aufgaben, Verhaltensweisen und Normen zu ermitteln. Dieses Ziel wurde jedoch nicht erreicht, da das erhobene Material zu wenig Hinweise auf spezifische Werthaltungen oder konkrete Verhaltensweisen enthielt. Vgl. Kerber 1986: 183.

179 Vgl. Kaufmann/Kerber/Zulehner 1986b: 314f..

180 Vgl. Kerber 1989: 279f.. Siehe auch Müller 2000: 208-215 und Ogger 1995: 126f.. Der Opportunist ist ein Typ, der in Konferenzen immer die Meinungen der Mehrheit teilt und am Schluß zusammenfaßt, was der Chef schon eingangs gesagt hat. Er liefert dem Vorgesetzten grundsätzlich keine Widerworte, sondern stets die intelligente Bestätigung von dessen Meinung. Vgl. ebd. 1995: 126.

Zunahme dieser Orientierung einhergeht (vgl. Abb. 1 auf S. 35). Dieses Orientierungsmuster kann durch folgende Merkmale gekennzeichnet werden:[181]

- *Ich-Zentriertheit*: Alles dreht sich um das eigene Ich, d.h., „jeder ist sich selbst der Nächste".
- *Erfolg um jeden Preis*: Um ein anvisiertes Ziel zu erreichen, werden Familie, Freunde, Kollegen und moralische Werte rücksichtslos „geopfert".[182]
- *Materiell-hedonistische Grundhaltung*: Materielle Genußwerte stehen im Mittelpunkt. Zu einem erfolgreichen Leben zählen „materieller Wohlstand" sowie das Ziel, sich das Leben „so angenehm wie möglich" zu machen.[183]
- *Abnahme des Unrechtbewußtseins*: Bestimmte rechtswidrige Aktivitäten werden als unbedenklich angesehen, beispielsweise die Unwahrhaftigkeit gegenüber den Steuerbehörden oder die Ausrichtung von privaten Feierlichkeiten auf Unternehmenskosten.[184] Selbst nach der Aufdeckung und Anprangerung von Fehlverhalten zeigen die Beteiligten kaum Scham, peinliches Berührtsein oder Reue.[185]
- *Abnahme des Verantwortungsbewußtseins gegenüber der Gesellschaft*: Führungskräfte orientieren sich im Rahmen ihrer beruflichen Entscheidungen weder an religiös-christlichen Kriterien noch an einem allgemeinen „humanistischen Ethos". Aus diesem Grunde nimmt die Verantwortlichkeit gegenüber dem Gemeinwesen bzw. der Gesellschaft auch im Vergleich zu anderen Verantwortungsbereichen einen relativ geringen Stellenwert ein (vgl. Abb. 2 auf S. 36).[186]

Vieles spricht dafür, daß es sich dabei *nicht* um altersspezifische Unterschiede handelt, die mit zunehmendem Lebensalter ausgeglichen werden, sondern um eine langfristige, bleibende Veränderung des Wertebewußtseins von Managern, die sich in Zukunft noch verstärken wird.[187] LÖHR verifiziert diesen Eindruck durch seine Analysen der moralischen Urteilskraft von Wirtschaftsstudenten. Er kommt dabei zu dem Ergebnis, „daß wir es größtenteils mit ‚Opportunisten'

---

181 Vgl. Kerber 1989: 280 und Kaufmann/Zulehner 1986: 281f..

182 Vgl. Müller 2000: 208-214.

183 Vgl. Kerber 1986: 280.

184 So glauben beispielsweise bereits 51% von 401 im Jahre 1994 befragten deutschen Marketing-Studenten, daß sie zur Erreichung eines höheren Zieles Unrecht nicht vermeiden können. Vgl. v. Blumröder/Hanser/Kaiser 1995: 46.

185 Vgl. Simon 2000: 70; Kaden 2000: 3.

186 Vgl. Kaufmann/Zulehner 1986: 269. Vgl. auch v. Blumröder/Hanser/Kaiser 1995: 46. Die Autoren führen diese Entwicklung vornehmlich auf den Rückgang religiöser Orientierungen zurück. Vgl. Kaufmann/Zulehner 1986: 259.

187 Vgl. Kerber 1989: 280. Siehe zur Kritik des Ergebnisses der Studie, die sich in erster Linie auf ein falsches Forschungsdesign richtet, Retzmann 1994: 354f.; Ulrich/Thielemann 1992: 21f..

zu tun haben."[188] Daß es sich dabei um eine zutreffende Beschreibung moralischer Einstellungen unserer zukünftigen Führungskräfte handelt, machen auch VON BLUMRÖDER/HANSER/KAISER deutlich. Sie befragten im Jahre 1995 an 14 deutschen Universitäten 401 Marketing-Studenten und stellten eine ähnlich opportunistische Haltung fest.[189] Während 73% angaben, vor allem sich selbst gegenüber verantwortlich zu sein, fühlten sich lediglich 3% auch der Gesellschaft gegenüber verantwortlich.[190] Damit beherrscht im Gegensatz zum „idealistischen" Studenten der 60er Jahre heute eher der „Opportunist" den Campus.[191]

Abb. 1: Opportunismus in Abhängigkeit vom Lebensalter

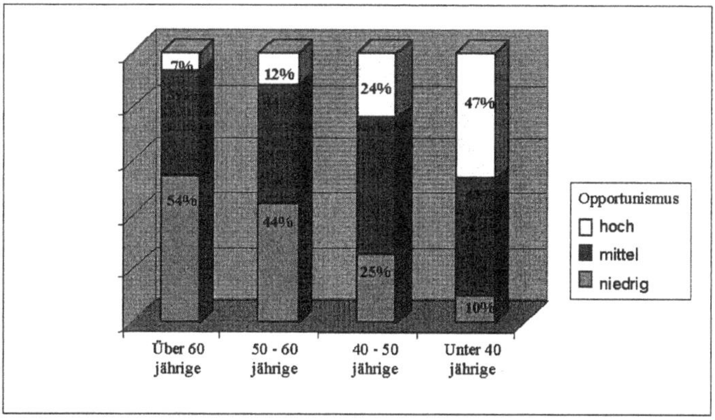

Quelle: Kaufmann/Zulehner 1986: 258.

Eine weitere, in diesem Zusammenhang aufschlußreiche Untersuchung führten HRUBI/KARMASIN 1995 bei 180 österreichischen Managern durch. Bei dieser schriftlichen Befragung gelangten die Autoren in bezug auf das Ethos von Top-Managern zu ähnlichen Ergebnissen. Da hier zusätzlich die Verantwortung

188 Löhr 1998: 200.

189 Die Befragung wurde mittels Fragebogen durchgeführt und enthielt u.a. Fragen zu den Themengebieten „Werte", „Kriterien zur Unterscheidung von Gut und Böse" sowie drei verschiedene, unter moralischen Gesichtspunkten kritische Situationen, in denen die Studenten zu entscheiden hatten. Vgl. v. Blumröder/Hanser/Kaiser 1995: 44-53.

190 Vgl. v. Blumröder/Hanser/Kaiser 1995: 46.

191 Vgl. Steinmann/Löhr 1994a: 51.

gegenüber dem eigenen Unternehmen/den Eigentümern berücksichtigt wurde, konnte gezeigt werden, welche Rolle die Gesellschaft für das Top-Management spielt. Die Entwicklung des Verantwortungsgefühles von Top-Managern bringen HRUBI/KARMASIN wie folgt auf den Punkt: „... das Shareholder-Interesse dominiert das Stakeholder-Interesse und die Natur spielt nach wie vor keine Rolle."[192] Als zentraler Bezugspunkt gilt das Pflichtgefühl gegenüber den Kapitalgebern/Shareholdern (72%). Die Verantwortung gegenüber den Kunden (10%) sowie der Gesellschaft und Umwelt (7%) spielt eine eher nachgeordnete Rolle.[193] So kann festgehalten werden, daß sich das Top-Management deutscher Unternehmen nach wie vor bei unternehmenspolitischen Entscheidungen fast ausschließlich an den privatwirtschaftlichen Interessen der Eigentümer (Shareholder) orientiert.[194]

Abb. 2: Verantwortungsbereiche des Top-Managements

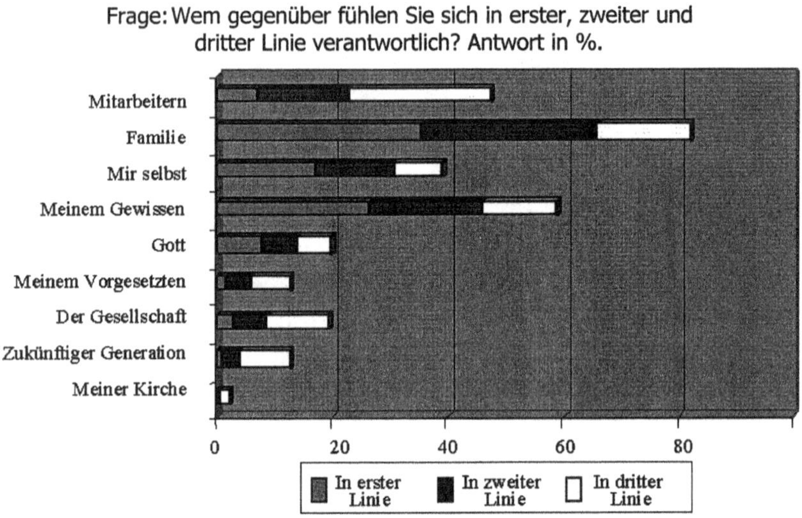

Quelle: Kaufmann/Kerber/Zulehner 1986b: 297.

192 Hrubi/Karmasin 1996: 249.

193 Auch hier lautete die Frage „Wem gegenüber sind Führungskräfte in erster Linie verantwortlich?" S. Hrubi/Karmasin 1996: 250. Hrubi befragte ebenfalls im Jahre 1990 335 Führungskräfte zu ihrer Verantwortung gegenüber der Gesellschaft. Auch hier fühlten sich die Manager ihr gegenüber kaum verantwortlich. Vgl. Hrubi 1993: 36f..

194 Vgl. auch Raffée/Fritz 1992: 310f.. In den USA ist die Stakeholder-Orientierung bereits seit längerer Zeit deutlich weiter verbreitet als in Deutschland. Hier bildet die Gesellschaft eine der fünf wichtigsten Anspruchsgruppen, deren Interessen und Erwartungen insgesamt eine große Bedeutung zukommen. Vgl. Wang/Dewhirst 1992: 120.

Die bisher erwähnten empirischen Untersuchungen machen insgesamt deutlich, daß sich deutsche Spitzenführungskräfte kaum gegenüber der Gesellschaft verantwortlich fühlen. Sie sagen jedoch noch nichts darüber aus, *ob* und *wie* Top-Manager die Erfordernisse der unternehmerischen Erfolgserzielung und -sicherung mit den gesellschaftlichen Anforderungen – wie im Davoser Manifest gefordert – faktisch in Einklang bringen.[195] Aus diesem Grunde haben ULRICH/ THIELEMANN von Dezember 1989 bis Februar 1990 60 offene Interviews mit Spitzenführungskräften der deutschsprachigen Schweiz geführt.[196] Sie versuchten, die qualitative Form des Moralbewußtseins von Managern zu erheben.

2.3.1.2 Formen des moralischen Bewußtseins von Führungskräften: Ökonomismus als dominante Denkhaltung

Ziel der Untersuchung von ULRICH/THIELEMANN war es, die Qualität des Moral- und Verantwortungsbewußtseins in seiner Vielschichtigkeit und Heterogenität zu ermitteln und zu analysieren.[197] Dabei wurde eine Typologie von Grundmustern unternehmerischer Denkhaltungen erstellt, welche als Basis dazu dient, einzelne Aussagen, Überzeugungen und Handlungsweisen von Managern und Unternehmern systematisch in einen sinnhaften Zusammenhang einzuordnen.[198] Im Mittelpunkt stand die Frage, wie erfahrene Führungskräfte mit dem konstitutiven Vermittlungsproblem zwischen gesellschaftlichen Ansprüchen und unternehmerischen Erfolgszwängen gedanklich umgehen.[199] Hierbei kristallisierten sich *zwei Dimensionen* heraus, die eine typologische Einordnung und Beurteilung unternehmerischer Denkmuster von Spitzenführungskräften ermöglichten. Beide sind *dual* ausgeprägt:[200]

1. *Grad des Problem- und Konfliktbewußtseins:* Entweder wird davon ausgegangen, daß zwischen unternehmerischem Erfolgsstreben und gesellschaftlichen Gesichtspunkten normalerweise Harmonie besteht (*Harmonisten*) oder es wird ein konflikthaftes Verhältnis zwischen Moral und Erfolgsstreben als normal unterstellt (*Konfliktbewußte*).

---

[195] Vgl. Ulrich/Thielemann 1993a: 664.

[196] Auch diese Untersuchung erhebt nicht den Anspruch auf Repräsentativität, da die Befragten bewußt selektiv ausgewählt wurden. Vgl. Ulrich/Thielemann 1992: 28; die Relevanz der Studienergebnisse für andere Länder wird jedoch von den Autoren explizit bejaht. S. Ulrich/ Thielemann 1993a: 666.

[197] S. Ulrich/Thielemann 1992: 12f..

[198] Vgl. Ulrich/Thielemann 1992: 13. Es handelt sich damit um eine „Realtypologie".

[199] Vgl. Ulrich/Thielemann 1993a: 664. Dabei stand die Arbeitshypothese im Vordergrund, daß erfolgreiche Führungskräfte, die tagtäglich ganz real im Spannungsfeld von ethischen Anforderungen und betriebswirtschaftlichen Sachzwängen stehen, im Laufe ihrer erfahrungsreichen Karriere irgendein unternehmensethisches „Arrangement" gefunden haben müssen, welches von ihnen sowohl als verantwortbar als auch als zumutbar angesehen wird. Ebd. 1993a: 666.

[200] S. Ulrich/Thielemann 1993a: 667.

2. *Art der Wahrnehmung der Wirtschaft:* Die Wirtschaft wird entweder als ein relativ autonomer Systemzusammenhang wahrgenommen, der weitgehend seiner eigenen „Sachlogik" folgt. Hierbei bestimmt der anonyme Marktmechanismus im wesentlichen das wirtschaftliche Geschehen. Den einzelnen Wirtschaftssubjekten bleibt damit nur die Anpassung an die Wettbewerbsbedingungen des Marktsystems (*Systemorientierung*). Oder: Die Wirtschaft wird als ganz normaler Lebensbereich gesehen, der im wesentlichen nicht von anonym wirkenden Systemimperativen, sondern von der jeweiligen Wirtschafts*kultur* determiniert wird (*Kulturorientierung*). Nach Ansicht der Kulturorientierten gibt es weder eine besondere, „moralfreie" Sachlogik für den Bereich der Wirtschaft, noch bedarf es einer besonderen, systemspezifischen Wirtschaftsethik. Die Anwendung der allgemeinen Maßstäbe der Moral erachten sie als ausreichend.

Aus der Kombination der beiden Dimensionen und ihrer möglichen Ausprägungen ergibt sich die folgende Vier-Felder-Matrix.

Abb. 3: Denkmuster von Spitzenführungskräften

	Systemorientierte 44%	Kulturorientierte 56%
Harmonisten 88%	Ökonomisten 34%	Konventionalisten 54%
Konflikt-bewußte 12%	Reformer 10%	Idealisten 2%

Quelle: Ulrich/Thielemann 1993a: 667 und Ulrich/Thielemann 1992: 94.

Die prozentuale Verteilung der Grundtypen läßt sich als Tendenzaussage werten.[201] Erfaßt wurden dabei die jeweils *dominanten* Denkmuster. Doch neben diesen dominanten Denkmustern zeigten sich bei allen Befragten zusätzliche Orientierungen, die den Charakter tieferliegender Hintergrundüberzeugungen

201 Dies ist vor allem auf die Selektivität der Stichprobe zurückzuführen. Vgl. Ulrich/Thielemann 1993a: 668.

aufwiesen und ebenfalls eine zentrale Rolle bei Entscheidungen spielen.[202] Ohne hier ausführlich auf die Bildung der Typen von Hintergrundüberzeugungen einzugehen, werden im folgenden die beiden *ökonomistischen Grundtypen* (metaphysischer Betriebswirt und Instrumentalisten) sowie der *Hintergrund-ökonomismus* als auffälligste sekundäre Orientierungen hervorgehoben (Gesamthäufigkeit von 76%).[203]

- *Der metaphysische Betriebswirt (17%):* Er steht jeder Forderung nach moralischem Handeln im Bereich der Wirtschaft ablehnend gegenüber. Aufgabe der Führungskräfte ist es seiner Meinung nach, sich an verändernde marktliche und marktrelevante Gegebenheiten anzupassen. „Der Markt bestimmt, wo's unternehmerisch lang geht – und das ist richtig so."[204] Sie agieren insofern ausschließlich vom Markt bestimmt als „Werkzeuge des Marktes". Im Grunde genommen kommt ihnen also keine Macht und kein Handlungsspielraum zu. Damit können sie auch nicht für moralische Verfehlungen verantwortlich sein. Verfolgt das Unternehmen das Ziel der langfristigen Existenz- und Erfolgssicherung, dann sorgt die unsichtbare Hand des Marktes dafür, daß „... es allen gut geht, wenn es einer Unternehmung gut geht."[205] Die betriebswirtschaftlich-methodische Orientierung am langfristigen Unternehmenserfolg stellt sowohl die Sozialverträglichkeit, als auch die Ökologieverträglichkeit unternehmerischen Handelns sicher („Langfristiger Gewinn ist Moral"[206]). Der Markt bildet damit den Inbegriff moralisch verantwortlichen Wirtschaftens. Hierin findet sich vor allem der Glaube an die von einer übermenschlichen Instanz vorgegebene „prästabilisierte Harmonie" (Leibniz) der Welt- und Marktordnung wider. Die Interessenharmonisierungskraft des Marktes gründet also mehr oder minder explizit in Metaphysik.[207]
- *Instrumentalisten (17%):* Der Instrumentalist geht ebenfalls von der Annahme aus, daß die langfristige Gewinnerzielung mit Moral gleichzusetzen ist. Allerdings steht dieser einer Moralisierung des unternehmerischen Handelns nicht grundsätzlich negativ gegenüber. Gesellschaftliches Engagement

202 Vgl. Ulrich/Thielemann 1993a: 674. Vgl. zu den verschiedenen sekundären Orientierungen Ulrich/Thielemann 1993a: 668-673.

203 Vgl. Ulrich/Thielemann 1993a: 674 sowie zu den einzelnen Typen Ulrich/Thielemann 1993a: 668-673 und Ulrich/Thielemann 1992: 33-92.

204 Ulrich/Thielemann 1992: 35.

205 Ulrich/Thielemann 1993a: 671.

206 Ulrich/Thielemann 1992: 37. Darin kommt besonders die Auffassung von Milton Friedman zum Ausdruck, der die Forderung nach einer sozialen Verantwortung der Unternehmen zu Beginn der 70er Jahre mit den Worten „The social responsibility of business is to increase its profits – and nothing else." zurückgewiesen hat. Vgl. Friedman 1970: 32f.

207 S. Ulrich/Thielemann 1993a: 668.

kann sich seiner Ansicht nach – auch wenn kurzfristige Verzichte unumgänglich sind – langfristig auszahlen. Instrumentalisten handeln somit nicht unmittelbar aus innerer Überzeugung heraus moralisch, sondern weil sich Moral langfristig wirtschaftlich rechnen kann. Dies wird keineswegs nach außen verbrämt, sondern als Zeichen der grundsätzlichen Harmonie von unternehmerischem Erfolgsstreben und gesellschaftlichen Ansprüchen interpretiert. Moral kann damit durchaus zu einem „Key-Success-Faktor" avancieren.[208]

- *Der Hintergrundökonomist (42%):* Nach Ansicht des Hintergrundökonomisten harmonisiert der Markt nicht automatisch das unternehmerische Erfolgsstreben mit den gesellschaftlichen Anforderungen. Allerdings stellt der Unternehmenserfolg eine notwendige Bedingung der Moral dar und gilt als die beste Voraussetzung, Unternehmen nach moralischen Gesichtspunkten führen zu können. Moral kommt erst *nach* der Erzielung von Gewinnen in Betracht: Es ist daher nicht von Bedeutung, *wie* Gewinne erzielt werden, sondern daß Überschüsse sogenannten „guten Zwecken" zugeführt werden. Die moralische Qualität der Gewinnerzielung wird systematisch ausgeblendet. Der Markt bildet die Gewährinstanz dafür, daß den moralischen Anforderungen Genüge geleistet wird. Grundeinstellung der Hintergrundökonomisten ist folgende Maxime: Je erfolgreicher ein Unternehmen wirtschaftet, desto eher kann es sich moralische Grundsätze leisten.[209]

Die Ausführungen machen deutlich, daß *Ökonomismus* eine weitverbreitete Denkhaltung von Top-Managern darstellt, der eine prominente Stellung bei der Vermittlung zwischen ökonomischem Erfolgsstreben und gesellschaftlichen Ansprüchen zukommt.[210] Nach wie vor gilt bei den meisten Spitzenführungskräften der Grundsatz, daß der Markt allein die moralische Qualität der Entscheidung verbürgt. Moral kommt – wenn überhaupt – erst *nach* der eigentlichen Gewinnerzielung ins Spiel.[211] Spitzenführungskräfte übernehmen damit

---

208 S. Ulrich/Thielemann 1993b: 82; Ulrich/Thielemann 1992: 46.

209 Vgl. Ulrich/Thielemann 1993a: 675.

210 Dies korrespondiert mit der Erhebung von Eberwein/Tholen. Dort waren 51,6% der 111 befragten Top-Manager der Ansicht, daß ein Unternehmen seiner Gemeinwohlverpflichtung bereits durch seine bloße Existenz (21,7%) bzw. durch seinen Beitrag zum gesamtwirtschaftlichen Wohl (10,3%) erfüllt. 21,6% meinten dieser Verpflichtung am besten durch Sponsoring (10,3%) oder durch Maßnahmen zur betrieblichen Sozialpolitik (11,3%) nachzukommen. Vgl. Eberwein/Tholen 1990: 281-283.

211 Interessenkonflikte, die sich aus verschiedenen Unternehmensstrategien ergeben, werden somit nicht gelöst, sondern ex post durch Kompensationen/Entschädigungen jedweder Art beigelegt (z.B. Spenden an gemeinnützige Vereinigungen oder Vereine, Bereitstellung von Sportfördermitteln o.ä.).

also nur äußerst begrenzt Verantwortung für das eventuell sehr problematische und moralisch fragwürdige Zustandekommen des Unternehmenserfolges.

2.3.2 Zur Institutionalisierung von Moral in Unternehmen

Zur Dokumentation und institutionellen Ausgestaltung der Idee der gesellschaftlichen Verantwortung dienen insbesondere die zu Beginn der 90er Jahre bekannt gewordenen *Verhaltenskodizes* oder auch *Unternehmensleitbilder*.[212] Auch in der aktuellen Diskussion um eine praktische Unternehmensethik wird die Umsetzung von Moral durch Leitbilder favorisiert.[213] Ein solches Schriftstück beschreibt Unternehmensprinzipien, -grundsätze oder Verhaltensregeln in bezug auf die Verantwortung gegenüber Mitarbeitern, Shareholdern, Kunden, der Umwelt oder sonstigen unternehmensinternen oder -externen Anspruchsgruppen.[214] Sie sind das Ergebnis einer formalen Auseinandersetzung mit den Wertvorstellungen und Interessen aller an dem Unternehmen Beteiligten oder von ihren Handlungen betroffenen Gruppen.[215] Die Erstellung wird entweder vom einzelnen Unternehmen oder von übergeordneten Verbänden oder Organisationen übernommen.[216] In der Praxis sind diese Schriftstücke äußerst unterschiedlich gestaltet und verfügen über verschiedene Detailliertheitsgrade.[217] Diese unternehmens- oder branchenspezifisch formulierten Kodizes regeln damit mehr oder weniger konkret, was im Rahmen des Geschäftsalltages eines Unternehmens als legitim und verantwortbar anzusehen ist.[218]

---

212 Vgl. Ulrich/Fluri 1995: 92-101. Die Begriffe „Unternehmensleitbild" und „Unternehmenskodex" werden hier synonym verwendet, da auch in der Literatur keine einheitliche Abgrenzung vorgenommen wird. Vgl. Ulrich/Lunau/Weber 1996: 17.

213 Vgl. ausführlich Wieland 1998a und Wieland 1998b, der derzeit ein Ethik-Management-System für die bayerische Baubranche entwickelt und implementiert. Siehe auch Hauseisen 1999: 18; Seidel 1997: 14f.; Piwinger 1996: 148-151. Weitere Ansätze zur Institutionalisierung von Moral in Unternehmen, z.B. in Form von spezialisierten unternehmerischen Stellen oder Abteilungen für Arbeitnehmer oder Konsumenten, die Einrichtung von Ethik-Hotlines oder die Bildung von Ethik-Kommissionen, finden sich bei Ulrich/Lunau/Weber 1999: 139-167; Ulrich/Lunau 1997: 54-60; Ulrich/Lunau/Weber 1996; Kreikebaum 1996: 288-291; Steinmann/Löhr 1994a: 158-162; Staffelbach 1994: 330-332; Steinmann/Löhr 1989b.

214 S. zu Inhalt und Aufbau von Unternehmensleitbildern ausführlich Schmidt 1998; Matje 1996; Belzer 1995 und Hilb 1995.

215 Vgl. Ulrich/Fluri 1995: 93.

216 Vgl. Dyllick 1990: 96f..

217 Vgl. Schlegelmilch 1990: 370. Weiterhin sei auf die Möglichkeit hingewiesen, einen Leitfaden mit unternehmenstypischen Fallstudien zu erstellen, der mit Hilfe von Beispielen moralische Unsicherheiten abbauen kann. Hierbei geht es in erster Linie um den Prozeß, da im Vordergrund die methodische Anleitung zu ethischer Reflexion am konkreten, exemplarischen Fall steht. Vgl. ausführlicher Ulrich/Lunau/Weber 1996: 19.

218 Vgl. ausführlich zur Erstellung eines Unternehmensleitbildes Kreikebaum 1996: 233-266; Steinmann/Löhr/Kustermann 1996: 1-5. In den USA dienen diese Leitbilder in vielen Fällen auch zur Vorbeugung vor juristischen Sanktionen. Das Recht stellt beachtliche Strafreduktionen für solche Unternehmen in Aussicht, die bestimmte organisatorische Maßnahmen ergriffen ha-

Verschiedene Gründe sprechen jedoch *gegen* die Eignung dieser Verhaltensempfehlungen zur Integration gesellschaftlicher Anliegen in die unternehmenspolitische und -strategische Entscheidungsfindung. Um diese genauer herauszuarbeiten, werden sechs der insgesamt 12 Leitsätze des Unternehmensleitbildes der Metallgesellschaft AG nachfolgend exemplarisch vorgestellt.

Abb. 4: Ausgewählte Leitsätze der Metallgesellschaft AG

1. Wir steigern durch Marktorientierung und Kostenbewußtsein unsere Ertrags- und Finanzkraft.
2. Wir erhöhen den Wert unseres Unternehmens für die Aktionäre.

...

6. Die Kunden bezahlen unsere Löhne und Gehälter. Darum stellen wir die Kunden in den Mittelpunkt unseres Denken und Handelns.

...

9. Wir wollen effektive Kommunikation und sind offen für sachliche Kritik.

...

11. Wir arbeiten aktiv an Innovationen und bewahren sinnvolle Traditionen.
12. Wir sind ein verantwortungsbewußtes Unternehmen in unserer Gesellschaft und gegenüber der Umwelt.

Quelle: Metallgesellschaft AG, Leitbild 1995: 9-11.

Wie aus der Abbildung zu ersehen, sind die Leitsätze zum Teil inhaltlich nur sehr vage bestimmt, da sie zahlreiche unbestimmte Begriffe oder Formulierungen, wie z.B. „verantwortungsbewußtes Unternehmen" oder „sinnvolle Traditionen", enthalten.[219] Wie und in welchem Umfang z.B. Verantwortung gegenüber der Gesellschaft und der Umwelt wahrgenommen werden soll, bleibt im Rahmen dieses Leitbildes vollkommen offen. Es fehlt jeglicher Maßstab, mit deren Hilfe das Top-Management prüfen kann, ob es mit einer bestimmten Handlungsalternative Verantwortung für Gesellschaft und Umwelt übernimmt, bzw. welche Interessen bis zu welchem Grade in die unternehmenspolitische Entscheidungsfindung eingehen sollen.[220] Die *Anwendung* dieser Leitsätze in der unternehmerischen Praxis ist also kaum zu überprüfen und damit zweifelhaft.[221] So stellt beispielsweise PRIDDAT fest, daß schriftlich fixierte Normen nicht notwendigerweise bei der Entscheidungsfindung Berücksichtigung finden. Sie bleiben formale Handlungsmaßstäbe des Unternehmens, während die Manager meist ihre eigenen Werte und Vorstellungen als Beurteilungsmaßstab

ben, um wirtschaftskriminellem Verhalten in Unternehmen vorzubeugen. Vgl. Steinmann/Olbrich 1998: 95-100; Lay 1998: 203; Blickle 1998a: 10f..

219 Darüber hinaus sind Unternehmensrichtlinien nicht einklagbar, da sie über gesetzliche Verpflichtungen hinausgehen. Ihr Wert ist damit als entsprechend zweifelhaft einzustufen. Vgl. Schlegelmilch 1990: 368.

220 Vgl. auch Dyllick 1990: 108f..

221 Vgl. König 2000: 3.

anlegen.[222] Damit wäre die Umsetzung der Leitsätze jedoch von der persönlichen moralischen Integrität des Top-Managements abhängig.[223]

Um die Einhaltung der Leitsätze stärker zu gewährleisten, haben einige Unternehmen bestimmte Vorschriften erlassen, die genau spezifizieren, was unerwünschtes Handeln ist. Damit dies punktgenau gelingt, werden diese akribisch für jeden Verhaltensbereich heruntergebrochen.[224] So verabschiedete beispielsweise der OTTO-VERSAND die Handlungsgrundsätze für einen sozialverantwortlichen Handel.[225] Hier heißt es u.a.: „Kinderarbeit ist bei der Herstellung von Gütern oder der Erbringung von Dienstleistungen für den Otto-Versand untersagt."[226] Die Umsetzung moralischer Verhaltensweisen soll damit von den moralischen Vorstellungen der individuellen Akteure abgekoppelt werden.[227] Diese Normen sind unbesehen der eigentlichen Handlungssituation und der sich erst daraus ergebenden Interessen *strikt* zu befolgen.[228] Eine solche Fixierung und Auswahl *bestimmter* materialer Normen setzt jedoch voraus, daß die Interessen und Bedürfnisse der Betroffenen umfassend und sachlich richtig erhoben wurden, um zu entscheiden, was moralisch respektive unmoralisch ist. Dabei ist es fraglich, ob solche verbindlichen Regelungen auch in jeder Situation ihren moralischen Anspruch erfüllen. Der Versuch, z.B. die komplexe Problematik der Kinderarbeit in Dritte-Welt-Ländern durch ein Verbot lösen zu wollen, nützt nicht unbedingt allen Betroffenen. Während zwar einerseits hierdurch vielen Kindern der Schulbesuch ermöglicht wird, droht andererseits einer Reihe von Kindern der Verlust ihrer Existenzgrundlage. Hunger, Not und persönliches Elend z.T. ganzer Familien können die Konsequenzen solcher einseitigen Regelungen sein, die Ausdruck ungenügender unternehmerischer Reflexion sind.[229]

Damit rückt das Verfahren, das zur Fixierung von Verhaltensgrundsätzen führt, in den Mittelpunkt der Betrachtung. Ob hier tatsächlich eine Reflexion aller relevanten Ansprüche und Interessen stattfindet, bleibt offen. Es scheint vielmehr so, als ob gängige Moralvorstellungen (z.B. die christliche Glaubensbasis) ohne kritische Auseinandersetzung einfach übernommen werden, was auch

---

222 Vgl. Priddat 1996: 12.

223 Vgl. Kultgen 1982 und Hughson/Kohn 1980. In der Praxis dienen die als Hochglanzbroschüren aufgemachten Leitbilder daher meist ausschließlich zu PR-Zwecken.

224 Vgl. Steinmann/Olbrich 1998b: 179; s. kritisch Jönck 1992: 169.

225 Dieser ist sowohl von allen Lieferanten als auch von deren Sublieferanten zu unterzeichnen und anzuerkennen.

226 Otto-Versand AG o.J.: 2.

227 Vgl. Jönck 1992: 169.

228 Darüber hinaus werden den Entscheidern bestimmte Moralvorstellungen aufgezwungen, die nicht mit ihren eigenen identisch sein müssen.

229 Weitere Beispiele finden sich bei Haslinger 1997: 150.

die große inhaltliche Ähnlichkeit der verschiedenen Leitbilder erklären würde.[230] Wer in welcher Weise von einer Entscheidung betroffen ist und welches Gewicht den einzelnen Interessen dabei zukommt, ergibt sich jedoch immer erst aus der *spezifischen Handlungssituation*. Damit wäre vorauszusetzen, daß *vorab* für jeden Handlungsbereich *alle* typischen Rahmenbedingungen des Handelns vollständig erfaßt werden können.[231] Aufgrund der Komplexität und Dynamik unternehmerischen Handelns ist dies für den hier relevanten Bereich unternehmenspolitischer Entscheidungen als bedenklich einzustufen. Erschwerend kommen bei global agierenden Unternehmen hinzu, daß *interkulturelle Unterschiede* bei der Bewertung der Handlungssituation zu berücksichtigen sind. Völlig andere Werte, die Ausdruck grundsätzlich verschiedener Weltbilder und Lebensweisen sind, müssen hier mit Rücksicht auf die Interessen der Betroffenen interpretiert und eingebunden werden.[232]

Darüber hinaus muß auch der Versuch einer vollständigen Enumeration aller moralisch fragwürdigen Verhaltenstatbestände letztlich scheitern, da die Zukunft prinzipiell unabschließbar ist und niemals sämtliche, durch Verhaltensgrundsätze zu regelnde, unternehmenspolitische Situationen vorhergesehen werden können. Die Fixierung von Verhaltensregeln, die strikt zu befolgen sind und nicht mehr situationsspezifisch im Hinblick auf ihre Anwendbarkeit und Angemessenheit geprüft werden, ist damit als *Dogmatismus* zu bezeichnen.[233] Auch der Hinweis auf die (gelegentliche) Überarbeitung und Neuorientierung der Leitbildausrichtung kann dieses Problem nicht beheben.

Entscheidend ist jedoch die Tatsache, daß unternehmenspolitische/-strategische Entscheidungen so gut wie immer durch *Normenkonflikte* gekennzeichnet sind.[234] Ein solcher Konflikt liegt vor, wenn die Anwendung von zwei oder mehreren Leitsätzen zu miteinander unvereinbaren Handlungsempfehlungen führt. So kann zum einen die Übernahme gesellschaftlicher Verantwortung in

---

230 Vgl. zur Basisentscheidung des Normenfindungsprozesses Kreikebaum 1996: 237-240. Auch Steinmann/Schreyögg machen auf die starke monologische Orientierung bei der Leitbilderstellung aufmerksam. Diese wird von der Vorstellung getragen, Manager wüßten von sich aus, ohne sich mit den Betroffenen auseinanderzusetzen, was diese tatsächlich wollen bzw. wie diese die Situation beurteilen. Erst die dialogische, d.h. gleichberechtigte Verständigung mit sämtlichen Betroffenen, kann die Vorstellung von der gesellschaftlichen Verantwortung auch faktisch einlösen. Vgl. Steinmann/Schreyögg 1993: 105.

231 Vgl. Steinmann/Olbrich 1998b: 181.

232 Dabei geht es genau wie im nationalen Bereich um das Spannungsfeld zwischen gesellschaftlichen und privatwirtschaftlichen Zielen und Ansprüchen, hier jedoch der betreffenden Gastländer, die meist durch ganz andere Kulturen und Sitten gekennzeichnet sind, und deren Bedürfnisse nur in diesem Rahmen zu interpretieren sind. Vgl. Jönck 1992: 167; Kumar 1989: 217-221. Hier können nicht einfach westliche Glaubensbekenntnisse zugrundegelegt werden.

233 Vgl. Staffelbach 1988: 51; König nennt dies „ethischen Rigorismus“. Vgl. König 2000: 4.

234 Vgl. Detzer 1999: 10; Kohlhof 1996: 85.

vielen Fällen so kostspielig sein, daß die Ertrags- und Finanzkraft des Unternehmens geschwächt werden. Zum anderen kann die Steigerung der Umsätze und Gewinne in dieser Situation vielleicht nur zu Lasten der Gesellschaft verwirklicht werden. Damit geraten die beiden Leitsätze „Wir steigern durch Marktorientierung und Kostenbewußtsein unsere Ertrags- und Finanzkraft“ und „Wir sind ein verantwortungsbewußtes Unternehmen in unserer Gesellschaft und gegenüber der Umwelt“ miteinander in Konflikt. In den meisten Fällen fehlen – wie z.B. im Leitbild der Metallgesellschaft – geeignete Vorgaben zur Lösung solcher Normenkollisionen. Die Beilegung ist damit von der individuellen Moral des Top-Managements abhängig. Da es an formalen Verfahren zur Integration der Werte mangelt (was Moral im übrigen auch nicht leisten kann), findet in den meisten Entscheidungssituationen eine *Polarisierung* statt („Entweder – oder“): Die Spitzenführungskräfte berücksichtigen dann nur einen Handlungsgrundsatz und verwerfen den anderen, der in Widerspruch zu dem Gewählten steht. In fast allen ernsten Auseinandersetzungen gibt es allerdings mehr als eine Seite, die einen berechtigten Anspruch hat und deren Interessen bei der Entscheidungsfindung zu berücksichtigen sind.[235] Durch Polarisierung werden Konflikte nicht gelöst, sondern allenfalls verschoben.

2.4 Auf der Suche nach einem ‚neuen' Koordinationsmechanismus

Die Grenzen von Markt und Recht bei der Legitimation unternehmerischen Handelns sind bereits seit längerem anerkannt und theoretisch unbestritten.[236] Die bekannt gewordenen Fälle des Mißmanagements und der Selbstbedienungsmentalität spiegeln sich im Bild des Top-Managers in der Öffentlichkeit wider: In einer empirischen Untersuchung des EMNIDs Instituts wurden 2034 junge Deutsche unter anderem danach befragt, für wie glaubwürdig sie bestimmte Persönlichkeiten und Institutionen hielten. Lediglich acht Prozent brachten dabei den Unternehmen bzw. deren Top-Managern Vertrauen entgegen.[237]

Dieses Mißtrauen scheint nicht ganz unberechtigt zu sein: Gerechtigkeit, Liebe und Ehrlichkeit sind zwar durchaus Werte, die Top-Managern wichtig sind; allerdings zeigt sich daneben eine Handlungsorientierung, die sehr stark von den persönlichen Interessen dominiert wird. Ehrgeiz, Machthunger und Prestigestreben gelten für so manchen Autoren, der sich mit dem Handeln des Top-

[235] Dabei gilt der Grundsatz, daß eine Entscheidung um so moralischer ist, je abgewogener verschiedene moralische Standards integriert wurden. Vgl. Weston 1999: 69f.; Berkel 1998: 128.

[236] Vgl. Nutzinger 1999: 3.

[237] Greenpeace brachten immerhin 64% der Befragten Vertrauen entgegen. Vgl. Ehlers 1995: 169; De Haan 1995: 23.

Managements dezidierter auseinandergesetzt hat, als wahre Triebkräfte für unternehmenspolitische/-strategische Entscheidungen.[238]

Die Untersuchungen zur moralischen Grundorientierung von Führungskräften haben gezeigt, daß *Opportunismus* zu einer dominanten Werthaltung von Top-Managern avanciert. Damit einher geht tendenziell eine Abnahme des persönlichen Verantwortungsbewußtseins gegenüber der Gesellschaft. Opportunismus als Wert- und Denkhaltung einer steigenden Zahl von Top-Managern steht einer angemessenen Berücksichtigung gesellschaftlicher Interessen geradewegs entgegen. Auch die Untersuchung von HRUBI/KARMASIN zeigt, daß gesellschaftliche Anliegen bei der Entscheidungsfindung kaum ins Gewicht fallen. Es dominieren die Interessen der Kapitaleigentümer und damit in erster Linie harte Fakten, wie Shareholder value, Dividende oder Rendite. Der Bereich der Wirtschaft wird dabei meist als „moralfreier" Raum betrachtet, in dem es gilt, den *Shareholder value* zu maximieren.[239] Gestützt wird diese Auffassung vornehmlich durch die Studie von ULRICH/THIELEMANN, die den *Ökonomismus* als dominante Handlungsorientierung herausarbeiten.

Betrachtet man das Verhältnis von Wirtschaft und Moral also einmal zusammenfassend aus Sicht der individuellen Entscheidungsträger, so kann für einen großen Teil der Top-Manager deutscher Unternehmen die These aufgestellt werden, daß die Berücksichtigung gesellschaftlicher Anliegen nach wie vor eine eher untergeordnete Rolle spielt. Moralische Erwägungen sind nur dann zulässig, wenn es die ökonomischen oder persönlichen Kriterien erlauben. Da die Ausgrenzung der Moral aus dem Bereich der Wirtschaft vielfach als kulturelle Selbstverständlichkeit betrachtet wird, stellt sich bei den Top-Managern auch kein „schlechtes Gewissen" ein, da sie sich zu einer rein strategischen Abwägung der jeweiligen Situation berechtigt sehen.[240]

---

238 Vgl. ausführlich Ogger 1999. In fast 70 Prozent aller Fusionen der letzten 100 Jahre gab es beispielsweise keine Verbesserung des wirtschaftlichen Ergebnisses, häufig wurde sogar Kapital vernichtet. Dies schreibt der Autor insbesondere dem Streben einiger Top-Manager nach Ausweitung ihrer „Imperien" zu. Welchen Nutzen Mitarbeiter, Aktionäre und Kunden von solchen „Spielchen" haben, interessiert die Führungsspitze meist wenig. Ogger 1999: 64f..

239 Von besonderer Bedeutung für die nachfolgenden Ausführungen ist dabei, daß im vorliegenden Fall von einer bereichsspezifischen Segmentierung des Moralbewußtseins ausgegangen wird. Allerdings fehlen die entsprechenden empirischen Untersuchungen, die eine solche Vermutung signifikant belegen könnten. Auch die Studie von Ulrich/Thielemann ist hier unzureichend. Es hätte analysiert werden müssen, auf welchem Niveau private moralische Konflikte gelöst werden. Diese Annahme der bereichsspezifischen Segmentierung ist insofern relevant, als eine solche durch eine Verallgemeinerung und „stimulierende" Arbeitsbedingungen aufgehoben werden kann. Vgl. Retzmann 1994: 376-379.

240 Vgl. Retzmann 1994: 324-332.

Somit kann die Prognose gewagt werden, daß die vorherrschenden moralischen Orientierungen von Top-Managern, seien es Opportunismus oder Ökonomismus, *keine* angemessene Integration gesellschaftlicher Interessen in die Entscheidungsfindung gewährleisten. Damit ist auch die *individuelle Moral* der Entscheidungsträger als Koordinationsinstrument in den meisten Fällen als nicht hinreichend einzustufen. Aber auch die in der aktuellen Diskussion um eine praktische Unternehmensethik bevorzugte schriftliche Fixierung von Handlungsregeln vermag aufgrund der bereits aufgezeigten Probleme (u.a. unbestimmte Anwendungsvoraussetzungen, Dogmatismus und fehlende Auflösung von Normenkonflikten) keine hinreichende Legitimation unternehmerischen Handelns zu leisten.

Zusammenfassend ist zu resümieren, daß Markt, Gesetz und Moral nicht notwendigerweise bereits eine einvernehmliche Koordination gesellschaftlicher und privatwirtschaftlicher Interessen sicherstellen.[241] Längst ist das Vertrauen in den harmonischen Interessenausgleich einer zunehmenden kritischen Haltung der Öffentlichkeit gewichen.[242] Zuweilen wird sogar grundsätzlich die Funktionsfähigkeit des marktwirtschaftlichen Systems in Frage gestellt.[243] Es mehren sich Stimmen, die der neoklassischen Marktlehre sogar vorwerfen, sie verschleiere die Widersprüche und Konflikte der Gesellschaft. Daher sei eine grundlagenkritische Reflexion der gesamten normativen und institutionellen Voraussetzungen unternehmerischen Handelns erforderlich.[244] Da jedoch Markt- und Wettbewerbswirtschaft im Vergleich zu anderen ordnungspolitischen Ansätzen besser geeignet sind, Mangelsituationen zu beseitigen und die wirtschaftliche Leistungsfähigkeit zu fördern, soll hier das System keinesfalls grundsätzlich in Frage gestellt werden.[245] Zur Marktwirtschaft gibt es (derzeit) keine sinnvolle Alternative.[246] Daher wird ein *Lösungsansatz* zur Bewältigung der aufgezeigten Koordinationsproblematik gesucht.[247]

3 Zur Rekonstruktion der Koordination von gesellschaftlichen und privatwirtschaftlichen Interessen

In den Vordergrund gelangt mit dieser Analyse der derzeitigen Koordinationsproblematik die Fragestellung, *wie* gesellschaftliche Bedürfnisse – die zum Teil grundlegend von unternehmerischen Interessen abweichen – im Rahmen eines

241 Vgl. Osterloh 1989: 146.
242 Vgl. Barben/Dierkes 1991: 207.
243 Vgl. Steinmann 2000: 16; Dietzfelbinger 1999: 7.
244 Vgl. Ulrich 1994: 92; Ulrich 1993.
245 Vgl. auch Steinmann 2000: 17; Bausch 1999: 4; Weise 1991: 266.
246 Vgl. Hanekamp 2000: 14; Müller 1999: 21; Leisinger 1997: 39.
247 Vgl. Müller 1999: 18-21; Stübinger 1999: 14; Fukuyama 1995: 33; Hamm 1992: 139.

marktwirtschaftlichen Systems am besten verwirklicht werden können. Zur Klärung erfolgt ein historischer Rückblick von der Antike bis zur Moderne, der das Verhältnis zwischen den Bereichen Markt und Moral genauer beleuchten soll. Aus ihm sollen Anhaltspunkte für einen *zusätzlichen Koordinationsmechanismus* abgleitet werden. Dabei spielt insbesondere der Ansatz von ADAM SMITH, dem Begründer des Systems der Marktwirtschaft, eine bedeutende Rolle.

3.1 Von der Antike zur Moderne

Der Versuch, das Verhältnis zwischen gesellschaftlichen und privatwirtschaftlichen Interessen aufzudecken, wird zeigen, daß der Markt, dessen theoretische Grundlagen vor allem von SMITH aufbereitet wurden, keineswegs immer von moralischen Gesichtspunkten freigestellt blieb.[248] Im Gegenteil war der Bereich der Wirtschaft lange Zeit mit gesellschaftlichen Entwicklungen und Interessen eng verknüpft. „Wirtschaften" wurde als Teil gesellschaftlicher Aktivitäten betrachtet. Die Fundierung der Ökonomie als „reine" Wissenschaft ist im wesentlichen ein Ergebnis der Moderne. Historisch betrachtet waren die Bereiche Politik, Ethik bzw. Moral und Ökonomie geraume Zeit Gegenstand *einer* Wissenschaft und nicht unabhängig voneinander zu betrachten.[249] Die Fokussierung der Ökonomie auf privatwirtschaftliche und damit die Abspaltung von gesellschaftlichen Interessen liegt erst 150 bis 200 Jahre zurück.[250] Im folgenden werden besonders vier Eckdaten der historischen Entwicklung hervorgehoben:[251]

In der *griechischen Antike* bildeten Politik, Ethik und Ökonomie eine Einheit innerhalb der *praktischen Philosophie*. Erst PLATON (427-347 v. Chr.) setzte sich explizit mit ökonomischen Vorgängen unter ethischen Gesichtspunkten auseinander: Bedingung jedes Wirtschaftens ist die *„Gerechtigkeit"*, da nur so die Gemeinschaft auf Dauer erhalten bleiben kann. Insofern ist es Aufgabe jedes Einzelnen und des Staates, Ungerechtigkeit zu vermeiden bzw. einzudämmen.[252] Dem Gewinnstreben, mit dem lediglich Einzelinteressen verfolgt werden, die sich zwangsläufig gegen das Anliegen der Gemeinschaft richten, ist

248 Vgl. Brewing 1995: 97.

249 Vgl. Staffelbach 1988: 36f.; Staffelbach 1987: 459.

250 Vgl. Apel 1997: 276f.; Homann/Blome-Drees 1992: 20.

251 An dieser Stelle soll kein vollständiger Überblick über die Geschichte der Ethik erfolgen, da sich diese in erster Linie mit dem „guten Leben", d.h. mit der Frage, wie ein Mensch zum Glück gelangt, auseinandersetzt. Hier werden daher nur diejenigen Ansätze vorgestellt, die sich auf die Ökonomie beziehen.

252 Vgl. Gil 1993: 1.

Einhalt zu gebieten. Aber auch den Handel und das Erzielen von Gewinnen ohne Arbeit im eigentlichen Sinne (z.B. durch Zins) verwirft er als unehrenhaft.

Ebenso befaßt sich dessen Schüler ARISTOTELES (384-322 v. Chr.) mit dem ökonomischen Denken: Die Polis (=Zusammenschluß mehrerer Dorfgemeinschaften) steht hier im Mittelpunkt. Ein Ziel besteht in der Vervollkommnung dieses Zusammenschlusses, d.h., eine *ausreichende Versorgung* der *gesamten* Gemeinschaft mit materiellen Gütern zu sichern. Die Polis besteht aus Haushalten, deren Aufgabe die Beschaffung und Verwendung von zum Leben notwendiger Dinge ist.[253] Hierbei geht es nicht um den Aufbau eines unbegrenzten Reichtums, sondern um die Beschaffung und Erhaltung all jener Dinge, die für die Gemeinschaft in Haus und Staat zum Leben nützlich und notwendig sind.[254] ARISTOTELES wendet sich dabei explizit gegen jedes maßlose Streben nach Reichtum, das sein Ziel, den für das gute Leben benötigten *maßvollen* Wohlstand, verfehlt.[255] Unter anderem befaßt er sich mit dem „gerechten Preis", der durch den tatsächlichen Wert der Ware bestimmt werden soll. Die „Gerechtigkeit" bildet den Mittelpunkt seines Wirtschaftsverständnisses, der er alle wirtschaftlichen Handlungen unterordnet.[256]

Auch im *Mittelalter* wurde Ökonomie als Teil der praktischen Philosophie verstanden. So steht THOMAS VON AQUINs (1224-1274) Tugendlehre ebenfalls ganz unter dem Zeichen der *Gerechtigkeit*:[257] Die Wirtschaft ist seiner Ansicht nach ein Bereich ethisch geleiteten Handelns. Der Handel ist notwendig und legitim, solange er die Gemeinschaft und die Schwächeren nicht benachteiligt. Ein Kaufmann ist zwar berechtigt, seine eigenen Aufwendungen in den Preis der Ware einzukalkulieren, nicht jedoch Wucher zu betreiben. Der arbeitsteilige Warentausch dient demnach ausschließlich einem gesamtwirtschaftlichen Zweck.[258]

---

253 Vgl. Rusche 1992: 41.

254 Die Lehre von der Führung und Verwaltung des Hauswesens nennt Aristoteles Ökonomie. Vgl. Gil 1993: 2.

255 Vgl. Rusche 1992: 42. Dieser Gedanke des maßvollen Reichtums ist wie folgt zu verstehen: Für Aristoteles steht die Glückseligkeit des Menschen als vollendetes und sich selbst genügendes Endziel allen Handelns im Mittelpunkt. Um dieses Ziel zu erreichen, bedarf es guter äußerer Verhältnisse, die jedoch nur eine notwendige und keine hinreichende Bedingung für die Glückseligkeit darstellen. Diese kann nur durch zwei verschiedene Lebensführungen, nämlich die aktiv-politische und die kontemplativ-theoretische erreicht werden. Eine von Geld und Genuß bestimmte Lebensform vermag es nicht, den Menschen seinem Glück als schlechthin höchstem Ziel menschlichen Daseins näherzubringen. Vgl. Rusche 1992: 42f..

256 Vgl. Horn 1996: 29f.; Herrmann 1992: 3.

257 Vgl. Gil 1993: 30.

258 Vgl. Höffe 1998: 152-159.

Selbst die *Neuzeit* brachte kaum Veränderungen hinsichtlich der Auffassung von Wirtschaft und Moral: ADAM SMITH (1723-1790), der „geistige Vater“ der Theorie der Marktwirtschaft, war Moralphilosoph.[259] Er hatte ausschließlich das Gemeinwohl im Blick, als er das Streben nach Eigennutz zum Motor der ökonomischen Entwicklung erhob.[260] Allerdings unterstand dieses Streben – wie noch ausführlich zu zeigen sein wird – ebenfalls einer moralischen Beurteilung.[261] Die Lehre der *Gerechtigkeit* bildet auch das Fundament seiner ökonomischen Theorie.[262]

Erst zu *Beginn des 19. Jh.* hat sich die Ökonomie endgültig von der praktischen Philosophie abgespalten.[263] Dieser Vorgang entsprach der zunehmenden Bedeutung der Wirtschaft in der Gesellschaft und ihrer Ausdifferenzierung aus der Politik.[264] Die Neoklassik postulierte erstmals eine „reine Lehre“, die sich nach dem Vorbild der Naturwissenschaften wertfrei und objektiv der Optimierung von Nutzen und Ertrag zu widmen hat.[265] Mit dieser Entwicklung geht jedoch der Verlust einer umfassenden Perspektive der Ökonomie einher, die sich im weiteren eines gestaltenden Engagements mit Blick auf lebenspraktisch notwendige, mithin ethisch tragbare Lösungen, enthält.

Die radikale Trennung ökonomischer und moralischer Denkweisen ist also ein Ergebnis der Moderne. Erst seit diesem Zeitpunkt erfolgt der Interessenausgleich über den von moralischen Überlegungen grundsätzlich freigestellten

---

259 Vgl. Patzen 1991: 25, Seifert 1991: 58f.; Prisching 1990: 53. Adam Smith gilt allerdings auch als der Vater der Nationalökonomie.

260 Die Ursache, warum Smith gerade das Streben nach Wohlstand zum Motor der gesellschaftlichen Entwicklung machte, ist in folgendem zu sehen: Zur Zeit Smiths waren Arbeiter und Produktionsmittel noch nicht getrennt. Der Arbeiter des 18. Jh. war der freie Herr seiner eigenen Werkzeuge und seiner eigenen Arbeitskraft, mit der er ein wertvolles Kapital besaß und deren Verbesserung ihm unmittelbar zugute kam. Zu dieser Zeit waren auch automatische Maschinen weitgehend unbekannt, so daß sich die verbesserte Geschicklichkeit eines Arbeiters für ihn unmittelbar auszahlte. Daß die industrielle Revolution den Arbeiter einmal von seinen Produktionsmitteln trennen und ihn zum Diener einer Maschine degradieren würde, konnte er noch nicht absehen. Vgl. ausführlich Stark 1960: 25-27. Auch die Gefahren eines entwurzelten Profitstrebens und einer unbegrenzten Erwerbssucht konnte (oder wollte) Smith so nicht sehen. Vgl. Prisching 1990: 82. Siehe auch Starbutty 1985: 13-15.

261 Vgl. Streminger 1991: 23. Smith Interesse galt dem moralischen Handeln von Individuen. Die Fähigkeit zur Sympathie ermöglicht den Menschen sittliches, die Gemeinschaft förderndes Verhalten. Insofern verknüpft er die ethische Perspektive später mit einer wirtschaftlichen Systemanalyse, nach der Menschen neben der Sympathie für andere ganz legitim ihren eigenen Vorteil verfolgen. In diesem System ist allerdings kein Platz für unmoralisches Verhalten. Vgl. Horn 1996: 33-35 sowie Teil I, Kap. 3.2.

262 Vgl. Meyer-Faje/Ulrich 1991: 11.

263 Vgl. Prisching 1990: 84f..

264 Vgl. Horn 1996: 32. Diese Trennung wurde bereits mit Hobbes und Mandeville im 17. bzw. 18. Jahrhundert eingeleitet. Vgl. Herrmann 1992: 4; Herms 1989: 83.

265 Vgl. Norden 1998: 12.

Markt. Wenn in der Ökonomie die Auffassung weit verbreitet ist, daß es gerade SMITH war, der Moral und Ökonomie trennte, so ist dies wohl eher darauf zurückzuführen, daß dieser „... anscheinend zu jenen Autoren gehört, die mehr zitiert als gelesen werden“[266]. Tatsächlich versuchte er nämlich ganz im Gegenteil die beiden Bereiche einvernehmlich miteinander zu koordinieren.[267] Die differenzierte Würdigung seines Konzeptes entspringt damit den derzeitigen Problemlagen und Diskussionen.[268] Um zu analysieren, auf *welche Instrumente* er dabei zurückgreift, werden seine Ausführungen im folgenden aufbereitet und in den Grundideen nachgezeichnet. Ziel ist es, Anhaltspunkte für einen weiteren Mechanismus zur harmonischen Koordination gesellschaftlicher und privatwirtschaftlicher Interessen zu identifizieren.

3.2 Klassisches Marktkonzept von Adam Smith

> *„Der Weise und Tugendhafte ist jederzeit damit einverstanden, daß sein eigenes Privatinteresse dem allgemeinen Interesse des Standes oder der Gemeinschaft aufgeopfert wird, der er eben angehört.“ (Smith, Theorie der ethischen Gefühle)*

SMITH ist nicht nur der wohl berühmteste aller Wirtschaftswissenschaftler; sein bekanntestes Werk *An Inquiry into the Nature and Causes of the Wealth of Nations* (1776) ist eines der erfolgreichsten wissenschaftlichen Abhandlungen überhaupt. Es behielt bis heute einen starken Einfluß auf die Nationalökonomie.[269] Doch neben diesem verfaßte er bereits im Jahre 1759 sein etwas weniger bekanntes Hauptwerk, die *Theorie der ethischen Gefühle*. Immer wieder wurden die beiden Werke von verschiedenen Autoren miteinander in einen Ge-

---

266 Eckstein 1994: LIV. Dies bezieht sich besonders auf sein erstes Werk, die „Theorie der ethischen Gefühle“. Ähnlich auch Prisching 1990: 54 und 84.

267 Vgl. Patzen 1991: 51.

268 Vgl. Ruh 1988: 84. Die Frage, ob sein nun mehr als 200 Jahre altes Werk mehr sein kann, als eine reine theoriegeschichtliche Aufgabe wird damit positiv beantwortet. Vgl. Seifert 1991: 60. Es wird davon ausgegangen, daß sich auch für unsere heutige hochindustrialisierte Gesellschaft daraus Anhaltspunkte für eine „Ethik für Unternehmen“ gewinnen lassen.

269 S. Patzen 1991: 21.

samtzusammenhang gestellt. Dieser Versuch, der angesichts der Vielschichtigkeit und augenscheinlichen Gegensätzlichkeit der beiden Theorien eine Fülle an Interpretationsvarianten hervorgerufen hat, wird in der Literatur auch das klassische *„Adam-Smith-Problem“* genannt.[270] Die nachfolgenden Ausführungen beruhen in erster Linie auf der von RECKTENWALD repräsentierten Forschungsrichtung, die PATZEN als „Realismustheorie“ charakterisiert und die stark an den Originalen der beiden Werke orientiert ist.[271] Dabei wird davon ausgegangen, daß beide Werke im wesentlichen konsistente Bestandteile eines umfassend konzipierten Gesamtwerkes darstellen. Die Theorie der ethischen Gefühle geht dem Wealth of Nations nicht nur zeitlich, sondern auch systematisch voraus. Erst auf dem Fundament des dort beschriebenen „ethischen Menschen“ kann auch sein ökonomisches Verhalten realitätsgerecht verstanden und beurteilt werden. Damit bildet die in der Theorie der ethischen Gefühle systematisch konzipierte Form der *Gerechtigkeit* ein übergeordnetes, gesellschaftsregulierendes Prinzip, das in der vorliegenden Arbeit auch für den Bereich der Wirtschaft Anwendung finden soll.[272]

3.2.1 Vorbemerkungen

Der schottische Nationalökonom ADAM SMITH (1723-1790) war Professor für Logik, Rhetorik und Moralphilosophie am College in Glasgow.[273] *Gegenstand* seiner Forschung war die Analyse der Ursachen, Ordnung und Grundsätze im menschlichen Streben nach Wohlstand.[274] Sein *Ziel* galt der Verwirkli-

---

270 Vgl. Brown 1994: 1. Insbesondere der im Wealth of Nations immer wieder hervorgehobene „Eigennutz“ steht scheinbar im krassen Gegensatz zum Sympathiegefühl in der Theorie der ethischen Gefühle. Vgl. Patzen 1991: 24. Vgl. dort auch den Überblick der Entwicklung der Diskussion um das Verhältnis der beiden Werke. Ebd.: 24-27.

271 Vgl. Patzen 1991: 27.

272 Selbstverständlich wird dabei nicht ignoriert, das es eine Fülle weiterer und höchst gegensätzlicher Interpretationen gibt. Vgl. Seifert 1991. Auch hat Smith selbst an keiner Stelle des Wealth of Nations *explizit* die Gerechtigkeit als Voraussetzung für einen gelingenden Wettbewerb hervorgehoben. Allerdings gibt es zahlreiche Hinweise und gute Gründe, eine solche Sichtweise als realistisch anzuerkennen. Vgl. Held 1997: 19; Patzen 1991: 28; Prisching 1990: 53 und 82. Die hier vertretene Perspektive ist primär Ausdruck eigener Deutungen der Bestrebungen Smith und vor allem der Bewunderung der Klarheit, Einfachheit und des Detailliertheitsgrades seiner Ausführungen zur Natur des Menschen, die nach wie vor sehr zeitgemäß sind und deutlich stärker wieder Beachtung finden sollten. Diese sind auch das Hauptargument dafür anzunehmen, daß Smith weder politische noch ökonomische Lehren als Bereiche betrachtete, die von ethischen Prinzipien ausgenommen werden sollten.

273 Er wurde 1751 auf den Lehrstuhl für Logik und Rhetorik und 1752 auf den Lehrstuhl für Moralphilosophie berufen. Vgl. Seifert 1991: 58f.; Kurz 1990: 14f.; Streminger 1990: 24f.; Starbutty 1985: 8.

274 Neben der genauen Beobachtung der Wirklichkeit entwickelten sich viele seiner Erkenntnisse und Einsichten aus seiner kulturgeschichtlichen Analyse. Das Ergebnis ist ein integriertes ethisches, ökonomisches und politisches System, das es ermöglicht, persönliche Freiheit und wirt-

chung von Wohlstand bei höchstmöglicher Freiheit und Zufriedenheit für alle Menschen.[275] Die *menschliche Haupttriebfeder* ist seiner Ansicht nach das ständige Streben des Menschen, seinen Lebensstandard in einer Welt der Knappheit zu verbessern *und* Anerkennung von seinen Mitmenschen zu erlangen.[276] Dieses löste auch den Übergang von der primitiven Gesellschaft hin zur zivilisierten Gemeinschaft aus.[277] Die Sorgen um die eigene Existenz und die Bemühungen um ein besseres Leben (Erwerbsfleiß) betrachtet er als naturgegeben und damit zeitlos.[278] Diese stellen zentrale Lebens- und Daseinsbedingungen der Menschheit dar.[279] Der *Erwerbsfleiß* führt dazu, daß sich alle produktiven Kräfte optimal entfalten, und sich so die Versorgung des Gemeinwesens nach und nach verbessert.[280]

Damit arbeitet SMITH den *Eigennutz* bzw. den *Erwerbsfleiß* als treibende Kraft für die Entwicklung des Wohlstandes einer Nation heraus.[281] Allerdings

---

schaftliche Leistung auf friedliche Weise sozialgerecht miteinander zu versöhnen. Vgl. Patzen 1991: 51.

275 Vgl. Meyer-Faje/Ulrich 1991: 11. Damit wird bereits der Inhalt seines Wohlstandsbegriffs deutlich: Zwar steht der materielle Wohlstand im Vordergrund; dieser ist jedoch mit der gegenseitigen Achtung und Aufmerksamkeit sowie den damit verbundenen Gefühlen der Sympathie, Selbstgefälligkeit und Zustimmung innerhalb einer Gesellschaft verknüpft. Recktenwald 1996: XV. Allerdings war der materielle Wohlstand niemals Endzweck menschlichen Handelns, vielmehr war er gleichsam eine Vorbedingung für die Verfeinerung der Kultur und Moral einer Gesellschaft. Vgl. Gehrke 1990: 146f..

276 Vgl. Patzen 1991: 39; Prisching 1990: 55; Gehrke 1990: 134.

277 Vgl. Recktenwald 1996: XLVIII. Smith differenziert vier Stadien der Entwicklung (Jagd, Hirtentum, Ackerbau und Handel), die er im Hinblick auf die Art der vorherrschenden produktiven Tätigkeit, die Formen des Eigentums und die Strukturen des gesellschaftlichen Zusammenlebens hin unterscheidet. Vgl. auch Gehrke 1990: 130f..

278 Dieses Streben nach Wohlstand unterliegt allerdings einem aufgeklärten, sozialen und rechtlichen Regeln unterworfenem Egoismus. Recktenwald 1996: XLI.

279 Das Streben nach persönlichem Wohlstand und sozialer Anerkennung, „... weckt den Erwerbsfleiß der Menschheit und hält ihn dauernd in Gang. Erst dadurch wurden sie veranlaßt, den Boden zu kultivieren, Häuser zu bauen, Städte und Gemeinwesen zu gründen und alle jene Wissenschaften und Künste zu erfinden und zu verbessern, die das Leben des Menschen verfeinern und verschönern, die die ganze Oberfläche der Erde völlig verändert haben, das Dickicht der Wälder in der Natur in freundliche und fruchtbare Felder verwandelt haben und den weg- und wertlosen Ozean zu einer neuen Hilfsquelle und zu dem großen Verkehrsweg für die verschiedenen Länder der Welt zu machen." Zitiert nach Recktenwald 1996: XL.

280 Die vierte Stufe der Entwicklung, die moderne Tausch- und Handelswirtschaft, ist dabei durch ein Höchstmaß an rechtlicher und persönlicher Freiheit des einzelnen gekennzeichnet. Politische Stabilität und wechselseitige Abhängigkeit der Marktteilnehmer bürgen für einen gerechten Machtausgleich. Durch die vollkommene Gewerbefreiheit ist es jedermann möglich, seinen Unterhalt durch Lohn, Rente oder Gewinn zu bestreiten und sich damit die zum Leben notwendigen und angenehme Dinge zu leisten. Vgl. ausführlich Recktenwald 1996: XLIII-LT; S. Smith 1996: 3.

281 Er schließt damit auch Altruismus oder Nächstenliebe als *einziges* Motiv für das menschliche Verhalten aus, da darauf auf Dauer kein stabiles und zivilisiertes Gemeinwesen aufbauen kann und ein solches Verhalten gegen die Natur des Menschen geht. Vgl. Recktenwald 1996:

meint er keineswegs das ausschließlich eigensüchtige Verhalten der Marktteilnehmer. Vielmehr legt er seiner Theorie bestimmte Annahmen soziologischer und psychologischer Art über die *Natur des Menschen* in bezug auf zwischenmenschliche Beziehungen zugrunde.[282]

3.2.2 Die vier Koordinationsinstrumente der Marktwirtschaft

Nach Ansicht SMITHs′ ist der Mensch keineswegs ein *gewissenloser Eigennutzmaximierer*. Vielmehr unterliegt er bestimmten Begrenzungen, die ihn auch die Interessen anderer in angemessenem Umfang berücksichtigen lassen.[283] Eine erste Schranke für die eigensüchtigen Bestrebungen ist das Gefühl der Sympathie (Ethik). Ein weiteres Kontrollinstrument zur Sicherung eines geordneten Gemeinwesens bilden die sozialethischen Normen (Moral). Über das Bedürfnis nach öffentlicher Anerkennung und Mißbilligung soll der Mensch dazu angehalten werden, sein Streben nach Wohlstand, Macht und Prestige in Grenzen zu halten. Hinzu tritt ein System positiver Gesetze, das den anerkannten Normen zur Geltung verhelfen soll (Gesetz).[284] SMITH weiß allerdings um die Grenzen dieser Instrumente und führt die ökonomische Konkurrenz als weitere Schranke ein (Wettbewerb). Diese soll das egoistische Streben der Menschen nach Mehrung des eigenen Wohlstandes zusätzlich in geeignete Bahnen lenken.[285]

3.2.2.1 Ethik

> *„Wie es das erhabene Gesetz des Christentums ist, unseren Nächsten zu lieben, wie wir uns selber lieben, so ist es das erhabene Gebot der Natur, uns selbst nur so zu lieben, wie wir unseren Nächsten lieben, oder was auf das Gleiche herauskommt, wie unser Nächster fähig ist, uns zu lieben." (Smith, Theorie der ethischen Gefühle)*

SMITH begreift *Ethik* als *Theorie des menschlichen Urteilens* über das eigene und fremde Verhalten und greift dabei auf eine sozialpsychologische Erklärung

LXXVII. Daher versucht er im Wealth of Nations vor allem die Natur der Tauschneigung des Menschen tiefer zu ergründen. Vgl. Patzen 1991: 40.

282 Vgl. Prisching 1990: 59. So verachtet er selber jede Form der Habsucht und des Ehrgeizes und glaubt, daß derjenige Kaufmann, der sein Augenmerk ausschließlich auf die Erzielung von Gewinn legt und sich nicht an die allgemein geltenden Regeln des Zusammenlebens hält, deutlich in der Achtung seiner Mitmenschen sinkt. Wirtschaftlichkeit und Geschäftsbeflissenheit sind nur mit Rücksicht auf die allgemeinen Regeln möglich. Vgl. Smith 1994: 262f..

283 Vgl. Smith 1994: 511. Egoistische Motive werden von ihm im Gegenteil aufs äußerste verurteilt.

284 Vgl. Patzen 1991: 44f.; Ulrich 1991a: 169.

285 Vgl. Recktenwald 1996: XLI; Patzen 1991: 44-47; Ulrich 1991a: 166-170. Diese Differenzierung folgt dem Aufbau seiner beiden Werke der *Theorie der ethischen Gefühle*, in dem die Koordinationsmechanismen Sympathie, Moral und Gesetze erläutert werden, und dem *Wohlstand der Nationen*, in dem ausführlich der Marktmechanismus und seine Grundlagen beschrieben werden.

zurück.[286] Er analysiert, inwieweit der Mensch für das Zusammenleben in der Gemeinschaft überhaupt disponiert und vorbereitet ist und durch welchen Mechanismus sich das Verhalten jedes Einzelnen integrativ auswirkt: Zum einen hat jeder Mensch in der Gemeinschaft mit anderen gewisse Gefühle oder Empfindungen, die er „moral sentiments" nennt.[287] Diese Empfindungen können zustimmender (z.B. Liebe, Mitgefühl) oder ablehnender Natur (z.B. Neid, Mißgunst) sein und das Zusammenleben entweder fördern oder empfindlich beeinträchtigen. Zum anderen ist jeder in der Lage, sich aufgrund seiner Vorstellungskraft (imagination) in die Situation eines anderen zu versetzen und ihn durch Nachdenken (reflection) zu verstehen.[288]

Nimmt der Mensch in dieser Form am Handeln *anderer Menschen* teil, so tritt er als *außenstehender Beobachter* auf.[289] Er versucht dabei zunächst die Gemütsbewegungen des anderen zu beurteilen, indem er sich vorstellt, was er an dessen Stelle empfinden würde. Allerdings stellt sich die Person nicht vor, ein bestimmtes Leid am eigenen Körper zu erfahren, sondern versucht, sich in die Lage des anderen hineinzuversetzen und zu verstehen, was der andere in dieser Situation empfindet. „Wenn ich mit dir Beileid empfinde, weil du deinen einzigen Sohn verloren hast, und ich deinen Kummer nachzufühlen trachte, dann überlege ich nicht, was ich, ein Mensch von dieser bestimmten Stellung und diesem bestimmten Beruf, erdulden würde, wenn ich einen Sohn hätte und dieser unglückseligerweise stürbe, sondern ich überlege, was ich erdulden würde, wenn ich wirklich du wäre, und ich tausche nicht nur meine Verhältnisse mit den deinen, sondern ich tausche auch die Person und die Rolle mit dir."[290]

---

286 S. Recktenwald 1996: LXII. Smith führte äußerst tiefgreifende Beobachtungen zur Natur des Menschen durch, und beschreibt ihn so, wie er tatsächlich ist, und nicht, wie er sein soll.

287 Diese ethischen Gefühle wurden den Menschen von der Natur wie ein Sinnesorgan mitgegeben. Dieser „moralische Sinn" soll uns zur Orientierung unseres Verhaltens in diesem Leben dienen. Der Autor siedelt diese Gefühle der „Sympathie" bzw. „Antipathie" zwischen Instinkten und Verstand an. Die ethischen Gefühle führt er in Anlehnung an Hutcheson auf ein besonderes Wahrnehmungsvermögen der Menschen und nicht auf den Verstand zurück. Letzterer scheidet für ihn aus, da er zwar geeignet ist, die allgemeinen Regeln der Gerechtigkeit zu entdecken, die Bindung an diese entspringt seiner Meinung nach jedoch aus einem bestimmten Empfinden. Vgl. Smith 1994: 248 und 525-529; Hope 1989: 114-117.

288 Es ist eine Grundveranlagung in der Natur des Menschen, die ihn am Schicksal anderer Anteil nehmen lassen, obwohl er keinen offensichtlichen Vorteil daraus zieht. Vgl. Smith 1994: 23f..

289 Vgl. Streminger 1990: 36.

290 Smith 1994: 528f.. Da dieser Aspekt sehr bedeutsam ist, sei hier auf ein weiteres Beispiel von Smith verwiesen: „Wenn wir ein Buch oder ein Gedicht so oft gelesen haben, daß wir kein Vergnügen mehr daran finden, es allein zu lesen, so kann es uns doch Freude machen, es einem Gefährten vorzulesen. Für ihn hat es den ganzen Reiz der Neuheit und wir nehmen an der Überraschung und Bewunderung teil, die es naturgemäß in ihm erweckt, die es aber in uns nicht mehr hervorzurufen vermag; wir betrachten dann all die Gedanken, die es zur Darstellung bringt, eher in dem Lichte, in welchem sie ihm erscheinen, als in demjenigen, in welchem sie uns erscheinen würden;" Smith 1994: 10.

Wenn die hierdurch ausgelösten Gefühle mit denen des Betroffenen übereinstimmen, so erscheinen sie ihm als richtig und diesem Anlaß *angemessen.* Steht sein Gefühl hingegen nicht in Einklang mit den Emotionen des Betroffenen, so beurteilt er sie als unrichtig und der Situation bzw. den Ursachen, die sie hervorgerufen haben, *unangemessen.*[291] Das natürliche Gefühl der Übereinstimmung der Gemütsbewegungen nennt SMITH *„Sympathie"* (ethische Gefühle). Ohne dieses Gefühl kann seiner Ansicht nach ein geordnetes Gemeinwesen weder geschaffen noch aufrecht erhalten werden.[292]

Ähnlich bewertet ein Mensch auch die *eigenen Gemütsbewegungen*: Er nimmt die Position eines *fiktiven, unparteiischen Beobachters* ein, der aus einer gewissen Distanz die eigenen Emotionen beurteilt. Dabei werden die eigenen Gemütsbewegungen entsprechend dem Gefühl des *neutralen Beobachters* eingeschätzt.[293] Sind diese auch aus dessen Sicht angemessen, so billigt er sie. Stehen sie hingegen im Widerspruch zu den Gefühlen eines unparteiischen Betrachters, so werden sie mißbilligt.[294] Dieser Prozeß der Reflexion dämpft meist die Heftigkeit der eigenen Gefühle und schraubt sie auf ein Maß hinab, mit dem Außenstehende dann sympathisieren können.

Doch diese Sympathie dient nicht nur dazu, die Angemessenheit einer Gemütsbewegung zu beurteilen, sondern hat auch eine zentrale Funktion bei der *Bewertung der Richtigkeit* der daraus möglicherweise erwachsenden *Handlung.* Von ihr ist es abhängig, ob eine Handlung als *gerecht* oder *ungerecht* beurteilt wird. Während also die Billigung von Gefühlen aus ihrer Angemessenheit zur Ursache oder dem Objekt, das sie erregt hat, resultiert, ist die Verdienst- oder Verwerflichkeit der daraus resultierenden Handlung nur vor dem Hintergrund

---

[291] Vgl. Smith 1994: 14. Für jeden Affekt, über den wir urteilen, benutzen wir als Richtschnur ausschließlich die entsprechende Gemütsbewegung, die dadurch in uns selbst ausgelöst wird, daß wir uns in die Lage des Handelnden versetzen. Diese ist allerdings aufgrund verschiedener Ursachen meist weniger intensiv als beim Betroffenen. Vgl. ausführlich Smith 1994: 13-26.

[292] Vgl. Prisching 1990: 54; Sturn 1990: 108. Sympathie hat eine nicht zu unterschätzende Bedeutung für das soziale Zusammenleben. Sie löst ein Wohlgefallen zwischen den Personen, die sie wahrnehmen, aus und erleichtert den Kummer, indem sie dem Gemüt die einzige angenehme Empfindung einflößt, für die es in jenem Augenblick empfänglich ist. Vgl. Smith 1994: 11. Allerdings kommt Smith zu dem Ergebnis, daß die Gefühle der Betroffenen bei der Mehrzahl der Personen eine zu hohe Intensität annehmen und daher unangemessen sind. Vgl. Smith 1994: 32.

[293] Diese Fähigkeit, aus einer interpersonalen Interaktion herauszutreten, und seine eigene Perspektive aus Sicht eines neutralen Beobachters zu beurteilen, wird später unter dem Begriff „Perspektivenübernahme der dritten Person" wieder aufgegriffen werden. Vgl. Teil IV, Kap. 3.2.2.2.

[294] Vgl. Smith 1994: 166. Dabei teilt man sich gewissermaßen in zwei Personen: Die erste Person ist der Zuschauer, dessen Empfindungen in bezug auf mein Verhalten ich nachzufühlen trachte, indem ich mich an seine Stelle versetze und überlege, wie dieses Verhalten mir wohl erscheinen würde, wenn ich es von diesem neutralen Standpunkt aus betrachte. Die zweite Person ist der Handelnde, die Person, über deren Verhalten ich mir – in der Rolle eines Zuschauers – eine Meinung zu bilden suche. Smith 1994: 170f..

des Charakters der Wirkungen, auf die diese abzielt – und die diese auch tatsächlich erzielt -, zu beurteilen.[295]

Damit ist das *Gefühl der Richtigkeit einer Handlung* ein zusammengesetztes: Es wird zum einen aus der *direkten Sympathie* mit den Gefühlen und beabsichtigten Wirkungen des *Handelnden* und zum anderen aus der *indirekten Sympathie* mit den Gefühlen der von den Wirkungen unmittelbar/mittelbar *Betroffenen* gebildet. Im Mittelpunkt steht die Frage, ob die *tatsächlich erzielten Wirkungen* in einem *angemessenen Verhältnis* zu den *Beweggründen* und *Absichten* des Handelnden stehen (vgl. Abb. 5 auf S. 58).[296] Nur derjenige, der also bemüht ist, sich selbst bzw. seine geplante Handlung mit den Augen eines außenstehenden Betrachters zu sehen, ist in der Lage, ethisch zu handeln.[297]

Durch diesen *„modus operandi"* erfolgt die Begrenzung individuellen Verhaltens. Es sind die *ethischen Gefühle*, die das eigene Verhalten disziplinieren und den einzelnen davon abhalten, einem anderen Unrecht zuzufügen, aus überzogenem Egoismus zu handeln oder jemandem etwas wegzunehmen oder vorzuenthalten, was diesem gehört. Damit arbeitet SMITH die *Gerechtigkeit* der Menschen – und nicht das Wohlwollen oder die Nächstenliebe – als zentralen Baustein für das Bestehen und die Entwicklung der Gesellschaft heraus.[298] Unter *Gerechtigkeit* versteht er, in Einklang mit den Ansichten und Gefühlen eines *unparteiischen Zuschauers* zu handeln.[299]

Die *ethischen Gefühle* gehen nach SMITH im Ursprung auf Gott oder die Vorsehung zurück. Ihnen wohnt das natürliche Bestreben zur Beseitigung von ein-

---

295 Vgl. Smith 1994: 96.

296 Das Entstehen des Gerechtigkeitsgefühles ist dabei ein äußerst komplizierter Vorgang. Es wird beeinflußt von der Gemütsbewegung, die in einem angemessenen Verhältnis zu ihren Ursachen stehen muß, von der Absicht (beabsichtigte Wirkungen), die der Handelnde mit der Handlung verbindet, von den tatsächlich erzielten Wirkungen sowie von der Sorgsamkeit und Vorsicht, die bei der Abwägung der Konsequenzen angelegt wurde. Vgl. ausführlich Smith 1994: 138-158.

297 So ist es nicht möglich, die eigenen Gefühle und Motive zu überschauen und sich ein Urteil über sie zu bilden, solange man nicht selbst von der eigenen Situation Abstand gewinnt und sich bemüht, sie aus einer bestimmten Distanz zu betrachten. Vgl. Smith 1994: 167. Der imaginäre Rollentausch verschafft eine Distanz zum eigenen Empfinden. Vgl. Hope 1989: 104f.. Nur der neutrale Beobachter läßt uns die Geringfügigkeit des eigenen Selbst und all dessen, was uns betrifft, erkennen. Vgl. Weston 1999: 87. Dieser Vorgang wird häufig auch als „Selbsttranszendenz" bezeichnet. Vgl. Grimm 1994: 25. Selbstbezogenheit gilt unter den Ethikern als größter Übeltäter; das Selbst tritt so deutlich in Erscheinung, daß wir andere Menschen nicht mehr sehen und hören. Vgl. Smith 1994: 203.

298 Vgl. Smith 1994: 203. Zwar erkennt er auch das Wohlwollen bzw. die Liebe als Tugend – in Anlehnung an die Platoniker – durchaus an; für die höchste aller Tugenden hält er jedoch die Gerechtigkeit des Verhaltens, wie sie von Plato, Aristoteles oder Zeno vertreten wird. Vgl. die ausführliche Begriffslegung bei Smith 1994: 453-456.

299 Vgl. Smith 1994: 203; Brown 1994: 24; Patzen 1991: 29; Prisching 1990: 63.

seitig egoistischem Verhalten inne.[300] Zur Sicherung des *gerechten Handelns* hat die Natur zwei verschiedene *Instanzen der Gerichtsbarkeit* eingerichtet.[301] Die Instanz *des „äußeren Menschen“*[302] stützt sich auf das Verlangen nach Liebe und Lob.

Abb. 5: Beurteilung der Richtigkeit einer Handlung

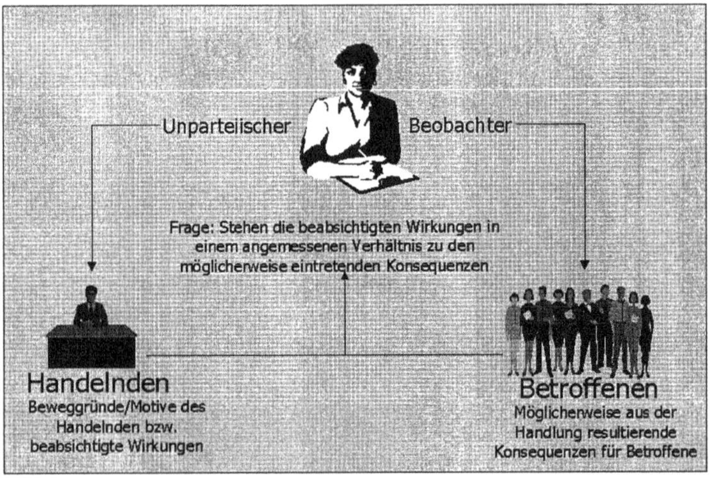

Quelle: Eigene Darstellung in Anlehnung an Smith 1994: 138-140.

Der Mensch ist darauf bedacht, daß seine außenstehenden Beobachter die Grundsätze seines Handelns teilen und mit ihm sympathisieren. Insofern wird er sich auch in Fällen, in denen seine eigenen Ansichten über das richtige Verhalten in Konflikt zu der Auffassung des fiktiven Beobachters geraten, so verhalten, daß er die Zustimmung und Achtung seiner Mitmenschen gewinnt.[303] Verletzt ein Mensch die Regeln der Gerechtigkeit, d.h., verhält er sich nicht entsprechend den Empfehlungen des neutralen Beobachters, so zieht er das Vergeltungsgefühl des Geschädigten und aller seiner Mitmenschen auf sich. Diese sympathisieren naturgemäß mit dem „Opfer“ und können die Beweggründe des Täters, die in keinem angemessenem Verhältnis zu den daraus resultierenden Wirkungen stehen, nicht nachvollziehen.[304] Er kann sich dann

300 Vgl. Recktenwald 1996: XLII.
301 Vgl. Smith 1994: 193-199; Prisching 1990: 83.
302 Auf diese Art und Weise hat Gott den Menschen zum Richter seiner Brüder gemacht, um ihr Benehmen zu beaufsichtigen. Vgl. Smith 1994: 162.
303 Vgl. Smith 1994: 252.
304 Vgl. Smith 1994: 124.

nicht mehr in die Gesellschaft wagen; er wird von ihr zurückgewiesen und ausgestoßen.[305] Dies trachtet die Gerichtsbarkeit des „äußeren Menschen" jedoch unbedingt zu vermeiden. Die Instanz des *„inneren Menschen"* gründet auf dem Streben nach Liebens- und Lobens*würdigkeit*: Um die Gerechtigkeit auch bei Taten zu erzwingen, die – da sie gut geplant und durchgeführt wurden – normalerweise nicht ans Tageslicht treten, wurde den Menschen „... jenes Bewußtsein des Schuldgefühls in die menschliche Brust eingepflanzt."[306] Das Gewissen des Menschen hält ihn von ungerechten Handlungen ab. Dieses innere Tribunal erachtet SMITH als weitaus schlimmer, als das des äußeren Beobachters.[307] So fürchtet sich der Mensch nicht so sehr vor dem Gedanken, gehaßt zu werden, als vielmehr davor, tatsächlich hassenswert und verächtlich zu sein.[308]

SMITH hat damit grundlegende Annahmen über die Natur der Menschen getroffen, die auch für den ökonomischen Bereich, der einen Ausschnitt menschlichen Zusammenlebens darstellt, zutreffen sollen.[309] Die ethischen Gefühle bzw. die ethische Urteilskraft eines jeden Menschen begrenzen den Eigennutz und lenken ihn in die richtigen Bahnen. Doch nicht bei allen Menschen ist seiner Meinung nach diese Urteilskraft entsprechend ausgeprägt.[310]

---

305 „Die Erinnerung an seine Verbrechen hat alles Mitgefühl mit ihm aus den Herzen seiner Mitmenschen ausgeschlossen. Die Gefühle, die sie ihm gegenüber hegen, sind gerade das, wovor er sich am meisten fürchtet. Alles scheint feindlich gesinnt zu sein, und er wäre froh, in eine unwirtliche Wüste zu fliehen, wo er vielleicht nie wieder das Gesicht eines menschlichen Wesens erblickt und auch nicht in der Miene der Menschen die Verurteilung seiner Verbrechen liest." Smith 1994: 126.

306 Smith 1994: 129. Die Kraft des Gewissens wird durch Religion besonders verstärkt. Der gottgläubige Mensch trägt permanent die Vorstellung in sich, daß Gott alle Handlungen, auch die, die der Beobachtung anderer Menschen entgehen, sieht und sie (später) rächt. Insofern legt Smith auch ein größeres Vertrauen in die Rechtschaffenheit derjenigen Menschen, die ein tiefes religiöses Empfinden besitzen. Die Religion bildet damit ein wichtiges Fundament zur Stützung des Pflichtgefühles, das sich in der heutigen Zeit allerdings nicht mehr als sehr tragfähig erweist. Vgl. Smith 1994: 258.

307 „Diese natürlichen Qualen eines erschreckten Gewissens, die rächenden Furien, die in diesem Leben die Schuldigen heimsuchen, die ihnen weder Ruhe noch Schlaf erlauben, die sie oft zu Verzweiflung und Wahnsinn treiben, vor denen keine Gewißheit des Verborgenbleibens sie schützen kann, von denen keine Grundsätze des Unglaubens sie völlig entbinden könnte, und von denen sie nichts anderes befreien kann als der gemeinste und verworfenste aller Zustände: eine völlige Unempfindlichkeit für Ehre und Schande, für Laster und Tugend." Smith 1994: 179.

308 Vgl. Smith 1994: 178. Auf den ersten Blick scheinen diese Bestrebungen identisch zu sein: Smith arbeitet jedoch den Unterschied zwischen dem tatsächlich erhaltenen Lob und dem Bild über die eigene Lobenswürdigkeit deutlich heraus. „Nur die schwächlichsten und oberflächlichsten Menschen können sich an jenem Lobe sehr ergötzen, von dem sie selbst wissen, daß es durchaus unverdient ist." Nur die Selbstbilligung, d.h. das Wissen darum, daß man richtig gehandelt hat, bedarf keiner Bestätigung von außen. Sie ist hinreichend und macht den reifen Menschen wirklich zufrieden. Vgl. Smith 1994: 171-179.

309 Vgl. Patzen 1991: 27.

310 Vgl. Smith 1994: 234.

3.2.2.2 Moral

Der Mensch unterliegt bei der Beurteilung seiner Gefühle in vielen Fällen einem *Selbstbetrug*: So wird das eigene Verhalten in der Regel zu *zwei* verschiedenen Zeitpunkten einer Prüfung unterzogen.[311] Zuerst unmittelbar bevor man handelt, und dann nachdem die Handlung vollzogen wurde. Beide Bewertungen entbehren zumeist nicht der Parteilichkeit.[312] Heftige Gefühle *vor* einer Handlung verfärben in der Regel das Bild von den wirklichen Verhältnissen: Sie überlagern die objektive Situation und bestimmen die weitere Handlung. Ihre Rechtfertigung erlangen sie durch den Umstand, daß sie äußerst intensiv wahrgenommen werden.[313] Erst wenn die Handlung vollzogen ist, schwächen die Gemütsbewegungen ab und es wird möglich, die Situation unparteiischer zu betrachten.[314] Doch hier fehlt vielen Menschen der Mut zur Selbsterkenntnis. Da es ausgesprochen unangenehm ist, von sich selbst schlecht zu denken und mögliche Fehler vor sich oder anderen einzugestehen, unterbleibt daher in der Regel auch zu diesem Zeitpunkt eine neutrale Bewertung.[315]

In diesem Selbstbetrug sieht SMITH die *Quelle der Probleme des menschlichen Zusammenlebens*. Die meisten Menschen sind nicht nur zum Zeitpunkt der Handlung, sondern auch hinterher so parteiisch, daß sie die Ungerechtigkeit ihrer Handlung nicht zu erkennen vermögen. Daher ist auch keine Veränderung ihres Verhaltens möglich.[316] Diese Schwäche des Menschen soll durch „allgemeine Regeln" für ethisches Verhalten ausgeglichen werden. Jene Regeln oder auch Normen des gerechten Zusammenlebens sind von der Natur gegeben und resultieren aus der Beobachtung und Erfahrung, die Menschen im Verlauf ihres

---

311 Vgl. Smith 1994: 235-238; Patzen 1991: 44.

312 Gerade in der Parteilichkeit sieht Smith die größte Gefahr für ein gerechtes Urteil. Niemals ist die Richtigkeit der sittlichen Gefühle so sehr in Gefahr verdorben zu werden, als wenn der nachsichtige und parteiische Zuschauer zur Hand ist, während sich der unvoreingenommene und unparteiische in weiter Ferne befindet. S. Smith 1994: 231.

313 Vgl. Smith 1994: 236.

314 Smith weist auch darauf hin, daß es dann ja auch zu spät ist, da die Handlung bereits vollzogen wurde. Insofern sind diese Urteile, verglichen mit denen zu einem früheren Zeitpunkt, nur von geringer Bedeutung und vermögen oft nicht mehr zu erzielen, als ein wertloses Bedauern oder unnütze Reue, ohne daß sie die betreffenden Menschen vor den gleichen Irrtümern in der Zukunft schützen. Vgl. ebd.: 236.

315 Vgl. Hope 1989: 105. Aus diesem Grunde verharren viele Menschen dickköpfig im Unrecht, da sie sich schämen und fürchten einzusehen, daß ihre Handlung falsch war. Es ist eben sehr unangenehm, von sich selbst schlecht zu denken, so daß man oft absichtlich den Blick von den Umständen abkehrt, die eine Beurteilung ungünstig ausfallen lassen könnten. Vgl. ebd.: 237. Noch schlimmer ist es allerdings, daß man sich darüber bewußt wird, daß andere nun schlecht über einen denken könnten, weswegen die meisten Menschen ihre Fehler einfach „verdrängen" oder anderen oder äußeren Umständen die Schuld zuschieben.

316 Nur wenn wir uns in dem Lichte sehen würden, in dem andere uns sehen, dann könnten wir die Ungerechtigkeit unserer Handlungen selbst erkennen und unser Verhalten entsprechend verändern. Vgl. Smith 1994: 238.

Lebens mit anderen Menschen machen.[317] Dieses Wissen bringt den Menschen ganz unmerklich dazu, daß er sich gewisse allgemeine Regeln darüber bildet, welche Handlungen jeweils richtig oder angemessen sind.[318] Erfahren diese Grundsätze eine *allgemeine Zustimmung*, d.h. werden sie *allgemein anerkannt* und damit durch übereinstimmende Empfindungen der Menschen festgesetzt, so werden sie zu *Normen* des gerechten Handelns, die vorschreiben, was in der entsprechenden Situation zu tun oder zu lassen ist.[319]

Diese allgemeinen Regeln erfüllen zwei zentrale Funktionen: Zum einen halten sie die Gefühle „im Zaum".[320] Bevor z.B. das Gefühl der Rache einen Menschen dazu bringt, sein Gegenüber zu töten, wird er von *Zweifeln* heimgesucht. Die Achtung vor den Regeln hilft ihm, seine Gefühle zu mäßigen und sich einer solchen Handlung zu enthalten.[321] Zum anderen berufen sich Menschen auf diese Regeln als *Richtmaße* für ihr Urteil. Sie benutzen sie als Grundlage für eine Entscheidung darüber, was jeweils richtig bzw. gerecht ist. Es wird dann nicht mehr geprüft, ob man in der vorliegenden Situation ein Gefühl der Billigung oder Mißbilligung empfindet, sondern es zählt die Einschätzung, ob die entsprechende Handlung der Regel entspricht.[322]

Bei vielen Menschen sind die ethischen Gefühle kaum oder gar nicht ausgebildet, so daß sie niemals die Richtigkeit ihrer Handlungen wirklich empfinden können. Sie agieren dann ausschließlich aus Achtung vor dem, was ihnen von Familie und Schule beigebracht wurde.[323] Ihnen wurde so viel Respekt vor die-

---

317 Vgl. Hope 1989: 102f.. Diese Regeln beruhen auf persönlichen Erfahrungen und Vernunft und werden normalerweise von jedem beachtet, da jeder Mensch nach mitmenschlicher Anerkennung strebt und letztlich selbst einsieht, daß diese Regeln der Ethik Anordnungen und Gesetze Gottes sind. Vgl. Smith 1994: 250.

318 S. Smith 1994: 238.

319 Insofern prüft bspw. Habermas die Richtigkeit einer Norm unter Rückgriff auf ihre Universalisierbarkeit, was in völligem Einklang mit der Smith'schen Auslegung steht. Vgl. Teil III, Kap. 1.2.

320 Vgl. Smith 1994: 241.

321 Diese Regeln dienen also dazu, in den entsprechenden Situationen keinem Selbstbetrug zu erliegen und dem intensiven Gefühl nicht nachzugeben. Sie halten das Temperament in Schranken und helfen dem Menschen, die sehr parteiische Anschauung richtigzustellen, die seine Gefühle ihm sonst als Richtschnur für sein Handeln in dieser Lage nahegelegt hätten. Smith geht in seinen Ausführungen davon aus, daß diese Verhaltensregeln oder auch Normen insbesondere durch Erziehung vermittelt werden, was allerdings nicht weiter erläutert wird. Vgl. Smith 1994: 241.

322 Vgl. Smith 1994: 241. Vgl. auch das Beispiel bei Smith 1994: 239.

323 Die Analyse der moralischen Urteilsbildung zeigt, daß der Mensch erst auf postkonventioneller Entwicklungsstufe in der Lage ist, solche allgemeinen Regeln des Zusammenlebens selbst zu erkennen und zu reflektieren. Auf einer früheren Entwicklungsstufe wendet er allgemeine Regeln aus dem Bestreben anderen zu gefallen, seine Pflicht zu tun oder die soziale Ordnung um ihrer selbst willen einzuhalten, an. Damit deutet sich bereits an, daß Ethik auch eine Frage der Entwicklung des Menschen ist und besonderer (individueller) Voraussetzungen bedarf. Vgl. später Teil IV, Kap. 3.2.2. Aus den Ausführungen von Smith wird nicht deutlich, ob er der An-

sen Regeln eingeprägt, daß sie faktisch in der entsprechenden Situation auch danach handeln. SMITH nennt diese Achtung vor den allgemeinen Verhaltensregeln, an denen die *große Masse der Menschen* ihre Handlungen ausrichtet, *Pflichtgefühl.*[324] Von diesem ist das Bestehen der menschlichen Gesellschaft grundlegend abhängig.[325]

3.2.2.3 Gesetz

Doch auch die Regeln der Gerechtigkeit, die der Mensch aus Pflichtgefühl anerkennt, reichen nicht immer aus, um die mit dem Streben nach Wohlstand verbundenen negativen Konsequenzen für die soziale Umwelt zu verhindern.[326] Der Mensch beachtet die allgemeinen Verhaltensregeln nicht immer von selbst.[327] Da ein Gemeinwesen ohne diese Regeln nicht lebensfähig ist, müssen Einrichtungen geschaffen werden, die Macht genug besitzen, deren Einhaltung zu gewährleisten. In bestimmten Fällen kann es also erforderlich sein, diese durch ein System positiver Gesetze abzusichern. Hierzu bedarf es der Einrichtung eines Staates, der diese Gesetze erläßt, überwacht und nötigenfalls mit Zwang (bzw. Sanktionen) durchsetzt.[328] SMITH schreibt dem Staat die *drei originären Aufgaben* Landesverteidigung, Einrichtung eines Justizwesen und Aufbau und Unterhaltung öffentlicher Anlagen und Einrichtungen zur Erleichterung von Handel und Verkehr zu.[329]

---

sicht war, daß ethische Gefühle den Menschen von Gott in unterschiedlichem Ausmaß mitgegeben werden oder dies eine Frage der individuellen Entwicklung im Gebrauch dieser Gefühle ist. Im Rahmen dieser Arbeit soll die Frage, ob Ethik eine angeborene oder erworbene Fähigkeit darstellt, nicht weiter thematisiert werden. Hier wird die Auffassung vertreten, daß sie – wie noch gezeigt werden wird – auf der Entwicklung des logischen Denkvermögens basiert und insofern zwar erlernbar ist, individuelle Unterschiede gleichzeitig aber nicht auszuschließen sind.

324 Vgl. Smith 1994: 245; siehe auch Ulrich 1991a: 164.

325 „Nur Menschen vom glücklichsten und besten Schlage sind imstande, ganz genau und ganz richtig ihre Empfindungen und ihr Betragen den geringsten Unterschieden der Situation anzupassen und in allen Fällen nach den feinsten und genauesten Geboten der sittlichen Richtigkeit zu handeln. Der grobe Stoff, aus dem die große Masse der Menschen gebildet ist, kann nicht zu solcher Vollendung verarbeitet werden. Indessen gibt es kaum einen Menschen, dem nicht durch strenge Zucht, durch Erziehung und Beispiel so viel Achtung vor allgemeinen Regeln eingeprägt werden könnte, daß er nicht bei nahezu jeder Gelegenheit mit wenigstens leidlichem Anstand handeln und während seines ganzen Lebens einem schweren Tadel entgehen sollte." Smith 1994: 245. Bereits Smith waren die Probleme, die mit der Moral verbunden sind, bewußt. Allerdings hielt er es für besser, allgemeine Regeln unbesehen der Situation – sprich unreflektiert – anzuwenden, als gar keinen Handlungsgrundsätzen zu folgen. Aufgabe der Familie und der Schule ist es damit, die allgemeinen Regeln zu vermitteln und den Kindern den entsprechenden Respekt, z.B. durch Androhung von Sanktionen, einzuflößen.

326 Vgl. Patzen 1991: 44.

327 Vgl. Recktenwald 1996: LXV.

328 Vgl. Patzen 1991: 46; Ulrich 1991a: 169.

329 Vgl. Smith 1996: 582.

Damit erhält der Staat die zentrale Funktion der Durchsetzung und möglicherweise Korrektur von Normen des gerechten Zusammenlebens.[330] Im Mittelpunkt der positiven Gesetzgebung steht die Gerechtigkeit. Der genaue Inhalt der Gesetze ist damit stets das Ergebnis der unparteiischen Reflexion des neutralen Beobachters. Er ist abhängig von den Verhältnissen und Rahmenbedingungen der jeweiligen Zeit und dem herrschenden Gemeinwesen.[331] Da auch Stärke und Entwicklungsgrad der ethischen Gefühle und des Pflichtgefühls im historischen Verlauf starken Schwankungen unterliegen, können sich Art und Umfang der zu kodifizierenden Gesetze im Zeitverlauf verändern.[332] Eine Marktwirtschaft ist also ohne einen normal funktionierenden Staat, der seine klassischen Aufgaben wahrnimmt, undenkbar und unrealistisch. [333] Allerdings hat sich der Staat aus verschiedenen Gründen nicht in den wirtschaftlichen *Ablauf* einzumischen:[334] Zum einen fehlen ihm geeignete Maßstäbe für den Eingriff, wie z.B. die laufenden Informationen über die Präferenzen der Bürger.[335] Zum anderen verfügt er über keine Mechanismen, die Angebot und Nachfrage schnell und effizient ausgleichen und eine optimale Versorgung des Gemeinwesens sicherstellen. SMITH ist davon überzeugt, daß sich nur aufgrund des Wettbewerbs auf allen Märkten langfristig ein harmonisches Gleichgewicht einstellen wird.[336] Jedoch befürwortet er damit nicht die unbeschränkte Regulation über die „unsichtbare Hand des Marktes“: Wirtschaftliches Handeln hat sich seinerseits einer moralischen Beurteilung zu unterziehen und muß durch entsprechende Gesetze kanalisiert werden.[337] „Die ‚negative‘ Aufgabe des

---

[330] Vgl. Ulrich 1991a: 169. Die genaue Bestimmung des Verhältnisses zwischen Politik, Ethik und Ökonomie wird von Seifert als unvollendet charakterisiert. Smith veranlaßte kurz vor seinem Tod, daß 16 Bände an Manuskripten verbrannt wurden. Darunter vermutet man auch eine ausführliche Abhandlung zur „Politik“. Einige Anhaltspunkte für die Verhältnisbestimmung können aber dem erst vor kurzem neu entdeckten Quellen wie u.a. den „Lectures of Rhetoric and Belles Lettres“ entnommen werden. Vgl. Seifert 1991: 69; Streminger 1990: 24f..

[331] Vgl. Recktenwald 1996: CXV.

[332] Dies führt Smith auf die sich verändernde Stärke des Glaubens an Gott zurück, der nicht nur von Mensch zu Mensch, sondern auch im Zeitverlauf starken Schwankungen unterliegen kann. Vgl. Smith 1994: 258.

[333] Vgl. Recktenwald 1996: LXXVI. Smith hatte gar keine so strenge Abneigung gegen staatliche Eingriffe, wie ihm immer unterstellt wird. Vgl. Prisching 1990: 73; Sturn 1990: 113. Er wendet sich eher gegen eine Omnipotenz des merkantilistischen Staates. Vgl. Norden 1998: 12; Starbutty 1985: 41-47.

[334] Dem Staat kommt eine Subsidiaritätsfunktion zu. Nur wo der Markt versagt, soll er eingreifen. Vgl. Pichler 1990: 263.

[335] Vgl. Recktenwald 1996: LXVII.

[336] Vgl. Smith 1996: 18f..

[337] "Solange der einzelne nicht die Gesetze verletzt, läßt man ihm völlige Freiheit, damit er das eigene Interesse auf seine Weise verfolgen kann.“ Smith 1996: 582. Daß auch diese Interessenverfolgung in Einklang mit den Ansichten des neutralen Beobachters stehen muß, macht das folgende Zitat deutlich: „Jene großen Ziele der eigennützigen Neigungen, jene Güter, deren Verlust oder Erwerb die ganze Stellung des Menschen verändern kann, bilden die Ziele derjeni-

Rechtsstaats ist es zu verhindern, dass die Menschen ihre Nächsten schädigen. Modern ausgedrückt: Der Gesetzgeber hat in einer liberalen Gesellschaft die *Sozialverträglichkeit* individuellen (‚privaten') Handelns sicherzustellen."[338] Damit kommt dem Staat in erster Linie die Aufgabe zu, einen entsprechenden *ordnungspolitischen Rahmen* zu setzen und für die Durchsetzung positiver Gesetze Sorge zu tragen.[339]

3.2.2.4 Wettbewerb

SMITH waren die Probleme, die mit den ethischen Gefühlen verbunden sind, bekannt. Zum einen kann Sympathie kaum aufkommen, wenn die *psychologischen Verbindungen* zu z.B. Familie, Umgebung, Gemeinde oder Land zu schwach sind oder der *räumliche bzw. persönliche Abstand* erheblich ist, wie z.B. bei einer sehr großen Zahl von Marktteilnehmern. Zum anderen kann es sein, daß das Streben nach materiellem und sozialem Fortschritt mit solchem *Eifer* verfolgt wird, daß der Betreffende blind für die *Angemessenheit* seines Handelns wird.[340] So kann das Verlangen nach Erfolg die Moral des Menschen extrem verzerren. Erfolg und Macht wohnt die Tendenz inne, den Menschen zu korrumpieren, indem sie seine Selbstkontrolle und sein Gewissen aushöhlen.[341] Ohne diese Kontrollinstanzen ist ein gemeinschaftliches Zusammenleben nicht möglich.

Im allgemeinen sind die ethischen Gefühle im *Bereich der Wirtschaft* nur sehr schwach ausgeprägt.[342] Auch die freiwillige Anerkennung der Normen des gerechten Zusammenlebens sowie die positiven Gesetze vermögen der daraus resultierenden Abnahme der Sympathie keinen ausreichenden Einhalt zu gebieten. Insofern muß an dieser Stelle ein zusätzlicher Mechanismus in Kraft treten, der eine gerechte Verteilung des Wohlstands sicherstellt: Diesen Mechanismus sieht SMITH im Wettbewerb.[343] Der Wettbewerb sorgt für einen gerechten Preis und sichert die Versorgung mit Marktleistungen: SMITH unterscheidet zwischen dem Marktpreis (tatsächlicher Preis) und dem natürlichen Preis (Be-

gen Leidenschaft, die man im eigentlichen Sinn als Ehrgeiz bezeichnet; einer Leidenschaft, die, sofern sie sich innerhalb der Grenzen der Klugheit und Gerechtigkeit hält, immer und überall in der Welt bewundert wird." Smith 1994: 264.

338 Ulrich 1991a: 169f..

339 Vgl. Recktenwald 1996: LXV; Prisching 1990: 74f.; Starbutty 1985: 45.

340 Vgl. Leisinger 1997: 36.

341 S. Smith 1994: 223. In diesen Problemen sieht Smith auch die fatalen Schwächen der Menschheit, die Quellen für Unordnung und Zerrüttung im menschlichen Zusammenleben darstellen. Ethische Gefühle treten in unterschiedlicher Intensität auf, je nach Natur und Stärke der externen Anreize, die auf den Menschen einwirken (z.B. Familieneinbindung, soziale Anerkennung, Glaube an Gott).

342 Vgl. Smith 1996: 19-22.

343 Vgl. Smith 1996: 50f..

trag, der sich durch die üblichen Sätze an Grundrente, Arbeitslohn und Kapitalgewinn ergibt). Der *Wettbewerb* zwischen den Anbietern wirkt dahin, daß sich letztlich ein Gleichgewicht in Höhe des Wettbewerbspreises bildet.[344] Dieser soll in der Nähe des natürlichen Preises liegen.[345] Der Marktpreis dient gleichzeitig als Indikator für die Knappheit des Gutes und steuert den gesamten Prozeß der Produktion, Verteilung und Kapitalbildung. Er soll die beste Versorgung des Gemeinwesens gewährleisten.[346] SMITH führt also mit dem Wettbewerb einen neutralen Koordinationsmechanismus als *vierte Schranke* in sein System ein, der eine möglichst gerechte Verteilung des Wohlstands garantieren soll.[347] Er ist erforderlich, um den „entfesselten" Eigennutz angemessen zu beschränken.

3.3 Kritische Würdigung: Zur Koordination gesellschaftlicher und privatwirtschaftlicher Interessen

Die vorangehenden Ausführungen machen deutlich, daß Moral und Ökonomie lange Zeit als Gegenstand einer Wissenschaft betrachtet wurden. Wirtschaften hat danach immer auch moralischen Anforderungen zu genügen bzw. diese umfassend zur Geltung zu bringen. SMITH zeigt auf, wie gesellschaftliche und privatwirtschaftliche Interessen einvernehmlich koordiniert werden können. Das System der Marktwirtschaft baut auf *vier* Grundpfeilern auf: Ethik, Moral, Gesetze und Wettbewerb sollen einen gerechten Ausgleich gewährleisten und den für die Entwicklung des Gemeinwohls zentralen Erwerbsfleiß in geeignete Bahnen lenken. Er hatte also keineswegs die *unbeschränkte Maximierung* des jeweils eigenen Wohlergehens im Sinn, sondern trat im Gegenteil für die *an-*

---

344 Vgl. ausführlich zum Marktmechanismus Smith 1996: 48-51.

345 Der Preis als Koordinationsmechanismus funktioniert wie folgt: Im Falle eines Überangebots sinkt der Marktpreis, da ein Teil der Produktion an Nachfrager abgesetzt werden muß, die nur bereit sind weniger zu bezahlen. Aufgrund der nur noch niedrigen Gewinne ziehen die Unternehmer ihr Kapital aus diesem Erwerb zurück. Das Angebot sinkt zwangsläufig. Bei Vorliegen eines Unterangebots steigt der Marktpreis, da einige Nachfrager bereit sind, mehr zu zahlen. Das Selbstinteresse der Unternehmer sorgt dafür, daß mehr Kapital in diesen Erwerb gesteckt wird. Alles Erwerbsstreben paßt sich auf diese Weise ganz natürlich der effektiven Nachfrage an; ganz zwangsläufig wird stets soviel auf den Markt gebracht, wie nachgefragt wird. Vgl. Smith 1996: 48-56.

346 Vgl. Patzen 1991: 45. Allerdings setzt dieser Mechanismus eine möglichst *vollkommene Konkurrenz* voraus: Monopole verzerren den Marktpreis zu Ungunsten der Konsumenten. „Der Monopolist versorgt nämlich den Markt ständig mangelhaft und befriedigt die effektive Nachfrage niemals ganz, so daß er seine Ware weit über dem natürlichen Preis verkaufen kann, wodurch seine Einkünfte, ob Lohn oder Gewinn, beträchtlich über die natürliche Höhe steigen." Smith 1996: 54. Sein Ideal ist die vollkommene Konkurrenz, bei der viele Anbieter möglichst vielen Nachfragern gegenüberstehen (Polypol) und so der Wettbewerb entsprechend verschärft wird. Der Konsument wählt den billigsten (und besten) Anbieter, wodurch die Anstrengungen der Anbieter ständig erhöht und die Preise entsprechend gesenkt werden. Vgl. ebd.: 454 und 500-505. S. auch Pichler 1990: 266f..

347 Vgl. Patzen 1991: 45.

gemessene Berücksichtigung gesellschaftlicher Interessen ein.[348] Er baut seine Theorie vor dem Hintergrund seiner Analysen über die Natur des Menschen und der damaligen gesellschaftlichen und wirtschaftlichen Probleme und Rahmenbedingungen auf. Mit dem Zusammenwachsen der relativ kleinen, isoliert wirtschaftenden „Hauswirtschaften" zu einer modernen Volkswirtschaft konnte die Arbeitsteilung immer weiter vorangetrieben und die damit verbundenen Produktionsvorteile ausgeschöpft werden.[349] Allerdings war ihm durchaus bewußt, daß damit der traditionelle Mechanismus der Handlungskoordination, der weitgehend auf dem Perspektivenwechsel der einzelnen Akteure aufbaut, angesichts der physischen Entfernung in vielen Fällen zwangsläufig versagt.

Damit wird diese Koordinationsform jedoch nicht aufgehoben, sondern nur durch den leistungsfähigeren Mechanismus des Wettbewerbs ergänzt.[350] Diesen als Freibrief für unbeschränkt eigennütziges Handeln aller Wirtschaftsakteure zu werten, ist allerdings nicht tragbar.[351] Die Anlage des Werkes und das Gewicht der Ausführungen zur „Theorie der ethischen Gefühle" untermauern diese Einschätzung. Am Primat der Gerechtigkeit, beurteilt aus dem universalistischen Blickwinkel des unparteiischen Zuschauers, vor allen ökonomischen Überlegungen besteht kaum ein Zweifel.[352]

In der vorliegenden Interpretation „durchdringt" das kritische Auge des neutralen Beobachters eben sehr wohl das wirtschaftliche Handeln der Akteure. Gestärkt werden diese Überlegungen durch das Weltbild SMITHs, dem Deismus. Alles was aus der Natur hervorgeht, ist als vollkommen und zweckmäßig zu betrachten. Da auch die Neigung zum Tausch den Menschen von der Natur gegeben wurde, ist auch diese als sinnvoll anzusehen. Schäden und Störungen entstehen nur dann, wenn die gottgewollte Ordnung durch die Menschen in Unordnung gebracht wird. Nur wenn das „natürliche Uhrwerk" erkannt wird, ist es möglich, Gesetze des menschlichen Handelns aufzustellen und sich entsprechend zu verhalten.[353] Damit bildet der (freiwillige) Tausch eine gesellschaftliche Organisationsform, die die Zustimmung des unparteiischen Zuschauers findet, da sie die Interessen der anderen nicht verletzt. Damit wird aber auch impliziert, daß der Maßstab des fiktiven Beobachters bei der Beur-

---

348 Die Individuen verfolgen im wesentlichen ihre eigenen Interessen. Und da sie das mit anderen tun, bedürfen sie geeigneter Regulierungsmechanismen zum Interessenausgleich. Vgl. Prisching 1990: 55.

349 Vgl. Homann/Blome-Drees 1992: 20.

350 Vgl. Homann 1994a: 13.

351 Vgl. zur Kritik der Egoismusannahme in der Ökonomie Zundel 1991: 37f.. Zur daraus entstandenen Figur der persona oeconomica Kleinefeld 1998: 323.

352 S. Ulrich 1991a: 171.

353 S. Büscher 1991: 128.

teilung von konkreten Handlungen innerhalb dieser Gesellschaftsform erhalten bleibt, da er sozusagen den Inbegriff gerechten Handelns und damit des gerechten Tausches darstellt.[354] Dies zu ignorieren hieße, den Markt zu überhöhen und ihn vom Zweck zum Selbstzweck und zur sachzwanghaft respektierten höheren Ordnung zu erheben.[355]

In diesem Sinne darf auch das oft angeführte Zitat von SMITH „Nicht vom Wohlwollen des Metzgers, Brauers und Bäckers erwarten wir das, was wir zum Essen brauchen, sondern davon, daß sie ihre eigenen Interessen wahrnehmen."[356] nicht als Legitimation für einseitig gewinnorientiertes Handeln interpretiert werden. SMITH wollte damit zwar das Gemeinwohl – als moralisch erwünschtes Resultat des Wirtschaftsprozesses – von den persönlichen Motiven des Einzelnen (z.B. Altruismus, Nächstenliebe, Wohlwollen) abkoppeln, keineswegs aber so dem ungehemmten Egoismus Tor und Tür öffnen.[357] Das Gerechtigkeitsgefühl als Garant für das Fortbestehen einer Gesellschaft bleibt unbeschränkt Mittelpunkt seines Werkes. Gerechtes Handeln sicherzustellen, ist nach wie vor Aufgabe der Urteilskraft des Einzelnen (Ethik), des persönlichen Pflichtgefühles (Moral), des Staates und des Marktmechanismus'.[358] SMITH kann damit zurecht als „...Vordenker der Idee eines kritisch reflektierten, wohlverstandenen Selbstinteresses des Individuums."[359] verstanden werden.

Angesichts des unzureichenden Koordinationsvermögens der Instrumente Markt, Gesetze und Moral rückt die Frage in den Vordergrund, *ob* und *wie* die von SMITH konzipierte *Ethik* wieder in das *heutige* System der Marktwirtschaft eingefügt werden kann.

---

354 Vgl. Farmer/Kubin 1990: 205; Ruh 1988: 84. Damit stellen die allgemeine Neigung zum Tausch und die zwischenmenschliche Sympathie die Basis dar, auf der Markttransaktionen überhaupt erst möglich werden. Vgl. Prisching 1990: 70; Sturn 1991: 118; Sturn 1990: 111.

355 S. Büscher 1991: 140.

356 Smith 1996: 17.

357 Vgl. Patzen 1991: 22 und 42; Sturn 1991: 100; Kurz 1990: 10; Streminger 1990: 36; Prisching 1990: 81f..

358 Vgl. Patzen 1991: 44f.. Das diese Schranken z.B. durch ein gewisses Maß an Wohlstand, die Macht bestimmter wirtschaftlicher Gruppen, die Auflösung religiösen Denkens und einem gewissen Erfolgs-/Leistungseifer verhängnisvoll gelockert werden können und so die freie Marktwirtschaft in Zweifel gezogen werden kann, ist selbst Smith bewußt: So beeinträchtigen seiner Ansicht nach insbesondere die „merkantile Eifersucht" sowie die Habgier und der Monopolgeist der Kaufleute die Wettbewerbsordnung und führen langfristig zur Zerstörung der Funktionsmechanismen und der Grundlagen der Marktwirtschaft. Vgl. Smith 1996: 407; Seifert 1991: 61 und 79-83.

359 Ulrich 1991a: 182.

4 Zur Notwendigkeit einer Ethik für Unternehmen

In der einleitenden Problemstellung wurde die These aufgestellt, daß Unternehmen ihre Handlungen zukünftig immer häufiger öffentlich zu rechtfertigen haben, wenn sie keine negativen Konsequenzen in Kauf nehmen wollen. Dabei wurde bereits herausgestellt, daß öffentliche Auseinandersetzungen so gut wie immer an der *konkreten Geschäftstätigkeit* eines Unternehmens entbrennen.[360] Gesellschaftliche Anliegen entstehen damit meist als unmittelbare Konsequenz der marktbezogenen Aktivitäten von Unternehmen.[361] *Legitimationsbasis* der jeweiligen gesellschaftlichen Anspruchsgruppen bildet die *direkte oder auch indirekte Betroffenheit* durch die Unternehmenstätigkeit.[362] Ansprüche werden also aus der Tatsache abgeleitet, daß eine bestimmte unternehmerische Aktivität zu Wirkungen und Konsequenzen für den Einzelnen, für Gruppen oder die Gesellschaft führt, die nicht mit gesellschaftlichen Normen und Werten in Einklang stehen (z.B. die Gefährdung menschlichen Lebens). Sie entstehen also aus der *Diskrepanz* zwischen den an ein Unternehmen gestellten *Erwartungen* einerseits und der wahrgenommenen *Realität* andererseits. Gesellschaftliche Anliegen führen dabei meist zu *direkten, öffentlichen Auseinandersetzungen*, bei denen gesellschaftliche Anspruchsgruppen versuchen, ihre konkreten Erwartungen bzw. Ansprüche an das Unternehmen heranzutragen, um so auf die Unternehmensziele oder die Art und Weise der Zielerreichung Einfluß auszuüben.[363]

---

360 Unternehmen können dabei unterschiedlich stark exponiert sein. Dies kann zum einen die Branche z.B. ein bestimmtes Produkt (Rindfleisch), sein, das den Stein des Anstoßes ins Rollen bringt. Zum anderen sind unternehmensspezifische Faktoren, wie beispielsweise Größe und Strategie eines Unternehmens (meist gerät der Branchenprimus ins Schußfeuer der Kritik) ursächlich hierfür. Darüber hinaus spielt auch die wandelbare öffentliche Meinung und Sensibilität eine bedeutende Rolle. Vgl. Dyllick 1990: 18f..

361 Vgl. Dyllick 1990: 34.

362 Zieht man den Umkehrschluß, so bleibt festzuhalten, daß ein Unternehmen sein Handeln vor allem mit Blick auf die Wirkungen und Konsequenzen für die Betroffenen legitimieren muß. Die persönliche Betroffenheit spielt eine zentrale Rolle in diesem Konzept. Der Druck auf Unternehmen kommt nämlich meist erst dann zustande, wenn Menschen in irgendeiner Form persönlich betroffen sind. Damit wächst auch die Bereitschaft zu organisiertem Gegendruck. Je mehr Menschen sich in Zukunft von unternehmerischem Handeln betroffen *fühlen* (was wiederum eng mit den persönlichen Wert- und Normenvorstellungen verbunden ist), desto größer die Notwendigkeit von Unternehmen, solche Ansprüche verantwortlich zu berücksichtigen. Allerdings ist der Verfasserin auch bewußt, daß der Erfolg und die Notwendigkeit des Konzeptes unmittelbar mit dem Verhalten des Endverbrauchers verknüpft sind. Üben diese zukünftig keinen oder einen nicht umsatz- bzw. gewinnrelevanten Einfluß und Druck auf Unternehmen aus, so entfällt die Grundlage für diesen Ansatz. Unternehmen werden nur zu Verhaltensänderungen bereit sein, wenn sie ökonomische Nachteile befürchten müssen.

363 Ein besonderes Merkmal ist die Bedeutung des öffentlichen Drucks, der durch die Medien verstärkt und von dem eine ganz bedeutende Lenkungswirkung auf ein Unternehmen ausgehen kann. Gesellschaftliche Anliegen können so zu einer spürbaren Beeinträchtigung der Tätigkeit

Aufgrund unternehmerischer Handlungsspielräume lassen sich solche Auseinandersetzungen jedoch kaum vorhersehen und damit auch nicht gesetzlich vorregeln.[364] Aus den systematischen Grenzen von Markt und Recht ergibt sich die Notwendigkeit, Konflikte, die aus der konkreten Unternehmenstätigkeit resultieren, auf Ebene des Unternehmens verantwortlich beizulegen.[365]

Diese Handlungsspielräume resultieren aus der eigentlichen Managementaufgabe: Das Top-Management entscheidet, welche Ziele mit welchen Strategien und schließlich mit welchen Mitteln erreicht werden sollen. Die Festlegung des spezifischen Handlungsprogrammes bedeutet automatisch eine *Selektion*. Aus der Menge der in einer Situation möglichen Handlungsalternativen wird diejenige ausgewählt, von der das Management erwartet, daß sie ein bestimmtes Ziel (z.B. Maximierung des Shareholder values oder Sicherung der langfristigen Überlebensfähigkeit) erfüllt.[366] Wählen setzt also einen Maßstab voraus: Dabei hat sich das Top-Management an den in der Unternehmensordnung vertretenen Interessen zu orientieren, die insbesondere von den Kapitaleignern bestimmt werden. Diese fordern, daß strategische Entscheidungen zu Gewinnen und zur langfristigen Erhaltung des Unternehmens führen.[367]

Damit wird deutlich, daß (rationales) Handeln im Unternehmen immer zielorientiert stattfindet: Ziele sind normative Aussagen, die beschreiben, wie ein bestimmter Ausschnitt der Realität aktuell und zukünftig gestaltet werden soll. Dahinter stehen bestimmte Wertvorstellungen, die Ziele und Zielsysteme bestimmen.[368] Offen bleibt die Frage nach deren Rechtfertigung. Dabei soll nicht in Abrede gestellt werden, daß unternehmerisches Handeln der Erzielung von Gewinnen dient, ohne die ein Unternehmen seine Existenz auch gar nicht langfristig sichern kann. Allerdings gibt es meist mehrere Wege und Strategien, die zum Erfolg führen und auf ganz vielfältige Art und in unterschiedlichem Umfang gesellschaftliche Interessen berühren.[369] Dem Top-Management verbleiben bei der Wahl seiner Strategien und Maßnahmen sehr wohl Wahlmöglichkeiten zwischen den beiden Extremen Gewinnmaximierung und Kon-

---

oder der Interessen eines Unternehmens führen, auf die dieses meist zwangsläufig reagieren muß. Vgl. Dyllick 1990: 35.

364 Vgl. zu Rolle und Determinanten der Größe von Handlungsspielräumen ausführlich Finkelstein/Hambrick 1990: 488-490.

365 Vgl. Brügmann 2000: 22; Ogger 1999: 32f.; Steinmann/Löhr 1994a: 141.

366 Vgl. Steinmann/Löhr 1994: 97.

367 Vgl. Raffée/Fritz 1992: 310 zur Bewertung der Bedeutung verschiedener Unternehmensziele durch das Top-Management.

368 Vgl. Bernet 1993: 14; Dierkes/Zimmermann 1991: 40.

369 Allein die Möglichkeit, marktorientierte Strategien zu entwickeln, spricht für die Tatsache von Handlungsmöglichkeiten, da ansonsten keine Wahlmöglichkeiten bestünden. Die Fülle der Wettbewerbs- oder Unternehmensstrategien dürfte dabei unbestritten sein. Vgl. Porter 1996.

kurs. Nicht der Gewinn per se ist für gesellschaftliche Auseinandersetzungen verantwortlich. Vielmehr ist die Art und Weise seines Zustandekommens in Frage zu stellen und mit Blick auf gesellschaftliche Wirkungen und Konsequenzen zu hinterfragen.[370]

Daher sind auch *gesellschaftliche Zielvorstellungen* als Maßstäbe bei der Entscheidungsfindung bzw. der Selektion einer Handlungsalternative zu berücksichtigen.[371] Dies impliziert eine verantwortliche Abwägung der verschiedenen Interessen, die nur situationsspezifisch, d.h. im Rahmen der Entscheidungsfindung geleistet werden kann: Erst auf Ebene der konkreten Entscheidung über unternehmerisches Handeln können die betroffenen Ansprüche und Interessen genau erhoben, mögliche Konsequenzen und Wirkungen einer Entscheidung ermittelt und eine verantwortliche Gegenüberstellung der – meist konfligierenden – Interessen vorgenommen werden. Damit weitet sich die Funktion des Top-Managements auf die *legitime Nutzung* unternehmerischer Handlungsspielräume aus.

Die meisten Unternehmen haben bereits gesellschaftliche Ziele in ihr Zielsystem integriert. Es stellt sich allerdings die Frage, wie z.B. bei miteinander in Konflikt stehenden Zielen bzw. der dahinter stehenden Wertvorstellungen, Handlungsalternativen bewertet, selektiert und befolgt werden sollen. Bislang wurden solche Fragen mit Blick auf Markt und Gesetz relativ eindeutig beantwortet: Weil es wirtschaftlicher, weil es produktiver, weil es effizienter ist, oder weil es den gesetzlichen Rahmenbedingungen entspricht.[372]

Solche Legitimationen reichen angesichts veränderter Wertvorstellungen der Gesellschaft nicht mehr aus: Innerhalb rechtlicher und marktlicher Grenzen

---

370 Vgl. Goeudevert 1996: 253.

371 Antworten auf solche moralischen Fragen können nicht nur aus Worthülsen, Konzeptionen und Hochglanzbroschüren bestehen, wie vielfach angeregt, sondern müssen sich in einer der sozialen und ökologischen Umwelt angepaßten Unternehmenspolitik sowie konkreten Unternehmensstrategien und -entscheidungen niederschlagen. Die Beilegung von öffentlichen Auseinandersetzungen läßt sich also nicht auf Public Relations-Aktivitäten reduzieren: Gesellschaftliche Anliegen zielen auf eine Veränderung der Unternehmensstrategie, konkreter Geschäftspraktiken oder gar ganzer Führungssysteme. Diese Aufgabe ist nicht allein durch eine neue Corporate Identity oder gute Pressearbeit befriedigend zu lösen. Vgl. Dyllick 1990: 34f.. Andere Autoren halten allerdings Öffentlichkeitsarbeit für ein wirkungsvolles Instrument zur Lösung gesellschaftlicher Konflikte. Vgl. Zerfaß 1996: 40.

372 Vgl. Bernet 1993: 12. Kritisch Strümpel 1991: 251f.. Die Frage, ob ein neues Produktionsverfahren dem bisherigen vorzuziehen ist, kann so berechnet und zweifelsfrei beantwortet werden. Was aber ist mit dem Arbeiter, der bisher die Maschine bedient hat und nun überflüssig wird? Wo erscheinen die durchaus in Einklang mit gesetzlichen Vorgaben stehenden höheren Umweltemissionen? Und was ist mit den Anwohnern, denen eine neue Fabrikhalle unmittelbar „vor die Nase gesetzt wird" und die nun auf eine drei Meter hohe Mauer anstatt wie zuvor auf eine unbebaute Rasenfläche schauen? Wer legt die Kriterien fest, um diese Fragen zu beantworten? Und: Wie werden diese Kriterien ihrerseits begründet?

verbleiben so gut wie immer Handlungsspielräume, die aus moralischer Perspektive, d.h. mit Blick auf Konsequenzen und Wirkungen für die potentiell Betroffenen von den Unternehmen zu bewerten sind.[373] Dabei ist von besonderer Bedeutung, das Wertesystem des Unternehmens den sich wandelnden Zielvorstellungen der Gemeinschaft anzupassen, um so gesetzlichen Eingriffen und finanziellen Einbußen vorzubeugen. Werte und Normen der Gesellschaft müssen also verstärkt als Rahmenbedingungen in den unternehmerischen Entscheidungsprozeß einbezogen werden.[374]

Daraus resultiert ein zusätzlicher Bedarf an *Reflexion* der in der Gesellschaft vertretenen Werte und Normen. Sie muß integraler Bestandteil *unternehmenspolitischer und -strategischer Entscheidungsprozesse* werden. Hierzu gehört die Ermittlung, Analyse und Prüfung der Angemessenheit aller relevanten Ansprüche (nicht nur der rechtlich fixierten) bzw. der dahinter liegenden Werte im Hinblick auf die vorliegende Entscheidungssituation.[375] Aufgrund der bereits beschriebenen Probleme können weder die individuelle Moral, noch akribisch vorgeschriebene Verhaltensgrundsätze die *situativ* angemessene Integration gesellschaftlicher Werte und Normen in die unternehmenspolitische/-strategische Entscheidungsfindung gewährleisten. In den meisten Entscheidungssituationen geht es *nicht* um ein *Entweder-oder,* auch wenn die Entscheidungsträger nur zwei extreme, sich scheinbar ausschließende Werte (z.B. „Umwelt" oder „Arbeitsplätze") in Betracht ziehen, sondern um ein *Sowohl-als-auch.*[376] Je nach fokussiertem Aspekt der Situation können durchaus verschiedene Werte ihre Berechtigung haben. Die kontextspezifisch widerstreitenden Aspekte fallen also *allesamt* bedeutsam ins Gewicht. Bei der Mehrzahl der Konstellationen geht es nicht um ein Ja oder Nein zu einer bestimmten Sichtweise (z.B. *Ökonomie* oder *Moral*), sondern darum, das Richtige *jeder* Perspektive anzuerkennen und *alle* – entsprechend ihrem jeweiligen Gewicht – miteinander in Ein-

---

[373] Dabei wird jedoch vorausgesetzt, daß Mindestgewinne Formalziele darstellen, deren Einhaltung in einer Wettbewerbswirtschaft unumgänglich sind. Doch auch zur Gewinnerzielung sind immer verschiedene Strategien denkbar, die in unterschiedlichem Umfang mit gesellschaftlichen Anliegen kollidieren können.

[374] Es wird die Auffassung zugrunde gelegt, daß Unternehmen ebenfalls soziale Systeme sind, die Mittel zum Zweck für die Gesellschaft als Ganzes sind. Verändern sich die Bedürfnisse der sozialen Gemeinschaft, so können soziale Systeme nur durch Anpassung an sich ändernde Umweltbedingungen überleben. Vgl. Bernet 1993: 40f..

[375] Vgl. Gerum 1989: 141.

[376] Vgl. Weston 1999: 70. Der Autor macht auf zwei Aspekte der Polarisierung aufmerksam. Erstens werden nur zwei Werte in Betracht gezogen, während die meisten Probleme wesentlich differenzierter zu betrachten sind, und zweitens neigen wir dazu, die eine Meinung als richtig und die andere als falsch auszuweisen. Damit wird das Ergebnis relativ klar. Man kann sich nur für oder gegen etwas aussprechen. Für Zwischenlösungen (Graustufen) bleibt bei dieser Betrachtungsweise kein Platz.

klang zu bringen.[377] Die Bewältigung solcher Konflikte durch Integration oder Harmonisierung der Werte und Normen ist eine der *Schlüsselaufgaben der Ethik*.[378] Sie ergänzt die Koordinationsinstrumente Wettbewerb, Gesetz und Moral und ist als viertes Koordinationsinstrument – im Sinne SMITH' – wieder in die Theorie der Marktwirtschaft zu integrieren.

Eine hinreichende Legitimation unternehmerischer Handlungen ergibt sich damit erst aus der umfassenden Reflexion und unparteiischen Abwägung aller in einer konkreten unternehmerischen Situation relevanten Interessen. Im nachfolgenden Teil gilt es daher zunächst, den Begriff bzw. die Wissenschaft der Ethik genauer zu spezifizieren und Ansatzpunkte für deren Integration in Unternehmen zu bestimmen.

Teil II: Grundideen der Fundierung einer Ethik für Unternehmen

1 Ethik als philosophisches Fundament

Bevor darauf eingegangen wird, ob und wie die von SMITH konzipierte Ethik wieder in das System der Marktwirtschaft eingefügt werden kann, ist darzulegen, welche konkreten Vorgehensweisen überhaupt mit dem Begriff der (Unternehmens-)Ethik erfaßt werden sollen. Hierzu wird, ausgehend von den allgemeinen Grundlagen der Ethik, zunächst der Begriff der Unternehmensethik präzisiert. Aus diesen Ausführungen wird deutlich, welcher (moderne) philosophische Ansatz sich am besten eignet, die von SMITH intendierten Grundideen umfassend zur Geltung zu bringen. Darüber hinaus ist zu konkretisieren, welche Position einer Unternehmensethik in Anbetracht der heutigen wirtschaftlichen Situation zukommen kann.

1.1 Grundlagen der Ethik

Ziel dieses Kapitels ist es, die wichtigsten Aspekte der Ethik für den *Bereich der Wirtschaft* knapp darzulegen. Es soll so einerseits ein vertieftes Verständnis der umfangreichen und komplexen Materie vermittelt werden. Andererseits soll ein Rüstzeug für die Einordnung der hier favorisierten Konzeption der Diskursethik mitgegeben werden. Im Mittelpunkt steht jedoch zunächst neben der Definition die Abgrenzung der beiden Begriffe Ethik und Moral.

---

377 Vgl. Küpper 1999: 67. Die meisten Diskussionen entstehen ja überhaupt erst, weil beide Seiten in gewisser Weise Recht haben. Allerdings gibt es dennoch Themen – allerdings sehr wenige – die sich tatsächlich auf Richtig und Falsch reduzieren lassen. In den meisten Fällen haben die verschiedenen Parteien in bezug auf einen bestimmten Aspekt Recht. Es gilt, diesen Punkt jeweils zu verstehen und im Verhältnis zu seiner Bedeutung bei einer Lösung zu berücksichtigen.

378 Vgl. Weston 1999: 78; Grunwald 1993: 339.

1.1.1 Zu den Begriffen Ethik und Moral

In der aktuellen betriebswirtschaftlichen Diskussion werden die Begriffe Ethik und Moral häufig synonym verwendet.[379] Dies führt in der Debatte um eine Unternehmens*ethik* zu weitreichenden Mißverständnissen.[380] Bereits die Ausführungen von SMITH haben gezeigt, daß Ethik und Moral zwei voneinander zu trennende Koordinationsmechanismen sind, die grundsätzlich verschiedene Aufgaben erfüllen. Aufbauend auf diesen Überlegungen wird im folgenden eine Begriffsbestimmung und -abgrenzung vorgenommen.

Der Begriff Ethik ist auf das griechische Wort „ethikós" zurückzuführen und bedeutet wörtlich übersetzt soviel wie Sitte, Gewohnheit oder Brauch.[381] *Ethik* ist eine Teildisziplin der praktischen Philosophie, die entscheidend von ARISTOTELES geprägt wurde.[382] Sie hat die Funktion zu beschreiben und zu analysieren, was allgemein als gutes, gerechtes oder redliches Handeln angesehen werden kann. Dabei wird auf letzte, allgemeingültige Prinzipien zurückgegriffen, nach denen gutes respektive gerechtes Handeln zu beurteilen ist.[383] So verstanden wird der Begriff häufig auch mit *Moralphilosophie* oder *Sittenlehre* übersetzt.[384] Allerdings kommt ihr ebenfalls die Aufgabe zu, unter ganz bestimmten Voraussetzungen zu entscheiden, was getan bzw. nicht getan werden sollte. Ethik wird damit auch als *Reflexion* über das *richtige Verhalten* in einer bestimmten *Situation* begriffen.[385]

Der Begriff *Moral* ist auf das lateinische Wort „mos" zurückzuführen – eine Übersetzung des griechischen Begriffes „ethos" – und bedeutet ebenfalls Sitte

---

379 Vgl. Berkel 1998: 118; Weise 1997a: 60. Ethik und Moral haben ihrer etymologischen Herkunft nach auch die gleiche Bedeutung, vgl. Weise 2000: 10; Weise 1997b: 75.

380 Vgl. Hoerster 1997: 9; Hastedt/Martens 1996: 9; Steinmann/Löhr 1994a: 8.

381 Vgl. Hastedt/Martens 1996: 8f..

382 Vgl. Horn 1996: 16; Staffelbach 1988: 41. Der griechische Philosoph Aristoteles (384 – 322 v. Chr.) gilt als der Begründer der Ethik. Er unterscheidet in seinem für die abendländische Kultur grundlegenden Werk der „Nikomachischen Ethik" zwei Arten von Tugenden; die Verstandestugenden und die ethischen Tugenden. Während erstere durch Belehrung erworben werden, bilden sich letztere nur durch Übung und Gewohnheit aus. Vgl. Capurro 1999: 2. Der Philosoph greift damit weitgehend auf ältere Ansätze – insbesondere die von Platon und Sokrates – zurück und versucht, allgemeine Aussagen über das gute und gerechte Handeln aufzustellen. Auch die Bereiche Politik und Ökonomie zählen zum Gegenstand seiner Ethik. Erst später verengt sich der Begriff in seiner Bedeutung auf die persönlichen Seiten des guten Handelns bzw. Lebens und klammert ökonomische und politische Aspekte aus. Vgl. Höffe 1997: 66.

383 Vgl. Löwisch 1995: 4f..

384 Vgl. Höffe 1998: 17; Hoerster 1997: 9; Enderle 1987: 436.

385 Vgl. Kreikebaum 1996: 9; Schmidt 1996: 37; Honecker 1993: 249; Hax 1993: 771; Pieper 1991: 17; Spaemann 1987. Allerdings setzte sich diese Sichtweise einer Reflexionstheorie der Moral endgültig erst in der letzten Dekade des 18. Jahrhunderts durch. Vgl. Luhmann 1996: 20; Lorenzen 1989: 30.

und Brauch.[386] Er umfaßt hingegen den zu einem bestimmten *Zeitpunkt* in einer bestimmten *Gesellschaft* anerkannten Bestand an *Werten* und *Normen* und bildet den normativen Grundrahmen für individuelles Handeln.[387] Die jeweils herrschende Moral bezeichnet damit was „gut“ und was „schlecht“ bzw. „richtig“ und „falsch“ ist.[388]

Als *Werte* werden die bewußten oder unbewußten Orientierungsstandards und Leitvorstellungen, von denen sich Individuen oder Gruppen bei ihrer Handlungswahl leiten lassen, verstanden.[389] Sie lassen sich auch als *Einstellungen* von Personen zur Welt beschreiben.[390] In diesen drückt sich die gängige Moral aus. Durch die Befolgung von sog. *Normen* werden sie verwirklicht.[391] Eine Norm (von lat. „norma“ = Maß) meint einen Maßstab, eine Vorschrift oder eine Richtschnur, die Einstellungen und Verhalten von Menschen regelt.[392] Aus soziologischer Sicht stellen moralische *Normen* Verhaltensregeln dar, die der Integration und Stabilität sozialer Systeme dienen und das (gerechte) Zusammenleben in Gesellschaften sichern sollen. Sie verkörpern Richtlinien/Imperative in Form von Orientierungen, die zwar die Richtung vorgeben, den konkreten Weg aber dem einzelnen überlassen.[393] Moralische *Normen* liegen in Form von Geboten (Du sollst...) oder Verboten (Du sollst nicht...) vor und zielen auf die Konkretisierung der Wertmaßstäbe durch Handlungsaufforderungen.[394] Normen sind so alt wie die menschliche Gesellschaft und können schriftlich fixiert vorliegen, wie beispielsweise die Zehn Gebote, oder werden mündlich z.B. durch Märchen, Sagen oder Mythen überliefert.[395] Ihre Übertretung ist nur mit Strafen verbunden, wenn sie in Form von Gesetzen verbindlich kodifiziert

---

386 Vgl. Löwisch 1995: 51.

387 Vgl. Capurro 1999: 2; Berkel/Herzog 1997: 43; Horn 1996: 17; Steinmann/Löhr 1989a: 5; Herms 1989: 60. Analog würde man unter dem Begriff der Unternehmensmoral den Bestand der im Unternehmen anerkannten Normen und Werte des unternehmerischen Handelns verstehen.

388 Es gibt nicht eine einzige andauernde gültige Moral, sondern verschiedenste, vom gesellschaftlichen Umfeld abhängige Moralkonzeptionen, die im Zeitablauf Änderungen unterliegen. Löwisch 1995: 45; Pieper 1991: 32; Bender 1988: 23.

389 S. Höffe 1997: 332; Spieß 1996: 39; Löwisch 1995: 35-40.

390 Vgl. Priddat 1996: 14.

391 Vgl. Rebstock 1988: 65.

392 Vgl. Berkel/Herzog 1997: 46; Höffe 1997: 218; Löwisch 1995: 40-51.

393 Trotz ihrer Allgemeingültigkeit dürfen Normen nicht als Dogma mißverstanden werden. Jede Norm bedarf stets einer der Situation angemessenen Reflexion. Vgl. Krupinski 1993: 80. Darüber hinaus sind diese Imperative mit einem Zeit- und Wissensindex versehen und an den geschichtlichen Wandel gebunden. Vgl. Löwisch 1995: 43f..

394 Vgl. Pieper 1991: 32. Werte und Normen stellen damit die zentralen Objekte ethischer Betrachtungen dar. Vgl. Rebstock 1988: 65; Höffe 1998: 17; Kreikebaum 1996: 9; Steinmann/Löhr 1994a: 8.

395 Normen gab es bereits bei den Höhlenbewohnern oder den frühen Kulturen Ägyptens sowie bei den Inkas oder den Eskimokulturen. Vgl. Bernet 1993: 54.

wurden.[396] Ansonsten drohen bei einem Verstoß gegen allgemeine gesellschaftliche Normen vor allem Tadel oder soziale Mißbilligung.[397]

1.1.2 Zum Verhältnis von Ethik und Moral

Ethik umfaßt das kritische und methodisch geleitete Nachdenken über die Inhalte der herrschenden Moral.[398] Sie fragt dabei nach einem Maßstab für deren Kritik oder Begründung.[399] Die geltende Moral ist daher idealerweise das Ergebnis einer permanenten ethischen Reflexion. Damit dient Ethik der *Entwicklung* bzw. der (allgemeinen) *Begründung* von Normen. Auch für den Bereich der Wirtschaft lassen sich so gültige moralische Handlungsregeln aufstellen. Ähnlich wie das moralisch verantwortliche Handeln des Hochschullehrers, des Arztes oder des Journalisten kann so ein System von Normen für wirtschaftliche Betätigung erstellt werden.[400] Diese Verhaltensregeln stehen dem Management als Handlungsmaßstab und Richtschnur für unternehmerische Entscheidungen zur Verfügung. Faktisch sind diese Normen, die z.B. in einem Leitbild fixiert sind, sinnvoll, um – ähnlich wie bei SMITH – allen unternehmensin- und externen Personen wenigstens ein Mindestmaß an Orientierung zu ermöglichen und ein entsprechendes Handeln innerhalb des Unternehmens zu gewährleisten.[401] Sie stellen so einen Bewertungsrahmen für das Denken und Handeln aller Mitarbeiter zur Verfügung. Festzuhalten bleibt jedoch, daß sie lediglich einen Orientierungsrahmen für das alltägliche Handeln bilden; situativ gerechtfertigte Entscheidungen lassen sich mit ihrer Hilfe allerdings nicht in allen Fällen treffen.[402] Darüber hinaus ist zu berücksichtigen, daß sich die gesell-

---

[396] Vgl. Pieper 1991: 61f..

[397] Vgl. Höffe 1997: 204f.. Etzioni spricht auch von der imperativen Qualität von Normen. Vgl. Etzioni 1994: 91. Vielfach sind solche sozialen Sanktionen sogar stärker als die formalen Sanktionen des modernen Rechts. Homann 1992: 45.

[398] Vgl. Bender 1988: 14.

[399] S. Spaemann 1987: 2.

[400] Vgl. Löwisch 1995: 44.

[401] Vgl. Grabner-Kräuter 1997: 214. Ethik ist nicht in allen Situationen möglich und von sämtlichen Mitarbeitern zu erwarten. Aus diesem Grunde sind Regeln zu fixieren, die allen Unternehmensmitgliedern als Richtschnur für ihr eigenes Handeln im Unternehmen dienen können. Es genügt für die Mitarbeiter nicht, nur zu wissen, was sie wollen, sondern sie müssen auch darüber informiert werden, was sie tun und lassen sollen. Damit dokumentiert die Unternehmensleitung auch ihre Verantwortung gegenüber den verschiedenen Anspruchsgruppen des Unternehmens und ermöglicht die Einhaltung von Mindeststandards unternehmerischer Moral. Ethik kann damit Moral nicht ersetzen. Ein Mindestmaß an Regeln und verbindlichen Handlungsstandards muß aus Überzeugung anerkannt und praktiziert werden, da nicht ständig alles ethisch reflektiert werden kann. Vgl. Bender 1988: 117; Berkel 1998: 127. Eine besondere Bedeutung kommt in diesem Zusammenhang den Menschenrechts-, Sozial- und Umweltstandards zu. Vgl. Wieczorek-Zeul 2000: 8; Bierich 2000: 9.

[402] Vgl. Detzer 1999: 12. Damit bleibt die Kritik an Unternehmensleitbildern zur Legitimation unternehmenspolitischer/-strategischer Entscheidungen unangefochten. Vgl. Teil I, Kap. 2.3.2.

schaftliche Moral im Verlauf der Zeit verändert. Somit ist eine *kontinuierliche Reflexion* der gültigen Normen und Werte und eine Anpassung der an diese veränderten Rahmenbedingungen unumgänglich.[403]

Allerdings dient Ethik auch der *Anwendung von Normen* in speziellen (unternehmerischen) Situationen.[404] Welche bzw. wessen Interessen und damit moralische Vorstellungen in einem speziellen Kontext überhaupt berührt werden, ergibt sich erst aus den konkreten Unternehmensplänen (z.B. Unternehmensstrategien). Nur vor dem Hintergrund einer speziellen (unternehmerischen) Situation lassen sich der Kreis der Betroffenen abgrenzen und die jeweiligen Interessen/Bedürfnisse bestimmen.[405] Ihr Gewicht und ihre Rangfolge kann nur vor diesem Hintergrund reflektiert und *nicht* vorab festgelegt werden.[406] Gerade dieser Funktion kommt im Rahmen einer *Ethik für Unternehmen* eine zentrale Bedeutung zu: Unternehmerische Auseinandersetzungen sind meist durch eine *Pluralität unterschiedlicher Ansprüche* gekennzeichnet, die auf verschiedenen Normen als Legitimitätsbasis beruhen und miteinander in Einklang gebracht werden müssen. Dabei ist allen *relevanten* Sichtweisen in *angemessenem Umfang* Rechnung zu tragen. Hauptaufgabe der Ethik ist somit die *Integration* der unterschiedlichen Normen respektive die gerechte Auflösung und Beilegung ihrer Kollision in einer konkreten unternehmerischen Situation. Sie gibt damit eine Antwort auf die Frage „Was sollen wir in Anbetracht der konkreten Umstände tun?“.[407]

Dennoch kommt ihnen in Unternehmen eine besondere Funktion, z.B. zur Bildung und Entwicklung der Unternehmenskultur, zu.

403 Dieser Richtung folgen auch die meisten Vertreter einer Unternehmensethik. Sie versuchen, allgemeine Regeln und Maßstäbe für bestimmte Handlungssituationen vorab zu bestimmen und klare Verhaltensrichtlinien für diese und ähnliche Situationen zu erlassen. Unternehmensethik in diesem Sinne hat also in erster Linie eine Begründungsfunktion, d.h. die Aufgabe, Normen für ein Unternehmen als verbindlich auszuweisen. Vgl. Berkel 1998: 127.

404 Hauptaufgabe der Ethik im vorliegenden Fall ist es nicht, Normen als allgemeingültig oder verbindlich auszuweisen, sondern aufgrund der Kenntnisse der Situation und der Folgen möglicher Handlungen diejenige Handlungsempfehlung (Norm) zu begründen, die eine Verwirklichung aller berechtigten Interessen ermöglicht. Vgl. Bender 1988: 114.

405 „Wir können uns eben nur den konkreten Fall ansehen, und müssen dann entscheiden, welche von seinen Eigenschaften moralisch relevant sind und was – unter Berücksichtigung dieser Eigenschaften – in diesem Fall getan werden sollte.“ Hare 1972: 53.

406 Vgl. Löwisch 1995: 40; v. Rosenstiel 1991: 138.

407 Bender 1988: 115. Notwendig erscheint eine solche Begriffslegung vor allem vor dem Hintergrund der *Normenfortbildung*. Die situative Auseinandersetzung mit bestimmten Normen führt dazu, daß ihre jeweilige Situationsspezifität und damit Relativität erkannt und sie kontextspezifisch interpretiert und verändert werden können. Diese Relativität ergibt sich vor allem aus situationsspezifischen Normenkonflikten. Erst wenn die Anwendung von zwei gültigen Normen zu unterschiedlichen Ergebnissen führt, erkennt das Individuum, daß keine Norm einen Absolutheitsanspruch besitzt. Ein Beispiel aus Victor Hugos „Les Misérables“ ist Jean Valjean, der Protagonist, der zu zehn Jahren Zwangsarbeit verurteilt wurde, weil er ein Brot gestohlen hatte,

Somit kann das Verhältnis zwischen Ethik und Moral mit STEINMANN/ LÖHR als „regulative Idee"[408] verstanden werden. *Ethik* ist ein *Instrument* zur *Begründung* und *Anwendung* von *Moral.*[409] Im vorliegenden Zusammenhang steht jedoch die *Anwendung von Normen* im Vordergrund, da es im Rahmen dieser Arbeit nicht um die Erstellung von Leitbildern und schon gar nicht um die Begründung allgemeiner gesellschaftlicher Normen geht.[410] Hauptaugenmerk gilt der konkreten Entscheidung des Top-Managements, *was* in einer bestimmten unternehmerischen Situation getan werden soll.[411] Dabei sind zwei Aspekte hervorzuheben:

1. Unternehmen haben bei unternehmenspolitischen und -strategischen Entscheidungen nicht nur – wenn überhaupt – die in ihrem Leitbild kodifizierten und anwendbaren Regeln zu beachten respektive umzusetzen.[412] Vielmehr sind sämtliche situativ relevanten gesellschaftlichen Normen in die Entscheidungsfindung angemessen zu integrieren.

---

um seinem hungernden Kind zu essen zu geben. Sicherlich ist Stehlen gesetzlich untersagt; sogar eines der Zehn Gebote verbietet es. Aber andererseits gibt es auch einen Grundsatz, der besagt, daß wir unsere Kinder schützen und ernähren müssen; ihr Leben zu erhalten ist sicherlich eine der grundlegendsten unserer Aufgaben. Diese zwei Regeln gerieten miteinander in Konflikt; Jean Valjean mußte also eine Wahl treffen. S. Weston 1999: 44.

408 Steinmann/Löhr 1994a: 10.

409 Eine solche Sichtweise erfordert die Anerkennung einer posttraditionalen Gesellschaft und zwar in dem Sinne, daß Normen nicht mehr unter Rückgriff auf Traditionen Gültigkeit beanspruchen, sondern auf Begründungen zurückgeführt werden können. Vgl. Steinmann/Oppenrieder 1985: 175. Hervorzuheben ist, daß Ethik selber kein Urteil fällt, sondern lediglich als *Instrument* fungiert, um zu *gerechten Urteilen* zu gelangen; inhaltlich bleibt damit zunächst völlig offen, zu welchen konkreten Ergebnissen das kritische Hinterfragen (= Ethik) von bestehenden Werten und Normen (= Moral) führt. Damit werden vor allem die Positionen des Dogmatismus und Relativismus ausgeschlossen. Vgl. Weston 1999: 23-26 und 28-31. Ethik ist hier mit dem wissenschaftlichen Anspruch versehen, die jeweils angemessene Handlungsempfehlung (Norm) in einem speziellen Fall zu rechtfertigen bzw. zu begründen. Vgl. Steinmann/Löhr 1994a: 8f.; Ziegler 1987: 5; Horn 1996: 16.

410 Dieser Aspekt ist keinesfalls Aufgabe der Unternehmensleitung von Unternehmen, sondern fällt in den Bereich der Politik oder der Philosophie.

411 Der Fokus dieser Arbeit liegt damit nicht – wie bei den meisten Vertretern einer Unternehmensethik – auf der Begründung eines verbindlichen Normensystems für Unternehmen, sondern auf der einvernehmlichen Koordination der in unternehmerischen Handlungssituationen auftretenden unterschiedlichen und zum Teil divergierenden Normen und Werte der verschiedenen Anspruchsgruppen. Dies kann allerdings nur eine „anwendungsorientierte Ethik" leisten, die konsequent den empirischen Bedingungen unternehmerischer Realität gerecht wird.

412 Es stellt sich die Frage, ob diese überhaupt eine Rolle im Entscheidungsprozeß spielen können. Wie soll z.B. die Norm „Wir sind ein verantwortungsbewußtes Unternehmen" in einer konkreten Situation angewendet werden? Auch der Leitsatz „Wir stellen den Kunden in den Mittelpunkt unseres Denken und Handelns" eignet sich nicht zur Entscheidungsfindung, da die Rangfolge der betroffenen und zu berücksichtigenden Interessen sich erst aus der konkreten Situation ergibt und nicht vorab bestimmt werden kann. Insgesamt ist also die Erstellung von Leitbildern sowie deren Funktion als Instrument einer Unternehmens*ethik* noch einmal grundsätzlich überdenkenswert. Vgl. Teil I, Kap.2.3.2.

2. Allgemein anerkannte (begründete) Normen sind nicht in jeder Situation umsetzbar:[413] *Ob* eine Norm in einem konkreten Fall überhaupt *anwendbar* ist, in welchem *Verhältnis* sie zu anderen, ebenfalls relevanten Normen in einer bestimmten Situation steht und *wie* eine dem Kontext angemessene Handlungsweise aussieht, kann nur durch *ethische Reflexion* ermittelt werden.[414]

Damit handelt ein Unternehmen *ethisch* (oder auch legitim), wenn es sich zur Gewohnheit macht, sämtliche in einer Situation relevanten gültigen Handlungsregeln und Wertmaßstäbe zu reflektieren und unparteiisch gegeneinander abzuwägen.[415] Die jeweils richtige Handlungsweise ist so das Ergebnis der Einsicht in die *Umstände der speziellen Situation.*[416]

Dabei ist hinsichtlich der Verwendung der beiden Adjektive *ethisch* und *moralisch* auf folgendes hinzuweisen: Sowohl in der traditionellen Ethik als auch in der Moralpädagogik wird das Adjektiv ethisch häufig synonym mit moralisch bzw. sittlich gebraucht.[417] Streng genommen würde allerdings derjenige moralisch handeln, der sein Handeln *fraglos* an den allgemein anerkannten Normen der Gesellschaft orientiert. In der vorliegenden Arbeit steht jedoch der *Begriff der Gerechtigkeit* als Maßstab der Moral im Vordergrund. Gerechtes bzw. richtiges Handeln ist dabei von der unparteiischen Abwägung abhängig. Wird unter *moralischem Handeln* dann *gerechtes/richtiges Handeln* verstanden, so können die beiden Wörter durchaus synonym verwendet werden, was allerdings nicht bedeutet, daß auch die Trennung von Ethik und Moral aufgehoben wird.[418]

---

413 Vgl. Weston 1999: 13-15. Zu fast jeder konkreten Regel lassen sich moralische Ausnahmesituationen ersinnen, die mit der Kollision von verschiedenen Normen, die in einer bestimmten Situation anwendbar sind, zusammenhängen. Insbesondere im Bereich der Top-Management-Entscheidungsfindung nützt es daher wenig, einen Kanon von gültigen Handlungsnormen aufzustellen oder zu fixieren, der bei der Entscheidungsfindung berücksichtigt bzw. umgesetzt werden soll. Die Frage, welche Norm überhaupt relevant ist und in welchem Umfang sie im vorliegenden Fall Berücksichtigung finden muß, kann nur in einer konkreten Situation und nicht unabhängig davon beantwortet werden.

414 Vgl. Luhmann 1996: 135. Bei Normen handelt es sich um hypothetische Imperative, deren Anwendung immer an bestimmte Voraussetzungen gebunden ist. Vgl. Löwisch 1995: 43.

415 Das ethisch Richtige wird daher nicht in einem für selbstverständlich angenommenen Normenkatalog gesehen, sondern im Prozeß und in der Logik der ethischen Urteilsbildung selbst. S. Thielemann/Breuer 2000: 12.

416 Vgl. Kettner 1993a: 21.

417 Vgl. Pieper 1991: 28.

418 So spricht Kohlberg z.B. auch von der moralischen Urteilskompetenz des Menschen, obwohl damit eigentlich das ethische Reflexionsvermögen gemeint ist. Vgl. Teil IV, Kap. 3.2.2.

1.1.3 Abgrenzung der Geltungsbereiche

Der ursprüngliche *sachliche Geltungsbereich* der Ethik ist als rein *anthropozentrisch* anzusehen, d.h. im Mittelpunkt der Betrachtung steht der Mensch und sein Verhältnis (a) zu sich selbst (Individualaspekt) und (b) zu seinen Mitmenschen (Personalaspekt).[419] Erst in jüngerer Zeit wird der Aussagenbereich inhaltlich auf solche Fragen ausgedehnt, die sich nicht unmittelbar auf den Menschen beziehen, sondern auch Wirkungen auf die *ökologische* (z.B. Luft, Wasser, Wälder) und die *ästhetische Umwelt* des Menschen (z.B. Stadtbild, Landschaftspflege) berücksichtigen.[420]

Mit dieser sachlichen Ausweitung vergrößert sich auch der *zeitliche Horizont*: War Ethik bislang eine Theorie, die sich mit Fragen des „Hier und Jetzt" befaßte, so entwickelt sie sich immer mehr zu einer Wissenschaft, die auch langfristige Wirkungen zu ihrem Gegenstand macht. Da die Reichweite von Handlungen (respektive deren Konsequenzen und Nebenfolgen) lange Zeit relativ gering war, wurden längerfristige Folgen einer ethischen Beurteilung entzogen und z.B. einer höheren Macht zugeschrieben. Heute ist jedoch der Tatsache zu begegnen, daß die Konsequenzen unternehmerischen Handelns noch nach Monaten, Jahren oder gar Jahrhunderten deutlich spürbar sind (z.B. die Wirkungen eines Reaktorunglückes). Was also gegenwärtig als richtig erscheint, kann sich zukünftig, z.B. in bezug auf einzelne Menschen, die Gesellschaft oder das Ökosystem, als falsch erweisen. Insofern ist eine langfristige, systematische und sorgfältige Folgenabschätzung erforderlich.[421]

Aufgrund der zunehmenden Vernetzung von Handlungen sowie der steigenden Komplexität und Dynamik menschlichen (oder unternehmerischen) Handelns, können die effektiven Wirkungen kaum mehr kontrolliert und kausal zugeordnet werden.[422] Damit vergrößert sich auch der *räumliche Geltungsbereich* ethischer Betrachtungen: Über Jahrtausende hinweg waren die Wirkungen von Handlungen auf Menschen in der direkten Umgebung des Handelnden begrenzt. Heutzutage sind nicht nur eine größere Zahl von Menschen, sondern unter Umständen ganze Regionen, Länder oder sogar die ganze Welt von be-

---

419 Vgl. Kreikebaum 1996: 9; Honecker 1993: 249.

420 Vgl. Kreikebaum 1996: 9; Hauff 1991: 73-75; Jonas 1984: 26-30.

421 Vgl. Bernet 1993: 67; Homann 1993: 121; Ziegler 1987: 38. Jonas empfiehlt dabei das Prinzip des Vorrangs der schlechten Prognose (Unheilsprognose) vor der Heilsprognose. Vgl. zu seinem Vorschlag der Abwägung von Folgen und Konsequenzen ausführlich Jonas 1984: 76-83.

422 Angesichts der ungeheuren Vergrößerung des Risikos unternehmerischer Aktivitäten durch die technische Potenz, ist eine Ethik dringender als je zuvor. Vgl. Apel 1997: 16.

stimmten Handlungen betroffen.[423] Damit dehnt sich der Kreis der von unternehmerischen Entscheidungen potentiell Betroffenen aus.[424]

Insgesamt hat sich damit der sachliche, räumliche und zeitliche Horizont einer Ethik erheblich erweitert. Diesen Bedingungen ist bei der Auswahl und Gestaltung einer Ethik für Unternehmen unbedingt Rechnung zu tragen.

1.2 Ethikformen und -auffassungen

Ethik wird in der Regel in die drei Teilgebiete der *deskriptiven*, *normativen* und *analytischen Ethik* gegliedert. Dabei sind vor allem die beiden letztgenannten Bereiche von Bedeutung. Gegenstandsbereich der *deskriptiven Ethik* ist die Erfassung der tatsächlich vorhandenen Moralvorstellungen eines Individuums, einer Gruppe oder eines Unternehmens. Sie setzt sich damit zum Ziel, das Moralische in seinen verschiedenen kulturabhängigen Ausprägungen und den damit verbundenen Handlungsanweisungen so exakt wie möglich zu erfassen.[425] Da die Beschreibung von Werthaltungen auf Beobachtung und Erfahrung beruht, wird die deskriptive Ethik häufig auch als empirische Ethik bezeichnet.[426] Die Deskription von Werten und Normen kann dabei in einem weiteren Sinne mit Moral gleichgesetzt werden und wird aus diesem Grunde nicht weiter verfolgt. Abbildung 6 auf Seite 81 gibt einen Überblick über die drei Teilgebiete und ihre Untergliederung.

Die Fixierung auf eine bestimmte Position spielt für die Anlage einer Unternehmensethik eine zentrale Rolle, da sie eine klare Entscheidung für eine ganz bestimmte Form impliziert. Bei der Auswahl ist die von SMITH vorgestellte Sichtweise wegweisend. Sie mündet in einen sehr zeitgemäßen Ansatz der neueren Philosophie.[427]

1.2.1 Normative Ethik

Die *normative Ethik* befaßt sich mit Fragen der *Begründung* von Normen.[428] Im Vordergrund steht damit die Rechtfertigung moralischer Forderungen und Handlungen.[429] Sie versucht zum einen zu begründen, warum die Gültigkeit

423 Vgl. Apel 1997: 17; Bender 1988: 24.
424 Vgl. Bernet 1993: 68f.; Ziegler 1987: 37.
425 S. Rich 1991: 21.
426 Vgl. Krupinski 1993: 73.
427 Vgl. Kreikebaum 1996: 78-87; Bender 1988: 55. Diese Ähnlichkeiten zwischen der Diskursethik und der Ethik Smith´ sieht auch Gadamer 1974: 14.
428 Vgl. Hoerster 1997: 10.
429 Vgl. Kreikebaum 1996: 10.

einer Norm „unzweifelhaft" besteht, d.h. Bestand hat.[430] Zum anderen kommt ihr die Aufgabe zu, diejenigen Handlungen vorzuschlagen und zu rechtfertigen, die einer Situation angemessen sind.[431] Beides erfolgt in der normativen Ethik durch *Prinzipien.*[432]

Abb. 6: Teilgebiete der Ethik

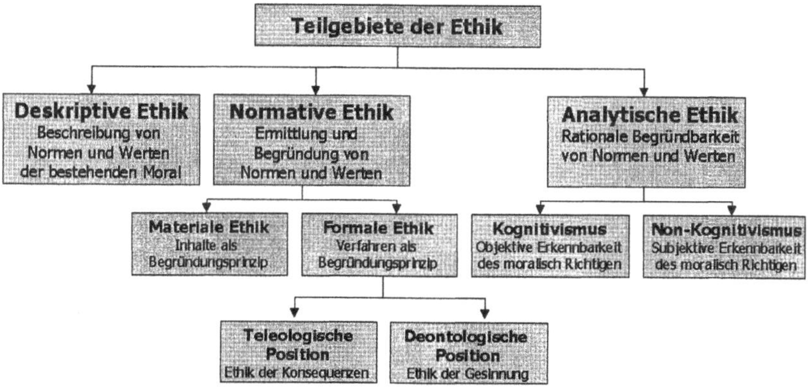

Quelle: Eigene Darstellung.

Grundlegend ist die Unterscheidung in materiale und formale Prinzipien.[433] *Materiale Prinzipien* rechtfertigen Normen durch Verweis auf spezifische *Inhalte* wie z.B. Glück, Macht, Weisheit und Tapferkeit oder Wohl der Allge-

430 Vgl. Hoerster 1997: 10. Seit Sokrates, Platon und Aristoteles wird in diesem Sinne Ethik betrieben. Vgl. Bender 1988: 55.

431 Vgl. Rusche 1992: 95; Bender 1988: 114. Im Rahmen der Diskursethik wird diese Unterscheidung durch die Begriffe „Legitimationsebene" (Begründungsdiskurse) und „Verantwortungsebene" (Anwendungsdiskurse) gefaßt. Vgl. Rusche 1992: 93-99.

432 Vgl. Krupinski 1993: 81.

433 Vgl. Höffe 1997: 74; Krupinski 1993: 94; Staffelbach 1988: 49. Diese Differenzierung wurde zunächst von Kant und später von Scheler in die philosophische Diskussion eingebracht; sie gründet in der unterschiedlichen Position in bezug auf den Bestimmungsgrund des Handelns, der dieses als moralisch qualifiziert. In der normativen Ethik werden Begründungen durch Prinzipien geleistet (z.B. Prinzip der Gegenseitigkeit: „Was du nicht willst, das man dir tut, das füge auch keinem anderen zu"). Solche Prinzipien geben an, warum die Gültigkeit einer Norm (z.B. seinem Geschäftspartner nicht zu schaden oder private Geheimnisse nicht zu verraten) unzweifelhaft besteht, d.h., warum eine Norm allgemeine Geltung beanspruchen kann. Durch Prinzipien soll der einzelne die Norm verstehen und ihr freiwillig aus vernünftiger Einsicht in ihre Notwendigkeit folgen. Diese Begründung durch Prinzipien bildet gleichzeitig auch die höchste Stufe der moralischen Urteilskompetenz nach dem Kohlberg-Schema. Vgl. Teil IV, Kap. 3.2.2.1.

meinheit.[434] Im Gegensatz dazu erfolgt die Begründung bei *formalen Prinzipien* durch bestimmte *Verfahren*, wie z.B. Universalismus (KANT), Utilitarismus (BENTHAM/MILL), „Schleier der Unwissenheit“ (RAWLS) oder freie, allgemeine Zustimmung (HABERMAS).[435] Die Ethik von SMITH ist der *formalen Position* zuzuordnen.

Innerhalb dieser unterscheidet man weiterhin zwischen deontologischen (Gesinnungsethik) und teleologischen (Verantwortungsethik) Theorien.[436] Normen lassen sich hiernach aus zwei verschiedenen Blickwinkeln begründen: Zum einen unter dem Gesichtspunkt der Ursache oder des Motivs, das zu einer Norm führt, und zum anderen unter dem Aspekt der Wirkung, die aus einer Norm bzw. ihrer Anwendung resultiert.[437] Bei deontologischen[438] Theorien gilt eine Handlung als gut, weil ihr eine *„gute Gesinnung“* zugrunde liegt („Der Christ tut recht und stellt den Erfolg Gott anheim“).[439] Im Rahmen teleologischer[440] Theorien wird hingegen allein auf die *Folgen* einer Handlung bei der Beurteilung abgestellt (Man hat für die voraussehbaren Folgen seines Handelns aufzukommen, d.h., Lügen ist dann erlaubt, wenn es zu positiven Konsequenzen führt).[441]

Deontologische Ethik findet im „kategorischen Imperativ“ von KANT ihren prägnantesten Ausdruck: Jeder soll nur nach einer solchen Maxime handeln, von der er wünscht, daß sie für alle Menschen gültig ist.[442] Er betont damit die zentrale Bedeutung der Gesinnung bzw. des guten Willens für die Moral einer Handlung.[443] Ein bestimmtes Verhalten ist beispielsweise „schlecht“, weil man

---

434 Vgl. Höffe 1997: 74; Kreikebaum 1996: 10f.; Staffelbach 1988: 61.

435 Vgl. Höffe 1997: 74 sowie die ausführliche Darstellung der wichtigsten Ansätze in Kreikebaum 1996: 47-91.

436 Vgl. Ulrich 1993: 182.

437 Vgl. Weise 1997b: 75; Enderle 1987: 436f.; Weber 1966: 551

438 Griech.: das Gesollte, die Pflicht.

439 Weber 1998: 341; Vgl. auch Sturn 1991: 104f., der die stoische Ethik als deontologisch charakterisiert.

440 Griech.: Ziel, Zweck, Erfolg, Resultat.

441 S. Weber 1966: 341f..

442 Vgl. Kant 1945: 10ff.. Der kategorische Imperativ gibt inhaltlich keine bestimmte Weisung, sondern dient als Handlungsgrundsatz zur Prüfung der persönlichen Handlungsabsichten und Grundsätze. Der einzelne soll sich fragen, ob seine Maxime geeignet ist, allgemein zu gelten. Ist dies der Fall, dann soll er sich nach der Maxime richten. Vgl. Bender 1988: 78.

443 Vgl. Birnbacher/Hoerster 1997: 236; Rusche 1992: 69. „Der gute Wille ist nicht durch das, was er bewirkt oder ausrichtet, nicht durch seine Tauglichkeit zu Erreichung irgendeines vorgesetzteren Zweckes, sondern allein durch das Wollen, das ist an sich gut und, für sich selbst betrachtet, ohne Vergleich weit höher zu schätzen als alles, was durch ihn zu Gunsten irgendeiner Neigung, ja wenn man will der Summe aller Neigungen, nur immer zustande gebracht werden könnte.“ Birnbacher/Hoerster 1997: 237.

nicht wollen kann, daß jeder so handelt (z.B. „Lügen“).[444] Von dessen Konsequenzen unter bestimmten Umständen wird dabei abgesehen.[445] Für KANT zählt allein die *Verallgemeinerungsfähigkeit* (Universalisierung) eines Prinzips.[446]

Teleologische Ethik zielt im Gegensatz dazu ausschließlich auf die effektiven Wirkungen einer Handlung, die einer moralischen Beurteilung unterliegen. Bei dieser Form wird untersucht, wie sich verschiedene Vorschläge für sämtliche Betroffenen auswirken. Sie empfiehlt denjenigen Vorschlag, der mehr positive als negative Konsequenzen erzeugt.[447] Die Erfassung und Bewertung der Wirkungen erfolgt in den meisten Fällen mit Hilfe sog. „Nutzenkonzepte“. In Anwendung auf ökonomische Problemstellungen werden diese mit „Bedürfnisbefriedigung“ konkretisiert. Seinen pointierten Ausdruck findet dieses Prinzip in der von BENTHAM und MILL entwickelten Theorie des „klassischen Utilitarismus“.[448] Oberstes Ziel stellt dabei die Maximierung des Gesamtnutzens aller Mitglieder eines sozialen Systems dar.[449]

Doch sowohl eine rein an der Gesinnung (deontologische) als auch eine einseitig an den Folgen orientierte Ethik (teleologische) erweist sich vielfach als problematisch.[450] Einerseits kann die strikte Ausrichtung des Handelns an verallgemeinerbaren Handlungsregeln zu katastrophalen Folgen führen.[451] Hierzu ein klassisches Beispiel:[452] SOKRATES hatte sich sein Leben lang bemüht, ein guter Mensch zu sein und seine Pflicht nach bestem Wissen und Gewissen zu erfüllen. Nun wird er als „Gefahr für die Gesellschaft“ verhaftet und zum Tode verurteilt. Seine Freunde haben alles zu seiner Flucht vorbereitet und die nötigen Bestechungsgelder aufgebracht. Doch SOKRATES weigert sich zu fliehen und argumentiert mit Bezug auf allgemeine moralische Regeln, wie z.B. „Man

444 Kant verdeutlicht diesen Imperativ am Beispiel des Lügens. Um herauszufinden, ob ein lügenhaftes Versprechen, das einer momentanen Bedrängnis entspringt, auch langfristig von Vorteil ist, hat der Betreffende sich selbst zu fragen: „Würde ich wohl damit zufrieden sein, daß meine Maxime (mich durch ein unwahres Versprechen aus Verlegenheit zu ziehen) als ein allgemeines Gesetz (sowohl für mich als auch für andere) gelten solle?“ Aus der Antwort wird schnell deutlich, daß zwar die Lüge, aber ein allgemeines Gesetz zu lügen niemals gewollt sein könne. Kant 1945: 21.

445 Vgl. Rusche 1992: 70; Luhmann 1996: 28. Allerdings geht Kant davon aus, das die unmittelbar ersichtlichen Folgen einer Handlung ebenfalls gut sein müssen, da sonst die Gesinnung nicht gut sein könne. Vgl. Birnbacher/Hoerster 1997: 237-240.

446 Vgl. Brown 1996: 39; Bender 1988: 64.

447 Vgl. Brown 1996: 42.

448 S. Spaemann 1994: 64.

449 Vgl. kritisch Starbutty 1985: 86-91.

450 S. Rusche 1992: 70.

451 Vgl. Spaemann 1994: 67; Küpper 1988: 324; Rebstock 1988: 48f..

452 Vgl. Frankena 1972: 17f..

soll den Gesetzen des Staates gehorchen" und „Man soll den Staat nicht schädigen". Auch wenn diese Regeln zum Tod des Unschuldigen führen, so fühlt er sich dennoch an diese gebunden. Andererseits können aber umgekehrt auch die reinen, sorgfältig abgeschätzten und mit Eintrittswahrscheinlichkeiten quantifizierten Konsequenzen kein Gradmesser für die Moral einer Handlung sein. Hierzu ein einfaches, fiktives Beispiel: Sterben bei medizinischen Experimenten (unfreiwillig) Menschen, so sind diese noch lange nicht moralisch, nur weil aus den Ergebnissen Erkenntnisse gezogen werden können, die vielen Menschen das Leben retten.[453]

Nach SMITH ergibt sich die *Gerechtigkeit einer Handlung* nur aus:

- der Beurteilung der vom Handelnden *beabsichtigten Wirkungen* (Gesinnung) und
- der sorgfältigen Bewertung der möglicherweise durch diese Handlung *tatsächlich hervorgerufenen Folgen (Konsequenzen)*.[454]

Damit ist die Moralität einer Handlung *sowohl* an der ihr zugrundeliegenden Gesinnung, *als auch* an der Evaluation der antizipierbaren Handlungsfolgen festzumachen.[455] Diese Erkenntnis kommt heutzutage insbesondere im Rahmen der *Diskursethik* zum Tragen.[456] Hier verbindet sich die teleologische Folgen- und Interessenabwägung mit der deontologischen Prüfung der Verallgemeinerbarkeit einer Norm.[457] Sie formt den kategorischen Imperativ in das Prinzip der

---

453 Vgl. Smith 1994: 137-140.

454 Vgl. Smith 1994: 138-158; Sturn 1991: 114. Dabei ist darauf hinzuweisen, daß die Einstufung einer bestimmten Absicht als ethisch unbedenklich immer schon gewisse Gedanken über die Folgen des Tuns einschließt. Vgl. Kreikebaum 1996: 183. Insofern ist es gar nicht möglich, eine Handlung ohne Rücksicht auf bestimmte Wirkungen zu bewerten. Vgl. Spaemann 1994: 64f.. Allerdings sind Art und Umfang dieser Überlegungen sehr stark von den persönlichen Umständen des Handelnden (z.B. Informationsgrad, Urteilsvermögen, Vorstellungskraft) abhängig.

455 Vgl. Rusche 1992: 71; Ulrich 1991a: 165. Auch Weber, der die Unterscheidung in Gesinnungs- und Verantwortungsethik eingeführt hat, erkennt diesen Kritikpunkt und formuliert die beiden ehemals gegensätzlichen Auffassungen als Ergänzung. Vgl. Weber 1998: 343.

456 Vgl. Rusche 1992: 100.

457 Diese Verknüpfung der beiden ethischen Traditionen verdeutlicht Hare an folgendem Fallbeispiel: A schuldet B, B schuldet C; A kann B nicht zahlen, B kann C nicht zahlen. B hat die Absicht, A wegen seines Versäumnisses ins Gefängnis zu bringen. Sollte B dies tun? Was bei moralischen Überlegungen nun getan werden muß, ist folgendes: Es gilt nach Moralurteilen und moralischen Grundsätzen Ausschau zu halten, die wir auch dann noch akzeptieren können, wenn wir uns angesehen haben, welche logischen Konsequenzen sie haben und wie es im vorliegenden Fall mit den Tatsachen steht. Im Fallbeispiel bedeutet dies, daß B sich klarmacht, daß B auch C noch Geld schuldet, was einem im Gefängnis erwartet, mit welchen Schwierigkeiten ein ehemaliger Gefängnisinsasse zu kämpfen hat und ob er selbst bereit wäre, diesen moralischen Grundsatz auch auf sich selbst anzuwenden. Vgl. Hare 1973: 18. Im Rahmen der Diskursethik werden die verschiedenen Konsequenzen aufgedeckt und gemeinsam erörtert; schließlich muß jeder Teilnehmer für sich entscheiden, ob er diese Konsequenzen für sich selbst, wenn er in der Lage des jeweils Betroffenen wäre, akzeptieren könnte.

allgemeinen, freien Zustimmung um.[458] Dabei gilt der Grundsatz, daß nur diejenige Norm (bzw. Handlung) Geltung beanspruchen darf, der alle Betroffenen (freiwillig) zustimmen (oder zustimmen könnten).[459] Damit wird die kategorische Verpflichtung zu prüfen, ob eine bestimmte Norm verallgemeinerbar ist, in die Bemühung um den argumentativen Konsens transformiert.[460] Eine solche Übereinstimmung darf immer dann erwartet werden, wenn sowohl die unmittelbaren Wirkungen als auch die Nebenfolgen, die sich aus einer strittigen Norm *voraussichtlich* ergeben, von allen Betroffenen zwanglos akzeptiert werden *können* oder *könnten*.[461]

1.2.2 Analytische Ethik

Im Rahmen der analytischen Ethik – auch Metaethik genannt – wird die Frage, durch welche Methoden die obersten (materialen oder formalen) Prinzipien begründet und gerechtfertigt werden, relevant.[462] Sie zielt auf die philosophische Klärung der Voraussetzungen, die z.B. der Ableitung normativer Aussagen zugrundeliegen. Einen zentralen Gegenstand metaethischer Betrachtungen bildet die Frage der *rationalen Begründbarkeit* von Verhaltensnormen.[463] Hierbei lassen sich *zwei Grundpositionen* differenzieren: Kognitivistische und nonkognitivistische Auffassungen.[464]

Kognitivistische[465] *Positionen* unterstellen die objektive Erkennbarkeit des moralisch Richtigen, das auf Tatsachen beruht. Moral kann insofern empirisch er-

---

458 Vgl. Bausch 1994: 21.

459 Vgl. Habermas 1995c: 468.

460 Die von Kant geforderte individuelle (monologische) Prüfung der Verallgemeinerung („Was passiert, wenn alle Menschen so handeln?"), wird hier durch ein dialogisches Prinzip ersetzt. Nur wenn alle Betroffenen einer Norm – aus ihrer Sicht – tatsächlich zustimmen können, kann diese als allgemeingültig und damit als begründet angesehen werden. Hierzu sind jedoch Argumentations- und Konsensbildungsprozesse zu initiieren. Vgl. ausführlich Teil III, Kap. 1.2 dieser Arbeit.

461 Vgl. Habermas 1996: 139.

462 Während die normative Ethik fragt: „Was ist letztlich moralisch richtig?", fragt die Metaethik: „In welcher Weise lassen sich Urteile über das moralisch Richtige rechtfertigen?" Metaethik würde beispielsweise die Frage betreffen, wie ich die Diskursethik begründen kann. Vgl. Hoerster 1997: 12; Vgl. Krupinski 1993: 83. Vgl. ausführlich zur analytischen Ethik Bender 1988: 55-65.

463 Vgl. Kreikebaum 1996: 19f..

464 Höffe unterscheidet vier Grundrichtungen von Metatheorien (Nonkognitivismus, Kognitivismus, Logizismus und Realismus/Antirealismus), die sich allerdings zum Teil stark überschneiden; da für Überlegungen zur Unternehmensethik insbesondere Überlegungen zur Normenbegründung grundlegend sind, werden im weiteren die beiden für diese Thematik zentralen Auffassungen dargestellt. Vgl. Höffe 1997: 197f.; Weise 1997b: 76; Kliemt 1992: 91-105; Rich 1991: 23f.; Rebstock 1988: 55-65.

465 Von lat. cognoscere = erkennen.

hoben werden.[466] Hieraus resultiert die Allgemeingültigkeit der ermittelten Normen: Da sie aus objektiv erkennbaren, sog. Letztwerten abgeleitet sind, sind sie auch rational begründbar.[467]

Hingegen bestreiten Vertreter des *Nonkognitivismus*[468] die objektive, wissenschaftliche Erkenntnis des Moralischen. Normen entziehen sich ihrer Auffassung nach sowohl dem logisch-mathematischen Beweis als auch der Überprüfung durch Beobachtung oder Experiment.[469] Demnach können sie nicht ermittelt werden, sondern sind nur *subjektiv erfahrbar*. Insofern besitzen sie lediglich hypothetischen Charakter und lassen sich nicht rational begründen.

Im Rahmen dieser Arbeit wird eine *Synthese beider Positionen* vertreten.[470] Hierbei ist vor allem folgender Aspekt deutlich zu machen: Normen bzw. die daraus resultierenden Handlungen sind nicht das Ergebnis objektiver Erkenntnis oder der (logischen) Ableitung aus sog. Letztwerten. Das formale Prinzip der „allgemeinen, freien Zustimmung" stellt *kein* letztbegründetes, allen anderen Werten übergeordnetes Prinzip dar, aus dem sich sämtliche Normen logisch ableiten lassen.[471] Allerdings bezieht es sich auf eine allen Menschen gemeinsame und damit *intersubjektiv* erfahr- und nachprüfbare Erfahrung. So kann dieses Prinzip in gewissem Sinne als „objektiv" bezeichnet werden. Normen lassen sich dann mit Blick auf diese allen Individuen gemeinsame Erfahrung rational begründen.[472]

Diese Synthese kommt auch in der Ethikkonzeption von HABERMAS zum Ausdruck:[473] Hier wird ein quasi-empirischer (also kein letztbegründeter) Anspruch zugrunde gelegt.[474] Er bezieht sich auf ein allen Menschen einsichtiges

---

466 Vgl. Kliemt 1992: 93; Rich 1991: 24; Rebstock 1988: 61.

467 Vgl. Kliemt 1992: 93.

468 Von lat. non cognoscere = nicht erkennen. Der Non-Kognitivismus wird oft weiter unterteilt in die Bereiche Naturalismus und Intuitionismus. Vgl. Krupinski 1993: 83; Bender 1988: 55.

469 Vgl. Höffe 1997: 197.

470 Vgl. Krupinski 1993: 88.

471 Diese Position bietet den Vorteil, daß sie sich jeglicher inhaltlichen Vorgaben (auch nicht in Form von „Letztwerten") enthält. Damit bleibt eine solche Ethik für Modifikationen und Weiterentwicklungen offen und ermöglicht die Anwendung von relevanten Normen vor dem Hintergrund einer speziellen Situation, ohne bereits eine Vorrangstellung einzelner Normen – unbesehen der konkreten Umstände - fixiert zu haben.

472 S. Krupinski 1993: 88; Rebstock 1988: 58; Lattmann 1988: 22. Kliemt verweist in diesem Zusammenhang darauf, daß non-kognitivistische Positionen eine Anwendung der Ethik im ökonomischen Bereich ermöglichen: Geltende Normen lassen sich damit auch vor dem Hintergrund ökonomischer Aspekte kritisch reflektieren. S. Kliemt 1992: 91.

473 Vgl. Ulrich 1991a: 184, der ebenfalls die Verknüpfung zwischen der Diskursethik und den Ausführungen Smith' herstellt. Die Diskursethik der Frankfurter Schule ist vor allem mit den Namen Habermas und Apel verbunden.

474 Vgl. zum Anspruch der Letztbegründetheit der Diskursethik Kettner 1993b: 323; Bender 1988: 82. Im Gegensatz zu Apel, der grundsätzlich an der Letztbegründung festhält, hält Habermas

Prinzip: die rationale Argumentation.[475] Jeder, der „vernünftig" argumentiert, läßt sich auf bestimmte normative Voraussetzungen ein, die nicht ohne Selbstwiderspruch bestritten werden können.[476] Diese Strukturen potentieller Verständigung lassen sich systematisch ermitteln, indem auf das reflektiert wird, „... was wir notwendigerweise immer schon bei uns selbst und den anderen als normative Bedingungen der Möglichkeit der Verständigung voraussetzen müssen und in diesem Sinne auch immer schon notwendigerweise akzeptiert haben." [477] Da die Bedingungen der Argumentation von jedem Individuum selbst nachvollzogen werden können, sind sie quasi als „objektiv" anzusehen.

Gleichzeitig verbindet die HABERMAS'sche Diskursethik die ganzheitliche Abschätzung der voraussichtlichen Konsequenzen (teleologischer Ethikaspekt) mit der freien Zustimmung aller Betroffenen zu einer Norm bzw. Handlung (deontologischer Ethikaspekt). Sie stellt damit eine normative Verfahrensethik dar, die sich jeglicher inhaltlicher Vorgaben enthält und ermöglicht so – ähnlich wie bei der Ethik von SMITH – die einvernehmliche Auflösung von Handlungs- bzw. Interessenkonflikten durch eine unparteiische Abwägung der besonderen Umstände einer Situation.[478] Die Konzeption von HABERMAS ent-

---

diesen Anspruch für überzogen. Zwar können die transzendentalpragmatischen Überlegungen einen Opponenten davon überzeugen, daß er bestimmte Regeln der Argumentation gar nicht verwerfen kann, ohne sich in performative Selbstwidersprüche zu verwickeln. Damit sind diese Regeln aber selbst noch nicht begründet. Vgl. zu dieser Kritik an seiner Konzeption Apel 1997: 8.

475 Auch Smith geht dabei – allerdings nur implizit – von einer dialogischen Klärung der Situation aus. Der unparteiische Zuschauer muß zunächst versuchen, die genauen Umstände zu erfragen, um sich ein möglichst vollständiges und klares Bild über die Situation zu machen, um sich dann in die Lage des Betroffenen zu versetzen. Vgl. Smith 1994: 23.

476 Grundgedanke ist die Suche nach einem nicht hintergehbaren Kern von Regeln bzw. Normen des Zusammenlebens, der nicht sinnvoll kritisiert und bezweifelt werden und auf den im Zweifelsfall zurückgegriffen werden kann. Alles das, was sich nicht sinnvoll, d.h. ohne Selbstwiderspruch bestreiten läßt, weil es im Moment des rationalen Bestreitens immer auch unverzichtbar vorausgesetzt werden muß, das stellt eine sichere, nicht hintergehbare normative Basis für alle rational argumentierenden Personen dar. S. Ulrich 1993: 284.

477 Apel 1976b: 12.

478 Ulrich 1998b: 38. Vgl. zur Kontextbezogenheit der Smith'schen Ethik Meyer-Faje/Ulrich 1991: 12 und 15; Patzen 1991: 30f.; Bender 1988: 83. Aufgrund der Komplexität der unternehmerischen Handlungssituation werden formal-ethische Positionen der speziellen Situation besser gerecht; der „Grundrißcharakter" formaler Verfahrens- und Entscheidungsregeln sichert eine *situativ* gerechtfertigte Entscheidung, die den konkreten Umständen der jeweiligen Handlungssituation Rechnung trägt. Vgl. Pieper 1991: 44, die darauf hinweist, daß im Grenzfall ein situatives moralisches Urteil auch gegen einzelne Normen einer faktisch geltenden Moral verstoßen kann. Die Wahl eines inhaltlichen obersten Prinzips (z.B. Glück, Frieden) zur Begründung gültiger Normen setzt bereits eine Entscheidung voraus, die konkrete inhaltliche Aussagen über richtige Handlungen beinhaltet, die es zu erfüllen gilt. Dies führt leicht zu dogmatischen Orientierungen, die sich einer Weiterentwicklung und kritischen Überprüfung entziehen. Vgl. Kettner 1993b: 333; Rebstock 1992: 11; Steinmann/Oppenrieder 1985: 50

spricht damit in ganz besonderer Weise der hier ausgeführten Sichtweise von Ethik und wird deshalb im weiteren Verlauf der Arbeit als theoretischer Bezugsrahmen zugrundegelegt.[479]

2 Verflechtung von Ethik und Ökonomie

Die Verflechtungen zwischen Ethik und Ökonomie können sich auf verschiedenen Ebenen konstituieren. Insbesondere ist auf die Trennung in Fragen einer *Wirtschafts(ordnungs)-* und einer *Unternehmensethik* hinzuweisen. Weiterhin spielt vor allem das paradigmatische Verhältnis von Ethik und Ökonomie eine besondere Rolle. Dies kann durch eine Zwei-Welten-Konzeption beschrieben werden. Auf der einen Seite steht die „reine", wertfreie Ökonomie und auf der anderen Seite die subjektive, wertbehaftete Ethik.[480] Es gilt zu klären, wie beide Welten miteinander in Einklang gebracht werden können.[481] Hierbei haben sich bereits seit einigen Jahren verschiedene Ansätze herauskristallisiert, die sich mit der Vermittlungsproblematik ausführlich auseinandersetzen. Diese werden im Anschluß an die Abgrenzung der Ebenen ethischen Handelns knapp vorgestellt.

Um den Grundgedanken des Systems der Marktwirtschaft möglichst umfassend Rechnung zu tragen, wird darauf aufbauend ein Konzept entwickelt, das richtungsweisend für die Debatte um die gesellschaftliche Verantwortung von Unternehmen sein kann. Dies erfolgt vor dem Hintergrund der Ethikauffassung von SMITH. Es wird besonders auf den diskursethischen Fokus abgestellt.

2.1 Ebenen ethischen Handelns

Für die Einordnung ethischen Handelns in die Betriebswirtschaftslehre bieten sich verschiedene Ansatzpunkte.[482] Im allgemeinen wird zwischen einer *Wirtschafts-* (oder auch Wirtschaftsordnungs-) und einer *Unternehmensethik* differenziert.[483] Vor allem die Trennung in die Makro-, Mikro- und Mesoebene wirtschaftlichen Handelns spielt hierbei eine besondere Rolle. Auf der *Makroebene* werden die Rahmenbedingungen wirtschaftlichen Handelns gesetzt.[484]

---

479 Vgl. Teil III.

480 Vgl. Büscher 1995: 273.

481 Vgl. zur Notwendigkeit der Verbindung von Ethik und Betriebswirtschaftslehre ausführlich Schauenberg 1991: 1-12.

482 Vgl. Kreikebaum 1996: 14; Ulrich 1993: 75; Bausch 1994: 30; Enderle 1987: 439. Enderle regt in diesem Zusammenhang die Überlegung an, diese drei Ebenen um eine sog. „Super-Ebene" für die weltwirtschaftliche Problematik zu erweitern. S. Enderle 1989: 170.

483 Hinsichtlich dieser zweistufigen Ausgestaltung besteht innerhalb der wirtschafts- und unternehmensethischen Diskussion – bei aller Unterschiedlichkeit der Ansätze – Einigkeit. Vgl. Beschorner 2000: 76.

484 Vgl. Bausch 1999: 4.

Hier sind die gesamtwirtschaftlichen Voraussetzungen zu gestalten und rechtlich zugelassene Handlungen abzustecken bzw. durch sonstige Institutionen normativ vorzuregeln.[485] Immanenten marktwirtschaftlichen Dysfunktionalitäten, wie z.B. externen Effekten, ist sinnvoll und wirksam vorzubeugen. Darüber hinaus sind Rahmenbedingungen für einen „fairen" Wettbewerb zu formulieren.[486] Hier gilt grundsätzlich, daß alle bereits in der Marktlogik angelegten Konflikte (sog. Strukturkonflikte) vom Gesetzgeber antizipiert werden können, da sie meist wiederkehrende typische Erfahrungen darstellen.[487] Diese sind durch (rechtliche) Regelungen z.B. im Rahmen der Wirtschafts-/-Unternehmensverfassung zu lösen.[488] Dies ist Aufgabe einer *Wirtschafts(ordnungs)ethik*, die sich unter anderem mit Fragen der „gerechten" Wirtschaftsordnung, der Wirtschafts-, Finanz- und Sozialpolitik sowie der Gestaltung internationaler Wirtschaftsbeziehungen zu befassen hat.[489]

Auf *Mesoebene* wird das Agieren der wirtschaftlichen Akteure (z.B. Unternehmen, Gewerkschaften oder Verbände) untersucht.[490] Angesichts des immensen technischen Fortschritts sind besonders die Handlungsspielräume der Unternehmen deutlich gestiegen.[491] Im Gegensatz zu Strukturkonflikten können diese vom Gesetzgeber niemals so tiefgreifend antizipiert – und somit vorgeregelt – werden, daß moralisches Handeln sichergestellt wird.[492] Dies wird besonders durch die verschiedenen sogenannten *ad-hoc-Konflikte* mit Interessengruppen deutlich, die sich meist aus den potentiellen oder tatsächlichen Wirkungen geplanter oder realisierter Unternehmensstrategien ergeben (z.B. der angekündigten Verlagerung von Standorten ins kostengünstigere Ausland). Es gilt im Rahmen einer *Unternehmensethik*, diese Handlungsspielräume verant-

---

485 S. Bausch 1994: 30f.; Krupinski 1993: 104f..

486 S. Bausch 1994: 31.

487 Vgl. Gerum 1989: 139.

488 Vgl. Steinmann/Löhr 1994a: 125. In diesem Zusammenhang sei auf die Diskussion der Sichtweise von Wirtschaftsethik verwiesen. Wirtschaftsethik kann zum einen als „genitivus objectivus" betrachtet werden, d.h., festgefügte ethische Prinzipien werden auf den Bereich der Wirtschaft übertragen und angewandt; zum anderen ist auch die Betrachtung als „genitivus subjectivus" denkbar, d.h., es werden ethische Reflexionen angestrengt, die wirtschaftswissenschaftliche Überlegungen systematisch mit einbeziehen. Vgl. Enderle 1989: 167f..

489 S. Enderle 1989: 170. Die Wirtschaftsethik umfaßt damit auch die konkrete Gestaltung der Wirtschafts-, Sozial-, Tarif- und Umweltpolitik. Sie beschäftigt sich aber auch mit Fragen internationaler Wirtschaftsbeziehungen oder der internationalen Schuldenkrise, mit Fragen zur Verteilungsgerechtigkeit, zur Schattenwirtschaft, zur Arbeitslosigkeit etc.. Vgl. Krupinski 1993: 104.

490 Sofern in erster Linie Unternehmen Gegenstand der Betrachtung sind, spricht man bereits von Unternehmensethik. Vgl. Krupinski 1993: 105. Wieland sieht beispielsweise allein diese Ebene als systematischen Ort einer Ethik. Vgl. Wieland 1990: 171.

491 Vgl. Enderle 1987: 442.

492 Vgl. Ogger 1999: 27f..

wortlich wahrzunehmen.[493] Dabei wird den Unternehmen ein eigenständiger *moralischer Status* zugeschrieben: „Das Unternehmen wird als moralischer Akteur und juristische Person begriffen, weil es nicht nur eine rechtliche Einheit, sondern eine produktive und soziale Ganzheit bildet. Als zielorientiertes und zugleich sich selbst organisierendes Gebilde, in dem die Individuen zwar handeln, dessen eigenes ‚Handeln' aber nicht mit dem Handeln der Individuen voll identisch ist, weist es eine spezifische Eigenständigkeit seines ‚Handelns' auf und kann darum zu Recht als moralischer Akteur bezeichnet werden."[494] Ethik hat damit über eine reine „Führungsethik" bzw.- „Ethik der Führenden" hinauszugreifen.

Auf der *Mikroebene* wird die individuelle wirtschaftliche Entscheidung bzw. das einzelne handelnde Wirtschaftssubjekt (z.B. Manager, Mitarbeiter, Konsument, Aktionär) betrachtet.[495] Sie zielt auf die Verantwortung von Personen und hat insofern eine Antwort auf die Frage zu geben, über welche Fähigkeiten Individuen verfügen müssen, um diese wahrzunehmen.[496] Im Vordergrund der vorliegenden Arbeit steht die Ausbildung der ethischen/moralischen Urteils- und Begründungskompetenz.[497] Durch sie ist das Individuum in der Lage, die (unternehmerische) Situation vollständig wahrzunehmen, d.h. die Interessen aller möglicherweise von einer Handlung Betroffenen zu erheben und ein unparteiisches Urteil über eine angemessene Handlung zu treffen.[498] Diese Fähigkeit soll zu *moralischem Handeln* führen.[499]

---

493 Vgl. Bausch 1994: 31.

494 Enderle 1992: 147. Der Autor vermeidet mit dieser Statuszuordnung bewußt eine Personifizierung des Unternehmens, da dieses weder über ein Gewissen, noch über einen eigenen Willen oder Selbstbewußtsein verfügt. Die Handlungs- und Moralfähigkeit von Unternehmen kann aus verschiedenen Sichtweisen verdeutlicht werden: Aus soziologischer Sicht kann festgestellt werden, daß Unternehmen eigene Ziele und Interessen verfolgen, die nicht unbedingt mit denen bestimmter Personen der Organisation (z.B. Top-Manager, Eigentümer) übereinstimmen. Immer häufiger werden Unternehmen von der Öffentlichkeit auch bestimmte personelle Eigenschaften wie z.B. Zuverlässigkeit oder Korrektheit zugeschrieben, die unabhängig von den Entscheidungsträgern existieren. Vgl. Enderle 1992: 150-154 und Enderle 1988: 50-52. Siehe auch Krupinski 1993: 106. Siehe z.B. das Image des Automobilkonzerns „Mercedes Benz", das trotz zahlreicher Managementfehler wie Qualitätsprobleme bei der S-Klasse oder Fahrwerksmängeln bei der A-Klasse nach wie vor für erstklassige Qualität und Service steht. Vgl. ausführlich Pirchmoser 1995.

495 Vgl. Bausch 1999: 5; Honecker 1993: 250; Enderle 1989: 171.

496 Vgl. Enderle 1987: 439.

497 Im weiteren wird der Begriff „moralische Urteilskompetenz" übernommen, auch wenn damit das ethische Reflexionsvermögen gemeint ist. In der moralischen Sozialisationsforschung unterbleibt die Abgrenzung der Begriffe Ethik und Moral, weswegen der Begriff „moralische Urteilskompetenz" durchgängig verwendet wird.

498 Vgl. ausführlich Teil IV, Kap.2.

499 Vgl. Horn 1996: 45f.; Homann/Blome-Drees 1992: 119; Rich 1991: 58f.. Vgl. zum Verhältnis zwischen moralischer Kompetenz und moralischem Handeln Retzmann 1994: 316-324.

Mit der Aufgliederung in die Meso- und Mikroebene einher geht die Trennung zwischen Institutionen- und Individualethik: *Institutionenethik* (Mesoebene) betrachtet die institutionellen Rahmenbedingungen des moralischen Handelns in Unternehmen. Sie überprüft institutionelle Arrangements im Hinblick auf ihre Eignung (a) moralisches Handeln (respektive moralische Entwicklung) zu fördern und (b) unmoralisches Handeln zu unterbinden. Zahlreiche Handlungen des Top-Managements sind durch organisatorische Strukturen und Gegebenheiten determiniert, so daß es geeigneter institutioneller Regelungen bedarf, die ethisches Denken und Handeln unterstützen und zur Geltung bringen.[500] Strukturelle und kulturelle Bedingungen innerhalb eines Unternehmens entfalten in der Regel direkte, indirekte sowie intendierte und nicht intendierte handlungsleitende Wirkungen. Diese sind so zu gestalten, daß sie ethische Reflexionen ermöglichen und moralische Handlungen erlauben.[501]

Allerdings ist immer auch eine *Konkordanz* von *moralischen Einsichten* – die sicherlich durch institutionelle Arrangements erzielt werden können – und *moralischem Handeln* zu gewährleisten. Hierzu ist eine *Individualethik* (Mikroebene) unverzichtbar. Die moralische Urteilskompetenz des Top-Managements ist Conditio sine qua non der Implementierung einer kontextorientierten Unternehmensethik. Ethisches Handeln hängt letztlich immer von der Fähigkeit (und Bereitschaft) der Entscheidungsträger ab.[502] „Es sind also Menschen – in welchem institutionellen Umfeld auch immer –, die als moralische Akteure in Verantwortung genommen werden müssen. Obwohl jeder Entscheidung innerhalb einer Institution ein bedeutendes Element der Fremdbestimmung inne wohnt [...], bleibt diese Entscheidung eine individualethische.“[503]

Damit bleibt festzuhalten: Institutionenethik kann Individualethik nicht ersetzen, sondern nur systematisch ergänzen.[504] Unternehmensethik stellt damit in der vorliegenden Arbeit ein *duales Modell* dar, das sowohl institutionenethi-

---

500 Das Erreichen der höchsten Entwicklungsstufe der moralischen Urteilskompetenz sichert noch keineswegs ethisches Handeln. Dieses muß nicht nur gewollt, sondern auch gekonnt werden. Hierzu sind jedoch spezielle Voraussetzungen zu schaffen (z.B. Institutionalisierung des Verfahrens der ethischen Argumentation), die ethische Reflexionen z.B. in Unternehmen ermöglichen. Aber auch die Bedingungen allein können ethisches Handeln nicht gewährleisten. Hierzu bedarf es einer bestimmten Stufe der Urteilskompetenz, ohne die ethische Argumentationen nicht zu verwirklichen sind.

501 Nur mit Hilfe relativ überdauernder Strukturen und Regelungen kann so z.B. auch nach dem Ausscheiden von Vorstandsmitgliedern ethisches Handeln sichergestellt werden.

502 Vgl. Haslinger 1997: 151; Wieland 1997b: 255; Grimm 1994: 22f..

503 Leisinger 1997: 56.

504 Vgl. Kettner 1994: 247; Dierkes/Zimmermann 1991: 19f.. „Würde man die Firma als primären moralischen Agenten behandeln, dann liefe das auf eine Leugnung oder Abschwächung von natürlichen Personen hinaus. Würde man hingegen Firmen überhaupt nicht als moralische Agenten behandeln, wären sie frei von jeglicher moralischer Verantwortung.“ Wieland 1993: 19f..

sche (Mesoebene) als auch individualethische (Mikroebene) Aspekte bei der Konzeptionierung berücksichtigt.[505] Abbildung 7 verdeutlicht die Zuordnung der verschiedenen Ebenen zu einer Konzeption der Wirtschaftsordnungs- bzw. Unternehmensethik.

Abb. 7: Ebenen ethischen Handelns

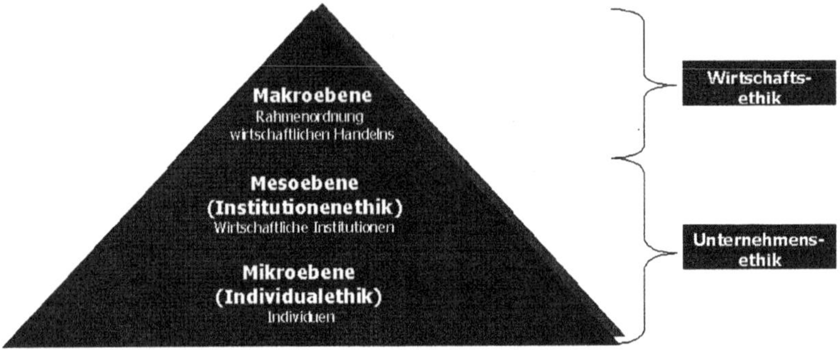

Quelle: Eigene Darstellung.

Unternehmensethik im hier verstandenen Sinne beinhaltet die kritische Reflexion der von einer konkreten unternehmerischen Entscheidung berührten Interessen bzw. der dahinterstehenden Normen und Werte (*Verfahrensethik*). Sie zielt auf die Rechtfertigung einer situativ angemessenen *Handlungsweise*. Neben den Beweggründen für eine Handlung werden auch die Konsequenzen und Ne-

505 Vgl. Lenk/Maring 1998: 26f.; Berkel 1998: 118; Simon 1993: 26; Enderle 1989: 175; Schreyögg 1989: 253. Zwischen den einzelnen Ebenen bestehen vielfältige wechselseitige Beziehungen. Das Verhältnis der einzelnen Handlungsebenen wird dabei insbesondere von der Größe des Handlungsspielraums des jeweiligen Handlungsträgers und seiner Selbstregulierungskapazität bestimmt. Wird eine streng hierarchische Struktur unterstellt, so würde die Makroebene die beiden darunterliegenden Ebenen vollständig bestimmen und die Handlungsspielräume auf null reduzieren. Eine Unternehmensethik wäre bei fehlenden Freiräumen obsolet. Allerdings wurde bereits in Teil I, Kap. 2.1 auf die Unvollkommenheit der bestehenden Marktordnung verwiesen und auf die Eigenständigkeit und die damit verbundenen mehr oder weniger großen Handlungsspielräume aufmerksam gemacht. Insofern kommt sowohl der Meso- als auch der Mikroebene eine nicht zu unterschätzende Bedeutung zu. Diese Sichtweise ermöglicht es auch, die verschiedenen Wechselwirkungen der einzelnen Handlungsebenen zu analysieren. So gibt beispielsweise die Wirtschaftsordnung den Rahmen für wirtschaftliches Handeln vor. Gleichzeitig kann dieser aber auch durch das Handeln „moralischer Akteure" verändert werden. Ebenso bleiben die unternehmenspolitischen Entscheidungen nicht unbeeinflußt von den persönlichen Moralvorstellungen und Überzeugungen der einzelnen Top-Manager, die ihrerseits durch organisatorische Voraussetzungen (mit) geformt oder begrenzt werden.

benfolgen für alle mittelbar und unmittelbar Betroffenen (*deontologischer und teleologischer Aspekt*) berücksichtigt. Hierdurch soll die dezentrale Legitimation unternehmerischer Aktivitäten sichergestellt werden. Dazu bedarf es neben einer besonderen Urteilskompetenz der unternehmerischen Handlungsträger (*Individualethik*) jedoch auch bestimmter organisatorischer und kultureller Voraussetzungen auf Ebene des Top-Managements (*Institutionenethik*).

2.2 Ansätze einer zeitgemäßen Unternehmensethik

Im deutschsprachigen Raum ist erst seit den 80er Jahren eine verstärkte Auseinandersetzung mit wirtschafts- und unternehmensethischen Fragestellungen zu konstatieren.[506] In den Vereinigten Staaten hingegen begann der unaufhaltsame Aufstieg dieser Disziplin bereits in den 70er Jahren. Ein zentraler Grund für die im Vergleich zu Europa frühere und intensivere Diskussion ist darauf zurückzuführen, daß die Betriebswirtschaftslehre in den USA wesentlich anwendungsorientierter und pragmatischer ausgerichtet ist. Dies kommt besonders in einem wesentlich „lockereren" Umgang mit Wertproblemen zum Ausdruck.[507]

Zu Beginn der Diskussion um eine Wirtschafts-/Unternehmensethik in Deutschland stand die einzelwirtschaftliche Effizienz im Vordergrund.[508] Erst in der aktuellen Auseinandersetzung rücken globale Krisenphänomene sowie der daraus erwachsende Druck der Öffentlichkeit in den Mittelpunkt der Betrachtung.[509] Insbesondere das einseitig profitorientierte unternehmerische Verhalten wurde in diesem Zusammenhang angeprangert und zum Ausgangspunkt der Frage nach der *Legitimität unternehmerischen Handelns*.[510] In der Folge entstanden umfassende theoretische Unternehmensethik-Ansätze, die neben der Begründung einer Ethik auch eine geschlossene Einbindung ethischer Aspekte in die Managementliteratur postulieren.

506 Vgl. Seifert/Priddat 1997: 13; Grabner-Kräuter 1997: 210 sowie Müller 1994: 352. Der Autor gibt einen Überblick über die bis zum Jahre 1992 veröffentlichten Bücher, Artikel etc. sowie über die mit wirtschafts- und unternehmensethischen Fragestellungen befaßten Institutionen.

507 Vgl. Ulrich 1999: 75; Grabner-Kräuter 1997: 210; Staffelbach 1994: 32. Vgl. zum Status quo in der Business Ethics Debatte in den USA Hoffman 1999, Steinmann/Olbrich 1999, DeGeorge 1989.

508 Insbesondere die Beschäftigung mit Fragen der Unternehmenskultur wurde zu einem zentralen Thema der Managementliteratur. Ausgangspunkt war die Rückbesinnung auf den Mitarbeiter als entscheidender Produktivitätsfaktor. Normen und Werte wurden zum Thema der Unternehmensführung gemacht und im Hinblick auf die wirtschaftlichen Ziele des Unternehmens instrumentalisiert. Die Unternehmenskultur sollte so „geformt" werden, daß sie der Unternehmenstätigkeit zweckdienlich ist Es entstand das sog. normative Management, das durch die Festlegung einer konsistenten Managementphilosophie die Basis erfolgreicher Unternehmensführung schaffen sollte. Vgl. Homann/Blome-Drees 1992: 112. Diese Anstrengungen können nach der hier vorliegenden Begriffslegung in einem weiteren Sinne mit Unternehmensmoral gleichgesetzt werden.

509 S. Homann/Blome-Drees 1992: 9.

510 Vgl. Homann/Blome-Drees 1992: 113.

Die Zahl der heutigen Veröffentlichungen mit wirtschaftsethischen Inhalten ist nahezu unübersehbar und vielschichtig: Philosophen, Theologen sowie Volks- und Betriebswirte fühlen sich angesprochen, ihren wissenschaftlichen Standpunkt zu formulieren und Empfehlungen abzugeben.[511] Dabei kann jedoch ein sehr unterschiedliches Niveau der Ausarbeitungen im Hinblick auf Argumentationstiefe, Reflexionsgrad sowie Anwendungsbezug konstatiert werden. Theoriediskussion, konkrete Implementierungsempfehlungen und Umsetzbarkeit klaffen nur allzuoft auseinander. Modelle, die sich umfassend mit der dezentralen Legitimation von unternehmerischen Handlungen auseinandersetzen, haben sich jedoch erst sehr zögerlich in der Debatte durchgesetzt. Die Diskussion im deutschen Sprachraum ist dabei durch eine starke Grundlagenreflexion gekennzeichnet.[512] Im Vordergrund stehen die philosophische Begründung ethischer Prinzipien, die für eine Unternehmensethik in Betracht kommen, sowie das Problem der grundsätzlichen Möglichkeit und Sinnhaftigkeit der Einbindung ethischer Elemente in den Wirtschaftsbereich.[513] Es fehlen allerdings Ansätze, die das in fortgeschrittenen theoretischen Diskussionen gewonnene Wissen in praxisrelevante Zusammenhänge transformieren und damit auch praktische Implikationen haben können.[514]

Im Hinblick auf die theoretischen Grundlagen weisen deutsche und amerikanische Konzeptionen ebenfalls unterschiedliche Schwerpunkte auf.[515] Während in den USA der *Tugendlehre* eine große Bedeutung zukommt, spielen im deutschsprachigen Raum vor allem *diskursethische Ansätze* eine besondere Rolle. Damit liegt das Gewicht dort deutlich stärker auf materialen Prinzipien, während in Deutschland die Diskussion um eine formal-prozessuale Grundlegung dominiert.[516] Zu den Autoren, die den Stand der Diskussion um eine solche Unter-

---

511 Vgl. insbesondere Wieland 1999, Priddat 1994; Koslowski 1993, Koslowski 1991; Koslowski 1988; Rich 1991 sowie die Systematisierung bei Seifert/Priddat 1997: 17-20 und die dort genannten Autoren.

512 Vgl. Thielemann/Breuer 2000: 8; Ulrich 1999: 75.

513 Vgl. Blickle 1998a: 3.

514 Vgl. Dierkes/Zimmermann 1991: 17. Ganz anders sieht dies in den USA aus. Hier steht die Praxisorientierung im Vordergrund der Forschung. Daher existiert bereits eine Fülle von Ansätzen zur Einbindung ethischer Aspekte in die Unternehmensführung. Vgl. Grabner-Kräuter 1997: 230.

515 In den USA spielt vor allem die Unterstützung des einzelnen Entscheidungsträgers eine bedeutende Rolle, da die dortigen Forschungsbemühungen von konkreten Problemen des Managements ausgehen und die multipersonale, dialogische Entscheidungsfindung deutlich zurückstellen. Vgl. Grabner-Kräuter 1997: 230. Aus diesem Grunde sind die Ergebnisse der amerikanischen „Business-Ethics-Forschung" auch nur sehr bedingt auf die deutsche Top-Management-Entscheidungsfindung und das hier aufgezeigte Problem zu übertragen. Vgl. Homann/Blome-Drees 1992: 173f..

516 Vgl. Staffelbach 1988: 55. Allerdings dient diese formal-prozessuale Grundlegung in vielen Fällen lediglich der Erarbeitung von situationsunabhängigen Normen, an denen unternehmeri-

nehmensethik in unserem Sprachraum nachhaltig beeinflußt haben, zählen vor allem HOMANN/BLOME-DREES, STEINMANN/ LÖHR sowie ULRICH.[517] Deren Konzeptionen werden daher im folgenden in ihren Kernaussagen vorgestellt. Aufbauend auf diesen Überlegungen werden anschließend die Grundideen für die Fundierung einer Ethik für Unternehmen mit Blick auf die von SMITH konzipierte Auffassung dargelegt. Für das Verständnis der verschiedenen Konzeptionen ist vor allem die *Rolle der Ethik*, der *systematische „Ort" ihrer Verankerung* sowie ihr *Verhältnis zum Gewinn* konstitutiv.

2.2.1 Funktionalistischer Ansatz einer Unternehmensethik von Homann/Blome-Drees

„So gesehen liegt es im Eigeninteresse der Unternehmen, sich berechtigten moralischen Anliegen zu öffnen." (Homann/Blome-Drees, Wirtschafts- und Unternehmensethik)

HOMANN/BLOME-DREES setzen bei ihren Ausführungen zur Unternehmensethik an den bestehenden Bedingungen der modernen Marktwirtschaft an.[518] In diesem Rahmen können Unternehmen im allgemeinen darauf vertrauen, daß ihr eigeninteressiertes und an wirtschaftlichen Gesichtspunkten orientiertes Handeln gleichzeitig auch ethischen Anforderungen genügt. Dies kommt durch den Begriff der „ethischen Richtigkeitsvermutung" für gewinnmaximierendes Handeln zum Ausdruck.[519] Es stellt sich allerdings die Frage, was Unternehmen tun können, wenn Defizite in der Rahmenordnung zu einem Konflikt zwischen gesellschaftlichen und ökonomischen Anforderungen führen. Damit zielen ihre Ausführungen auf einen systemkonformen Ansatz der Unternehmensethik, der konkrete Handlungsempfehlungen zur Implementierung von moralischen Forderungen für Unternehmen in solchen Situationen enthält.[520]

Der *systematische Ort der Moral* liegt in der *Rahmenordnung* (Wirtschaftsordnung).[521] Sie soll – durch die Vorgabe von eindeutigen Regeln – moralisches Handeln im Bereich der Wirtschaft kanalisieren. Einer Unternehmensethik kommt in diesem Rahmen (lediglich) die Aufgabe zu, den aus den Defiziten

---

sches Handeln dann auszurichten ist. Diese werden z.B. im Rahmen eines Leitbildes schriftlich fixiert. Vgl. Teil I, Kap. 2.3.2.

517 Vgl. Popkes 2000: 6; Hanekamp 2000: 14.

518 Vgl. Homann/Blome-Drees 1992: 29-34. Die Legitimation der Marktwirtschaft als System wird dabei als gegeben vorausgesetzt. Vgl. ebd.: 124.

519 Gewinnmaximierung ist hiernach sittliche Pflicht eines jeden Unternehmens. Vgl. Homann 1994a: 14.

520 Vgl. Homann/Blome-Drees 1992: 15 und 131. Konkrete inhaltliche Aussagen über anzuwendende Moralkodizes sowie die Diskussion über philosophische Begründungen von Normen werden in diesem Sinne hintangestellt.

521 S. Homann/Blome-Drees 1992: 35.

der Rahmenordnung entstehenden Bedarf an moralischer Verantwortung zu identifizieren und konkrete Empfehlungen zum Umgang mit diesem aufzuzeigen.[522] Dabei stehen *ökonomische Gesichtspunkte* im Mittelpunkt unternehmerischer Legitimationsanstrengungen: Die gesellschaftliche Akzeptanz stellt eine notwendige Bedingung für wirtschaftlich erfolgreiches Handeln dar. Fehlt diese, so ist langfristig mit handfesten ökonomischen Problemen zu rechnen.[523] Ethisches Handeln kann sich also auch unter ökonomischen Gesichtspunkten rechnen.[524] Ethik wird damit als kostensenkender oder gewinnsteigernder Faktor entdeckt. Sie wird zu einem Instrument der Realisierung unternehmerischer Ziele.[525] Um unternehmerische Entscheidungen zu gewährleisten, die sowohl ökonomisch vorteilhaft als auch gesellschaftspolitisch berechtigt sind, und somit ein hohes Legitimationspotential als Voraussetzung für den Unternehmenserfolg zu schaffen, wird ein Ablaufschema eines *unternehmensethischen Entscheidungsprozesses* vorgestellt. Dieses soll als Entscheidungshilfe dienen und die Argumentationskompetenz des Top-Managements stärken (vgl. Abb. 8 auf S. 97).

Der unternehmensethische Entscheidungsprozeß läßt sich demnach in *drei Schritte* zerlegen, die im Rahmen von Leitfragen abgearbeitet werden. So ist im *ersten Schritt* die Berechtigung moralischer Forderungen zu prüfen. Allerdings lassen die Autoren dabei offen, *wie* solche Ansprüche respektive die dahinterliegenden Normen genau zu analysieren sind. Sie weisen lediglich auf die Frage der Begründbarkeit von Normen hin, die mit einem kurzen Verweis auf den *Universalisierungsgrundsatz* der modernen Ethik beantwortet wird: Eine berechtigte moralische Forderung zeichnet sich hiernach dadurch aus, daß mit guten Gründen verlangt werden kann, daß sich *alle* Menschen entsprechend dieser Forderung verhalten.[526] Ein Anspruch, der diesen „Universalisierbarkeitstest" nicht besteht, kann begründet zurückgewiesen werden, da sich hinter diesem lediglich „... individuelle oder Gruppeninteressen (verbergen, K.S.), die nur parasitär realisierbar sind, bei allgemeiner Realisierung jedoch allgemein unerwünscht sind."[527] Findet eine moralische Forderung keinen breiten gesell-

---

522 S. Homann/Blome-Drees 1992: 117.

523 Vgl. Teil I, Kap. 1.1 sowie Homann/Blome-Drees 1992: 129 - 131.

524 Vgl. Büscher 1995: 275. Zusammengefaßt läßt sich diese Position wie folgt auf den Punkt bringen: Bei einer gegebenen staatlichen Rahmenordnung fungiert der Markt nach wie vor als Garant gesellschaftlicher Interessenharmonisierung. Nur an der Stelle, wo die Rahmenordnung versagt, stellt sich ein Bedarf an ethischen Überlegungen ein, die jedoch funktional für das Erreichen von Gewinnen sein können.

525 Vgl. zur Kritik an dieser Sichtweise Ulrich 1990b: 184f. und 188-193.

526 S. Homann/Blome-Drees 1992: 157.

527 Homann/Blome-Drees 1992: 157. Vgl. zur Kritik dieser Vorgehensweise ausführlich Teil III, Kap. 4.3.1.

schaftlichen Konsens, so kann der unternehmensethische Entscheidungsprozeß bereits an dieser Stelle abgebrochen werden.[528]

Abb. 8: Ablaufschema des unternehmensethischen Entscheidungsprozesses

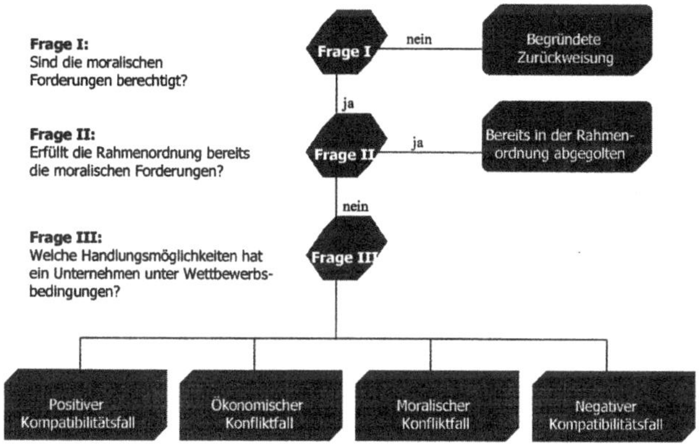

Quelle: Homann/Blome-Drees 1992: 158.

Wird eine Forderung als berechtigt angesehen, so ist in einem *zweiten Schritt* zu überprüfen, ob die bestehende Rahmenordnung das moralische Anliegen bereits angemessen berücksichtigt. Ist dies der Fall, besteht keinerlei Handlungsbedarf für eigene Bemühungen des Unternehmens. Ist die Forderung hingegen nicht in der bestehenden Rahmenordnung abgegolten und besitzt in dieser Hinsicht Defizite, so fällt die moralische Verantwortung an das Unternehmen zurück. Daraus erwächst die Verpflichtung, entsprechende Handlungsmöglichkeiten wahrzunehmen.[529] Es stellt sich hier die Frage, ob der Verweis auf die Rechtmäßigkeit einer Handlung zur Akzeptanzsicherung ausreicht. Wie bereits dargelegt kann die Legalität einer Handlung noch lange nicht deren Legitimität gewährleisten. Vielmehr können auch Tatbestände, die in der gesetzli-

---

[528] Die Autoren verdeutlichen diesen Entscheidungsprozeß u.a. am Beispiel des Exports von Rüstungsgütern; die erste Frage, ob der Verzicht auf Rüstungsexporte unter bestimmten Bedingungen als berechtigte moralische Forderung anzusehen ist, wird z.B. so beantwortet, daß zwar ein generelles Verbot gesellschaftlich umstritten sei, ein breiter Konsens jedoch bezüglich des Verbotes von Rüstungsexporten in Krisenherde und Länder der Dritten Welt anzunehmen ist. S. Homann/Blome-Drees 1992: 160.

[529] Vgl. Homann/Blome-Drees 1992: 159. Am Beispiel des Rüstungsexports wurde diese zweite Frage wie folgt beantwortet: Es besteht kein generelles Rüstungsexportverbot, mit Ausnahme für Lieferungen in Krisengebiete; allerdings sind die staatlichen Kontrollen nicht effizient genug und es besteht ein starker internationaler Wettbewerb, der nicht durch eine einheitliche Rahmenordnung geregelt ist. Im vorliegenden Fall wird die Frage der Erfüllung der moralischen Forderung durch die Rahmenordnung verneint. Vgl. ebd. 160f..

chen Rahmenordnung verbindlich geregelt sind, leicht zu öffentlichen Auseinandersetzungen mit gravierenden betriebswirtschaftlichen Konsequenzen führen.

Im *dritten Schritt* sind Handlungsoptionen zu generieren. Hierzu ist zunächst eine Einschätzung der jeweiligen Situation vorzunehmen. Aufbauend auf den beiden konstituierenden Dimensionen Moral und Rentabilität werden die theoretischen Handlungssituationen im Rahmen einer Vier-Felder-Matrix strukturiert.[530] Im Anschluß daran erfolgt die Auswahl einer systemkonformen Verhaltensstrategie, die sich aus der Zuordnung zu den diversen Handlungsfeldern ergibt.[531] Abbildung 9 zeigt die verschiedenen Kombinationsmöglichkeiten.

Abb. 9: Moral und Rentabilität im unternehmerischen Handeln

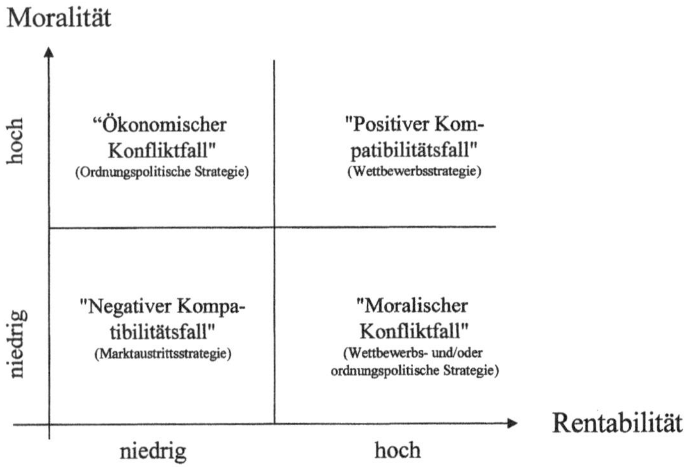

Quelle: In Anlehnung an Homann/Blome-Drees 1992: 133; Pies/Blome-Drees 1993: 753 und 757.

530 Vgl. Homann/Blome-Drees 1992: 159. Im vorliegenden Beispiel handelt es sich um einen moralischen Konfliktfall, für den die Autoren eine ordnungspolitische Strategie, d.h. eine Veränderung der Spielregeln, empfehlen. Gleichwohl weisen sie – am Beispiel der Daimler Benz AG – darauf hin, daß bis zum Inkrafttreten der Änderungen die Logik der Marktwirtschaft es für alle Wettbewerber erforderlich macht, nach derzeit gültigen Regeln weiterzuspielen. Im Fall Edzard Reuter hieß dies, im Zusammenhang mit dem Golfkrieg eine Vereinheitlichung der internationalen Regeln für Waffenexporte politisch zu fordern und gleichzeitig das Kampfflugzeug Tornado nach Südkorea zu verkaufen. Ebenda 162f..

531 S. Homann 1994b: 115 und Homann/Blome-Drees 1992: 132f..

Die *vier* Möglichkeiten der Kombination von Moral und Rentabilität sind:

(1) *Positiver Kompatibilitätsfall (hohe Moral : hohe Rentabilität):* Stehen moralische Forderungen und ökonomische Erfordernisse in Einklang, so besteht kein Dilemma. Moralisches Verhalten fördert den Gewinn oder beeinträchtigt ihn zumindest nicht.[532] Die Erfüllung moralischer Anforderungen ergibt sich damit unmittelbar aus der Rationalität des Wettbewerbs.[533] In diesem Fall sollten Unternehmen versuchen, ihren Wettbewerbsvorteil durch an moralischen Ansprüchen orientierte Wettbewerbsstrategien weiter auszubauen. Die Moral wird damit in den Dienst der ökonomischen Interessen des Unternehmens gestellt.[534]

(2) *Moralischer Konfliktfall (niedrige Moral : hohe Rentabilität):* Hier fallen *Legalität* und *Legitimität* auseinander, d.h., die wettbewerbskonforme Verfolgung des Gewinnziels führt aus Sicht der Öffentlichkeit zu illegitimen Verhaltensweisen, da diese Handlungen unter moralischen Gesichtspunkten als strittig angesehen werden.[535] Unternehmen sehen sich in diesem Fall aufgrund von möglichen Reputationsverlusten aufgerufen, eigene Legitimationsbestrebungen anzuregen.[536] Dies ist einerseits mittels *Wettbewerbsstrategien* zu realisieren, indem z.B. durch die Entwicklung neuer, umweltverträglicher Produkte oder Produktionsverfahren Glaubwürdigkeit und Vertrauen und damit ein positives Unternehmensimage aufgebaut werden.[537] Andererseits kann auf eine Veränderung der bestehenden Gesetze in Richtung einer nachhaltigeren Berücksichtigung von Moral insistiert werden *(ordnungspolitische Strategie)*.[538]

---

532 Vgl. Homann 1994b: 117 und Homann/Blome-Drees 1992: 132f..

533 Der Ansatz der Marktwirtschaft ist auf diesen Fall zugeschnitten: Dort fallen Eigeninteresse und Gemeinwohl zusammen, da die Rahmenordnung so konzipiert ist, daß das unternehmerische Gewinnstreben funktional für die Umsetzung von Moral ist. Vgl. Homann/Blome-Drees 1992: 132-134. Dieser Sachverhalt ist keinesfalls selten; Beispiele sind die Berücksichtigung ökologischer Ansprüche oder Forderungen zur Humanisierung der Arbeit, die von vielen Unternehmen langfristig als vorteilhaft angesehen und aus diesem Grunde vielfach auch faktisch umgesetzt werden.

534 Vgl. Homann/Blome-Drees 1992: 141-144. Erfolgsvoraussetzung ist allerdings, daß ein solches Verhalten auch belohnt wird. Die Konsumenten müssen bereit sein, für z.B. moralischen Anforderungen genügende Produkte (z.B. Joghurt aus ökologischer Erzeugung, Teppiche ohne Kinderarbeit), (mehr) Geld auszugeben.

535 Die Autoren sehen in diesem Fall auch den Auslöser für die Diskussion um die Unternehmensethik.

536 Ziel beider Strategien ist die Transformation des moralischen Konfliktfalles in den positiven Kompatibilitätsfall (bzw. zumindest in eine indifferente Beziehung).

537 Getreu dem Motto „Tue Gutes und rede darüber“ sollten Unternehmen eigene interne Verhaltensnormen entwickeln und etablieren, die über die gesetzlichen Auflagen hinausgehen.

538 Vgl. Homann/Blome-Drees 1992: 136 und 144f..

Eine solche Vorgehensweise erscheint immer dann angemessen, wenn die Kosten einer Strategie nicht durch die Realisierung von Wettbewerbsvorteilen kompensiert werden können.

(3) *Ökonomischer Konfliktfall (hohe Moral : niedrige Rentabilität):* Verhält sich ein Unternehmen im Gegensatz zur Konkurrenz moralisch und führt dies zu Wettbewerbsnachteilen, so ist dies auf Dauer ruinös.[539] In einem solchen Fall kann ein einzelnes Unternehmen seiner Verantwortung nur gerecht werden, indem es dafür Sorge trägt, daß die moralischen Normen für alle Wettbewerber gleichermaßen Geltung erlangen. Dies kann beispielsweise dadurch geschehen, daß öffentlich auf bestehende Defizite der Rahmenordnung aufmerksam gemacht und auf eine staatliche Lösung des Problems gedrängt wird. Es kann allerdings auch auf Verbands- oder Branchenebene auf die notwendigen Vereinbarungen hingewiesen werden. So kann staatliche Ordnungspolitik z.B. durch Maßnahmen mit Selbstverpflichtungscharakter (z.B. Branchenkodizes) substituiert werden.[540] Moralisch verantwortlich handelt demnach ein Unternehmen, das auf die Mängel der Rahmenordnung hinweist und/oder bei den zuständigen Stellen die erforderlichen Regelungen anmahnt.[541]

(4) *Negativer Kompatibilitätsfall (niedrige Moral : niedrige Rentabilität):* Dieser Fall wird nur der Vollständigkeit halber erwähnt. Niedrige Gewinne gehen hier mit niedriger Moralität einher. Ein Unternehmen, das auf absehbare Zeit weder betriebswirtschaftliche noch moralische Anforderungen erfüllen kann, sollte aus dem Markt ausscheiden. In dieser Situation bieten weder wettbewerbsorientierte, noch ordnungspolitisch ausgerichtete Strategien Aussicht auf Erfolg.[542]

In der Praxis werden die *Strategien* meist miteinander *kombiniert*, da es ex ante nicht ersichtlich ist, welche letztlich erfolgreich ist. Nach HOMANN/BLOME-

---

539 Vgl. Homann 1994b: 117 und Homann/Blome-Drees 1992: 28 und 134f.. Ein Beispiel ist die Firma Henkel, die Lösungsmittel, die in der Dritten Welt insbesondere von Kindern und Jugendlichen als Suchtersatzmittel benutzt werden, aus ihren Klebstoffen entfernt hat. Allerdings sank damit auch signifikant die Nachfrage. Vgl. Schulz 1999.

540 Vorteile dieser Alternative liegen in der größeren Flexibilität/Anpassungsfähigkeit und Schnelligkeit der unternehmerischen Selbstorganisation im Gegensatz zur schwerfälligen staatlichen Bürokratie. Vgl. Homann/Blome-Drees 1992: 138f..

541 Vgl. Homann 1994b: 119. Die Autoren weisen auf die Gefahr hin, in einen der beiden Konfliktfälle zu geraten und empfehlen, Ressourcen zur Beobachtung von Umweltveränderungen (z.B. in Form von Markt- und Werteforschung) bereitzustellen. Vgl. ebd.: 144. Homann verweist darauf, daß Unternehmen in Bereichen, in denen es nicht allzuviel kostet, mit Vorleistungen vorangehen können. Dies dient in erster Linie dem Ziel, eine Kollektivlösung, ohne die es auf Dauer nicht geht, zu initiieren (Tit-for-Tat). Vgl. ebd. 119.

542 Vgl. Homann/Blome-Drees 1992: 148f..

DREES eröffnen sich also auch unter den Bedingungen moderner Marktwirtschaften zahlreiche Möglichkeiten für Unternehmen, ihren individuellen moralischen Verpflichtungen nachzukommen. Ein Unternehmen, welches sich in diesem Sinne verhält, erfüllt damit seine fundamentale gesellschaftspolitische Aufgabe und kann so seine problematisch gewordene Akzeptanz erhöhen.[543]

Daß wettbewerbsstrategische und ordnungspolitische Strategien besonders wettbewerbstauglich sind, ist unbestritten. Diese Aktivitäten erwecken jedoch den Eindruck, Ethik ausschließlich als strategische Waffe zur Gewinnerzielung respektive zum Imageaufbau zu instrumentalisieren.[544] Dadurch wird sie zu sehr in den Dienst des unternehmerischen Erfolgs gestellt: Die Berücksichtigung gesellschaftlicher Interessen wird damit von ihrer ökonomischen Vorteilhaftigkeit abhängig gemacht, d.h. ausschließlich an erfolgsorientierten Größen gemessen. Eine solche ethische Vermarktungstechnologie ist daher zurecht auch als „*Etikettenschwindel*" zu bezeichnen.[545]

2.2.2 Korrektive Unternehmensethik von Steinmann/Löhr

> *„Die Unternehmensethik ist überall dort als ein kritisches Regulativ gefordert, wo die Effizienzorientierung bei der Strategierealisierung zu Konflikten führt." (Steinmann/Löhr, Grundlagen der Unternehmensethik)*

Nach STEINMANN/LÖHR hat eine Unternehmensethik vor allem dem *gesellschaftlichen Frieden* zu dienen. Sie hat von der Freiheit des unternehmerischen Gewinnstrebens in der Marktwirtschaft einen sozialverträglichen Gebrauch zu machen.[546] Damit favorisieren die Autoren ein Konzept, das die ökonomische Sachlogik in ihre Schranken verweist.[547] Ethik dient als außerökonomisches Korrektiv, das in Konfliktfällen, d.h. wenn ökonomisches Handeln zu Konsequenzen führt, die aus moralischer Sichtweise nicht zu vertreten sind, aktiviert wird.[548]

---

543 Vgl. Homann 1994b: 120; Homann/Blome-Drees 1992: 149.

544 Vgl. Ulrich 1999: 81. Am vorliegenden Beispiel des Rüstungsexportes wird der „Pseudo"-Charakter dieser Strategien deutlich: Einem Unternehmen, das mit der moralischen Forderung konfrontiert wird, Rüstungsexportgeschäfte in Krisenländer zu unterlassen, rät Homann, die nationale und internationale Politik so zu beeinflussen, daß die Lücken der Rahmenordnung geschlossen werden, ohne jedoch die Lieferungen tatsächlich einzustellen. Vgl. Homann/Blome-Drees 1992: 161f..

545 Vgl. Thielemann/Breuer 2000: 9; Schneider 1990a: 890.

546 Vgl. Steinmann/Löhr 1994a: 148. Die Autoren sprechen in diesem Zusammenhang auch vom „republikanischen Konzept" des Unternehmens, da das private Wirtschaften ihrer Ansicht nach immer auch der öffentlichen Sache des Friedens verpflichtet bleiben muß.

547 S. Steinmann/Löhr 1994a: 148. In ihrem Konzept stellt der gesellschaftliche Frieden den höchsten Ausdruck des öffentlichen Interesses dar. Ebenda 149.

548 Vgl. zur Kritik dieser Sichtweise ausführlich Ulrich 1990a: 181-184.

Ziel der Autoren ist die Konzeption einer Unternehmensethik, die sich in den größeren historischen Handlungszusammenhang moderner Wettbewerbsgesellschaften einfügt. Ausgangspunkt bildet auch hier die Feststellung, daß der systematische Ort der Moral in der *Rahmenordnung wirtschaftlichen Handelns* liegt. Aufgrund von Handlungsspielräumen bei der Verfolgung des – im allgemeinen schon legitimierten – Gewinnprinzips, kann der Verweis auf das geltende Recht jedoch nur so lange als ausreichend angesehen werden, wie von den vorgegebenen Regeln auch friedenstiftende Wirkungen ausgehen. In der Praxis zeigt sich jedoch immer wieder, daß die Wahl der Unternehmensstrategie – die nicht willkürlich, sondern nach den in der Unternehmensordnung vertretenen Interessen festgelegt wird – zu Auseinandersetzungen mit bestimmten Anspruchsgruppen führt.[549] Auf dieser Ebene sind die sich aus der Verfolgung einer konkreten Unternehmensstrategie im Einzelfall ergebenden Legitimationsprobleme zu klären. Es geht um die Frage der friedlichen Beilegung von Konflikten, die sich aus der Verfolgung von Strategien ergeben.[550] Unternehmerisches Handeln hat damit effizient *und* konsensfähig zu sein.[551]

Der Begriff der Unternehmensethik wird daher wie folgt definiert: „Unternehmensethik umfaßt alle durch dialogische Verständigung mit den Betroffenen begründeten bzw. begründbaren prozessualen und materialen Normen, die von einer Unternehmung zum Zwecke der Selbstbindung verbindlich in Kraft gesetzt werden, um die konfliktrelevanten Auswirkungen des Gewinnprinzips bei der Steuerung der konkreten Unternehmensaktivitäten zu begrenzen."[552] Diese begriffliche Fassung einer Unternehmensethik enthält die folgenden *sechs* zentralen Merkmale:[553]

I. <u>Normen:</u>

Im Rahmen der Unternehmensethik geht es um Normen, d.h. um Aufforderungen, in konkreten Situationen bestimmte Handlungen auszuführen bzw. zu unterlassen. Diese Normen können sowohl materialer als auch prozessualer Natur sein. *Materiale Normen* manifestieren sich in sog. Verhaltenskodizes oder (Unternehmens-)Leitbildern. Sie sind so zu präzisieren, daß sie einen Orientierungsrahmen für moralisches Handeln im gesamten Unternehmen vorgeben. *Prozessuale Normen* zielen auf die Bildung von solchen Institutionen ab, welche die Schaffung materialer Normen selbst erst bezwecken oder fördern sol-

549 Vgl. Steinmann/Löhr 1994a: 101; Steinmann/Löhr 1994b: 157.
550 Damit konstituiert sich diese Form der Unternehmensethik im Aussagenbereich der BWL. Vgl. Ulrich 1989: 184.
551 Steinmann/Löhr 1992: 2452.
552 Vgl. Steinmann/Zerfaß 1993: 1117-1120 und Steinmann/Löhr 1988a: 11-15.
553 Vgl. Steinmann/Löhr 1992: 2453; Steinmann/Löhr 1989a: 10-15; Steinmann/Löhr 1988a: 307; Steinmann/Löhr 1988b: 11; Steinmann/Oppenrieder 1985: 172.

len. Beispiel hierfür ist die Einrichtung der Stelle eines Konsumentenschutzbeauftragten oder die Konzeption einer Ethik-Kommission.[554]

II. Begründungspflicht:

Es sind nur solche Normen zu berücksichtigen, für die gute Gründe bestehen, d.h., welche sich nicht der bloßen Willkür oder faktisch fortgeführter Tradition verdanken, sondern die das Ergebnis vernünftiger Handlungsorientierungen sind. Unternehmensethik wird damit als *Vernunftethik* gedacht.[555] Dabei sind bestehende, aber problematisch gewordene Normen und neue Normen im Zusammenhang mit ökonomischem Handeln zu begründen.[556]

III. Dialogorientierte Ethik:

Die zentrale Frage der Konzeption von STEINMANN/LÖHR befaßt sich damit, wie in konkreten Konfliktsituationen Frieden hergestellt werden kann.[557] Die Antwort ergibt sich aus dem in der Praxis vorfindbaren Unterschied zwischen appellierender und argumentierender Rede (bzw. den daraus resultierenden Ergebnissen des Kompromisses bzw. Konsenses). Im Rahmen von „Argumentationen" versuchen die Akteure ihre Konflikte dadurch zu lösen, daß jeder die Gründe für seine Sichtweise offenlegt.[558] Idealerweise steht am Ende dieses Prozesses eine Einigung über die anerkennungswürdigen Gründe. „Diese Situation bezeichnen wir dann als einen (friedensstiftenden) freien Konsens darüber, ob ein behaupteter Sachverhalt als ‚Tatsache' auszuzeichnen ist bzw. ob ein erhobener Anspruch als ‚gerechtfertigt' gelten kann."[559] Vom Grundsatz her ist eine solche Verständigung nur durch die Beteiligung aller Betroffenen als gleichberechtigte Argumentationspartner möglich. Unternehmensethik wird damit auf einer formal-prozessualen Grundlage konzipiert: Eine inhaltliche Norm kann erst dann als begründet gelten, wenn die Betroffenen selbst ihre Anliegen zur Sprache gebracht und sich in einem freien Konsens geeinigt haben.[560]

---

554 Vgl. Steinmann/Löhr 1994b: 148-155; Steinmann/Löhr 1989b.

555 Vgl. Steinmann/Oppenrieder 1985: 172.

556 Vgl. Steinmann/Löhr 1992: 2453 und Steinmann/Löhr 1988b: 307.

557 Vgl. Steinmann/Löhr 1994a: 72.

558 Diese Gründe liegen allerdings nicht bereits vor der Argumentation „irrtumsfrei" vor; vielmehr sind sie erst im Rahmen von gemeinsamen Anstrengungen herzustellen. Vgl. Steinmann/Löhr 1994a: 76.

559 Steinmann/Löhr 1994a: 76. Der Konsens beruht demnach auf einer sprachlichen Konstruktionsleistung, die im Rahmen einer Argumentation durch die erreichte Zustimmung zu bestimmten Gründen erzielt wurde. Ebenda: 77.

560 Vgl. Steinmann/Löhr 1992: 2454.

IV. Situationsgerechte Beschränkung des Gewinnprinzips:
Die Konstruktionslogik des Wettbewerbs erfordert Gewinnerzielung (Effizienzziel) als notwendige Bedingung erfolgreichen Wirtschaftens.[561] Nur dort, wo die Orientierung am Gewinnprinzip zu konfliktträchtigen Auswirkungen führt, ist eine Ergänzung durch Unternehmensethik, die grundsätzlich einen Gewinnverzicht vorsieht, erforderlich. Hier ist das Unternehmen aufgefordert, alternative Lösungen zu suchen, die konsensfähig sind.[562] Eine solche Regelungskapazität wird den Unternehmen unterstellt, da empirisch hinreichende Handlungsspielräume bestehen und nicht jede moralische Entscheidung zugleich das Überleben des Unternehmens in Frage stellt.[563] Bestehen faktisch jedoch keine diskretionären Handlungsspielräume, so greift das moralische Korrektiv nicht. Damit wird Ethik zu einer Variablen kontingenter Umstände: Je wettbewerbsfähiger und effizienter ein Unternehmen arbeitet, desto größer sind die Spielräume und damit auch die möglichen Gewinnbeschränkungen. Ausgeklammert wird aus dieser Konzeption der Fall, in dem moralisches Verhalten funktional für die Gewinnerzielung ist, da es hierbei zu keinem Konflikt zwischen Gewinn und ethischen Anforderungen kommt, ergo auch keine Lösungsanstrengungen angeregt werden müssen.[564]

V. Sachzielorientierung:
Systematische Anknüpfungspunkte einer Unternehmensethik bilden die Freiheitsgrade unternehmerischen Handelns. Das Gewinnprinzip als Formalziel steht daher nicht zur Disposition. Hier geht es um die Entscheidung über die *Strategien* zur Gewinnerzielung (Sachziele) sowie über die *Maßnahmen/Mittel* zu deren Umsetzung. In beiden offenbart sich die von der Wirtschaftsordnung eingeräumte unternehmerische Entscheidungsfreiheit. Darüber hinaus lassen sich erst auf dieser Ebene die Interessen von Betroffenen so konkret erfassen, daß sie einer Argumentation zugänglich werden.[565] Hintergrund dieser Überle-

---

561 Damit wird zum Ausdruck gebracht, daß es nicht Aufgabe der Unternehmensethik ist, die Rahmenbedingungen des eigenen Handelns – also das Gewinnprinzip und seine rechtlichen Konnexinstitute – zu reflektieren.

562 Vgl. Steinmann/Löhr 1994a: 107. Allerdings fehlen genaue Angaben dazu, inwieweit das Gewinnprinzip in einer konkreten Situation einzuschränken ist. Grundsätzlich wird nur darauf verwiesen, daß der Unternehmensfortbestand nicht gefährdet werden darf.

563 Vgl. Steinmann/Löhr 1994a: 108; Pies/Blome-Drees 1993: 760.

564 Damit soll allerdings nicht zum Ausdruck gebracht werden, daß ein solches Verhalten nicht moralisch ist; es wäre allerdings nach Ansicht der Autoren falsch, hier bereits von Unternehmensethik zu sprechen, da der Koordinationsmechanismus des Marktes bereits ein solches Verhalten initiiert und noch keinerlei ethische Reflexionen auf Ebene des Unternehmens erforderlich wären. Vgl. zur Diskussion ausführlich Steinmann/ Löhr 1994a: 133f.; Steinmann/Löhr 1989a: 7.

565 Damit wird auch der unspezifizierten Forderung nach „gesellschaftlicher Verantwortung" vorgebeugt: Eine solche kann nur angesichts der konkreten Handlungssituation praktisch angemes-

gungen bildet die Frage, wie Unternehmen mit der ihnen zugebilligten Handlungsfreiheit zur Realisierung von Gewinnen umgehen (m.a.W. mit welchen Mitteln werden Gewinne erzielt?). Führt die Effizienzorientierung zu Konflikten, so hat die Unternehmensethik auf den Plan zu treten.[566] Ziel ist die Entwicklung konsensfähiger Strategien, die mit verantwortlichen Maßnahmen realisiert werden sollen.

VI. Subsidiarität:

Unternehmensethik ergänzt die klassischen Steuerungsmechanismen Markt, Recht und Moral. Sie wird dort relevant, wo die traditionellen Koordinationsmechanismen ihre friedenstiftende Wirkung verlieren. Dabei steht die Frage im Vordergrund, ob ein konkretes Konfliktfeld als Gegenstand der Wirtschafts- oder der Unternehmensethik betrachtet werden soll:[567] Im Hinblick auf die Antizipierbarkeit genereller Konflikte durch den Gesetzgeber wird diesbezüglich die Unterscheidung von *Struktur-* und *Ad-hoc-Konflikten* eingeführt. Dem Recht bzw. der Unternehmensverfassung kommt die Aufgabe der friedlichen Lösung der antizipierbaren, wiederkehrenden typischen Erfahrungen (Strukturkonflikte) zu. Funktion der Unternehmensethik hingegen ist die friedliche Beilegung der ad hoc, im situativen Kontext einer spezifischen Unternehmensstrategie anfallenden Konflikte.[568] Dabei zielt letztere auf einen Akt der Selbstverpflichtung.[569] Sie kann insofern nicht, wie beispielsweise gültige Rechtsnormen, auf Sanktionen oder Zwang bei ihrer Umsetzung zurückgreifen.[570] Im Hinblick auf die Wirkungsmächtigkeit solcher Selbstverpflichtungen kommt der kritischen Öffentlichkeit als Kontrollinstanz eine zentrale Bedeutung zu.[571]

Bei diesem Ansatz ist die Anlage als „Sonderethik" für den Konfliktfall kritisch zu betrachten. Und das aus folgendem Grund: Treten faktisch Konflikte mit Interessengruppen auf, so wurden in der Regel Entscheidungen bereits getroffen und umgesetzt (z.B. Produkte auf den Markt eingeführt). In diesem Fall

sen beurteilt und wahrgenommen werden. Ansonsten bleibt vollkommen offen, was – außer der fundamentalen Kritik am Gewinnprinzip – Gegenstand des Diskurses sein soll.

566 Vgl. Steinmann/Löhr 1994a: 112.

567 Vgl. zur Bestimmung des historisch angemessenen Grades der Öffnung der Unternehmensverfassung Steinmann/Löhr 1987: 451-453.

568 Vgl. Steinmann/Löhr 1994a: 105. Einer Unternehmensethik kommen dabei die folgenden Aufgaben zu: Sie soll (1) einen Beitrag zur gesellschaftlichen Friedenssicherung leisten, (2) das Konfliktpotential der Marktwirtschaft begrenzen, (3) die Voraussetzungen für die Funktionsfähigkeit und Legitimation der Marktwirtschaft schaffen, (4) sich mit Folgen und Wirkungen unternehmerischen Handelns auseinandersetzen und (5) moralisch unerwünschtes Handeln begrenzen. S. Steinmann/Löhr 1994b: 152 und 131.

569 Vgl. auch Däschlein 1998: 6f.

570 Vgl. Steinmann/Löhr 1994a: 114.

571 Vgl. Steinmann/Löhr 1994a: 117. Unternehmensethik und Unternehmensverfassung stehen damit grundsätzlich in einer sich ergänzenden Funktion.

kann nur noch korrigierend eingegriffen werden, was meist mit immensen Kosten verbunden ist.[572] Werden Entscheidungen hingegen konsequent mit Blick auf ihre Wirkungen für andere Subsysteme bzw. die gesamte Gesellschaft geprüft, so setzt dies voraus, daß ethische Überlegungen bereits Gegenstand der unternehmerischen Willensbildung sind. Damit greift Unternehmensethik also nicht nur im Konflikt- bzw. Ausnahmefall, sondern ist *systematisch* in die Unternehmensführung zu integrieren, da ohne diese ex ante nicht bekannt sein kann, ob eine bestimmte Strategie zu einem Konflikt führt oder nicht.[573] Dann können jedoch auch Strategien, die privatwirtschaftlichen und gesellschaftlichen Interessen entsprechen, Ergebnis einer ethischen Reflexion sein – was der Theorie von STEINMANN/LÖHR widersprechen würde, da dort Ethik grundsätzlich nur bei Konflikten auf den Plan tritt.

2.2.3 Integrative Unternehmensethik von Ulrich

„Das erkenntnisleitende Interesse der integrativen Unternehmensethik besteht gerade in der kritischen Reflexion der ethischen Voraussetzungen legitimen Gewinnstrebens ohne Reflexionsstop vor normativ vorausgehenden ‚Richtigkeitsvermutungen' oder empirisch gegebenen Sachzwängen." (Ulrich, Integrative Wirtschaftsethik)

Kerngedanke des von ULRICH konzipierten Ansatzes einer integrativen Wirtschafts- und Unternehmensethik ist die *Legitimität wirtschaftlichen Handelns*. Damit rückt die normative Frage nach der Funktion/dem Zweck von Unternehmen in der Gesellschaft bzw. für die Gesellschaft in den Mittelpunkt der Betrachtung („Für wen soll Wirtschaften effizient sein?")[574]. Es wird das Konzept des Gewinnprinzips als Steuerungsmechanismus der Marktwirtschaft in Frage gestellt und auf die Notwendigkeit der Transformation des ökonomischen Rationalitätsbegriffes verwiesen.[575]

Einen rein korrektiven Ansatz hält ULRICH in einer „Welt voller externer Effekte" für nicht mehr tragfähig, da der von STEINMANN/LÖHR unterstellte „harmonische Normalfall" eher zum Ausnahmefall avanciert.[576] Anders als bei

---

572 Da Steinmann/Löhr fordern, daß jede Entscheidung letztlich Gegenstand ethischer Reflexionen sein müsse, ist hier eine gewisse Inkonsistenz in der Argumentation zu erkennen.

573 Vgl. zur Kritik an diesem korrektiven Ansatz Ulrich 1999: 84.

574 Vgl. Ulrich 1997a: 85-87 und 121; Ulrich 1994: 81.

575 Vgl. Ulrich 1993. Damit setzt seine Unternehmensethik im Basisbereich der betrieblichen Rationalitätskonzeption an. Vgl. Ulrich 1989: 183.

576 Vgl. Ulrich 1988: 96. In Anlehnung an die Ausführungen von Habermas macht Ulrich diese Effekte anhand einer kritischen gesellschaftlichen Bestandsaufnahme deutlich: Das traditionell zur Erfüllung menschlicher/gesellschaftlicher Bedürfnisse gedachte System Unternehmen entwickelte eine immer stärkere Eigendynamik und entkoppelte sich (letztlich) von der Lebenswelt. Vgl. ausführlich Ulrich 1993: 91-121. Ulrich gebraucht den Begriff der Lebenswelt als Syn-

den vorangehenden Ansätzen versucht er daher eine *konstitutive Vermittlung* der Dimensionen Ökonomie und Ethik darzustellen. Dabei erweitert er die rein ökonomische Vernunft um die Dimension ethisch-praktischer Rationalität.[577] Negative, externe soziale Effekte machen sich in immer größerem Umfang störend bemerkbar und werden von der Öffentlichkeit mehr und mehr angeprangert. Die zunehmende Zerstörung lebenspraktischer Werte durch ökonomische Handlungsrationalität stößt an die Grenzen der *Zumutbarkeit*. ULRICH versucht, einen Ansatz zu gestalten, der ethisch-praktischen und zugleich instrumentellen Bedingungen Genüge leistet. Ausgangspunkt bildet der Begriff der „ökonomischen Vernunft", der quasi von innen heraus in Richtung einer kritischen Vernunftethik neu definiert wird.[578] Dies geschieht durch die Erweiterung der ökonomischen Rationalität um die Dimension ethisch-praktischer Vernunft, woraus die *regulative Idee sozial-ökonomischer Rationalität* erwächst.[579] Beide Dimensionen stehen im Verhältnis der *Komplementarität*, da eine komplex organisierte Gesellschaft nicht ohne ein bestimmtes Maß an technologischer Rationalisierung zur zweckrationalen Steuerung ihrer arbeitsteiligen Prozesse auskommen wird. Ebenso darf der Blick für die gesellschaftliche Wünschbarkeit nicht verlorengehen.[580]

Grundlegend für dieses Konzept ist damit die gedankliche Vermittlung des (derzeit) *rein instrumentellen Wirtschaftskonzepts* mit dem *deontologischen Minimalethos*, d.h. dem Anspruch aller Menschen auf die Wahrung ihrer humanen Subjektqualität und ihrer personalen Grundrechte.[581] ULRICH versucht,

---

onym für den Freizeit- oder Privatbereich, der für alle Menschen real erfahrbar ist. Vgl. zur Habermas´schen Interpretation dieses Begriffs Teil III, Kap. 2.2.2.

577 Vgl. Ulrich 1993: 11ff..

578 Vgl. Ulrich 1999: 79; Ulrich 1988: 101.

579 Vgl. Ulrich 1993: 78f.; Ulrich 1987: 420f.. Ausgangspunkt dieser „Transformation der ökonomischen Vernunft" bildet eine ausführliche Analyse der traditionellen Dimensionen gesellschaftlicher Rationalisierung. Ulrich arbeitet hierbei die ursprünglichen Funktionen dieser Dimensionen für die gesellschaftliche und persönliche Entwicklung heraus und macht deutlich, daß nur beide Kriterien zusammen (Zweidimensionalität) – und nicht die einseitige Betonung einer dieser Dimensionen (Eindimensionalität) – für eine „vernünftige" gesellschaftliche Entwicklung bürgen.

580 Vgl. Ulrich 1993: 62. Dabei kommt der Ethik jedoch unverzichtbar ein Primat zu: Die rationale Lsung der Anspruchskonflikte um die Verteilung der (internen und externen) Kosten und des Nutzens des Wirtschaftens stellt ein normatives Problem dar, da zunächst zu klären ist, für wen Wirtschaften konkret effizient sein soll. Eine solche Frage kann nicht in Kategorien rein ökonomischer Vernunft diskutiert werden, sondern ist nur im Rahmen einer umfassenderen sozial-ökonomischen Rationalität aufzulösen.

581 Vgl. Ulrich 1994: 85; Ulrich 1990b: 208-213. Ulrich macht in diesem Zusammenhang darauf aufmerksam, daß die situative Bedeutung der kategorisch gebotenen Menschenwürde bzw. der grundlegenden Menschenrechte durchaus interpretationsbedürftig sei. Auch die Frage nach der Wahrung allgemeiner Bürgerrechte kann hinreichend nur im „Kontext des (zunächst selbstbegründeten) Leitbildes einer wohlgeordneten Gesellschaft freier Bürger geklärt werden". Damit

dieses konstitutive Vermittlungsproblem institutionenethisch aufzulösen, indem er ein „Drei-Ebenen-Konzept“ *sozial-ökonomischer Rationalisierung* vorlegt (vgl. Tab. 1):[582]

Tab. 1: Institutionenethische Auflösung der sozial-ökonomischen Rationalitätsidee

Kriterium	I. Ebene	II. Ebene	III. Ebene
Institutionelle Ebene	Verständigungsordnung (Offene Unternehmensverfassung regelt die strukturellen Kommunikationschancen aller Anspruchsgruppen)	Verfügungsordnung	Personales Handeln
Managementebene	Normatives Management	Strategisches Management	Operatives Management
Unternehmensperspektive	Unternehmen als quasi-öffentliche Institution	Unternehmen als sozio-technisches System	Unternehmen als Kombination von Produktionsfaktoren
Sozialökonomische Grundfunktion	Normative Sozialintegration (Konfliktbewältigung durch Gestaltung einer kollektiven Präferenzordnung)	Funktionale Systemsteuerung durch Markt und Gesetz	Effizienter und verantwortbarer Ressourceneinsatz (Knappheitsbewältigung unter Verantwortung für „externe Effekte“)
Rationalitätstypus	Kommunikativ-ethische Rationalität	Sozialtechnische Rationalität (Systemrationalität)	Kalkulatorische Rationalität
Mittel/Maßnahmen	Unternehmenspolitische Verständigung, Aufbau von Verständigungspotentialen durch Diskurse	Aufbau von strategischen Erfolgspotentialen	Aufbau und Ausschöpfung betrieblicher Produktivitätspotentiale (effiziente Ressourcenverwendung)

Quelle: Eigene Darstellung in Anlehnung an Kreikebaum 1996: 135; Ulrich 1994: 87; Neugebauer 1994: 98.

Nach Ansicht ULRICHs ist eine rein (wirtschafts-)theoretische Lösung des Rationalitätsproblems (z.B. durch neue Vorgaben auf Ordnungsebene) nicht möglich. Aus diesem Grunde wählt er den Weg der praktischen Verständigungslö-

rücken Wirtschafts- und Unternehmensethik unweigerlich in den größeren Zusammenhang der politischen Philosophie und Ethik. Ulrich 1998: 5.

582 Vgl. Ulrich 1994: 85f..

sung, um gesellschaftliche Aspekte wieder systematisch in das ökonomische Kalkül einzubinden.[583] Dazu wird auf der oberen Ebene, der sog. *Verständigungsordnung*, die Kommunikation geöffnet, während sie zum Zwecke der effizienten Systemsteuerung auf Ebene der darunterliegenden *Verfügungsordnung* partiell wieder geschlossen werden soll. So werden die politisch-ökonomischen Verständigungsprozesse der strategischen Steuerung des Unternehmens hierarchisch vorgeordnet.[584] Die dritte Ebene bildet das *personale Handeln*, das ebenfalls von Kommunikationsprozessen entlastet sein soll.

Grundgedanke dieser Konzeption ist die kommunikative Rationalisierung ökonomischen Handelns: Im Sinne einer Minimalethik ist dabei zunächst ein Ort festzulegen, an dem Wert- und Interessenkonflikte durch Beteiligung aller Betroffenen in einem *unternehmenspolitischen Diskurs* zu lösen sind. Als ein solches Forum fungiert die grundsätzlich *offene Unternehmensverfassung*, die so zur konstitutiven Legitimationsbasis für unternehmerisches Handeln wird.[585] Ihr kommt die Funktion zu, Regeln und Vorgehensweisen des unternehmenspolitischen Interessenausgleichs für alle Beteiligten verbindlich zu fixieren.

Ausgangspunkt der Verständigungsebene bildet die Sichtweise von Unternehmen als quasi-öffentliche Institutionen. Hiernach sind von deren Handeln grundsätzlich eine Vielzahl von Personen betroffen. Damit verlieren sie den Charakter einer privaten Angelegenheit und werden „quasi-öffentlich".[586] Als Legitimationsbasis zur Teilnahme an Entscheidungsprozessen dienen nicht mehr die Verfügungsrechte am Eigentum bzw. die Beauftragung durch den Prinzipal, sondern Kriterien der *Betroffenheit*: Das Partizipationsrecht ist formal als unentziehbares Grundrecht zu gewährleisten und um angemessene Anhörungs-, Oppositions- und Klagerechte zu erweitern.[587] Zur Sicherung der Geschäftsintegrität ist die von der Unternehmensleitung vorgeschlagene Wertschöpfungskonzeption mit allen Betroffenen zu diskutieren und ihnen gegenüber zu begründen.[588] Eine „offene Unternehmensverfassung" kann damit defi-

---

583 Vgl. Ulrich 1994: 84.

584 S. Ulrich 1994: 86.

585 Vgl. zur regulativen Idee der offenen Unternehmensverfassung ausführlich Ulrich 1993: 420-431.

586 Vgl. zum Grundmodell der Unternehmung als quasi-öffentliche Institution Ulrich/Fluri 1995: 60-62.

587 Eine allgemeine Abgrenzung partizipationsberechtigter „externer" Interessengruppen – wie sie beispielsweise Steinmann/Löhr für sinnvoll erachten – unterbleibt. Eine solche „Demokratisierung" der Außenbeziehungen eines Unternehmens ist nach Ansicht des Autors ein geeignetes Mittel zur Berücksichtigung externer Bedürfnisse der Lebenswelt, die im Rahmen des institutionalisierten Willensbildungsprozesses authentischer, unbürokratischer und differenzierter eingebracht werden können. Vgl. Ulrich 1993. 419.

588 Vgl. Ulrich 1997a: 439.

niert werden als ein „... demokratisch zustandegekommener, rechtswirksamer Minimalkonsens über die institutionelle Ordnung des Unternehmens und die unentziehbaren Persönlichkeits-, Teilnahme- und Oppositionsrechte aller Betroffenen im unternehmenspolitischen Willensbildungsprozeß."[589] Durch die Chance aller potentiell Betroffenen an der Festlegung der Unternehmenspolitik teilzunehmen, wird unternehmerisches Handeln legitimiert.[590] Ein solches „normatives Management" ergänzt die klassische ökonomische Rationalität um die kommunikativ ethische Dimension und dient dem systematischen Aufbau und der Pflege von Verständigungspotentialen. Damit tritt es neben das „strategische Management", das auf den Auf- und Ausbau von Erfolgspotentialen zielt.

Die darunterliegende *Verfügungsordnung* ist im Hinblick auf die erhobenen Präferenzen funktionsrational zu gestalten, so daß die Notwendigkeit der Konsensfindung mit allen von externen Effekten Betroffenen auf dieser Ebene entfällt. Hier dominiert nach wie vor eine strategisch-ökonomische Sichtweise, die eine funktionale Systemintegration verfolgt. Auch die Ebene des *personalen Handelns* ist grundsätzlich von Konsensbemühungen zu entlasten.

Integrativer Grundgedanke der Konzeption ist die Anforderung an wirtschaftliches Handeln, den Ansprüchen der ethischen Verantwortlichkeit und der erfolgsrationalen *Zumutbarkeit* zu entsprechen. Ausgangspunkt bildet die Feststellung, daß ethische Vernunft und betriebswirtschaftliches Erfolgsstreben sich nicht gegenseitig ausschließen, sondern immer auch verantwortbare Wege rentablen Wirtschaftens gangbar sind.[591] *Integrative Wirtschaftsethik* kann als permanenter Prozeß einer vorbehaltlosen, umfassenden und kritischen Reflexion über tragfähige und verantwortbare normative Grundlagen und Sinnbezüge unternehmerischer Wertschöpfung bezeichnet werden.[592] Unternehmerisches Erfolgsstreben wird so auf eine normative Geschäftsbasis (Legitimationsbasis) gestellt.

---

589 Ulrich 1993: 428. Gleichzeitig ist sich der Autor allerdings bewußt, daß ein solcher Vorschlag in der heutigen Zeit allenfalls als regulative Leitidee fungieren kann, und es erheblicher Anstrengungen und einer zunehmenden Zahl reflexionsbereiter Bürger bedarf, um sich eines Tages als eine zeitgemäße Unternehmensverfassung zu entpuppen. Vgl. ebd.: 429.

590 Vgl. Ulrich 1993. 433-439. Im Hinblick auf die Ökonomie des Dialogs mit den Betroffenen weist der Autor auf das verringerte strategische Risiko, den geringen Aufwand bei der Willensdurchsetzung, die Internalisierung externer Effekte, das geringere Risiko von nicht vorhersehbaren Folgekosten und den Aufbau von kommunikativen Verständigungspotentialen hin. Allerdings ist der ausgesprochen hohe Aufwand für die Konsensfindung nachteilig. Dieser soll jedoch durch die Vorteile deutlich kompensiert werden. Vgl. ebenda: 440.

591 Vgl. Ulrich 1994: 93f..

592 Vgl. Ulrich 1997a: 428; Ulrich 1994: 95. Im Gegensatz zu dieser Konzeption setzen Steinmann/Löhr mit dem Prozeß der Reflexion erst bei Konflikten an.

Allerdings bleibt offen, auf welche Art und Weise, die auf Ebene der Verständigungsordnung fixierte Wertschöpfungskonzeption auf das „Strategische Management“ herunterzubrechen ist. Erst aus der konkreten Geschäftstätigkeit ergeben sich nämlich Konflikte, die vielfach ex ante gar nicht vorauszusehen sind. Daher ist es nur auf dieser Ebene möglich, über bestimmte Probleme mit den potentiell Betroffenen zu diskutieren, da hier deutlich wird, wer überhaupt auf welche Weise tangiert ist. Doch das „Strategische Management“ ist nach ULRICH von Verständigungbemühungen grundsätzlich zu entlasten und mit Blick auf ökonomische Kriterien funktionsrational zu gestalten.[593] Die systematische Vorordnung unternehmenspolitischer Verständigung vor strategischer Systemsteuerung – und damit vor konkreten Unternehmensentscheidungen – erscheint damit als bedenklich. Tabelle 2 faßt die zentralen Elemente der verschiedenen Konzeptionen noch einmal zusammen.

Tab. 2: Unternehmensethische Konzeptionen

	Homann/Blome-Drees	**Steinmann/Löhr**	**Ulrich**
1. Begründungsansatz	Versagen der Rahmenordnung	Unternehmerische Handlungsspielräume	Externe Effekte
2. Rolle der Ethik	Funktional: Ethik als Förderin ökonomischer Funktionalität	Korrektiv: Ethik als außerökonomisches Korrektiv	Integrativ: Ethik als Fundament wirtschaftlichen Handelns
3. Systematischer Ort der Moral	• Rahmenordnung • Unternehmenspolitischer Entscheidungsprozeß	• Rahmenordnung • Unternehmen	• Unternehmensverfassung/Verständigungsordnung
4. Verhältnis zwischen Ethik und Gewinn	• Grundsätzlich: Ethische Richtigkeitsvermutung des Gewinnzieles (Gewinnmaximierung dient dem Allgemeinwohl) • Ethik als Instrument zur Gewinnerzielung	• Grundsätzlich: Ethische Richtigkeitsvermutung des Gewinnzieles (Gewinnmaximierung dient dem Allgemeinwohl) • Ethik als Instrument zur Gewinnbegrenzung	• Grundsätzlich: Grundlagenreflexion des Gewinnzieles • Synthese zwischen Ethik und Gewinn
5. Rationalitätskonzept	• Ausweitung der ökonomischen Rationalität	• Begrenzung der ökonomischen Rationalität	• Idee sozialökonomischer Rationalität

Quelle: Eigene Darstellung.

[593] Allerdings durchbricht Ulrich beispielsweise in seiner Duplik auf die Ausführungen von Osterloh/Tiemann diese Sichtweise und fordert, daß ethische Überlegungen grundsätzlich bei allen unternehmerischen Entscheidungen zum Tragen kommen müssen. Er gesteht durchaus zu, daß sein Ansatz der „integrativen Wirtschaftsethik“ noch nicht vollständig ausgearbeitet ist. Vgl. Ulrich 1996a: 28.

2.3 Grundideen der Fundierung einer Unternehmensethik auf Ebene des Top-Managements

Nachfolgend wird die Anlage einer Unternehmensethik im Rahmen der vorliegenden Arbeit herausgestellt. Ausgangspunkt bildet dabei die Feststellung, daß Unternehmensethik das System der Marktwirtschaft nicht in Frage stellt, sondern an ihre konkreten Bedingungen anknüpft. Ziel ist die Konzeptionierung eines systemkonformen Ansatzes, der in Einklang mit den Prämissen der Marktwirtschaft steht und Anhaltspunkte für die Einbindung moralischen Handelns auf Ebene des Top-Managements bietet. Dabei werden die wichtigsten Grundideen einer Unternehmensethik dargelegt, um aufzuzeigen, *wie* und *an welchen Stellen* sie in den Kontext der Unternehmensführung eingebunden werden können. Die Darstellung erfolgt in Anlehnung an die vorgestellten unternehmensethischen Ansätze und versucht die Grundlagen der *Ethik von SMITH* möglichst umfassend zur Geltung zu bringen.

I. Unternehmensethik ermöglicht die Legitimation unternehmerischen Handelns

Die steigende Zahl externer Effekte weist auf die Notwendigkeit hin, unternehmerisches Handeln systematisch auch an gesellschaftlichen (und damit moralischen) Forderungen auszurichten. Unternehmen, als moralische Akteure, haben wie jedes andere Mitglied der Gesellschaft die Pflicht, die moralischen Grundvorstellungen der Gesellschaft verantwortlich zu berücksichtigen. Insbesondere die Ansätze von STEINMANN/LÖHR und HOMANN/ BLOME-DREES haben deutlich gemacht, daß Markt und Recht unternehmerisches Handeln nicht in einem solchen Maße disziplinieren, daß es automatisch legitim ist. Darüber hinaus wurde aufgezeigt, daß auch die Moral als Koordinationsinstrument unzureichend ist. In Anlehnung an SMITH ist daher der Mechanismus der Ethik wieder in das System der Martwirtschaft zu integrieren. Hiernach hat jedes Handeln dem Grundsatz der Gerechtigkeit zu folgen. Eine Handlung ist gerecht (und damit legitim im Sinne von „gerecht"-fertigt), wenn es aus Sicht eines neutralen Beobachters in einem angemessenen Verhältnis zu den Konsequenzen und Nebenfolgen für alle Betroffenen steht. Damit erweitert sich die Verantwortung des Top-Managements über die Gewinnerzielung hinaus auf die *legitime Nutzung* ihrer *Handlungsspielräume*.[594] Neben Zielen und

[594] Vgl. Bausch 1999: 5; Steinmann/Wurche 1993: 1129; Enderle 1989: 172. Allein die Tatsache eines strategischen Managements, das auf den Auf- und Ausbau von Wettbewerbsvorteilen zielt, macht deutlich, welcher Einfluß dem Top-Management auf unternehmerisches Handeln zukommt und welche Vielfalt an Handlungsmöglichkeiten vorhanden ist. Top-Manager entscheiden beispielsweise über Fusionen, Akquisitionen, Standorte und Entlassungen. Allerdings soll hier nicht die Auffassung vertreten werden, Spielräume seien lediglich die Differenz zwischen

Strategien sind auch die Mittel, die z.B. zur Herstellung von Produkten eingesetzt werden (z.B. umweltgefährdende Substanzen, die aus dem Produktionsprozeß resultieren), systematisch im Hinblick auf ihre Legitimität zu überprüfen.[595]

II. Unternehmensethik ist integraler Bestandteil ökonomischen Handelns

Das Vermittlungsproblem zwischen Ethik und Ökonomie kann in Anlehnung an SMITH nur *integrativ* gelöst werden: Ethik ist integraler Bestandteil des Systems der Marktwirtschaft.[596] Jegliches Handeln hat hiernach dem Prinzip der Gerechtigkeit zu folgen.[597] Insofern ist auch wirtschaftliches Handeln von einem unparteiischen Standpunkt aus zu beurteilen bzw. zu reflektieren. Damit ergänzt Unternehmensethik systematisch die klassischen Steuerungsmechanismen Markt, Recht und Moral.[598] Sie versteht sich weder als ökonomische Vorteilsrechnung (HOMANN/BLOME-DREES), da sie nicht ausschließlich der Gewinnsteigerung dient, noch als moralisierende Außenkorrektur, die nur bei Konflikten greift (STEINMANN/LÖHR). Ihre Aufgabe besteht darin, die Legitimität unternehmerischen Handelns systematisch zu ermitteln bzw. sicherzustellen. D.h., es ist ex ante zu prüfen, wer auf welche Weise betroffen ist und wie mögliche Normenkollisionen durch gesellschaftlich *und* ökonomisch angemessene Handlungsvorschläge gelöst werden können.[599]

III. Systematischer Ort einer Unternehmensethik sind unternehmenspolitische und -strategische Entscheidungen

Eine Unternehmensethik, die zum Zwecke der (langfristigen) *Akzeptanz- und Legitimitätssicherung* auf Ebene des Unternehmens institutionalisiert wird, kann nicht wie bei ULRICH den strategischen Entscheidungen systematisch vorgelagert werden. Auch wenn diese Trennung nur gedanklicher Art ist, so ist die Legitimität einer Entscheidung nicht unabhängig von der speziellen Situation zu ermitteln. Erst die Konkretisierung unternehmerischer Handlungspläne

---

Handlungsmöglichkeiten und Sach- und Erfolgszwängen. Ein Unternehmen, dessen Erfolg ausschließlich auf Kosten der Gesellschaft geht, hat vom Markt auszuscheiden.

595 Vgl. Kötter 1989: 120.

596 Vgl. Rehbock 2000: 19f..

597 Vgl. Bausch 1999: 5; Habermann 1992: 159.

598 Vgl. Wieland 1998c: 5 und Blickle 1998b: 1.

599 Dies geschieht jedoch unabhängig davon, ob bereits Regelungen durch die Marktordnung getroffen wurden oder nicht. Grundsätzlich ist jeder Anspruch im Hinblick auf seine Berechtigung zu prüfen. Wie ein „gerechter" Lösungsvorschlag aussieht, ist im Rahmen eines Diskurses zu prüfen. Dabei sind sowohl innovative Strategien, als auch ordnungspolitische Maßnahmen denkbar, die auf derselben Stufe liegen und sich systematisch ergänzen können. Allerdings dienen die so erarbeiteten Handlungsvorschläge nicht nur der „Oberflächenkorrektur", sondern sollen gesellschaftliche Konflikte nachhaltig lösen.

auf der strategischen Ebene macht deutlich, *wer* auf *welche Weise* vom Handeln betroffen ist.[600] Die Interessen aller möglicherweise Betroffenen bzw. die dahinterstehenden Normen lassen sich also erst hier genau ermitteln und im Hinblick auf die Entscheidungssituation reflektieren. Die Güte der Entscheidung wird dabei von der Qualität und Vollständigkeit der in sie einfließenden Ressourcen bestimmt: Unterschiedliche Sichtweisen, Meinungen, Wertmaßstäbe oder Lösungsvorschläge sind wertvolle Aspekte, die es ermöglichen, *bessere* Entscheidungen zu treffen.[601] Insofern ist die ethische Reflexion im Rahmen dieser Arbeit *integraler Bestandteil* unternehmenspolitischer und -strategischer Willensbildung.[602] Darauf aufbauend sind innovative und kreative Strategien und Maßnahmen zu entwickeln, die gesellschaftlichen Ansprüchen und Interessen angemessen gerecht werden.[603] Allerdings reicht es nicht, eine gesellschaftliche Forderung, wie bei HOMANN/BLOME-DREES, anhand von drei Leitfragen abzuarbeiten. Eine ethische Reflexion darf sich nicht nur auf die isolierte Prüfung der allgemeinen Geltung einer moralischen Forderung beziehen. Vielmehr sind unternehmerische Entscheidungen in der Regel durch ganz unterschiedliche Ansprüche gekennzeichnet, die alle relevant sein können.[604] Diese leiten ihre Berechtigung aus der Tatsache ab, daß die geplante Realisierung einer unternehmerischen Handlung zu unzumutbaren Konsequenzen für die jeweils Betroffenen führen kann. Die Prüfung der Berechtigung der moralischen Forderungen führt also nicht weiter bei der Frage, wie mögliche Konflikte zwischen gerechtfertigten Ansprüchen in einer speziellen Situation angemessen beigelegt werden können. Daher ist ein Verfahren zu entwickeln, daß

---

600 Vgl. Barben/Dierkes 1991: 221. Strukturkonflikte, d.h. alle Konflikte, die aus der Konstruktionslogik des Wettbewerbs resultieren und sich aufgrund ausreichender praktischer Erfahrungen bereits hinreichend erfassen und antizipieren lassen, können (und müssen) über die Unternehmensverfassung geregelt werden. Die Art der Betroffenheit steht fest und Konfliktlösungen können im Diskurs erarbeitet werden. Allerdings leuchtet nicht so ganz ein, warum die verbindliche Regelung von Konflikten, wie bei Ulrich, Aufgabe einer Unternehmens- und nicht einer Wirtschaftsordnungsethik sein soll.

601 Vgl. Brown 1996: 1. Der Versuch der Beschreibung des „ethicals decision making" und dessen Strukturierung in bestimmte Teilschritte und -phasen ist inzwischen auch Forschungsschwerpunkt in den USA. Allerdings stehen hier bislang die individuelle Entscheidung und Persönlichkeitsmerkmale der Entscheidungsträger im Vordergrund. Außerdem beziehen sich die Ansätze dort auf Regeln und Prüffragen für Entscheidungen aus Sicht verschiedener moralischer Theorien. Vgl. Grabner-Kräuter 1997: 213.

602 Vgl. Beschorner 2000: 77; Gerum 1989: 141. Dabei ist die Trennung von unternehmenspolitischen und -strategischen Fragen ohnehin nur gedanklicher Art.

603 Es ist davon auszugehen, daß die Handlungsspielräume bei unternehmenspolitischen Entscheidungen als sehr hoch einzustufen sind: Da offizielle und verbindliche Prozeduren oft fehlen bzw. vage und ungenau formuliert sind, handeln die Beteiligten in bedeutendem Ausmaß aufgrund ihrer subjektiven Werte und Interessen. Es besteht also (noch) die Möglichkeit, partikulare Interessen und Vorstellungen einzubinden bzw. durchzusetzen. Vgl. Scholl 1992b: Sp. 1995.

604 Vgl. Honecker 1992: 119.

die systematische Auflösung von Interessenkonflikten in ganz konkreten unternehmerischen Handlungssituationen erlaubt.[605]

IV. Unternehmensethik muß „Win-win-Strategien" ermöglichen

Grundfunktion eines Unternehmens ist die Schaffung von ökonomischen Werten durch die Erstellung von entgeltlichen Leistungen (Produkte oder Dienstleistungen) für Abnehmer.[606] Die hierdurch geschaffenen Geldwerte dienen der Erfüllung zahlreicher weiterer Funktionen wie z.B. der Bewahrung produktiver Arbeitsplätze, der Sicherung des Fortbestandes des Unternehmens, der Kapitalverzinsung oder Investitionen. Damit wird deutlich, daß Gewinnerzielung eine notwendige Bedingung wirtschaftlicher Betätigung bildet.[607] Sie stellt *eine* legitime Norm im Bereich wirtschaftlichen Handelns dar.[608] Zwischen moralischem Handeln und profitablem Wirtschaften besteht daher kein grundsätzlicher Widerspruch.[609] Auch ist nicht alles „unmoralisch", was wirtschaftlich erfolgreich ist – aber es ist auch nicht alles „unökonomisch", was moralisch verantwortbar ist.[610] Vielmehr besteht wie von ULRICH herausgestellt ein typisches Schnittmengenproblem: Die unternehmerische Herausforderung besteht darin, potentielle Synthesen zwischen Moral und Unternehmenserfolg zu generieren.[611] Im gegenwärtigen Sprachgebrauch meint dies „Gewinn-Gewinn" („win-win")-Lösungen zu entwickeln.[612] Dabei wird davon ausgegangen, daß es in den meisten Fällen Möglichkeiten gibt, neue, kreative Strategien zu entwickeln, die den Normen verschiedener Seiten angemessen Rechnung tragen

605 Bisher ist es allerdings noch keinem Autor zureichend gelungen, die Ethikdiskussion mit konkreten Unternehmensentscheidungen zu verzahnen. Vgl. allerdings die ersten Ansätze bei v. Werder 1997; v. Werder 1994 sowie von Kreikebaum 1996: 165-285.

606 Vgl. Ulrich/Fluri 1995: 60 und 94.

607 Unternehmen sind also nicht nur betriebswirtschaftlich erforderlich, sondern ihnen kommt auch eine soziale Bedeutung zu, da andernfalls jegliche unternehmerische Initiative und damit der wirtschaftliche Fortschritt gelähmt würden. So wird z.B. (normalerweise) ein Unternehmer nur investieren, wenn er eine Kapitalverzinsung erhält, die über dem marktüblichen Zins liegt. Vgl. Hax 1993: 769.

608 Kapitalistische Unternehmen müssen bei „Strafe des Unterganges" Gewinne machen. Dabei ist bereits seit längerem anerkannt, daß es nicht mehr um „Gewinnmaximierung", sondern um „einfache Gewinnerzielung" zur Sicherung des Unternehmensfortbestandes geht. Vgl. Lorenzen 1989: 52f..

609 Vgl. Küpper 1988: 330.

610 Vgl. Ulrich 1994: 93f.; Ulrich 1991: 532.

611 Vgl. Ulrich/Fluri 1995: 66f.. Siehe auch Homann/Blome-Drees 1992: 133.

612 Vgl. Weston 1999: 80. Der Ausdruck stammt von Stephen Covey, der sich damit an die buddhistische Suche nach dem sog. „Mittelweg" anlehnt. „Mitte" bedeutet in diesem Sinne nicht Kompromiß, sondern etwas „Höheres", d.h., nicht mindestens eine Partei ist unzufrieden, sondern es wird eine Lösung entwickelt, die für beide Parteien wirklich zufriedenstellend ist. Vgl. Covey 1994: 188-215.

und durchaus erfolgreich sein können.[613] Unternehmensethik bedeutet damit keineswegs zwangsläufig einen Gewinnverzicht.[614]

V. Grundlage einer Unternehmensethik bildet die Idee der kommunikativen Rationalität

Der *Kern* einer Unternehmensethik liegt in einer *Methodenlehre ethischen Argumentierens*.[615] Im Rahmen dieser Arbeit steht die Entwicklung legitimer Handlungsweisen im Vordergrund. Diese sollen das Ergebnis einer genauen Situationsanalyse und unparteiischen Beurteilung des ganz speziellen unternehmerischen Kontextes sein. Hierzu ist ein spezielles Verfahren zu entwickeln, daß die Integration moralischer Aspekte in die unternehmerische Entscheidungsfindung ermöglicht. Die Konzeption erfolgt in Anlehnung an die von HABERMAS ausgearbeitete Theorie des kommunikativen Handelns (Diskursethik). Dieser Ansatz entspricht in idealtypischer Weise dem hier zugrundegelegten Verständnis einer normativen, formalen Ethik, die Absicht und Konsequenzen gleichermaßen berücksichtigt.[616] Ziel dieses Konzeptes ist die einvernehmliche Koordination konfligierender Interessen im Diskurs. Dabei wird die Auffassung vertreten, daß sich eine umfassende Interpretation der jeweiligen Situation sowie die Entwicklung von integrierenden Handlungsweisen nur *kommunikativ* herbeiführen lassen. Dies erfordert eine weitreichende Neuorientierung auf Ebene des Top-Managements, da die Koordination in Unternehmen bislang größtenteils sprachfrei, z.B. über Regeln und Programme, erfolgt.

Unternehmerisches Handeln hat dem Prinzip der Rationalität zu folgen. Diesem Begriff liegt derzeit eine rein „zweckrationale“ Interpretation zugrunde. Diese einseitig ökonomisch-quantitative Grundhaltung in Unternehmen stellt jedoch eine wesentliche Barriere für das Verständnis von moralisch-praktischen Zusammenhängen dar. Das Konzept der kommunikativen Rationalität zeigt, daß auch moralische Aspekte *rational* sind. Dies ist von zentraler Bedeutung, da moralische Forderungen bisher als irrational abgetan wurden, da sie außerhalb des engen ökonomistisch-quantitativen Rationalitätsbegriffes liegen. Aus diesem Grunde ist der traditionelle zweckorientierte Rationalitätsbegriff, ähnlich

---

613 Vgl. Deutsche Shell AG: 3; Kötter 1989: 126.

614 Bierich spricht hierbei von einer dualen Verantwortung. Vgl. Bierich 2000: 9. In der aktuellen Diskussion steht weniger der Begriff Gewinn als vielmehr der Begriff Shareholder value im Vordergrund. Versteht man darunter nicht kurzfristige Gewinnmaximierung, sondern langfristige Steigerung der Unternehmenswertes, so können sich Unternehmensethik und Shareholder value sogar ausgezeichnet ergänzen. Vgl. Otto 1999: 73; DeGeus 1998. Vgl. zum Verhältnis zwischen Gewinn und Shareholder value Ulrich 1997b: 8.

615 Vgl. Kötter 1997: 107; Kötter 1994: 131; Steinmann/Löhr 1994a: 208.

616 Vgl. zur Diskursethik der Frankfurter Schule und zur Dialogethik der Erlanger Schule Kreikebaum 1996: 82-87; Bender 1988: 79 und 82.

wie bei ULRICH, (wenigstens) um die Dimension ethisch-praktischer Vernunft zur kommunikativen Rationalität auszuweiten.[617]

Tabelle 3 faßt die hier gewählte Anlage einer „integrativen Unternehmensethik" noch einmal zusammen.

Tab. 3: Modell einer integrativen Unternehmensethik

1. Begründungsansatz	Legitimationsprobleme durch sinkende Koordinationsfähigkeit gesellschaftlicher und privatwirtschaftlicher Interessen der derzeitigen Instrumente Markt, Recht und Moral
2. Rolle der Ethik	Ethik als Instrument zur Koordination unterschiedlicher Interessen bzw. Lösung von Normenkollisionen
3. Systematischer Ort der Moral	Unternehmenspolitische/-strategische Willensbildung
4. Verhältnis zwischen Ethik und Gewinn	Synthese zwischen Moral und Gewinn („Win-win"-Strategien)
5. Rationalitätskonzept	Idee kommunikativer Rationalität (HABERMAS)

Quelle: Eigene Darstellung.

Somit ist das Konzept der Diskursethik von HABERMAS zunächst aufzubereiten, um die Voraussetzungen seiner Umsetzung aufzudecken und *Verfahren und Eigenarten der ethischen Argumentation* verständlich zu umreißen (Teil III). Daran anknüpfend wird die Implementierung auf Ebene des Top-Managements expliziert werden (Teil IV).

617 Vgl. Ulrich 1994: 78; Ulrich 1983: 70. Zunächst zurückgestellt wird damit die Dimension ästhetisch-expressiver Vernunft, die allerdings ebenfalls eine bedeutende Rolle im Rahmen der Entscheidungsfindung spielen kann.

Teil III: Grundlagen der Theorie des kommunikativen Handelns

1 Vorbemerkungen

Die Diskursethik bildet im vorliegenden Zusammenhang den zentralen theoretischen Bezugsrahmen, um die von SMITH konzipierte Ethik in das heutige System der Marktwirtschaft wieder einzufügen. Im Vordergrund steht die Frage, wie die Interessen aller vom unternehmerischen Handeln möglicherweise Betroffenen aus Sicht des neutralen Beobachters im Rahmen der Top-Management-Entscheidungsfindung Berücksichtigung finden können.

Mit der „Theorie des kommunikativen Handelns" schuf Jürgen HABERMAS im Jahre 1981 ein Werk, das seither intensiv und teilweise kontrovers in einer Reihe von Fachdisziplinen diskutiert wird. Insgesamt ist das Werk äußerst komplex und vielfältig. Es berührt zahlreiche Fragen einer Theorie der Gesellschaft bzw. der „Moderne", die im vorliegenden Zusammenhang nicht oder nur am Rande von Interesse sind.[618] Daher wird hier ein roter Faden gezogen, der ausschließlich die für die unternehmenspolitische/-strategische Entscheidungsfindung relevanten Aspekte aufgreift und strukturiert. Der Schwerpunkt der Ausführungen liegt nicht auf einer vollständigen Rezeption des Werkes, sondern auf der Erläuterung des Koordinationsmechanismus' des kommunikativen Handelns. Im Vordergrund steht die Frage „Wie können gerechte/legitime Entscheidungen getroffen werden, bzw. wie ist eine (friedliche) Auflösung von Handlungskonflikten möglich?"[619]

1.1 Einführende Bemerkungen

Ausgangspunkt der Theorie des kommunikativen Handelns ist die Frage, wie Aktoren ihre Handlungspläne so koordinieren können, daß die Interaktion auf Dauer aufrechterhalten werden kann. Im Vordergrund steht die Klärung der Mechanismen und Bedingungen einer Handlungskoordination, „... die eine regelhafte und stabile Vernetzung von Interaktionen ermöglicht"[620]. Zentraler Gedanke ist die Annahme, daß die *Sprache* Menschen zu intersubjektiver Einigung befähigt.[621] Konflikte im sozialen Bereich entstehen in der Regel dadurch, daß die Verhaltenserwartungen mindestens eines Beteiligten enttäuscht werden. Die Sprache ermöglicht es, diese normativen, meist verborgenen Erwartungen

---

618 Vgl. auch Habermas 1981: 135.
619 Vgl. auch Kambartel 1979: 65.
620 Habermas 1995c: 571.
621 Vgl. Gripp 1986: 7.

aufzudecken, verschiedene Sichtweisen präziser zu fassen und begründend darzulegen.[622] Auf dieser Basis kann ein gemeinsames Verständnis der Situation entwickelt werden, das die Grundlage für einvernehmliche Handlungen beider Kommunikationspartner bildet.[623] Ziel dieser „sprachlichen Situationsrekonstruktion" ist die Herstellung von Gemeinsamkeit und die friedliche Beilegung von Handlungskonflikten.[624] In kommunikativen Handlungen koordinieren die Teilnehmer ihre Handlungspläne also auf Basis wechselseitiger Verständigung. Genau wie SMITH stellt HABERMAS dabei auf die *Idee der Unparteilichkeit* ab.[625]

Ein weiteres zentrales Anliegen HABERMAS' ist die Konzeption einer (erweiterten) Theorie der Rationalität. Diese soll den Nachweis der *Rationalität von Normen* ermöglichen. Damit bezieht er bewußt gegen das Wissenschaftsprogramm des kritischen Rationalismus Stellung, das deren Rationalität strikt verneint.

1.2 Philosophische Vorbemerkungen

HABERMAS knüpft mit seiner Theorie des kommunikativen Handelns explizit an der dem KANT'schen Imperativ[626] zugrundeliegenden Idee der *„Verallgemeinerungsfähigkeit"* an: Hiernach können nur solche Normen als gültig ausgewiesen werden, die einen „allgemeinen Willen" zum Ausdruck bringen, d.h., sie müssen von allen zwanglos akzeptiert werden können.[627] Allerdings wird mit dem noch zu erläuternden Begriff des „kommunikativen Handelns" jedwede monologische bzw. individualistische Konzeption überwunden. Dieser Punkt ist von entscheidender Bedeutung, da mit ihm ein Paradigmenwechsel im philosophischen Denken eingeleitet wird.[628]

---

622 Bereits an dieser Stelle sei auf das Problem aufmerksam gemacht, daß Gründe nicht wie Ursachen unmittelbar beobachtbar oder mit Hilfe von experimentell nachgewiesenen, naturwissenschaftlichen Gesetzen belegt werden können. Gründe können nur verstehend rekonstruiert werden, da sie zumeist auf persönlichen Erfahrungen, Einstellungen, Motiven oder Annahmen beruhen, die dem Gegenüber nicht unmittelbar zugänglich sind, ja dem Handelnden selbst nicht unbedingt bewußt sein müssen. Vgl. Völzing 1979: 34-38.

623 Vgl. Habermas 1996: 144.

624 Vgl. Völzing 1979: 141.

625 Vgl. Habermas 1996: 86.

626 Der Kant'sche Imperativ lautet „Handle nur nach derjenigen Maxime, durch die Du zugleich wollen kannst, daß sie ein allgemeines Gesetz werde!"

627 Vgl. Habermas 1996: 73-75. Nach Habermas kann eine Norm nur als gerecht bezeichnet werden, wenn sie allen Betroffenen bei der Beurteilung ihrer legitimen Interessen auch zugemutet werden kann, bzw. eine Norm unter Berücksichtigung aller relevanten Konsequenzen und Nebenfolgen von den jeweils Betroffenen gebilligt wird.

628 Vgl. Bender 1988: 76.

Im Rahmen des KANT'schen Paradigmas ist der Einzelne das Maß aller Dinge. Hiernach bedeutet subjektives Denken internalisierte Intersubjektivität. „Denken ist Reden mit sich selbst, folglich sich auch innerlich (durch produktive Einbildungskraft) Hören."[629] Bei der Reflexion des eigenen Denkens übernimmt eine Person stets abwechselnd die Rolle von Proponent und Opponent („Sich-mit-sich-selbst-Unterhalten"). Dabei macht sie selbst Einwände, um ihre bisherige Überzeugung mit Gründen zu festigen oder zu ändern.[630] Objektivität und Gewißheit des Wissens bleiben damit an den Einzelnen geknüpft.[631] Die Bedingungen und Möglichkeiten des Philosophierens werden mit der Reflexion auf die im Subjekt angelegten Möglichkeiten zur Erkenntnis begründet (Bewußtseinsphilosophie KANTs). Diese Bedingung ist nicht hintergehbar, da sie auf einen performativen Selbstwiderspruch hinauslaufen würde: Niemand kann sinnvoll bestreiten, daß er die Fähigkeit zur Erkenntnis besitzt, da er damit ja bereits auf diese zurückgreift.[632]

Beim HABERMAS'schen Ansatz stellt die *reale* Intersubjektivität das philosophisch Wesentliche und Unentbehrliche dar. Nur die gemeinsame Anerkennung des Wahren bzw. des Gerechten kann das Maß aller Dinge sein, da das Individuum nur das Wissen oder die Aspekte reflektieren kann, über die es bereits verfügt.[633] Somit ist allein im Rahmen eines Kommunikationsprozesses eine umfassende Situationsdeutung zu erarbeiten, die alle subjektiven Sichtweisen angemessen berücksichtigt.[634] Es rücken die pragmatischen und hermeneutischen Bedingungen intersubjektiver Verständigung in den Mittelpunkt der Betrachtung, die sich ebenfalls nicht, ohne in einen Selbstwiderspruch zu geraten, widerlegen lassen.[635] Die nachfolgende Tabelle zeigt die Differenzierung in die beiden hier relevanten Paradigmen der Philosophiegeschichte.

---

629 Kant, Anthropologie in pragmatischer Hinsicht, §36, zitiert nach Schnädelbach 1989: 22.

630 Vgl. Schnädelbach 1989: 24.

631 Die tatsächliche „Zustimmung" anderer Personen übernimmt nur die Funktion eines psychologisch relevanten Kriteriums bei der subjektiven Suche nach Wahrheit. Vgl. Ulrich 1991a: 155; Apel 1989: 68.

632 Damit sieht Kant die Begründung eines spezifisch philosophischen apriori-Wissens nicht wie Platon, der das erste philosophische (ontologische) Paradigma geprägt hat, im Kosmos, Gott und der menschlichen Seele, sondern in den in jedem Bewußtsein liegenden Möglichkeiten einer Erfahrungserkenntnis. Vgl. Apel 1989: 67.

633 Dem liegt die Vorstellung zugrunde, daß echte Erkenntnis das Teilen intersubjektiv gültiger sprachlicher Bedeutungen erfordert. Nur so kann sich ein Weltverständnis rational entwickeln.

634 Vgl. Apel 1989: 67. Diese kommunikative Orientierung wird in der Philosophiegeschichte auch „linguistic turn" oder auch die „sprachpragmatische Wende" genannt.

635 Vgl. Brewing 1995: 135-138; Bender 1988: 79-81. Der „linguistic turn" begann bei Frege und dem frühen Wittgenstein mit einer Reflexion auf die sprachlogischen (propositionalen) Bedingungen der Repräsentation von Sachverhalten unter strikter Abstraktion von allen pragmatisch-

Tab. 4: Philosophiegeschichtliche Paradigmen von KANT und HABERMAS

Merkmale	Mentalistisch Bewußtseinsphilosophie (Kant)	Linguistisch Sprachphilosophie (Apel/Habermas)
Bereich	Bewußtsein	Sprache
Anfang	Zweifel	Konfusion/Konflikt
Begründung	Erkenntnisfähigkeit des einzelnen Subjekts	Bedingungen intersubjektiver Verständigung

Quelle: In Anlehnung an Schnädelbach 1989: 27; Bender 1988: 78f..

Wie KANT bezieht sich auch HABERMAS auf Probleme des *richtigen oder gerechten Handelns* und klammert die klassischen Fragen der Philosophie nach dem „guten Leben“ (ARISTOTELES) aus.[636] Damit teilt sich die Praxis in *Werte* und *Normen*. Sie fächert sich auf „... in den Bestandteil des Praktischen, der den Forderungen streng moralischer Rechtfertigung unterworfen werden kann (=Normen, K.S.), und in einen anderen, nicht moralisierungsfähigen Bestandteil, der die besonderen, zu individuellen oder kollektiven Lebensweisen integrierten Wertorientierungen umfaßt“[637].

Erst diese Trennung von Fragen des „guten Lebens“ und des „gerechten Zusammenlebens“ machen eine rationale Behandlung von Problemen der praktischen Moral möglich.[638] Im Rahmen der Diskursethik geht es ausschließlich um die Sollgeltung von Normen, die unter dem Aspekt der Verallgemeinerungsfähigkeit von Interessen, ohne Hintergrund einer speziellen Lebensform, grundsätzlich rational entschieden werden können. Damit wird ein relativ enger Ethikbegriff zugrundegelegt: Ausschließlich die *Gerechtigkeit*[639] von Geboten und Handlungsnormen des *Zusammenlebens* gerät in deren Blickpunkt.[640] Sie

kommunikativen Bedingungen der kontextbezogenen Verständigung über Sinn- und Geltungsansprüche der Subjekte. Vgl. Apel 1989: 58.

636 Vgl. Habermas 1992: 33; siehe auch Spinnler 1999: 138.

637 Habermas 1996: 118.

638 Vgl. Habermas 1998: 393. Damit kann von Fragen der Präferenz von bestimmten Werten bzw. der Bewertung von Handlungen in einer gegebenen Situation (Was ist „gut“?), abstrahiert werden. Solche Fragen lassen sich nur vor dem Hintergrund einer konkreten Lebensform entscheiden. Vgl. Habermas 1996: 118f..

639 Unter Gerechtigkeit versteht man allgemein die Bereitschaft, sich im Handeln einem bestimmten Rechtfertigungsmaßstab – hier dem des neutralen Beobachters – zu unterwerfen. Sie entsteht aus der Einsicht, daß ein friedliches Zusammenleben nur mit einem Mindestmaß an gegenseitiger Anerkennung von bestimmten Regeln möglich ist. Sie beruht nicht auf freier Zuneigung und geht auch nicht über das hinaus, was man einem anderen schuldet. Ob jemand gerecht handelt, zeigt sich jedoch erst dann, wenn er Machtvorteile nicht ausnutzt oder Ermessenspielräume nicht einseitig auslegt. Vgl. Spaemann 1994: 46-60 und Höffe 1997: 91-95.

640 Vgl. Gronke 1996: 26f.. Siehe kritisch zu dieser Eingrenzung Cortina 1993: 279-282 und Kettner 1993b: 330, Fußnote 15.

zielt damit nicht auf das Telos eines gelungenen Lebens, sondern versucht zu erklären, nach welchen Normen ein (friedliches) Zusammenleben möglich ist und wie Handlungskonflikte im gemeinsamen Interesse gelöst werden können.[641] Der Handlungsbereich wird damit von vornherein so abgegrenzt, daß er nur Fragen umfaßt, von denen sich mit einiger Sicherheit vorhersagen läßt, daß sie argumentativ entscheidbar sind.[642]

HABERMAS stellt hierzu ein Verfahren, den *praktischen Diskurs*, vor.[643] Dieser expliziert die nicht hintergehbaren Bedingungen der Argumentation in Form der *„idealen Sprechsituation"*, unter denen die Beteiligten selbst eine Antwort auf Fragen der Gerechtigkeit finden können.[644] An die Stelle des KANT'schen Imperativs als Rechtfertigungsprinzip tritt das *Verfahren der ethischen Argumentation.*[645] Das Universalisierungsprinzip übernimmt hier die Funktion einer Entscheidungsregel bzw. eines konsensermöglichenden Brükkenprinzips: Nur was für *alle Betroffenen* als gleichermaßen gut ausgewiesen werden kann, ist als „gerecht" anzusehen.[646]

Von besonderer Bedeutung ist die Bestimmung des *„moral point of view"*, d.h. des Standpunktes, der die *unparteiische Beurteilung* moralischer Fragen ermöglicht.[647] Der Beobachterstandpunkt ist für die Beurteilung der Frage, ob Handlungen oder Normen im allgemeinen Interesse liegen oder zum allgemeinen Wohl beitragen, unzureichend.[648] Der Beobachter sammelt, selektiert und bewertet normalerweise relevante Informationen im Lichte seines eigenen Welt- und Selbstverständnisses. „Die privilegierte Stellung [...] bringt den Nachteil mit sich, daß sie ihn monologisch von den Interpretationshorizonten der Beteiligten abschneidet und ihm den hermeneutischen Zugang zu einer nur *von innen* sich öffnenden und intersubjektiv geteilten moralischen Welt ver-

641 Vgl. Gripp 1986: 135.

642 Wie das lateinische Sprichwort „de gustibus non est disputandum" bereits treffend formuliert, läßt sich über Fragen des Geschmacks bzw. des „guten Lebens" nicht diskutieren, da solche Fragen nur individuell und vor dem Hintergrund der eigenen Persönlichkeit und Situation einer Person entschieden werden können.

643 Vgl. Bender 1988: 80.

644 Vgl. Habermas 1992: 124.

645 Vgl. Habermas 1998: 394.

646 Zur Klärung praktischer Fragen tragen weder logisch deduktive Verfahren noch empirische Evidenzen bei. Normen stellen keine empirischen Gesetzmäßigkeiten dar und bedürfen daher einer anderen Art der Begründung als beispielsweise Naturgesetze. Im praktischen Diskurs übernimmt die „allgemeine, freie Zustimmung" diese Brückenfunktion. Moralische Normen lassen sich allein durch Rekurs auf ein allgemeines Prinzip rechtfertigen und damit als gültig ausweisen. Vgl. Habermas 1996: 86f.; Lorenzen 1989: 44; Bender 1988: 80.

647 Vgl. ausführlich Mead 1973: 438f..

648 Vgl. Apel 1976a: 234.

schließt."[649] Insofern kann sich die Objektivität nur auf ein aus der *Teilnehmerperspektive* einsehbares, allgemeines Interesse berufen: Der moralische Standpunkt kann nur eingenommen werden, wenn der Betrachter sich nicht aus dem intersubjektiven Zusammenhang von Kommunikationsteilnehmern ausblendet, sondern sich selbst als Adressat verpflichtender Normen versteht.[650] Die *universelle Entschränkung der individuellen Teilnehmerperspektiven* fördert in diesem Zusammenhang die *Unparteilichkeit des moralischen Urteils*.[651] Diese hängt wesentlich davon ab, ob die konfligierenden Bedürfnisse und Interessen *aller* Mitwirkender zur Geltung gebracht und aus Sicht der Beteiligten *selber* berücksichtigt werden können.[652] Jeder Teilnehmer muß sich also in die Lage all derjenigen versetzen, die von der Ausführung einer Handlung oder der Inkraftsetzung einer Norm betroffen wären. Es werden demnach *alle* Beteiligten gleichzeitig angehalten, sich in die Situation eines jeden Betroffenen einzudenken („ideale Rollenübernahme").[653] Objektivität wird damit zu einer sozialen Angelegenheit gegenseitiger Kritik und läßt sich nur kommunikativ im tatsächlich durchgeführten Diskurs *gemeinsam* bestimmen.[654]

1.3 Zur Rationalität von Normen

Unumgängliche Voraussetzung für eine Ethik, die in den unternehmenspolitischen/-strategischen Entscheidungsprozeß Eingang finden soll, ist die Feststellung, daß auch Handlungsregeln des sozialen Zusammenlebens (Normen) *rational* sind.[655] Die Betriebswirtschaftslehre (BWL), als Lehre des zweckmä-

---

649 Habermas 1992: 153.

650 Bzw. sich als „impartial spectator" in die Situation aller von einer Handlung Betroffenen versetzt. Vgl. Sturn 1990: 108; Habermas 1996: 84; Habermas 1981: 138.

651 Vgl. Habermas 1992: 153-155.

652 S. Habermas 1992: 153.

653 Da auch Smith sich dieses Modelles bedient, sei bereits hier auf folgendes hingewiesen: Sich in die Lage eines anderen zu versetzen heißt nicht, die eigenen Erfahrungen und Paradigmen auf die Situation des anderen zu projizieren, sondern sich die Gefühle, Motive und Interpretationen des anderen zu vergegenwärtigen und die Welt mit dessen Augen zu sehen. Hierzu bedarf es neben der Fähigkeit zum aktiven Zuhören auch der Absicht, den anderen wirklich zu verstehen. Vgl. Covey 1994: 220f..

654 Diese Bestimmung des „moral point of view" korrespondiert mit der Auffassung, daß gerechte Entscheidungen nur durch echte Intersubjektivität hergestellt werden können, was auf den Paradigmawechsel der Philosophiegeschichte zurückzuführen ist.

655 Vgl. Apel 1997: 25. Die Rationalität von unternehmerischen Handlungen wird im allgemeinen unter dem Aspekt der *Zweckrationalität* diskutiert. Dieser Begriff geht auf Weber zurück und hat das Selbstverständnis der heutigen Unternehmen stark geprägt. Gemeinhin wird darunter die Verwirklichung bestimmter Zwecke mit Hilfe geeigneter Mittel verstanden. (Zweck-)Rationale Handlungen lassen sich somit als zielgerichtete und am Erfolg kontrollierbare Eingriffe in eine Welt existierender Sachverhalte kennzeichnen. S. Habermas 1995c: 441, Habermas 1995a: 30; Kirsch 1997: 393. Allerdings geht Weber noch auf einen anderen Rationalitätsbegriff ein: Die *Wertrationalität*. Diese unterscheidet sich von der Zweckrationalität insbesondere durch die Einbindung verschiedener Wissensformen. Während sich zweckrationales Handeln ausschließ-

ßigen und effizienten Handelns, verneint jedoch aufgrund deren (vermeintlicher) Irrationalität vehement die Einbindung in die Entscheidungsfindung.[656] Daher wird im folgenden der Nachweis angetreten, daß auch Normen einer rationalen Argumentation zugänglich sind.

1.3.1 Zur Begründung von Normen

Rekonstruiert man historisch das Verhältnis der BWL zu normativ-ethischen Fragestellungen, so zeigt sich, daß spätestens seit Ende der 60er Jahre die zentralen methodologischen Annahmen des *Kritischen Rationalismus* die tragenden wissenschaftlichen Säulen der BWL bilden.[657] Nach dem Vorbild der Naturwissenschaften wird versucht, mit „exakten" wissenschaftlichen Methoden objektive, kausal erklärende Erkenntnisse zu gewinnen. Normativ-ethischen Prinzipien kommt der Status *subjektiver Entscheidungen* zu, die nicht rational begründet werden können. Dies trug unter anderem dazu bei, daß auch die normativ-ethischen Anstrengungen aus den Ansätzen solch prominenter Vertreter wie SCHMALENBACH, SCHÄR oder auch DIETRICH bis Ende der 70er Jahre diskreditiert wurden: Keiner der genannten Betriebswirtschaftler war auch nur annähernd in der Lage, für die jeweils angeführten Normen den Status der Allgemeingültigkeit nachzuweisen.[658] Daher lautete das Diktum WÖHEs: „Ethische Normen sind irrational, die Wissenschaft dagegen will zu rationalen Erkenntnissen gelangen."[659]

Zwar verliert der Kritische Rationalismus angesichts der jüngsten Versuche, auch andere Theorien, wie beispielsweise die Systemtheorie von LUHMANN oder den Konstruktivismus der Erlanger Schule, für die Organisations- und Managementlehre fruchtbar zu machen, immer mehr an Relevanz.[660] Dennoch kommt dem Wissenschaftsprogramm auch Anfang dieses Jahrtausends noch

---

lich auf kognitiv-instrumentelles Wissen (z.B. Wissen, das in zielgerichteten Handlungen verkörpert ist) bezieht, liegen der Wertrationalität neben moralisch-praktischem Wissen (z.B. Wissen über Normen und Werte) auch ästhetisch-expressives Wissen (z.B. Wissen über Kunst und Kultur) zugrunde. Diese Wissensformen dienen vornehmlich der Lösung sozialer oder auch moralischer Konflikte. Vgl. Beschorner 2000: 69; Habermas 1995a: 258. Nach Habermas sind sowohl Zweck- als auch Wertrationalität für die Entwicklung und Aufrechterhaltung der Gesellschaft unumgänglich und müssen Eingang in unternehmerisches Handeln finden. Aus diesem Grunde weitet er den traditionellen Begriff der (Zweck-)Rationalität zur Kommunikativen Rationalität aus. Vgl. Habermas 1995b: 447-488.

656 Vgl. Schauenberg 1991: 2. Diese Tatsache wird in der BWL unter dem Begriff des Werturteilsstreits diskutiert. Vgl. zur Werturteilsfrage in der BWL Becker 1994; Hopfenbeck 1990: 60-69; Raffée 1974; Fischer-Winkelmann 1971: 110-118.

657 Vgl. Brewing 1995: 97; Lattmann 1988: 4f..

658 Vgl. Schanz 1997: 99-111; Lattmann 1988: 8-10.

659 Wöhe 1959: 159.

660 Vgl. Staffelbach 1988: 40.

eine zentrale Stellung in den ökonomischen Disziplinen zu.[661] Aus diesem Grunde werden im folgenden einige Kernaussagen dieses Forschungsprogramms knapp dargelegt, um die wichtigsten Argumente gegen die Einbindung normativ-ethischer Aspekte in die BWL zu entkräften.

1.3.1.1 Zur Unmöglichkeit der kritischen Prüfung normativ-ethischer Aspekte: Die These des radikalen Fallibismus

Nach POPPER, dem Begründer des Kritischen Rationalismus, läßt sich kein Gesetz und keine Theorie endgültig schlüssig beweisen. Diese These beruht auf der bereits von HUME vorgebrachten Kritik gegen das Induktionsprinzip.[662] Bei der Induktion versucht man, aus einer beobachteten Tatsache eine Gesetzesaussage abzuleiten (z.B. nach der Bundestagswahl steigen die Aktienkurse). Dieses Prinzip ist an die Verifikation gebunden, d.h., es müßte im vorliegenden Beispiel überprüft werden, ob tatsächlich nach jeder Wahl in dem betreffenden Land die Aktienkurse steigen. Es ist unmittelbar einleuchtend, daß Gesetzesaussagen dieser Art niemals vollständig verifiziert werden können, da in Zukunft eine Situation denkbar ist, bei der z.B. nach der Bundestagswahl die Aktienkurse sinken.[663] Damit können Gesetze und Theorien an der Realität scheitern (These das radikalen Fallibismus).[664]

Diese Erfahrung mündet in die Lehre der *deduktiven Methodik der Nachprüfung*. Hiernach beginnt Erkenntnis mit Theorien bzw. Hypothesen, die anhand von Beobachtungen überprüft werden. Diese Hypothesen sind zunächst als *„Allsätze"* formuliert. POPPERs wohl bekanntestes Beispiel ist die Aussage: „Alle Schwäne sind weiß". Solche Sätze lassen sich in einen „Es-gibt-nicht-Satz" umformulieren, im folgenden Beispiel in „Es gibt keine nicht-weißen Schwäne". Solche *„Basissätze"* können falsifiziert werden. Sie sind beobacht-

---

661 S. Brewing 1995: 113f.. Nicht verschleiert werden soll auch die Tatsache, daß sozial- und verhaltenswissenschaftlich geöffnete Ansätze, wie bspw. die von Schanz, Grochla, Kirsch oder Ulrich, ebenfalls immer stärker Eingang in die Betriebswirtschaftslehre finden. Diese Autoren versuchen, konkrete Handlungsempfehlungen für die betriebliche Führungs- und Entscheidungspraxis mit Blick auf die angrenzenden sozialwissenschaftlichen Nachbardisziplinen zu generieren. So konstatierte Szyperski bereits 1971, daß sich die Entwicklung des Faches wieder stärker in Richtung auf praxeologische, technologische und anwendungsorientierte Fragen verschiebt. Vgl. Szyperski 1971: 263.

662 Vgl. Lattmann 1988: 5.

663 Vgl. Popper 1973a: 15. Auch bei Naturgesetzen impliziert das Induktionsprinzip eine endlose Testreihe: Will man beweisen, daß Glas Strom leitet, so hätte man jedes Stück Glas letztlich auf seine Leitfähigkeit hin zu überprüfen. Vgl. Brewing 1995: 118.

664 Diese These des Fallibismus ist übrigens nach Ansicht der Vertreter des Kritischen Rationalismus auch das einzig wirklich sichere Wissen. Alles menschliche Handeln, sei es im praktischen Alltagsleben, in der Philosophie, in der Wissenschaft oder sogar in der Mathematik ist fehlbar. Letztlich läßt sich niemals abschließend zeigen, daß etwas wahr ist, da immer die Möglichkeit besteht, daß es zukünftig revidiert wird. Vgl. Brewing 1995: 129, Fußnote 117.

bar und bilden die Basis für die Beurteilung der Allsätze (Methode der kritischen Prüfung). Hervorzuheben ist noch die Tatsache, daß POPPER diese Basissätze als vorläufig „wahr" festgesetzte Aussagen versteht.[665]

Es wird deutlich, daß der Kritische Rationalismus damit ausschließlich auf beobachtbares/erhebbares Gesetzeswissen zielt. „Eine Aussage ist genau dann wahr, wenn sie den Tatsachen entspricht."[666] Wendet man die Methode der kritischen Nachprüfung auf Normen des Zusammenlebens an, so ist unmittelbar einsichtig, daß sie diesen Anforderungen nicht genügen können. Handlungsnormen stellen gerade keine empirischen Gesetzmäßigkeiten dar.[667] Ihre Einhaltung ist mit vielen Unwägbarkeiten verknüpft, z.B. dem individuellen Gewissen, einer konkreten Situation oder kulturellen Unterschieden. Beinah jede Norm wird somit an der Realität scheitern. Folgendes Beispiel verdeutlicht dies: Aus dem „Allsatz" „Alle Menschen sagen die Wahrheit" wird der zu falsifizierende Basissatz „Es gibt keine Menschen, die nicht die Wahrheit sagen". Die Alltagspraxis bietet fast täglich Gelegenheit, einen faktischen Verstoß gegen diese Norm bzw. Aussage zu beobachten. Handlungsregeln halten also dem von POPPER geprägten Verständnis von Wahrheit deutlich kürzer stand als naturwissenschaftliche Gesetze und sind damit als nicht-rational (da vielfach noch nicht einmal eine vorläufige Wahrheit postuliert werden kann) zu verwerfen.[668]

1.3.1.2 Zur Unmöglichkeit der Begründung normativ-ethischer Aspekte: Das „Münchhausen-Trilemma"

Eine Reihe von Kritikern moniert das Modell der Rationalität des Kritischen Rationalismus als zu eng und plädiert für eine Ausweitung auf andere Überzeugungen z.B. mit normativem oder ästhetischem Charakter. Dabei verweisen sie auf die *Methode der Begründung.*[669] Hiernach sind nur solche Äußerungen/Handlungen rational, für die (überzeugende) Gründe angegeben werden können. Doch die Vertreter des Kritischen Rationalismus bestreiten, daß es eine „zureichende oder absolute Begründung", z.B. für Überzeugungen oder Normen, geben kann.[670] Ziel eines Begründungsverfahrens ist es, die Wahrheit ei-

665 Vgl. Popper 1973a: 75.

666 Popper 1973a: 59. Damit trifft der Autor bereits eine Vorentscheidung darüber, was als wissenschaftlich anzusehen ist und wertet damit selbst.

667 Vgl. Lattmann 1988: 20f.

668 Brewing macht deutlich, daß sich der Kritische Rationalismus mit seiner Position, daß nichts als sicheres Wissen ausgewiesen werden kann, in einen Selbstwiderspruch verwickelt, da der Fallibismus, wird er konsequent auf dieses Prinzip angewendet, bedeutet, daß er selber nicht sicher ist. Vgl. Brewing 1995: 129f..

669 Vgl. Lattmann 1988: 22.

670 Vgl. Albert 1980: 8f..

ner betreffenden Aussage zu sichern. Dies soll durch Rückführung auf sichere Gründe mit Hilfe logischer Folgerungen, erreicht werden. Dabei ergibt sich das folgende Problem: Verlangt man (konsequenterweise) für alles eine Begründung, so muß man auch für die Erkenntnisse, auf die man jeweils die zu begründende Aussage zurückführt (z.B. im Falle der Diskursethik für den Universalisierungsgrundsatz), eine Rechtfertigung anführen.[671] Dies führt zu einer Situation, die ihren pointierten Ausdruck in dem „Traktat über kritische Vernunft" von ALBERT findet. Dort faßt der Autor in drei Stichworten die Unmöglichkeit einer absoluten Begründung von Normen unter dem Begriff des sog. „Münchhausen-Trilemmas" zusammen.[672] Bei diesem stellen sich drei Alternativen (Trilemma), die er allesamt als inakzeptabel verwirft. Diese beziehen sich auf:[673]

1. einen *infiniten Regreß*, der sich aus der Notwendigkeit ergibt, in seinen Begründungen immer weiter zurückzugehen, was aber praktisch nicht durchzuführen ist und daher keine sichere Grundlage liefert.
2. einen *logischen Zirkel* in der Deduktion, der daraus resultiert, daß man im Begründungsverfahren auf Aussagen zurückgreift, die bereits zuvor als begründungsbedürftig herausgestellt wurden, und der, weil logisch fehlerhaft, ebenfalls zu keiner sicheren Erkenntnis führt.
3. einen *Abbruch des Verfahrens* an einem bestimmten Punkt, der zwar prinzipiell annehmbar erscheint, jedoch immer einen willkürlichen Abbruch darstellt.

In der Regel dürfte der Abbruch des Verfahrens bevorzugt werden, da die anderen beiden Alternativen keinen Ausweg aus dem Dilemma eröffnen. Bei bestimmten Aussagen ist man normalerweise z.B. aufgrund von Erlebnissen oder Erfahrungen bereit, den Regreß abzubrechen und das Begründungspostulat für diesen Punkt zu suspendieren. Nach Ansicht ALBERTs kann dieses Postulat an keiner Stelle aufgegeben werden, da eine Überzeugung oder Aussage, die selber nicht begründet werden kann, aber alles andere begründen soll, nichts anderes als ein Dogma darstellt. Ein solcher Rekurs auf ein Dogma ist allerdings in jedem Fall als inakzeptabel anzusehen. Auch den Rückgriff auf außersprachliche Instanzen (z.B. Gott) hält er für vollkommen ungeeignet, da auch sie sich letztlich einer Begründung entziehen. Beide Alternativen, Dogmatismus und

---

671 Vgl. Apel 1997: 25.

672 Die Begriffswahl ist der berühmten Geschichte des Lügenbarons Münchhausen entlehnt, der u.a. versuchte, sich selbst und sein Pferd am eigenen Haarschopf aus dem Sumpf zu ziehen.

673 S. Albert 1980: 13.

Rekurs auf außersprachliche Instanzen, stellen letztendlich nur eine Maskerade dar, die den Entschluß, das Begründungsprinzip außer Kraft zu setzen, verschleiern sollen.[674]

1.3.1.3 Zur (transzendentalpragmatischen) Begründung der Diskursethik: Das apriori der Argumentationsgemeinschaft

HABERMAS versucht, den Einwand des „Münchhausen-Trilemmas" gegen die Methode der Begründung zu entkräften.[675] Dabei knüpft er am Begriff der „Begründung" an. Versteht man darunter ausschließlich die *Deduktion* einer Folge aus einer Prämisse, so ist der Einwand von ALBERT absolut zutreffend.[676] Wird diese hingegen nicht als Deduktion, sondern als *Reflexion* aufgefaßt, so ist eine „letzte" Begründung wieder denkbar. Bei dieser Reflexion wird auf intersubjektiv erkennbare, „nicht rational hintergehbare Bedingungen", zurückgegriffen. Dadurch wird eine „letzte" Begründung, die nicht selbst aus etwas anderem – notwendigerweise Wahrem – deduziert ist, möglich. Dieser Rekurs auf ein transzendentalpragmatisches normatives Fundament soll im folgenden verdeutlicht werden.[677]

Das transzendentalpragmatische Begründungsprogramm wurde von APEL entwickelt. Diesem gelang es, Prinzipien auszuweisen, die im Sinne eines archimedischen Punktes einen Begründungsabbruch ermöglichen.[678] Dabei wird auf die allgemeinen Bedingungen rationaler Argumentation zurückgegriffen.[679] Tritt man in eine Argumentationssituation ein, so läßt man sich intuitiv auf be-

---

674 Vgl. Albert 1980: 14f..

675 Der Kritische Rationalismus trifft mit seinem Diktum des radikalen Fallibismus bereits ein Werturteil darüber, was als wissenschaftlich anzusehen ist. Damit wendet er sich von Verifikationen, Rechtfertigungen oder Begründungen allgemein ab. Im folgenden soll nicht die Fallibismusthese widerlegt werden, sondern aufgezeigt werden, daß auch andere Formen der Begründungen – entgegen dieser Auffassungen – rational sein können.

676 Zwischen Normen und ihren Begründungen besteht aber gerade keine logische Beziehung. Um diese Kluft zu überbrücken, wurde der Universalisierungsgrundsatz eingeführt. Normen können als allgemeingültig (gerecht) ausgewiesen werden, wenn ihnen alle Betroffenen zwanglos zustimmen können. Auch diese Argumentationsregel (Brückenprinzip) wird transzendental begründet. Vgl. Habermas 1996: 88-93.

677 Die Transzendentalpragmatik versucht zu zeigen, daß eine bestimmte Praxis (z.B. der Gebrauch der Sprache) gar nicht möglich ist, wenn das fragliche Prinzip (z.B. die Grammatik) von den Teilnehmern an dieser Praxis nicht bereits anerkannt ist (Wie sollen sich Menschen verständigen, die über keine gemeinsame Grammatik verfügen?). Erst die Anerkennung des Prinzips (Grammatik ist unbedingt erforderlich) ermöglicht die Teilnahme an der fraglichen Praxis (z.B. an einem Gespräch).

678 Diese Prinzipien sind ihrerseits dadurch begründet, daß sie sich sinnvoll gar nicht selber bestreiten lassen, ohne daß bereits auf sie zurückgegriffen wird.

679 Vgl. ausführlich Apel 1976a.

stimmte – noch zu ermittelnde – Verfahrensbedingungen ein (Archimedische Punkte).[680] Grundgedanke ist die Suche nach einem Bündel von Regeln, die nicht sinnvoll bestritten werden können.[681] Was sich aber nicht sinnvoll, d.h. ohne Selbstwiderspruch, bestreiten läßt, weil es im Moment des rationalen Bestreitens immer auch gleichzeitig vorausgesetzt werden muß, das stellt eine sichere, nicht hintergehbare normative Basis für alle rational argumentierenden Personen dar.[682] Die Strukturen potentieller Verständigung lassen sich also systematisch ermitteln, indem wir auf das reflektieren, „... was wir notwendigerweise immer schon bei uns selbst und den anderen als normative Bedingungen der Möglichkeit der Verständigung voraussetzen müssen und in diesem Sinne auch immer schon notwendigerweise akzeptiert haben“[683]. Die Situation des Argumentierenden ist unhintergehbar (transzendent), d.h., die Regeln und Voraussetzungen sinnvoller Argumentation sind verbindlich und lassen sich nicht rational widerlegen. Das normative Fundament liegt damit in diesen selbst. Eine *Äußerung/Handlung* ist hiernach *rational*, wenn sie unter den Voraussetzungen vernünftiger Argumentation die Zustimmung aller Betroffenen findet.[684]

Mit der *Methode der Reflexion* wird ein fundamentaler Einstellungswechsel vollzogen:[685] Es wird auf etwas zurückgegriffen, das bereits im Subjekt liegt und nicht beobachtet oder aus Prämissen abgeleitet werden kann, da dieses Wissen bereits vorausgesetzt und angewendet wird (Aufhebung der Subjekt-Objekt-Spaltung des Kritischen Rationalismus). Der zentrale Beweggrund für die Anerkennung der unhintergehbaren Regeln der Argumentation liegt also in der Gewißheit, die jedes sprachfähige Subjekt immer schon in sich trägt.[686]

1.3.2 Kommunikative Rationalität

HABERMAS versucht also, den strengen Gegensatz zwischen wissenschaftlicher, objektiver Rationalität und als irrational ausgewiesener Moralität, mit der *Methode der Begründung* zu überwinden. Hierzu führt er die Rationalität einer Handlung auf ihre Begründungsfähigkeit bzw. Kritisierbarkeit zurück und

---

680 Aus diesen pragmatischen Voraussetzungen kann schließlich auch der Universalisierungsgrundsatz der Diskursethik abgeleitet werden. Vgl. Habermas 1996: 92f. und 103.

681 Auf das apriori der Kommunikationsgemeinschaft soll an dieser Stelle nicht eingegangen werden. Vgl. Apel 1976a, insbesondere S. 220ff.

682 S. Habermas 1996: 91.

683 Habermas 1995c: 353.

684 Vgl. Habermas 1996: 103. Habermas unterscheidet zwischen sprachlichen Handlungen (=sprachliche Äußerungen) und nicht sprachlichen Handlungen (=Interventionen), die beide unter den Begriff der Handlungsrationalität zu fassen sind.

685 Vgl. Kambartel 1979: 54-63 und Backhaus 1979: 327-331.

686 Vgl. Brewing 1995: 136.

zeigt, daß auch Normen – ebenso wie Tatsachen – einer *Begründung* standhalten und damit als rational ausgewiesen werden können.[687]

Die Rationalität ergibt sich aus der durch Gründe motivierten (freiwilligen) Anerkennung durch die jeweiligen Aktoren (unter den Bedingungen der idealen Sprechsituation). Jeder kommunikativ Handelnde erhebt mit seiner Äußerung/Handlung bestimmte universale Geltungsansprüche, die kritisiert werden können und über die eine gemeinsame Anerkennung (Hintergrundkonsens) zu erzielen ist. HABERMAS unterscheidet die Geltungsansprüche *Wahrheit*, *Richtigkeit* und *Wahrhaftigkeit*.[688] Mit jeder Behauptung wird implizit ein *kritisierbarer Geltungsanspruch* erhoben. Dieser kann vom Hörer akzeptiert oder zurückgewiesen werden, d.h., er kann dazu mit Ja oder Nein Stellung nehmen.[689] Die Prüfung der Geltung dieses Anspruches erfolgt mit Hilfe von *Gründen*, die diesen stützen oder auch widerlegen können. Die Einsicht in die Geltung oder Nichtgeltung ist dabei auf die *Überlegenheit des besseren Argumentes* zurückzuführen. Eine Äußerung ist also nur dann *rational*, wenn der Aktor mit ihr einen Geltungsanspruch erhebt, der von allen Beteiligten akzeptiert wird.

Aktoren nehmen mit der Erhebung von Geltungsansprüchen jeweils Bezug auf bestimmte Gegebenheiten in der Welt.[690] Sie beziehen sich allerdings nicht nur auf Tatbestände in der objektiven Welt, sondern auch auf Sachverhalte in der sozialen oder subjektiven Welt. Es ergeben sich insgesamt drei formale Weltbezüge, die als gemeinsamer Interpretationsrahmen vorausgesetzt werden (vgl. Tab. 5 auf S. 131).[691] Die Kommunikationsteilnehmer ordnen die einzelnen Elemente ihrer Äußerungen in diesen Rahmen ein und nehmen (mindestens)

---

[687] Ursprünglich verwendete Weber den Ausdruck „rational" für solche Äußerungen/Handlungen, für die Gründe angegeben werden können. Habermas hält die durch Gründe motivierte Anerkennung von Geltungsansprüchen für das Schlüsselphänomen, auf das sich Versuche der Bestimmung des Rationalitätsbegriffes beziehen sollten. Vgl. Habermas 1995c: 445.

[688] Vgl. Habermas 1995a: 66. Hinzu tritt der Geltungsanspruch der Verständlichkeit, der zwar ebenfalls diskursiv einlösbar, aber eher als Vorbedingung für eine gelingende Kommunikation zu begreifen ist. Damit ist gemeint, daß sprachliche Handlungen wohlgeformt und regelrichtig sein müssen. Nur wenn die Kommunikation verständlich verläuft, kann sie aufrecht erhalten werden. Da dieser Geltungsanspruch im weiteren keinem speziellen Handlungsbegriff zugeordnet wird, bleibt er im folgenden unberücksichtigt. Vgl. Habermas 1995a: 67.

[689] Vgl. Habermas 1995a: 29; der Hörer würde demnach mit „Ja, es ist wahr, daß..." oder „Nein, es ist nicht wahr, daß..." Stellung nehmen.

[690] Vgl. zum Weltbegriff Bender 1988: 78. Die Welt bezeichnet diejenigen Bereiche, über die eine Verständigung stattfinden kann. Vgl. auch Kirsch 1997: 46.

[691] Vgl. Habermas 1995a: 126; je nachdem welchen Weltbezug ein Aktor unterstellt, wird erst ein spezifischer Geltungsanspruch relevant.

einen Weltbezug auf.[692] Erst dadurch wird deutlich, welchen Geltungsanspruch ein Aktor erhebt, bzw. wie er seine Aussage verstanden wissen will.[693]

Tab. 5: Weltbezüge

Objektive Welt	Soziale Welt	Subjektive Welt
• Gesamtheit der intersubjektiv geteilten Tatsachen	• Gesamtheit aller interpersonalen Beziehungen, die als legitim anerkannt werden	• Gesamtheit aller Erlebnisse, zu denen jeweils nur ein Individuum Zugang hat
• Bezugnahme auf das Existieren von Sachverhalten	• Bezugnahme auf die Geltung von Normen	• Bezugnahme auf das Haben von Erlebnissen/Gefühlen
• Geltungsanspruch der Wahrheit/Wirksamkeit	• Geltungsanspruch der Richtigkeit	• Geltungsanspruch der Wahrhaftigkeit

Quelle: In Anlehnung an Habermas 1997: 27-30; Habermas 1995a: 130-137; Habermas 1981: 138.

Aus den verschiedenen Weltbezügen und den damit korrespondierenden Geltungsansprüchen leitet HABERMAS die *drei* grundlegenden Handlungsbegriffe des *teleologischen,* des *normenregulierten* und des *dramaturgischen Handelns* ab.[694]

Teleologisches Handeln setzt eine Beziehung zwischen einem Aktor und der *objektiven Welt* voraus. [695] Der Aktor hat sich mit Hilfe seines *kognitiv-instrumentellen Wissens* eine Meinung über existierende Sachverhalte gebildet. Diese Meinungen können dahingehend objektiv beurteilt werden, ob sie mit dem, was tatsächlich in der Welt der Fall ist, übereinstimmen, d.h. wahr oder falsch sind.[696] Der teleologisch Handelnde erhebt den Geltungsanspruch der *Wahrheit.*[697] Analog kann er Intentionen im Sinne eines Wunsches, bestimmte

692 So ist es für die Deutung einer Situation von erheblicher Bedeutung, daß alle Teilnehmer wissen, worüber überhaupt Uneinigkeit besteht. Für den Fortgang einer Verständigung ist es zunächst erforderlich zu wissen bzw. sich darauf zu einigen, ob man über soziale Normen, Fakten oder die Aufrichtigkeit eines Teilnehmers diskutiert.

693 Die vom Sprecher eingenommene Einstellung ist maßgeblich dafür, ob er etwas als Bestandteil respektive Phänomen einer objektiven, sozialen oder subjektiven Welt konstituiert bzw. thematisiert. Vgl. Kirsch 1997: 46. Wird die Zuordnung nicht eindeutig vorgenommen, so kommt es in der Praxis vielfach zu Verständigungsproblemen, da über unterschiedliche Geltungsansprüche diskutiert wird und eine Einigung kaum möglich ist.

694 Vgl. Habermas 1995a: 126.

695 Vgl. Habermas 1995a: 126. Der Begriff des teleologischen Handelns steht seit Aristoteles im Mittelpunkt philosophischer Handlungstheorien. Allerdings ging es Aristoteles primär um die Wahrheit, während es beim neuzeitlichen teleologischen Handlungsbegriff um die Maximierung von Nutzen geht. Vgl. Kiss 1987: 55.

696 Vgl. Habermas 1995a:130.

697 Vgl. Salecker 1995: 66.

Sachverhalte zur Existenz zu bringen, formulieren. Auch diese Absichtssätze sind einer objektiven Beurteilung zugänglich. Die Maßnahme, mit der dieses Vorhaben realisiert werden soll, kann hinsichtlich ihrer *Wirksamkeit* beurteilt werden.[698]

Mit dem Begriff des *normenregulierten Handelns* ist das Agieren in einer sozialen Gruppe, das an Normen orientiert ist, gemeint.[699] In diesen Handlungsregeln verkörpert sich das *moralisch-praktische Wissen* der Angehörigen einer sozialen Gemeinschaft. Die Geltung einer Norm impliziert eine gewisse Verhaltenserwartung an alle Mitglieder, die sich in einer Situation, in der die Bedingungen für deren Anwendung gegeben sind, befinden.[700] Es müssen Beziehungen zwischen dem Aktor und der *objektiven* sowie der *sozialen* Welt unterstellt werden. Nach wie vor bezieht sich der Handelnde auf existierende Sachverhalte. Daneben agiert er als Teilnehmer einer sozialen Gemeinschaft auf Basis einer Reihe von intersubjektiv anerkannten Normen.[701] Diese konstituieren sich auf semantischer Ebene durch allgemeine Sollsätze oder Gebote, die für den Kreis der Betroffenen Gültigkeit beanspruchen. Ihre Anerkennung resultiert aus der Zustimmung aller Betroffenen, die eine bestimmte Norm für geeignet halten, um ein bestehendes Handlungsproblem im gemeinsamen Interesse zu regeln.[702] Mit dem normenregulierten Handeln unmittelbar verwoben ist demnach der Geltungsanspruch der *Richtigkeit* (im Sinne von „Gerechtigkeit").

Der Begriff des *dramaturgischen Handelns* liegt dem Agieren von Interaktionsteilnehmern zugrunde, die nicht unbedingt zu einer sozialen Gemeinschaft zählen, aber füreinander ein Publikum bilden. Ein Aktor, der sich z.B. auf sein *ästhetisch-expressives Wissen* bezieht, ist in diesem Rahmen in der Lage, ein Gefühl oder eine Stimmung aufrichtig zu äußern und Gründe dafür anzugeben, die einen Kritiker überzeugen könnten. Bei seiner expressiven Selbstdarstellung nimmt er damit Bezug auf ein ihm privilegiert zugängliches Erlebnis seiner subjektiven Welt.[703] Er versucht, sich selber darzustellen und eröffnet dem Publikum einen Teil seiner eigenen Subjektivität (z.B. Gedanken, Gefühle, Einstellungen).[704] Dramaturgisches Handeln setzt dabei eine Beziehung zwischen dem Aktor und seiner *subjektiven* (Innenwelt) sowie der *objektiven* Welt

698 Vgl. Habermas 1995a: 127.

699 In der Soziologie wird der Begriff einer Norm eng mit dem Rollenbegriff verbunden. In diesem Sinne sind unter Normen (a) ein Netz von Erwartungen bzw. (b) Verhaltensvorschriften, die in einer bestimmten Situation – in der die Norm Anwendung findet – an einen Rollenträger von seiner relevanten Umwelt herangetragen werden, zu verstehen. Vgl. König 1996: 85.

700 Vgl. Habermas 1995a: 127.

701 Vgl. Habermas 1995a: 132.

702 Vgl. Habermas 1995a: 133.

703 Vgl. Habermas 1995a: 35.

704 Vgl. Habermas 1995a: 138.

voraus. Anhand des Geltungsanspruchs der *Wahrhaftigkeit* kann eine Selbstdarstellung objektiv geprüft werden.[705] Die nachfolgende Tabelle faßt die zentralen Merkmale der einzelnen Handlungsbegriffe noch einmal kurz zusammen.

Tab. 6: Konstituierende Merkmale der drei Handlungsbegriffe

Kriterium	Teleologisches Handeln	Normen-reguliertes Handeln	Drama turgisches Handeln
Wissensform	Kognitiv-instrumentell	Moralisch-praktisch	Ästhetisch-expressiv
Weltbezug	Objektive Welt	Objektive und soziale Welt	Objektive und subjektive Welt
Geltungs-anspruch	Wahrheit/Wirksamkeit	Richtigkeit (Gerechtigkeit)	Wahrhaftigkeit

Quelle: Eigene Darstellung in Anlehnung an Habermas 1995a: 45.

Damit wird folgendes deutlich: Durch die Methode der Begründung können nicht nur wahrheitsfähige Tatsachen als rational ausgewiesen werden. Auch Normen bzw. Gefühle lassen sich anhand von Geltungsansprüchen kritisieren und mit Gründen bestätigen oder widerlegen. Der Begriff der kommunikativen Rationalität erweitert damit das Spektrum rationaler Handlungen um die beiden Dimensionen des normenregulierten und des dramaturgischen Handelns. Mit den Handlungsbegriffen eng verknüpft ist der Übergang vom strategischen zum kommunikativen Handeln.

2 Vom strategischen zum kommunikativen Handeln

Strategisches und kommunikatives Handeln sind Formen des *sozialen Handelns*.[706] Dieses läßt sich dadurch charakterisieren, daß es auf eine weitere Person bzw. ein „Subjekt" bezogen ist.[707] Mit beiden Handlungsformen werden bestimmte *Ziele* verfolgt. Dabei wird die jeweilige Handlung als Verwirklichung eines „Handlungsplanes" verstanden, der sich auf eine Definition der

705 Vgl. Habermas 1995a: 139. Auch hier lassen sich Gründe für oder wider die Geltung des Anspruchs der Wahrhaftigkeit anführen, etwa die Diskrepanz zwischen der Körperhaltung und dem gesprochenen Wort. Es stellt sich dabei die Frage, ob der Aktor die Erlebnisse, die er schildert, auch tatsächlich erlebt hat oder sie bloß vortäuscht bzw. sich ggf. über seine Gefühle, Stimmungen oder Erlebnisse selbst täuscht. Eine Rechtfertigung der eigenen Gefühle und Meinungen gelingt um so eher, je besser die Adressaten ihre eigenen Bedürfnisse und Gefühle wiedererkennen können.

706 Nicht-soziale Handlungssituationen liegen vor, wenn es sich bei dem Bezugsobjekt des Handelns um ein „Objekt" handelt. Habermas betrachtet allerdings nur soziale Handlungssituationen, da nur dort sprachliche Verständigung möglich ist.

707 Vgl. Habermas 1995a: 384.

Situation stützt.[708] Insofern ist die *teleologische Struktur* und die Annahme einer Situationsdeutung beiden Begriffen des sozialen Handelns gemeinsam. HABERMAS differenziert die beiden Formen insbesondere hinsichtlich der Art der *Koordination* der Handlungen. Damit beabsichtigt er, den Begriff des kommunikativen Handelns unabhängig vom strategischen Handeln zu explizieren und die Begriffe gleichberechtigt nebeneinander bestehen zu lassen.[709] Tabelle 7 verdeutlicht den Zusammenhang zwischen strategischem und kommunikativem Handeln.

Tab. 7: Handlungstypen

Soziale Handlungssituation	Strategisches Handeln	Kommunikatives Handeln
Handlungs-koordination	Erfolgsorientiert (Interessenlage/Erfolgskalküle)	Verständigungsorientiert (Normatives Einverständnis)

Quelle: Habermas 1995a: 384.

HABERMAS vertritt die These, daß sich die Koordinationsalternativen vornehmlich dadurch unterscheiden, welche *Einstellung* die Interaktionsteilnehmer *zueinander* einnehmen bzw. wie der jeweilige Aktor die von ihm wahrgenommene Interdependenz mit anderen Aktoren handhabt.[710] Dabei unterscheidet er die erfolgs- und verständigungsorientierte Handlungskoordination.

2.1 Strategisches Handeln

Im Rahmen des *strategischen Handelns* dominiert eine *erfolgsorientierte Einstellung*: Die Kommunikationsteilnehmer betrachten sich gegenseitig als „Objekte" der Umwelt, deren Handlungen sie in ihr Erfolgskalkül einbeziehen müssen. Ziel ist die Durchsetzung der eigenen Interessen, Positionen oder partikularen Standpunkte. Ein erfolgsorientiert handelnder Aktor ist ausschließlich an der Herbeiführung bestimmter Folgen interessiert.[711] Die Koordination geschieht dabei auf Basis empirischer Einwirkung bzw. durch Einflußnahme. Die Akteure versuchen also z.B. durch unmittelbare Eingriffe in die Handlungssituation, oder durch kalkulierte Einflußnahme auf die Entscheidungen der Gegenspieler, auf das Ergebnis einzuwirken. Jeder trachtet nach Maßgabe der eigenen Präferenzen seinen Nutzen dadurch zu maximieren, daß er in der gegebenen Situation die Wirkungen der verschiedenen Mittel oder Strategien abschätzt und dann die „op-

---

708 Vgl. Kirsch 1997: 44.

709 Vgl. Habermas 1995a: 151. Gleichzeitig schließen sich beide Handlungsformen gegenseitig aus. Ein Aktor A kann gegenüber einem Aktor B nicht gleichzeitig strategisch und kommunikativ handeln. Vgl. Kirsch 1997: 45.

710 Vgl. Kirsch 1997: 44f..

711 Vgl. Bender 1988: 76.

timale" Alternative auswählt.[712] Andere Kommunikationsteilnehmer interessieren dabei nur insoweit, wie sie entweder als Mittel zur Erreichung des eigenen Zweckes dienen, oder die eigenen Ziele behindern. Als Medien der Koordination fungieren in erster Linie Macht, Geld und Wettbewerb. Kommt kein Interessengleichklang zustande, so versuchen die Akteure sich gegenseitig z.B. durch Machtgebrauch so zu beeinflussen, daß eine Koordination erfolgen kann. Alle Beteiligten behalten dabei „... ihre individuellen Ansprüche und Interessenpositionen bei und verschränken sie für den Augenblick durch strategische Konzessionen nur insoweit, wie es auf Grund der Machtverteilung und der Einflußbemühungen geboten und subjektiv vorteilhaft ist; insofern ist erfolgsorientiertes Handeln von vornherein auf den Kompromiß – und nicht auf den Konsens – angelegt"[713].

2.2 Kommunikatives Handeln

Im Gegensatz zum strategischen Handelns nehmen die Akteure beim *kommunikativen Handeln* eine *verständigungsorientierte Einstellung* ein. Sie behandeln die anderen Beteiligten als *„Ko-Subjekte"*, mit denen sie sich über eine gemeinsame Situationsdefinition verständigen möchten.[714] „Verständigung funktioniert als handlungskoordinierender Mechanismus in der Weise, daß sich die Interaktionsteilnehmer über die beanspruchte Gültigkeit ihrer Äußerungen einigen, d.h. Geltungsansprüche, die sie reziprok erheben, intersubjektiv anerkennen."[715] Ziel ist die Herbeiführung eines argumentativ erzielten Einverständnisses über eine Situationsdefinition, auf deren Basis sie ihre Handlungen einvernehmlich einander anschließen können. Hierzu bringen die Beteiligten ihre individuellen Zielvorstellungen und das gesamte verfügbare Wissen ein, tauschen Gründe und Gegengründe aus und wägen diese gegeneinander ab. Bedürfnisse und Interessen anderer Aktoren werden dabei respektiert und als gleichwertig angesehen. Ergibt sich kein Interessengleichklang, so versuchen sie sich gegenseitig durch „gute Gründe" zu überzeugen. Dadurch verändern sich deren individuellen Präferenzen, „... so daß sich der Einzelne aus Einsicht und deshalb auch aus freien Stükken mit den gemeinsamen rationalen Zwecken und den Wegen, sie zu erreichen, identifizieren und sie mit verwirklichen kann"[716]. Das kommunikativ erzielte

---

712 Vgl. Steinmann/Schreyögg 1993: 80.

713 Steinmann/Schreyögg 1993: 80. Kompromisse stiften jedoch nur einen sehr labilen Frieden, da jede Änderung der subjektiven Erfolgsaussichten, etwa eine Verschiebung der Machtgrundlagen, einzelne Akteure veranlassen kann, ihre Handlungsstrategie zu ändern, um die eigene Position nachträglich zu verbessern.

714 Auch Smith sieht die Argumentation als den einzigen Weg der Annäherung an die (moralische) Richtigkeit. Vgl. Hope 1989: 114.

715 Habermas 1995c: 588.

716 Steinmann/Schreyögg 1993: 78.

Einverständnis ist damit auf das „bessere“ Argument und nicht auf Macht oder andere Einflußbemühungen zurückzuführen. Die Koordination der Handlungsabsichten erfolgt so, daß es zu keinem Abbruch der Beziehung kommt.[717]

2.2.1 Zur Theorie des kommunikativen Handelns

Kommunikatives Handeln überwindet die Einseitigkeit der zuvor erläuterten Handlungsbegriffe und führt sie systematisch zusammen.[718] Es werden alle drei Weltbezüge gleichzeitig berücksichtigt, was die Prüfung sämtlicher Geltungsansprüche ermöglicht. Ziel ist die Herstellung einer gemeinsamen *Situationsdeutung*, auf deren Grundlage die Handlungspläne miteinander in Einklang gebracht werden können.[719] Sie ist in dem Moment verwirklicht, in dem die Kommunikationsteilnehmer eine Einigung über *alle* intersubjektiv anzuerkennenden Geltungsansprüche erreicht haben. Die diversen Aktor-Welt-Beziehungen werden von den Kommunikationsteilnehmern selbst erzeugt, d.h., durch die thematische Betonung wird ein bestimmter Geltungsanspruch als dominant herausgestellt.[720]

Ein Sprechakt kann jedoch stets unter *jedem* der drei Ansprüche von den Kommunikationsteilnehmern zurückgewiesen werden.[721] Als wichtig hervorzuheben ist, daß die Weltbezüge nicht – wie in den übrigen Handlungsbegriffen – direkt, sondern *reflexiv* aufgenommen werden. Es wird also bereits ex ante die Möglichkeit berücksichtigt, daß die Geltung einer Äußerung von anderen Teilnehmern nicht geteilt wird. Ist dies der Fall, so besteht die Interpretationsaufgabe für alle Beteiligten darin, die verschiedenen Situationsdeutungen hinreichend zur Deckung zu bringen.[722] Dies geschieht dadurch, daß die einzelnen Äußerungen vor dem Hintergrund des gemeinsamen kulturellen Wissensvorrates (Lebenswelt) analysiert und die mit ihnen erhobenen Ansprüche an der entsprechenden Welt relativiert werden.[723] Dabei ist der problematische Weltbezug und der mit ihm

---

717 Vgl. Habermas 1995a: 385.

718 Vgl. Habermas 1995a: 148.

719 Vgl. Habermas 1995a: 118. Die einzelnen Geltungsansprüche rücken allerdings erst dann in das Blickfeld, wenn das Sprachspiel gestört und einer der Beteiligten das Sprechangebot ablehnt (Nein-Stellungnahme). In diesem Fall muß versucht werden, eine gemeinsame Situationsdeutung herbeizuführen.

720 Vgl. Kirsch 1997: 46.

721 Ein kommunikativ erzieltes Einverständnis bemißt sich damit an genau drei kritisierbaren Geltungsansprüchen, da die Aktoren die jeweiligen Sprechhandlungen in genau drei Weltbezüge einbetten und für sie unter jedem der Aspekte Gültigkeit beanspruchen. Vgl. Habermas 1995a: 413.

722 Vgl. Habermas 1995a: 150.

723 Darin kommt die Ansicht zum Ausdruck, daß sich Menschen in ihren Interessen und Neigungen nicht grundsätzlich unterscheiden, sondern es im Rahmen eines Kulturkreises einen gemeinsamen Kanon sozialisierter Interessen gibt, welcher von allen Beteiligten anerkannt wird. Vgl. Birnbacher/Hoerster 1997: 100.

korrespondierende Geltungsanspruch von den Akteuren aktiv herauszustellen und im weiteren zu begründen bzw. zu widerlegen.[724]

Kommunikatives Handeln zielt also auf die Lösung von Interessenkonflikten, ohne daß es zu einem Abbruch der Beziehung kommt. Es geht um die Herbeiführung eines gemeinsamen Situationsverständnisses, das sich dadurch auszeichnet, daß es allen Kommunikationsteilnehmern plausibel erscheint. [725] „Ergebnis muß nicht immer eine wirkliche Erkenntnis sein, jedoch *Problembewußtsein*, ein Bewußtsein von der Vielfalt und Vielschichtigkeit des zu Bedenkenden bei einer gegebenen Frage."[726] Daher kann auch ein Konsens über einen Dissens ein wichtiges Resultat kommunikativen Handelns sein.[727] Abbildung 10 auf S. 138 visualisiert das Vorgehen beim kommunikativen Handeln.

Diese Theorie betrachtet die vorhandenen Interessen und Meinungen als *veränderlich*: Mit dem Austausch von überzeugenden Gründen soll eine Modifikation der Präferenzen und Sichtweisen der Beteiligten erreicht werden.[728] Die Einschränkung der Interessen der verschiedenen Aktoren erfolgt durch gegenseitige Einsicht in triftige Argumente der übrigen Beteiligten.[729] Daran anknüpfend lassen sich gemeinsam Anschlußmöglichkeiten entwickeln, die aus Sicht aller Beteiligten sinnvoll und angemessen sind. Die Angleichung der Situationsdeutungen ist dabei nicht Ausdruck altruistischer Selbstaufgabe einzelner Akteure, sondern dient gerade der Verwirklichung der jeweiligen Ziele und Interessen.[730]

---

[724] In vielen Fällen ist den Diskussionsteilnehmern zu Beginn nicht klar, worüber eigentlich Uneinigkeit besteht. Insofern werden Argumente angeführt, die verschiedene oft nicht zur Disposition stehende Ansprüche stützen.

[725] Geht man von einer rationalen Motivation der Kommunikationspartner aus, so dürfte bereits im Rahmen dieser „Alltagskommunikation" eine Veränderung einzelner Ansichten erzielt werden. In den meisten Fällen ist den Teilnehmern nicht bewußt, welche Handlungsnorm sie tatsächlich anlegen. Wird diese Norm offengelegt, so kann der Opponent versuchen darzustellen, daß eine bestimmte Handlung entweder gar nicht unter diese Norm fällt oder daß diese im vorliegenden Fall nicht angemessen ist. Damit werden sich bereits einige Differenzen aufheben lassen.

[726] Raupach-Strey 1989: 114.

[727] Vgl. Lueken 1996: 71.

[728] Vgl. Seifert/Priddat 1997: 19.

[729] Vgl. Lueken 1996: 66. Es geht also darum, für die Geltung z.B. des Anspruchs auf Richtigkeit einer Aussage entsprechend tragfähige Argumente anzuführen. Im Gegenzug ist es aber auch möglich, daß ein Opponent einen Proponenten durch gute Gründe von der „Unrichtigkeit" der Äußerung überzeugt. Ist dieser Anspruch einvernehmlich widerlegt, so verliert die Aussage ihre Kraft für die vorliegende Deutung. Dieser Prozeß wird solange fortgeführt, bis alle Äußerungen im Hinblick auf ihre Berechtigung anerkannt oder widerlegt wurden. Sodann verfügt jeder Teilnehmer über einen (beinah) identischen Kanon von Aussagen, der die Situationsdeutung widerspiegelt und auf dem Handlungspläne aneinander angeschlossen werden können.

[730] Vgl. Habermas 1995a: 151.

Abb. 10: Prozeß des kommunikativen Handelns (stark vereinfacht)

Aussage:
„Wir sollten Drogentests in unserem Unternehmen einführen!"

(Aktor nimmt mit dieser Aussage verschiedene Weltbezüge auf und erhebt damit gleichzeitig drei verschiedene Geltungsansprüche (Die Maßnahme ist wirksam, sie ist richtig und ich halte sie tatsächlich für angebracht); Opponent akzeptiert diese Aussage oder weist sie unter (mindestens) einem Anspruch, hier dem der Richtigkeit, zurück.

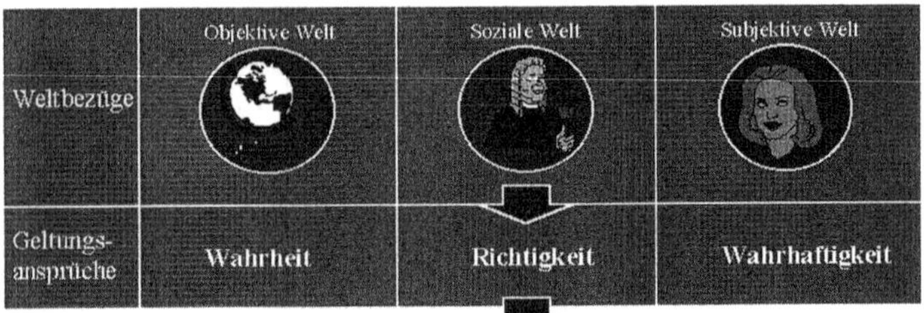

Proponent und Opponent führen unter den Bedingungen der idealen Sprechsituation Gründe für bzw. wider die Geltung dieses Anspruches an (Es ist richtig, weil ... bzw. es ist nicht richtig, weil ...).

Dadurch erweitert sich die Situationsdefinition systematisch. Ziel: Entwicklung eines gemeinsamen Situationsverständnisses, das als Basis für weitere Handlungen dient. Dieses ist erreicht, wenn kein Zweifel mehr an der Geltung der Aussage besteht oder die Aussage so modifiziert wurde, daß sie als gemeinsame Handlungsgrundlage dienen kann (z.B. Wir sollten nur Drogentests durchführen, wenn alle Mitarbeiter dieser Maßnahme zustimmen!).

Quelle: Eigene Darstellung.

2.2.2 Zur kommunikativen Rationalisierung der Lebenswelt

Die Theorie des kommunikativen Handelns spielt vor allem im Rahmen der Lebensweltentwicklung eine entscheidende Rolle. Eine Verständigung zwischen zwei oder mehreren Personen erfolgt stets vor dem Hintergrund einer *Lebenswelt*. Sie dient als Quelle für Situationsdefinitionen.[731] Es handelt sich um den gemeinsamen Lebenszusammenhang, der durch die Gesamtheit der Interpretationen begrenzt wird, die von den Angehörigen einer Kultur als Hintergrundwissen selbstverständlich vorausgesetzt wird.[732] Die Lebenswelt speichert diese Interpretationsleistungen vorangegangener (und gegenwärtiger) Generationen, auf die in Verständigungsprozessen zurückgegriffen wird: Diese *formale Gemeinsamkeitsunterstellung* ist erforderlich, damit die Sprecher auf etwas in

731 Vgl. Habermas 1997: 37-39; Habermas 1995a: 107. Der Begriff „Lebenswelt" bildet einen Komplementärbegriff zum kommunikativen Handeln und geht auf die phänomenologischen Lebensweltanalysen von Husserl zurück. Er wurde von Schütz/Luckmann weiter (phänomenologisch) präzisiert und von Habermas kommunikationstheoretisch gewendet. Vgl. Habermas 1995b: 192; Gröschner 1989: 98f..

732 Vgl. Habermas 1995a: 32.

einer für alle Teilnehmer identischen, intersubjektiv geteilten, sozialen Welt Bezug nehmen können.[733] Aus diesen unproblematischen, gemeinsam als garantiert unterstellten Hintergrundüberzeugungen bildet sich jeweils der Kontext des speziellen Verständigungsprozesses. Auch neue Situationen werden aus diesem vertrauten Wissensvorrat aufgebaut, indem auf bereits vorinterpretiertes Wissen Bezug genommen wird.[734] Dabei ist unter einer *Situation* derjenige Ausschnitt aus den lebensweltlichen Zusammenhängen zu verstehen, der durch das spezielle Thema[735] herausgehoben und durch Handlungsziele und -pläne präzisiert wird.[736] Nur ein solchermaßen begrenzter Bereich – und niemals die gesamte Lebenswelt – stellen den thematisierungsfähigen Kontext.[737]

Um zu einer konsensfähigen Situationsdefinition zu gelangen, müssen sich die jeweiligen individuellen Deutungen hinreichend überschneiden, ansonsten ist eine gemeinsame Interpretation erst zu leisten.[738] Tritt ein Dissens über die thematisierte Deutung ein, so werden einzelne Bestandteile des kulturellen Vorrats an Interpretationsmustern Gegenstand intellektueller Bearbeitung. Das problematisch gewordene Detail wird in diesem Fall versachlicht, damit eine objektive (reflexive) Stellungnahme möglich wird. Kulturelles Wissen wird also, soweit es in die Situationsdefinition eingeht, einem Test unterzogen: Es muß sich „an der Welt", d.h. an den Tatsachen, Normen und Erlebnissen bewähren. Erst nachdem eine *Verständigung* über das problematisierte Wissen erzielt wurde, fällt es wieder in den Hintergrund zurück und steht für weitere

733 Vgl. Habermas 1995a: 83. Die Lebenswelt bildet so ein Gegengewicht gegen das Dissensrisiko. Verständigung ist grundsätzlich nur möglich, wenn man auf ein Minimum an gemeinsam geteilten Überzeugungen zurückgreifen kann. Bei Verständigungsschwierigkeiten muß deshalb auch soweit zurückgegangen werden, bis über bestimmte Aspekte Einigkeit herrscht. Darauf ist im weiteren Prozeß der Verständigung aufzubauen.

734 Jedes Situationsverständnis kann sich auf ein globales Vorverständnis stützen; jede Situationsdefinition stellt ein Auslegen innerhalb eines Rahmens von bereits Ausgelegtem dar. Vgl. Habermas 1995b: 202; Habermas 1981: 138.

735 Ein Thema umschreibt den Relevanzbereich der Situationsbestandteile und entsteht im Zusammenhang mit Interessen und Handlungszielen. So ist das Thema „Arbeitszeitenregelung" grundsätzlich verschieden von dem der „Urlaubsplanung". Im Rahmen der Situationsdeutung werden die Teilnehmer auf vollkommen verschiedene Hintergrundüberzeugungen zurückgreifen und einen jeweils unterschiedlichen Situationshorizont aufreißen. Vgl. Habermas 1995b: 194.

736 Vgl. Habermas 1995b: 187. Situationen bestehen demnach *nur* aus den *situationsrelevanten Umständen* und besitzen eine Grenze, die sich jederzeit verschieben kann.

737 Die Lebenswelt bildet den Hintergrund für eine solche gemeinsame Definitionsleistung. Bevor ein Situationsbestandteil zu einem solchen wird, liegt er im Modus der lebensweltlichen Selbstverständlichkeit vor, er wird oft nicht einmal im strikten Sinne „gewußt". Erst in dem Moment, in dem bestimmte „Selbstverständlichkeiten" für eine Situation relevant werden, werden sie in Form konsentierten oder problematisierbaren Wissens mobilisiert. Sie verlieren ihre Trivialität und unhinterfragte Geltung und werden zum Gegenstand der Diskussion: Eine vom Sprecher vorgeschlagene Situationsdefinition wird dann bestätigt, modifiziert oder grundsätzlich in Frage gestellt. Vgl. Habermas 1995b: 186 und 189.

738 Vgl. Habermas 1995b: 185.

Interpretationsleistungen zur Verfügung. Die Lebenswelt ist grundsätzlich durch *zwei Dimensionen* gekennzeichnet:[739]

1. Durch *normativ zugeschriebenes Einverständnis*, d.h. durch bereits vorgegebene kulturelle Interpretationen;
2. Durch *kommunikativ erzielte Verständigung*, d.h. durch eigene Interpretationsleistungen.

Die Rationalisierung vollzieht sich damit über die *Dezentralisierung der Lebenswelt.* Sie ist um so rationaler, je mehr sie durch „kommunikativ erzielte Verständigung" und nicht über „normativ zugeschriebenes Einverständnis" bestimmt ist. Sie wird so zum „kritisierbaren Deutungssystem" und bildet nicht länger ein feststehendes, unhinterfragtes Gefüge.[740] In dem Umfang, in dem die Aktoren ihre Verständigung eigenen Interpretationen verdanken, verliert sie auch ihren präjudizierenden Einfluß auf die kommunikative Alltagspraxis. Die Menge der kulturell vorgegebenen und vielfach unreflektierten (und unbewußten) Interpretationsleistungen sinkt dabei kontinuierlich.[741] Kulturelles Wissen wird so im Rahmen der Lebensweltentwicklung permanent reproduziert bzw. erneuert.[742] Die Lebenswelt, die den Vorrat an konsentierten Deutungs- und Interpretationsmustern bereithält, wird dadurch zunehmend rationalisiert.[743] Immer mehr ungeprüftes Wissen und individuelle Meinungen werden somit Gegenstand der Kritik und Fortentwicklung.

3 Diskurstheorie: Zur Realisierung von Diskursen

Jede (sprachliche) Handlung ist – wie bereits gezeigt – mit bestimmten Geltungsansprüchen verknüpft, die kritisiert und im Rahmen eines Begründungsverfahrens akzeptiert oder widerlegt werden können.[744] Die (kommunikative)

---

739 Selbstverständlich lassen sich auch Weltbilder (wie z.B. das durch Hexerei, Orakel und Magie gekennzeichnete Weltbild der Zande) ausmachen, die ausschließlich durch Tradition geprägt sind.

740 Vgl. Habermas 1995a: 108 und 455.

741 Vgl. Habermas 1995b: 203.

742 Allerdings ist dieses Konzept laut Habermas noch kulturalistisch verkürzt, da auch individuelle Fertigkeiten und sozial eingelebte Praktiken zum Hintergrund der Lebenswelt zu zählen sind. Vgl. Habermas 1995b: 205. Im Rahmen dieser Arbeit wird von diesen Bestandteilen jedoch Abstand genommen, da der Schwerpunkt der Betrachtung auf unternehmenspolitischen Entscheidungsprozessen liegt und es in erster Linie um die Entwicklung des vorhandenen normativ-praktischen Wissens geht.

743 Dieser Prozeß ist nicht ganz so einfach, da die Grundlagen der Lebenswelt als so unproblematisch angesehen werden, daß sie nur schwer einer Kritik zugänglich sind, wenn sie überhaupt zu Bewußtsein kommen. Eine Rationalisierung erfolgt erst bei äußeren Problemen, wie beispielsweise Normenkollisionen. Vgl. Habermas 1981: 139.

744 Die Ähnlichkeit der Gedanken Smith mit der Diskurstheorie von Habermas werden besonders gut bei Streminger 1990: 49f. deutlich.

Rationalität einer Handlung ist von der Anerkennung dieser Geltungsansprüche abhängig. Das normative Fundament liegt in den Bedingungen und Regeln der Verständigung selbst. Eine Handlung ist rational, wenn die Prüfung des problematisierten Anspruches unter diesen Bedingungen erfolgt. Werden sie eingehalten, spricht man von einem *Diskurs*.[745]

3.1 Vorbemerkungen

Da sich die vorliegende Arbeit mit der Berücksichtigung gesellschaftlicher Interessen im Rahmen des unternehmenspolitischen/-strategischen Entscheidungsprozesses befaßt, werden die nachfolgenden diskurstheoretischen Ausführungen auf den *praktischen Diskurs,* der auf die Prüfung der *„Richtigkeit" von Handlungen* zielt, beschränkt.[746] Der (praktische) Diskurs stellt einen Sonderfall kommunikativen Handelns dar, der sich durch seine Thematik und seine Rahmenbedingungen von diesem unterscheidet. In ihm werden problematische Geltungsansprüche thematisiert und unter idealisierten Bedingungen auf ihre Berechtigung hin analysiert.[747] Ziel ist die Herausbildung intersubjektiver Überzeugungen auf der Basis der „besseren Argumente".[748] Das Hinarbeiten auf eine gemeinsam geteilte Auffassung setzt den Glauben an die Möglichkeit eines einvernehmlichen Konsens voraus. Dieser Glaube zielt auf die *Vernunft* des Menschen. Sie stellt das Geistesvermögen dar, Gründe zu erkennen und uns in unserer Urteilsbildung und unserem Verhalten durch diese bewegen zu lassen. Dieses Vermögen ermöglicht die Einigung zwischen konfligierenden Ansichten, da die Vernunft "... wenn ich ehrlich und ernsthaft bin, keine andere Wahl läßt, als dem anderen zuzustimmen, wenn dieser mir einen guten Grund für seine Auffassung zeigt"[749]. Insofern stellt die *Rationale Motivation* der

[745] Schnädelbach weist darauf hin, daß der Begriff des „Diskurses" bereits zum Modewort avanciert ist und im Bereich der Philosophie kaum deutlich definiert wird: Das Spektrum reicht von Foucault bis hin zu Habermas und bezeichnet sowohl Redesituationen, die durch Macht gekennzeichnet sind, als auch das Gegenstück des kommunikativen Handelns, wo der Diskurs sich durch machtfreie und symmetrische Bedingungen auszeichnet. Vgl. Schnädelbach 1989: 24-27. Vgl. zu den verschiedenen Formen und zum allgemeinen Verständnis des Begriffes des Diskurses auch Gronke 1996: 14 und 25.

[746] Ausgeklammert werden der theoretische Diskurs zur Prüfung der Wahrheit von Aussagen sowie die therapeutische Kritik zur Prüfung der Wahrhaftigkeit von Expressionen. Vgl. Habermas 1995a: 39-45.

[747] Vgl. Völzing 1979: 125.

[748] Vgl. Habermas 1995a: 62. Normalerweise stellen Interessen private bzw. subjektive Orientierungen dar, d.h., bestimmte Personen oder Gruppen planen oder führen Handlungen aus, ohne auf die durch ihre Handlungen sonst Betroffenen eine mehr als an den eigenen Interessen orientierte Rücksicht zu nehmen. Die potentielle Rechtfertigung gegenüber allen Betroffenen vermag, nach Ansicht Kambartels, jedoch die Augen der Beteiligten zu öffnen und Interessen in Richtung einer gemeinsamen Orientierung zu verändern. Vgl. ebd.: 65f..

[749] Krohn 1989: 10.

Teilnehmer, d.h. der *Wille zur Vernunft*, eine universale pragmatische Bedingung eines gelingenden Diskurses dar. Nur wenn das Motiv der kooperativen Suche nach Gerechtigkeit bei allen Teilnehmern dominiert, kann ein erzieltes kommunikatives Einverständnis als rational ausgewiesen werden.[750]

Im praktischen Diskurs werden keine Informationen, sondern *Argumente* ausgetauscht, die der *Begründung bzw. Widerlegung von Normen* dienen.[751] Strittige Normen gehen in diesen als Inhalte ein und werden in ihm begründet.[752] Damit übernimmt er die Funktion einer Reflexions- und Legitimationsbasis für alle Fragen moralisch-praktischer Grundvorstellungen.[753] Ziel ist ein begründeter *Konsens*, der allein dadurch ausgewiesen wird, daß er jederzeit und überall unter den Bedingungen der idealen Sprechsituation erreicht werden könnte. Ein so erzieltes Einverständnis ist nicht das Ergebnis von Kompensation und Kompromiß, sondern von wechselseitiger Überzeugung und gemeinsamer Situationsdeutung. Er ist damit speziell auf die Beilegung von Interessenkonflikten zugeschnitten.[754]

3.2 Zur Bestimmung der idealen Sprechsituation

Die Qualität (Rationalität) des Ergebnisses eines Diskurses bemißt sich anhand allgemeiner, transzendenter Kommunikationsbedingungen, die durch die ideale Sprechsituation ausgewiesen werden.[755] Dabei wird auf diejenigen Aspekte zurückgegriffen, die jemand, der in einen Diskurs eintritt, eigentlich immer schon voraussetzt bzw. unterstellt, wenn er zu einem „echten" Einverständnis gelangen will (apriori der Argumentationsgemeinschaft).[756] HABERMAS versucht, diese Bedingungen im Rahmen seiner Analysen systematisch aufzudecken.[757] Er unterscheidet zwischen strukturellen (prozessualen), prozeduralen und produktbezogenen Voraussetzungen einer idealen Sprechsituation.[758] Wichtig ist,

---

750 Vgl. Pojana 1985: 53; Ulrich 1981: 68.

751 Vgl. Habermas 1971: 130f..

752 Habermas geht dabei davon aus, daß sich mit den historischen Umständen auch die gültigen Normen ändern und damit eine Aktualisierung von Grundvorstellungen nicht nur möglich, sondern erforderlich wird. Vgl. Habermas 1996: 96.

753 Vgl. Skirbekk 1982: 57.

754 Vgl. Kettner 1993b: 333.

755 Vgl. auch Kunnemann 1984: 134-144.

756 Vgl. Habermas 1971: 140 und Skirbekk 1982: 57.

757 Habermas versucht, für jede der Bedingungen den Nachweis zu erbringen, daß sie zu den unvermeidlichen Argumentationsvoraussetzungen gehören. Vgl. Habermas 1992: 161 und Habermas 1996: 99-101.

758 Während er selbst vornehmlich auf die *idealen Strukturen* der Sprechsituation eingeht und diese als Bedingungen der „Idealen Sprechsituation" herausstellt, übernimmt er später die von anderen Autoren entwickelten Voraussetzungen – insbesondere die von Alexy entwickelten Diskursregeln – explizit in sein Programm. Vgl. Habermas 1971: 136-141 und im Gegensatz dazu Habermas 1996: 97-100 und Habermas 1995a: 47-49.

daß im Prinzip für jede der herausgestellten Bedingungen der Nachweis erbracht werden kann, daß sie zu den unausweichlichen Voraussetzungen zählt.[759]

3.2.1 Strukturelle (prozessuale) Voraussetzungen

Die *Strukturen der Sprechsituation* sollen eine systematische Verzerrung der Kommunikation ausschließen und die Argumentation in besonderer Weise gegen Ungleichheit und Repression schützen.[760] Es wird unterstellt, daß im Diskurs alle Handlungszwänge außer Kraft gesetzt sind und ausschließlich das bessere Argument zum Tragen kommt.[761] Versucht man, diese Idealisierung unter empirischen Gesichtspunkten zu konkretisieren, so kann eine systematische Verzerrung der Kommunikation nur dann ausgeschlossen werden, wenn alle Beteiligten die gleichen Chancen haben, ihre Argumente in den Diskurs einzubringen.[762] Nach HABERMAS müssen Redesituationen daher zunächst die folgenden beiden trivialen Bedingungen erfüllen:[763]

1. Alle möglichen Diskursteilnehmer müssen die gleiche Chance haben, Argumente einzubringen; jeder muß die Möglichkeit haben, jederzeit einen Diskurs zu eröffnen sowie durch Rede und Gegenrede Frage und Antwort zu stehen.
2. Alle Teilnehmer müssen die gleiche Chance haben, Deutungen, Behauptungen, Meinungen, Erklärungen oder Rechtfertigungen aufzustellen und deren Geltungsanspruch zu problematisieren, zu begründen oder auch zu widerlegen.

Weniger trivial sind die beiden weiteren strukturellen Voraussetzungen, die HABERMAS im Zusammenhang mit dem Ausschluß jeglichen (Handlungs-) Zwanges verbindet:[764]

---

759 Vgl. ausführlich Habermas 1996: 96-104. Hierzu zeigt er auf, daß derjenige, der eine solche, zunächst hypothetische Bedingung aufstellt, sich in performative Widersprüche verwickelt, wenn er diese Voraussetzung abstreitet. Im Gegensatz dazu ist Apel der Auffassung, daß die idealen Diskursbedingungen nicht abgeleitet, sondern ebenfalls im Diskurs erhoben werden müssen. Vgl. Apel 1989: 71.

760 „Ideal nennen wir im Hinblick auf die Unterscheidung des wahren vom falschen Konsensus eine Sprechsituation, in der die Kommunikation nicht nur nicht durch äußere kontingente Einwirkungen, sondern auch nicht durch Zwänge behindert wird, die aus der Struktur der Kommunikation selbst sich ergeben. Die ideale Sprechsituation schließt systematisch Verzerrungen der Kommunikation aus." Habermas 1971: 137.

761 Vgl. Gripp 1984: 52.

762 S. Habermas 1971: 137.

763 Vgl. Habermas 1973: 255.

764 S. Habermas 1973: 256.

1. Am Diskurs dürfen nur solche Sprecher teilnehmen, die als Handelnde gleiche Chancen haben, repräsentative Argumente zu verwenden, d.h. ihre Einstellungen, Meinungen und Empfindungen kundzutun.
2. Zum Diskurs sind nur Sprecher zugelassen, die als Handelnde über gleiche Chancen verfügen z.B. Befehle zu erteilen oder sich ihnen zu widersetzen, Erlaubnis zu geben oder bestimmte Sachverhalte zu verbieten, Versprechen zu geben oder abzunehmen, sich zu rechtfertigen oder eine Rechtfertigung zu verlangen usw. Nur die *vollständige Reziprozität der Verhaltenserwartungen*, die jede Privilegierung ausschließt, kann eine Gewähr dafür bieten, daß jede Form von *Herrschaftszwängen* ausgeschlossen werden kann.

Die strukturellen Merkmale der Redesituation lassen sich also dadurch kennzeichnen, daß zum einen jeder von außen wirkende Zwang, außer dem des besseren Arguments, ausgeschlossen wird (Zwanglosigkeit). Zum anderen ist ein Diskurs nur bei symmetrischen Bedingungen (Chancengleichheit) zu realisieren.[765]

3.2.2 Prozedurale Voraussetzungen

Betrachtet man Diskurse unter *prozeduralen Gesichtspunkten*, so erscheinen Argumentationen als Verständigungsprozesse, die so geregelt sind, daß Proponent und Opponent in Form einer kooperativen Arbeitsteilung problematisch gewordene Geltungsansprüche prüfen können. Hierzu wird vorausgesetzt, daß die Beteiligten einen problematisch gewordenen Geltungsanspruch thematisieren und, „... von Handlungs- und Erfahrungsdruck entlastet, in hypothetischer Einstellung mit Gründen und nur mit Gründen prüfen, ob der vom Proponenten verteidigte Anspruch zu Recht besteht oder nicht“[766]. Im Rahmen eines praktischen Diskurses ist begründend darzulegen, ob eine strittige Norm Geltung beanspruchen kann. Allein das bessere Argument entscheidet über die Anerkennung einer bestimmten Norm. Diese kooperative Suche nach Gerechtigkeit wird als Wettbewerb eingerichtet, bei dem es darum geht, das Gegenüber zu überzeugen bzw. die individuellen Situationsdeutungen durch Argumente aneinander anzunähern.[767] Für diese spezielle Form der Interaktion sind besondere Voraussetzungen erforderlich. Hierzu zählen neben der Zusammensetzung

---

765 Habermas weist darauf hin, daß es bestimmter institutioneller Voraussetzungen bedarf, um die unvermeidbaren empirischen Beschränkungen sowie die vermeidbaren internen und externen Einwirkungen zu neutralisieren. Vgl. Habermas 1996: 102. Ulrich macht darauf aufmerksam, daß eine solche Institutionalisierung nur im Rahmen einer konkreten Kommunikationssituation sinnvoll ist, was im vierten Teil dieser Arbeit aufgegriffen wird. Vgl. Ulrich 1993: 293 und Teil IV, Kap. 3.

766 Habermas 1995a: 48.

767 Vgl. Habermas 1996: 98.

von Diskursen auch verschiedene persönliche Dispositionen der Teilnehmer sowie die im folgenden näher auszuführende Handlungs-/Entscheidungsregel.[768]

3.2.2.1 Handlungs- und Entscheidungsregel

Um zu einem Abbruch der Begründungen zu gelangen, stellt sich die Frage, wann eine Handlung/Äußerung als „richtig" anzusehen ist. Im Mittelpunkt steht hier der (Universalisierungs-) *Grundsatz „U"*, der die Rolle einer *Argumentations-/Entscheidungsregel*[769] übernimmt: Demnach muß „... jede gültige Norm der Bedingung genügen, daß die Folgen und Nebenwirkungen, die sich aus ihrer *allgemeinen* Befolgung für die Befriedigung der Interessen *jedes* Einzelnen voraussichtlich ergeben, von *allen* Betroffenen zwanglos akzeptiert werden können"[770]. Damit wird die Idee der Gültigkeit verallgemeinerungsfähiger Handlungsnormen (KANT) aufgegriffen: Was als moralisch richtig gelten soll, müssen alle vernünftigen Personen auch tatsächlich wollen können.[771]

Diese universalistische Auffassung der Diskursethik geht unter anderem auf MEAD zurück, der die einzige Möglichkeit der Überprüfung der Frage „Was ist richtig?" darin sieht, zu fragen, ob alle im Spiel befindlichen Interessen beachtet werden. Bei moralischen Problemen sind das alle Meinungen, die miteinander in Konflikt/Widerspruch stehen. Ethische Urteile können niemals allein vom eigenen Standpunkt aus getroffen werden, da man zum einen schnell

---

768 Habermas subsumiert auch die Kompetenz- und Relevanzregeln sowie die Ordnung der Themen und Beiträge unter die prozeduralen Voraussetzungen. Vgl. Habermas 1996: 98. Zu den Voraussetzungen der „Idealen Sprechsituation" werden nur solche gezählt, die nachweislich zu den unausweichlichen Bedingungen einer Argumentation zählen. Daher werden diejenigen Regeln, die nur in konkreten Situationen von Belang sind, an dieser Stelle nicht aufgeführt. Vgl. hierzu ausführlich Alexy 1978: 22-51.

769 Diese Argumentationsregel fungiert als Prinzip zur Herbeiführung eines rational motivierten Einverständnisses über strittige moralisch-praktische Fragen in praktischen Argumentationen. Habermas wendet den Kategorischen Imperativ damit von einer Handlungsmaxime zum Begründungsprinzip. Vgl. Habermas 1992: 31 und 54. Auch diese Argumentationsregel läßt sich ihrerseits transzendentalpragmatisch begründen. Vgl. Habermas 1996: 88-93.

770 Habermas 1992: 32.

771 Vgl. Lorenzen 1989: 44 und 49. Um diese tiefgreifende Überlegung zu verstehen, sei auf folgendes aufmerksam gemacht: In alltäglichen Handlungssituationen kommt durch eine bestimmte Konstellation *einer* am Konflikt beteiligten Person/Personengruppe die Entscheidungskompetenz zu. Im vorliegenden Fall hängt es vom Top-Management eines Unternehmens ab, ob das Interesse der Betroffenen berücksichtigt wird oder nicht; die Betroffenen selbst haben kaum Einfluß auf diese Entscheidung. „Wer so der Entscheidung eines anderen wehrlos ausgeliefert ist, kann nicht akzeptieren, daß der andere entscheidet, ohne die Interessen der von seiner Entscheidung Betroffenen überhaupt ins Auge zu fassen." Heckmann 1993: 149. Insofern ist eine Entscheidung nur „gerecht", wenn sie die äußere und innere Situation des anderen berücksichtigt und abwägt, was die Entscheidung für das Leben des/der Betroffenen bedeutet. Die Asymmetrie der Entscheidungssituation führt zu einer zusätzlichen Verantwortung.

versucht ist, bestimmte, gegen die eigenen Interessen gerichtete Meinungen zu übersehen und zum anderen jene zu betonen, mit denen man sich identifiziert.[772] Erst die rationale Auseinandersetzung mit *allen* auftretenden Standpunkten führt zu gerechten Entscheidungen. Hierzu ist eine *unparteiische, unvoreingenommene* Beurteilung *sämtlicher* Aspekte erforderlich.[773] So wie die Wissenschaft *alle* zum Problem gehörigen Fakten kennen und erheben muß, um zu einer optimalen Problemlösung zu gelangen, so müssen auch *alle* relevanten Perspektiven zunächst ermittelt und rational gegeneinander abgewogen werden.[774]

Konkret bedeutet dies, daß nur diejenige Norm Geltung beanspruchen darf, welche die Zustimmung aller Betroffenen findet oder finden könnte.[775] Die (voraussichtlichen) Konsequenzen einer Handlungsregel für die Befriedigung der Interessen eines jeden einzelnen müssen in jeder besonderen Situation von allen akzeptiert werden können.[776] *Jeder* hat sich hierzu in die Lage eines *jeden anderen* zu versetzen und zu versuchen, die verschiedenen Beweggründe reflexiv nachzuvollziehen (ideale Rollenübernahme). Der real praktizierte Diskurs garantiert, daß solche Projektionen auch faktisch stattfinden. Dabei wird unterstellt, daß ein moralisch urteilendes Subjekt nicht für sich allein, sondern nur zusammen mit allen übrigen Betroffenen prüfen kann, ob eine kritische Norm als allgemeine Praxis im gemeinsamen Interesse aller liegt.[777]

Ein zwangloses Einverständnis ist somit nur über das Vehikel guter Gründe zu erzielen, die um so einsichtiger werden, je besser es den Teilnehmern gelingt,

---

772 Mead 1973: 438.

773 Während Mead dabei noch von einem Individuum ausgeht, daß sich in alle möglichen Standpunkte hineinversetzen soll und sich dabei von den eigenen, selbstsüchtigen Interessen freisprechen muß, wendet Habermas diesen Ansatz dialogisch.

774 Daß dies möglich ist zeigt der Autor mit folgendem Zitat: „Wir sind ganz entscheidend mit unseren eigenen Interessen identifiziert. Man besteht aus seinen eigenen Interessen; und wenn sie frustriert werden, wird von der derart verengten Identität gewissermaßen ein Opfer verlangt. Dieser Umstand sollte zur Entwicklung einer umfassenderen Identität führen, die sich mit den Interessen anderer Personen identifizieren kann. Meiner Meinung nach fühlen wir alle, daß man die Interessen anderer auch dann anerkennen muß, wenn sie den eigenen Interessen entgegenstehen, und daß der dieser Erkenntnis folgende Mensch nicht etwa sich selbst opfert, sondern zu einer umfassenderen Identität wird." Mead 1973: 437.

775 Wichtig ist dabei allerdings die *Einsicht* in die Zustimmung aus der Perspektive aller Betroffenen, was weit über eine rein fiktive Interessenkalkulation – wie z.B. bei Rawls vertragstheoretischem Modell – hinausweist. Vgl. Habermas 1996: 103; Habermas 1992: 12 und 32.

776 Vgl. Alexy 1978: 48.

777 S. Habermas 1992: 60.

von ihren individuellen Ansprüchen und persönlichen Bindungen zu abstrahieren und eine gemeinsame ideale Rollenübernahme zu praktizieren.[778]

3.2.2.2 Diskursteilnehmer

„Gerechte" Entscheidungen zeichnen sich dadurch aus, daß *alle* betroffenen Interessen angemessen berücksichtigt werden. Dieser Forderung wird sicherlich am besten Rechnung getragen, wenn möglichst *jeder Betroffene* am Argumentationsprozeß auch *real* beteiligt wird.[779] Allerdings ergeben sich hier zahlreiche *praktische Beschränkungen*, die eine solche Beteiligung unmöglich machen.[780]

Neben *zeitlichen Restriktionen*, die darauf zurückzuführen sind, daß unternehmerische Entscheidungen in der Regel einem zum Teil enormen Handlungsdruck unterliegen und relativ schnell getroffen werden müssen, stehen vor allem *sachliche Restriktionen* im Vordergrund. Die Komplexität (und damit Undurchschaubarkeit) einer Entscheidungssituation ist in vielen Fällen so hoch, daß nicht alle Betroffenen ermittelt werden können. Zudem wird ihre Zahl in vielen Fällen so groß sein, daß eine diskursive Lösung von vornherein hinfällig wird.[781] Daneben sprechen auch Fragen der „Geheimhaltung" von Unternehmensstrategien bzw. -handlungen gegen eine Einbindung solcher Unternehmensexterner: Werden Informationen über Unternehmenspläne zu früh öffentlich bekannt, so können sich daraus leicht wettbewerbspolitische Nachteile ergeben (z.B. indem Konkurrenzunternehmen neue Produkte eher auf den Markt bringen oder mögliche Gegenmaßnahmen, z.B. beim Bekanntwerden einer geplanten Übernahme, ergreifen). Auch *räumliche Restriktionen* verhindern eine Einbindung aller Betroffenen, da unternehmerische Wirkungen sich nicht allein auf den Nahbereich begrenzen und damit auch Menschen in den Diskurs eingebunden werden müßten, die aufgrund der Entfernung gar nicht an diesem teilnehmen können.

---

778 Natürlich kann eine solche Rollenübernahme auch vom Individuum selbst vorgenommen werden. Ein solcher ins „Innenleben" verlegter Diskurs, bei dem sich das Individuum in die Lage eines jeden anderen versetzt, kann aber niemals eine diskursive Rollenübernahme ersetzen, da die durchgespielten Argumentationen sich immer nur auf den Bereich der von diesem Individuum bereits erfahrenen Gründe erstreckt. Sie bleiben reine Gedankenexperimente und weit hinter dem real durchzuführenden Diskurs zurück, da häufig erst die tatsächliche Betroffenheit gute Gründe ans Licht zu bringen vermag, die von anderen Individuen nicht in diesem Umfang erfahren werden können. Vgl. Heckmann 1993: 150.

779 Vgl. Habermas 1996: 99, Ulrich 1993: 292.

780 Vgl. ausführlich Steinmann/Löhr 1994a: 86-93, siehe ebenso Osterloh/Tiemann 1996: 49. Kambartel 1979: 68, Backhaus 1979: 347.

781 Ein funktionsfähiger Diskurs, in dem jeder gegenüber jedem argumentieren kann, ist auf eine relativ kleine Zahl von Beteiligten zu beschränken. Vgl. Ulrich 1993: 314f.; nach Heckmann sollte die Teilnehmerzahl (maximal) zwischen 8-12 Personen liegen. Vgl. Heckmann 1993: 15.

Daneben ergeben sich weitere, insbesondere *personelle Probleme*. So erfordern Diskurse neben einer hohen kommunikativen Kompetenz (z.B. Argumente verständlich zu formulieren) auch eine besondere Bereitschaft der Teilnehmer, die Bedingungen des Diskurses herzustellen und einzuhalten, die nicht unbedingt vorausgesetzt werden kann. Auch stellt die moralische Urteilskompetenz[782] eine zentrale Bedingung des Diskurses dar, die nicht bei allen Menschen entsprechend ausgebildet ist. Ebenso ist zu berücksichtigen, daß auch gar nicht alle Betroffenen unbedingt an einer Argumentation teilnehmen wollen.

Diese unvermeidbaren Schwierigkeiten, die mit einer realen Beteiligung aller Betroffenen verbunden sind, werden in der Literatur auf unterschiedliche Art und Weise gelöst:[783] So werden vor allem der „stellvertretende", der „fiktive" oder der „fingierte" Diskurs vorgeschlagen.[784]

I. <u>Stellvertretender Diskurs:</u>

Eine sehr praktikable, gleichwohl aber prinzipienadäquate Lösung wird von ULRICH vorgebracht.[785] Die Betroffenen sind in Form einer gestuften Repräsentation über Stellvertreter in den Diskurs einzubinden (Interessenvertreter). Hierbei ist zumindest eine teilweise Identität von Interessen und Betroffenheit auszumachen.

II. <u>Fiktiver Diskurs:</u>

Diese Variante geht auf APEL zurück und beschreibt die Lösung des Problems durch die „einsame Entscheidung" eines „Einzelnen".[786] Hiernach handelt derjenige ethisch, der versucht, in einem fiktiven Dialog alle antizipierbaren Argumente der von einer Entscheidung Betroffenen mit in seine eigenen Überlegungen einzubinden.[787]

III. <u>Fingierter Diskurs:</u>

KAMBARTEL schlägt eine weitere Variante vor, die nur von mehreren Argumentationsteilnehmern durchgeführt werden kann: Da die moralische Qualität eines Urteils von der Vollständigkeit der Situationsbeschreibung abhängig ist, müssen alle Teilnehmer für sämtliche Betroffene erwägen, welche Gründe die-

---

782 Vgl. zur moralischen Kompetenz die Ausführungen Teil IV, Kap. 3.2.2.

783 Daß Habermas nicht tatsächlich an eine unbegrenzte Teilnahme gedacht hat, wird aus der Diskursregel deutlich. Dort führt er explizit aus, daß eine Norm die zwanglose Zustimmung aller – sofern diese an einem realen Diskurs teilnehmen würden – finden *könnte* (und nicht finden *muß*).

784 Vgl. Lorenzen 1974: 42; Kambartel 1974: 68.

785 Vgl. Ulrich 1993: 314f..

786 S. Apel 1976a: 434f..

787 Vgl. Steinmann/Löhr 1994a: 87. Dieser Vorschlag geht auf Kant zurück und würde im Prinzip einen „Rückschritt" ins Monologische bedeuten. Das einsame Individuum wird hiermit wieder zum Maß der Dinge.

se vorbringen würden. Eine solche Argumentation, bei der Teilnehmer und Betroffene nicht identisch sind, macht das Mitdenken für andere erforderlich.[788] Wichtig bei diesem Ansatz ist jedoch die Tatsache, daß nach wie vor ein Diskurs real durchzuführen ist und faktisch alle relevanten Interessen Berücksichtigung finden müssen.[789] Mit Blick auf die Praxis der Unternehmensführung gilt es damit zu konkretisieren, welche der angeführten Möglichkeiten geeignet ist, die Besonderheiten der unternehmenspolitischen/-strategischen Entscheidungsfindung optimal zur Geltung zu bringen.[790]

3.2.2.3 Persönliche Dispositionen der Teilnehmer

Nach der Frage der Diskursteilnahme werden drei weitere, als unvermeidliche Argumentationsvoraussetzungen angesehene Bedingungen expliziert.[791] Es handelt es sich vor allem um persönliche Dispositionen der Argumentationsteilnehmer, die individuelle Voraussetzungen einer Diskursethik darstellen und zum Teil geschult bzw. eingeübt werden müssen. Neben dem „Willen zur Vernunft“ gehören hierzu:

I. Aufrichtigkeit:

Nach HABERMAS äußert sich ein Sprecher aufrichtig, „... wenn er die Intention, die er im Vollzug seiner Sprechakte zu erkennen gibt, sich oder anderen nicht bloß vortäuscht, sondern tatsächlich meint - wenn er beispielsweise ein Versprechen, das er gibt, auch halten will; oder eine Behauptung, die er macht, auch verteidigen will“[792]. Diese Forderung ist unumgänglich:[793] Werden z.B. bestimmte Konsequenzen dramatisiert oder heruntergespielt, so kann keine kooperative, rationale Willensbildung stattfinden.[794] Ein einvernehmlicher Handlungsanschluß ist nur möglich, wenn alle Situationsaspekte aufrichtig angeführt und diskutiert werden.[795] Für unternehmerische Diskurse ist ein weiterer

788 Vgl. Kambartel 1976: 86.

789 Daraus ergeben sich natürlich erhebliche Probleme, die damit verbunden sind, die Interessen nicht am Diskurs Beteiligter angemessen zu erheben und zu berücksichtigen. Sicherlich kann eine solche Situationsdeutung immer auch nur vorläufigen Bestand haben, da Interessen entweder vergessen oder z.B. fehlerhaft interpretiert wurden.

790 Vgl. Teil III, Kap. 4.2.1.

791 Vgl. Bender 1988: 83f..

792 Damit läßt sich „... eine *Begründung* verstehen als ein *rationaler Dialog* (oder der Entwurf eines solchen Dialoges), der zur *Zustimmung aller Beteiligten* dazu führt, daß die in Frage stehende Orientierung *bei allen Betroffenen* in einer für diese *fingierten unverzerrten Kommunikationssituation zur Zustimmung* gebracht werden kann.“ Habermas 1971: 131.

793 Vgl. Habermas 1996: 100f..

794 Vgl. Völzing 1979: 63.

795 Vgl. Völzing 1979: 63-65 und Habermas 1996: 98 und 100f.. Kommen z.B. nach der Entscheidung Bedenken an der Wahrhaftigkeit auf, so kann dies einschneidende Folgen für die Willensdurchsetzung haben, da das Vertrauen der Beteiligten enttäuscht wurde und sie sich damit nicht mehr an eine Entscheidung gebunden fühlen. Auch die zukünftige kooperative Willensbildung

Aspekt besonders hervorzuheben. Zur Aufrichtigkeit der Teilnehmer zählt auch die Voraussetzung, daß *sämtliche vorhandenen* und *relevanten* Informationen allen Teilnehmern zugänglich gemacht werden. Es dürfen daher keine Argumente zurückgehalten oder z.B. aus strategischen Überlegungen heraus verschwiegen werden.

II. Unparteilichkeit/Transsubjektivität:
Keiner der Beteiligten hat ein Interpretationsmonopol. Die Richtigkeit von Handlungsvorschlägen liegt nicht bereits im vorhinein fest, sondern ist erst im Rahmen eines Diskurses zu ermitteln.[796] Jeder Kommunikationspartner muß bereit sein, seine theoretischen und praktischen Orientierungen in Frage zu stellen und sie vorbehaltlos zu verändern, wenn ihn gute Gründe davon überzeugen.[797] Jeder Teilnehmer muß sich zunächst in jede andere Perspektive hineinversetzen und im Anschluß daran die Position eines unparteiischen Beobachters einnehmen, der aus einer gewissen Distanz die eigenen und fremden Interessen und Ansprüche beurteilt.[798] Damit werden divergierende Meinungen nicht durch Macht und Gewalt, sondern durch Transzendenz gelöst. Die eigene Subjektivität des faktischen Wollens und Meinens wird dadurch überwunden und eine integrierende Sichtweise erlangt.[799]

III. Gegenseitige Anerkennung als „vernünftige, gleichberechtigte Subjekte":
Der Begriff der Vernünftigkeit bezeichnet die Fähigkeit rationaler, an Geltungsansprüchen orientierter Kommunikation.[800] Jeder Diskursteilnehmer muß in der Lage sein, der Form und dem Inhalt nach Gründe vorzutragen, die eine

wird damit erschwert, da Vertrauen i.d.R. erst aus einer gewissen Kontinuität erwächst und einmal zerstört nur schwer wieder zu erzielen ist. Prägt aber Mißtrauen das Kommunikationsverhältnis, so ist ein Diskurs kaum mehr möglich, da keiner der Beteiligten zu Eingeständnissen bereit ist und jeder seinen eigenen Vorteil durchzusetzen trachtet. *Vertrauen* stellt damit eine zentrale Komponente Kommunikativen Handelns dar.

796 S. Raupach-Strey 1989: 112; Bender 1988: 86.

797 Vgl. Kambartel 1974: 66f..

798 Diese Unterstellung ist ebenfalls nicht-hintergehbar, denn eine gemeinsame Interpretation kann nicht zustande kommen, wenn jeder auf seinem eigenen Standpunkt beharrt. Die Vernunft gebietet es, die Position des Gegenübers zumindest als verständlich zu bezeichnen, wenn er dafür gute Argumente anbringt. Akzeptiert man aber die Beweggründe, so ist zumindest eine Erweiterung der eigenen Situationsdeutung – um Elemente der Definition des Gegenübers – unumgänglich. Wer auf dem Standpunkt steht, allein seine Position zu verteidigen, tritt allenfalls in einen Schlagabtausch oder eine Verhandlung, nicht aber in eine Argumentation ein. Nur aus der Bereitschaft zu genauem und einfühlendem Zuhören und Miteinander-Sprechen, im Sich-öffnen für die Argumente und Anfragen anderer und in der gemeinsamen, sorgfältig abwägenden Suche kann ein Ergebnis gefunden werden, dem alle Beteiligten zustimmen können. Vgl. Raupach-Strey 1989: 115.

799 Vgl. Gröschner 1989: 101.

800 Vgl. zum Ideal des mündigen Bürgers Ulrich 1993: 319.

gute Chance haben, auf Zustimmung zu stoßen. Allerdings müssen die Teilnehmer die Gesprächspartner auch als vernünftig bzw. gleichberechtigt anerkennen.[801] Ein Ziel des Diskurses ist die Veränderung der Präferenzen und Sichtweisen. Dies setzt das Zutrauen in die Diskurspartner voraus, daß sie die Fähigkeit dazu mitbringen, überzeugende und sinnvolle Argumente anzuführen. Wird diese Kompetenz den Beteiligten nicht zugestanden oder fühlt man sich anderen Teilnehmern gegenüber überlegen, so kann kein Diskurs zustande kommen, da der Gesprächspartner von vornherein nicht bereit sein wird, die eigene Sichtweise in Frage zu stellen.[802]

Neben den strukturellen und prozeduralen Voraussetzungen werden aber auch verschiedene Anforderungen an die Art bzw. Struktur der vorgebrachten Argumente gestellt. Diese Bedingungen werden unter den Begriff der produktbezogenen Voraussetzungen gefaßt.

3.2.3 Produktbezogene Voraussetzungen

Diskurse sind darauf angelegt, *triftige*, aufgrund innerer Eigenschaften überzeugende Argumente hervorzubringen, mit denen Geltungsansprüche eingelöst werden können.[803] „Ein Argument ist die Begründung, die uns motivieren soll, den Geltungsanspruch einer Behauptung oder einer Empfehlung/Warnung anzuerkennen."[804] Es stellt sich die Frage, worin deren überzeugende Kraft liegt: Diese resultiert nach HABERMAS nicht aus der logischen Konsistenz von Sätzen (Deduktion) oder aus Erfahrungsevidenzen, sondern ergibt sich aus den formalen Eigenschaften von Argumentationszusammenhängen.[805] Er greift zur Erläuterung auf die Arbeit von TOULMIN zurück.[806] Dieser weist darauf hin, daß praktische Argumentationen nicht aus einer Kette von logisch miteinander verknüpften Sätzen, sondern von Sprechakten, bestehen.[807] Da es sich bei diesen nicht um Aussagen, sondern um Behauptungen, Erklärungen oder Rechtfertigungen handelt, ist der Übergang zwischen den einzelnen Sprechakten nicht ausschließlich logisch oder empirisch zu erklären.[808] Das „bessere Argu-

801 Habermas 1971: 130.

802 Ungeduld und Überheblichkeit sind in den meisten Fällen die Folge einer fehlenden Anerkennung. Vgl. auch Raupach-Strey 1989: 113. In der betrieblichen Praxis dürften insbesondere Statusunterschiede dazu führen, daß die Meinung des Gegenübers (hier des Mitarbeiters) nicht ernst genommen wird. Glaubt man, aufgrund seiner Position den besseren Überblick oder die größere Erfahrung zu haben, so kann kein Diskurs mit anderen Personen zustande kommen.

803 Vgl. Habermas 1995a: 48.

804 Habermas 1995c: 162.

805 Vgl. Habermas 1995c: 161

806 Vgl. Toulmin 1975.

807 Vgl. zur Sprechakttheorie von Habermas 1995c: 103-225 und Pojana 1985: 42f..

808 An dieser Stelle wird häufig das philosophische „Gesetz" der Nichtableitbarkeit des Sollens (Empfehlung) aus dem Sein (empirischer Tatbestand/Gründe) angeführt. Vgl. Völzing 1979: 39.

ment" muß aus diesem Grunde nicht (logisch) „notwendig" oder „möglich" sein, sondern zunächst nur als *„triftig"* bezeichnet werden. Es geht – grob gesagt – darum, Argumente zu finden, die nicht schlicht deduktiv aus dem Vorangehenden gefolgert werden, sondern die den eigenen Standpunkt *plausibel* erscheinen lassen.

TOULMIN weist nach, daß die Überzeugungskraft von Argumenten eng mit der Art und Weise ihrer Strukturierung verknüpft ist.[809] Hiernach sind alle Argumentationsbereiche z.B. Argumentationen in der Mathematik, der Ethik oder der Psychologie, gleichermaßen einer rationalen Beurteilung zugänglich. Unterschiede liegen vor allem in der *Art der Gründe* und *Beurteilungsstandards*, die bei der Begründung von Behauptungen angeführt werden.[810] Die Form der Argumentation wird durch vier Elemente strukturiert, die nachfolgend knapp erläutert werden. Da das Verständnis des Argumentationsschemas von TOULMIN für den Fortgang der Arbeit von besonderer Bedeutung ist, erfolgt die Erklärung zunächst an einem leicht verständlichen Alltagsbeispiel und wird später auf den Bereich der Wirtschaft übertragen.

Eine Argumentation beginnt in der Regel damit, daß eine *Behauptung bzw. Konklusion (K)* aufgestellt wird. Im vorliegenden Fall könnte die Behauptung lauten: „Es wurde ein Verstoß gegen die Straßenverkehrsordnung begangen." Als Begründung für diese Schlußfolgerung (K) wird auf bestimmte Tatsachen Bezug genommen, die als *Daten (D)* bezeichnet werden. Hier: „Weil der Fahrer 70 km/h in geschlossener Ortschaft gefahren ist." Daß ein Verstoß gegen die StVO begangen wurde, ist jedem deutschen Bürger sicherlich einsichtig.[811] Einem Fremden aber müßte gezeigt werden, in welcher Weise diese Tatsache für die Schlußfolgerung Relevanz besitzt.[812] Angeführt werden würde explizit eine *Schlußregel (SR)*, die den Übergang von der angeführten Tatsache zur Behauptung erlaubt. Als eine solche Brücke sollen allgemeine Aussagen dienen. Hier z.B. „Wer nachweislich mehr als 50 km/h in einer geschlossenen Ortschaft fährt, hat einen Verstoß gegen die StVO begangen". In ganz allgemeiner Form sieht die (einfache) formale Struktur von Argumenten also folgendermaßen aus:

---

809 Vgl. Toulmin 1975: 86. Theoretisch müßte auch der Nachweis erbracht werden, daß diese Strukturierung von „überzeugenden" Argumenten zu den unausweichlichen Voraussetzungen sinnvoller Argumentation gehört, den Habermas allerdings nicht erbringt.

810 Vgl. Toulmin 1975: 156.

811 Vgl. Toulmin 1975: 91.

812 Ganz zentral ist dabei die Feststellung Toulmins, daß hier keine neuen Gründe angeführt werden müssen, die einen Verstoß rechtfertigen, sondern lediglich gezeigt werden muß, warum die Tatsachen den Übergang zur Schlußfolgerung rechtfertigt. Vgl. Toulmin 1975: 89.

Abb. 11: (Einfache) Formale Struktur von Argumenten nach TOULMIN

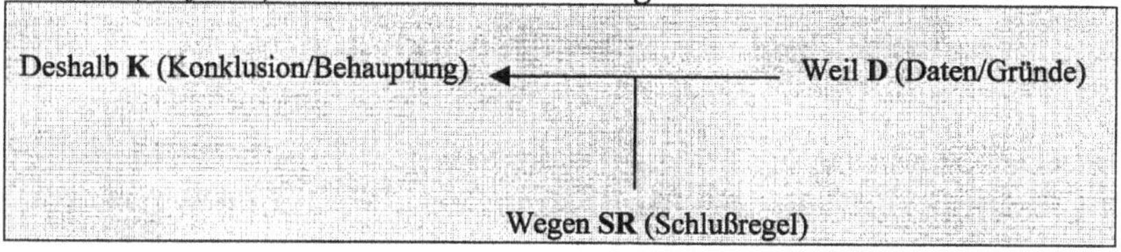

Quelle: In Anlehnung an Toulmin 1975: 90.

Das Schema macht deutlich, daß aus den als Begründung herangezogenen Daten (D) unmittelbar die Schlußfolgerung (K) gezogen wird. Die Schlußregel (SR) übernimmt damit die Aufgabe, explizit die Zulässigkeit dieses Schrittes auszudrücken und sie auf eine größere Klasse von Schritten zurückzuführen, deren Zulässigkeit vorausgesetzt wird.[813] Sie erlaubt den Schritt von (D) nach (K). Der Unterschied zwischen Daten und Schlußregeln liegt darin, daß auf Daten explizit und auf Schlußregeln meist nur implizit Bezug genommen wird. Darüber hinaus sind letztere allgemein, während sich erstere auf die korrekte Beschreibung einer Situation beziehen.

Nun kann es sein, daß ein Opponent die Schlußfolgerung durchaus akzeptiert, die Schlußregel jedoch als nicht allgemein zulässig kritisiert.[814] Damit bedarf die Schlußregel einer Stützung (S). Im vorliegenden Beispiel würde der Proponent wahrscheinlich auf den entsprechenden Gesetzestext verweisen und erläutern, „ ... weil das in § xy der StVO so verbindlich geregelt ist". Daraus ergibt sich das folgende erweiterte Argumentenschema:

Abb. 12: (Erweiterte) Formale Struktur von Argumenten nach TOULMIN

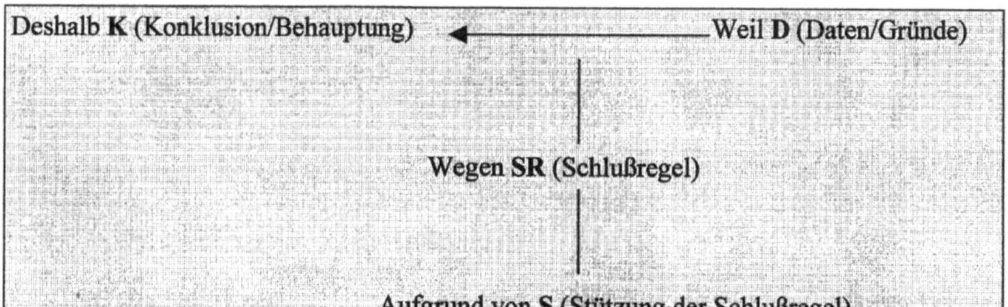

Quelle: In Anlehnung an Toulmin 1975: 95.

---

813 S. Toulmin 1975: 91.

814 Allerdings ist die Stützung der Schlußregel nicht in jedem Fall erforderlich. Es kann sein, daß die Schlußregel auch ohne Stützung als allgemeingültig erachtet wird. Vgl. Toulmin 1975: 97.

Es gilt nun zu erläutern, welche Bedeutung die einzelnen Elemente im Rahmen einer *ethischen Diskussion* einnehmen. Während die Überlegungen in bezug auf die *Art der Gründe* und *Schlußregeln*, die zur Rechtfertigung einer Behauptung herangezogen werden, noch relativ naheliegend sind, ändert sich beim Übergang von einem Argumentationsbereich zu einem anderen insbesondere die *Art der Stützung*, auf die zur Begründung der Zulässigkeit der Schlußregel verwiesen werden muß.[815] HABERMAS macht aufbauend auf den Ausführungen von TOULMIN zur theoretisch-empirischen Argumentation für den Bereich *praktischer Argumentationen* den folgenden Vorschlag:[816]

Tab. 8: Symbolbedeutungen

Symbol	Bedeutung	Theoretisch-empirische Argumentation	Praktische Argumentation
K = Konklusion	Sprachliche Äußerung, die mit Argumenten belegt werden soll	Behauptung	Empfehlung/Gebot
Geltungsanspruch	–	Wahrheit	Richtigkeit
gefordert	–	Erklärung	Rechtfertigung
D = Daten	Fakten, die jemand explizit anführt, um seine Handlung oder Meinung zu erklären	Ursachen (bei Ereignissen) Motive (bei Handlungen)	Gründe
SR = Schlußregel	Allgemeine Grundsätze, die als Maßstab zur Erklärung meist implizit herangezogen werden	Empirische Gleichförmigkeiten, Gesetzeshypothesen usw.	Handlungs-/ Bewertungsnormen oder -prinzipien
S = Stützung	Belege der Zulässigkeit und Gültigkeit der allgemeinen Grundsätze	Beobachtungen, Befragungsergebnisse, Feststellungen usw.	Angabe von gedeuteten Bedürfnissen (Werten), Folgen, Nebenfolgen usw.

Quelle: Eigene Darstellung in Anlehnung an Habermas 1995c: 164f..

Die erklärungs- bzw. rechtfertigungsbedürftige Handlungsempfehlung (K) wird mit Gründen (D), die unmittelbar auf eine Situation Bezug nehmen, belegt. Als Schlußregel (SR), die den Übergang von (D) nach (K) erlaubt, fungiert im

815 Vgl. Toulmin 1975: 94.

816 Toulmin läßt die Frage, wie Schlußregeln im Bereich der Ethik begründet werden sollen in seinen Ausführungen offen. Vgl. Toulmin 1975: 95.

Rahmen praktischer Argumentationen eine allgemeine Handlungsnorm.[817] Es stellt sich nun die Frage, wie diese Norm ihrerseits gestützt werden kann, d.h., wie eine Stützung (S) aussehen muß, die ein hinreichendes Motiv ist, die Handlungsnorm als gültig zu akzeptieren. Denn nur wenn zwischen (S) und (SR) keine deduktive Beziehung besteht und (S) gleichwohl eine hinreichende Motivation dafür ist, (SR) für plausibel zu halten, so ist dieses Argument *triftig*.[818]

Nach HABERMAS ergibt sich die Berechtigung von (S) zu (SR) überzugehen durch das *Universalisierungsprinzip*.[819] Dieses dient im vorliegenden Fall als Brücke. Hiernach sind alle Normen, die partikulare, nicht verallgemeinerungsfähige Interessen verkörpern, als nicht konsensfähig auszuschließen. Es ist also mit Hilfe von (S) zu prüfen, ob eine Norm (SR) als Handlungsgrundlage, der alle am Diskurs beteiligten Personen zustimmen können, gelten kann. Hierzu sind deskriptive Hinweise auf Folgen und Nebenfolgen der Normenanwendung für die Erfüllung allgemein akzeptierter Bedürfnisse anzubringen. Die konsenserzielende Kraft des Arguments beruht demnach auf dem durch *Universalisierung* gerechtfertigten Übergang von (S) zu (SR).[820] Zur Verdeutlichung nachfolgendes Beispiel:[821]

Abb. 13: Beispiel eines triftigen normativen Argumentes

- *Rechtfertigungsbedürftige Empfehlung (K):* Du sollst A bis Ende der Woche die 50,- DM zurückgeben.
- *Rechtfertigung (D):* Weil A dir das Geld nur für vier Wochen geliehen hat.
- *Begründung durch eine Handlungsnorm (SR):* Darlehen sollen innerhalb der entsprechenden Frist zurückerstattet werden.
- *Stützung (S):* Darlehen ermöglichen den flexiblen Einsatz knapper Ressourcen.

Quelle: Eigene Darstellung in Anlehnung an Habermas 1995c: 164.

Dabei bleibt folgendes unberücksichtigt: Handlungsempfehlungen werden mit dem Anspruch auf Richtigkeit verlangt/verboten. Der Opponent bestreitet die

---

817 Nach Völzing sind Gründe lediglich zu interpretierende Kriterien für eine Handlung, die nur verstehend erschließbar und damit zahlreichen Irrtümern ausgesetzt sind: Zum Verständnis einer Empfehlung ist in der Regel eine ausführliche Situationsschilderung aller relevanten Umstände erforderlich, so z.B. zum Verstehen des Tatmotivs eines zu Verurteilenden, was bei der Verurteilung eine nicht zu unterschätzende Rolle spielt. Beispiel: Warum hat ein Top-Manager horrende Summen von Unternehmensgeldern unterschlagen? War sein Motiv z.B. „persönliche Bereicherung", „Notlage" oder sonstiges? Vgl. Völzing 1979: 34-38.

818 S. Habermas 1995c: 164.

819 Vgl. Habermas 1996: 90; Habermas 1995c: 166f..

820 S. Habermas 1995c: 166; Pieper 1991: 181.

821 S. Habermas 1995c: 165.

Richtigkeit dieses Vorschlages, indem er bestimmte Argumente als Begründung anführt. Der Proponent wird allerdings seinerseits ebenfalls zur Begründung auf Argumente Rückgriff nehmen. Der problematische Geltungsanspruch einer Empfehlung wird also dadurch zu begründen versucht, daß beide Parteien Argumente für bzw. wider die Richtigkeit anführen. Das bessere Argument zeichnet sich dann dadurch aus, daß die Anwendung der Handlungsnorm (SR) im allgemeinen Interesse liegt und den analytischen Übergang von (D) nach (K) erlaubt.[822] Was aber, wenn in einer Handlungssituation zwei (oder mehr) Argumente als triftig ausgewiesen werden können, zwischen denen ein grundsätzlicher Konflikt besteht?

Im praktischen Diskurs sind also zunächst passende begründende oder erklärende Handlungsregeln (SR) zu generieren. So wird eine wechselseitige Annäherung zwischen dem konkreten Sachverhalt und den relevanten Handlungsnormen, auf die zur Begründung Bezug genommen wird, zu erreichen versucht. In vielen Fällen ermöglicht der Kontext eine Begründung durch ganz verschiedene Bewertungsnormen, die jeweils für sich durch (S) als allgemein gültig ausgewiesen werden können, jedoch in Konflikt miteinander stehen. Die Universalisierung von Handlungsnormen führt in einem solchen Fall noch zu keinem Ergebnis, da damit die Frage nach der „Richtigkeit" einer *Handlung* noch nicht gelöst ist (möglicherweise spricht eine allgemeine Norm dafür und eine dagegen). Tabelle 9 auf Seite 157 soll diesen Zusammenhang anhand eines Beispieles verdeutlichen.

Aus diesem Grunde ist die Diskursethik von HABERMAS auch sehr heftig mit dem Einwand einer unzureichenden Berücksichtigung der jeweiligen besonderen Situation konfrontiert worden. Der Nachweis der Allgemeingültigkeit einer Norm reicht nämlich nicht aus, Normenkollisionen aufzulösen und zu entscheiden, welche Handlungsempfehlung als richtig einzuschätzen und zu befolgen ist. Darauf ist noch ausführlich einzugehen, da die Anwendung von Normen in konkreten unternehmerischen Situationen das Hauptproblem der Top-Management-Willensbildung darstellt.[823] Dabei ist unter anderem zu konkretisieren, wie eine sinnvolle Stützung (S) der allgemeinen Handlungsnormen (SR) im Fall unternehmenspolitischer/-strategischer Entscheidungen auszusehen hat.[824]

---

[822] Vgl. Habermas 1995c: 164.
[823] Vgl. Teil III, Kap. 4.3.
[824] Vgl. Teil III, Kap. 4.3.2.

Tab. 9: Beispiel zur Aufstellung von triftigen Argumenten (Hier: Einführung von Drogentests in einem Unternehmen)

Bedeutung	Argument I	Argument II
Empfehlung/Gebot (K)	Wir sollten keine Drogentests einführen, ...	Wir sollten Drogentests einführen, ...
Gründe/Rechtfertigung (D)	... weil dadurch Informationen über das Privatleben der Arbeitnehmer bekannt werden.	... weil das die Gefahr verringert, daß aufgrund von Drogen Unfälle passieren.
Handlungs-/Bewertungsnormen oder –prinzipien (SR)	Arbeitnehmer haben das Recht auf Privatsphäre am Arbeitsplatz.	Arbeitnehmer haben das Recht auf Sicherheit am Arbeitsplatz.
Hinweis auf Folgen oder Nebenwirkungen der Normenanwendung auf die Erfüllung allgemein akzeptierter Bedürfnisse (S)	Privatsphäre am Arbeitsplatz sichert das Selbstvertrauen, die allgemeine Arbeitszufriedenheit und das Vertrauen in die Firmenleitung.	Sicherheit am Arbeitsplatz schützt die Gesundheit und das Leben der Arbeitnehmer.

Quelle: Eigene Darstellung in Anlehnung an Brown 1996: 52-59.

4 Kritik und Grenzen der Diskursethik: Zur Frage der Übertragbarkeit der Theorie des kommunikativen Handelns auf das Top-Management

Die Ausführungen zur Theorie des kommunikativen Handelns haben gezeigt, daß auf Basis einer *gemeinsamen Situationsdefinition* eine einvernehmliche Koordination der Handlungen verschiedener Aktoren erzielt werden kann. HABERMAS geht davon aus, daß Konflikte im sozialen Bereich dadurch entstehen, daß die Verhaltenserwartungen, die aus bestimmten Normen des Zusammenlebens resultieren, mindestens eines Beteiligten enttäuscht werden. Über das Medium der Sprache läßt sich ein Konsens über die Berechtigung dieser Erwartung erzielen. Hierbei geht es in erster Linie um die Prüfung von Geltungsansprüchen einer problematisch gewordenen Handlungsnorm. Deren Gültigkeit (oder auch Ungültigkeit) ergibt sich aus der Einsicht in das bessere Argument und bringt insofern eine hohe Bindungswirkung für alle Beteiligten mit sich.[825] Durch diese Art der Handlungskoordination grenzt sich das kommunikative vom strategischen Handeln ab. HABERMAS tritt den Nachweis an, daß auch Normen *rational* begründet werden können: Die Grundlagen liegen in

[825] Vgl. Steinmann 2000: 17.

den notwendigen Bedingungen vernünftigen Argumentierens, die jeder, der in eine Argumentation eintritt, bereits als gültig voraussetzt.[826]

Wie diese zu gestalten sind, zeigt er in seiner Konzeption der idealen Sprechsituation. Er stellt damit einen formalen Bezugsrahmen bereit, der die Voraussetzungen interpersonaler Verständigung transparent macht und die friedliche Beilegung von Handlungskonflikten erheblich erleichtert. Hierbei wird ein Verfahren, der sogenannte Diskurs, ausgezeichnet, das die Betroffenen zur Prüfung strittiger Geltungsansprüche anwenden können. Die Diskursethik bietet jedoch keine Regeln an, aus denen moralische Inhalte einfach abgeleitet werden können. Sie bewahrt ihre strenge inhaltliche Neutralität und bleibt formal. „Indem sie eine Prozedur der Willensbildung auszeichnet, macht sie Platz für die Betroffenen, die in eigener Regie Antworten auf moralisch-ethische Fragen finden müssen, welche mit geschichtlicher Objektivität auf sie zukommen!“[827]

Der „moral point of view“ liegt – wie bei SMITH – in der *unparteiischen* Beurteilung moralischer Fragen. Hierzu ist es erforderlich, daß alle Teilnehmer sich in die Situation eines jeden, von der Geltung einer Norm Betroffenen, eindenken („ideale Rollenübernahme“).[828] Erst wenn auf diese Weise ein Ergebnis zustande kommt, dem alle Beteiligten (freiwillig) zustimmen können, ist eine Handlung als „gerecht“ auszuweisen. Insgesamt zeigt HABERMAS mit seinem Konzept eine neue Perspektive für die Bearbeitung moralischer Probleme auf, die auch für die Top-Management-Arbeit fruchtbar gemacht werden kann. Die Theorie des kommunikativen Handelns ist in der Folge nicht ohne Kritik geblieben. Die wichtigsten Monita werden nachfolgend vorgestellt, um daran anknüpfend eine realistische Einordnung der Diskursethik vorzunehmen und die Umsetzbarkeit auf Ebene des Top-Managements zu diskutieren. Zunächst ist jedoch die grundsätzliche Frage zu erörtern, ob der hier vorgestellte Bezugsrahmen überhaupt auf betriebswirtschaftliche Zusammenhänge anwendbar ist.

4.1 Zur Frage der Übertragbarkeit der Diskursethik auf das Handeln in und von Unternehmen

Ausgangspunkt der Ausführungen zur Theorie des kommunikativen Handelns bildet das *Problem der Handlungskoordination.* Dieses stellt sich sowohl auf Ebene der Gesellschaft als auch auf Ebene ihrer Subsysteme: Die Koordination von Handlungen ist ebenfalls elementarer Gegenstand unternehmerischen Handelns.[829] Es stellt sich die Frage, ob sich die als Gesellschaftstheorie konzipierte

826 Vgl. Ulrich 1990b: 129.
827 Habermas 1986: 32.
828 Vgl. Bender 1988: 85.
829 Vgl. Steinmann/Schreyögg 1993: 77.

Diskursethik auch auf den unternehmerischen Kontext und die Top-Management-Entscheidungsfindung im besonderen übertragen läßt. *Unternehmen sind integrale Bestandteile der Gesellschaft.*[830] Insofern stellen sie auch gesellschaftliche bzw. moralische Akteure dar.[831] Die Anwendung einer als Gesellschaftstheorie konzipierten Ethik ist insofern konsequent. SMITH schreibt der Koordination über den gegenseitigen Perspektivenwechsel einen bedeutenden Stellenwert im Rahmen seiner Theorie der Marktwirtschaft zu. Auch HABERMAS sieht Raum und Anwendungsmöglichkeiten für eine verständigungsorientierte Handlungskoordination im Bereich der Unternehmen. So führt er als Beispiel für Versuche, argumentativ auf die Haltung eines Interaktionsteilnehmers Einfluß zu nehmen, die Übernahme einer neuen Unternehmensstrategie sowie die Einführung einer neuen Technik in der Produktion an.[832] Außerdem weist er in Anlehnung an TOULMIN auf die Regeln der Argumentation hin, die für die Sprachspiele und Lebensordnung der Unternehmensführung konstitutiv sind. Für ihn stellt der Bereich des Managements ein repräsentatives Feld der Argumentation dar, das einer Analyse dringend zugänglich gemacht werden muß.[833] Allerdings eröffnet sich die Frage, ob angesichts der *aktuellen Rahmenbedingungen* unternehmerischen Handelns eine verständigungsorientierte Handlungskoordination auf Ebene des Top-Managements überhaupt zum Tragen kommen kann.

Unternehmerisches Handeln vollzieht sich stets im Spannungsfeld interner und externer Anforderungen, die nicht prognostiziert werden können. Sie bedürfen einer situationsgerechten Problemlösung. Die *Bewältigung* von Konflikten, die moralisch-praktische Gesichtspunkte betreffen, entzieht sich einer erfolgsorientierten Koordination über die Medien Markt, Gesetz und Macht.[834] Angesichts des steigenden moralischen Rechtfertigungsdrucks, kann damit prognostiziert werden, daß in Unternehmen normativ eingebettetes, kommunikatives Handeln in Anspruch genommen werden muß.[835]

„Es ist Funktionsbedingung des Handelns in und von Unternehmen, daß Wert-, Norm- und Interessenkonflikte bis zu einem gewissen Grad *auch* einvernehmlich gelöst werden. Handlungskoordination ist ohne ein gewisses Maß an (kommunikativer) Kooperation nicht denkbar."[836]

---

830 Vgl. Apel 1997: 270; Bierich 1995: 190.
831 Vgl. Beschorner 2000: 73; Leisinger 1997: 19.
832 Vgl. Habermas 1995a: 56.
833 Vgl. Habermas 1995a: 59.
834 Die Koordination über Macht wird insbesondere beim Stakeholder-Ansatz thematisiert, der allerdings ebenfalls bei der Legitimation unternehmerischen Handelns versagt.
835 Vgl. Staffelbach 1987: 436.
836 Brewing 1995: 229.

Formale und standardisierte Regelungen setzen die für die soziale Integration wesentliche sprachliche Verständigung in Unternehmen partiell außer Kraft. In der Praxis vernetzen sich die Interaktionen jedoch auch innerhalb solcher formal organisierten Handlungsbereiche immer noch über diesen Mechanismus.[837] „Wenn alle genuinen Verständigungsprozesse aus dem Inneren der Organisation verbannt würden, ließen sich weder die formell geregelten Sozialbeziehungen aufrechterhalten noch die Organisationsziele verwirklichen."[838] Damit stellt HABERMAS die Bedeutung sprachlich vermittelter Koordination für das „System Unternehmen" explizit heraus. Zwar dominiert in Unternehmen nach wie vor die erfolgsgerichtete Vermittlung von Handlungen.[839] Verständigungsorientierte Handlungskoordination gewinnt jedoch einen immer größeren Stellenwert. Sie ergänzt systematisch die Steuerung unternehmerischen Handelns über erfolgsorientierte Medien.[840] Einer Übertragung der Diskursethik auf das Handeln in und von Unternehmen stehen also weder aus wissenschaftlicher, noch aus pragmatischer Sicht grundlegende Bedenken entgegen.

4.2 Kritik der Diskursethik: Zu den prozeduralen Bedingungen der idealen Sprechsituation

Der wohl größte Vorbehalt gegenüber der Diskursethik wird gegen die Konstituierung der idealen Sprechsituation erhoben. Hier, so wird moniert, handele es sich um eine „weltfremde Utopie", da die Bedingungen in der Realität niemals erfüllt werden können.[841] Die größten Bedenken richten sich gegen das Vorhandensein der notwendigen *persönlichen Voraussetzungen* der Diskursteilnehmer:[842] Warum sollte ein Beteiligter z.B. auf der Grundlage der idealen Rollenübernahme von seinen eigenen Interessen abstrahieren und die Interessen der anderen in letzter Konsequenz wie die eigenen behandeln? Wieso sollte er auf die Wahrnehmung seines Machtpotentials oder die Ausnutzung von Informationsvorteilen (z.B. Informationsasymmetrien) verzichten? Auch die Viel-

837 Vgl. Habermas 1995b: 458f..

838 Habermas 1995b: 460.

839 Allerdings betont Habermas, daß Organisationsmitglieder in der Regel unter Vorbehalt kommunikativ handeln. Sie wissen, daß sie nicht nur im Ausnahme-, sondern auch im Routinefall auf formelle Regelungen rekurrieren können. Damit sind sie nicht genötigt, mit kommunikativen Mitteln Konsens zu erzielen. Vgl. Habermas 1995b: 460.

840 So kommt beispielsweise Münch zu dem Ergebnis, daß kommunikative Rationalität mehr und mehr in Unternehmen eindringen und erfolgsorientiertes Handeln aus vielen Bereichen verdrängen wird. „Daß allein Geld das Funktionieren der Wirtschaft bestimme, ist eine von der Realität völlig überholte These. Wirtschaftliches Handeln unterliegt heute in immer größerem Umfang einer diskursiven Beweislast." Münch 1996: 89.

841 Vgl. Ulrich 1993: 294; Koller 1993: 69. Brantl befürchtet gar, daß die Diskursethik zu einem „ethischen Formalismus" entarten könne. Vgl. Brantl 1985: 509.

842 Vgl. Habermas 1992: 162f..

zahl an pragmatischen Beschränkungen, die eine Beteiligung aller Betroffenen beinah unmöglich machen, werden häufig als Kernargumente gegen den Einsatz von Diskursen angeführt.[843] Darüber hinaus wird die Möglichkeit, einen *echten Konsens* zu erzielen, bestritten.[844] Damit richten sich die Hauptvorwürfe insbesondere gegen die *prozeduralen Voraussetzungen* einer Diskursethik. Diese Aspekte werden im folgenden näher ausgeführt und im Hinblick auf Anwendungsmöglichkeiten, Probleme und Vorteile im Rahmen der Top-Management-Entscheidungsfindung kritisch diskutiert und relativiert.

4.2.1 Diskursteilnehmer: Zum fingierten Diskurs auf Ebene des Top-Managements

Dem Diskursgrundsatz wird am besten Rechnung getragen, indem möglichst *alle* Betroffenen real am Argumentationsprozeß beteiligt werden.[845] Auf Ebene des Top-Managements ergeben sich jedoch zahlreiche praktische Beschränkungen, die sowohl Zeit- und Kostenrestriktionen als auch grundsätzliche Bedenken umfassen: [846] Während z.B. ULRICH und STEINMANN/ LÖHR aus diesen Gründen auf den „stellvertretenden Diskurs“ bzw. den „fiktiven Dialog“ zurückgreifen, wird in dieser Arbeit bewußt auf den *„fingierten Diskurs“* abgestellt.[847]

Gegen den stellvertretenden Diskurs sprechen vor allem folgende Überlegungen: Der Forderung nach Einbindung aller Betroffenen in die unternehmenspolitische/-strategische Entscheidungsfindung muß aus verschiedenen Gründen mit Skepsis begegnet werden: Unternehmen werden (zumeist) von angestellten, professionellen Managern geleitet. Damit handelt die Unternehmensleitung normalerweise nicht aus einer Eigentümerposition heraus, sondern erhält einen bestimmten Leitungsauftrag, der ihrem Bestellungsverhältnis zugrunde liegt. Dieser Auftrag wird im wesentlichen durch die Kapitaleigentümer (Aktionäre) erteilt und durch gesetzliche Bestimmungen, wie z.B. das Montanmitbestimmungsgesetz, präzisiert und eingegrenzt. Aufgabe des Top-Managements ist damit die Leitung des Unternehmens sowie die Erfüllung der *ökonomischen Zielsetzung* der Kapitalerhaltung und Kapitalmehrung. Die Beteiligung von Betroffenen oder deren „Stellvertretern“ an unternehmerischen Entscheidungen ist dabei als sehr bedenklich einzustufen: Der mit einer solchen Konstituierung

---

843 Vgl. Schüßler 1996: 217.

844 Vgl. Ulrich 1993: 292; Biervert/Fischer-Winkelmann/Rock 1977: 223.

845 Vgl. Ulrich 1993: 292.

846 Vgl. Rebstock 1988: 24.

847 Vgl. Teil III, Kap. 3.2.2.2. Siehe auch Steinmann/Oppenrieder 1985: 179; Ulrich 1993: 327 und Apel 1976a: 435. Apel wählt hierfür auch den Begriff der advokatorischen Interessenwahrnehmung. Vgl. Apel 1997: 271.

verbundene *Zeitaufwand* sowie die damit verbundenen *Kosten* stehen vielfach in keinem Verhältnis zum Nutzen.[848] Die daraus möglicherweise resultierende Gefährdung der kurz- und mittelfristigen Handlungsfähigkeit des Unternehmens kann erhebliche finanzielle Nachteile mit sich bringen. Hinzu kommt das Risiko, daß bei der Beteiligung (externer) Betroffener an unternehmerischen Entscheidungsprozessen Handlungspläne offengelegt und – beabsichtigt oder unbeabsichtigt – potentielle Wettbewerbsvorteile an die Konkurrenz weitergegeben werden. Beides sind triftige Gründe gegen die (grundsätzliche) Beteiligung von Betroffenen. Auch für den „stellvertretenden Diskurs", bei dem Repräsentanten die Interessen der Betroffenen wahrnehmen, gelten diese Bedenken.[849]

Als wichtig hervorzuheben ist, daß die eigentlichen *Träger* unternehmenspolitischer-/strategischer Entscheidungen nach wie vor die Mitglieder der Unternehmensleitung sind. Dies entbindet sie allerdings nicht von der Pflicht, ethische Aspekte verantwortungsvoll in ihre Entscheidungen einfließen zu lassen. Da aus systematischen oder pragmatischen (z.B. zeitökonomischen) Gründen und Bedenken eine kommunikative Konfliktlösung mit den Betroffenen oder deren Stellvertretern nur schwer möglich ist, muß an ihre Stelle die kommunikativ-ethisch transformierte Verantwortungsethik treten.[850]

Auch der fiktive Dialog kann dieses Problem nicht angemessen bewältigen, da er quasi einen „Rückschritt" ins Monologische bedeutet. Damit entspricht er nicht dem „linguistischen Paradigma".[851] Nur im *fingierten Diskurs* kann die von der Theorie des kommunikativen Handelns geforderte reale Intersubjektivität tatsächlich eingelöst werden. Diskurse sind damit auf Ebene des Top-Managements praktisch durchzuführen. Es ist für sämtliche Betroffenen zu

---

848 Vgl. Schneider 1990a: 887. Aufgrund zahlreicher pragmatischer Beschränkungen – und hierzu zählt vor allem die Bereitschaft und Fähigkeit der Betroffenen überhaupt, in eine argumentative Auseinandersetzung einzutreten – dürfte die Konsensfindung unter den aktuellen historischen Bedingungen unserer Gesellschaft tendenziell ausgesprochen schwierig sein. Zwar ist der Verfasserin bewußt, daß das Diskursideal nur durch die reale Beteiligung der Betroffenen erreicht wird; jedoch sprechen zu viele Restriktionen gegen eine solche Konstituierung. Vielleicht verbessern sich mit Annäherung der realen Kommunikationsgesellschaft an die ideale Kommunikationsgesellschaft die Voraussetzungen für eine solche Willensbildung mit den direkt Betroffenen. Eine solche Ausrichtung sollte in jedem Fall als Ideal bestehen bleiben und durch die Schaffung struktureller und personeller Voraussetzungen forciert werden. Im Moment scheint jedoch – entgegen der Auffassung Ulrichs – das Top-Management aufgrund seiner Verantwortung und seiner zahlenmäßigen Begrenztheit der richtige Adressat zu sein.

849 Allerdings soll damit nicht ausgeschlossen werden, daß in Einzelfällen eine solche Entscheidungsfindung durchaus angeraten sein kann. Es stellt sich dabei jedoch die Frage, in welchem Umfang Unternehmensexternen eine Entscheidungskompetenz zugesprochen werden kann und soll. Vgl. zu den Problemen der Konstituierung repräsentativer Organe Ulrich 1993: 315.

850 Vgl. Steinmann/Oppenrieder 1985: 179.

851 Vgl. Teil III, Kap.1.2.

überlegen, welche Gründe sie in einer realen Gesprächssituation angebracht hätten.[852] Allerdings müssen die entsprechenden Bedingungen dafür geschaffen werden, daß die Interessen der Betroffenen auch tatsächlich umfassend erhoben und im Anschluß daran faktisch in die Entscheidungsfindung einfließen.[853] Dies ist durch eine Reihe von flankierenden Implementierungsmaßnahmen – die nachfolgend zu konkretisieren sind – sicherzustellen.[854]

4.2.2 Persönliche Dispositionen: Zum Diskurs als regulative Idee

Praktische Diskurse sind *nicht handlungsentlastet*, d.h., sie sind nicht von der konkreten Situation und der in ihr enthaltenen Interessenkonstellationen unabhängig.[855] In der Realität sehen sie sich deswegen häufig gegenläufigen Interessen gegenüber, die mittels Macht, Gewalt, oder ähnlichem durchgesetzt werden. Letztlich wird eben *nicht* auf die *vorhandenen Machtmittel verzichtet*. Die persönlichen Anforderungen an die Diskursteilnehmer sind daher ausgesprochen hoch. Insbesondere muß der „Wille zur Vernunft" vorhanden sein, damit überhaupt ethischen Einsichten gemäß gehandelt wird. Ethisches Handeln ist nämlich nicht nur von der persönlichen ethischen Urteilskompetenz abhängig, sondern auch davon, ob jemand die Stärke besitzt, auch dann seinen Einsichten gemäß zu handeln, wenn dies den eigenen Interessen zuwiderläuft.[856] Das größte Problem der Diskursethik dürfte damit die Schwierigkeit der Teilnehmer sein, von ihren eigenen Interessen zu abstrahieren.[857] In der unternehmerischen Praxis ist allerdings davon auszugehen, daß faktisch niemand von seinen Interessen Abstand nimmt, sondern Menschen immer taktisch argumentieren, Informationsasymmetrien nutzen und Koalitionen schließen, um ihren eigenen

---

852 Vgl. Kambartel 1976: 86. Damit werden u.U. langwierige Diskussionen und Auseinandersetzungen mit einer zunächst unbegrenzten Anzahl von Diskursteilnehmern vermieden. Ebenso können sich aufgrund der relativ gleichbleibenden Zusammensetzung und Anzahl der Teilnehmer Lerneffekte in bezug auf die diskursive Entscheidungsfindung einstellen.

853 Das heißt nicht, daß keine Unternehmensdialoge mit den Betroffenen durchgeführt werden sollen, sondern nur, daß den Betroffenen keine Kompetenz in der Phase der Entscheidungsfindung zukommt. Originäre Entscheidungsträger sind und bleiben damit die Mitglieder der Unternehmensleitung.

854 Damit werden eine Reihe von Bedenken gegenüber der Implementierung der Diskursethik bereits obsolet. Der Diskurs wird zu einer Form der argumentativen/kommunikativen Auseinandersetzung zwischen den Mitgliedern des Top-Managements, die damit über eine Methode verfügen, ethische Aspekte nicht nur zur Sprache zu bringen, sondern auch zu einvernehmlichen Lösungsvorschlägen zu gelangen.

855 Vgl. Rebstock 1988: 24f.. Siehe auch Habermas 1996: 115; Koller 1993: 69. Praktische Diskurse sind nicht in gleichem Maße wie theoretische oder explikative Diskurse vom Druck gesellschaftlicher Konflikte entlastet.

856 Vgl. Habermas 1992: 190. Ebenso hängt davon ab, ob man die Dimensionen des Moralischen überhaupt wahr und vor allem ernst nimmt. Vgl. Habermas 1992: 184.

857 Vgl. Rebstock 1993: 810 und Habermas 1992: 163.

Vorteil zu wahren. Eine diskursive Verständigung ist damit nur dann möglich, wenn ein geringes Eigeninteresse am Ergebnis besteht oder dieses von nachrangiger Bedeutung für die Teilnehmer ist.[858]

Zusammenfassend ist ein kaum auflösbares Spannungsverhältnis zwischen idealer und realer Argumentationssituation zu konstatieren.[859] Daraus sollte jedoch nicht der Schluß gezogen werden, daß eine diskursive Verständigung grundsätzlich nicht möglich ist:[860] Es darf nämlich nicht übersehen werden, daß die Kriterien der idealen Sprechsituation als *Handlungsanleitung* formuliert sind und damit lediglich als Richtlinie zur Gestaltung von Diskursen fungieren. Sie geben Hinweise darüber, wie diese *idealerweise* zu führen sind. HABERMAS ist sich durchaus bewußt, daß deren Realisierung in der Praxis problematisch ist. Insofern fordert er, „... daß die von den Argumentationsteilnehmern immer schon vorausgesetzten idealisierten Bedingungen wenigstens in hinreichender Annäherung erfüllt werden können“[861]. Hierzu bedarf es jedoch *institutioneller Vorkehrungen*, um die unvermeidlichen empirischen Beschränkungen und vermeidbaren externen und internen Einflüsse zu neutralisieren. Die Aufforderung zur diskursiven Willensbildung ist damit unmittelbar mit der Forderung nach institutioneller Absicherung und dem Bemühen nach ständiger Verbesserung dieser Bedingungen verknüpft.[862]

Der Diskurs dient als *regulative Idee*, die sich gerade nicht vollständig und unmittelbar realisieren läßt, sondern nur die Richtung für unabschließbare pragmatische Annäherungsbemühungen aufzeigt.[863] So lassen sich die Beschränkungen bzw. Verzerrungen der erforderlichen Bedingungen der Redesituation, z.B. strategische Rhetorik, fehlende kommunikative Kompetenz oder Voreingenommenheit der Beteiligten, als Maßgabe für Rationalitätsdefizite deuten. Ohne dieses Ideal könnten gar keine Defizite diagnostiziert werden. Diese Mängel sind zunächst transparent zu machen. Danach können sie als Grundlage zur Verbesserung der institutionellen und personellen Voraussetzungen rationaler Verständigungsprozesse dienen.[864] Diskursive Verständigung kann damit als *(Lern-)Prozeß* interpretiert werden, bei dem eine systematische Annäherung an die Diskursidee erfolgt.[865] Rationalitätsdefizite sind systematisch auszuräu-

[858] Vgl. Hax 1993: 771f..

[859] Vgl. Oppenrieder 1986: 10.

[860] Eine solche Auffassung hieße, den Status quo zu fixieren und sich jeder Initiative zu Verbesserungen zu verschließen. Was nicht sein darf, weil es nicht sein kann oder im Moment nicht ist, heißt nicht, daß es nicht sein soll.

[861] Habermas 1996: 102.

[862] Vgl. Habermas 1996: 102; Oppenrieder 1986: 10.

[863] Vgl. Retzmann 1994: 239; Koller 1993: 69; Raupach-Strey 1989: 115.

[864] Vgl. Ulrich 1993: 294.

[865] Vgl. Brown 1996: 1.

men.[866] Daß dies langer und intensiver „Schulungen" bedarf, ist unvermeidbar. Idealerweise wird die diskursive Verständigung daher zunächst an Themen geübt, bei denen eine Konsensfindung wahrscheinlich erscheint. Somit kann das Verfahren erprobt und dessen Vorteilhaftigkeit erfahren werden. Sukzessive ist die Anwendung danach auf Themen auszuweiten, bei denen aufgrund eines größeren Eigeninteresses oder einer schwierigeren Konfliktsituation die Verständigung erschwert ist. Wichtig ist, daß die Vorteile z.B. einer diskursiven Situationsdefinition von allen Mitgliedern des Top-Managements tatsächlich verstanden und erlebt werden, damit Bemühungen in Richtung diskursiver Verständigung überhaupt initiiert werden.

4.2.3 Handlungs- und Entscheidungsregel: Dezisionistische Diskursbegrenzung

Der Pluralismus von Lebensformen, die fortschreitende Individualisierung von Lebensentwürfen in der modernen Gesellschaft und die zunehmenden Aktivitäten von Unternehmen in Ländern mit grundlegend anderen Kulturen machen es immer schwieriger, sich in Kontroversen auf kongruente Interpretationen zu einigen.[867] Darüber hinaus entsteht auf Ebene der Unternehmensleitung ein Zeitproblem, wenn man gezwungen ist, sich einem ex ante zeitlich nicht begrenztem diskursivem Verständigungsprozeß zu stellen.[868] Somit setzt unternehmerisches Handeln voraus, daß eine Entscheidung innerhalb eines bestimmten Zeitfensters getroffen wird.[869] Zeitliche Vorgaben und Regeln zur Beendigung von Diskursen bzw. zum Begründungsabbruch sollten daher vorab festgelegt werden.[870]

---

866 Dies ist besonders gut in einem relativ festen Kreis von Teilnehmern, wie z.B. der Unternehmensleitung, möglich. Die diskursive Willensbildung ist eng mit der Bewußtseinsentwicklung und der Selbsterkenntnis der Teilnehmer verknüpft. Neue Teilnehmer müssen diese Erkenntnisprozesse erst selbst vollziehen, so daß eine einmal erreichte Rationalisierung wieder gestört werden kann. Vgl. auch Heckmann 1993: 13f..

867 Vgl. Habermas 1992: 202.

868 Vgl. Schneider 1990a: 886.

869 Vgl. Ulrich 1993: 315. Schneider knüpft an das von Arrow aufgestellte „Unmöglichkeitstheorem" an. Er macht deutlich, daß bei unterschiedlichen Präferenzen keine Einigung möglich ist, wenn zwischen zwei oder mehr Personen über drei oder mehr Alternativen entschieden wird. Ein Mindestmaß an Zwang ist daher unvermeidlich. Allerdings läßt er damit unberücksichtigt, daß die Diskursethik auf eine Veränderung der individuellen Präferenzen abstellt. Vgl. Schneider 1990a: 886, sowie zum Unmöglichkeitstheorem von Arrow Kern/Nida-Rümelin 1994: 35-39. Olson weist jedoch darauf hin, daß es möglich ist, plurale Interessen diskursiv zu vereinen. Vgl. Olson 1985: 59-61.

870 Vgl. Hax 1993: 772. Allerdings heißt dies keineswegs, daß theoretische Überlegungen für das wirkliche Entscheiden und Handeln nicht notwendig wären. „Gute Praxis" braucht nun mal „gute Theorien". Vgl. Brown 1996: IVf..

Es stellt sich die Frage, ob aufgrund der zeitlichen Restriktionen auch ein Kompromiß ein gerechtes Ergebnis darstellen kann: Hier kann nur auf die von jedem Kommunizierenden nachzuvollziehende Erfahrung, daß letztlich nur ein Konsens, dem alle Betroffenen zwanglos zustimmen können, als „gerecht" anzusehen ist, hingewiesen werden.[871] „Ein Kompromiß – und jede Mehrheitsentscheidung ist ein Kompromiß nach einer bestimmten Verfahrensregel – ist zwar auch nicht ohne diskursive Arbeit erreichbar, unterdrückt aber immer noch Teilwahrheiten bzw. Teile der Wahrheit, in der Regel auf jeder Seite."[872] Insofern bleibt das Bemühen um weitestmöglichen Konsens bestehen.[873] Nur so können sich tiefgreifende Einsichten und neue Argumente eröffnen, die einen normativen Wandel anregen und innovative Lösungen möglich machen.[874]

Aufgrund zahlreicher Probleme sind Diskursabbrüche aber in der Regel unvermeidbar.[875] „Aus der nur begrenzt verfügbaren Zeit ergibt sich die Notwendigkeit, die zu erörternden Probleme sorgfältig auszuwählen, wichtige Gesichtspunkte von weniger wichtigen zu unterscheiden oder Konfliktfelder, auf denen keine Einigung erreichbar ist, nach Möglichkeit auszugrenzen. Verfahrensregeln, z.B. Geschäftsordnungen, gehören normalerweise zum praktikablen Diskurs."[876] Damit sind die Modalitäten zur dezisionistischen Diskursbegrenzung für die Arbeit der Unternehmensleitung zu konkretisieren.[877] Allerdings sollte sich jeder des nur pragmatischen Charakters derartiger Beschlußmodalitäten bewußt bleiben.[878]

4.3 Grenzen der Diskursethik

HABERMAS kapriziert sich im Rahmen seiner Ausführungen vornehmlich auf Fragen der allgemeinen Gültigkeit von Normen. Die Kontextbezogenheit von Normen wird dabei weitgehend vernachlässigt. Da es im Rahmen unternehmenspolitischer/-strategischer Entscheidungen in erster Linie um die Auflösungen situationsspezifischer Normenkollisionen geht, gilt es aufbauend auf dem aufgezeigten diskursethischen Fundament, die Voraussetzungen für dieses Problem im weiteren Verlauf zu spezifizieren und weiterzudenken.

---

871 Vgl. Raupach-Strey 1989: 118.

872 Raupach-Strey 1989: 115.

873 Vgl. Ulrich 1993: 316. Habermas sieht lediglich einen Konsens über die gemeinsame Problemdefinition, nicht über die später zu wählende Handlungsalternative vor.

874 Vgl. Völzing 1979: 69.

875 Vgl. Hax 1993: 772.

876 Bender 1988: 117.

877 Vgl. Ulrich 1993: 315 sowie die dort zitierte Literatur. Vgl. Teil IV, Kap. 2.2.3. Dies sollte im Rahmen eines Diskurses über die Entscheidungs-/Abstimmungsverfahren erfolgen. Vgl. Renn/ Webler 1994: 41.

878 S. Ulrich 1993: 316.

4.3.1 Zur Lösung von Normenkollisionen

Der praktische Diskurs dient der Prüfung der Gültigkeit vorgefundener, aber problematisch gewordener Handlungsnormen.[879] In seinem Mittelpunkt steht die *allgemeine Rechtfertigung* (Begründung) strittiger Handlungsregeln.[880] Unternehmerische Entscheidungsprozesse zielen jedoch nicht auf die Begründung von universalen Normen oder Prinzipien. Es geht vielmehr um deren *Anwendung* in einem konkreten Fall.[881] Da in unternehmerischen Handlungssituationen meist mehrere Handlungsnormen auf verschiedene Art und Weise berührt werden, steht die Auflösung von *Normenkollisionen* im Vordergrund. Eine solche Kollision liegt vor, wenn mindestens zwei Normen (z.B. Gewinne realisieren und Umwelt schützen), jeweils in einer Situation für sich angewandt zu miteinander unvereinbaren Handlungsempfehlungen führen. Solche Normenkonflikte resultieren daraus, daß *verschiedene Merkmale der Situation* in der Interpretation verschiedener Aktoren relevant werden.[882] So kann z.B. die Rentabilität einer geplanten Investition als Argument von Seiten der Kapitaleigner angeführt werden, während das dabei zum Tragen kommende umweltgefährdende Produktionsverfahren als Gegenargument von Seiten der Gesellschaft herangezogen wird. Aufgabe eines Diskurses ist damit im vorliegenden Fall die Begründung von *Handlungsalternativen*, die geeignet sind, auftretende *Normenkollisionen aufzulösen.*[883]

Die Prüfung der *Allgemeingültigkeit* der jeweils – als Schlußregel – angeführten *Normen* führt nicht weiter, da eine Begründung durch Universalisierung die relevanten Tatsachen der konkreten Situation ausblendet.[884] Moralische Normen lassen sich nur unter Absehung der besonderen Umstände des Einzelfalls verallgemeinern und dahingehend prüfen, ob sie ein allgemeines Interesse verkörpern.[885] So ist relativ schnell ein Konsens über die Norm „Du sollst nicht lügen" zu erzielen. Daraus ergibt sich jedoch noch keine Antwort auf die Frage,

---

879 Vgl. Habermas 1995c: 34 und 113.

880 Vgl. hierzu Teil III, Kap. 1.3.2.

881 Vgl. hierzu die Ausführungen von Bender zur pragmatischen Ethik. Bender 1988: 111-118.

882 Vgl. Günther 1988: 278.

883 Habermas bringt diesen Sachverhalt durch die Trennung in Begründungs- und Anwendungsdiskurse zum Ausdruck, ohne jedoch genauer auf letztere einzugehen. Vgl. Habermas 1992: 65.

884 Vgl. Habermas 1992: 25 und 35. Damit würden die nachweislichen Unterschiede zwischen der Anwendung und Begründung einer Norm schlichtweg ignoriert. Angewandte Ethik ist nicht einfach die logische Verlängerung der Grundtheorie auf konkret vorhandene Problemfälle. Vgl. Kettner 1993a: 16f..

885 Bei der Begründung der Geltung einer Norm, bei der geprüft wird, ob deren Anwendung „ein allen Betroffenen gemeinsames Interesse" verkörpert, lassen sich nicht alle Anwendungssituationen vorhersehen. Die Prüfung erfolgt daher nicht vor dem Hintergrund einer Normenkollision, sondern einzig, indem die voraussichtlichen Folgen einer (alleinigen) Anwendung von allen akzeptiert werden. Vgl. Kötter 1997: 107; Günther 1988: 43f. und 46

ob ihre Anwendung unter ganz besonderen Umständen auch *angemessen* ist, so z.B. unter der Bedingung, daß ich dadurch einem Menschen das Leben retten kann. Die Angemessenheit einer Norm läßt sich *nicht* im Rahmen einer Argumentation über die Richtigkeit des Lügenverbotes herausfinden; ebensowenig wie eine Antwort auf die Frage, welche der beiden Normen – Menschenleben zu retten oder zu lügen – in dieser Situation vorzuziehen ist.[886]

Die Anwendung einer gültigen Norm darf also nicht „ungeprüft" erfolgen, sondern ist nur vor dem Hintergrund der konkreten Umstände zu entscheiden. Für deren Angemessenheit ist die jeweilige *Situation* relevant, unabhängig davon, ob eine Befolgung im allgemeinen Interesse liegt. Es geht darum, *ob* und *wie* die gültigen Handlungsregeln angesichts aller besonderen Gegebenheiten befolgt werden sollen. Die Entscheidung über die Geltung einer Norm impliziert demnach noch keine Entscheidung über ihre Anwendbarkeit in einer speziellen Situation – und vice versa.[887] Da sich HABERMAS auf den Nachweis der *Begründung* moralischer Normen kapriziert, sind im weiteren *eigene Überlegungen* zu deren *Anwendung* in einer bestimmten unternehmerischen Situation anzustrengen.[888] Es ist zunächst zu klären, wie eine Stützung (S) einer Handlungsnorm (SR) bei *Fragen der Anwendung* aussehen kann.

4.3.2 Zur Stützung von Handlungsnormen in Anwendungssituationen

Bei HABERMAS erfolgt die Stützung (S) der Handlungsnorm (SR) durch die deskriptiven Hinweise auf Folgen und Nebenfolgen der Normenanwendung für die Erfüllung allgemein akzeptierter Bedürfnisse. Damit konnte gezeigt werden, daß eine Norm im allgemeinen Interesse liegt. Doch in Anwendungssituationen liegen ganz andere Voraussetzungen vor. So wird ein Betroffener sich wohl kaum auf eine Norm berufen, um zu zeigen, daß sie im Interesse aller liegt. Vielmehr wird er sie als Legitimation dafür verwenden, daß seine berechtigten Interessen, die er aus dieser ableitet, im vorliegenden Fall beeinträchtigt werden. Insofern wird er damit argumentieren, welche *Konsequenzen und Nebenfolgen* für die Erfüllung *allgemein akzeptierter Bedürfnisse* sich für ihn ge-

---

[886] Vgl. Günther 1988: 13. Siehe auch Kirsch 1991: 91; Lind 1989: 302. Die Antwort ist von diversen situativen Umständen abhängig. Handelt es sich z.B. um einen unschuldigen Freund, um einen Schwerverbrecher, dem ich dadurch zur Flucht verhelfe oder wird gar durch eine Lüge meine eigene Familie in Gefahr gebracht? Bereits hier wird deutlich, daß eine pauschale Vorrangstellung einer Norm, z.B. Menschenleben retten vor Lügen, nicht tragbar ist.

[887] Vgl. Günther 1988: 56. Das Argument, der Handlung liege eine begründbare Norm zugrunde, genügt deshalb nicht, weil bei ihrer allgemeinen Begründung nicht alle ihre Anwendungsfälle vorhergesehen werden können. Damit werden auch die Mängel im Ansatz von Homann/Blome-Drees deutlich. Vgl. Teil II, Kap. 2.2.1.

[888] Vgl. v. Schomberg 1993: 274 und 277 auf. Siehe hierzu Teil IV, Kap. 2.2.

nau daraus ergeben, daß diese Norm *nicht* berücksichtigt wird.[889] Er wird also zeigen, daß diese in der vorliegenden Situation zur *Anwendung* gelangen muß, weil sich ansonsten für ihn Nachteile bzw. Folgen ergeben, die von der Allgemeinheit nicht gewünscht werden können respektive die für ihn nicht zumutbar sind. Diese Konsequenzen können ganz konkret aus der Situation abgeleitet werden. Damit wird es jedem Diskursteilnehmer möglich, die Tragweite und Bedeutung dieser Folgen reflexiv nachzuvollziehen und daraus auf die Notwendigkeit und den Stellenwert einer Norm im vorliegenden Fall zu schließen.[890] Das TOULMIN-Schema kann damit wie folgt für Anwendungssituationen konkretisiert werden.

Tab. 10: Argumentenstruktur in Anwendungsdiskursen

Symbol	Bedeutung	Praktische Argumentation
K = Konklusion	Sprachliche Äußerung, die mit Argumenten belegt werden soll	Empfehlung/Gebot
Geltungsanspruch	–	Richtigkeit
Gefordert	–	Rechtfertigung
D = Daten	Gründe, die jemand explizit anführt, um seine Handlung oder Meinung zu erklären und die sich unmittelbar aus der Situation ergeben	Gründe
SR = Schlußregel	Allgemeine Grundsätze, die als Maßstab meist implizit dazu herangezogen werden, um zu ermessen, weshalb ein Grund zur Erklärung taugt	Handlungs-/Bewertungsnormen oder -prinzipien
S = Stützung	Belege der Zulässigkeit und Anwendbarkeit der allgemeinen Grundsätze im vorliegenden Fall	Angabe von Folgen, Nebenfolgen auf allgemein akzeptierte Bedürfnisse durch fehlende Berücksichtigung der Handlungsnorm

Quelle: Eigene Darstellung.

Nachdem die wichtigsten Voraussetzungen einer Diskursethik vorgestellt und im Hinblick auf den unternehmenspolitischen Entscheidungsprozeß konkretisiert wurden, geht es im nachfolgenden vierten Teil dieser Arbeit um die Implementierung dieser Voraussetzungen auf Ebene des Top-Managements. Hier-

[889] Die Illegitimität einer Handlung ergäbe sich ja erst aus den möglichen Konsequenzen für die betroffenen Personen. Ähnlich auch Ulrich 1996a: 35.

[890] Diese Art der Stützung entspricht der Auffassung von SMITH, der eine konsequente und systematische Reflexion aller aus einer Handlung potentiell resultierenden Konsequenzen verlangt, die unparteiisch dahingehend geprüft werden müssen, ob sie zu der dadurch beabsichtigten Wirkung in einem angemessenen Verhältnis stehen.

zu bedarf es nicht nur einer umfassenden Erläuterung zum Ablauf von ethischen Argumentationen, die einer Auflösung von Normenkollisionen dienen, sondern auch einer Reihe von institutionellen Vorkehrungen zur Lancierung einer solchen Form der Unternehmensethik.

Teil IV: Zur Implementierung einer kommunikativen Ethik auf Ebene des Top-Managements

1 Vorüberlegungen zur Implementierung einer Diskursethik auf Ebene des Top-Managements

Die Funktionsnotwendigkeit kommunikativer Prozesse rückt in den letzten Jahren zunehmend in den Mittelpunkt der betriebswirtschaftlichen Literatur. Es hat sich gezeigt, daß verständigungsorientierte Handlungskoordination auf Unternehmensebene immer mehr an Bedeutung gewinnt.[891] Allerdings wurde die Frage der konkreten Umsetzung bislang nur unbefriedigend gelöst.[892] In erster Linie fehlt ein *operationales Verfahren* zur Lösung von *Anwendungsfragen*, da – wie zuvor beschrieben – die Diskursethik in erster Linie der *Begründung* von problematischen Geltungsansprüchen dient. Der bloße Hinweis auf die Realisierung eines herrschaftsfreien Diskurses gibt nur unzureichende Anhaltspunkte für den Ablauf von Willensbildungsprozessen, bei denen es um die *Entwicklung einer legitimen Handlungsalternative* unter besonderen Umständen geht. Die Diskursethik ist somit zunächst im Hinblick auf die Frage „Wie gelangt man im Rahmen einer kommunikativen Ethik zu situationsbezogenen Einzelnormen des Handelns?“ zu konkretisieren.[893] Darüber hinaus ist deren Realisierung nicht durch reine Appelle zu gewährleisten.[894] Die ethische Reflexion stellt nicht nur hohe Anforderungen an die einzelnen Mitglieder des Top-Managements, die über bestimmte Fähigkeiten für die Teilnahme an Diskursen verfügen müssen, sondern sie ist auch durch entsprechende *Rahmenbedingungen* zu lancieren. Aus diesen Gründen ist ein umfassendes Konzept zu entwik-

---

891 Vgl. Kirsch 1997: 14f.; Steinmann/Schreyögg 1993: 77. Insbesondere im Rahmen der Literatur zur lernenden Organisation, die mit der Gewinnung, Nutzung und Weitergabe von Wissen zu tun hat, geht es um die kommunikative Vernetzung. Vgl. ausführlich Steinmann/Noss 1995.

892 Vgl. Brewing 1995: 228f.; Rebstock 1988: 25.

893 Auch nach Apel gilt es endlich Abschied von der Auffassung zu nehmen, daß sich solche situationsbezogenen Einzelnormen durch theoretische Deduktion aus einer gültigen Norm einfach ableiten lassen. Das Problem im Rahmen unternehmenspolitischer/-strategischer Entscheidungen ist wesentlich differenzierter, da sich verschiedene Interessengruppen auf jeweils unterschiedliche, gültige Normen berufen. Vgl. Bender 1988: 86.

894 Vgl. Lenk/Maring 1998: 32.

keln, das die *institutionellen* und *individuellen* Aspekte einer Ethik auf Ebene des Top-Managements aufgreift und problembezogen ausgestaltet.

Demgemäß wird Betriebswirtschaftslehre im Rahmen dieser Arbeit als anwendungsorientierte Wissenschaft begriffen.[895] Aus diesem Anspruch ergibt sich die Aufgabe, Gestaltungsvorschläge auszuarbeiten, die eine wirkungsvolle Umsetzung der kommunikativen Unternehmensethik in die Praxis der Unternehmensführung ermöglichen.[896] Bevor jedoch solche konkreten Lösungsansätze vorgestellt werden, gilt es, sich einigen konzeptionellen Vorüberlegungen zuzuwenden. Diese bilden das theoretische Fundament, auf dessen Grundlage entsprechende Empfehlungen entwickelt werden können.

Um keinem *normativistischen Fehlschluß* zu erliegen, der vom Wünschenswerten unmittelbar auf die Realisierbarkeit von abgeleiteten Empfehlungen „schließt", bedarf es der sorgfältigen Berücksichtigung der Voraussetzungen des Handelns auf Ebene des Top-Managements. Diese restringieren nicht nur die Gestaltungsfreiheit, sondern sind vor allem als „Bedingungen ihrer Möglichkeit" zu betrachten.[897] Damit soll gewährleistet werden, daß die entwickelten Vorschläge dem Vorwurf der Irrelevanz oder der „praxisfernen Lebensfremdheit" entgehen und relevante Implikationen enthalten. Die Möglichkeiten einer Umsetzung diskursiver Unternehmensethik sollen realistisch bewertet werden und als Ansatzpunkte einer Implementierung dienen. An diese Vorschläge wird dabei ein *doppelter Anspruch* gestellt:[898] Sie müssen:

- dem vorgestellten *diskursethischen Fundament* und den *Grundsätzen einer Diskursethik* (als Basis einer kommunikativen Unternehmensethik) umfassend Rechnung tragen und
- die wesentlichen *empirischen Rahmenbedingungen* der Top-Management Arbeit berücksichtigen.

Es ist darauf hinzuweisen, daß verständigungsorientierte Handlungskoordination nicht einfach von heute auf morgen umgesetzt werden kann. Die Implementierung einer kommunikativen Ethik erfordert eine *schrittweise Änderung* der bestehenden institutionellen und personellen Voraussetzungen in Richtung auf

[895] Vgl. auch Küpper 1999: 68; v. Rosenstiel 1991: 129-135 zum Unterschied zwischen Grundlagenforschung und anwendungsorientierter Wissenschaft.

[896] Diese Forderung der Konkretisierung der Anwendungsbedingungen stellen explizit auch Osterloh/Tiemann 1996: 48; Steinmann/Löhr 1995: 170f..

[897] Vgl. grundlegend zum Zusammenhang zwischen normativer und positiver Analyse in der Ökonomik Suchanek 1997. Der Verfasser weist dort ausdrücklich auf die Integration normativer und positiver Annahmen bzw. Aussagen hin: Erst nach einer Status-quo-Analyse („Diagnose") ist die Abgabe von abgeleiteten Handlungsempfehlungen („Therapie") möglich. Vgl. ebd.: 191.

[898] Vgl. Oppenrieder 1986: 1f..

die approximative Realisierung der idealen Diskursbedingungen.[899] Dabei ist an den bestehenden Strukturen und Prozessen anzuknüpfen. Diese regulative Idee darf nicht mit den empirischen Bedingungen kurzgeschlossen werden, sondern muß als Maßstab ethisch-praktischer Unternehmensführung bestehen bleiben.[900] Es sind „Langzeitstrategien“ und -konzepte zu entwickeln, die eine kommunikative Rationalisierung der bestehenden Institutionen sicherstellen. Eine kommunikative Unternehmensethik wird erst „... unpraktisch und tendenziell ideologisch“[901], wenn angenommen wird, daß sie sich vollständig und umfassend unter den bestehenden sozio-ökonomischen Bedingungen des Wirtschaftens umsetzen läßt.[902] Aufgrund der Pluralisierung von Interessen und Werten nehmen die Bereiche unternehmerischen Handelns, in denen die Konsensfindung nur schwer zu realisieren ist, zu.[903] Auch ist unternehmenspolitische/-strategische Entscheidungsfindung nicht frei von Macht und Gegenmacht. Im Gegenteil kommt diesen nach wie vor eine prominente Stellung zu. Diese Verhältnisse zu negieren hieße, die Augen vor der Realität zu schließen, was zur Folge hätte, daß eine (Sonntags-)Ethik ohne praktischen Bezug und Aussage entwickelt würde.[904]

Dies spricht keineswegs grundsätzlich gegen eine Unternehmensethik, sondern lediglich für ein bescheideneres Verständnis: Sie kann den unternehmenspolitischen/-strategischen Entscheidungsprozeß um die Dimension moralisch-praktischer Rationalität[905] erweitern und so seine Qualität im Hinblick auf gesellschaftliche Anforderungen entscheidend verbessern.[906] Zusätzlich ergibt sich aus dem Diskurs eine Handlungsalternative, die einer öffentlichen Rechtfertigung standhalten kann. Ob diese wirklich zu Ergebnissen führt, die jeder Betroffene zwanglos akzeptieren kann, oder ob ein „Rest Macht“ weiterhin im

---

899 Die Diskurstheorie fungiert als Leitidee dafür, wie Argumentationen aussehen sollten. Vgl. Beschorner 2000: 78; Völzing 1979: 69.

900 Vgl. Brewing 1995: 159.

901 Brewing 1995: 231.

902 Wettbewerbsbedingungen, Markt- und Sachzwänge machen es beinah unmöglich, alle Fragen diskursiv zu lösen. Sämtliche Entscheidungsprobleme nun im Diskurs bearbeiten zu wollen, ist auch gar nicht erforderlich. Es geht lediglich um solche Fragen, bei denen möglicherweise Betroffene unzumutbar tangiert werden und deren Legitimität somit ex post in Zweifel gezogen werden kann. Gegebenenfalls ist im Rahmen eines Diskurses darüber zu entscheiden, für welche Entscheidungen ein solches Vorgehen sinnvoll erscheint.

903 Vgl. Kirchgässner 1991: 182.

904 Vgl. ausführlich zu den Machtprozessen in Unternehmen Krüger 1974: 57-112.

905 Streng genommen erweitert die Diskursethik den Rationalitätsbegriff auch um die Dimension ästhetisch-expressiver Rationalität. Diesen hält die Verfasserin ebenfalls für sehr bedeutend. In bezug auf die vorliegende Problemstellung ist er allerdings nur von untergeordneter Relevanz, da es sich im Rahmen dieser Arbeit vorrangig um gesellschaftliche Interessen und damit um moralisch-praktische Fragen handelt.

906 Vgl. Barben/Dierkes 1991: 227.

„Spiel" bleiben wird, sei zunächst dahingestellt. Auf jeden Fall erhöht der Diskurs die Sensibilität der Unternehmensführung für gesellschaftliche Fragestellungen, Interpretationen und Entwicklungen und ist zunächst einmal auf den Weg zu bringen.

Bevor detaillierte Handlungsempfehlungen abgeleitet werden können, ist die Position, die einer Diskursethik im Rahmen der Top-Management-Entscheidungsfindung zukommen kann, zu bestimmen. An dieser Stelle kann nicht deutlich genug hervorgehoben werden, daß die Arbeit im Diskurs nur als *„Lern-/Entwicklungsprozeß"* begriffen werden kann, der vielleicht einmal in die *diskursive Entscheidungsfindung* münden wird. Vorerst muß ihm jedoch eine *moderatere Position* zugeordnet werden. Er ermöglicht es, Begriffe, Prinzipien und Normen, die allen Teilnehmern selbstverständlich erscheinen, kritisch zu hinterfragen und sie im Rahmen des unternehmerischen Handelns differenzierter und überlegter zum Einsatz zu bringen. Desweiteren kann er dazu beitragen, Entscheidungssituationen besser zu verstehen und wesentliche Situationsmerkmale umfassender zu erheben bzw. zu reflektieren. Er stellt einen Rahmen zur Verfügung, in dem moralische Gesichtspunkte thematisiert und diskutiert werden können. Diese Aspekte sind zentrale „Ressourcen" eines Entscheidungsprozesses und stellen in vielen Fällen die Ursache für Meinungsverschiedenheiten und unterschiedliche Interpretationen dar. „Entscheidungen sind immer nur so gut wie die Ressourcen, die wir benutzen. Viele schlechte Entscheidungen kommen nicht deshalb zustande, weil diejenigen die sie treffen, schlechte Entscheidungen machen wollen, sondern weil ihnen wichtige Ressourcen fehlen. Es handelt sich um Ressourcen wie unterschiedliche Meinungen, relevante Informationen, Wertmaßstäbe und alternative Vorgehensweisen."[907] Die zu entscheidende Frage ist insofern grundsätzlich von allen Seiten zu beleuchten und zu diskutieren. Nur so können Entscheidungen getroffenen werden, die Ausdruck der rationalen Erörterung sämtlicher legitimer Interessen sind.

Das Sichtbarmachen unterschiedlicher Perspektiven und Erwartungen sowie der dahinterstehenden Wertmaßstäbe kann als *Chance* gesehen werden, den Entscheidungsprozeß um wertvolle Aspekte zu bereichern und zu gerechten Entscheidungen zu gelangen. Die in einer konkreten Situation als legitim (oder besser relevant) ausgewiesenen Ansprüche sind aber keineswegs nur als Beschränkung der Handlungsmöglichkeiten zu betrachten: Sie erweitern den Horizont möglicher Handlungsfelder, eröffnen neue Perspektiven und zeigen innovative Wege zu gesellschaftlich und unternehmerisch verantwortlichem Han-

[907] Brown 1996: 1.

deln.[908] *Gefahren* und *Risiken* möglicher Entscheidungen lassen sich so frühzeitig aufdecken und z.B. im Rahmen der Alternativenentwicklung berücksichtigen.[909] Unternehmensethik avanciert damit zu einem Instrument der *strategischen Frühaufklärung.*[910] Auch können mit Hilfe diskursiver Verfahren nicht nur sämtliche mögliche Erwartungen ermittelt, sondern auch die berechtigten von den unberechtigten Forderungen separiert werden.[911] Darauf aufbauend lassen sich Handlungsweisen entwickeln, die sowohl im Einklang mit (legitimen) gesellschaftlichen Erwartungen als auch mit den (legitimen) Gewinninteressen des Unternehmens stehen. Im Diskurs kann dadurch insbesondere die *Richtung für Anschlußbemühungen* gewiesen werden.

Das *Top-Management* wurde als Hauptansatzpunkt der Implementierung einer diskursiven Unternehmensethik ausgewählt. Für eine solche hierarchische Einordnung spricht vor allem die herausragende Bedeutung der von ihm zu treffenden Entscheidungen. Aber auch die hohe Relevanz der Verhaltensweisen dieser prominenten Personen für die Prägung der Unternehmenskultur und damit dem moralischen Handeln im gesamten Unternehmen läßt eine solche Einordnung sinnvoll erscheinen.[912] Gerade dem Verhalten der Unternehmensführung kommt eine *Vorbildfunktion* im Hinblick auf das ethische bzw. legale Handeln der gesamten Organisation zu.[913] So konnte nachgewiesen werden, daß beispielsweise zahlreiche kriminelle Handlungen im Unternehmen nicht auf die Charaktere der Täter zurückzuführen sind, sondern ihre Begründung in den aufgebauten und sozialisierten Normen und Wertvorstellungen des beruflichen Umfeldes finden.[914] Das negative Beispiel der Unternehmensleitung baut

908 „The promotion of diverse perspectives can produce a wider range of solutions and decision criteria for strategic decision." Boeker 1995: 243. Vgl. auch Steinmann/Zerfaß 1994: 66.

909 Vgl. Hansen 1999: 5.

910 Vgl. Steinmann/Gerhard 1992: 170.

911 Vgl. Teil IV, Kap. 3.2. Selbstverständlich stellt auch die Fähigkeit des situationsangemessenen Ausweises legitimer oder gerechter Forderungen einen Lernprozeß dar, wobei davon ausgegangen wird, daß die Qualität dieses Verfahrens mit zunehmender Erfahrung steigt.

912 Vgl. Sackmann 1990: 175 und 179. Siehe auch Oppenrieder 1986: 37f.. Allerdings wird damit keineswegs die Notwendigkeit bestritten, unternehmensethische Verfahren auch auf unteren Ebenen zu implementieren. Die wichtigste Frage bestand jedoch darin zu entscheiden, ob hier ein top-down- oder bottom-up-Vorgehen bei der Implementierung sinnvoll ist. Es war neben dem politischen Charakter der vom Top-Management zu treffenden Entscheidungen und ihrer Vorbildfunktion vor allem folgendes von Bedeutung: Moralisches Handeln bedarf gewisser Bedingungen, die ein solches zumindest wahrscheinlicher machen. Diese Voraussetzungen sind, wie andere Untersuchungen deutlich gemacht haben, insbesondere auf Ebene der Unternehmensführung vorzufinden (z.B. hinsichtlich der Art der Tätigkeit, der Größe der Handlungsspielräume), so daß eine erfolgreiche Implementierung hier durchaus wahrscheinlich erscheint. Vgl. auch Rebstock 1992: 247.

913 Vgl. Brenner/Molander 1977: 66.

914 Vgl. Rüter 1999.

bei den Organisationsmitgliedern moralische Hemmschwellen ab, die eine gleichartige Handlung in individuellen Zusammenhängen verhindert hätten.[915] Zudem hat das Vorbild des Top-Managements einen nicht zu unterschätzenden Einfluß auf die Verbreitung ethischer Reflexionen im gesamten Unternehmen.[916]

Aus diesen Gründen zielen die Ausführungen primär auf die Gestaltung der Arbeit der Unternehmensleitung. Es wird davon ausgegangen, daß neben *individuellen* Bedingungen auch *strukturelle* und *soziale* Gegebenheiten (z.B. Art der Zusammenarbeit oder Interaktionshäufigkeit) eine Entwicklung und Umsetzung von Ethik auf dieser Ebene des Unternehmens hemmen können.[917] Darum gilt es, die Bedingungen der Möglichkeit unternehmensethischen Handelns aufzudecken und im Hinblick auf dessen Anforderungen realistisch zu gestalten.[918] Kapitel 3 beleuchtet diese Facetten der Implementierung einer Unternehmensethik genauer. Es werden Vorschläge zur Förderung der individuellen moralischen Urteilsfähigkeit, zum Abbau struktureller Hemmnisse und zur Entwicklung einer diskursiven Top-Management-Kultur erarbeitet. Doch zunächst ist in Kapitel 2 ein Verfahren zu entwickeln, das den Besonderheiten unternehmenspolitischer/-strategischer Entscheidungsprozesse, nämlich der Auflösung von Interessenkonflikten durch legitime Einzelnormen, Rechnung trägt.

2 Zum Verfahren der ethischen Argumentation

Im Rahmen von Normen*begründungen*, denen die HABERMAS'sche Diskursethik vornehmlich verpflichtet ist, werden problematische Handlungen und Normen aus dem lebensweltlichen Zusammenhang und den Umständen des Einzelfalles vollständig herausgelöst. Normen lassen sich nur dann verallgemeinern, wenn man von den besonderen Umständen des Einzelfalles abstrahiert.[919] Der Ausweis der allgemeinen Gültigkeit einer Norm sagt jedoch noch nichts aus über deren *Anwendbarkeit* in einer speziellen Situation. Denn diese läßt sich nicht abstrakt (z.B. vor der eigentlichen Entscheidungssituation) bestimmen, sondern ergibt sich erst aus dem jeweiligen Kontext.[920] Insofern

---

915 S. Oppenrieder 1986: 38.
916 Vgl. Dierkes/Zimmermann 1991: 22.
917 Vgl. hierzu auch Ulrich/Lunau 1997.
918 Vgl. König 1999b: 66.
919 Vgl. Günther 1988: 43f. und 46.
920 Ähnlicher Ansicht ist auch Rebstock 1993: 809 sowie Günther 1988, der sich umfassend mit der Frage der Anwendung von Normen in moralischen Konfliktsituationen sowie in Rechtsfragen auseinandersetzt.

scheidet hier ein Ansatz, der versucht, mit Hilfe eines formalen Ethikkonzeptes begründete, allgemeingültige Regeln zum Umgang mit bestimmten Interessen zu entwickeln, aus. Es wird vielmehr ein Verfahren favorisiert, das es einzelfallbezogen ermöglicht, den Konflikt zwischen den in einer konkreten Situation kollidierenden Interessen oder normativen Erwartungen zu lösen.[921] Hierzu sind die Grundlagen der Diskursethik von HABERMAS nun auf Fragen der situativen Anwendung zu übertragen.

2.1 Vorbemerkungen

Im Mittelpunkt unternehmenspolitischer/-strategischer Entscheidungen steht die Ermittlung einer *richtigen* und *angemessenen Handlungsweise* in der jeweiligen spezifischen *Situation.*[922] Fragen der (*moralischen) Richtigkeit* in Anwendungssituationen betreffen damit nicht die *allgemeine Gültigkeit* von angeführten Normen, sondern die *Angemessenheit* von *situationsbezogenen Einzelnormen* des Handelns.[923] *Normen* bzw. Handlungsprinzipien kommt in Anwendungssituationen nur ein *abgeleiteter Status* zu, weil sie – wie bereits in dem TOULMIN-Schema dargelegt – zur Begründung von Handlungsweisen in der jeweiligen Situation dienen. Daher ist nicht ihre Geltung, sondern ihre Relevanz bzw. Anwendbarkeit unter den besonderen Umständen zunächst plausibel nachzuweisen, um die *Angemessenheit* einer – erst zu entwickelnden – Handlungsweise zu begründen.[924] Dieser Zusammenhang wird in Abbildung 14 auf Seite 177 dargestellt.

Dabei spielt vor allem die *Vollständigkeit* der relevanten Perspektiven eine Rolle. In den meisten Handlungssituationen wird „unmoralisch" gehandelt, weil bestimmte Aspekte der Situation übersehen, falsch eingeschätzt oder das Gewicht bestimmter anerkennungswürdiger Normen im Verhältnis zu der in der jeweiligen Situation dann tatsächlich befolgten Norm als zu gering veranschlagt wurde. „Wenn wir einen wesentlichen Aspekt der Situation übersehen oder nicht angemessen berücksichtigen, kann dies erhebliche moralische Folgen haben."[925] Mangelnde Sorgfalt bei der Berücksichtigung relevanter Tatsa-

921 Es geht nicht um die Frage, ob eine spezielle Norm unter Absehung aller besonderen Umstände von allen Betroffenen als gültig akzeptiert werden könnte, sondern welche Gründe dafür sprechen, bestimmte Normen und Erwartungen in Anbetracht der konkreten Umstände zu berücksichtigen und ihnen durch eine entsprechende Handlungsweise gerecht zu werden.

922 Vgl. Kettner 1993a: 21.

923 Für Smith gibt es im Gegensatz zu Kant keine a-priori vorgegebenen Wertmaßstäbe. Normen werden erst in der Bewährung in konkreten Handlungssituationen relevant. S. Patzen 1991: 31.

924 Normenkonflikte werden durch Kontroversen über den Geltungsanspruch einer erst zu entwickelnden Handlungsweise gelöst. Dabei wird keineswegs vom Grundsatz der Universalisierung abgewichen. Dieser kommt insbesondere dadurch zum Tragen, daß der zu entwickelnden (situationsbezogenen) Handlungsnorm alle Beteiligten (freiwillig) zustimmen müssen.

925 Günther 1988: 12.

chen, fehlende Sensibilität für die besonderen Umstände sowie ein unzureichendes Gespür für die betroffenen Interessen sind hierfür ursächlich. Die Selektion von zu berücksichtigenden normativen Aspekten darf nicht dem Zufall überlassen bleiben, da ansonsten die Gefahr einer Fehleinschätzung der Situation und somit einer unangemessenen Reaktion folgen kann. Es hängt dann ausschließlich von den individuellen Dispositionen und besonderen Umständen der Diskursteilnehmer ab, ob die gewählte Handlungsweise in der speziellen Situation auch *richtig* ist.[926]

Abb. 14: Aufgaben eines Anwendungsdiskurses

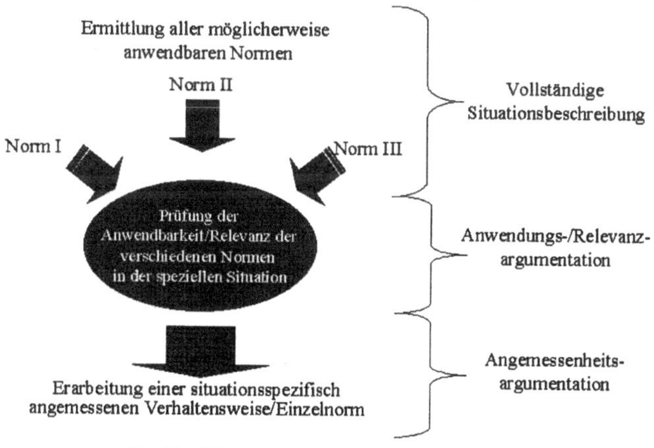

Quelle: Eigene Darstellung.

Die *Idee der Unparteilichkeit* (als „moral point of view") kommt damit in einer unternehmerischen Situation nicht durch die kaum durchführbare Verallgemeinerung betroffener Interessen bzw. der dahinter stehenden Normen, sondern durch das Kriterium der *angemessenen Berücksichtigung aller besonderen Merkmale* einer Situation zum Tragen.[927] Die moralische Qualität einer Entscheidung bemißt sich danach, ob sämtliche relevanten Umstände der Situation berücksichtigt wurden.[928] Durch eine Orientierung an diesem Leitprinzip kann

---

926 Vgl. Günther 1988: 14. Eine solche Selektion muß also nicht unbedingt bewußt geschehen.

927 Vgl. Wellmer 1986: 131. In komplexen Situationen, die durch schwer auflösbare Kollisionen verschiedener moralischer Normen gekennzeichnet sind, kommt es nicht so sehr auf die kaum durchführbare Verallgemeinerung von Ausnahmen begründenden Erlaubnisnormen an. Vielmehr geht es um die normenindifferente Wahl einer Handlungsweise, deren Richtigkeit sich auf die Angemessenheit im Verhältnis zu allen relevanten Normen gründet.

928 Vgl. Hellesnes 1993: 194; Cortina 1993: 287; Günther 1988: 280.

bereits eine entscheidende Verbesserung des Entscheidungsprozesses erreicht werden: „Die Qualität unserer Entscheidungen hängt von der Qualität unserer Ressourcen ab."[929] Durch eine möglichst vollständige Situationsbeschreibung, die dadurch gewonnen wird, daß in jeder einzelnen Situation alle möglicherweise relevanten Normen ermittelt werden, stehen quantitativ und qualitativ umfassendere Ressourcen für den Entscheidungsprozeß zur Verfügung. Hierdurch erweitert sich nicht nur das Problembewußtsein, sondern auch das Spektrum alternativer Handlungsoptionen. In vielen Fällen wären vermutlich ganz andere Handlungsalternativen entwickelt oder gewählt worden, wenn schon zu Beginn eine vollständige Situationsbeschreibung vorgelegen hätte.

Damit zielt der diskursive Willensbildungsprozess unter anderem auf die Herstellung einer angemessenen *Interpretation der Situation*, in der das Unternehmen bzw. das Top-Management handelt.[930] Sie soll Aufschluß über die verschiedenen Sichtweisen und Erwartungen geben, die von den Anspruchsgruppen an das Unternehmen herangetragen werden und innerhalb derer es operiert. Dabei dürfen keine Gesichtspunkte im vorhinein ausgeschlossen werden, auch wenn diese möglicherweise mit anderen konkurrieren. Nur so können die verschiedenen Deutungen einer Situation thematisiert, konkurrierende und kollidierende Interessen und normative Erwartungen untereinander verglichen und diejenige Handlungsweise ermittelt werden, die angesichts der besonderen Umstände des Einzelfalls die Angemessene ist.[931] Das Verstehen und die Interpretation der Gründe für unterschiedliche Perspektiven ist für die Einschätzung der Chancen und Risiken unternehmerischen Handelns sowie die Ermittlung angemessener Anschlußmöglichkeiten von unschätzbarem Wert.[932] Welche Handlungsweise letztlich als angemessen anzusehen ist, richtet sich in erster Linie nach den Dimensionen des unterschiedlichen Gewichts der konkurrierenden Gesichtspunkte. Dabei sind der Vorrang der jeweiligen Interessen sowie das größere oder geringere Ausmaß der Beeinträchtigung zu erwägen.[933] Insofern kommt vor allem *Zumutbarkeitserwägungen* mit Blick auf die konkreten Anspruchsgruppen und ihre je individuelle Situation eine besondere Bedeutung zu.

---

929 Brown 1996: 3.

930 „Meine These ist, daß ethische Argumentationen fast ausschließlich die Interpretation von Handlungs- und Bedürfnisinterpretationen sowie das Selbstverständnis von Handelnden und Betroffenen betrifft; eine Einigung über die Situationsdeutung und Selbstverständnisse hilft in aller Regel, die moralischen Kontroversen aufzulösen." Wellmer 1986: 125.

931 Bereits an dieser Stelle sei darauf hingewiesen, daß das Verfahren der ethischen Argumentation nicht nur die Möglichkeit zur Entwicklung konkreter Handlungsweisen bietet, sondern auch die Richtung für Anschlußbemühungen weisen kann (z.B. welche Forschungsaktivitäten sind zu initiieren, welche gesellschaftlichen Phänomene sind eingehender zu betrachten?).

932 Vgl. van de Ven 1999: 4f..

933 Vgl. Koller 1993: 70f..

Dem im folgenden vorgestellten Verfahren der ethischen Argumentation bei unternehmerischen Problemstellungen liegen die Überlegungen von GÜNTHER über die „Angemessenheitsargumentationen in der Moral" zugrunde. Hier wurden mit Blick auf die speziellen betriebswirtschaftlichen Probleme einige Änderungen vorgenommen, die vor allem in einem erweiterten Argumentationsschema sowie einem zusätzlichen Verfahrensschritt zum Tragen kommen.[934] Mit der Präzisierung des Verfahrens soll ein Weg gewiesen werden, der aufzeigt, *wie* rationale und moralisch richtige Handlungsweisen ermittelt und mit Leben gefüllt werden können. Diesem Verfahren liegen die folgenden Leitgedanken zugrunde:

„The only rule that an ethics can present is that an individual should rationally deal with all the values that are found in a specific problem. That does not mean that one has to spread before him all the social values when he approaches a problem. The problem itself defines the value. It is a specific problem and there are certain interests that are definitely involved: the individual should take into account all of those interests and than make out a plan of action which rationally deal with those interests. That is the only method that ethics can bring to the individual. It is of the greatest importance that one should define what those interests are in the particular situation. The great need is that one should be able to regard them impartially."[935]

Durch die Fokussierung auf die *konkrete* Entscheidungssituation spielen sowohl wirtschaftliche Interessen (z.B. in Form der Bedürfnisse und Interessen der Shareholder) als auch weitere ethisch-normative Aspekte (z.B. Interessen

---

934 Günther unterscheidet lediglich die Stufen der „Vollständigkeit der Situationsbeschreibung" sowie der „Kohärenz der Normen" Vgl. Günther 1988: 287-307. Nach Ansicht der Verfasserin ist es jedoch sinnvoll, Fragen der Relevanz von kollidierenden Normen von Fragen der Angemessenheit einer erst noch zu entwickelnden Handlungsweise zu unterscheiden, da es sich hierbei um zwei analytisch gut voneinander zu trennende Schritte handelt. Diese Trennung wird erforderlich, da Ziel der diskursiven Willensbildung m.E. nicht die Aufstellung allgemeiner – noch zu begründender – Normen (wie in der Philosophie) ist, sondern die Präzisierung einer Handlungsweise bzw. die Generierung einer Handlungsempfehlung, die in einer konkreten unternehmerischen Situation angemessen und umsetzbar ist. Zum anderen verkürzt Günther das Toulmin´sche Argumentationsschema auf den Zusammenhang zwischen Handlungsnorm, Situationsmerkmal und Handlungsempfehlung. Außerdem ist die im dritten Schritt erforderliche Abwägung der normativen Gesichtspunkte in der konkreten Situation nur mit Blick auf die (voraussichtlichen) Konsequenzen für die betroffenen Interessen zu leisten und nicht abstrakt anhand der vorliegenden Normen.

935 Mead 1934: 388, der damit ebenfalls auf die praktische Vernunft der Entwicklung angemessener Handlungsweisen und weniger auf die geltungsprüfende Vernunft von Normen abzielt. Siehe auch Gebert 1998: 153. Vgl. zur Ähnlichkeit des Ansatzes von Smith´ und der der Vertreter der sog. interpretativen Soziologie – und damit Mead – Prisching 1990: 60-64. Auch Smith empfiehlt die gedankliche Verallgemeinerung durch den interpersonellen Rollentausch. Vgl. Ulrich 1991a: 162.

von Anwohnern oder Mitarbeitern) eine Rolle.[936] Die Wahrnehmung von Interessen setzt jedoch vor allem das Wissen um solche voraus.[937] Daher werden die im folgenden aufgelisteten *drei Stufen* ethischer Urteilsbildung voneinander differenziert:

I. Vollständige Situationsbeschreibung:[938]

Welche normativen Aspekte und *Normen* überhaupt berührt sind und angeführt werden, ist *nur* in der *konkreten Situation* erhebbar. Zunächst sind daher sämtliche betroffenen normativen Gesichtspunkte umfassend zu ermitteln.[939] In Anwendungssituationen ist man dabei mit den Bedürfnissen und Interessen eines oder mehrerer konkreter anderer sowie verschiedenen Situationsinterpretationen konfrontiert. Diese sind systematisch in sog. „Relevanzbehauptungen" zu transformieren.[940]

II. Anwendungs-/Relevanzargumentation:

Nachdem *alle* normativen Aspekte möglichst systematisch und vollständig aufgelistet wurden, ist zu beurteilen, welche Normen in der vorliegenden Situation überhaupt *anwendbar* respektive *relevant* sind. Sämtliche „Relevanzbehauptungen" sind hierzu im Hinblick auf ihre *Triftigkeit* zu überprüfen. Dabei tritt normalerweise der Fall auf, daß zwei (oder mehr) Relevanzbehauptungen und damit Handlungs- bzw. Bewertungsnormen als relevant herausgestellt werden. Insofern ist nach einer Anschlußmöglichkeit zu suchen, die diesen möglichst umfassend gerecht wird.

III. Angemessenheitsargumentation:

Die Feststellung der *situativen Relevanz* bzw. *Anwendbarkeit* von bestimmten Handlungsnormen beantwortet noch nicht die Frage, *wie* diese *angemessen* Berücksichtigung finden können. Dies kann nur mit Blick auf die erst zu entwickelnde Handlungsempfehlung beantwortet werden. Ihre *Angemessenheit* resultiert daraus, daß sie mit allen in einer Situation relevanten Normen oder Handlungsprinzipien vereinbar ist (*Kohärenz der Handlungsweise*).

---

936 Dies entspricht der in Teil II explizierten Anlage einer Unternehmensethik, die nicht nur konkret ist, sondern von einem zweidimensionalem Rationalitätsverständnis ausgeht. Vgl. Teil II, Kap. 2.3.

937 Vgl. Fülgraff 1991: 314, der vor allem mit Blick auf Becks Risikogesellschaft auf die Risiken abzielt.

938 Vgl. auch Günther 1988: 94-96.

939 Dabei ist es vollkommen unerheblich, ob es sich um Kategorien der direkten oder indirekten Betroffenheit handelt. Sämtliche Aspekte der konkreten Situation, die als Interessen der unmittelbar oder mittelbar Betroffenen geltend gemacht werden könnten, sind also zunächst völlig wertfrei zu erheben. Vgl. Günther 1988: 142.

940 Meist fällt die moralische Kontroverse bereits weg, wenn man sich durch sachliche Argumentation über die Situationsbeschreibung geeinigt hat. Vgl. Wellmer 1986: 131f..

Diese Stufen werden in der Regel nicht nur einmal und sukzessive durchlaufen. Aus Komplexitätsgründen sind Schleifen und das Zurückkehren zu einem vorhergehenden Schritt unvermeidbar (z.B. ist es möglich, daß erst bei der Frage der situativen Relevanz von Normen weitere Aspekte auftreten, die in der Situationsbeschreibung berücksichtigt werden müssen). Sobald festgestellt wird, daß einige Situationsmerkmale bislang nicht beachtet wurden, sind diese Aspekte in den Anwendungsdiskurs einzubeziehen.

Da im Rahmen von unternehmenspolitischen/-strategischen Entscheidungen meist mehrere normative Aspekte berührt werden, d.h. sich unterschiedliche Konfliktfelder (z.B. zwischenden Interessen der Eigentümern und der Arbeitnehmer oder zwischen den Interessen der Anwohner und dem Unternehmen) eröffnen, sind zunächst die verschiedenen Teilaspekte herauszuarbeiten und sukzessive zu behandeln. Hierzu wird der Diskurs methodisch mit der *Metaplantechnik* verknüpft.[941]

2.2 Zum Ablauf von ethischen Argumentationen

Bevor der Ablauf einer solchen ethischen Argumentation konkretisiert wird, sei noch einmal auf den *„moral point of view"*, der durch die *Idee der Unparteilichkeit* ausgewiesen wird, Bezug genommen. In Anwendungssituationen treffen verschiedene Bedürfnis-/Situationsinterpretationen z.B. die der betroffenen Anspruchsgruppen mit der Sichtweise des Top-Managements aufeinander: Die *Unparteilichkeit* kommt dann darin zum Ausdruck, daß jedes Mitglied der Unternehmensleitung sich von seinen persönlichen Vorstellungen/Interessen löst und sich in die Lage eines jeden Betroffenen versetzt, um deren Bedürfnisinterpretationen unter den besonderen Umständen zu verstehen und zu einem neutralen Urteil zu gelangen. Jede relevante Norm wird hierzu in den Status einer Hypothese versetzt, die in ihrem Verhältnis zu allen anderen relevanten Normen abzuwägen ist. „In Anwendungssituationen, in denen der andere nur ‚Gesichtspunkt' ist, geht es nicht darum, daß der andere etwas gegen ‚mich geltend *macht*', sondern daß ich die differenten Gesichtspunkte oder relevanten Merkmale der Situation berücksichtige, d.h. ‚gegen mich (oder meine situative Bedürfnisinterpretation) gelten *lasse*'."[942] In den nachfolgenden Schritten muß die ideale Rollenübernahme von jedem Mitglied der Unternehmensführung vollzogen werden. Die Idee der Gerechtigkeit setzt voraus, daß die Notwendigkeit der Unparteilichkeit wenigstens *implizit* anerkannt und *partiell* wirksam ist. Aller-

941 Vgl. Horster 1989: 159.
942 Günther 1988: 248.

dings muß die Anerkennung dieses Prinzips von den einzelnen beteiligten Top-Managern selbst vollzogen werden, sie ist nicht schlichtweg zu „verordnen“.[943]

2.2.1 Vollständige Situationsbeschreibung

Eine vollständige Situationsbeschreibung verlangt, daß möglichst alle relevanten Tatsachen und normativen Aspekte ermittelt werden. Es geht also *nicht* um den Ausweis *verallgemeinerbarer* und *partikularer Interessen*, sondern um die Herstellung einer zunächst hypothetischen Situationsinterpretation, die alle denkbaren Perspektiven und Gesichtspunkte berücksichtigt. Aus diesem Grunde werden in einem ersten Schritt – ähnlich wie beim Verfahren des Brainstormings –möglichst viele potentielle (direkt/indirekt) Betroffene und deren Interessen, Bedürfnisse oder Erwartungen ermittelt. Während dieser Phase sind folgende Grundregeln zu beachten: Es darf keine Kritik geäußert werden, sämtliche Vorschläge werden aufgegriffen und festgehalten, zum freien Äußern von normativen Aspekten sowie dem Aufgreifen und Weiterentwickeln der Äußerungen anderer Teilnehmer wird ermutigt. Dabei soll die Intuition möglichst aller Teilnehmer umfassend zur Geltung gebracht werden.

I. Ermittlung der betroffenen Interessen:

Um zu einer möglichst vollständigen Situationsbeschreibung zu gelangen, ist in einem ersten Schritt die Entscheidungssituation näher zu umreißen. Hierzu sollte ein Diskursteilnehmer in einem Referat die Situation (Was ist geplant?/Worum geht es überhaupt?) genauer präzisieren. Relevante Teilaspekte (z.B. von der möglichen Entscheidung betroffene Interessengruppen, wichtige Situationsmerkmale) können dabei an der Metaplanwand festgehalten und geordnet werden. Die Systematisierung kann z.B. anhand einer sog. Stakeholder-Landkarte (Map) erfolgen, in welche die in der konkreten Situation betroffenen Interessengruppen eingetragen und die dabei berührten normativen Aspekte aufgelistet werden.[944] Da es gilt, eine umfassende Situationsbeschreibung aufzustellen, sollte der Referent bemüht sein, bereits möglichst viele in Frage kommende Stakeholder-Gruppen in Betracht zu ziehen.[945]

---

943 Aus diesen Gründen ist es von besonderer Bedeutung, die Einsicht in die Überlegenheit dieses diskurs-
ethischen Prinzips z.B. im Rahmen von Seminaren herzustellen. Vgl. Teil IV, Kap. 3.2.3.

944 Vgl. zur Erstellung einer solchen Stakeholder-Landkarte Bodenstein/Spiller 1998: 63-65. Die Begriffe Stakeholder, Anspruchs-, Bezugs- oder Interessengruppe werden im vorliegenden Zusammenhang synonym verwendet. Vgl. zu einer differenzierteren Verwendungsmöglichkeit der Begriffe Salecker 1995: 125f..

945 So können beispielsweise bereits bekannte Anspruchsgruppen, Gruppen, die im Rahmen einschlägiger Checklisten genannt werden oder Gruppen, die mit Hilfe von aktiven Suchstrategien ermittelt wurden, im Hinblick auf ihre mögliche Betroffenheit hin in der konkreten Situation analysiert werden. Vgl. zur Bestimmung möglicher Stakeholder ausführlich Salecker 1995: 127-

Alle Teilnehmer schreiben *während* und *nach* dem Vortrag die für sie wichtigen Teilaspekte (z.B. welche weiteren Interessen möglicherweise betroffen sind) auf Metaplankarten. Diese werden ebenfalls an der Wand geordnet. Ziel ist es, ein möglichst vollständiges Bild aller potentiell betroffenen Interessen, der diesen zugrundeliegenden normativen Gesichtspunkte (z.B. Prinzipien, Normen) sowie relevante Situationsmerkmale (z.B. Konsequenzen, Nebenfolgen) zu erhalten. Alle möglicherweise anwendbaren Normen sind vollständig zu ermitteln („normative Exhaustion“).[946] Die Metaplanwand kann im weiteren Verlauf beliebig ergänzt oder modifiziert werden. Sie dient als Anhaltspunkt zur Visualisierung bereits diskutierter oder noch zu diskutierender Problemfelder.

II. Strukturierung der Bearbeitung:

Im Anschluß an die Systematisierung erfolgt eine Diskussion darüber, welche Aspekte zunächst eingehender diskutiert werden sollten. Diese werden strukturiert und – soweit möglich – in eine (vorläufige) Reihenfolge gebracht. Die Entscheidung darüber, welche Perspektiven in welcher Reihenfolge besprochen werden sollten, dient keinesfalls der Wertung oder Priorisierung der betroffenen Interessen, sondern stellt lediglich eine Arbeitserleichterung dar. Eine solche Strukturierung ist notwendig, damit alle Teilnehmer genau wissen, in welche Perspektive sie sich gerade eindenken sollen. Abschweifungen und das ständige „Durcheinandermengen“ von Sichtweisen werden so vermieden. Sinnvoll ist es, mit einem Aspekt zu beginnen, der entweder als relativ unstrittig erscheint, oder über den besonders viele Informationen vorliegen. Selbstverständlich kann die Reihenfolge der Bearbeitung jederzeit im Einvernehmen geändert werden, z.B. wenn bei der anschließenden Exploration der möglichen normativen Aspekte einer Anspruchsgruppe ein Konflikt mit einer anderen Gruppe deutlich wird, was eine Änderung der Reihenfolge nahelegt.

III. Intuitive Thinking:

Nach der Problemstrukturierung erfolgt die eher „intuitive“ Sammlung der jeweils berührten normativen Aspekte der ausgewählten Anspruchsgruppe. Der (bzw. die) Teilnehmer, der (die) eine Karte zu dieser Gruppe geschrieben hat (haben), wird (werden) aufgefordert, den Teilaspekt noch einmal genauer darzustellen, um das Eindenken in die spezielle Sichtweise zu erleichtern.[947] Um die Situation vollständig zu erfassen, ist es wichtig zu wissen, wie der jeweils

131. Dies kann gemeinsam in der Gruppe oder vom vortragenden Referenten im Rahmen seiner Vorbereitung praktiziert werden.

[946] Vgl. Günther 1988: 298.

[947] Vgl. Brown 1996: 23.

Betroffene sie vor dem Hintergrund seiner Präferenzen sieht.[948] Hierzu sind zunächst die Merkmale der Situation, auf die sich ein potentiell Betroffener stützen würde sowie die dabei zugrundegelegten Normen[949] und Prinzipien, die meist im Verborgenen liegen, aufzudecken. Dabei gilt es, die jeweilige Sichtweise und Gründe möglichst genau herauszuarbeiten, damit jeder nachvollziehen kann, auf welche Tatsachen sich ein so Betroffener beruft und warum er sie für wichtig erachtet.[950] Es bedarf insbesondere „... der sensiblen, phantasievollen und innovativen Entdeckung ‚neuer', bisher unberücksichtigt gebliebener Situationsmerkmale"[951]. Bereits hier wird deutlich, daß diese Aufgabe eine Perspektivenübernahme erforderlich macht: Jeder der Gesprächsteilnehmer sollte sich in die Rolle der jeweils Betroffenen hineinversetzen, um normative Gesichtspunkte zu explorieren, deren Interessen und Selbstverständnis zu verstehen sowie die aus dieser Sicht wichtigen Bedürfnisse herauszustellen. Um das Problembewußtsein nicht schon in diesem frühen Stadium unnötig zu verengen und offen für alle möglichen Gründe zu bleiben, gilt es hier, sämtliche denkmöglichen Gesichtspunkte zu generieren.[952] Allerdings reicht der „gesunde Menschenverstand" nicht zur Ermittlung aller Arten von möglichen Situationsmerkmalen aus. Vielfach sind nämlich nicht nur Folgen im räumlich, zeitlich und sachlichen Nah-, sondern auch im Mittel- und Fernbereich zu berücksichtigen, die nicht mit Hilfe der Intuition, sondern nur durch fachliche Analysen ermittelt werden können.[953] Hinzutreten sollten daher – z.B. bei globalökologischen Aufgaben – Systemanalysen und Technikbewertungen. Diese klären Wirkungszusammenhänge und decken so potentielle Folgen und Nebenfolgen umfassend auf.[954] Dadurch lassen sich weitere Aspekte der Betroffenheit sowie die diesen zugrundeliegenden Interessen und Bedürfnisse generieren.

IV. Gemeinsames Aufstellen von Relevanzbehauptungen:

Um die ermittelten, noch relativ unsystematisch vorliegenden normativen Aspekte in eine gewisse Struktur zu bringen, sind die vorliegenden Gesichtspunkte in sog. *Relevanzbehauptungen* zu transformieren: Diese bestehen in An-

---

948 Vgl. Günther 1988: 282.

949 Die Begriffe Normen, Handlungsnormen, Werturteile, normative Aspekte oder Aussagen, implizite oder verborgene Grundsätze werden hier synonym verwendet und sind beliebig austauschbar.

950 Die Wahl der Gründe beruht auf einer Selektionsentscheidung für bestimmte Merkmale einer Situationsbeschreibung, die offengelegt werden muß. Vgl. Günther 1988: 296.

951 Günther 1988: 97.

952 In Anlehnung an das Verfahren des Brainstormings sollte diese Teilphase einen Zeitraum von 45 Minuten nicht überschreiten, da erfahrungsgemäß die Kreativität danach erlahmt. Gegebenenfalls kann das Verfahren auch zu einem späteren Zeitpunkt fortgeführt werden.

953 Vgl. Bender 1988: 175.

954 Vgl. Hopfenbeck 1997: 960-965; Hauff 1991: 75; Böckle 1991: 119-126; Barben/Dierkes 1991: 228-232.

lehnung an die erarbeitete Struktur von (rationalen) Argumenten aus den vier Elementen Handlungsempfehlung/Vorschlag (K), Gründe/Handlungsbedingungen (D), Handlungs-/Bewertungsnorm (SR) und Annahmen über Handlungsfolgen auf anerkannte Bedürfnisse (S).[955] Es geht darum, *triftige* Argumente zu „entdecken", die von den jeweiligen Interessengruppen zur Begründung ihrer Forderungen möglicherweise angeführt werden und denen im Rahmen der Entscheidungsfindung aufgrund der ihnen innewohnenden „(Überzeugungs-)Kraft" eine besondere Stellung eingeräumt werden muß.[956] Dabei ist gemeinsam zu überlegen und insbesondere zu diskutieren:

- Welche rechtfertigungsbedürftige(n) *Forderung(en)* aus den angeführten Gründen jeweils resultieren (K);
- Auf welche *relevanten Situationsmerkmale* sich die Betroffenen beziehen (D)[957];
- Durch welche *Norm* diese Merkmale zu Gründen für eine Handlungsweise werden (SR);[958]
- Mit welchen *Folgen und Konsequenzen* auf (anerkannte) *Bedürfnisse* ein Betroffener voraussichtlich für die Anwendung dieser Norm plädieren würde (S).

Das Beispiel aus Teil III soll den Vorgang der Bildung von Relevanzbehauptungen verdeutlichen. Auf der letzten Betriebsversammlung teilte der Vorstand seinen Mitarbeitern mit, daß im Unternehmen keine Drogentests eingeführt werden. In den letzten vier Wochen kam es allerdings zu einem solch sprunghaften Anstieg von Unfällen im Zusammenhang mit Drogenkonsum, daß er sich nicht mehr in der Lage sieht, dieses „Versprechen" einzuhalten. Mögliche Argumente der *Vertreter der Mitarbeiter* könnten dann wie folgt lauten:

- Es sollten keine Drogentests eingeführt werden (K), weil auf der letzten Betriebsratsversammlung versprochen wurde, keine Drogentests einzuführen (D). Versprechen sind zu halten (SR), weil ansonsten die Glaubwürdigkeit so untergraben wird, daß Mitarbeiter ihr Vertrauen in die Unternehmensleitung verlieren (S).

---

955 Brown bezeichnet diese vier Elemente auch als „Ressourcen" des Entscheidungsprozesses und wählt die – etwas anschaulicheren – Begriffe (I) Vorschläge, (II) Beobachtungen, (III) Werturteile und (IV) Annahmen. Vgl. Brown 1996: 5-7 und 15-18.

956 Vgl. Günther 1988: 262.

957 Es sei darauf hingewiesen, daß die Wahl der Handlungsnorm normalerweise bestimmt, welche Situationsmerkmale angeführt werden und welche Forderungen sich daraus ableiten lassen. „Welche Daten wir anführen, wenn eine Behauptung angegriffen wird, hängt von den Schlußregeln ab, die wir in diesem Bereich anzuwenden bereit sind." Toulmin 1975: 90.

958 Dabei kann nicht nur eine allgemeingültige Regel, sondern im Prinzip *jede grundgegebene Überzeugung* als Handlungs- und Bewertungsnorm zugrundegelegt werden. Vgl. Günther 1988: 262.

- Es sollten keine Drogentests eingeführt werden (K), weil dadurch die Privatsphäre des Einzelnen tangiert wird (D). Jeder Mitarbeiter hat das Recht auf Wahrung seiner Privatsphäre am Arbeitsplatz (SR), weil sich ansonsten soziale Nachteile (z.B. soziale Ächtung, Abmahnung, Kündigung) für ihn ergeben könnten (S).
- Es sollten keine Drogentests eingeführt werden (K), weil dadurch die Würde des Einzelnen tangiert wird (D). Jeder Mitarbeiter hat das Recht auf Wahrung seiner Würde am Arbeitsplatz (SR), weil ansonsten sein Selbstwertgefühl Schaden nehmen kann (S).

Hingegen könnte der *Vorstand* folgende Argumente ins Feld führen:

- Es sollten Drogentests eingeführt werden (K), weil das die Gefahr von Unfällen verringert (D). Jeder Mitarbeiter hat das Recht auf Sicherheit am Arbeitsplatz (SR), weil ansonsten die Gesundheit der Mitarbeiter beeinträchtigt werden kann (S).
- Es sollten Drogentests eingeführt werden (K), weil wir nur so die Sicherheit der Arbeitnehmer gewährleisten können (D). Der gesetzlichen Fürsorgepflicht ist nachzukommen (ST), weil ansonsten mit hohen Kosten verbundene rechtliche Schritte auf uns zukommen könnten (S).

Von besonderer Bedeutung ist, daß auch in dieser Phase jede Form der *Beurteilung* bzw. *Abwägung* der Argumente (wichtig oder nicht so wichtig) unterbleibt. Daher hat auch keine Diskussion *für oder gegen* die Berücksichtigung des diskutierten Interesses zu erfolgen. Die Aufstellung der Relevanzbehauptung geschieht unabhängig von einer vielleicht nur geringen *Intensität der Betroffenheit,* der „Nichtakzeptanz" oder relativen Unwichtigkeit eines Interesses im Verhältnis zu einem anderen. Ziel ist es, die möglichen Argumente der einzelnen Stakeholder-Gruppen annähernd genau zu rekonstruieren bzw. vorwegzunehmen.[959] Eine jede Behauptung ist an der Metaplanwand schriftlich zu fi-

959 Hierbei ist es z.B. unzulässig, davon auszugehen, daß eine Anspruchsgruppe womöglich „einfältiger" ist und daher ganz andere Gründe bzw. Argumente anführen würde bzw. auf diese Gründe vermutlich gar nicht käme. Es geht einzig und allein darum, zu einem diskursiven Einverständnis darüber zu gelangen, welche Argumente aus Sicht eines vernünftigen Menschen angeführt werden würden. Es wird nicht an der Intelligenz der Teilnehmer, sondern an ihren eigenen Erfahrungen mit Situationen des (gerechten) Zusammenlebens angeknüpft. Diese stehen allen gleichermaßen zur Verfügung und sind niemandem privilegiert zugänglich. Die Idee der Gerechtigkeit liegt in den Diskursbedingungen und erfordert allein die ehrliche und aufrichtige Ermittlung und Berücksichtigung betroffener Interessen. Im Sinne des Sokratischen Gespräches wird davon ausgegangen, daß Personen als moralische Wesen einen Sinn für Recht und Unrecht besitzen, der in ihrer sozialen, emotionalen und kognitiven Entwicklung wurzelt. Daher ist die Perspektive nicht, welche Argumente würde der Betroffene vermutlich anführen, sondern welche würden wir in seiner Situation anbringen (diese Perspektivenübernahme hat sehr starke Ähnlichkeit mit dem Sympathiekonzept von Adam Smith).

xieren.[960] In einigen Fällen werden sicherlich gleich mehrere Argumente aus Sicht einer Anspruchsgruppe angebracht werden können. Die folgende Abbildung zeigt noch einmal den Aufbau von Relevanzbehauptungen.

Abb. 15: Aufbau von Relevanzbehauptungen

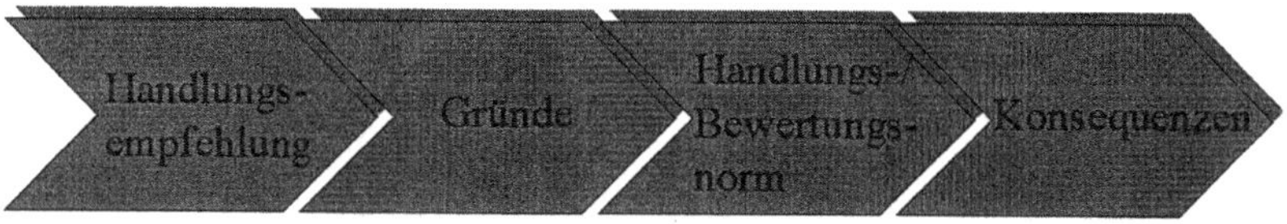

» Stellt fest, was getan werden sollte	» Liefert situativ relevante Fakten, die den Vorschlag unterstützen	» Verbindet die Handlungsempfehlung mit einer rechtfertigenden Handlungsnorm	» Stützen die Relevanz der Anwendung dieser Norm im vorliegenden Fall
» Wir sollten keine Drogentests einführen	» Weil auf der letzten Betriebsratsversammlung versprochen wurde, keine Drogentests einzuführen	» Versprechen sind zu halten	» Wird ein Versprechen gebrochen, so verlieren die Mitarbeiter ihr Vertrauen in die Unternehmensleitung

Quelle: Eigene Darstellung in Anlehnung an Brown 1996: 13.

Die notwendige Differenzierung in Handlungsvorschläge, Handlungsbedingungen, Handlungs-/Bewertungsnormen sowie erwartete Konsequenzen für anerkannte Bedürfnisse trägt zur Abgrenzung und zum besseren Verständnis der Handlungssituation bei. Sie hilft, die einzelnen Elemente genauer zu unterscheiden und Interessen bzw. Bedürfnisse und Handlungs-/Bewertungsnormen voneinander abzugrenzen. Dabei sind intensive Diskussionen und anfängliche Konfusionen beinah unvermeidbar. Genau dieser Prozeß ist jedoch erforderlich, um die Handlungssituation immer besser zu strukturieren, Widersprüche aufzudecken und implizite Annahmen und Werturteile herauszuarbeiten und bewußt zu machen. Die nachfolgende Tabelle zeigt, wie die vier Bestandteile von Argumenten genau voneinander abgegrenzt werden können.

960 Brown hat für diesen Prozeß eine Reihe von Arbeitsbögen entwickelt, die unterstützend herangezogen werden können. Vgl. Brown 1996: 23-34.

Tab. 11: Die vier Elemente von Relevanzbehauptungen

Element	Beschreibung
Handlungs-empfehlung (K)	• Aussage darüber, was getan werden sollte. • Präskriptive Aussage: Schlägt bestimmte Handlungen vor. • Stützt sich auf Situationsmerkmale, Handlungsnormen/-prinzipien und Annahmen über erwartete Konsequenzen.
Situationsmerkmale (D)	• Beschreibung dessen, was konkret ist. • Deskriptive Aussage: Beschreibt Situationen. • Stützt sich auf die korrekte Darstellung der Tatsachen.
Handlungsnorm (SR)	• Grundeinstellung zu dem, was man allgemein für richtig hält. • Normative Aussage: Orientiert das Handeln. • Stellt eine Verbindung zwischen Vorschlag und Situationsmerkmal her.
Handlungskonsequenzen (S)	• Vorstellung/Wissen darüber, wie die Dinge zusammenhängen. • Subjektive/Deskriptive Aussage: Bringt Vermutungen, Erfahrungen oder Wissen über Konsequenzen und Folgen zum Ausdruck. Sie soll die Anwendbarkeit der Handlungsnorm im vorliegenden Fall unterstreichen. • Stützt die Handlungsnorm und damit mittelbar auch die Handlungsempfehlung.

Quelle: Eigene Darstellung in Anlehnung an Brown 1996: 5.

Die meist *undifferenzierten Annahmen* über Bedürfnisse und Sichtweisen von Anspruchsgruppen (z.B. „Die wollen sowieso nur mehr Geld“) werden so konkretisiert und systematisiert (und können später getrennt voneinander diskutiert werden). Dabei werden häufig verborgene Auffassungen sowie intuitiv verankerte und gewohnheitsmäßig angenommene Prinzipien aufgedeckt. Diese stammen aus bewährten Erfahrungen im Umgang mit verschiedenen Situationen, an denen Individuen meist spontan anknüpfen. Ungeprüfte und unreflektierte Aussagen oder Werturteile der einzelnen Top-Management-Mitglieder können bereits hier in ihrer relativen *Unvollständigkeit* erkannt und mit Blick auf die konkrete Situation erweitert und verändert werden.

V. **Normative Exhaustion:**

Eine *umfassende Situationsbeschreibung* liegt vor, wenn für sämtliche Anspruchsgruppen alle potentiellen, situationsrelevanten Behauptungen aufgestellt wurden.[961] Insofern wird das oben beschriebene Verfahren der idealen Rollenübernahme für jede Interessengruppe gleichermaßen praktiziert. Die Teilaspekte werden in der eingangs festgelegten Reihenfolge bearbeitet, die jedoch – wie bereits dargelegt – aus Praktikabilitätsüberlegungen während des Ablaufs von den Diskursteilnehmern gemeinsam verändert werden kann.

---

961 Vgl. Günther 1988: 298.

2.2.2 Anwendungs-/Relevanzargumentation

Nach der eher kreativen Suche und Entwicklung von möglichen Argumenten (intuitive level) für alle in Betracht kommenden Anspruchsgruppen ist die Zahl der *generierten Handlungsnormen* auf die in der speziellen Situation *anwendbaren* bzw. *relevanten* zu reduzieren.[962] Hierzu wird das Kriterium der *Triftigkeit* herangezogen. Es ist für jedes angeführte Argument zu überprüfen, ob es diesem Kriterium entspricht. Dies geschieht in zwei Teilschritten: Zuerst gilt es festzustellen, ob die für eine Anwendung der jeweiligen Norm vorauszusetzenden Bedingungen überhaupt in der Situation gegeben sind. Daher wird überprüft, ob die Norm (SR) auch den Übergang von den angeführten Situationsmerkmalen (D) auf die Handlungsempfehlung (K) erlaubt. Dies ist jedoch nur der Fall, wenn deren Anwendungsvoraussetzungen erfüllt sind und die Situationsmerkmale die *Anwendung* der Norm *sinnvoll* erscheinen lassen.[963] Weiterhin ist die *Relevanz* der jeweiligen Norm zu prüfen. Dabei ist zu untersuchen, ob die angeführten Konsequenzen und Nebenfolgen (S) aus Sicht aller Teilnehmer im vorliegenden Fall den Übergang zur Norm (SR) erlauben. Diese sind daher zum einen dahingehend zu analysieren, ob sie realistisch/wahrscheinlich sind und ob die so beeinträchtigten Interessen/Bedürfnisse als Praxis des gemeinsamen Lebenshorizontes allgemein anerkannt werden.[964] Die einzelnen Bestandteile der jeweiligen Argumente werden daher im folgenden Schritt einer eingehenden Prüfung unterzogen (critical level). Dabei ist *jede Relevanzbehauptung* einer genauen Analyse zu unterziehen, um die *triftigen* und allgemein anerkannten *Argumente* auszufiltern.[965]

VI. Prüfung der Anwendbarkeit:

Zunächst ist zu prüfen, ob die Handlungsnorm in der vorliegenden Situation überhaupt „passend" ist.[966] Es ist zu begründen, daß die angeführte Norm die

[962] Die Relevanzargumentation dient nicht dazu, die möglichen anwendbaren Normen auf *eine* zu reduzieren; vielmehr gilt es, *alle* im vorliegenden Fall *relevanten Normen* zu selektieren. Hierzu bedarf es einer intensiven Auseinandersetzung und Diskussion sowie der Prüfung von Gründen und Gegengründen für bzw. wider die Relevanz einer jeden angeführten Handlungs-/Bewertungsnorm.

[963] Ganz einfach gesprochen kann die Norm „Du sollst nicht töten" nicht angeführt werden, wenn überhaupt niemand getötet wurde oder voraussichtlich getötet werden kann.

[964] Vgl. Günther 1988: 58, 69 und 89.

[965] Dabei wird in den meisten Fällen sehr schnell deutlich, daß kollidierende Standpunkte nicht auf nicht auflösbare Meinungsdifferenzen zurückzuführen sind, sondern an den verschiedenen zugrundegelegten Werturteilen liegen. Sowohl Gründe als auch Konsequenzen sind meist nachvollziehbar und Punkte, über die schnell Übereinstimmung erzielt werden kann. Vgl. Brown 1996: 27.

[966] „Es bedarf keines besonderen Scharfsinns, um im konkreten Einzelfall gerade solche Merkmale aufzuspüren und zu betonen, die von der notwendigerweise schematisierenden Norm nicht mehr gedeckt sind." Wieland 1974: 32.

Anwendung auf die spezielle Situation überhaupt erlaubt. Die *Frage der Normenanwendbarkeit* betrifft damit den Übergang von (SR) zu (D). Dabei kann natürlich die Wahrheit einer Situationsbeschreibung in Frage gestellt werden, so z.B. daß der Vorstand überhaupt auf der Betriebsversammlung war.[967] Von diesem Sachverhalt soll allerdings hier abgesehen werden. Wichtiger ist der Fall, in dem bestritten wird, daß das Situationsmerkmal zu den Anwendungsbedingungen einer Norm gehört. Dies ist insbesondere ein Problem der *Bedeutung einer Norm*, die nicht ein für allemal festliegt (z.B. was bedeutet Treue, was ist Sicherheit oder wann wurde ein Versprechen gegeben). Ohne eine Übereinstimmung zwischen den Merkmalen von (D) und den von der Bewertungsnorm (SR) vorausgesetzten Tatbeständen ist (D) jedoch als Grund für (K) nicht überzeugend. Z.B. argumentieren die Teilnehmer, ob die Art der Zusage ein Versprechen oder eine lose Beteuerung war. Dabei wird eine Diskussion darüber geführt, welche Merkmale zur Verwendung des Begriffes „Versprechen" gehören bzw. wann ein solches abgegeben wurde. Es werden also Regeln für den Gebrauch der in den vorangegangenen Begründungsschritten benutzten Ausdrücke entwickelt.[968]

VII. Prüfung der Relevanz:

Wurde die Anwendbarkeit einer Norm auf die jeweilige Situation von allen Mitgliedern der Unternehmensleitung bejaht, so sind die angeführten *Konsequenzen* und *Folgen* (S) einer eingehenden Erörterung zu unterziehen.[969] Es ist zu untersuchen, ob diese als Stützung für die angeführte Norm fungieren können, d.h. es ist mit Hilfe von (S) zu prüfen, ob eine Norm (SR) als Handlungsgrundlage, der alle am Diskurs beteiligten Personen zustimmen können, gelten kann. Die Frage der *Normenrelevanz* betrifft also den Übergang von (S) nach (SR). In vielen Fällen ist gerade die unterschiedliche Auffassung über Art, Umfang bzw. Eintrittswahrscheinlichkeiten der vermuteten Folgen einer bestimmten Handlung Ursache für gegensätzliche Standpunkte.[970] Es ist daher zunächst gemeinsam zu prüfen, welche Konsequenzen sich voraussichtlich aus der *fehlenden Berücksichtigung* einer Norm bzw. eines Handlungsprinzips ergeben.[971] Im vorliegenden Fall könnte also in Frage gestellt werden, ob die Nichtbeach-

---

[967] Vgl. zum Problem der Wahrheit eines Situationsmerkmals ausführlich Günther 1988: 289f..

[968] Vgl. Günther 1988: 290f. Genauso kann aber auch darüber diskutiert werden, ob die Sicherheit der Mitarbeiter am Arbeitsplatz zu den Fürsorgepflichten des Arbeitgebers gehört.

[969] Selbst wenn sich die Vertreter des jeweiligen Standpunktes nicht darüber einig sind, was getan werden sollte, so können sie doch auf dieser Ebene einer Meinung sein. Widersprechen die verschiedenen Folgen und Annahmen einander nicht, so liegt die Meinungsdifferenz wahrscheinlich an den verschiedenen Werturteilen. Vgl. Brown 1996: 27.

[970] Zumal strategische Entscheidungen unter einer relativ hohen Unsicherheit bezüglich der eintretenden Konsequenzen getroffen werden. Vgl. Steger 1991: 193.

[971] Vgl. Teil III, Kap. 4.3.2.

tung der Würde der Mitarbeiter tatsächlich zu Beeinträchtigungen des Selbstwertgefühles führt oder ob die Verletzung des Versprechens wirklich das Vertrauen der Mitarbeiter in die Unternehmensleitung beeinträchtigt.

Eine praktikable Möglichkeit ist es, mit Szenarien zu arbeiten. Solche lassen sich für den günstigsten (best-case), den ungünstigsten (worst-case) sowie den wahrscheinlichsten Fall (Trend) aufstellen, für die das Pro- und Contra abgewogen werden können.[972] Allerdings ist zuvor von der Unternehmensleitung festzulegen, mit welcher Prognose weitergearbeitet werden soll.[973] Während die traditionelle Morallehre das *Modell des Probabilismus* vertritt und die Alternative empfiehlt, für die wahrscheinliche Gründe sprechen (Trend-Szenario), plädiert JONAS angesichts der gegenwärtigen Lage für den *Vorrang der schlechten Prognose* (Worst-case-Szenario).[974] Welche Prognose zugrundegelegt wird, ist am besten im Diskurs unternehmensindividuell zu fixieren.[975] Erst wenn Einigkeit über die vermuteten Konsequenzen der Anwendung bzw. Nichtbeachtung einer Handlungsnorm und über eine realistische Einschätzung der Eintrittswahrscheinlichkeiten erzielt wurde, kann zum zweiten Schritt der Relevanzprüfung übergegangen werden.

Hier ist argumentativ zu entscheiden, ob es sich um *allgemein anerkannte bzw. akzeptierte Bedürfnisse oder Präferenzen* handelt, die von der Norm berührt werden. Als Maßstab dient der mit der lebensweltlichen Praxis gegebene Horizont. Praktische Schwierigkeit treten besonders dann auf, wenn Unsicherheit hinsichtlich der Art der möglichen Konsequenzen einer Handlung bzw. deren Eintrittswahrscheinlichkeiten besteht.[976] Es ist durch Perspektivenübernahme zu prüfen, ob die Interessen bzw. die betroffenen Bedürfnisse aus der Perspektive der jeweils Betroffenen vor dem Hintergrund der gemeinsam geteilten Lebenswelt anerkennungswürdig sind.[977] Wird die Anerkennungswürdigkeit eines Bedürfnisses in Zweifel gezogen, so ist in eine Argumentation über die Berechtigung dieses Interesses einzutreten. Nur wenn alle Teilnehmer die Legitimität der tangierten (partikularen) Bedürfnisse und Präferenzen aufgrund einer unparteiischen und ehrlichen Argumentation anerkennen, kann die zur Beur-

972 Vgl. Detzer 1999: 12. In Japan heißt dieser Prozeß „nemawashi" und dauert oft mehrere Monate. Dabei geht es darum, mit möglichst genauen Zahlen, verschiedene Szenarien zu entwickeln, die die Auswirkungen einer Entscheidung unter verschiedenen Gesichtspunkten aus allen relevanten Gesichtswinkeln beleuchten. Vgl. Schneidewind 1991: 300. Siehe zur Szenariotechnik auch Bodenstein/Spiller 1998: 85f..

973 Vgl. Bender 1988: 117.

974 Vgl. hierzu ausführlich Jonas 1984: 76-83.

975 Vgl. auch Weise 1991: 270-273.

976 Vgl. Böckle 1991: 119.

977 Selbst wenn es ja in der konkreten Situation immer partikular bleiben muß, da hier verschiedene, konkurrierende Interessen aufeinanderprallen.

teilung der Folgen angewendete Norm als relevant ausgewiesen werden.[978] Im vorliegenden Fall könnte z.B. darüber diskutiert werden, ob das Bedürfnis der Mitarbeiter nach Vertrauen in die Unternehmensleitung ein allgemein anerkanntes Interesse darstellt oder nicht.

Im Anschluß daran werden alle als triftig herausgestellten Argumente möglichst gut sichtbar (z.B. an der Metaplanwand) nebeneinander festgehalten, damit jeder der Beteiligten noch einmal bewußt nachvollziehen kann, worüber eine Übereinstimmung erzielt wurde.[979] Es wird damit folgendes deutlich: Das Kriterium der Triftigkeit eines Arguments betrifft die Fragen der *Normenanwendbarkeit* und der *Normenrelevanz*. Beide sind nur in Abhängigkeit von der konkreten Situation zu beantworten. Es gehen nur solche Normen in eine Angemessenheitsargumentation ein, die plausibel auf die vorliegende Situation übertragen werden können *und* bei denen eine Übereinstimmung über die Folgen und Nebenwirkungen bzw. deren Anerkennungswürdigkeit erzielt wurde.

2.2.3 Angemessenheitsargumentation

Die Rationalität der diskursiven Willensbildung bemißt sich an der sukzessive erweiterten Berücksichtigung von Situationsmerkmalen und der dadurch systematisch produzierten Kollision verschiedener relevanter Normen. In jeder Situation sind selbstverständlich *alle* relevanten Normen zu berücksichtigen.[980] Daher muß die *Logik der Angemessenheitsargumentation* zeigen, wie die daraus entstehenden Normenkollisionen aufgelöst werden können.[981] Die Lösung besteht darin, daß mit Blick auf die Umstände des Falles eine konkrete Handlungsweise entwickelt wird. Ihre Angemessenheit resultiert daraus, daß sie mit allen in einer Situation relevanten Normen vereinbar ist und ihrem Verhältnis zueinander entspricht. Hierzu bedarf es einer Gewichtung und Verhältnisbestimmung aller relevanten Normen.[982]

VIII. <u>Verhältnisbestimmung:</u>

Die Idee der Unparteilichkeit setzt voraus, sich auf die besonderen Umstände einer Situation einzulassen und alle Normen im Lichte konkurrierender Ge-

---

978 Vgl. Rähme 1996: 145.

979 Art und Anzahl der ermittelten Normen sind stets von der Komplexität der konkreten Situation abhängig. Aus diesem Grunde kann eine Empfehlung, wieviele Behauptungen als relevant ausgewiesen werden sollten, nur schwer getroffen werden. Grundsätzlich sollte die Zahl jedoch nicht zu sehr eingegrenzt werden; es geht nicht darum, die Relevanz möglichst vieler Interessen zu bestreiten, sondern wichtige „Ressourcen" des Entscheidungsprozesses zu ermitteln und aktiv einzubinden. Die Anzahl dürfte sich in der Regel zwischen zwei und zehn relevanten Behauptungen bewegen.

980 Vgl. Günther 1988: 49f..

981 Vgl. Günther 1988: 287.

982 Vgl. Tugendhat 1984: 100.

sichtspunkte einzuschätzen. Dabei ist eine bedingte Vorrangstellung zwischen den Normen festzulegen.[983] Als *Maßstab* für die Rangfolge von Normen dient der *„sittliche Kontext"*, der als Basis einer Beurteilung der Interessen verstanden wird. Die bloße Feststellung, daß in einer bestimmten Situation die Norm A der Norm B vorgeht, reicht jedoch nicht aus. Vielmehr ist zu begründen, warum das Prinzip B in diesem Fall zurückzutreten hat.

Zunächst ist also eine *Gewichtung der Normen* vorzunehmen. Hierzu werden die verschiedenen Konsequenzen und Folgen zueinander ins Verhältnis gesetzt. Jede einzelne Norm wird dabei virtuell mit allen relevanten Merkmalen der Situation konfrontiert, um die *Intensität der Betroffenheit* aller anderen Interessen bei deren Anwendung zu bestimmen. Ziel ist es, diejenige Norm herauszufiltern, die sich im Verhältnis zu allen anderen relevanten Normen am besten vor dem Hintergrund der konkreten Umstände rechtfertigen läßt.[984] Für die Bestimmung des Verhältnisses können generell alle Komparationen und quantitativen Vergleiche, die eine Entscheidung zugunsten einer Norm unter Berücksichtigung sämtlicher normativen Gesichtspunkte erlauben, herangezogen werden.[985]

Auf das Beispiel bezogen, könnte die Beeinträchtigung des Selbstwertgefühles der Mitarbeiter ins Verhältnis zu den wirtschaftlichen Konsequenzen (z.B. bei arbeitsrechtlichen Schritten) für das Unternehmen oder auch zur Gefährdung der Gesundheit der Mitarbeiter gesetzt werden. Ohne eine Bewertung vorwegzunehmen, könnte die Unternehmensleitung dann zu dem Ergebnis kommen, daß sich die Norm „Die Fürsorgepflicht des Arbeitgebers ist zu wahren" in Anbetracht der konkreten Umstände besser rechtfertigen läßt als das Recht der Mitarbeiter auf „Wahrung ihrer Würde am Arbeitsplatz". Die Ergebnisse dieser hypothetischen Prüfung können stichpunktartig an der Metaplanwand festgehalten werden.

IX. Zumutbarkeitsargumentation:

Da im vorliegenden Fall *die Angemessenheit einer Handlungsweise* in einer konkreten unternehmerischen Situation ausgewiesen werden soll, reicht es je-

[983] „Dies bedeutet aber weder, daß das zurücktretende Prinzip für ungültig zu erklären, noch, daß in das zurücktretende Prinzip eine Ausnahmeklausel einzubauen ist. Vielmehr geht das eine Prinzip dem anderen *unter bestimmten Umständen* vor. *Unter anderen Umständen* kann die Vorrangfrage umgekehrt zu lösen sein." Alexy 1985: 79.

[984] Es geht also um die Rechtfertigung einer Norm im Verhältnis zu anderen anwendbaren Regeln, die sich auf einen anderen Situationsausschnitt oder auf den selben Ausschnitt in anderer Weise beziehen.

[985] Vgl. Günther 1988: 301. Denkbar ist z.B. eine Bewertung mit Hilfe eines Scoring-Modells, bei dem zunächst die Intensität der Betroffenheit eines Interesses mit Hilfe eines Punkteverfahrens bewertet wird und im Anschluß das Gewicht eines jeden Bedürfnisses in Anbetracht aller konkreten Umstände beurteilt wird.

doch nicht, die relevanten Normen in eine transitive Rangfolge zu bringen: Vielmehr ist im Anschluß an die Gewichtung der Normen eine Argumentation über die *Zumutbarkeit* der Anwendung der im Verhältnis angemesseneren Norm mit Blick auf den Grad der Beeinträchtigung anderer, gleichrangiger Interessen, zu führen.[986] Dies impliziert, daß in einem bestimmten Verhältnis auch andere anwendbare Normen im Rahmen der Handlungsweise eine Rolle spielen müssen.

Das Ausmaß der zumutbaren Beeinträchtigung der Interessen hängt von der Bedeutung der einzelnen relevanten Normen ab.[987] Erst wenn wechselseitig Klarheit über die Beeinträchtigung sämtlicher Interessen bei Anwendung bestimmter Normen herrscht, ermöglicht die Reziprozität der Perspektivenübernahme ein Unparteilichkeitsurteil, das auf die realen Interessen aller Betroffenen Rücksicht nimmt.[988] Dies ist nur dialogisch zu leisten. So können *archimedische Punkte* – z.B. bis zu welchem Ausmaß die Beeinträchtigung eines jeden Interesses angesichts der speziellen Situation zumutbar ist – für die Entwicklung einer angemessenen Handlungsweise gesetzt werden.

X. Entwurf einer kohärenten Handlungsweise:

Wenn die Diskursteilnehmer darüber Einigkeit erzielt haben, welche Norm im vorliegenden Fall als überlegen auszuweisen ist und inwieweit auch andere relevante Normen zu berücksichtigen sind, gilt es eine angemessene Handlungsweise zu ermitteln, die einen *„fit"* zwischen diesen Normen verkörpert.[989] Die „überlegene" Norm bildet die Basis für die Entwicklung einer solchen anschlußfähigen Handlungsweise. Diese muß alle besonderen Umstände einer Situation berücksichtigen und mit den relevanten normativen Aspekten einer Situation in Einklang stehen.[990] In die Entwicklung dieser Handlungsempfeh-

[986] Vgl. Ulrich 1996a: 36; Böckle 1991: 118f.. Das Kriterium der Zumutbarkeit wurde von Apel in die Diskussion der Anwendung von Normen eingeführt. Er hat damit ein Anwendungskriterium postuliert, das systematisch zur Kategorie der Angemessenheit gehört und von ihm im Sinne einer subjektiven Angemessenheit verstanden wird. Eine Handlung ist demnach zumutbar, wenn sie angesichts der besonderen Situation, in welcher sich der Verpflichtete befindet, auch von ihm befolgt werden kann. Hier geht es allerdings auch um die Zumutbarkeit von Handlungen für Nichtverpflichtete, weshalb das Kriterium an dieser Stelle etwas abgewandelt Verwendung findet. Vgl. Apel 1986: 223ff.. Im Recht ist „Zumutbarkeit" eine Standardkategorie für die Lösung von Kollisionsproblemen.

[987] Vgl. Fülgraff 1991: 316f.; Günther 1988: 301.

[988] Hierzu muß man genau wissen, was es bedeutet, so betroffen zu sein, was eines gut ausgebildeten Einfühlungsvermögens bedarf.

[989] Vgl. Küpper 1999: 67.

[990] Vgl. Günther 1988: 257. Die Auflösung der Normenkollision erfolgt also nicht dadurch, daß in einen Begründungsdiskurs übergegangen wird und diejenige Norm als angemessen ausgewiesen wird, die sich unabhängig von der Situation als gültig erweist, sondern indem alle relevanten Gesichtspunkte der Situation Eingang in die als richtig anzuerkennende Handlungsweise integriert werden.

lung fließen die Zumutbarkeitserwägungen ein. Sie markieren die Grenzen für die Anwendung der gewichtigsten Norm und geben Hinweise auf die bei der Entwicklung einer *angemessenen Handlungsweise* zusätzlich zu berücksichtigenden Aspekte: Hierbei kann es sein, daß der Vorschlag mehrfach überarbeitet werden muß, z.B. in dem weitere relevante Gesichtspunkte in die Modifikation einfließen.[991] Dies wird methodisch ebenfalls am besten an der Metaplanwand realisiert.

Eine so erarbeitete *Handlungsempfehlung* kann erst dann als *angemessen* bezeichnet werden, wenn sie aus der Perspektive eines jeden einzelnen, von ihrer Anwendung Betroffenen akzeptiert werden könnte bzw. wenn ihre Anwendung für alle Beteiligten als zumutbar erachtet wird.[992] Im vorliegenden Fall könnte die Handlungsempfehlung wie folgt lauten: „Wir sollten Drogentests nur bei den Mitarbeiter durchführen, bei denen in der letzten Zeit Auffälligkeiten beobachtet wurden. Zum Schutz dieser Mitarbeiter werden die Tests nur nach einem ausführlichen Vorgespräch und unter Wahrung der Anonymität durchgeführt. Bei einem positiven Ergebnis werden gemeinsame Schritte und Lösungen mit dem Mitarbeiter in einem weiteren Gespräch vereinbart“[993]

In der Praxis werden meist mehrere Handlungsvorschläge entwickelt. Dies resultiert daraus, daß trotz gemeinsam praktiziertem Perspektivenwechsel unterschiedliche Auffassungen über die Gewichtung der Interessen und die Zumutbarkeit einer Beeinträchtigung bestehen bleiben werden.[994] Insofern ist häufig eine *dezisionistische Diskursbegrenzung* angeraten. Können sich die Mitglieder nicht durch Modifikationen auf eine Handlungsweise einigen, so ist über die konkurrierenden Empfehlungen – nach zuvor diskursiv festgelegten Regeln – abzustimmen.[995] „Die Abstimmung ist der dezisionistische Standardakt, Diskurse durch Zählen statt durch Wägen von Stimmen pragmatisch zu begrenzen.“[996] Wichtig ist, daß sämtliche Bedenken und Zweifel an der gewählten Alternative ebenfalls schriftlich fixiert werden. Diese dienen als Anhaltspunkte, die nicht nur eingehender beobachtet, sondern einer erneuten Diskussion zu-

---

[991] Vgl. Brown 1996: 31.

[992] Vgl. Günther 1988: 37.

[993] Nicht immer ist die entwickelte Handlungsweise bereits so konkret; in vielen Fällen dürfte das Ergebnis eher lauten: „Wir sollten die Löhne nicht erhöhen, es sei denn, es stellt sich heraus, daß dabei unzumutbare soziale Nachteile für die Familien der Mitarbeiter entstehen.“ Mit dieser Begrenzung der Anwendung einer Handlungsnorm arbeitet Brown, der die folgenden Formulierungen vorschlägt: „Wir sollten ... tun, es sei denn ....“ oder „Wir sollten ... tun, außer ...“ Vgl. Brown 1996: 31, der auch zu diesem Prozeß einen Arbeitsbogen entworfen hat.

[994] Diese Auffassung geht auf die Erfahrung der Verfasserin mit dem Verfahren der ethischen Argumentation im Rahmen von Fallbeispielen mit studentischen Probanden zurück.

[995] Vgl. zur Bedeutung des Konsensprinzips in strategischen Entscheidungen Amason 1996: 125.

[996] Lübbe 1980: 203.

gänglich bleiben sollten. Die zentralen Schritte werden in der folgenden Abbildung noch einmal übersichtlich dargestellt.

Abb. 16: Ablauf ethischer Argumentationen

Quelle: Eigene Darstellung.

2.3 Zur Methode der ethischen Argumentation

Bei politischen und strategischen Entscheidungen treten in der Regel mehrere Interessen bzw. normative Erwartungen miteinander in Konflikt, die (rational) gegeneinander abgewogen und zur Geltung gebracht werden müssen. Damit steht die Auflösung von Normenkollisionen durch eine kohärente Handlungsweise im Vordergrund.[997] Bestimmte Normen sind unbestritten lebenswichtig. Allerdings ist zu konkretisieren, worin genau ihre Bedeutung liegt und welches Gewicht ihnen in einem speziellen Fall zukommt. Es handelt sich ganz allgemein um die Ermittlung des situativen Stellenwertes konfligierender Normen und die Festlegung eines Maßstabes, mit dessen Hilfe diese in Einklang gebracht werden können.[998]

Dabei sind neben dem eigentlichen Ablauf des Verfahrens auch verschiedene *methodische Aspekte* zu berücksichtigen, die eine konkrete Urteilsbildung in

[997] Vgl. Teil III, Kap. 4.3.1.
[998] Vgl. Heckmann 1993: 107.

der jeweiligen Situation erleichtern können.[999] Insbesondere die Kriterien der Zumutbarkeit und der Angemessenheit sind kaum ausschließlich mit formalen Mitteln zu spezifizieren. Ohne emotionale Bedingungen wie Einfühlungsvermögen und Empathie können die kognitiven Leistungen der kontextsensitiven Anwendung von Normen kaum erbracht werden.[1000] „Diese Integration von Erkenntnisleistung und Gefühlseinstellung bei der Begründung und Anwendung von Normen kennzeichnen jedes ausgereifte moralische Urteilsvermögen."[1001] Dabei wird an der von NELSON entwickelten und von HECKMANN erweiterten „Sokratischen Methode" angeknüpft.[1002] Diese weist sehr enge Bezüge zu der von HABERMAS entwickelten Diskurstheorie auf: Alle wesentlichen Inhalte, vor allem das gemeinsame Erwägen von Gründen und Gegengründen sowie die Orientierung an den Regeln einer idealen Sprechsituation kennzeichnen auch die Praxis des sog. Sokratischen Gesprächs.[1003] Sie unter-

---

999 In der vorliegenden Arbeit geht es damit nicht um die Abstraktion, die im Zuge der Anwendung schrittweise wieder zurückgenommen werden muß. Vgl. zu dieser Art der Vorgehensweise König 1999a: 4. Die eigentliche Urteilsbildung erfolgt hier bereits vor der möglichen Abstraktion.

1000 Damit wird dem Dualismus der Smith'schen Position von sittlichem Gefühl einerseits und notwendiger kritischer Vernunft andererseits Rechnung getragen. Mit anderen Worten handelt es sich hier um eine Vernunftethik kritisch reflektierter sittlicher Gefühle. Vgl. Ulrich 1991a: 158-162.

1001 Habermas 1996: 194.

1002 Diese Methode geht auf den Göttinger Philosophen Leonard Nelson (1882-1927) zurück. Weiterentwickelt wurde die Methode von Nelsons Schüler Gustav Heckmann (geb. 1898), der sie über mehr als sechs Jahrzehnte praktizierte und in zahlreichen Bildungsveranstaltungen weitergab. Nelson gründete 1922 die Philosophisch-Politische Akademie "Walkemühle" bei Melsung in Hessen, in der Kinder gemäß Nelsons pädagogischen Auffassungen erzogen und junge Erwachsene für die politische Arbeit herangebildet wurden. 1926 gründete er die selbständige politische Organisation des Internationalen Sozialistischen Kampfbundes (ISK), die ihre ganze Kraft auf die Verhinderung der Machtübernahme durch die Nationalsozialisten konzentrierte und dann im Widerstand und Exil (in Dänemark) weiterarbeitete. Nach dem zweiten Weltkrieg löste sich der ISK auf. Die Philosophisch-Politische Akademie nahm 1949 ihre Arbeit wieder auf und versuchte in erster Linie, die Arbeiten Nelsons durch Veröffentlichungen und Tagungen zu verbreiten. Heckmann führte Sokratische Diskurse insbesondere in der Lehrerausbildung an der Pädagogischen Hochschule von Hannover sowie an der Akademie „Walkemühle" durch. Vgl. ausführlich Siebert 1996a: 16-23. Allerdings hat die Methode bis zum heutigen Tage eher begrenzt Anwendung gefunden. Vgl. Nelson 1996: 7-9 und Krohn 1989: 7f.. Nelson selbst bezeichnet sie als „Stiefkind der Philosophie", die mißachtet und verstoßen wurde zugunsten „... der einschmeichelnderen und bequemer zu lenkenden, der dogmatischen Methode." Nelson 1996: 7.

1003 Vgl. Apel 1997: 310; Siebert 1996b: 12f.. Auf die Parallelen zwischen Sokratischem Diskurs und rationalem Diskurs weist u.a. der Beitrag Heckmanns, der die an Habermas Diskursethik anknüpfende „Theorie der juristischen Argumentation" von Robert Alexy diskutiert. Vgl. Heckmann 1993: 131-152. Auch wenn Raupach-Strey versucht, das Sokratische Gespräch als eigenständige Methodik zu konzipieren, so gelangt sie abschließend zu dem Resümee, daß das Sokratische Gespräch „...als die Diskurstheorie allererst einlösende Praxis verstanden werden (könnte, a.d.V.)." Raupach-Strey 1996: 70. Apel selbst resümiert in seiner Hauptthese: „Die gegenwärtige Tendenz einer Neubegründung des Philosophierens im *nicht hintergehbaren apriori der Argumentation* entspricht dem Paradigma des Sokratischen Gesprächs in einem radikaleren

scheidet sich von der Diskurstheorie vor allem darin, daß es ihr weniger darum geht, die Grundlagen des Redens und Argumentierens zu *begründen*, sondern vielmehr die aufgewiesenen Prinzipien im Gespräch *praktisch* werden zu lassen.[1004] Gleichzeitig berücksichtigt sie die sittlichen Gefühle der Teilnehmer. Gerade aus diesem Grund verkörpert die „Sokratische Methode" einen Diskurs par excellence.[1005] „Sie stellt ein Modell für die Art und Weise dar, in der Handlungsentscheidungen möglichst getroffen werden sollten."[1006] Daher werden im folgenden die Ziele und Grundlagen kurz vorgestellt. Insbesondere die Moderation des Verfahrens spielt hierbei eine zentrale Rolle, auf die daran anschließend genauer eingegangen wird.

2.3.1 Ziele und Grundlagen der Sokratischen Methode

Aufbauend auf den Überlieferungen von SOKRATES hat NELSON die Sokratische Methode konzipiert.[1007] Sie besteht in erster Linie aus Überlegungen, wie mit Argumenten und Gründen, auf der Grundlage des bei den Gesprächsteilnehmern vorhandenen Wissens, eine an der vernünftigen Einsicht orientierte Lösung einer z.B. ethischen Frage gefunden werden kann.[1008] Ziel ist die Aktivierung des gemeinschaftlichen Denkens, um zu tieferen Einsichten zu gelangen.[1009] Dabei wird an das faktische Vorverständnis und Einverständnis über das, was gewiß oder zumindest wahrscheinlich und plausibel ist (= Lebens-

Sinne als alle vorausgehenden Begründungen der Philosophie." Apel 1989. Gronke kommt zu dem Ergebnis, daß das Sokratische Gespräch eine pädagogisch orientierte Praxisform der Diskursethik darstellt. In ihm werden die Inhalte der Diskursethik in die Praxis umgesetzt. Gronke 1996: 34-37.

1004 Da das Sokratische Gespräch seine Regeln und Ziele nicht selbst begründet, kann die Diskursethik als philosophisches Fundament, das eine solche Begründung leistet, angesehen werden. Vgl. Gronke 1996: 35.

1005 Vgl. http:/members.aol.com/ppaev/Philkon.html: 5 vom 07.03.1999.

1006 Gronke 1996: 36.

1007 Der Sokratische Diskurs ist in seinem ursprünglichen Sinne als Methode der Begründung von allgemeinen Prinzipien konzipiert. Ausgehend von konkreten Beispielen sollen die Teilnehmer ihre Urteilsbildung reflektieren und durch Abstraktion von den konkreten, situativen Bedingungen auf allgemeine menschliche Prinzipien bzw. intersubjektiv anerkannte Normen und Werte schließen. Dabei wird allerdings von bereits getroffenen Urteilen ausgegangen. Vgl. Neißer 1989: 133 und Heckmann 1993: 77: „Wir erkennen (welche Situationsmerkmale für unser sittliches Urteil wesentlich sind) durch Reflektieren darauf, wie wir uns unser Urteil über den konkreten Fall wirklich gebildet haben; welche Umstände der Situation wir dabei glaubten erwägen zu müssen, welche nicht." Im vorliegenden Fall geht es allerdings weniger um die Abstraktion als um die eigentliche Urteilsbildung. Ziel ist damit die Urteilsbildung im konkreten Fall, die noch vor der Abstraktion liegt. Heckmann betont ausdrücklich den Wert der Urteilsbildung im Erfahrungsbereich, dem eine zentrale Bedeutung für das Gewinnen von Einsichten zukommt, weswegen im weiteren auch auf eine vollständige Rezeption der Sokratischen Methode verzichtet wird. Vgl. Heckmann 1993: 107f..

1008 Vgl. Krohn 1989: 11.

1009 Vgl. Heckmann 1993: 15.

welt), angeknüpft.[1010] Möglichst alle nicht-reflektierten Voraussetzungen der Situation sind offenzulegen und als Schwierigkeiten oder Aporien bewußt zu machen.[1011] Der Sokratische Diskurs[1012] kann damit als „... ein argumentierendes Miteinanderreden über das in Rede stehende Problem ..."[1013] bezeichnet werden. Als Instrument dient ausschließlich das Reflektieren über die Erfahrungen der Teilnehmer.[1014] So ist es möglich, sein eigenes Wissen im Diskurs mit anderen zur Disposition zu stellen, um es dadurch zu überprüfen, zu differenzieren, zu festigen oder zu verwerfen.[1015] Ziel ist auch hier die gemeinsame Deutung der Situation.

Zentrale Voraussetzung ist das genaue gegenseitige Verstehen. Dies gelingt am besten durch Wiederholen einer Aussage mit eigenen Worten.[1016] Erst wenn das Einanderverstehen gelingt, treten in der Regel gegensätzliche Auffassungen zur erörterten Frage zutage. Diese werden fortschreitend schärfer herausgearbeitet.[1017] Damit wird die ethische Frage, welche Normen, Werte und Grundsätze in einem konkreten Fall von Bedeutung sind, explizit gestellt und Gründe für deren Relevanz auf den Weg gebracht.[1018] Das Auseinandertreten gegensätzli-

---

1010 Vgl. Apel 1989: 69.

1011 Dies nennt man auch Maieutik = Hebammenkunst des SOKRATES. Sokrates gibt – wie die Hebamme bei der Geburt des Kindes – nur Hilfestellung in Form von Fragen, um die „Geburt" der wahren Gedanken zu fördern. Diese zwingt den Wahrheitssuchenden, sich von seinem eingebildeten Wissen und seinen ungeprüften Meinungen zu befreien. Sie fordert von ihm auch die Befragung und Überprüfung dessen, was er gefühlsmäßig für richtig hält und was durch Tradition und Autorität zu seinem bewährten Wissensbereich gehört. Durch das Verfahren der kritischen Selbstprüfung dringt er allmählich zu dem bisher unbewußten Teil seiner Vernunft, dem Wissen um die allgemeinen und grundlegendsten Prinzipien des vernünftigen Denkens und Handelns vor. Wahrheit kann damit nicht gelehrt, sondern nur von jedem selbst erkannt werden. Neißer 1989: 126.

1012 Die Begriffe „Sokratisches Gespräch", „Sokratischer Dialog", „Sokratische Methode" und „Sokratischer Diskurs" werden hier synonym verwendet. Allerdings ist dies formal nicht ganz korrekt. Sokrates zielt auf einen klassischen Dialog, während Nelson und Heckmann eher ein Gespräch zwischen mehreren Teilnehmern im Auge haben. Der Begriff „Sokratischer Diskurs" entsteht aus der Verknüpfung der Sokratischen Methode mit der Diskursethik.

1013 Krohn 1989: 9.

1014 Weder empirische Untersuchungen, noch Experimente oder psychoanalytische Methoden finden hier Einsatz. Es geht allein um die Erfahrungen der Teilnehmer. Daher ist der Anwendungsbereich besonders für Fragen des „gerechten Zusammenlebens" und damit Diskussionen über Normen geeignet, da jeder in diesem Bereich über entsprechende Erfahrungen verfügen dürfte. Vgl. Heckmann 1993: 15.

1015 Vgl. Günther 1988: 59.

1016 Heckmann beschreibt diese Voraussetzung als „verstehende Interpretation". Hierin ist auch der Hauptunterschied zwischen Heckmann und Nelson zu sehen: Während Nelson sein Augenmerk auf die Klarheit der Sprache und Fragen lenkt und „wirre und unbestimmte Fragen" einfach übergeht, versucht Heckmann zu einem verstehenden Miteinander zu gelangen und insbesondere Verständnisfragen zu klären. Vgl. Siebert 1996a: 58f..

1017 Vgl. Heckmann 1993: 16 und Krohn 1989: 9.

1018 Vgl. Brown 1996: VI.

cher Standpunkte wird als Herausforderung verstanden, zu versuchen, ob und inwieweit es gelingt, die Prüfung von Gründen und Gegengründen bis zur vollen Einmütigkeit aller Teilnehmer durchzuführen. Die argumentative Prüfung wird solange fortgesetzt, wie konträre Auffassungen z.B. über bestimmte Elemente einer Relevanzbehauptung bestehen.[1019] Jede Sichtweise wird dabei von den Aspekten, die einer Prüfung nicht standhalten, befreit bzw. durch treffendere Faktoren ersetzt.[1020] Dadurch wird es möglich, daß nicht ein einzelner Standpunkt übernommen, sondern das Ergebnis der Situationsdeutung eine Kombination aus zwei oder mehreren Sichtweisen darstellt.[1021] Folgende Grundsätze dienen der Sokratischen Methode als Fundament:

I. Ausgehen vom Konkreten:

Jeder Diskurs geht von einer konkreten Fragestellung, einem speziellen Konflikt aus.[1022] So wird verhindert, daß sich das Gespräch in allgemeinen philosophischen Spekulationen verliert. Jedem singulären Urteil, das in einer konkreten Handlungssituation gefällt wird, liegen allgemeine Urteile und Normen zugrunde, derer man sich in der Regel jedoch nicht bewußt ist. Diese im Konkreten aufzuweisen und zu überprüfen, ist das generelle Ziel.[1023]

II. Selbsttätigkeit:

Einsichten erzielen kann nur, wer den Weg der Reflexion selber geht.[1024] Erst wenn die singulären und allgemeinen Annahmen systematisch, durch genaue Analyse der Situation herausgearbeitet und einer gemeinsamen Prüfung mit Gründen unterzogen wurden, kann Einsicht entstehen. Reflexion erzeugt dabei

---

1019 Eine weitere Voraussetzung ist die *Vernunft*. Dies meint, daß die Gründe vernünftigen Handelns erkannt und sich alle Teilnehmer in der Urteilsbildung und im Verhalten von ihnen leiten lassen. Vgl. Heckmann 1993: 95 und Krohn 1989: 10f.. Der Grundsatz vom Selbstvertrauen der Vernunft ist Grundlage dieses Verfahrens.

1020 Diese Ansicht ist von folgender Überzeugung getragen: Jede redlich und selbsttätig erlangte Auffassung besitzt einen Wahrheitskern, der vom Gegenüber anerkannt werden muß. Diesen freizulegen ist Aufgabe der Argumentation. In den meisten Fällen ergibt sich eine Lösung daher aus der Ergänzung der kollidierenden Überzeugungen. Vgl. Heckmann 1993: 118f.. Die äußerst klare Herausarbeitung gegensätzlicher Standpunkte dient der gemeinsamen Auswertung ihrer jeweiligen Wahrheitskerne, d.h. der Arbeit an einer Übereinkunft, die kein Kompromiß aufgrund wechselseitiger Zugeständnisse, sondern ein Einverständnis kraft der jeweiligen Einsichten ist. Vgl. Fischer 1989: 95.

1021 Vgl. Weston 1999: 80-83, der dies am Beispiel der Abtreibungsdebatte genauer erläutert. Siehe auch Gronke 1996: 33.

1022 Vgl. Nelson 1996: 20.

1023 Vgl. Heckmann 1993: 92 und Neißer 1989: 126.

1024 Dies geht auf die Erkenntnis von Sokrates zurück, daß dem Menschen die Antworten auf philosophische Fragen nicht durch Belehrung von außen zukommen können; vielmehr kann jeder einzelne sie nur in sich selbst finden. Vgl. Nelson 1996: 20; Siebert 1996a: 13; Krohn 1989: 11. „Lediglich planmäßiges, unablässiges Nachdenken in die gleiche Richtung kann dem menschlichen Geist die vernunftmäßige Erkenntnis sicherstellen." Nelson 1996: 21.

keine neuen Erkenntnisse, sondern führt zur Aufdeckung und Abklärung dessen, was die Teilnehmer implizit bereits wußten oder zu wissen glaubten.[1025]

Im Laufe der Zeit haben sich die Strukturen der Sokratischen Methode verändert: Der Vergleich zwischen dem klassischen Sokratischen Dialog und dem modernen Sokratischen Gespräch verdeutlicht die Unterschiedlichkeit beider Gesprächstypen. Während es sich bei SOKRATES im Kern um einen Dialog zwischen genau zwei Personen – SOKRATES und seinem jeweiligen Gesprächspartner – handelt, sind es bei HECKMANN immer mehrere Personen, die miteinander ins Gespräch kommen. In beiden Gesprächsformen kommt jedoch der *maieutische Charakter* zum Ausdruck: Der Gesprächspartner soll nicht belehrt, sondern unterstützt werden, sein eigenes Urteil zu treffen. Allerdings setzen beide unterschiedliche Instrumente ein: SOKRATES versucht vor allem mit *Fragen* seinen Gesprächspartner zur Einsicht zu verhelfen. Mit diesen transportiert er jedoch gleichzeitig Inhalt, d.h., im Grunde genommen stammen die zentralen Gedanken von SOKRATES selbst (z.B. sind in den Fragen „Ist es nicht so, daß Du ein schlechtes Gewissen hast?" oder „Meinst Du nicht, daß eine andere Lösung besser gewesen wäre?" die wichtigen Gedanken enthalten). Der Gesprächspartner vollzieht diese lediglich nach.

Im Gegensatz dazu beabsichtigt HECKMANN, daß die Teilnehmer einander richtig verstehen und sich gegenseitig zu Einsichten verhelfen. Die Suche nach richtigen Handlungsweisen findet hier in einer Gruppe von vernünftigen Gesprächspartnern unter der Führung eines Moderators statt.[1026] Alle Teilnehmer führen diese Suche gemeinsam durch. Es soll ein Denkprozeß stattfinden, bei dem der Leiter nur formale Hilfestellungen geben darf. Die Gesprächsteilnehmer können sich jedoch in vielfältiger Weise gegenseitige inhaltliche Hilfestellung leisten. In einem Sokratischen Diskurs erfahren die Teilnehmer, daß sie durch gemeinsames Nachdenken zu verbindlichen Urteilen gelangen können. Das Interesse an der zu erörternden Sachfrage hat dabei uneingeschränkt Priorität. Die asymmetrische Struktur von Sokratischem Dialog und die symmetrische Struktur des Sokratischen Gespräches sind in Abb. 17 auf Seite 202 dargestellt.

[1025] Vgl. Heckmann 1993: 92.
[1026] Vgl. Siebert 1996a: 37.

Abb. 17: Strukturen der Sokratischen Methode nach SOKRATES und HECKMANN

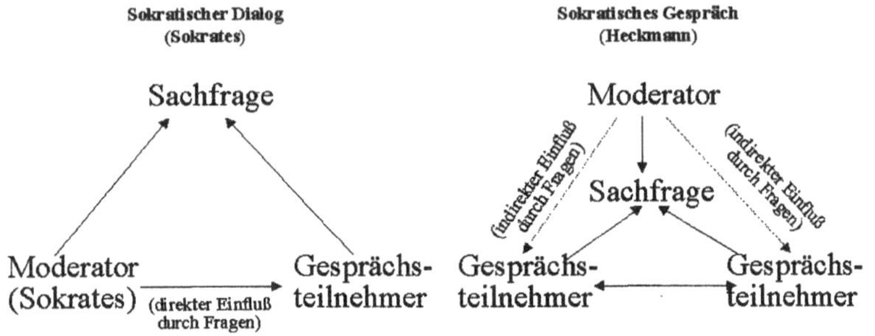

Quelle: In Anlehnung an Siebert 1996a: 37; Neißer 1989: 126f.; Wöhrmann.

Im Sokratischen Diskurs werden die Teilnehmer immer wieder angehalten zu prüfen, ob sie den erarbeiteten Relevanzbehauptungen respektive der aufgestellten Handlungsempfehlung wirklich zustimmen können. Erst wenn gemeinsam *alle* Einwände verworfen worden sind, kann die Zustimmung zu Ergebnissen führen, die von allen getragen werden.[1027] Diese Einsicht kann nur durch innere Reflexion entstehen.[1028] HECKMANN spricht an dieser Stelle von sog. *Evidenzen*:[1029] „Evident ist eine Einsicht oder Aussage, die in sich selber, ohne Berufung auf einen anderen Grund, gewiß ist. Oder auch: an der zu zweifeln nicht möglich ist; der gegenüber Zweifel nicht aufkommt oder nicht mehr aufkommt."[1030]

Von besonderer Bedeutung ist in diesem Zusammenhang der Einklang von *Verstand* und *Gefühl*.[1031] Allen artikulierten sowie auch den erst vage verspürten, noch nicht ausgesprochenen Zweifeln soll solange nachgegangen werden, bis Konsens über ein Urteil erreicht wird.[1032] Der *Zweifel* ist konstruktiv, da er

1027 Diese ist, wie bereits im Rahmen der Diskurstheorie hervorgehoben, jedoch nicht der Irrtums- und Revisionsmöglichkeit entzogen. Vgl. Krohn 1989: 10.

1028 Vgl. Heckmann 1993: 21.

1029 Vgl. Heckmann 1993: 131. Siehe auch Alexy 1978: 24. Evident = unmittelbar einleuchtend/deutlich.

1030 Heckmann 1993: 131f..

1031 Insbesondere das gefühlsmäßige Verstehen und Auffassen eines Wertes wirkt unmittelbar auf den Willen. Vgl. Heckmann 1993: 107.

1032 Dieser Aussage liegt die folgende Einsicht zugrunde: Ein Konsens muß sowohl vom Gefühl als auch vom Verstand getragen sein. Das Gefühl weist oft darauf hin, daß noch nicht alle relevanten Aspekte einer Teilfrage aufgegriffen wurden, ohne bereits bestimmt sagen zu können, welches Interesse das sein könnte. Dies wird erst im Verlauf der fortgesetzten Untersuchung deutimmer die zur Untersuchung stehende Sache betrifft und die Diskussion bereichert.[1033] Seine Prüfung treibt die Sacherörterung weiter und führt oft zu weiteren, wesentlichen Situationsmerkmalen, die bislang noch nicht berücksichtigt wurden.[1034] Ihm kommt eine *Erkenntnisfunktion* zu.[1035]

In der Literatur wird zusätzlich der Einsatz eines *„Advocatus diaboli"* vorgeschlagen, der die von den Gesprächsteilnehmern vorgebrachten Gründe durch *„methodische Zweifel"* ergänzt.[1036] Hierdurch kommen die Erfahrungen und Meinungen potentieller Gesprächsteilnehmer besser zum Vorschein. Durch dieses Verfahren wird insbesondere der Gefahr vorgebeugt, dem Gruppendenken zu erliegen: Ein Konsens darf nicht von der zufälligen Zusammensetzung der Gruppe bestimmt sein, sondern muß *alle* zu erwägenden Gesichtspunkte berücksichtigen. Der Advocatus diaboli kann die Übernahme der Perspektiven potentieller Betroffener durch die anwesenden Gesprächsteilnehmer fördern. Dies geschieht, indem sich ein Sprecher erkennbar zum Sprachrohr eines anderen Standpunktes macht und äußert, welche Einwände der Vertreter dieses Standpunktes vermutlich machen würde.[1037] In der Auseinandersetzung mit diesen (systematischen) Einwänden könnte z.B. geprüft werden, ob der bisher erzielte Konsens tatsächlich einer kritischen Prüfung standhält oder ob sich angesichts dieser Argumente neue Zweifel auftun. *Wann* der Advocatus diaboli auftritt und *wer* jeweils seinen Part übernimmt (denkbar wäre z.B. eine bestimmte Person zu benennen oder die Rolle im Verlauf des Gesprächs wechselweise zu übernehmen) müßte erprobt werden.

Ein weiteres wichtiges Element der Sokratischen Methode bildet der sog. *Metadiskurs*. Hier wird die allgemeine Arbeit im Diskurs, z.B. Unzufriedenheit mit den Fortschritten, Machtasymmetrien oder vorhandene Blockaden, erörtert.

---

lich. Der Begriff „Interesse" umfaßt eben nicht nur alle ausdrücklich angemeldeten Bedürfnisse, sondern alles, was zur Verwirklichung des Menschen gehört. Vgl. Heckmann 1993: 108.

1033 Loska weist darauf hin, daß der Zweifel Ausgangspunkt für eine Vertiefung der Untersuchung sein kann, da seine Funktion darin besteht, möglicherweise wichtige Gesichtspunkte nicht zu übergehen. Vgl. Loska 1995: 219. Vgl. zur philosophischen Einordnung des Zweifels Ulrich 1991a: 151.

1034 Allerdings kann das Gefühl nicht „das letzte Wort" haben. Die Gefühle müssen zur gedanklichen Klarheit gebracht werden, indem man (1) dem Gefühl auf den Grund geht und (2) die ihm zugrundeliegende, noch nicht voll bewußte Erkenntnis begrifflich formuliert und kritisch prüft. Vgl. Heckmann 1993: 138f..

1035 Der konstruktive Zweifel wird als eine Äußerung des Wahrheitsgefühl verstanden, das allem Forschen zur Orientierung dient. Fries beschreibt es folgendermaßen: „Wir finden oft unmittelbar etwas wahr oder falsch, ohne es ganz einzusehen, ohne uns auf Beweis einzulassen, ohne uns nur genaue Rechenschaft geben zu können, warum wir es so finden. Dies schreiben wird dem Gefühle zu. Wir haben demgemäß ein Wahrheitsgefühl, welches uns sehr häufig in unseren Urteilen leitet." Zitiert nach Heckmann 1993: 138.

1036 Vgl. Roß 1996: 168-171.

1037 S. Roß 1996: 170.

Aber auch das Verhalten einzelner Teilnehmer unterliegt der Kritik. Ein solcher „Diskurs über den Diskurs" sollte immer dann stattfinden, wenn ein Teilnehmer es wünscht oder die Arbeit nicht mehr in fruchtbare Bahnen gelenkt werden kann.[1038] Vor allem zu Beginn der Arbeit mit Diskursen ist dieses Instrument sehr nützlich, um Defizite in den Bedingungen aufzudecken. Daran anknüpfend können gemeinsame Lösungen entwickelt werden, die dazu beitragen, daß die eigentliche Arbeit effizienter und damit für alle Beteiligten zufriedenstellender verläuft. Solche Metadiskurse können als regelmäßige „Feedback-Gespräche" eingerichtet werden. So kann z.B. nach Abschluß oder bei Unterbrechung eines Diskurses jeweils über die Erfüllung der Anforderungen oder die Ursachen für Probleme und Blockaden diskutiert werden.[1039] Hierbei ergeben sich oft bedeutende Erkenntnisse und Lerneffekte, da das Verständnis für die Kriterien der idealen Sprechsituation am besten gefördert wird, wenn an konkrete Erfahrungen angeknüpft werden kann.[1040]

2.3.2 Zur Funktion des Moderators im Diskurs

Durch lange Schulung kann erreicht werden, daß in der Gesprächsgruppe die Aufmerksamkeit für die ideale Sprechsituation von selbst aufrechterhalten wird. In der Regel ist zu Beginn der Arbeit mit Diskursen jedoch ein *Moderator* erforderlich, der den Gang des Gesprächs strukturiert und dafür Sorge trägt, daß jeder Teilnehmer selbst den Weg von der konkreten Erfahrung hin zur Einsicht geht. Er hat die Aufgabe, den Teilnehmern die Diskursbedingungen immer wieder vor Augen zu führen und sich so nach und nach entbehrlich zu machen.[1041]

Die inhaltliche Zurückhaltung in der Sache entlastet den Moderator, so daß er seine Aufmerksamkeit ganz auf die Entwicklung des Gesprächs konzentrieren kann: Ziel ist es, die – oft gegensätzlichen – Auffassungen der Teilnehmer voll zur Geltung zu bringen, so daß ein vorgebrachter Gedanke tiefer verstanden werden kann, als es demjenigen, der ihn vorgebracht hat, zunächst deutlich

---

[1038] Vgl. Krohn 1989: 13. In der Praxis hat es sich bewährt, einen Metadiskurs immer dann einzulegen, sobald ein Teilnehmer oder der Moderator das Bedürfnis danach anmeldet. Der Diskurs wird unterbrochen, sobald ein Teilnehmer Unbehagen empfindet, der Diskurs schwerfällig oder unergiebig wird, er sich zu weit von den Bedingungen zu entfernen droht oder auch ganz einfach Verständnisfragen zu klären sind.

[1039] Vgl. Krohn 1989: 13.

[1040] Allerdings sollte vermieden werden, aus der Gruppe eine Art Selbsterfahrungsgruppe zu machen, in der ausgiebig über persönliche Bedürfnisse geredet wird. S. Krohn 1989: 13.

[1041] S. Nelson 1996: 25. Vgl. zu den Grundregeln der Moderation Rust 2000: 226-230; v. Haug 1998: 127-131.

war.[1042] Zum Gelingen des Gesprächs schlägt HECKMANN die folgenden sechs *pädagogischen Maßnahmen* vor:[1043]

I. Gebot der inhaltlichen Zurückhaltung;
II. Vom Konkreten ausgehen;
III. Bemühungen um Verständigung;
IV. Festhalten an der gerade zu erörternden Frage;
V. Hinstreben auf Konsens;
VI. Lenkung.

Diese sechs pädagogischen Maßnahmen stellen sehr unterschiedliche *Anforderungen* an den Moderator: Er muß den Teilnehmern insbesondere an *Erfahrungen im philosophischen Reflektieren* voraus sein, um das Gewinnen von Einsichten so intensiv und ausgedehnt zu gestalten, wie es unter den gegebenen Interessen und kognitiven Voraussetzungen der Teilnehmer sowie der zur Verfügung stehenden Zeit möglich ist.[1044] Ideal ist, wenn er bereits im Umgang mit Sokratischen Diskursen geschult ist.[1045] Neben der *Beharrlichkeit*, immer wieder zur Teilfrage zurückzukehren, z.B. wenn die Teilnehmer wiederholt in einen anderen Bereich „abdriften“ oder sich in Randgebieten verzetteln, muß der Moderator über eine sehr gute *Menschenkenntnis* sowie *Empathie* verfügen: Er muß ein Gespür dafür besitzen, ob sich die Teilnehmer wirklich verstanden haben und ein Konsens auf der an Gründen orientierten Überzeugung der Teilnehmer beruht. In vielen Fällen stimmen Teilnehmer dem Ergebnis nämlich nur halbherzig zu, ohne davon ernsthaft überzeugt zu sein.[1046] Daher sollte sich seine Aufmerksamkeit nicht nur auf das richten, *was* gesagt wird, sondern auch *wie* es vorgebracht wird.[1047] Der Gesprächsleiter darf sich nicht durch die Dominanz und den Eifer einiger Teilnehmer einschüchtern lassen, sondern muß

1042 Vgl. Heckmann 1993: 17.

1043 Vgl. ausführlich Heckmann 1993: 84-90.

1044 Vgl. Heckmann 1993: 22.

1045 Je sicherer der Gesprächsleiter in dem erörterten Sachgespräch ist, desto mehr kann er sich seinen eigentlichen Aufgaben widmen. So muß er sensibel sein für die Vorgänge im Inneren eines jeden Teilnehmers: Wo stören Animositäten zwischen Teilnehmern die Arbeit? Wo muß einem langsam Denkenden durch Zurückhaltung der anderen die nötige Ruhe verschafft werden? Welcher Teilnehmer ist nicht durch Interesse an der Sache motiviert, sondern durch den Wunsch, im Mittelpunkt zu stehen? Vgl. Heckmann 1993: 98.

1046 Vgl. zur Bedeutung empathischer Kompetenz für die Gruppen- und Gesprächsleitung Mugerauer 1996: 175-179. Empathie hilft vor allem, die affektiven und emotionalen Hindernisse und Blockaden einzelner Teilnehmer zu erfassen und z.B. im Metagespräch anzusprechen und auszuräumen. Gleichzeitig empfiehlt Horster, daß der Moderator auch über eine psychologische Methodenkenntnis verfügen sollte, um die Gefahr einzudämmen, daß der Diskurs zur Selbsterfahrungsgruppe wird. Vgl. Horster 1989: 158.

1047 So kann ein „Ja“ überzeugend oder weniger überzeugend vorgebracht werden. Sobald der Gesprächsleiter erkennt, daß ein Teilnehmer aus Zeitgründen zustimmt, darf er sich mit dem Ergebnis nicht zufrieden geben. Vgl. Heckmann 1993: 89.

sie sachgerecht in Schranken weisen und ihr Verhalten im Hinblick auf die Einhaltung der Diskursregeln kritisieren (sich aber gleichzeitig auch selbst kritisieren lassen).[1048] Hierzu ist neben *Konflikt- und Kommunikationsfähigkeit* auch ein hohes Maß an *Reife* erforderlich.[1049]

Um diese Aufgaben wahrzunehmen, hat der Moderator möglichst *neutral* zu sein.[1050] Seine Funktion sollte daher nicht von einem Mitglied des Top-Managements wahrgenommen werden. Auch der Einsatz eines „festangestellten“ (internen) Moderators bringt zahlreiche Probleme mit sich, die zum einen in der Abhängigkeit vom Unternehmen bzw. der Unternehmensleitung bestehen und zum anderen in der Tatsache, daß er sich ja schließlich selbst überflüssig machen soll. Da der Gesprächsleiter zum einen erhebliche Einblicke in die Arbeit der Unternehmensleitung erhält und zum anderen die Vorbereitung und Durchführung der Gespräche über einen längeren Zeitraum hinweg übernimmt, empfiehlt sich der Einsatz eines unabhängigen (externen) Sokratischen Diskursleiters.[1051] Für einen solchen *externen Moderator* sprechen vor allem:[1052]

- unbefangene und von Betriebsblindheit freie Problemsicht,
- breiter Erfahrungsschatz aus der Arbeit in verschiedenartigen Organisationen und einer Fülle unterschiedlicher Themen,
- keine Identität mit den Wertvorstellungen des Unternehmens,
- bessere Akzeptanz durch das Top-Management.

Abschließend ist darauf hinzuweisen, daß der *Konsens* weder erzwungen noch „übers Knie gebrochen“ werden kann. Das Gespräch sollte auf jeden Fall eingestellt werden wenn sich alle Teilnehmer, bis auf einen, einig sind und der Versuch, die Erörterung durch Gründe/Gegengründe fortzusetzen, nicht weiterführt.[1053] Ein Abbruch wird ebenfalls angeraten, sobald die Zusammenhänge

---

1048 Der Gesprächsleiter muß die förderlichen Kräfte stärken und die hinderlichen schwächen, damit die Bereitschaft in der Gruppe zur konstruktiven Auseinandersetzung herbeigeführt bzw. durchgehalten wird.

1049 Heckmann fordert in diesem Zusammenhang vor allem Geduld (gegenüber dem Reifungsprozeß der Teilnehmer, der manchmal Jahre dauern kann); Bescheidenheit (er darf sich nicht anmaßen zu wissen, welche Um- und Irrwege für einen bestimmten Menschen erforderlich sind) und Vertrauen (daß mit zunehmender Übung im Diskurs die Teilnehmer mehr und mehr Einsichten entwickeln und ihre innere Haltung verändern). Vgl. Heckmann 1993: 114f..

1050 Dabei ist besonders bei seiner Auswahl zu achten. Er sollte vom gesamten Top-Management akzeptiert werden und es darf nicht der Eindruck entstehen, daß er z.B. die Meinung und Ansichten eines Mitgliedes – meist des Vorsitzenden – besonders unterstützt.

1051 Vgl. zum Berufsethos der Moderatoren und der Bedeutung des Vertrauensverhältnisses Staehle 1999: 972f.; French/Bell 1994: 208-219.

1052 Vgl. Staehle 1999: 974.

1053 Heckmann nennt vor allem zwei Barrieren, die das Erkennen von Evidenzen verhindern können: (1) willensmäßige Barrieren, Glaubensüberzeugungen, die man keiner Kritik aussetzen möchte (z.B. daß die Zehn Gebote uneingeschränkt Gültigkeit besitzen, und nicht von der Situation abnicht mehr überschaut werden, das Gespräch unfruchtbar bleibt, das Interesse an der gemeinsamen Arbeit erlahmt oder die Teilnehmer die Geduld verlieren.[1054] „Ein begründeter Dissens oder ein schwebender Konsens kann wertvoller sein und mehr Einsichten erbringen, als ein Konsens, den Teilnehmer sich erschlichen haben, weil Probleme ausgeblendet wurden.“[1055]

2.4 Ethische Argumentation als Lernprozeß

Voraussetzung für das Gelingen des Diskurses ist die *durchgängige* und *regelmäßige Teilnahme* aller Mitglieder des Top-Managements. Ethische Argumentationen werden idealerweise zunächst *außerhalb des Unternehmens* in einer ruhigen Umgebung durchgeführt, damit der *Zeitdruck* so weit wie möglich herausgenommen und die Atmosphäre entspannter wird.[1056] Angeraten werden ein bis zwei Sitzungen pro Tag im zeitlichen Umfang von jeweils 90 Minuten.[1057] Begleitet werden diese durch ein *Metagespräch.* Ideal ist es, bei erstmaligem Durchführen eines Diskurses die Top-Manager zunächst im Rahmen einer Ein- bis Zwei-Tages-Veranstaltung mit den Regeln des Diskurses ausführlich vertraut zu machen. Hierbei kann die ethische Argumentation z.B. anhand eines fiktiven unternehmerischen Konfliktes, eingeübt werden. Später können die Sitzungen im gleichen zeitlichen Umfang im Unternehmen selbst durchgeführt werden.

Im Rahmen des Diskurses können nicht nur konkrete Konfliktsituationen besprochen, sondern auch *allgemeine kulturelle Entwicklungen* oder *Veränderungen* aufgegriffen und in ihrer Bedeutung für das Unternehmen diskutiert werden. Die Deutung dieser unternehmerischen Situation sollte in regelmäßigen Abständen und nach Bedarf (z.B. bei konkreten Konfliktstellungen) erfolgen. Die kontinuierliche Interpretation der Unternehmenssituation trägt dazu bei, Entwicklungen im kulturellen Umfeld frühzeitig zu entdecken und damit verbundene Chancen unternehmerisch zu nutzen bzw. Risiken durch entsprechende Handlungen zu begegnen. Angemessene Handlungsweisen müssen damit keine konkreten Handlungsalternativen sein, sondern können beispielsweise auch darin liegen, bestimmte Aktivitäten, wie spezielle Forschungsfragen, Befragungen oder Beobachtungen bestimmter gesellschaftlicher Phänomene zu initiieren.

---

hängig sind) und (2) emotionale Barrieren, persönliche Probleme, in denen die Person gefangen ist (z.B. Ängste, Schuldgefühle). Vgl. Heckmann 1993: 135.

1054 Vgl. Heckmann 1993: 90.

1055 Roß 1996: 169f..

1056 Vgl. Lueken 1996: 68.

1057 Vgl. Heckmann 1993: 13 sowie Horster 1989: 153.

Beim Verfahren der ethischen Argumentation werden gegensätzliche Auffassungen und meist verborgene Handlungs- oder Bewertungsprinzipien aufgedeckt und zum Gegenstand der Diskussion gemacht. Durch die genaue Bestimmung der einzelnen Bestandteile eines Argumentes können Mißverständnisse beseitigt, Meinungsverschiedenheiten und gegensätzliche Auffassungen präziser erfaßt und Gründe für die jeweiligen Sichtweisen transparent gemacht werden (z.B. kann analysiert werden, welche Elemente des Argumentes zu den unterschiedlichen Sichtweisen bzw. Vorschlägen führen). Es wird der Boden für differenziertere und angemessenere Handlungsweisen bereitet.[1058] Dabei geht es um eine Verhältnisbestimmung, die eine angemessene Norm stets in Relation zu möglichst allen anderen normativen Gesichtspunkten setzt. Die Prüfung der moralischen Qualität ist an den Vergleich verschiedener anderer, in der jeweiligen Situation anwendbarer Handlungsregeln gebunden.[1059] Normen werden also stets in sozial definierten Situationen angewendet. In Rücksicht auf alle derart relevanten Aspekte einer Situation muß eine gerechte (unparteiische) Handlungsweise ermittelt werden. Die Abwägung der konkurrierenden Bedürfnisse erfolgt nach Graden der Intensität und Zumutbarkeit ihrer Beeinträchtigung vor deren speziellem Hintergrund. So kann davon ausgegangen werden, daß eine angemessene Handlungsweise auch die Zustimmung aller Betroffenen finden würde.

Dies zeigt, daß die zu einer Lebenspraxis gehörenden Normen weder unabänderlich sind, noch daß sie *vor* einer Anwendung in eine *transitive Ordnung* zu bringen sind. Die Angemessenheit ergibt sich erst aus der Situation heraus und muß jeweils kontextspezifisch geprüft werden. Neue Merkmale sind in die Interpretation und Deutung einzubinden und können zur relativen Unangemessenheit einer Handlungsweise führen.[1060] Die erweiterte Situationsinterpretation zwingt also unter Umständen zur Modifikation oder Revision des Gehaltes einer Handlungsweise. Insofern erweitert sich der Horizont systematisch. Immer mehr ungefragt gegebene Zusammenhänge werden Gegenstand von Argumentationen und Begründungen, sie werden kommunikativ rationalisiert. Erst wenn sich die Einsicht durchsetzt, daß gültige Normen angesichts bestimmter Merkmale nicht mehr angemessen angewendet werden können, verändert sich die moralische Praxis. Die direkte Konzentration auf Argumente und nicht auf Per-

---

[1058] Vgl. Goodstein/Gautam/Boeker 1994: 243. In der amerikanischen Literatur wird empfohlen, die Vielzahl der Perspektiven durch eine möglichst heterogene Zusammensetzung zu repräsentieren.

[1059] Dabei wird die moralische Gültigkeit der Normen vorausgesetzt und als „gegeben" anerkannt, die in Begründungsdiskursen suspendiert ist und daher jederzeit bestritten und relativiert werden kann.

[1060] Die Handlungsweise darf nicht im Widerstreit mit einem unberücksichtigten Interesse liegen, das einfach ignoriert wird.

sonen, die sie vorbringen, erleichtert den Prozeß der Entwicklung des „moralischen Horizontes". (Triftige) Argumente anderer können genutzt werden, um die Grenzen des eigenen Vorschlags zu erkennen. Die nachstehende Tabelle visualisiert die Vor- und Nachteile bzw. Chancen und Risiken, die mit dem Verfahren der ethischen Argumentation verbunden sind.

Tab. 12: Vorteils-/Nachteilsübersicht des Verfahrens der ethischen Argumentation

Vorteile/Chancen	Nachteile/Risiken
• Frühzeitiges Erkennen von Entwicklungen im kulturellen Umfeld • Fundiertere Situationsinterpretation und genaueres Verständnis der Handlungssituation bzw. Informationszuwachs • Reflektierte und situativ angemessene Entscheidungen • Detailliertere Abschätzung der Chancen und Risiken einer Handlungsweise durch ganzheitlichere Abschätzung der komplexen Folgewirkungen (geringeres Risiko nicht antizipierter Folgekosten) • Erweiterung des Horizonts der Handlungsalternativen • Hohe Bindungswirkung aller Top-Management-Mitglieder	• Erhöhter Zeitbedarf • Hohe Anforderungen an die persönliche Urteilskompetenz, die nicht bei allen Top-Managern entsprechend ausgeprägt ist • Besondere institutionelle Voraussetzungen auf Ebene des Top-Managements, die meist erst zu schaffen sind • Hohes Risiko des Mißlingens bzw. Abbruchs

Quelle: Eigene Darstellung.

Die *moralische Qualität* einer Handlungsweise ist also davon abhängig, ob alle relevanten Tatsachen und Normen berücksichtigt und im Hinblick auf ihre Relation unter den konkreten Umständen abgewogen wurden bzw. die Umsetzung dieser Handlung für alle betroffenen Interessen zumutbar ist. Hierzu sind die verschiedenen relevanten normativen Gesichtspunkte der speziellen Situation zu erwägen und in ihren Folgen und Nebenwirkungen zu beurteilen: „Was aber diese Frage betrifft, so ist der Konsens einiger weniger Urteilsfähiger, die den konkreten Situationen genügend nahe stehen, für die moralische Vergewisserung häufig wichtiger als ein reales Einverständnis aller."[1061] Die Bedeutung einer umfassenden Situationsinterpretation der Unternehmensführung wird damit nicht nur hervorgehoben, sondern unterstrichen.[1062]

Faktisch lassen sich weder alle Aspekte einer Situation berücksichtigen, noch auf dem Wege der Perspektivenübernahme die eigenen und fremden Interessen vollständig verständlich machen. Der (anfängliche) hohe Zeitbedarf sowie die

[1061] Wellmer 1986: 132.

[1062] Hierbei liegt die Sichtweise zugrunde, daß das Unternehmen eine Deutungsgemeinschaft bildet, deren Aufgabe die Interpretation der Sichtweisen sämtlicher Anspruchsgruppen ist. Vgl. Hinterhuber/Stahl 1996: 8-10.

dabei sicherlich auftretenden Konflikte und Meinungsverschiedenheiten zwischen den einzelnen Teilnehmern des Verfahrens erhöhen das Risiko des Scheiterns immens.[1063] Die ethische Argumentation ist ein *experimentelles Verfahren* und ein *Lernprozeß*, bei dem in der Regel eine Veränderung der bisherigen Annahmen und Einstellungen verlangt wird.[1064] Es bedarf zahlreicher Voraussetzungen, die Chancen des Gelingens eines Diskurses zu erhöhen: Insbesondere sind auf Ebene des Top-Managements verschiedene Bedingungen zu schaffen, die eine erfolgreiche Anwendung im Rahmen der unternehmenspolitischen/-strategischen Entscheidungsfindung ermöglichen.

3 Gestaltung der Rahmenbedingungen einer diskursiven Unternehmensethik auf Ebene des Top-Managements

Um das Verfahren der ethischen Argumentation auf Ebene des Top-Managements umsetzen zu können bedarf es spezieller Voraussetzungen, die zum Teil erst herzustellen sind. Der reine Hinweis auf die Realisierung von Diskursen und ihrer Bedingungen reicht keinesfalls aus, um unternehmenspolitische/ strategische Entscheidungen um gesellschaftliche Aspekte zu bereichern und zu „richtigen" Entscheidungen zu gelangen. Dafür stellen sich einer erfolgreichen Implementierung zu viele Hemmnisse in den Weg. *Welche* Rahmenbedingungen dies sind, *wie* diese zu gestalten sind und *wie* anknüpfend an die aktuellen – zum Teil eher blockierenden – Bedingungen des Top-Managements Veränderungen in diese Richtung angestoßen werden können, ist Gegenstand der folgenden Kapitel.

3.1 Vorbemerkungen: Zur Begründung des institutionellen und individuellen Ansatzpunktes bei der Implementierung einer diskursiven Unternehmensethik auf Ebene des Top-Managements

Im zweiten Teil dieser Arbeit wurde herausgestellt, daß eine Unternehmensethik nur als *duales Modell* begriffen werden kann: Die beiden Ansatzpunkte bilden die Bereiche der Institutionen- sowie der Individualethik.[1065] Es wird davon ausgegangen, daß der institutionelle Kontext sich entscheidend auf unter-

---

[1063] Vgl. Gebert 1998: 160.

[1064] In einen Diskurs einzutreten heißt nicht, keinen festen Standpunkt in einer wichtigen Angelegenheit zu vertreten. Es bedeutet jedoch, daß man die Argumente von anderen, die nicht der gleichen Meinung sind, dennoch in ihrer Triftigkeit erkennen und aufnehmen kann. Vgl. Brown 1996: 51. Der Erfolg dieses Verfahrens hängt damit von der Bereitschaft ab, Unterschiede und Differenzen zu respektieren und die eigene Sichtweise durch triftige Gründe zu verändern. Darüber hinaus ist eine Strategie der „kleinen Schritte" angeraten, um die Akteure nicht moralisch zu überfordern. Vgl. Beschorner 2000: 78.

[1065] Vgl. auch Hellbardt 1998: 1; Retzmann 1994: 288.

nehmenspolitische und -strategische Entscheidungen des Top-Managements auswirkt und deren moralische Qualität nachhaltig beeinflussen kann. Er bildet den Rahmen, innerhalb dessen Entscheidungen getroffen werden. Aber auch die individuellen Fähigkeiten der Mitglieder der Unternehmensleitung, wie beispielsweise zum Perspektivenwechsel, spielen bei der Implementierung einer diskursiven Unternehmensethik eine bedeutende Rolle.

Bei den Mitgliedern der Unternehmensleitung kann davon ausgegangen werden, daß ein Hintergrundkonsens über die ökonomische Herangehensweise an Probleme, z.B. der Markteinführung innovativer Produkte, besteht.[1066] Erweist sich ein Produkt als ökonomisch vorteilhaft und erscheint dessen Markteinführung auf den ersten Blick unproblematisch, so entfällt zwangsläufig die Notwendigkeit einer diskursiven Legitimitätsprüfung. Ist diese damit nicht routinemäßiger Bestandteil professioneller Entscheidungsvorbereitung, so würde die diskursive Willensbildung von einem hinreichenden Anfangsverdacht und damit letztlich von der Stärke der moralischen Empfindungen der Top-Manager abhängig gemacht.[1067] Hinzu tritt das Problem, daß Informationen, die Top-Manager erhalten, in der Regel bereits so gefiltert sind, daß moralische Bedenken kaum mehr aufkommen können.[1068] Verfügen die Mitglieder der Unternehmensführung also nicht über die Fähigkeit, sich in die Situation der Betroffenen hineinzuversetzen, um z.B. deren Interessen und Bedürfnisse umfassend zu ermitteln, können solche Bedenken nur schwer entstehen.[1069] Diese geraten ebenfalls nicht in den Blick, wenn es innerhalb der Unternehmensleitung „verpönt" ist, als „moralischer Bedenkenträger" den Abschluß des Entscheidungsprozesses hinauszuzögern.

Diese kurze Problembeschreibung weist darauf hin, daß die Realisierung von Diskursen in Unternehmen nicht schlichtweg verordnet werden kann: Vielmehr sind zunächst entsprechend den Bedingungen der idealen Sprechsituation die Voraussetzungen zu gestalten. Hierzu ist an die gegebenen Rahmenbedingungen auf Ebene des Top-Managements anzuknüpfen. Damit geht es zum einen um die moralische Urteilsfähigkeit der Spitzenführungskräfte, ohne die eine ethische Legitimitätsprüfung nicht geleistet werden kann. Zum anderen nehmen organisationsstrukturelle und -kulturelle Faktoren einen Einfluß auf unternehmerische Entscheidungen und wirken sich vielfach als Barriere für Diskurse aus. Diese sind zunächst zu identifizieren bevor Strategien zur Verbesserung der Verfahrensvoraussetzungen präzisiert werden können. Die Effizienz (und

[1066] Vgl. Popkes 2000: 6.
[1067] Vgl. Retzmann 2000: 9.
[1068] Vgl. Steinmann/Löhr 1994a: 36f..
[1069] Vgl. Ulrich 1991: 152.

generell Realisierbarkeit) des Verfahrens der ethischen Argumentation wird demnach von einer Vielzahl empirischer Variablen beeinflußt.[1070] Nach Ansicht der Verfasserin sind es im besonderen drei Aspekte, die einer erfolgreichen Umsetzung im Wege stehen können und somit eine besondere Berücksichtigung verlangen:[1071]

1. *Personelle Aspekte*: Das Fehlen *individueller Fähigkeiten* zur Reflexion stellt ein gravierendes Hindernis für die ethische Argumentation dar. Diesem Aspekt muß im Rahmen einer Individualethik Rechnung getragen werden. Sowohl die Initiierung als auch die Qualität der Durchführung und damit des Ergebnisses der Legitimitätsprüfung sind nachhaltig mit der moralischen Urteilskompetenz eines jeden Mitgliedes des Top-Managements verknüpft. Hierzu bedarf es neben dem Vermögen zum Perspektivenwechsel auch der Fähigkeit, rationale bzw. triftige Argumente zu formulieren.

2. *Strukturelle Aspekte*: Unternehmenspolitische/-strategische Entscheidungen werden vom Top-Management, sprich von Individuen getroffen. Diese sind ihrerseits in gegebene Organisationsstrukturen eingebunden, die sich auf vielfältige Art und Weise handlungsleitend auswirken.[1072] So können strukturelle Vorgaben z.B. die Möglichkeit zur diskursiven Willensbildung begrenzen bzw. vollständig ausschließen. Liegen die strukturellen Voraussetzungen zur ethischen Reflexion (Chancengleichheit und Zwanglosigkeit) nicht vor, so kann kein praktischer Diskurs realisiert werden, selbst wenn das Top-Management dazu in der Lage wäre. Auch ein hohes praktisches Urteilsvermögen kann so praktisch unwirksam werden.[1073] Insofern sind organisatorische Regelungen dahingehend zu prüfen bzw. zu gestalten, daß sie den Voraussetzungen der idealen Sprechsituation möglichst nahe kommen.

3. *Kulturelle Aspekte:* Das Handeln der Mitglieder der Unternehmensleitung wird ebenfalls durch das soziale Umfeld beeinflußt. Im vorliegenden Fall stellt insbesondere die „Kultur" des Top-Managements einen wichtigen Faktor bei der Implementierung einer diskursiven Unternehmensethik dar: Fehlen z.B. Vertrauen und Toleranz, so werden die Teilnehmer wohl kaum aufrichtig und umfassend sämtliche Informationen austauschen. Umgekehrt

---

[1070] Vgl. exemplarisch den Einfluß der Zusammensetzung des Top-Managements auf den „corporate social performance" bei Thomas/Simerly 1995: 15-19.

[1071] Vgl. König 2000: 5; König 1999c: 18; Ulrich/Lunau 1997: 52; Berkel/Herzog 1997: 62-64; Ähnliche Faktoren ermittelten auch Steinmann/Löhr 1994a: 27-62 sowie Oppenrieder 1986: 22, der in Anlehnung an die „Dreistufen-Hypothese über die Wirksamkeit des Rechts" von Podgorecki die drei Strukturvariablen „formale Organisationsstruktur", „Unternehmenskultur" und „Persönlichkeitsstruktur" bildet.

[1072] Vgl. Kieser/Kubicek 1993: 391f..

[1073] Vgl. Baethge/Denkinger/Kadritzke 1995: 215f.

kann eine zu große Vertrautheit dazu führen, daß Bedenken nicht mehr ausgesprochen werden, um die bestehende Harmonie nicht zu gefährden. Das *soziale Klima* in der Gruppe kann die diskursive Willensbildung damit nachhaltig beeinflussen.[1074]

Diese drei Aspekte bilden den Ausgangspunkt für die inhaltliche Diskussion zur Implementierung einer diskursiven Unternehmensethik. Hierbei ist zu berücksichtigen, daß diese Bereiche sich wechselseitig beeinflussen. So stellt z.B. die Struktur der Unternehmensleitung gleichzeitig eine zentrale Bedingung für die Förderung der individuellen Urteilskraft dar, während die Verbesserung der Fähigkeiten zum moralischen Handeln die „Top-Management-Kultur"[1075] positiv beeinflussen kann (und vice versa). Abbildung 18 zeigt diese Zusammenhänge.

Abb. 18: Rahmenbedingungen der Implementierung einer diskursiven Unternehmensethik auf Ebene des Top-Managements

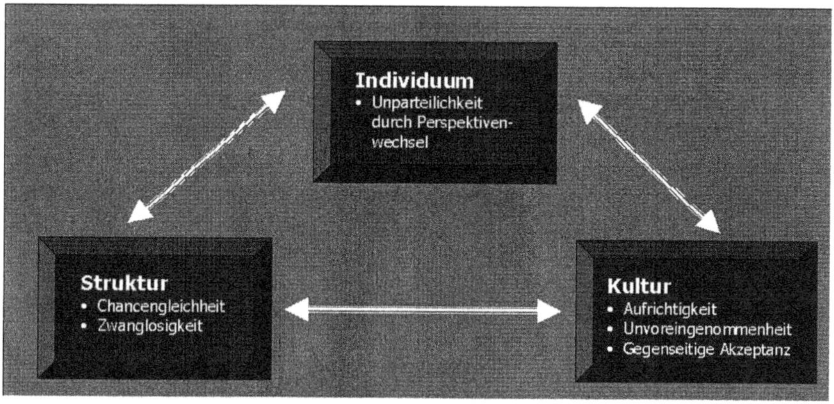

Quelle: Eigene Darstellung.

Zielvorstellung bei der Gestaltung der empirischen Rahmenbedingungen bildet dabei die Idee der idealen Sprechsituation. Bei dieser wird davon ausgegangen, daß die Förderung der moralischen Urteilskompetenz sich in erster Linie auf die Fähigkeit zum Perspektivenwechsel – als Voraussetzung eines neutralen Urteils – bezieht. Durch die strukturellen Voraussetzungen sollen die Aspekte der Chancengleichheit und Zwanglosigkeit zum Tragen kommen. Die Gestaltung der Kultur zielt in erster Linie auf die Voraussetzungen zur Wahrhaftig-

1074 Vgl. Rebstock 1992: 113f.; Oser/Schlaefli 1986: 246f..
1075 Vgl. zu diesem Begriff ausführlich Teil IV, Kap. 3.4.

keit, Unvoreingenommenheit und gegenseitigen Akzeptanz. Hieran anknüpfend wird versucht, mögliche Barrieren der ethischen Argumentation aufzuzeigen und darauf aufbauend Handlungsempfehlungen zur Gestaltung abzuleiten.

3.2 Individuelle Aspekte diskursiver Unternehmensethik

Dieser Arbeit wurde der „fingierte Diskurs" als Leitidee für die Top-Management-Entscheidungsfindung zugrundegelegt. Daraus resultiert für alle Teilnehmer die Pflicht zur Perspektivenübernahme. Es reicht hierbei jedoch nicht, sich nur in die Situation der jeweils Betroffenen zu versetzen. Das *Prinzip der Unparteilichkeit* verlangt zusätzlich die *neutrale Abwägung* bzw. Berücksichtigung sämtlicher Interessen, die simultan zu koordinieren sind.[1076] In der Moralpsychologie werden diese Aspekte unter den Begriff der *moralischen Urteilskompetenz* subsumiert. Das zur Erläuterung am häufigsten verwandte Modell bildet das Stufenkonzept der moralischen Urteilsbildung von KOHLBERG.[1077]

3.2.1 Zur Notwendigkeit der Förderung der praktischen Urteilsfähigkeit des Top-Managements

Es ist davon auszugehen, daß sich durch langjährige betriebliche Sozialisation das ökonomische Denken bei den Top-Managern stark verfestigt hat.[1078] Empirische Untersuchungen zeigen, daß deutsche Spitzenmanager über durchschnittlich 25-30 Jahre Berufserfahrung verfügen.[1079] In dieser Zeit entwickeln sich ökonomische Bewertungsgrößen (z.B. Shareholder value, Marktanteil) zur persönlichen Handlungsgrundlage, die uneingeschränkt für richtig und als nicht argumentationszugänglich betrachtet werden.[1080] Diese über einen langen Zeitraum gelebten und eingeschliffenen Wertvorstellungen dürften in sehr hohem Maße handlungsleitend wirken und einen Perspektivenwechsel sowie eine unparteiische Beurteilung der Situation grundsätzlich erschweren.[1081]

1076 Vgl. Böhler 1981: 46.

1077 Dieses hat auch Habermas seinen Ausführungen zugrundegelegt und um den Aspekt der diskursiven Einlösung von normativen Geltungsansprüchen erweitert.

1078 Vgl. Retzmann 2000: 15. Im Gegensatz dazu gehören hohe moralische Maßstäbe z.B. in japanischen Unternehmen zu unverzichtbaren Führungsqualitäten. Vgl. Shimizu 1990: 637.

1079 Diese Angabe wurde anhand von Schätzungen vorgenommen. Da das Durchschnittsalter der Vorstandsmitglieder bei etwa 55 Jahren liegt und von einem Berufseinstiegsalter von 25 Jahren ausgegangen wird, ergibt sich der oben genannte Wert. Vgl. Risch 1999: 258; Scheuch/Scheuch 1995: 12; Heidrick/Struggles 1990: 9 und Poensgen 1982: 9.

1080 Vgl. Steinmann/Löhr 1994a: 179; v. Rosenstiel 1990: 144.

1081 Piaget weist auf das individualpsychologische Problem der bereichsspezifischen moralischen Urteilsfähigkeit hin: Die Fähigkeit, in einem Entscheidungsprozeß verschiedene alternative Perspektiven zu berücksichtigen und Informationen dementsprechend zu bewerten, muß für unterschiedliche Verhaltensbereiche (z.B. Beruf und Familie) getrennt entwickelt werden. Vgl. Piaget 1973: 107 und Seiler 1973: 44.

VON ROSENSTIEL bringt diese Vermutung pointiert wie folgt zum Ausdruck: „Das Gros der Manager ist in den Krisen der vergangenen Jahre völlig unbeschadet geblieben. Der Vorstand lebt in einer heilen Welt. Er hat seine Familie und seine Freunde, denen es gutgeht. Vom wirklichen Leben ist er weit entfernt: Er ist der Bomberpilot, der gar nicht sieht, daß das, was er da abwirft, unten Tod anrichtet. Die Menschen an der Spitze haben nur eine sehr eingeschränkte Wahrnehmung – und sehr selektive Indikatoren für Erfolg. Die Aktien steigen, die Aktionäre sind zufrieden, ich bin der Manager des Jahres. Daß da am Rande viel Schlimmes bleibt, bin nicht ich, das ist die Gesellschaft."[1082]

Erst die *Einsicht* in die Eindimensionalität und Selektivität der eigenen Bewertungsmaßstäbe eröffnet die Möglichkeit zur (ernsthaften) Auseinandersetzung mit alternativen Handlungsperspektiven. Daher sind solche *tief verwurzelten Grundannahmen*, z.B. über die Rolle des Unternehmens in der Gesellschaft und das Verhalten gegenüber den verschiedenen Interessengruppen, zunächst aufzubrechen. Nur so kann sich die Bereitschaft und Fähigkeit entwickeln, die eigenen Wertmaßstäbe systematisch in Frage zu stellen. Aus diesem Grunde ist die praktische Urteilsfähigkeit im Bereich der Wirtschaft gezielt auszubilden und zu erweitern.[1083]

Zudem stellt die moralische Urteilskompetenz nach Ansicht KOHLBERGs den wichtigsten Faktor für *moralisches Handeln* dar.[1084] Zwar wirken immer auch situative Bedingungen auf das Handeln ein, dennoch kann davon ausgegangen werden, daß deren Einfluß mit steigender Urteilskompetenz deutlich sinkt.[1085] Die Reife des moralischen Urteils ist somit eine *zentrale Bestimmungsgröße* für moralisches Handeln.[1086] Daraus kann abgeleitet werden, daß die Ausbildung

---

[1082] V. Rosenstiel 1999: 257. Diese Vermutung wird insbesondere durch empirische Untersuchungen zum privaten Umfeld der Top-Manager gestützt. Dieses ist recht homogen in bezug auf gesellschaftlichen Status, beruflichen Erfahrungshintergrund und Einkommenssituation zusammengesetzt. 70% aller Vorstandsmitglieder verkehren in Clubs wie Rotary oder Lions, in denen Bekanntschaften gepflegt und repräsentative Funktionen wahrgenommen werden. Vgl. Geschka 1997: 74-76; Scheuch/Scheuch 1995: 98; Streich 1994: 65; Fischer 1991: 165.

[1083] Vgl. Teil IV, Kap. 3.2.3.

[1084] Vgl. Retzmann 1994: 321.

[1085] Vgl. Kohlberg/Candee 1984: 564.

[1086] Vgl. Kohlberg 1974: 98; vgl. zum Zusammenhang zwischen Urteil und Handeln Retzmann 1994: 316-324 und Heidbrink 1991: 64-74. Der sog. „Kompetenz-Performanz-Split", d.h. der Bruch zwischen Urteilen und Handeln stellt ein zentrales Forschungsthema in der Moralpsychologie dar. Ohne dezidiert darauf einzugehen, sei hier nur soviel gesagt: Es konnte in verschiedenen Experimenten ein großer Zusammenhang zwischen der Reife des moralischen Urteils und z.B. dem Hilfeverhalten oder dem Täuschungsverhalten bei Klausuren festgestellt werden. Mit steigendem Urteilsniveau wuchs die Bereitschaft zur Hilfe, auch wenn dies mit „zivilem Ungehorsam" (z.B. Verstoß gegen die Anordnung des Personals) verbunden war. Ebenso sank signifikant die Bereitschaft zu Täuschungsversuchen mit der Höhe des Urteilsvermögens. Vgl. Heidbrink 1991: 67-69.

der praktischen Urteilskraft nicht nur eine notwendige Bedingung zur Realisierung von Diskursen ist, sondern gleichzeitig auch die Wahrscheinlichkeit erhöht, daß die in diesem Forum besprochenen normativen Aspekte auch angemessen zur Geltung gebracht werden.[1087] Daher wird der Aspekt der individuellen Moralentwicklung auch an den Anfang der Ausführungen zu den Rahmenbedingungen moralischen Handelns gestellt.

3.2.2 Zum Modell der Entwicklung der moralischen Urteilskompetenz

KOHLBERG baut sein Konzept der kognitiven Entwicklung moralischer Urteilskompetenz anknüpfend an die Ergebnisse der Studien von PIAGET auf.[1088] Unbeachtet der Fülle an theoretischen und empirischen Ergebnissen wird hier lediglich sein Grundmodell vorgestellt, ohne auf die Feinheiten oder die in der Literatur monierten Widersprüche seines Konzeptes einzugehen.[1089] Die Ausführungen sollen lediglich zu einem besseren Verständnis der Entwicklung der *moralischen Urteils- und Begründungskompetenz* beitragen.

3.2.2.1 Das Sechs-Stufen-Modell von Kohlberg

KOHLBERGs Auffassung von Moralentwicklung ist eng verknüpft mit der allgemeinen *kognitiven* Entwicklung des Individuums. Demnach bildet das logische Denkvermögen eine notwendige Voraussetzung für die moralische Entwicklung.[1090] Von besonderer Bedeutung sind daher die von PIAGET identifizierten *drei Stadien* der Entwicklung des *logisch-rationalen Denkvermögens*, die normalerweise *von jedem Individuum* durchlaufen werden.[1091] Jedes Stadium korrespondiert dabei mit einer Stufe des moralischen Denkens.[1092] Allerdings sagt diese nur etwas über die *Möglichkeit* moralischen Denkens aus. Bei vielen Individuen ist das logische Denken höher entwickelt als die Moralität, während sich kaum jemand in einem höheren moralischen als logischen Stadi-

---

1087 S. Steinmann/Löhr 1988a: 25.

1088 Das im folgenden vorgestellte Modell Kohlbergs wurde über einen Zeitraum von fast 30 Jahren kontinuierlich weiterentwickelt; seit seiner Dissertation 1958 bis zu seinem Tod 1987 arbeitete er an diesem Thema. Kohlberg, der Ende 1945 Europa besuchte, war persönlich so von den Kriegsfolgen, insbesondere dem unglaublichen menschlichen Leid betroffen, das Opfer des Holocaust erfahren hatten, daß er sein Leben der Frage widmete, wie man auf junge Menschen einwirken kann, um deren Sinn für Gerechtigkeit zu fördern. Sein Ansatz wurde zu einem führenden Paradigma in der moralischen Sozialisationsforschung. Vgl. Blickle 1998b: 186; Oser/Althof 1992: 48.

1089 Vgl. für viele Oser/Fatke/Höffe 1986 oder Bertram 1986.

1090 Vgl. Kohlberg 1974: 55-58.

1091 Vgl. Kohlberg 1969: 348. Siehe zu den einzelnen Stadien ausführlich Mietzel 1998: 71-109.

1092 Vgl. hierzu ausführlich Oser 1983: 140-145.

um befindet. Die Struktur des logischen Denkens ist damit zwar eine notwendige, aber keine hinreichende Bedingung für ein reifes moralisches Urteil.[1093]

Eine weitere Voraussetzung für moralisches Denken ist die *soziale Perspektive*. Deren Entwicklung verläuft ebenfalls in Stadien und geht der Entwicklung der moralischen Urteilsfähigkeit zeitlich und logisch voraus.[1094] Sie entscheidet darüber, ob und unter welchem Blickwinkel eine Person andere Individuen bzw. die soziale Umwelt wahrnimmt und stellt so das Bindeglied zwischen dem Niveau der logischen und der moralischen Entwicklung dar.[1095] Tabelle 13 auf Seite 218 stellt die Entwicklung des logischen Denkens, der sozialen Perspektive und des moralischen Urteils einander gegenüber.

Der für die Beschreibung der Ebenen zentrale Begriff des „Konventionellen" meint ein Festhalten an Regeln, Erwartungen und Konventionen um ihrer selbst willen.[1096] Diese Begriffslegung geht auf PIAGET zurück, der Moral als „ein System von Regeln"[1097] versteht und untersucht, welche Form der Achtung ein Individuum für diese Regeln empfindet. Anhand des „Murmelspiels" von Kindern analysiert er die Art, wie die Individuen verschiedenen Alters sich den *verpflichtenden Charakter* der Spielregeln vorstellen.[1098] Dies kommt in den drei Ebenen des präkonventionellen, konventionellen und postkonventionellen Urteilsniveaus zum Tragen. Diese werden ihrerseits von KOHLBERG in insgesamt sechs Stufen der moralischen Kompetenz differenziert.

Auf der *präkonventionellen Ebene* verhält sich das Individuum so, wie es ihm gefällt. Es orientiert sich an Strafe und Belohnung. Regeln und Konventionen bestehen außerhalb seiner selbst, da es sie nicht wirklich verstehen und ihnen deshalb auch nicht zustimmen kann. Sie werden daher auf der *ersten Stufe* ausschließlich befolgt, um einer Bestrafung zu entgehen.

1093 Vgl. Kohlberg 1987: 29; Kohlberg 1974: 86.

1094 Vgl. Colby/Kohlberg 1984: 356. Batisweiler ergänzt diese Auflistung um den Aspekt der moralischen Sensibilität. Vgl. Batisweiler 2000: 2.

1095 Vgl. Heidbrink 1991: 47; Lempert 1990: 4. Die Fähigkeit zum formal-operationalen Denken sowie der sozialen Perspektivenübernahme stellen damit die „psychischen Bausteine" der Moralentwicklung dar. Vgl. allerdings auch die kritische Betrachtung dieses Zusammenhangs bei Habermas 1996: 139f.; Heidbrink 1991: 48.

1096 Auch stellt der Grad der Autonomie des Urteilsvermögens ein wichtiges Kriterium für die Unterscheidung zwischen den verschiedenen moralischen Niveaus dar. Vgl. Lempert 1988: 67.

1097 Piaget 1973: 23.

1098 Piaget trennt die beiden Aspekte des „wie wird das Murmelspiel praktiziert" (Praxis der Regeln) und „wie verstehen die Kinder den Charakter der Spielregeln" (Bewußtsein der Regeln). Interessanterweise schreiben Kinder Regeln auf der konventionellen Stufe einen beinah heiligen Status zu, d.h., fragt man Kinder, ob Regeln geändert werden dürfen, so antworten diese, daß Regeln nicht veränderbar sind, obwohl sie tatsächlich so spielen, wie es ihnen gerade gefällt.

Auf der *zweiten Stufe* urteilt der Mensch am Eigeninteresse orientiert. Im Mittelpunkt stehen seine eigenen Bedürfnisse und Interessen, mit denen er gleichzeitig sein Handeln rechtfertigt.

Tab. 13: Persönlichkeitsentwicklung und moralische Entwicklung

Stadium	Logisches Denken	Soziale Perspektive	Moralisches Urteil
1.	Sensumotorisches/voroperationales Denken: Wahrnehmung über Motorik (z.B. Anfassen, Greifen)	Individuell: Interessen anderer werden entweder nicht wahrgenommen oder nicht berücksichtigt. Eigeninteresse bzw. eigener Vorteil steht im Vordergrund.	Präkonventionell
2.	Konkret-operationales Denken: Zahlen und Mengenbegriffe entstehen, bestimmte und unbestimmte Artikel werden richtig verwendet, es können Sachverhalte erklärt, aber nicht prognostiziert werden	Gesellschaftlich: Individuum ist sich unterschiedlicher Gefühle, Übereinkünfte und Erwartungen bewußt und berücksichtigt sie. Bestreben seine Pflicht zu tun und die soziale Ordnung um ihrer selbst willen einzuhalten.	Konventionell
3.	Formal-operationales Denken: Abstraktes, symbolisches Denken, hier können selbständig Lösungen gefunden werden, die Reversibilität und funktionale Zusammenhänge werden erkannt	Prior to society: Individuum erkennt Werte, von denen sich konkrete gesellschaftliche Regeln des Zusammenlebens erst ableiten; reflektiert über die Regeln des Zusammenlebens und orientiert sich an Recht und allgemeinen Prinzipien.	Postkonventionell

Quelle: Eigene Darstellung in Anlehnung an Colby/Kohlberg 1984: 355 und 358.

Auf *konventioneller Ebene* werden Regeln für „heilig“ und „unantastbar“ gehalten. Das Individuum glaubt an deren innere und absolute Wahrheit. Sie sind unbedingt zu erfüllen und nicht veränderbar. Die Regelbefolgung wird ohne Reflexion auf die eigentlichen Umstände einer Situation zur Pflicht. Das Individuum identifiziert sich dabei zunächst mit dem in der Regel unkritisch übernommenen Normensystem von Bezugspersonen (z.B. Eltern, Freunde oder Lehrer) und kann Handlungen im Hinblick auf ihre Konformität beurteilen. Auf der *dritten Stufe* gilt als gut, was die Zustimmung der anderen hervorruft. Das Individuum bemüht sich, den Erwartungen im sozialen Umfeld gerecht zu werden (z.B. als „gute Tochter/ guter Sohn“, „guter Freund“). Die *vierte Stufe* ist dadurch gekennzeichnet, daß Normen um ihrer selbst willen eingehalten werden („Pflichterfüllung"). Das Individuum erkennt hier die Bedeutung der Existenz von Normen und Werten für das gesellschaftliche Zusammenleben.[1099]

Auf der *postkonventionellen Ebene* stellen Regeln ein auf gegenseitigem Übereinkommen beruhendes Gesetz dar. Dabei werden diese Normen transzendiert und gesellschaftliche Beziehungen grundlegend und prinzipiell reflektiert.[1100] Sie verlieren hier ihre naturgegebene Bedeutung und werden kritisch im Hinblick auf ihre Vernünftigkeit und Gerechtigkeit hinterfragt. Sie sind modifizierbar, wenn die Änderung als sinnvoll erachtet wird. Nur eine Norm, die im gegenseitigen und allgemeinen Interesse liegt, gilt als legitim. Auf der *fünften Stufe* dient das positive Recht als Handlungs- und Bewertungsgrundlage. Gesetze gelten hier als von der Gesellschaft gesetzter Orientierungsrahmen, dem vor dem Hintergrund des einvernehmlichen Zusammenlebens Folge zu leisten ist.[1101] An selbstgesetzten Prinzipien orientiert urteilt der Mensch auf der *sechsten Stufe*. Das Individuum entwickelt aus freiem Willen heraus Prinzipien, denen es sich im täglichen Zusammenleben persönlich verbunden fühlt und zu deren Einhaltung es alle Menschen verpflichtet sehen will (z.B. die „Goldene Regel" von KANT).[1102] Soziale Gegebenheiten, z.B. die Rechte anderer, werden wahrgenommen und nicht mehr als notwendiges Übel akzeptiert, sondern als in der Gesamtperspektive der Gesellschaft legitim erkannt und beurteilt.[1103]

Tabelle 14 auf Seite 220 faßt die Grundgedanken des Modells von KOHLBERG zusammen und berücksichtigt neben den Motiven für moralisches Handeln auch die Basis des moralischen Urteils und die Struktur der Begründung.

1099 Auf dieser Stufe befinden sich die meisten Jugendlichen und Erwachsenen. Vgl. Rebstock 1992: 65f..

1100 Piaget bezeichnet dieses Stadium als Autonomie. Hier wird das Ideal der Zusammenarbeit selbst zum Geltungskriterium für Regeln: Die Regelbefolgung wird davon abhängig gemacht, ob sich dadurch die Zusammenarbeit fördern oder fortsetzen läßt. Dies schließt die Möglichkeit von Änderungen der Regeln ein. Die Regelbefolgung löst sich also vom Konformitätszwang bzw. der gehorsamen Befolgung einer Regel und wird von der jeweiligen Situation abhängig gemacht. Vgl. Günther 1988: 150.

1101 Vgl. Krupinski 1993: 53.

1102 Vgl. Heidbrink 1991: 31.

1103 Kohlberg hebt diesen Aspekt der Gerechtigkeit besonders hervor, d.h., Ausdruck höchster Urteilskompetenz ist die rational, konsensfähig begründete Lösung von sozialen Konflikten, in denen Ansprüche und Rechte verschiedener Individuen miteinander konkurrieren. Vgl. Lempert 1988: 67.

Tab 14: Die sechs moralischen Entwicklungsstufen nach KOHLBERG

Basis des moralischen Urteils	Entwicklungsstufe	Motive für moralisches Handeln	Begründungs-struktur
Präkonventionelles Urteilsniveau			
Moralische Bewertung beruht auf äußeren, quasi-physischen Geschehnissen, schlechten Handlungen oder auf quasi-physischen Bedürfnissen statt auf Personen und Normen	**Stufe 1:** Orientierung an Bestrafung und Gehorsam. Egozentrischer Respekt vor überlegener Macht oder Prestigestellung bzw. Vermeidung von Schwierigkeiten **Stufe 2:** Naiv egoistische Orientierung. Richtiges Handeln ist jenes, das die Bedürfnisse des Ichs und gelegentlich die der anderen instrumentell befriedigt	**Stufe 1:** Handeln ist motiviert durch das Vermeiden von Strafe, und das „Gewissen" besteht aus irrationaler Furcht vor Strafe **Stufe 2:** Handeln ist durch den Wunsch nach Belohnung oder Vorteil motiviert	Handlungsvorschläge werden gar nicht oder mit den Konsequenzen für die eigene oder gemeinsame Interessenerfüllung begründet (Die Lösung eines Problems ist Gegenstand der Diskussion, nicht ihre Legitimation)
Konventionelles Urteilsniveau			
Moralische Bewertung beruht auf der Übernahme guter und richtiger Rollen, der Einhaltung der konventionellen Ordnung und den Erwartungen anderer	**Stufe 3:** Orientierung am Ideal des „Guten Jungen", bemüht, Beifall zu erhalten und anderen zu gefallen und ihnen zu helfen, Konformität mit stereotypen Vorstellungen vom natürlichen oder Mehrheitsverhalten **Stufe 4:** Orientierung an der Aufrechterhaltung von Autorität und sozialer Ordnung, bestrebt, „seine Pflicht zu tun", Respekt vor der Autorität zu zeigen und die soziale Ordnung einzuhalten	**Stufe 3:** Handeln ist durch tatsächliche oder hypothetische Mißbilligung anderer (z.B. Schuldgefühl) motiviert **Stufe 4:** Handeln ist motiviert durch die Antizipation von Schande, d.h. institutionalisiertem Tadel für Pflichtverletzung, und Schuldgefühl für den konkreten, anderen zugefügten Schaden	Psychologische oder soziale Argumente bzw. Bedürfniskonstellationen (z.B. Folgen, soziale Lage, Motive) werden zur Begründung von Handlungsvorschlägen vorgebracht; die Gründe werden analysiert, modifiziert und entscheiden über die Annahme eines Lösungsvorschlages
Postkonventionelles Urteilsniveau			
Moralische Bewertung beruht auf Konformität des Ich mit gemeinsamen (oder potentiell gemeinsamen) Normen, Rechten oder Pflichten	**Stufe 5:** Vertragsorientierung, Anerkennung einer willkürlichen Komponente oder Basis von Regeln und Erwartungen als Ausgangspunkt der Übereinstimmung, Grundrechte sowie die grundsätzlichen Werte und Verträge einer Gesellschaft werden gelebt **Stufe 6:** Orientierung an Gewissen oder Prinzipien	**Stufe 5:** Rücksicht auf die Einhaltung des Respekts vor Gleichgestellten und vor der Gemeinschaft (unter der Annahme, daß deren Respekt nicht auf Emotionen, sondern auf Vernunft beruht) **Stufe 6:** Rücksicht auf Selbstverurteilung wegen der Verletzung der eigenen Prinzipien (unterscheidet zwischen der Achtung der Gemeinschaft und der Selbstachtung wegen Einhaltung moralischer Prinzipien)	Allgemeine Werte, Handlungsnormen und -prinzipien werden zur Rechtfertigung von Handlungsvorschlägen angeführt; deren Gültigkeit wird durch Universalisierung begründet

Quelle: In Anlehnung an Kohlberg 1974: 60f. und 69f.; Oser 1983: 140-145.

KOHLBERG baut seine Überlegungen auf der These der *stufenförmigen Entwicklung* der moralischen Urteilsfähigkeit auf und differenziert die vorgestellten *sechs Stufen* des moralischen Urteils.[1104] Die Unterschiede zwischen den Entwicklungsstufen liegen dabei in einer *qualitativ* anderen Denkweise über moralische Probleme (z.B. im Hinblick auf das Moralverständnis oder die Motive für moralisches Handeln).[1105] Individuen durchlaufen diese Stadien immer nacheinander und in derselben Reihenfolge („invariante Sequenz"), wobei jede Stufe auf der nachfolgenden aufbaut und die nächsthöhere vorbereitet (Sprünge und Regressionen sind dabei ausgeschlossen).[1106]

Die kognitive Entwicklung beruht auf dem *Prinzip der Disäquilibrierung*:[1107] Das Individuum wird immer wieder durch Veränderungen der Umwelt (die sog. „kognitive Konflikte" auslösen) aus dem Gleichgewicht (Äquilibrium) gebracht. Dabei geht es nicht nur darum, das gestörte Gleichgewicht wieder herzustellen, sondern einen Zustand zu erreichen, der stabiler als der vorangehende ist. Dies kann durch zwei verschiedene Mechanismen erreicht werden: Zum einen durch *Assimilation*, bei der neuartige Umwelteinflüsse in die bereits vorhandenen kognitiven Strukturen integriert werden. Zum anderen durch *Akkomodation*, wobei die bestehenden Strukturen reorganisiert und an die neuartigen Einflüsse angepaßt werden. Beide Prozesse bedingen sich gegenseitig: Eine Akkomodation erfolgt immer dann, wenn die aktuelle Fähigkeit zur Assimilation den Veränderungen der Umwelt nicht mehr gerecht werden kann.[1108]

Die Entwicklung des moralischen Urteils ist damit im wesentlichen ein *kognitiver Prozeß*.[1109] Der Übergang von einer Stufe zur nächsten wird als „Lernen"

1104 Vgl. hierzu und zu folgendem Kohlberg 1974: 47-77.

1105 Vgl. Kohlberg 1974: 17. Kohlbergs Verständnis von Moral fußt auf einer Reihe von Basisannahmen, die allerdings hier nicht aufgelistet werden sollen. Vgl. hierzu Kohlberg 1984: 277-317. Jede dieser aufeinanderfolgenden Denkformen bildet eine strukturierte Ganzheit. Vgl. Oser/ Althof 1992: 69.

1106 Kulturelle Faktoren können zwar die Entwicklung beschleunigen, verlangsamen oder anhalten, nicht aber ihre Reihenfolge verändern. Vgl. Kohlberg 1974: 17. Die Stufen sind eng mit dem Alter verknüpft, wobei jedoch einschränkend darauf hingewiesen werden muß, daß die postkonventionelle Ebene des Moralbewußtseins von einem großen Teil der Erwachsenen nicht oder nur teilweise erreicht wird. Empirischen Untersuchungen Kohlbergs zufolge bleibt mehr als die Hälfte der US-amerikanischen Bevölkerung hinter dieser Ebene zurück. Vgl. Ulrich 1993: 299 und die dort zitierte Literatur.

1107 Vgl. ausführlich Piaget 1976; Piaget 1974: 156 und 271-277.

1108 Vgl. für viele Mietzel 1998: 71-73.

1109 Dabei muß jedoch hervorgehoben werden, daß die Strukturen moralischer Urteile deutlich von deren Inhalt zu differenzieren sind; die gezielte Stimulierung einer moralkognitiven Entwicklung ist nicht indoktrinär, da nur die Art des Urteilens, nicht aber die darin zum Ausdruck kommenden Überzeugungen verändert werden. Ziel ist die Entwicklung der Persönlichkeit hin zu reiferen, d.h. integrierteren, differenzierteren und äquilibrierten Denk-, Urteils- und Handlungsstrukturen. Vgl. Kohlberg 1987: 29.

begriffen: Die jeweils schon verfügbaren kognitiven Strukturen werden so umgebaut und ausdifferenziert, daß ein Individuum z.B. moralisch relevante Handlungskonflikte besser lösen kann als vorher.[1110] Auf der jeweils nächsthöheren Stufe kann eine Person z.B. erklären, warum die auf der vorangegangenen Stufe als richtig angesehene Begründung unzureichend war.

KOHLBERG geht von einer Überlegenheit höherer Stadien gegenüber niedrigeren aus, da dort neue logische Elemente integriert und damit die Lösung qualitativ höherwertiger Probleme möglich wird.[1111] Allerdings sind die unteren Stadien nach wie vor präsent, da sie nicht ersetzt, sondern ergänzt und modifiziert werden. Die Allgemeinheit der moralischen Überlegungen steigt von Stadium zu Stadium an und bezieht eine immer größere Zahl sozialer und schließlich philosophischer Überlegungen ein.[1112]

Die Tendenz zur Entwicklung der moralischen Urteilskompetenz ist bei jedem Individuum zu erkennen. Sie stellt einen Vorgang dar, bei dem die Stadien sequentiell in der gleichen Reihenfolge bis zu einem ganz individuellen Punkt der *Stagnation* durchlaufen werden. Dieser ist abhängig von den individuellen Entwicklungsmöglichkeiten wie z.B. Intelligenz, Bildung und den speziellen Voraussetzungen der Moralentwicklung.[1113] Die moralische Kompetenz entwickelt sich im Zusammenwirken von *individueller Entwicklung* und *sozialem Kontakt*. Sie wird jedoch durch besondere Umstände beeinflußt, welche die Entfaltung dieses Entwicklungspotentials im Einzelfall behindern oder unterstützen können.[1114]

[1110] Vgl. Habermas 1996: 135f.. Auch wenn die darunterliegenden Stufen nicht ersetzt werden, sondern auf einem höheren Organisationsniveau „reintegriert" werden, besteht – laut Kohlberg – beim Individuum eine Präferenz, die Lösung eines Problems auf dem höchsten erreichten Niveau vorzunehmen. Kohlberg 1974: 18.

[1111] Vgl. Kohlberg 1974: 214. Dabei ist ihm durchaus bewußt, daß die Beurteilung der einzelnen Stadien hinsichtlich ihrer moralischen Überlegenheit nicht ohne einen Rekurs auf die empirische Welt, ohne „naturalistischen Fehlschluß", auskommt. Vgl. Kohlberg 1974: 222-226. Insbesondere Snarey kritisiert die Vorstellung, daß die postkonventionelle Moral der konventionellen überlegen ist, da er damit eine kulturelle Voreingenommenheit zum Ausdruck bringt. So stellte er beispielsweise fest, daß tibetanische Mönche, die den größten Wert darauf legen, daß Entscheidungen stets die Ansprüche gegenüber anderen mitberücksichtigen, Antworten gaben, die für die Stufe 3 des Kohlberg Schemas kennzeichnend waren. Siehe hierzu Mietzel 1998: 115f.. Vgl. kritisch Batisweiler 2000: 8f..

[1112] Vgl. Rebstock 1992: 73.

[1113] Vgl. Kohlberg 1981: 411.

[1114] Vgl. Lempert 1988: 64.

3.2.2.2 Weiterentwicklung des Modells der moralischen Urteilskompetenz nach Habermas: Zur Notwendigkeit eines siebten Entwicklungsstadiums?

HABERMAS knüpft mit seiner Theorie explizit an das Modell von KOHLBERG an.[1115] Ohne dezidiert auf seine Rekonstruktionshypothese einzugehen, sei nur soviel gesagt: KOHLBERGs entwicklungslogische Begründungen fußen auf den sozialmoralischen Perspektiven, welche die Fähigkeiten der sozialen Kognition zum Ausdruck bringen. Gegen diese Verknüpfung richten sich in der Literatur vor allem folgende Bedenken: Zum einen, daß die sozialkognitiven Bedingungen für moralische Urteile bereits mit den Strukturen dieser Urteile selbst vermischt werden. Zum anderen, daß diese Bedingungen nicht so scharf gefaßt werden können, daß die Reihenfolge eine Hierarchie im entwicklungslogischen Sinne ausdrückt.[1116] Aus diesen Gründen ersetzt HABERMAS die sozialmoralischen Perspektiven durch die von SELMAN analysierten *Stufen der Perspektivenübernahme*.[1117] Tabelle 15 auf Seite 224 zeigt die drei wichtigsten Niveaus der sozialen Perspektivenübernahme.

Aus der Verknüpfung der Entwicklungsstufen des moralischen Urteils mit einer bestimmten sozialen Perspektivenübernahme resultiert eine Modifikation des Stufenmodells, die sich vornehmlich in der postkonventionellen Stufe niederschlägt. Sie findet ihren Ausdruck vor allem in einer erweiterten Begriffsbestimmung der *postkonventionellen Urteilskompetenz*.[1118]

Mit dem Übergang zur Perspektive der „dritten Person" kann ein Individuum die *reziproken Beziehungen* zwischen Alter und Ego aus der Perspektive eines Beobachters vergegenständlichen und die beiderseitigen Interessen simultan koordinieren. Die Geltung von sozialen Normen kann nun in Frage gestellt werden, da es dem Individuum auf diesem Niveau (erst) möglich ist, widerstreitende Normen und Bedürfnisse im Lichte moralischer Prinzipien zu beurteilen und selbst zu einer Lösung zu gelangen.[1119]

[1115] Vgl. Habermas 1996: 138.

[1116] Vgl. Habermas 1996: 140; Heidbrink 1991: 47.

[1117] Vgl. ausführlich zu dem Versuch Habermas, mit Hilfe des Modells der Perspektivenübernahme die Bedingungen für ein entwicklungslogisches Stufenmodell zu verbessern, Habermas 1996: 140-182. Die Perspektivenübernahme stellt einen zentralen Aspekt sozialer Erkenntnis und Bewertung dar und beschreibt die Fähigkeit, sich und andere als Subjekte zu begreifen und sich selbst aus der Perspektive des anderen zu sehen.

[1118] Die Stufen der Perspektivenübernahme von Selman und ihre Auswirkungen auf die 1.-4. Stufe sollen hier nicht ausgeführt werden, da sie keinen Einfluß auf das weitere Vorgehen und Schlußfolgerungen für die Arbeit haben. Siehe zur Konzeption der sozialen Perspektivenübernahme Selman/Byrne 1980. Vgl. hierzu ausführlich Retzmann 1994: 305-312.

[1119] Vgl. hierzu und im folgenden Habermas 1996: 172-175.

Tab. 15: Niveaus der sozialen Perspektivenübernahme

Niveau	Beschreibung
Stufe I (Präkonventionell): Subjektive oder differenzierte Perspektive	Das Individuum versteht, daß selbst bei gleichartig wahrgenommenen sozialen Umständen die Perspektiven des Selbst und des Anderen entweder gleich oder unterschiedlich sein können. Es befaßt sich mit der Einzigartigkeit des verdeckten, psychischen Lebens einer jeden Person. Es ist in der Lage, sich in die andere Person hineinzuversetzen, ohne aber gleichzeitig seinen eigenen Standpunkt beizubehalten.
Stufe II (Konventionell): Selbstreflexive Perspektive oder Perspektive der „zweiten Person"	Das Individuum kann seine Gefühle und Gedanken aus der Perspektive einer anderen Person reflektieren, d.h. sich an die Stelle eines Anderen versetzen und das Selbst bzw. seine Gefühle, Einstellungen etc. aus dessen Sicht betrachten (Perspektive der „zweiten Person"). Es kann sich also in die Handlungsperspektive des anderen versetzen und weiß, daß sich auch der andere in seine Situation versetzen kann.[1120]
Stufe III (Postkonventionell): Wechselseitige Perspektive oder Perspektive der „dritten Person"	Das Individuum ist in der Lage, aus einer interpersonalen Interaktion herauszutreten und die Perspektiven beider Parteien dieser Interaktion simultan zu koordinieren. Es übernimmt dabei die neutrale Einstellung einer unbeteiligt anwesenden Person, die dem Interaktionsvorgang in der Rolle des Zuhörers oder Zuschauers beiwohnt. Die Beteiligten können nicht nur gegenseitig ihre Handlungsperspektiven übernehmen, sondern die verschiedenen Perspektiven gegen die Beobachterperspektive auswechseln und ineinander transformieren. Dadurch wird die Reziprozität der Handlungsorientierungen vergegenständlicht und in ihrem systemischen Zusammenhang zu Bewußtsein gebracht.[1121]

Quelle: Eigene Darstellung in Anlehnung an Habermas 1996: 152-157 und Heidbrink 1991: 45.

1120 Folgendes Beispiel verdeutlicht die Fähigkeit, sich in die Situation eines anderen versetzen zu können, anhand eines therapeutischen Gesprächs mit einem zwölfjährigen Jungen. Junge: „Ich stieg bis ganz oben auf das John-Hancock-Gebäude und schaute über die Brüstung. Alle anderen hatten Angst, nur ich habe mich nicht gefürchtet." Therapeut: „Ui, na ich hätte schon ein bißchen Angst beim Herunterschauen von ganz oben, du nicht?" Junge: „Na ja ... wenn ich ein Therapeut wäre und einem Kind klarmachen wollte, daß es ganz richtig ist zuzugeben, daß es vor gewissen Dingen Angst hat, dann würde ich vielleicht sagen, daß ich Angst hätte, um ihm zu zeigen, daß es schon in Ordnung ist, wenn man zeigt, daß man sich fürchtet ... Aber ich bin kein Therapeut und ich fürchte mich auch vor nichts." Zitiert nach Heidbrink 1991: 44f., Fußnote 2.

1121 Die Perspektivenübernahme der „dritten Person" kann anhand des von Habermas gewählten Münzexperiments verdeutlicht werden: Unter zwei umgestülpten Tassen liegt jeweils ein Geldbetrag (ein bzw. zwei DM), der auf dem nach oben gekehrten Boden der Tassen angezeigt ist. Die Aufgabe besteht darin, die Geldbeträge heimlich so zu verteilen, daß eine hereingerufene Person, die aufgefordert wird, die Tasse mit dem vermutlich größeren Betrag zu wählen, irregeleitet wird. Versuchspersonen, die über eine Perspektivenstruktur der dritten Stufe verfügen, werden wie folgt vorgehen: Auf der zweiten Stufe legt das Individuum die Münzen so wie in der Ausgangsposition, da es vermutet, daß die andere Person davon ausgeht, daß sie sie irreleitet und das Zweimarkstück unter der Ein-DM-Tasse sucht. Auf der dritten Stufe dreht es die Reflexionsspirale weiter und zieht in Betracht, daß der Spielpartner die eigene Strategie durchschaut. Es wird das Zwei-DM-Stück unter die Ein-DM-Tasse legen. Vgl. Habermas 1996: 159f..

Das Normensystem erhält somit eine neue Grundlage: Handlungsnormen werden selbst als normierbar betrachtet, d.h., sie werden Prinzipien (höhergestellten Normen) untergeordnet. Nicht die Achtung vor dem Gesetz per se gilt nun als sittliches Motiv, sondern die Einsicht, daß eine Handlungsnorm „begründet" werden kann, z.B. indem sie an einem bestimmten Prinzip gemessen wird.[1122]

Die Beurteilung der Bedürfnisse auf der fünften Stufe erfolgt anhand der allgemeinen Rechtsnormen oder Normen des Sozialvertrages. Auf der sechsten Stufe werden Interessen und Ansprüche an universalen ethischen Prinzipien, d.h. Prinzipien, von denen das Individuum glaubt, alle Menschen sollten ihnen folgen, gemessen. HABERMAS entdeckt darin *zwei Unvollständigkeiten*:

Zum einen versteht KOHLBERG die geäußerten Bedürfnisse der Individuen als kulturell interpretiert, sie lassen sich den jeweiligen Personen quasi als Natureigenschaften zurechnen und müssen nicht erst ermittelt werden. Damit entfällt eine Problematisierung der faktischen Bedürfnisse und eine Verständigung unter den Betroffenen.[1123] Dieses Modell setzt also voraus, daß die Interessen und Ansprüche anderer Menschen bereits bekannt sind, um das Gedankenexperiment der Verallgemeinerbarkeit durchführen zu können.[1124] HABERMAS hingegen verlangt, daß auch *kulturelle Bedürfnisinterpretationen* zum Gegenstand der diskursiven Willensbildung gemacht werden müssen.

Zum anderen unterscheiden sich in der Regel die Prinzipien, die der Beurteilung von Normen zugrundegelegt werden. Sie bedürfen daher selbst der Begründung.[1125] Eine solche rechtfertigende Kraft kann jedoch nur von einem

---

1122 Damit einher geht die Vorstellung, daß sich jede Norm erst an einem Prinzip messen lassen muß, d.h. zu begründen ist, bevor sie als legitim angesehen wird. Im konventionellen Stadium werden Handlungskonflikte nicht durch Begründungen beigelegt, sondern durch die Annahme, daß konfligierende Bedürfnisse transitiv zu ordnen sind.

1123 Vgl. hierzu und im folgenden Retzmann 1994: 311. Von besonderer Bedeutung ist, daß aus der Beobachterperspektive ein gewisser Abstand von der eigenen Sichtweise resultiert, der dazu beiträgt, daß auch der Standpunkt des Gegenübers besser verstanden wird. Normalerweise stellt sich das Individuum vor, wie es selbst in der Lage des anderen denken und fühlen würde. Erst die Distanz zur eigenen Person ermöglicht es, die Situation so zu verstehen, wie der andere sie wirklich sieht. Es geht also *nicht* darum, seine eigenen Erfahrungen, Wünsche und Bedürfnisse auf die Situation des anderen zu *projizieren*, sondern ihn vor seinem speziellen Hintergrund zu verstehen. Vgl. Covey 1994: 117-233, der die „mitfühlende Kommunikation" entwickelt hat, die neben dem Inhalt auch das Gefühl des Gegenübers reflektiert. Nur so kann man sichergehen, auch wirklich zu begreifen, was in dem anderen vorgeht, was er fühlt und welche Sichtweise er vertritt.

1124 Habermas wendet sich insbesondere gegen die solipsistische Ethik Kants, bei der vorausgesetzt wird, daß ein Individuum die Interessen und Bedürfnisse anderer Menschen kennt, um das vom Kategorischen Imperativ geforderte Gedankenexperiment der Verallgemeinerbarkeit durchzuführen. Vgl. Retzmann 1994: 311.

1125 Die Vergegenwärtigung der nicht integrierten und in bestimmten Situationen einander widerstreitenden Orientierungen regen zum Nachdenken über intersubjektiv annehmbare Lösungen

Verfahren ausgehen, auf dessen Voraussetzungen sich jeder, der an einer Argumentation teilnimmt, bereits eingelassen hat.[1126] Die Orientierung an der ethischen Argumentation rückt damit auf die höchste Stufe des Entwicklungsprozesses. Die prozedurale Perspektive erweitert die eher monologisch ausgerichtete Suche nach „für alle Menschen empfehlenswerten Prinzipien“ durch das gemeinschaftlich befolgte Verfahren der diskursiven Einlösung von normativen Geltungsansprüchen.[1127] HABERMAS ergänzt aus diesen Gründen das Stufenmodell um das Stadium der *universalistischen Bedürfnisinterpretation im Diskurs.*[1128] Dadurch lassen sich sowohl Bedürfnisse als auch moralische Regeln bzw. Prinzipien hinsichtlich ihrer Geltung thematisieren. Mit der Adaption des Modells der Perspektivenübernahme wird es möglich, gültige Normen als Ergebnis einer Übereinkunft zu begreifen, bei der die Sichtweisen aller möglicherweise Betroffenen berücksichtigt wurden. Im herkömmlichen Modell sind gültige Normen hingegen das Resultat einer Prüfung mittels selbstgesetzter Prinzipien, denen gegenüber sich das Individuum verpflichtet fühlt (die allerdings selbst nicht Gegenstand einer ethischen Argumentation werden können).

Ursprünglich sah HABERMAS also die Notwendigkeit, ein zusätzliches Entwicklungsstadium zu konzipieren, das sich aus der Forderung nach einer dialogisch-orientierten Vernunft ergibt. KOHLBERG wies diese Erweiterung allerdings mit der Begründung zurück, daß das Prinzip des Dialoges bereits auf der sechsten Stufe Berücksichtigung gefunden habe, was durch die Verwendung von hypothetischen Dilemmas zur Einstufung der Urteilskompetenz des Einzelnen lediglich verstellt wurde.[1129] Inzwischen hat HABERMAS das Postulat einer siebten Entwicklungsstufe zurückgenommen und eine Übereinstimmung mit KOHLBERG signalisiert.[1130]

---

an. Die Überforderung des vorhandenen Lösungspotentials löst einen intrapsychischen, moralkognitiven Konflikt aus, der das Individuum anregt, die Strukturen seines moralischen Urteilens auf höherer Stufe zu reorganisieren. Vgl. Lempert 1988: 76.

1126 „Der moral point of view kann nicht in einem ‚ersten‘ Prinzip oder in einer ‚letzten‘ Begründung, also außerhalb des Kreises der Argumentation selbst gefunden werden.“ Habermas 1996: 175.

1127 Vgl. Lempert 1990: 5; Osterloh 1989: 149.

1128 Vgl. Apel 1997: 342f..

1129 Vgl. Apel 1997: 343. Kohlberg benutzte zur Einstufung des Einzelnen hypothetische Dilemmata, die nicht in der Gruppe, sondern vom Einzelnen gelöst werden sollten, um sein Niveau der Moralentwicklung beurteilen zu können. Vgl. Kohlberg/Levine/Hewer 1983: 164.

1130 Habermas faßt die Differenzierungen auf postkonventionellem Niveau nun nicht mehr als Stufenhierarchie, sondern als Typendifferenzierungen auf. Vgl. Retzmann 1994: 312. Kohlberg stützt diese Veränderung Habermas und versteht seinen Ansatz nun ebenfalls als „a rational reconstruction of the ontogenesis of justice reasoning“. Kohlberg 1984: 212.

3.2.2.3 Zur Trennung von Begründungs- und Anwendungsfragen: Ist die kontextsensible Begründung von Einzelnormen auf Ebene des postkonventionellen Urteilsniveaus möglich?

Mit der Erweiterung des Modells der Moralentwicklung bleibt ein weiteres Problem offen: Weder KOHLBERG noch HABERMAS differenzieren auf der postkonventionellen Ebene zwischen *Begründungs- und Anwendungsfragen.* HABERMAS verschiebt lediglich das Problem der persönlichen Geltung von Normen auf das Verfahren der Universalisierung und dessen Voraussetzungen. Ein solcher Begründungsdiskurs blendet jedoch situationsspezifische Merkmale systematisch aus.[1131] Moralische Normen sind damit nur dekontextualisiert gültig. Bei der Verallgemeinerung können jedoch nicht alle Einzelfälle, in denen Situationsmerkmale auftauchen, die nicht mit der Norm vereinbar sind, vorhergesehen werden. Daher berechtigt die Geltung einer Norm noch nicht zu ihrer Anwendung in allen denkbaren Situationen.[1132] Dies wird besonders dann deutlich, wenn bestimmte Prinzipien miteinander kollidieren. In solchen Situationen wird meist erst bewußt, daß das Kriterium der allgemeinen Gültigkeit noch keine Gewähr für die unbedenkliche Anwendung einer speziellen Norm ist. Damit wird ihre Geltung jedoch nicht gleich in Frage gestellt. Allerdings ist zu erläutern, wie eine solche Normenkollision aufgelöst werden kann. Dies geschieht im Rahmen der vorliegenden Arbeit durch die Entwicklung einer *situationsbezogenen Einzelnorm des Handelns.* Ihre Begründung hat jedoch unter anderen Kriterien zu erfolgen als der Ausweis der allgemeinen Geltung eines Handlungsprinzips.

Daß mit Ausbildung der postkonventionellen Urteilskompetenz auch die *Lösung von Normenkollisionen* möglich ist, soll nachfolgend kurz dargelegt werden. Hier wird auf das Konzept der Moralentwicklung von PIAGET zurückgegriffen: Mit dem Übergang zur postkonventionellen Stufe wendet das Individuum Regeln nicht mehr länger rigoristisch oder aus Gehorsam gegenüber den Autoritätspersonen an, sondern macht die Regelbefolgung davon abhängig, ob sich die *Zusammenarbeit* dadurch fortsetzen oder fördern läßt (Stadium der Regelautonomie). Dies schließt die Möglichkeit der Änderung von Regeln ein, wenn dadurch die Interaktion aufrecht erhalten bleiben kann. Das Individuum tritt also in Distanz zur Regelgeltung und orientiert sich bei der Anwendung

---

[1131] Vgl. Günther 1988: 160.

[1132] In komplexen, konfliktträchtigen oder unklaren Situationen kann es z.B. zu Normenkollisionen kommen, wie beispielsweise zu sich ausschließenden Loyalitätsverpflichtungen gegenüber verschiedenen betroffenen Personen.

ausschließlich am *Prinzip der Gegenseitigkeit.*[1133] Durch die *Perspektive der dritten Person* ist es dem Individuum nun möglich, sich neutral auf die in der jeweiligen Interaktionssituation miteinander verschränkten Perspektiven zu beziehen und diese simultan zu berücksichtigen. Was in der speziellen Situation die Zusammenarbeit fortsetzt, ist damit das Ergebnis einer Situationsdefinition, die ihrerseits das Resultat einer umfassenden Perspektivenübernahme ist.

Mit dieser Veränderung des Regelbewußtseins ist auch die situationsangemessene Anwendung von Normen möglich. Dies wird besonders an der *Entwicklung des Gerechtigkeitsbegriffes* deutlich, die mit den drei Ebenen des Urteilsniveaus verknüpft ist. Tabelle 16 zeigt die Begriffslegung nach PIAGET.

Tab. 16: Entwicklung des Gerechtigkeitsbegriffs nach PIAGET

	Gerechtigkeits-begriff	**Regel-bewußtsein**	**Regel-anwendung**
Stufe I: Präkonventionelle Ebene	Vorrang der Autorität gegenüber den Bedürfnissen anderer Individuen (Autorität)	Regeln sind nicht bewußt; sie werden eher unbewußt angenommen, besitzen aber keinen verpflichtenden Charakter	Gehorsam gegenüber dem Mächtigeren
Stufe II: Konventionelle Ebene	Vorrang der Gleichheit in kooperativen Beziehungen gegenüber den individuellen Bedürfnissen (Egalitarismus)	Alle Regeln gelten für alle Menschen gleichermaßen, sie besitzen einen verpflichtenden Charakter (Rigoristische Anwendung von Regeln)	Regelfetischismus, Normen werden unbesehen der speziellen Situation angewendet
Stufe III: Postkonventionelle Ebene	Gleichheit im Sinne der Berücksichtigung der besonderen Lage eines jeden einzelnen (Billigkeit)	Anwendung einer Regel unter dem Vorbehalt der Situation (z.B. Persönliche Umstände werden in Rechnung gestellt)	Kontextsensible Anwendung von Normen; Entdeckung ungleicher Situationsmerkmale, deren Berücksichtigung die ursprüngliche Regel außer Kraft setzt

Quelle: Eigene Darstellung in Anlehnung an Günther 1988: 151-154.

Auf der *konventionellen Stufe* ist weder die allgemeine Begründung noch die kontextsensible Anwendung möglich, da das Individuum hier noch nicht in der Lage ist, alle Interessen aus der Sicht einer unparteiischen Person wahrzunehmen und zu koordinieren. Regeln, deren Anwendungsbedingungen gegeben sind, werden hier unabhängig von den spezifischen Kontextmerkmalen auf alle

[1133] Damit ist es also der Gegensatz von Egozentrismus und Kooperation, der von einer heteronomen, d.h. verpflichtenden Anwendung von Normen zu einer autonomen Moral führt.

Personen gleich angewendet.[1134] Allgemeine Handlungsnormen erhalten damit Vorrang vor den Besonderheiten der Situation. Diese Moralstufe läßt also noch keine dritte Position zu, von der aus die Anwendung oder Befolgung der normativen Orientierung (in einer besonderen Situation) ihrerseits noch einmal beurteilt werden könnte. Erst mit dem Übergang zum *postkonventionellen Niveau* werden Normen nicht mehr rein mechanisch angewendet, sondern mit Blick auf die vollständige Situationsbeschreibung relativiert. Auf dieser Stufe können die besonderen Perspektiven der jeweils anderen als verschieden, prinzipiell aber gleichberechtigt anerkannt werden. Hier wird es möglich, die Geltung von Normen von der Zustimmung aller Betroffenen und gleichzeitig ihre Anwendung von den besonderen Merkmalen der Situation abhängig zu machen. Das *Prinzip der Billigkeit* beinhaltet zweierlei: Zum einen den *universalen Aspekt* der gegenseitigen Achtung unabhängig von individuellen Unterschieden und der besonderen Situation. Zum anderen den *partikularen Aspekt* der Berücksichtigung der individuellen Unterschiede und Besonderheiten der Situation. Ein Regelfetischismus ist mit dieser Stufe unvereinbar.[1135]

Dieses Ergebnis wird durch Kritiker des KOHLBERG-Modells untermauert. In Langzeitstudien mit Jugendlichen, die bereits eine prinzipienorientierte moralische Einstellung erreicht hatten, zeigte sich folgendes: Einige Probanden orientierten sich nach gewisser Zeit an kontextualistischen Maßstäben und argumentierten vor allem mit den Situationsumständen und den Bedürfnissen der unmittelbar Betroffenen.[1136] GILLIGAN und MURPHY nahmen diese Untersuchungen zum Anlaß, die sechste Stufe des KOHLBERG-Schemas kontextualistisch zu rekonstruieren und diese Moralkonzeption der traditionellen Stufe gegenüberzustellen. Sie charakterisieren den Gegensatz zwischen beiden Konzeptionen wie folgt:

„The first, which we call PCF (postconventional formal), solves the problem of relativism by constructing a formal logical system that derives solutions to all moral problems from concepts like the social contract or natural rights.The second, which we call PCC (postconventional contextual), finds the problem in that solution which now appears as only one of several potential contexts in which moral judgement can be framed. PCC reasoning derives from an understanding of the contextual relativism of moral judgement and the ineluctable uncertainty of moral choice. On that basis, it articulates an ethic of responsibi-

---

[1134] Ähnlich Günther 1988: 149-153.

[1135] Dies entspricht auch der Auffassung Smith', der gerade die partikularen, situationsspezifischen und emotiven Aspekte des Menschseins betont. Vgl. Sturn 1990: 110f..

[1136] Die allerdings über die Interessen der Betroffenen im unmittelbaren sozialen Umfeld – wie auf Stufe 3 – hinausgingen und tendenziell alle irgendwie Betroffenen berücksichtigte. S. Günther 1988: 177.

lity that focuses on the actual consequences of choice. In the shift from PCF to PCC, the criterion for the adequacy of moral principles changes from objective truth to ‚best fit', and can only be established within the context of the dilemma itself. "[1137]

Damit wird eines deutlich: Im Rahmen situationsspezifischer Argumentationen auf Ebene des postkonventionellen Urteilsniveaus steht die Rücksicht auf konkrete Bedürfnisse und Erwartungen der Beteiligten im Vordergrund. Die Verantwortung des Einzelnen erstreckt sich auf die Entwicklung einer der konkreten Situation angemessenen Handlungsweise.[1138] In Anlehnung an diese Rekonstruktionshypothese wird die postkonventionelle Stufe des KOHLBERG-Schemas wie folgt neu gefaßt:

Tab. 17: Postkonventionelles Urteilsniveau in kontextualistischer Perspektive

Basis des moralischen Urteils	Perspektive	Gerechtigkeitsbegriff	Argumentationsstruktur
Dialogische Reziprozität und gegenseitige Anerkennung, Rücksicht auf die konkreten Bedürfnisse und Erwartungen aller Beteiligten	Perspektive der „dritten Person"	Berücksichtigung der besonderen Lage eines jeden einzelnen und aller besonderen Umstände einer Situation	Argumentationsschema von TOULMIN

Quelle: Eigene Darstellung.

Die Fähigkeit, *moralische Urteile der postkonventionellen Stufe* zu treffen, erfordert demgemäß,

- sich in die Lage aller durch das fragliche Handeln betroffenen Personen zu versetzen,
- deren Interessen und Bedürfnisse zutreffend wahrzunehmen,
- die Besonderheiten der Handlungssituation zu erkennen, die Handlungsfolgen realistisch einzuschätzen und vor dem Hintergrund der besonderen Situation aus der Perspektive der dritten Person gegeneinander abzuwägen und
- eine den Umständen angemessene (kohärente) Handlungsweise zu generieren.

1137 Murphy/Gilligan 1980: 83.

1138 Carol Gilligan hat den Unterschied zwischen der Konzeption des PCF und PCC später geschlechtsspezifisch interpretiert. Während Männer eher zu einer abstrakteren Gerechtigkeitsvorstellung (ähnlich dem PCF) neigen, tendieren Frauen aufgrund ihrer geschlechterspezifischen Rolle eher zur Fürsorge und Verantwortung, was auf die Konzeption des PCC schließen läßt. Dieser Auffassung wird hier nicht gefolgt. Das Problem der Anwendung gültiger Normen und der Lösung von Normenkonflikten stellt sich für Männer und Frauen gleichermaßen, weshalb hier eine kontextualistische Anwendung – unabhängig vom Geschlecht – zugrundegelegt wird.

3.2.3 Praktische Implikationen und Bedingungen für die Entwicklung moralischer Kompetenz auf Ebene des Top-Managements

Das Stufenkonzept der moralischen Entwicklung nach KOHLBERG ist das bekannteste und am häufigsten rezipierte Werk in der Moralpsychologie und -pädagogik.[1139] Dieses Modell ist besonders geeignet, das Verständnis der moralischen Entwicklung zu erhellen, da es sich eng an die Entwicklung der intellektuellen Fähigkeiten und der im vorliegenden Zusammenhang besonders relevanten „Perspektivenübernahme" anlehnt. Damit stehen *formal kognitive* Elemente im Vordergrund der Betrachtung. Dies erscheint angesichts des im Rahmen dieser Arbeit diskutierten Anwendungsbereiches des Modells sinnvoll: Die Ausführungen zielen darauf, die moralische *Urteils- und Argumentationskompetenz* des Top-Managements zu erhöhen, um zu gerechten und umfassend reflektierten Entscheidungen zu gelangen und nicht einen „durch und durch moralischen Managertypus" zu schaffen.[1140]

Das kognitive Modell bietet die Möglichkeit, anknüpfend an die Prinzipien der kognitiven Entwicklung und der Perspektivenübernahme, die individuelle ethische Argumentations- und Urteilsfähigkeit der einzelnen Mitglieder der Unternehmensleitung zu schulen. Ebenso bietet der Ansatz den Vorzug, daß er einen empirischen Geltungsanspruch enthält, d.h., daß die einzelnen Hypothesen einer praktischen Überprüfung zugänglich sind und bereits auf eine Reihe von Ergebnissen zu Bedingungen der moralischen Entwicklung zurückgegriffen werden kann.[1141]

Ohne weiter dezidiert auf die einzelnen Stufen einzugehen, wird hier lediglich die Entwicklung hinsichtlich der relativ unstrittigen Niveaus (präkonventionell, konventionell und postkonventionell) aufgegriffen. Im Erwachsenenalter spielt der *Übergang* von *konventionellen* zu *postkonventionellen Strukturen* eine zentrale Rolle.[1142] Erst auf *postkonventionellem Niveau* gewinnt das Individuum eine äquilibrierte, universale Perspektive, die es ermöglicht, eigene und fremde Interessen in ein Gleichgewicht zu bringen und einen *gerechten Interessenaus-*

1139 Vgl. für viele Lind 1983: 25f.; Kay 1975: 199;

1140 Vgl. hierzu ausführlich Blickle 1994a: 182-185, der insbesondere auf die Förderung der Argumentationsbereitschaft als individualpsychologische Voraussetzung eingeht. Eine solche Eingrenzung erscheint auch aus Komplexitätsgründen durchaus angemessen. Ziel ist es, Ansatzpunkte einer individuellen moralischen Entwicklung aufzuzeigen und nicht ein umfassendes Modell moralischen Urteilens und Handelns zu entwickeln. Dieses Problem wurde bislang weder von der Psychologie noch von der Pädagogik zufriedenstellend gelöst.

1141 Vgl. Rebstock 1992: 95.

1142 Vgl. Apel 1997: 11. Nach Einschätzungen Kohlbergs befinden sich nur etwa 5% der US-amerikanischen Bevölkerung auf der postkonventionellen Urteilsstufe. Vgl. Apel 1997: 331f..

gleich zwischen den Ansprüchen von Alter und Ego herbeizuführen.[1143] Das Individuum erwirbt die Kompetenz, geltende Regeln gedanklich außer Kraft zu setzen (Virtualisierung des Geltungsanspruchs) und neuen Regeln durch gute Gründe argumentative Geltung zu verschaffen.[1144] Das postkonventionelle Entwicklungsniveau stellt somit eine unverzichtbare Voraussetzung für ethische Argumentationen dar.[1145]

Desweiteren beschränken sich die folgenden Ausführungen auf den *Erwerbsbereich*. Es werden folglich nur solche Interventionen und Bedingungen betrachtet, die in Unternehmen – und speziell auf Ebene des Top-Managements – zur Anwendung kommen können.[1146] Dabei sollen (und können) keine ausgearbeiteten pädagogischen oder psychologischen Interventionstechniken vorgestellt, sondern lediglich *Anknüpfungspunkte und Anregungen* für die Entwicklung der ethischen Argumentations- und Urteilskompetenz dargelegt werden: Dies ist zum einen auf die noch relativ vagen Empfehlungen zur Umsetzung der moralpsychologischen Entwicklungstheorie von Kohlberg und zum anderen auf die betriebswirtschaftliche Ausrichtung dieser Arbeit zurückzuführen.[1147]

3.2.3.1 Grundlegende Voraussetzungen der Moralentwicklung

Die vorangehenden Ausführungen haben gezeigt, daß die moralische Entwicklung einen Prozeß darstellt, der vom Individuum selbst vollzogen werden muß. Die moralische Urteilskompetenz ist das Ergebnis von Sozialisations-, Erziehungs- und kognitiven Verarbeitungsprozessen. Allerdings kann postkonventi-

---

[1143] Vgl. Kohlberg/Boyd/Levine 1986: 223.

[1144] S. Retzmann 1994: 289.

[1145] Dabei wird vorausgesetzt, daß das Top-Management das formal-operationale Denkstadium bereits erreicht hat. Die Ausführungen können sich damit auf die Förderung der Perspektivenübernahme sowie die Schulung der Argumentationsstruktur beschränken

[1146] Die Bedeutung der erwerbswirtschaftlichen Arbeit für die moralische Entwicklung ergibt sich im Erwachsenenalter daher, daß die Berufsarbeit einen sehr wesentlichen Teil der (Lebens-)Zeit einnimmt. Empirischen Ergebnissen zufolge arbeitet ein Top-Manager durchschnittlich 65,5 Stunden pro Woche. Vgl. auch Kurke/Aldrich 1983; Schreyögg/Hübl 1988; Ramme 1990. Auch ist der Zugang zu moralischen Strukturen in diesem Bereich eher kognitiv, während er im Bereich der Familie stärker emotional gefärbt ist. Zwar kann eine Beurteilung von Entwicklungspotentialen moralischer Kompetenz in Unternehmen nicht von interpersonell gleichen, quasideterministischen Auswirkungen der Tätigkeit in Unternehmen auf die moralische Kompetenz der einzelnen Top-Manager ausgehen; diese ist nur vor dem Hintergrund der individuellen Dispositionen und Entwicklungsstände zu beurteilen. Allerdings lassen sich dennoch Tendenzaussagen generieren. Vgl. ausführlich Rebstock 1992: 102-104.

[1147] Der Schwerpunkt der empirischen Untersuchungen zur Förderung der moralischen Urteilsfähigkeit liegt in der Suche nach Bedingungen, die eine solche Entwicklung unterstützen. Bislang existieren nur sehr wenige Untersuchungen, welche die Wirksamkeit von Interventionen auf die Steigerung der Urteilsfähigkeit belegen. Vgl. den Überblick von Batisweiler 1999 sowie zu den Untersuchungen der arbeitsspezifischen Bedingungen der Entwicklung Lempert 1993b: 21; Hoff/Lempert/Lappe 1991; Lempert 1990; Hoff/Lappe/Lempert 1985.

onelles Urteilen weder gelehrt noch bloß bewußt gemacht werden: Dem Individuum muß ein *selbsttätiges* und *selbständiges Entwickeln* dieser Kompetenz in Auseinandersetzung mit der Umwelt ermöglicht werden. Hierzu ist die Stimulierung durch Schaffung von Gelegenheiten zur aktiven Weiterentwicklung *möglich.*[1148]

Die Moralentwicklung beruht in erster Linie auf dem Prinzip der *kognitiven Disäquilibrierung*. Kognitive Konflikte stellen den Motor für diesen Prozeß dar.[1149] Die bisherigen kognitiven Strukturen werden durch die Wahrnehmung konfligierender Prinzipien, wie sie z.B. aus der Konfrontation mit moralisch relevanten Situationen entstehen, (leicht) überfordert.[1150] Diese Überforderung führt zu einem Prozeß reflektierender Reorganisation der vorhandenen moralischen Denkweise. Eine solche Konfrontation mit Denkstrukturen, die bisher nicht zur kognitiven Ausstattung des Individuums gehörten, findet besonders durch die Auseinandersetzung mit dem Denken anderer statt.[1151]

Durch die Fähigkeit und Ausübung der Perspektivenübernahme wird die moralische Entwicklung angeregt.[1152] Hierbei sind vor allem zwei Wege denk- und gangbar, die moralische Urteilskompetenz zu lancieren. Zum einen werden in der Literatur bestimmte *soziale Voraussetzungen* diskutiert, die erfüllt sein müssen, damit diese Entwicklung z.B. im Unternehmen gefördert werden kann.[1153] Zum anderen ist die Affinität der Perspektivenübernahme zur Rollenübernahme im sog. Rollenspiel nicht zu übersehen. Hierdurch kann die Fähigkeit zur Perspektivenübernahme der „dritten Person" aktiv eingeübt und erprobt werden. Insbesondere LEMPERT hat die sozialen Bedingungen der Moralentwicklung in Unternehmen empirisch untersucht und die folgenden vier Voraussetzungen als zentral herausgestellt:[1154]

1148 Vgl. Oser/Althof 1992: 89. Dabei soll von der philosophischen Diskussion, ob eine Förderung sinnvoll und gesellschaftlich erwünscht ist, im vorliegenden Fall abgesehen werden. Vgl. ausführlich Retzmann 1994: 258-260.

1149 Vgl. ausführlich Piaget 1976.

1150 Vgl. Lind 1999: 3.

1151 Allerdings sollten die kollidierenden Wertsysteme nicht zu unterschiedlich sein, da das Subjekt Differenzen nur bis zu einem gewissen Grad verarbeiten kann. Konfligierende Prinzipien können sich allerdings auch intrapersonell, also innerhalb des eigenen Wertsystems ergeben, etwa bei einer konkret anstehenden moralischen Entscheidung. Vgl. Rebstock 1992: 116.

1152 Vgl. Batisweiler 2000: 1.

1153 M.a.W. geht es um die Frage, wie soziale Situationen aussehen sollten, in denen das Individuum durch Interaktion seine kognitiven Fähigkeiten entwickelt, d.h., welche Situationen bieten besondere Chancen oder Möglichkeiten zur Perspektivenübernahme? Vgl. Corsten/Lempert 1996: 78.

1154 Hierbei beziehe ich mich ausschließlich auf die Bedingungen, die für das Erwachsenenalter und insbesondere für den Übergang von konventionellen zu postkonventionellen Strukturen relevant sind. Die Ausführungen fußen auf der systematischen Rekonstruktion sozialer Entwicklungsbe-

I. Erfahrung moralisch relevanter Normen- und Wertkonflikte:

Individuen können sich besonders dann weiterentwickeln, wenn sie in Situationen geraten, die disäquilibrierendes Potential besitzen. Ein kognitiver Konflikt ergibt sich vor allem dann, wenn sie mit einem Normensystem konfrontiert werden, das sich von ihrem bisherigen unterscheidet. Der Austausch *kann* zu einem Lernprozeß führen, bei dem die Individuen die jeweils leistungsfähigeren Denkstrukturen (auch wechselseitig) in das eigene Denksystem integrieren.[1155] Unverbundene und widersprüchliche Handlungstendenzen regen zum Nachdenken über allgemein akzeptable Lösungen an, die eine Reorganisation der moralischen Urteilsstrukturen auf höherem Niveau erfordern. Häufige und leichte Überforderungen begünstigen den Fortschritt am meisten.[1156] Insbesondere die Möglichkeit, potentielle und reale Konflikte direkt und unmittelbar zu erörtern, zu reflektieren sowie Anschlußmöglichkeiten zu entwickeln, kann positive Wirkungen auf die moralische Kompetenz zeigen.[1157]

II. Intensive Kommunikation:

Die Häufigkeit und Intensität der Interaktion zwischen den Mitgliedern des Top-Managements ist von großer Bedeutung für die moralische Urteilskompetenz. Ihre Entwicklung wird vor allem dann unterstützt, wenn die Beteiligten ihre Meinungen frei und gleichberechtigt äußern können. Insbesondere die *symmetrische horizontale Kommunikation* ermöglicht die Erfahrung von

---

dingungen von Lempert, der insgesamt fünf (später sechs) Bedingungen generiert. Dabei wurde die Bedingung der stabilen emotionalen Zuwendung und sozialer Anerkennung fallengelassen. Auch wird davon ausgegangen, daß auf dieser Ebene die entsprechende Autonomie zum Treffen von Entscheidungen vorhanden ist. S. hierzu Lind 1989: 305. Vgl. Lempert 1993a: 12-16; Lempert 1990: 4, 7-9 und Lempert 1988: 70-79. Rebstock analysiert, inwieweit die vorgestellten Bedingungen in Unternehmen (der Arbeitssphäre) überhaupt erfüllt sind bzw. erfüllt sein können. Vgl. Rebstock 1992: 127-194.. Wenn die genannten Bedingungen vorliegen, dann ist am ehesten damit zu rechnen, daß der Entwicklungsschritt, den sie begünstigen, tatsächlich stattfindet; je für sich genommen stellen die Bedingungen allenfalls notwendige, nicht aber hinreichende Bedingungen für den Übergang zur jeweils nächsthöheren Ebene moralischen Denkens dar. Kohlberg nennt relativ unspezifisch die Bedingungen (1) Gelegenheit zur Übernahme sozialer Perspektiven, (2) moralische Atmosphäre der Gruppe und (3) Erzeugung kognitiv-moralischer Konflikte. Vgl. Lempert 1988: 67.

[1155] Allerdings ist es auch möglich, daß das Individuum die neuen Strukturen assimiliert, d.h. in das vorhandene Regelsystem integriert.

[1156] Lempert hält vor allem solche Normen- und Wertkonflikte für geeignet, die eine Orientierungskrise beim Individuum auslösen, welche rational nur durch Besinnung auf übergeordnete Prinzipien oder einen formalen Prozeß bewältigt werden kann. Vgl. Lempert 1990: 7.

[1157] Zu differenzieren sind *intra*individuelle Wert- und Regelkonflikte, bei denen einzelne Top-Management-Mitglieder erkennen, daß sie ein bestimmtes Problem nicht mit Hilfe ihres bestehenden moralischen Inventars lösen können und *inter*individuelle Konflikte, die durch aktive Teilnahme an moralisch relevanten Auseinandersetzungen – auch innerhalb der Unternehmensführung – entstehen.

Gleichheit, was eine wichtige Voraussetzung für die Herausbildung postkonventioneller Urteilsfähigkeit darstellt.[1158] Sie erleichtert die Wahrnehmung, Darstellung und Beurteilung eigener und fremder Orientierungen und fördert die Perspektivenübernahme sowie die kognitive Auseinandersetzung mit individuellen Sichtweisen, Normen und Standards. Allerdings ist nicht jede Art von Interaktion gleichermaßen geeignet, disäquilibrierende Effekte auszulösen: Vor allem die Art von Kommunikation, die eine Perspektivenübernahme voraussetzt (z.B. verständigungsorientierte Interaktionen), ist für die moralische Entwicklung entscheidend. Eine besondere Bedeutung kommt dabei der *informellen Kommunikation* zu, da hier im Gegensatz zur formellen Kommunikation ein höheres Potential an verständigungsorientiertem Handeln vermutet werden kann. Alltägliche Gespräche, Unterhaltungen oder auch Argumentationen stehen in engem Zusammenhang mit dieser Form der Interaktion.

III. Erfahrung von Kooperation:

„Unter ‚Kooperation' wird das Zusammenwirken zweier oder mehrerer Personen verstanden, die ein gemeinsames Ziel verfolgen."[1159] Diese Erfahrung erhöht die Bereitschaft zur Perspektivenübernahme. Die Beteiligung an Beschlüssen (z.B. über Ziele, Mittel und Wege), die von der Unternehmensleitung gemeinsam gefällt werden, kann die Identifikation mit dem Ergebnis der Zusammenarbeit erhöhen und zu verbindlichen Maßstäben des Handelns erheben. Insbesondere, wenn Normen oder Handlungsorientierungen selbst zur Disposition stehen und Verfahren institutionalisiert wurden, die darauf hinauslaufen, die Rechte aller Beteiligten und Betroffenen angemessen zur Geltung zu bringen, wird postkonventionelle Moral erzeugt.

IV. Übernahme von Verantwortung für sich selbst und für andere:

Wichtig ist auch die *Erfahrung von Verantwortung.*[1160] Hierbei nimmt die Verantwortung für die eigene soziale und physikalische Umwelt (und natürlich für das eigene Selbst) eine zentrale Stellung ein. Insbesondere deren Art und Umfang beeinflussen die Chancen der Perspektivenübernahme und damit der Disäquilibrierung. „Jene Art von Verantwortung, die konkreter Natur (d.h. auf konkrete Personen oder Situationen bezogen) ist und trotzdem von den Interessen einzelner Gruppen, Organisationen oder Personen unabhängig, fördert moralische Entwicklung eher, als eine zwar unkonkrete, aber von den Interessen

[1158] Vgl. Lempert 1988: 76.

[1159] Lempert 1993b: 12.

[1160] Dieser Begriff beinhaltet, daß eine bestimmte Person (oder soziale Einheit) einen bestimmten Auftrag erhält (= Verantwortungs*zuweisung*) und/oder als Verursacher bestimmter Begebenheiten oder Gegebenheiten zur Rechenschaft gezogen (= Verantwortungs*zurechnung*) bzw. für das Tun oder Lassen bzw. dessen Konsequenzen haftbar gemacht wird. Vgl. Lempert 1993a: 14.

einzelner Anderer abhängige Verantwortung."[1161] Individuelle Verantwortung trägt dazu bei, daß Individuen ihre moralischen Verpflichtungen nicht nur erkennen, sondern auch ernst nehmen und sich mit ihnen identifizieren. Die konkrete Zuschreibung der Folgen des eigenen Tuns und Unterlassens nötigen den Handelnden dazu, über alle moralisch relevanten Folgen des Handelns und Nichthandelns nachzudenken. Dies fördert nicht nur die differenzierte Wahrnehmung konkreter Situationen, sondern auch die Umsetzung der so gewonnenen Einsichten in verbindliche Entscheidungen. Insbesondere die Übernahme von *komplexer Verantwortung*, d.h. für eine Mehrzahl von Adressaten mit jeweils konkurrierenden Bedürfnissen begünstigt den Übergang zum postkonventionellen Niveau.[1162]

Die aufgeführten Bedingungen bieten zahlreiche Ansatzpunkte zur Förderung der moralischen Kompetenz auf Ebene des Top-Managements. Dabei ist jedoch zu berücksichtigen, daß diese Voraussetzungen auf eine *betriebliche Sozialisation* zielen und nur positive Wirkungen zeigen, wenn sie über einen *längeren Zeitraum* aufrecht erhalten werden: Eine solche Vorgehensweise betrifft damit vornehmlich die Gestaltung der *organisationsstrukturellen (-kulturellen) Bedingungen der Top-Management-Arbeit* (z.B. Kommunikationsstrukturen, Ressorteinteilung). Aus diesem Grunde werden die vorangehenden Überlegungen zu den sozialen Bedingungen der moralischen Entwicklung als *Kriterien* bei der *Gestaltung der Top-Management-Organisation* berücksichtigt. Sie werden aber auch im Rahmen des nachfolgend zu explizierenden „Ethischen Argumentationstrainings" umfassend zur Geltung gebracht.

3.2.3.2 Zur Lösung von moralischen Konfliktsituationen durch Rollenspiele

Einen anderen Weg zur Förderung der moralischen Urteilskompetenz stellt die Qualifizierung im Rahmen von „Bildungsveranstaltungen" wie z.B. Führungskräfte-Trainings oder -Seminare, dar.[1163] An diesen können entweder das gesamte Top-Management oder jeweils einzelne Mitglieder teilnehmen.[1164] Als

[1161] Rebstock 1992: 110.

[1162] Lempert 1993a: 15.

[1163] Vgl. Rebstock 1988: 178.

[1164] Damit wird auf die Zusammensetzung des Trainings abgestellt: Haben sich die Teilnehmer noch niemals zuvor gesehen, so spricht man von „stranger labs"; eine solche Zusammensetzung ist besonders bei Interventionen, die auf Ebene des Individuums ansetzen, angeraten. Ist die Gruppe identisch mit der Zusammensetzung des Top-Managements, so spricht man von einem „family lab". Vgl. Staehle 1999: 904. Grundsätzlich ist folgendes voranzustellen: Reale moralische Probleme sollten aus Geheimhaltungsgründen entweder im Kreis der Unternehmensleitung oder mit einem individuellen Berater (z.B. einem Coach) erörtert werden. Ob die Diskussion semirealer Dilemmata auf Ebene des gesamten Top-Managements oder in sog. „stranger labs" erfolgt, ist abhängig von dem bereits realisierten Grad der Kooperation und Kommunikation, d.h.

Interventionsmaßnahme schlägt KOHLBERG in erster Linie die Diskussion *moralischer Dilemmata* vor. Ein solches beschreibt eine Situation, in der mindestens zwei moralische Prinzipien miteinander in Konflikt geraten, indem sie dem Handelnden zwei völlig entgegengesetzte Handlungen vorschreiben. Ein didaktisch gutes Dilemma sollte auf zwei bis drei konfligierende Moralprinzipien begrenzt sein. Bei dieser sog. „Plus-Eins-Konvention" stellt der Seminarleiter ein – meist hypothetisches – Dilemma vor, das von den Teilnehmern diskutiert wird.[1165] Um das moralische Urteil zu fördern, soll der Seminarleiter Argumente einbringen, deren Struktur dem postkonventionellen Urteilsniveau entspricht (m.a.W. der formalen Argumentationsstruktur nach TOULMIN folgt). Durch die Konfrontation mit einer höher entwickelten Argumentationsstruktur kann eine disäquilibrierende Wirkung auf die gegebenen, moralkognitiven Schemata erzielt werden.[1166]

Ein Blick auf die US-amerikanische Ethik-Ausbildung zeigt, daß bei der Förderung der moralkognitiven Entwicklung insbesondere *„Case-Studies"* Anwendung finden.[1167] Die Bearbeitung von unterschiedlichen Dilemmata mit Hilfe verschiedener moralischer/ethischer Prinzipien gehört dort zur überwiegend praktizierten Seminarmethode.[1168] Eine solche Fallstudie stellt eine realitätsnahe, die berufliche Umwelt simulierende, konkrete Situation dar, die anhand von bestimmten Fragestellungen zu bearbeiten ist.[1169] Mit Hilfe der Problemstellung sollen Konfliktsituationen analysiert, Informationen beschafft und beurteilt werden. Im weiteren Verlauf werden dann entsprechende Lösungsalternativen erarbeitet.[1170] Ohne näher auf die Frage einzugehen, ob die Informationen für die Lösung des Falls bereits vorgegeben oder die Teilnehmer sie selbst beschaf-

---

dem Umfang, in dem die Bedingungen zum moralischen Handeln im Top-Management bereits vorliegen. Dies kann nur *unternehmensindividuell* entschieden werden. Es scheint die folgende Vorgehensweise angeraten: Zunächst nehmen die Mitglieder der Unternehmensleitung einzeln an dem Training teil. Erst nachdem alle Mitglieder diese Veranstaltung absolviert haben, ist ein Training mit dem gesamten Top-Management zu empfehlen.

1165 Vgl. Batisweiler 2000: 2.

1166 Vgl. ausführlich Retzmann 1994: 296f.. Mit dieser Methode wurde in Schulklassen der sogenannte „Blatt-Effekt" erzielt: Ca. ein Drittel der Kinder konnte seine Urteilskompetenz auf die nächsthöhere Stufe verbessern, aber auch die meisten anderen Kinder entwickelten sich um eine Drittelstufe. Dieser Effekt wurde in etwa 100 Schulklassen bestätigt. Der Effekt war zeitstabil, noch etwa ein Jahr nach dem Programm hatten die Kinder diesen Vorsprung vor Kindern, die keine schulische Moralerziehung in Form der Plus-Eins-Konvention erhalten hatten.

1167 Vgl. Snell 1993; Cavanagh/Moberg/Velasquez 1995; Velasquez 1992; Donaldson 1992; Hoffmann/Moore 1990; Beaúchamp 1989; Waters 1978: 16.

1168 Vgl. Grabner-Kräuter 1997: 213. Dabei wird z.B. die Frage gestellt, zu welchem Ergebnis man aus Sicht einer Ethik der Ziele, einer Ethik der Grundsätze oder einer Ethik der Konsequenzen gekommen wäre. Vgl. Brown 1996: 43.

1169 Vgl. Schmidt 1988: 27 sowie zu den verschiedenen Fallstudienarten Schmidt 1988: 28-32; Kaiser 1983: 21f.;

1170 Vgl. Bodenstein/Geise 1987: 13.

fen müssen, sei nur soviel gesagt: Die Fallmethode soll verdeutlichen, wie unzulänglich die vorhandenen Entscheidungsgrundlagen und wie fehlbar die Spekulationen über fremde Interessen sind. Insofern ist sie hervorragend geeignet, die ethische Entscheidungsfähigkeit zu verbessern. Im Mittelpunkt steht die Diskussion über Inhalt und Stellenwert der Interessen der jeweils in einer konkreten Situation Betroffenen. Damit kann eine kognitive Disäquilibrierung einhergehen, da die Teilnehmer mit Argumenten konfrontiert werden, die bislang nicht oder nur unzureichend Gegenstand des eigenen Denkens waren. Im Rahmen eines relativ „handlungsentlasteten" Seminars können solche Argumente diskutiert, reflektiert und ggf. in die eigenen Denkstrukturen integriert werden.[1171]

Wichtig ist, daß die Auswahl des Dilemmas so erfolgt, daß sich die Teilnehmer in besonderer Weise herausgefordert fühlen, sich dem Fall zu stellen und ihre eigenen Ansichten, Meinungen und Perspektiven einzubringen.[1172] Aus diesem Grunde sollten nur Fallstudien herangezogen werden, die für alle von Interesse sind.[1173] Wenig erfolgversprechend ist es, von den Teilnehmern bereits erlebte Dilemmata neu „aufzurollen", da dadurch häufig ein extremer Rechtfertigungsdruck entsteht, der zu erheblichen Sperren führen kann. Getroffene und irreversible Entscheidungen sind dabei in oft sehr langwierigen kommunikativen Prozessen – zumindest gedanklich – zu verflüssigen, ohne daß eine Änderung der Fakten erzielt werden kann. Die so möglicherweise entstehenden kognitiven Dissonanzen führen häufig zu Rechtfertigungs- und Entschuldigungsstrategien, die den (Lern-)Erfolg des Seminars gefährden können.[1174]

Da die *Fähigkeit zur Perspektivenübernahme* der dritten Person eine zentrale Voraussetzung des Verfahrens der ethischen Argumentation bildet, wird im Rahmen des Seminartrainings die eher kognitiv orientierte Fallmethode mit dem *Rollenspiel* verknüpft.[1175] Dieses bietet gute Voraussetzungen, die Rollenübernahme zu fördern.[1176] „Die thematische Hinführung und Erarbeitung mit-

---

1171 Vgl. Buddensiek 1992: 18; Schmidt 1988: 23; Kaiser 1983: 19; Kaiser 1976: 99.

1172 Vgl. auch Mohr 1993: 421; Schmidt 1988: 32.

1173 So dürften z.B. in der Bauindustrie die Themen „Bestechung" und „illegale Beschäftigung" von besonderem Interesse sein, während in der Pharma-Industrie eher Fragen der Produkthaftung oder Umweltverschmutzung von Belang sind. Eine interessante Fallstudienauswahl bietet auch Ulrich 1996b.

1174 Vgl. Retzmann 1994: 433f, der empfiehlt, keine verpaßten Chancen im Seminar abzuarbeiten, sondern sich neuen Herausforderungen zu stellen.

1175 Vgl. zur Verbindung von Fallstudie und Rollenspiel ausführlich Buddensiek 1992: 9-23.

1176 Vgl. Roth 2000; 323; Wendlandt 1977: 52. Zwar beinhaltet das ideal-roletaking, daß sich jeder Teilnehmer in die Perspektive eines jeden Betroffenen hineinversetzt. Zur Übung dieses „Hineinversetzens", erscheint diese Methode des sozialen Lernens aber besonders geeignet. Insbesondere die im Rahmen des Rollenspiels geförderte Fähigkeit zur Rollendistanz ermöglicht die Übernahme der Perspektive der „dritten Person".

tels Fallmethode kann geradezu als inhaltliche Vorbereitung auf die Spielsituation gelten."[1177] In einem Rollenspiel übernehmen die Teilnehmer in einer der Realität nachgestellten Situation (Als-ob-Situation) bestimmte Rollen und richten ihr Handeln an diesen aus.[1178] So ist es denkbar, daß im Anschluß an die Ermittlung der möglicherweise betroffenen Interessen die verschiedenen Rollen an die Teilnehmer verteilt werden. Diese sollen eine thematisch umrissene Rolle möglichst realistisch spielen. Nachdem die Teilnehmer *ausreichend* Zeit und Gelegenheit hatten, sich eine ungefähre Vorstellung davon zu machen, welche Interessen sie vertreten und welche Argumente dafür vorgebracht würden (d.h., nachdem jeder Teilnehmer ein oder mehrere Relevanzbehauptungen für das von ihm übernommene Interesse aufgestellt hat), kann ein realer *Anwendungsdiskurs* simuliert werden.[1179]

Das Rollenspiel eignet sich ausgezeichnet dazu, allen Teilnehmern zu verdeutlichen, wie sich eine bestimmte Person in der Realität verhalten und welche Argumente sie im Konfliktfall anführen würde.[1180] Durch die Rollenübernahme wird nicht nur die Fähigkeit zur Perspektivenübernahme geschult, sondern auch die Einsicht in die Argumente und gegebenenfalls in die Berechtigung der verschiedenen Interessen gefördert. Die Diskursdynamik zwischen den Teilnehmern bietet Gelegenheit zum Probehandeln und damit die Möglichkeit, erste Erfahrungen mit Diskursen zu sammeln.[1181] Durch Rollentausch und eine ausgiebige Reflexionsphase kann das Verständnis für die Vielfalt möglicher Sichtweisen gefördert und die Fähigkeit zur sog. „Rollendistanz" trainiert werden. Diese beschreibt die Fähigkeit des Individuums, die Erwartungen und Interessen seiner Rolle angemessen wahrzunehmen und sich anschließend wieder davon zu distanzieren.[1182]

1177 Retzmann 1994: 435.

1178 Vgl. Buddensiek 1992: 15; Schmidt 1988: 9; Bodenstein/Geise 1987: 14; Kaiser 1976: 100.

1179 Es handelt sich um ein angeleitetes, geschlossenes Lernspiel, da ihm eine didaktische Intention als Basis dient und Spielthema und -ablauf den Teilnehmern vorgegeben werden (wenn auch der Ausgang und weitere Verlauf des Diskurses relativ unbestimmt bleiben).

1180 Vgl. Schmidt 1988: 23f..

1181 Hierbei eröffnen sich eine Vielzahl von Gestaltungsmöglichkeiten, die von der Option offener bis gelenkter Rollenspiele mit und ohne Rollenvorgabe bis hin zum Rollentausch reichen, bei dem die Teilnehmer bevorzugt solche Rollen einnehmen und solche Positionen argumentativ verteidigen müssen, die sie eigentlich ablehnen. Damit kann die Problemperspektive von Betroffenen wesentlich besser nacherlebt und verstanden werden. Besonders positiv ist, daß im Rollenspiel bereits Wissen um bestimmte Sachverhalte und um die berührten Interessen von potentiell Betroffenen gefördert wird, auf das in entsprechenden Entscheidungssituationen bereits Bezug genommen werden kann. Vgl. Retzmann 1994: 435f..

1182 Vgl. zur Rollendistanz Kluge/Schmitz 1982: 16, Mertens 1974: 111.

Es lassen sich *drei typische Hauptspielphasen* identifizieren, die in der nachfolgenden (idealtypischen) Ablaufplanung berücksichtigt werden:[1183] Zu Beginn sollten die Bedingungen der idealen Sprechsituation vom Trainer vorgestellt und einer gemeinsamen Erörterung unterzogen werden.[1184] In diesem Rahmen soll eine Sensibilisierung für die Einhaltung dieser Regeln erreicht werden. Nur wenn die Überlegenheit der idealen Voraussetzungen verstanden und anerkannt wurde, kann ein effizienter Diskurs realisiert werden. Im Anschluß an diese Diskussion stellt der Seminarleiter eine Fallstudie vor.[1185] Mit Blick auf die hier relevanten unternehmensethischen Probleme, stellt sich die Frage nach den Inhalten der zu vertiefenden Fälle:[1186] Am besten eignen sich m.E. Dilemmata, die *„semi-real"* sind und somit nicht von den Teilnehmern selbst erlebt wurden, jedoch den Aufgaben-/Arbeitsbereich unmittelbar tangieren.[1187] Rein abstrakte moralische Fallbeispiele (z.B. das klassische „Heinz-Dilemma" [1188]) lösen kaum Lernprozesse aus, da sie zwar intellektuelle Bedürfnisse ansprechen, aber keinerlei Anregungen zum Transfer in den Arbeitsbereich bieten: Der Bruch zwischen Wissen, Urteilen und Handeln ist damit sozusagen vorprogrammiert.[1189] Insbesondere das unternehmensethisch konstitutive Vermittlungsproblem zwischen Ethik und Unternehmenserfolg bleibt bei diesen gänzlich unberührt.[1190] Die Konfrontation mit *realen Dilemmata*, d.h. mit Konflikten, die unmittelbare Konsequenzen für die Teilnehmer

---

1183 Dieses Modell zur Organisation von Rollenspielen geht auf Steinchen zurück und wird auch das Steinchen-Modell genannt. Vgl. Kluge/Schmitz 1982: 63-65. Vgl. zum Ablauf von Rollenspielen auch Buddensiek 1992: 20; Klippert 1992: 236f.; Bodenstein/Geise 1987: 16f. und 101-139; Shaftel/Shaftel 1973: 49-76.

1184 Sinnvoll ist es auch, zu Beginn des Trainings die verschiedenen Modelle der Unternehmensethik vorzustellen und das Vermittlungsproblem zwischen Ethik und Unternehmenserfolg zu erörtern. Vgl. Retzmann 2000: 2f..

1185 Die Bearbeitung von Fallstudien stellt die bevorzugte Großmethode für die Umsetzung an Fachhochschulen und Universitäten dar. Vgl. Seeber 1999: 17.

1186 Vgl. Batisweiler 1999: 2. Retzmann erteilt der Diskussion von fiktiven Moraldilemmata eine klare, didaktisch begründete Absage. Erfolgversprechend ist aus seiner Sicht allein die Thematisierung von realen betrieblichen Dilemmata. Hingegen hält Lind die Argumentation über „semireale" Probleme für erfolgversprechender, während die Unternehmensberaterin Höhler „philosophische Oberseminare" für Führungskräfte durchführt. Vgl. Retzmann 1999: 5, Lind 1999: 2.

1187 Vgl. zum Umfang einer Fallstudie und der zeitlichen Vorbereitungszeit ausführlich Schmidt 1988: 38f.

1188 Vgl. hierzu Kohlberg 1974: 44.

1189 Vgl. zur Ineffizienz solcher Ethikprogramme Badaracco/Webb 1996: 95.

1190 Auch Oser/Althof weisen darauf hin, daß der Weg über hypothetische Dilemmata nur beschritten werden sollte, wenn die kognitiven Dissonanzen der Führungskräfte eher zur Verdrängung statt zur Auflösung unternehmensethischer Probleme führen. Vgl. Oser/Althof 1986: 343f..

mit sich bringen, sollte erst erfolgen, wenn die Möglichkeit zur Diskussion von semi-realen Beispielen vorangegangen ist.[1191]

Eine interessante Möglichkeit ist es, die Fallstudie von einer (Playback-)Theatergruppe vorstellen zu lassen, um die affektiven Aspekte des Fallbeispiels zu betonen.[1192] Auch die Unterstützung durch Medien wie Film oder Tonbandaufnahmen können das Verständnis der Dilemma-Situation fördern.[1193] Analog zum Verfahren der ethischen Argumentation werden im Anschluß an eine ausgiebige Einarbeitungszeit der einzelnen Teilnehmer die im vorliegenden Fall berührten Interessengruppen gemeinsam ermittelt und die Kernprobleme in der Gruppe herausgearbeitet.[1194] Die verschiedenen Rollen werden dann an sog. „Interessenlager" verteilt.[1195] Deren Übernahme durch eine Mehrzahl von Teilnehmern soll gewährleisten, daß die Perspektivenübernahme kein rein gedanklicher (individueller) Vorgang bleibt, sondern daß über die faktischen Bedürfnisse der speziellen Interessengruppe diskutiert wird. Jedes einzelne Gruppenmitglied ist dann aufgerufen, sich in die – meist fremde – Rolle hineinzuversetzen, -zufühlen und -zudenken, um möglichst viele ihrer spezifischen Merkmale zu erfassen. Dabei helfen z.B. die folgenden Fragen:

- Wer bin ich bzw. wen spiele ich?
- Wem stehe ich gegenüber?
- Was will ich?
- Warum will ich das?
- Wie fühle ich mich?

1191 Diese Einschätzung resultiert aus der folgenden Überlegung: Zwar steigt sowohl die Betroffenheit als auch die Diskussionsbereitschaft bei realen Dilemmata an, da sie bessere Möglichkeiten zur Identifikation mit den Betroffenen bieten; andererseits neigen Individuen dazu, sich bei eigener Betroffenheit gegen kognitive Konflikte zu wehren und nach „altbewährtem" Handlungsmuster vorzugehen. Die Voraussetzungen zur moralischen Entwicklung sind damit vor allem bei Problemen zu erwarten, in die man sich gut hineinversetzen kann, die aber noch keinerlei unmittelbaren Konsequenzen für die eigene Person oder das eigene Unternehmen mit sich bringen. Der Faktor der „Handlungsentlastetheit" spielt hier eine besondere Rolle. Erst wenn postkonventionelle Argumentationsstrukturen erreicht wurden, ist das Individuum in der Lage, auch reale Konflikte auf diese Art zu lösen.

1192 Dieses wurde von den Teilnehmern eines solchen Seminars als besonders positiv hervorgehoben. Vgl. Deller 1998: 227f..

1193 Auf jeden Fall sollte die Fallstudie für die Einzelarbeit in schriftlicher Ausfertigung vorliegen. Vgl. Kaiser 1983: 24.

1194 Vgl. zur Bedeutung ausgiebiger Einarbeitungszeit Schmidt 1988: 22. Die Einarbeitung sollte zunächst individuell und anschließend in der Gruppe erfolgen. Vgl. Kaiser 1983: 21. Mit Hilfe der Metaplantechnik können die Daten für die Spielsituation zusammengestellt werden und es wird ersichtlich, welche Rollen für das Spiel benötigt werden.

1195 Vgl. zu den Möglichkeiten und Problemen der Verteilung der Rollen Kluge/Schmitz 1982: 89-92.

Durch den Austausch dieser Erfahrungen können die Kooperation und die Kommunikation zwischen den (gleichberechtigten) Teilnehmern gefördert werden. Im Regelfall wird schnell deutlich, daß die Ansichten darüber, welche Interessen und Bedürfnisse eine Person verfolgt, keineswegs einheitlich sind. Vielmehr können sich die Gruppenmitglieder auf sehr lebendige Weise gemeinsam in die „Als-ob-Situation" der fremden Rolle hineinfragen. Bei diesem Vorgang ist auch eine Verständigung darüber zu erzielen, welche Forderungen die Interessengruppe aufstellt, welche Merkmale der Situation im vorliegenden Fall von besonderer Bedeutung sind (auch: welche Annahmen die Gruppe – bei fehlenden Informationen – über bestimmte Situationsmerkmale trifft), auf welche Prinzipien oder Normen sich die Gruppe stützen will und welche Konsequenzen sich voraussichtlich für die eigene Rolle ergeben (Aufstellung von Relevanzbehauptungen). Im Rahmen dieser Diskussion, bei der sich die Gruppe immer stärker an den eigentlichen Kern der Situation herantastet, bestehen bereits zahlreiche Möglichkeiten für jeden einzelnen Teilnehmer, eigene Annahmen über zentrale Interessen und Bedürfnisse zu relativieren, die Situation klarer einzuschätzen und erhebliche Merkmale der konkreten Situation zu identifizieren. So können Sichtweisen konkretisiert und besser verstanden werden.

Die eigentliche *Spielsituation* wird idealerweise durch Videoaufzeichnungen dokumentiert, damit der Ablauf ex post noch einmal nachvollzogen und von allen Teilnehmern gemeinsam genau analysiert werden kann.[1196] Sie beginnt mit der Vorstellung der Gruppen in ihren Rollen.[1197] An die Einführung schließt sich ein Kurzvortrag über die jeweilige Position an. Hier werden die aufgestellten Relevanzbehauptungen vorgetragen und erläutert.[1198] Der Trainer hält diese für alle gut sichtbar an der Metaplanwand fest. Nachdem alle Interessengruppen Gelegenheit hatten, ihre Positionen darzulegen, beginnt die Diskussion. Dabei wird über die Berechtigung und den Stellenwert der angeführten Argumente einzeln diskutiert. Empfehlenswert ist es, wenn ein Teilnehmer aus dem entsprechenden Lager die Sichtweise noch einmal kurz vorstellt und dann eine Person aus einer anderen Gruppe, die sich zu Wort gemeldet hat, aufruft. Darauf erfolgt wieder eine Entgegnung aus dem jeweiligen Lager usw.[1199] Es wird solange diskutiert, bis jedes Argument besprochen und möglichst alle

---

[1196] Vgl. Schmidt 1988: 22.

[1197] Dabei sollten möglichst realistische Bedingungen hergestellt werden. Vgl. Bliesener 1994: 19.

[1198] Je nach Komplexität des Falls ist es durchaus möglich, daß eine Interessengruppe mehrere Relevanzbehauptungen aufstellt.

[1199] Vgl. Lind 1999: 3.

Standpunkte von sämtlichen Teilnehmern nachvollzogen werden konnten.[1200] Der Seminarleiter achtet auf die Einhaltung der Argumentationsvoraussetzungen und darauf, daß sich die Teilnehmer tatsächlich verstehen, das Gesagte immer wieder mit Beispielen untermauern und bei der gerade zu erörternden Frage verweilen.[1201]

Wichtig ist, daß im Anschluß an die Spielphase eine ausgiebige *Reflexionsphase* erfolgt. Diese sollte zeitlich soweit ausgedehnt werden, daß für alle Teilnehmer ausreichend Möglichkeit besteht, sich von ihren Rollen wieder zu distanzieren.[1202] Unbesehen der eigenen Position wird nun die moralische Qualität *aller* vorgebrachten Argumente reflektiert und in eine Rangfolge gebracht. Es ist in der jeweiligen Gruppe zu überlegen, welche Argumente besonders überzeugend waren und zu einer Modifikation der eigenen Handlungsweise zwingen könnten. Dabei ist gemeinsam zu erörtern, welches Interesse angesichts der besonderen Umstände überwiegen sollte und inwieweit eine Beeinträchtigung der anderen angeführten Bedürfnisse zumutbar ist (Gewichtung der Bedürfnisse). Hierzu ist eine *unparteiische Perspektivenübernahme* unerläßlich: Jeder Teilnehmer muß sich nun in die Position eines jeden Betroffenen eindenken (was mit Hilfe der bereits eingebrachten Argumente erleichtert werden dürfte), um zu einem angemessenen Handlungsvorschlag zu gelangen. Die Gruppe sollte solange diskutieren und ihren Lösungsvorschlag modifizieren, bis alle mit dem Resultat zufrieden und einverstanden sind.[1203]

Die erarbeiteten Vorschläge werden nun im Plenum vorgestellt und begründet. Auch diese Spielphase wird auf Video aufgezeichnet. Anknüpfend an die be-

---

[1200] Keinesfalls sollten jedoch 90 Minuten Spielzeit überschritten werden. Weitere Gründe zum Abbruch eines Rollenspiels finden sich bei Kaiser 1976: 106.

[1201] Vgl. zur Funktion des Moderators bzw. hier Seminarleiters Teil IV, Kap. 2.3.2.

[1202] Dies ist besonders wichtig, um später die Perspektive des neutralen Beobachters (Perspektive der dritten Person) einnehmen zu können und nicht im eigenen Interesse befangen zu bleiben. Falls ausreichend Zeit besteht, kann auch ein Rollentausch vorgenommen werden. Durch das erforderliche Hineinversetzen in die Rolle einer anderen Gruppe kann die Rolle besser verstanden und nachgefühlt werden und die eigene Perspektive nun auch aus der Perspektive des anderen gesehen werden. Hierdurch kann die Distanz zum eigenen Standpunkt gefördert werden. Vgl. Kluge/Schmitz 1982: 98-100.

[1203] Diese Phase ist besonders wichtig, um sich von der im Spiel übernommenen Rolle und den eigenen Argumenten wieder zu distanzieren. Ziel ist es nicht, einen Lösungsvorschlag zu entwickeln, der die eigenen (gespielten) Interessen besonders berücksichtigt, sondern anknüpfend an den bereits erfolgten Diskurs, einzusehen, worin die moralische Qualität eines Arguments liegt und gute Argumente auch dann zu schätzen, wenn sie von der Gegenseite kommen. Daher soll in der Gruppe diskursiv erörtert werden, was einen an den Argumenten der Gegenseite beeindruckt hat und welcher Stellenwert den einzelnen Interessen zukommen soll. Die Erarbeitung des Lösungsvorschlags erfolgt quasi „parteilos“, d.h. unabhängig von der übernommenen Rolle. Jeder Teilnehmer soll sich dadurch bewußt werden, welche Entwicklung man durch die Dilemmadiskussion selbst durchgemacht hat.

reits angestellten Vorüberlegungen gilt es nun, *einen* Handlungsvorschlag zu verabschieden, dem alle Gruppen gleichermaßen zustimmen können. Hierdurch werden einzelne Perspektiven nochmals vertieft und gegebenenfalls besser verstanden. Die Diskussion dient dazu, Schwachpunkte der einzelnen Lösungsvorschläge herauszuarbeiten und zu einer einvernehmlichen Lösung zu gelangen. Sie verläuft moderiert oder, wie bereits in der Spielphase angedeutet, durch wechselseitiges Aufrufen von Mitgliedern der einzelnen Gruppen. Kommt es zu keinem Konsens, so ist der von der Mehrheit favorisierte Vorschlag inklusive der noch bestehenden Bedenken und offenen Fragen (z.B. im Rahmen einer gemeinsamen Stellungnahme) zu verabschieden. Das Training klingt mit einem *Metadiskurs* aus. Hierbei können individuelle Probleme, das Verhalten einzelner Teilnehmer oder sonstige Fragestellungen erörtert werden. Idealerweise erfolgt hier auch ein Soll-/Ist-Vergleich durch Analyse der Videoaufzeichnungen der eigentlichen Spielphase sowie der Phase der Erarbeitung einer angemessenen Handlungsweise im Plenum. Untersucht wird gemeinsam, inwieweit die Bedingungen der idealen Sprechsituation eingehalten und wo Abweichungen stattgefunden haben. Dabei können Wirkungszusammenhänge und Reaktionen einzelner Teilnehmer (z.B. starres Festhalten an der eigenen Meinung) genauer thematisiert und hinsichtlich ihrer Probleme für die Argumentation herausgearbeitet werden.[1204] Die Tabelle auf Seite 245 faßt den Ablaufplan eines ethischen Dilemmatrainings noch einmal übersichtlich zusammen.

3.2.3.3 Zum Prozeß der Entwicklung der moralischen Urteilskompetenz

Besonders hervorzuheben ist, daß durch das vorgestellte Rollenspiel der Diskurs faktisch praktiziert wird:[1205] Struktur, Verlauf und Ergebnis dieses Prozesses können daher direkt reflektiert und Probleme und Erfahrungen erörtert werden (z.B. was hat einen an der Situation besonders beeindruckt oder dazu angehalten, seine Meinung zu verändern?; warum war es (k)ein Problem, die Argumente der Gegenseite zu schätzen oder zu berücksichtigen?).

[1204] Die Evaluation des Rollenspiels kann am Ende des Seminars in Form einer schriftlichen Befragung (Seminarkritik) erfolgen und der Optimierung des pädagogischen Produktes dienen. Vgl. ausführlich Geise 1992: 199-216; Bodenstein/Geise 1987: 135-139. Im vorliegenden Fall ist allerdings die Reflexion über den Inhalt sowie die Suche nach Anschlußmöglichkeiten von größerer Bedeutung als die didaktische Reflexion des Rollenspiels.

[1205] Ethik-Seminare sollen bei der Bewältigung der lebenspraktischen Probleme einer Unternehmensethik helfen; der reinen Erörterung philosophischer Ethiktraditionen von Aristoteles bis Habermas – wie in der Praxis bereits geschehen – wird damit eine deutliche Absage erteilt. Vgl. Retzmann 1999: 5 und Retzmann 1994: 406.

Tab. 18: Ablaufplan des Rollenspiels zur ethischen Argumentation

Phase	Aktivität	Fähigkeiten
Motivati-ons-/Ein-stiegs-/Vorberei-tungsphase	• Erläuterung der Voraussetzungen der idealen Sprechsituation (falls noch nicht vorangegangen) • Vorstellung der Fallstudie (z.B. Vortrag durch Seminarleiter, (Playback-)Theaterstück, Film) • Individuelle Einarbeitung der Teilnehmer durch eigenständiges Lesen und Erarbeiten der Fallstudie • Gemeinsame Ermittlung der betroffenen Interessen (z.B. durch Erstellung einer Stakeholder-Map) • Herausarbeiten des/der Kerndilemmas/-dilemmata (Dabei ist es empfehlenswert, daß entweder von der Gruppe gemeinsam oder vom Leiter eine Reihenfolge der zu diskutierenden Problemfelder und der damit jeweils berührten Interessen festgelegt wird) • Verteilung der Rollen (idealerweise Bildung von „Interessenlagern", da hierdurch bereits die Kommunikation und der Austausch zwischen Gleichberechtigten stattfinden kann) • Arbeitsauftrag: Aufstellung von Relevanzbehauptungen für die jeweils vertretene Interessengruppe	• Kooperation • Kommuni-kation • Perspekti-ven-/Rollen-übernahme der zweiten Person
Aktions-/Spiel-phase	• Kurzvorträge der Positionen und gemeinsame Diskussion im Plenum (z.B. kann aus jedem „Interessenlager" ein Sprecher die jeweilige(n) Relevanzbehauptung(en) vortragen) Diese werden vom Seminarleiter für alle gut sichtbar schriftlich fixiert • Argumentation über die Berechtigung und den Stellenwert der jeweils angeführten Argumente (Sinnvoll ist es, wenn ein Teilnehmer aus dem entsprechenden Lager zunächst noch mal das Argument genauer erläutert und dann eine Person aus einer anderen Gruppe, die sich zu Wort gemeldet hat, aufruft. Darauf erfolgt wieder eine Entgegnung aus dem jeweiligen Lager usw.). Dabei ist die Änderung eines oder mehrerer Elemente einer Relevanzbehauptung sowie die Aufstellung weiterer Behauptungen für die einzelnen Interessengruppen möglich.	• Wert- und Normenkon-flikte • Kommuni-kation • Perspekti-ven/Rollen-übernahme der zweiten Person
Abschluß-/-Reflexions-/Evaluati-ons-phase	• Bewertung der vorgebrachten Argumente innerhalb der einzelnen Gruppen; diese werden – unabhängig von der eigenen Position – in eine Rangfolge gebracht (z.B. indem darüber diskutiert wird, welches Argument besonders überzeugend war, oder wer seine Meinung im Verlauf der Diskussion geändert hat) • Erarbeitung einer Anschlußmöglichkeit; es ist in der Gruppe zu überlegen, welche Positionen in welchem Umfang zu berücksichtigen sind und wie eine solche unparteiische Lösung aussehen könnte • Vorstellung und Begründung der Vorschläge im Plenum (Ziel: Erarbeitung eines Lösungsvorschlages – in Form des weiteren Vorgehens , dem alle zustimmen können. Frage: Gibt es ein Vorgehen, das alle relevanten Aspekte berücksichtigt und dem alle Betroffenen zwanglos zustimmen? Falls nicht möglich, sollte der von der Mehrheit favorisierte Vorschlag mitsamt dieser Bedenken festgehalten werden).	• Kooperation • Rollendistanz • Kommuni-kation • Perspekti-ven/ Rollen-übernahme der dritten Person
Ausklang	• Metadiskurs z.B. durch Analyse der Videoaufzeichnungen der Spielphasen	• Selbstrefle-xion

Quelle: Eigene Darstellung.

Lernen setzt damit bei der konkreten Selbst- und Situationserfahrung („Hier-und-Jetzt-Prinzip") an und nicht bei der erfahrungsdistanzierten Aneignung vorab bestimmter Lehrinhalte, wie in konventionellen Seminaren meist üblich.[1206] Im Metadiskurs kann auf den konkreten Gesprächsverlauf oder ein bestimmtes Teilnehmerverhalten Bezug genommen und das eigene Verhalten vor dem Hintergrund der Bedingungen der idealen Sprechsituation bewußt gemacht werden.[1207] Der Seminarinhalt wird so in seiner Anwendung erfahren, was gute Voraussetzungen zur Verhaltens- und Einstellungsveränderung bietet.[1208]

Im Rahmen eines Rollenspiels kann die *Fähigkeit zur Perspektivenübernahme* gefördert und die *neutrale Beurteilung einer Situation* sowie die *unparteiische Entwicklung von Anschlußmöglichkeiten* eingeübt werden.[1209] Insbesondere die „Handlungsentlastung" der „Als-ob-Situation" trägt dazu bei, daß sich die Teilnehmer von den einmal übernommenen Rollen wieder distanzieren und sich der Rationalität einzelner Argumente sowie der konkreten Situation zuwenden können. Dadurch wird die erforderliche Kompetenz zur postkonventionellen (kontextsensiblen) Bildung moralischer Urteile erhöht. Die nachstehende Tabelle zeigt die positiven Aspekte, die mit der Verknüpfung von Fallstudie und Rollenspiel verbunden sein können.[1210]

1206 Vgl. Geissler 1979: 335.

1207 Die Teilnehmer haben hierdurch Chancen, sich klarer über ihr eigenes Verhalten und ihre eigenen Einstellungen zu werden. Sie verstehen im nachhinein, warum sie bestimmte Dinge wiederholt tun und wie sie sich in Interaktion verhalten. Gleichzeitig kann so natürlich auch das Bewußtsein für die Argumentationsregeln geweckt und deren Sinn und Notwendigkeit erkannt werden. Auch die Diskursregeln können damit Gegenstand der Reflexion werden. Selbst das Verhalten des Seminarleiters bleibt nicht von Kritik verschont, z.B. wenn er die Diskussion zu sehr dominiert oder Partei ergriffen hat. Vgl. zum Meta-Gespräch Heckmann 1993: 16.

1208 Vgl. Retzmann 1994: 436-438. Er weist gleichzeitig auf die Grenzen einer solchen metakommunikativen Erfahrung hin, „... denn es können nur solche gruppendynamischen Prozesse reflektiert werden, die typisch für Kleingruppen sind. Weder die gesellschaftlichen noch die unternehmensinternen Willensbildungsprozesse lassen sich auf die Erfahrungen in Kleingruppen reduzieren." Ebd.: 439.

1209 Vgl. Buddensiek 1992: 18 sowie zu den Ergebnissen der Studie von Chandler, der im Anschluß an seine Interventionsstudien eine Nacherhebung der Rollenübernahme bei seinen Probanden vornahm und als unmittelbare Effekte des Behandlungsprogramms eine Förderung der Rollenübernahme feststellen konnte, Silbereisen 1977: 56-61.

1210 Dabei treten nicht selten auch Probleme auf. Vgl. zu den Problemen und Widerständen bei der Durchführung von Rollenspielen Hoefert/König 1977: 183-190 und Schützenberger 1976: 100-107. Insbesondere ist zu berücksichtigen, daß Rollenspiele nur schwer in ihrem Verlauf vorhergesehen werden können. Daher ist eine gute Vorbereitung und Kompetenz des Moderators unerläßlich.

Tab. 19: Vorteile des Rollenspiels zum Training moralischer Dilemmasituationen

Vorteile des Rollenspiels
• Moralische Dilemmasituationen können – relativ handlungsentlastet – erprobt und mehrfach wiederholt werden
• Die Wahrnehmung der verschiedenen Sichtweisen und Erlebensinhalte von Menschen kann verbessert werden; Lernen, wie der andere denkt und fühlt
• Die mehrdimensionale Problemsicht wird gefördert
• Kausalzusammenhänge werden leichter erkannt und die Ursachen für individuelle Reaktionen herausgearbeitet
• Wertmaßstäbe können aufgedeckt, miteinander verglichen, analysiert und verändert werden
• Die Sensibilität für die sozialen Folgen von bestimmten Entscheidungen kann verstärkt werden
• Schwierigkeiten und relevante Einflußgrößen können gemeinsam aufgedeckt und diskutiert werden
• Teilnehmer können lernen, sich von den eigenen Gefühlen und Ansichten zu distanzieren
• Es können Lösungen entwickelt werden, die für alle annehmbar sind
• Die Bereitschaft, Verantwortung für selbstverursachte Handlungsergebnisse zu übernehmen, wird erhöht.

Quelle: Eigene Darstellung in Anlehnung an Buddensiek 1992: 18f.; Kaiser 1992: 76-81; Geise 1992: 197; Schmidt 1988: 23f.; Kaiser 1976: 100-102.

Allerdings kann (was relativ selten geschieht) bei einzelnen Teilnehmern der Verdacht aufkommen, daß Rollenspiele lediglich zur Entblößung persönlicher Konflikte bzw. zur Sichtbarmachung eigener Inkompetenzen dienen. Solche Vorbehalte sind ernst zu nehmen und möglichst durch Erklärung der Ziele des Trainings und durch den Ausweis der Glaubwürdigkeit des Seminarleiters zu Beginn und im Laufe des Trainings zu zerstreuen.[1211] Auch die Weigerung einzelner Teilnehmer, sich an einem Rollenspiel zu beteiligen, muß erwogen werden. Allein dem Begriff „Rollenspiel" haftet etwas Unernstes und Spielerisches an. Vielfach wird ihm daher die Relevanz für das „tatsächliche" Leben abgesprochen. Den Skeptikern kann nur geantwortet werden, daß auch im Alltagsleben jeder verschiedene „Rollen spielt". Fehlt die Bereitschaft eines Teilnehmers, eine Rolle zu übernehmen, so kann ihm z.B. zunächst die Rolle des Beobachters oder auch Zuschauers zugewiesen werden, mit der Instruktion, später seine Eindrücke zu schildern. Zu bedenken ist auch, daß im Rahmen des ethischen Argumentationstrainings keine „Manipulationstechniken" und rhetori-

[1211] Dies ist auch ein Grund dafür, daß das Einüben der ethischen Argumentation zunächst in sog. „stranger labs" erfolgen sollte. Die Teilnehmer haben so meist weniger Probleme, sich zu öffnen, da sie keine negativen Konsequenzen zu erwarten haben.

schen „Tips und Tricks“ zur überzeugenderen Begründung von Entscheidungen erlernt werden, was vielleicht zur Enttäuschung des ein oder anderen Teilnehmers führen kann. Daher ist es von besonderen Bedeutung, die *Situationsspezifität* der Anwendung von Normen immer wieder herauszustellen und deutlich zu machen.

Zudem ist auf folgendes Problem hinzuweisen: Bei Stagnation der moralischen Entwicklung bildet das Individuum in der Regel ausgeprägte Abwehrmechanismen gegen alle dissonanten Erfahrungen aus.[1212] Eine individuelle Beratung der Mitglieder des Top-Managements (z.B. durch Coaching) erscheint aus diesen Gründen ergänzend zum Rollenspiel angeraten. Hierzu sei folgendes angemerkt: Individuelle Blockaden, die ethischem Handeln entgegenstehen (z.B. persönliche Abneigung einen rationalen Konsens durch Argumentation anzustreben, ausgeprägtes Wertesystem wie z.B. der Ökonomismusglaube), lassen sich in vielen Fällen nur durch eine individuumzentrierte Intervention aufbrechen. Hier können in vertrauensvoller Atmosphäre relativ stabile Einstellungen kritisch hinterfragt („unfreezing“), neue Elemente integriert („moving“) und veränderte Verhaltensweisen konsolidiert werden („refreezing“).[1213] Mit anderen Worten wird verständigungsorientiertes Handeln im kleinsten sozialen Kreis, nämlich zwischen Berater und Top-Manager, praktiziert. Dies kann z.B. geschehen, indem an den persönlichen beruflichen Problemen des jeweiligen Klienten angeknüpft wird (*Ausgehen vom Konkreten*). Aufgabe des Beraters ist es, die singulären und allgemeinen Annahmen durch genaue Analyse der Situation systematisch herauszuarbeiten und einer genauen Prüfung mit Gründen zu unterziehen. Er nimmt dabei jedoch eher die „Rolle des Sokrates“ ein und versucht dem Gesprächspartner zu eigenen Einsichten zu verhelfen (*Aspekt der Selbsttätigkeit*). So können u.a. die Selbsterkenntnis erhöht, die Fähigkeit zur

---

1212 S. Kohlberg/Turiel 1978: 58. Eine individuelle Beratung ist ebenfalls angeraten, wenn das Vertrauensverhältnis zum Moderator noch nicht ausreichend ausgeprägt ist oder kulturelle Barrieren einer Intervention der Stufe II noch immer entgegenstehen. Die Frage, ob der Moderator auch gleichzeitig Coach sein soll oder darf bzw. ob alle Mitglieder des Top-Managements den gleichen Berater zugeordnet bekommen sollten, kann an dieser Stelle nicht entschieden werden. In Anbetracht der Tatsache, daß bereits die meisten Top-Manager gecoacht werden, d.h. bereits einen Berater haben, muß diese Frage von Unternehmen zu Unternehmen entschieden werden. Auf alle Fälle muß der Berater mit der Methode des Diskurses bzw. dem Sokratischen Gespräch ausführlich vertraut sein.

1213 Damit wird deutlich, daß verständigungsorientiertes Handeln idealerweise dem klassischen Lewin-Schema folgt, d.h., Verhaltensweisen und Einstellungen werden hypothetisch in Frage gestellt, es werden Argumente für bzw. gegen die Richtigkeit einer solchen angeführt und dadurch verkrustete (Denk)Strukturen aufgebrochen, die in einer neuen oder modifizierten Verhaltensweise/Einstellung ihren Ausdruck findet. Allerdings ist damit die „Rationalisierung der Lebenswelt“ nicht abgeschlossen, sondern bildet grundsätzlich einen immer weiter fortschreitenden Prozeß. Vgl. zum Sensitivity Training Staehle 1999: 945-948 sowie zum Coaching Holtbernd/Kochanek 1999; Staehle 1999: 949-951; v. Rosenstiel 1993: 283f.

Reflexion verbessert sowie die Bedingungen der idealen Sprechsituation in ihrer Anwendung kennengelernt und praktiziert werden. Dies dürfte sich auch positiv auf die generelle *Argumentationsbereitschaft und -fähigkeit* auswirken.[1214]

Die Förderung der moralischen Urteilsfähigkeit ist jedoch kein einmaliges oder kurzfristiges Unterfangen. Denkstrukturen sind relativ stabil, da sie in langen Prozessen aufgebaut werden und ebenso lange zu ihrer Transformation benötigen.[1215] Insofern können im Rahmen von Seminaren ohnehin nur Prozesse *angeregt* werden; die eigentliche Veränderung findet jedoch erst im Laufe der Zeit und durch entsprechende Entwicklungen im Arbeitsbereich statt. Daher kann ein solches, eher pädagogisch orientiertes Bildungsprogramm nur als *ein Baustein* der Entwicklung der moralischen Urteilskompetenz gesehen werden. Ihm kommt eine Art *Initialisierungsfunktion* zu, da es die Möglichkeit bietet, sich mit dem Thema „Unternehmensethik" dezidierter auseinanderzusetzen, die ethische Argumentation einzuüben und so das Bewußtsein für moralische Konflikte zu wecken. Isolierte Bildungsmaßnahmen, die keine adäquaten Anschlußerfahrungen in der Arbeitswelt nach sich ziehen, bleiben in ihrem Erfolg allerdings sehr begrenzt.[1216] Selbst wenn die moralische Urteilskompetenz voll ausgebildet ist, kann es sein, daß diese durch Sachzwänge oder fehlende Anwendungsvoraussetzungen nicht zum Tragen kommen kann.[1217] Aus diesem Grunde bleibt es Aufgabe einer modernen Unternehmensethik, die sozialen und insbesondere die organisatorischen und kulturellen Voraussetzungen des Unternehmens bzw. des Top-Managements im Hinblick auf die Möglichkeit moralischen Handelns zu verändern.

1214 Blickle stellt diese als einen weiteren Baustein der Personalentwicklung vor, der insbesondere auf das moralische Handeln abzielt. Unter Argumentationsbereitschaft kann das Bestreben verstanden werden, wahrgenommene Wert- und Interessengegensätze als solche zu akzeptieren und zu versuchen, eine Einigung zwischen den widerstreitenden Positionen zu suchen, die allen beteiligten Parteien entgegenkommt. Vgl. Blickle 1994b: 182-185. Zusätzlich kann in einer solchen sozialen Situation auch die Perspektivenübernahme geübt werden. Der Berater hilft dem Top-Manager, sich in die Perspektive des/der jeweils Betroffenen einzudenken und auf mögliche vorgefaßte Urteile aufmerksam zu machen. So kann sich sukzessive die Problemdefinition verändern, indem Anregungen zur Erweiterung von seiten des Beraters aufgegriffen und umgesetzt werden. Vgl. auch Surmann 1990: 109.

1215 Vgl. Beschorner 2000: 78; Deller 1998: 230; Oser/Althof 1992: 113f.. So konnte Lempert im Rahmen seiner empirischen Untersuchungen feststellen, daß die vorgestellten sozialen Bedingungen nur zu einer Entwicklung der moralischen Urteilsfähigkeit führten, wenn sie deutlich ausgeprägt und mindestens für einen Zeitraum von zwei Jahren gegeben waren.

1216 S. Retzmann 1994: 406f.. Erweisen sich gelernte Kompetenzen als praktisch undurchführbar, so werden sie nach kürzester Zeit als untauglich abgelegt.

1217 Vgl. Snell 1993: 18.

3.3 Strukturelle Aspekte diskursiver Unternehmensethik

Zwischen *Organisationsstruktur* und der *Wahl der Unternehmensstrategie* werden seit den 60er Jahren verschiedene Beziehungen konstatiert.[1218] Die wohl bekannteste These „structure follows strategy" stammt von CHANDLER, der den Nachweis für diese anhand von Einzelfallstudien bei vier ausgewählten US-amerikanischen Großunternehmen zu erbringen versuchte.[1219] RUMELT stellte jedoch fest, daß auch der umgekehrte Zusammenhang „strategy follows structure" durchaus in einigen Unternehmen beobachtet werden konnte.[1220] Ohne intensiver auf die verschiedenen Forschungsansätze einzugehen, sei hier auf den Zusammenhang aufmerksam gemacht, daß die Organisationsstruktur respektive die Führungsstruktur eine zentrale Einflußgröße der Unternehmensstrategie bzw. der strategischen Handlungsmuster von Top-Managern darstellt und damit zu einer Barriere für ethische Argumentationen werden kann.[1221]

3.3.1 Bedeutung struktureller Faktoren für die Implementierung einer diskursiven Unternehmensethik

Die *formelle Organisationsstruktur* umfaßt die Gesamtheit aller geltenden generellen Regelungen zur Differenzierung und Integration der Unternehmensgesamtaufgabe. Sie soll die zentralen Organisationselemente (Aufgaben, Informationen, Kompetenzen) funktionsadäquat verteilen sowie deren effiziente Koordination sicherstellen. Ziel ist es, die einzelnen Organisationsmitglieder zu Handlungen zu veranlassen, die für das Erreichen der Unternehmensziele funktional sind. Diese *Strukturen* beeinflussen sowohl direkt als auch indirekt das *Handeln der Organisationsmitglieder* in vielfältiger Weise:[1222] Das korrekte Wahrnehmen der jeweils zugewiesenen Aufgaben ist dabei unerläßlich, um einen reibungslosen und erfolgversprechenden Arbeits- und Handlungsablauf zu gewährleisten.[1223] Die zu erfüllenden Funktionen erweisen sich als ein Rahmen, der dem jeweiligen Handeln vorgegeben ist. Dieser wird beispielsweise in Arbeitsplatzbeschreibungen, Arbeitsverträgen oder Tätigkeitsbeschreibungen niedergelegt. Die Erfüllung dieser *„Funktionsverantwortung"* ist also unbedingt

---

1218 Vgl. Müller-Stewens 1992: Sp. 2345-2352.

1219 Vgl. ausführlich Chandler 1962.

1220 Vgl. ausführlich Rumelt 1974. Vgl. den Überblick zu den verschiedenen Forschungsansätzen bei Müller-Stewens 1992.

1221 Vgl. Schauenberg 1998: 148f.; Schreyögg 1998: 36f. Bentele/Steinmann/Zerfaß 1996b: 451f..

1222 Der verhaltensprägende Einfluß der Organsiationsstruktur auf das Handeln des Top-Managements wird an keiner Stelle der empirischen Organisationsforschung bestritten. Vgl. Schrader 1995: 93; v. Rosenstiel 1990: 135; Frese 1998: 282f.; Oppenrieder 1986: 25.

1223 Siehe zum Einfluß der Organisationsstruktur auf das Verhalten von Spitzenführungskräften Schrader 1995: 91-93.

erforderlich, behindert aber in vielen Fällen die ethische Reflexion.[1224] Strukturelle Vorgaben begrenzen so – je nach inhaltlicher Ausgestaltung mehr oder weniger eng – individuelle Handlungsspielräume und damit die Möglichkeiten, normative Aspekte verantwortungsvoll zu berücksichtigen.[1225]

Empirische Befunde stützen diesen Argumentationszusammenhang: Bereits in der Untersuchung von BURNS/STALKER konnte gezeigt werden, daß die Innovationsfähigkeit – als Dimension strategischen Handelns von Unternehmen – wesentlich durch die Organisationsstruktur geprägt wird.[1226] Zusätzlich wird die inhaltliche Ausrichtung der Aktivitäten eines Unternehmens durch diese beeinflußt. PAYNE/MANSFIELD wiesen z.B. nach, daß in Unternehmen mit einem hohen Spezialisierungsgrad eine deutlich stärkere wissenschaftlich-technische Gestaltung der Tätigkeiten vorliegt, als in Unternehmen mit niedrigerem.[1227]

Es wird daher davon ausgegangen, daß organisatorische Regelungen die Umsetzung und Anwendung von ethischen Argumentationen blockieren können.[1228] Im nachfolgenden Abschnitt wird insofern der *Einfluß* bestimmter Aspekte der formalen *Organisationsstruktur* auf die *Implementierungsvoraussetzungen einer diskursiven Unternehmensethik* näher beleuchtet, um daraus grundlegende Hinweise für die Gestaltung der Strukturen der Unternehmensführung abzuleiten. Ob und wie sich organisatorische Bedingungen auf Top-Management-Ebene in einem konkreten Unternehmen bzw. im allgemeinen auf die diskursive Willensbildung auswirken, ist eine empirische Frage. Da einem solchen Anspruch gerecht werdende, empirisch und theoretisch fundierte Forschungsergebnisse bislang nicht vorliegen, werden hier typische strukturelle Charakteristika der Top-Management-Arbeit exemplarisch auf ihre Wirkungen hinsichtlich der Herstellung idealer Diskursbedingungen untersucht.[1229] Eine

---

1224 Der Begriff der „Funktionsverantwortung“ meint das Einhalten der Funktionsanforderungen aus sachlichen Gründen heraus. Vgl. ausführlich Löwisch 1995: 76f..

1225 Vgl. Rebstock 1992: 201, der zu dem Ergebnis kommt, das Ethik-Defizite zumindest zum Teil durch strukturelle Hemmnisse verursacht sind. Siehe auch Oppenrieder 1986: 24. Siehe zum Begriff des Handlungsspielraumes in der Organisationstheorie Osterloh 1985: 291.

1226 S. Burns/Stalker 1966: 119-125. Ähnliche Zusammenhänge der verschiedenen untersuchten Variablen dürften in bezug auf die ethische Argumentationsfähigkeit gelten. Rebstock stellte z.B. fest, daß in tendenziell mechanistisch organisierten Unternehmen deutlich schlechtere Bedingungen zur Förderung der postkonventionellen Urteilskompetenz vorhanden sind, als in einem organisch strukturierten Unternehmen. Vgl. Rebstock 1992: 198.

1227 Vgl. Payne/Mansfield 1976: 515-526.

1228 Vgl. Hansen 1989: 241, 244.

1229 Die Organisation der Unternehmensführung wurde als theoretische und empirische Fragestellung in den Wirtschafts- und Sozialwissenschaften bislang weitgehend vernachlässigt. Vgl. Bernhardt/Witt 1999: 825; Gerum 1995: 359. Im Gegensatz dazu liegen in der US-amerikanischen Literatur eine Fülle von empirischen Untersuchungen und Systematisierungsvorschlägen

eigene empirische Untersuchung wurde in diesem Rahmen nicht durchgeführt.[1230] Daher wird in erster Linie auf einzelfallbezogene Erkenntnisse – insbesondere auf die Untersuchung von REBSTOCK – sowie auf Plausibilitätsüberlegungen und Untersuchungsergebnisse aus anderen Forschungsbereichen (z.B. der Kleingruppenforschung) zurückgegriffen.[1231]

3.3.2 Organisatorische Barrieren

Eine prominente Stellung bei der *Auswahl der relevanten Strukturmerkmale* kommt den Ergebnissen der Studie von WATERS aus dem Jahre 1978 zu. Er untersuchte Zeugenaussagen vor Untersuchungskomitees der US-Kongresse im Zusammenhang mit Preisabsprachen in der amerikanischen Elektroindustrie und identifizierte insgesamt sieben *organisatorische Barrieren* („organizational blocks") „...that may get in the way of the natural tendency of people to react against illegal or unethical practices"[1232]. Hierzu gehören:

- (Horizontale) Arbeitsteilung („division of work"),
- Klassische Hierarchie („strict line of command"),
- Diffusion der Entscheidungskompetenzen („separation of decision"),
- Strenge Verhaltenserwartungen („strong role models"),
- Gruppenkohäsion („task group cohesiveness"),
- Unklare Prioritäten („ambiguity about priorities") und
- Abschottung gegenüber äußeren Einflüssen („protection from outside intervention").

---

zur Analyse des Top-Managements vor. Seit dem bahnbrechenden Aufsatz von Hambrick/Mason „upper echelons" im Jahre 1984 wurde die Organisation des Top-Managements zu einem beliebten Forschungsfeld. Vgl. Hambrick/Mason 1984 sowie die Zusammenfassungen in Finkelstein/Hambrick 1996 und Hambrick 1988. Siehe auch Keck/Tushman 1993 oder zum Verhältnis zwischen Zusammensetzung und der Häufigkeit illegaler Aktivitäten Daboub et al. 1995: 146-162.

1230 Dies ist auf die schwierige Erreichbarkeit der hier zu untersuchenden Probanden zurückzuführen sowie auf die Tatsache, daß hierzu organisationssoziologische und -psychologische Verfahren zur Messung der moralischen Urteilskompetenz herangezogen werden müßten. Es stellt sich die Frage, ob sich die Top-Manager einem solchen Test unterziehen würden. Inzwischen liegen aber erste standardisierte Erhebungsinstrumente zur Messung der Sozialkompetenz vor. Vgl. Lindenberg 1999.

1231 Eine besondere Bedeutung kommt dabei den Arbeiten von Rebstock 1992 und Lempert 1993 zu, die allerdings beide lediglich die Auswirkungen formaltechnischer Bedingungen auf moralisches Denken untersucht haben. Die nachfolgenden Analysen sind an die Ausführungen von Rebstock angelehnt, der ebenfalls den Einfluß der Organisationsstruktur auf die Entwicklung der moralischen Urteilskompetenz untersucht hat.

1232 Waters 1978: 5. Die deutsche Übersetzung erfolgt in Anlehnung an Steinmann/Löhr, der in der Literatur zur Unternehmensethik weitgehend gefolgt wird. Auch wenn sich die Analysen hier ausschließlich auf den Bereich des Top-Managements beziehen und so die untersuchten Inhalte etwas von denen der genannten Autoren abweichen, wird diese Übersetzung gewahrt. Vgl. Steinmann/Löhr 1994: 32 und 40.

Im Rahmen der formalen Organisationsstruktur spielen vor allem die *horizontale Arbeitsteilung*, die *klassische hierarchische Ordnung* und die *Diffusion der Entscheidungskompetenzen* eine besondere Rolle für die Implementierung einer diskursiven Unternehmensethik.[1233] Um einen umfassenden Eindruck von der Wirkung der formalen Organisationsstruktur auf das ethische Denken und Handeln zu gewinnen, werden diese drei „organizational blocks" zunächst genauer spezifiziert und im Hinblick auf die Arbeit des Top-Managements konkretisiert. Dabei steht die Frage im Vordergrund, wie diese einen Diskurs möglicherweise behindern oder gar blockieren können. Daher ist zu analysieren, wie sich die Strukturen der Top-Management-Arbeit auf die Möglichkeiten auswirken, alle betroffenen Sichtweisen und Perspektiven umfassend zu erheben und zur Sprache zu bringen (Chancengleichheit). Ebenfalls ist zu untersuchen, welche Wirkungen von den strukturellen Bedingungen auf die geforderte Zwanglosigkeit ausgehen können, z.B. ob alle Teilnehmer über die gleichen Möglichkeiten verfügen, ihre Meinungen oder Interessen kund zu tun oder ob ein oder mehrere Personen einen besonderen Einfluß auf das Ergebnis der Argumentation ausüben (Herrschaftsfreiheit).

LEMPERT hat darüber hinaus herausgestellt, daß die Entwicklung *moralischer Kompetenz* u.a. durch organisatorische Bedingungen nachhaltig gefördert bzw. behindert werden kann.[1234] Aus diesem Grunde wird hier auf die in Kapitel 3.2.3.1 vorgestellten *sozialen Bedingungen* der Entwicklung postkonventioneller Urteilsfähigkeit Bezug genommen. Es wird untersucht, wie sich die einzelnen „blocks" auf diese Bedingungen auswirken können. Die nachstehende Abbildung zeigt die zu untersuchenden Zusammenhänge zwischen „organizational blocks" und den strukturellen Bedingungen einer diskursiven Unternehmens-

[1233] Die übrigen vier organisatorischen Barrieren sind eher sozialer Art und werden im Rahmen der Top-Management-Kultur thematisiert. Vgl. Teil IV, Kap. 3.4. Im Rahmen dieser Arbeit werden ausschließlich die von Waters ausgearbeiteten organisatorischen Barrieren ausgeführt. Vgl. auch Steinmann/Löhr 1994a: 32 und Oppenrieder 1986: 25. Vgl. zur Beschreibung von Organisationsstrukturen Neuberger 1974: 34-41. Sicherlich geht auch von der Standardisierung und Formalisierung der Verfahren eine nicht unbeträchtliche Wirkung auf unternehmensethisches Denken und Handeln aus. Werden Tätigkeiten bereits durch bestimmte Vorgaben oder Prozesse festgelegt, so verengt sich der faktische Entscheidungsspielraum der einzelnen Top-Manager. Damit nehmen die Chancen ab, durch kognitive Auseinandersetzung mit einer Entscheidungssituation konfligierende Prinzipien zu erfahren, da sich bei Vorgabe der zu wählenden Handlungsalternative (z.B. durch in der Geschäftsordnung fixierte Vorgaben) eine kognitive Reflexion erübrigt. Allerdings dürfte der Entscheidungsspielraum des Top-Managements nur in geringem Umfang begrenzt sein, da nur wenige oder keine Richtlinien hinsichtlich der Ausübung ihrer Tätigkeiten vorliegen. Wichtig ist es, die vorgegebenen Grenzen des Handlungsspielraums im Hinblick auf die jeweilige Situation ebenfalls zu reflektieren und gegebenenfalls zu transzendieren. Die Formalisierung verstärkt diesen Effekt. Vgl. Rebstock 1992: 132-141.

[1234] Vgl. Lempert 1993a.

ethik bzw. den sozialen Bedingungen zur Förderung der moralischen Urteilskompetenz.

Abb. 19: Untersuchte Zusammenhänge zwischen den „Organizational blocks" und den Voraussetzungen einer diskursiven Unternehmensethik

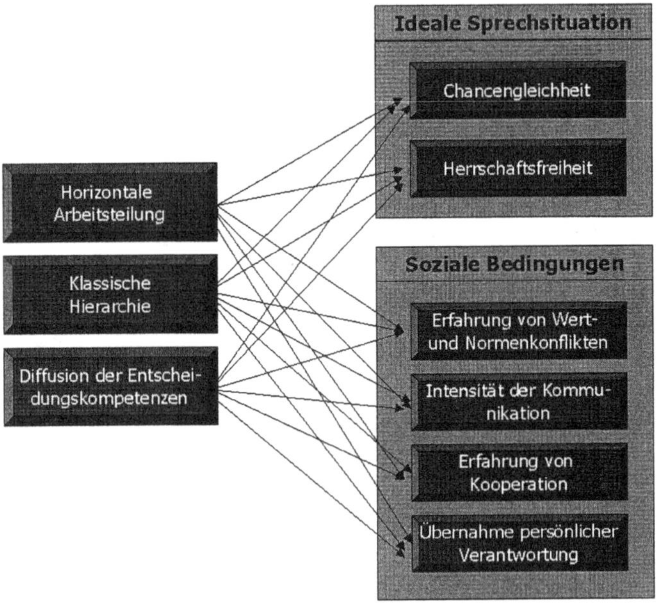

Quelle: Eigene Darstellung.

Ziel dieser Ausführungen ist es, Handlungsempfehlungen in bezug auf die Gestaltung der Strukturen der Unternehmensführung zu generieren, die eine diskursive Willensbildung ermöglichen und fördern. Dabei können jedoch nur erste Hinweise und Richtungen für strukturelle Veränderungen gewiesen und keine umfassenden und abschließenden Reorganisationskonzepte vorgestellt werden. Es wird schnell deutlich werden, daß es nicht um eine grundlegende Neuorganisation der Unternehmensführung gehen kann. Die Art der Tätigkeit bietet grundsätzlich gute Voraussetzungen zur diskursiven Willensbildung und zur Förderung der moralischen Urteilskompetenz. Allerdings sind *zusätzliche* Maßnahmen zu implementieren, damit dieses Potential möglichst umfassend zur Geltung gebracht und die dysfunktionalen (hemmenden) Aspekte der strukturellen Rahmenbedingungen kompensiert bzw. eingedämmt werden können.

3.3.2.1 Arbeitsteilung („division of work")

Für die *horizontale Arbeitsteilung* stellt sich einerseits die Frage nach der zielwirksamsten art- und mengenmäßigen Zerlegung der Gesamtaufgabe der Unternehmensleitung in Teilaufgaben. Andererseits geht es um die Bildung leistungsfähiger Einheiten.[1235] Sie gibt damit Aufschluß über die Verteilung von „gleichrangigen" Aufgaben.[1236] In hochentwickelten Industriegesellschaften geht diese mit einer starken Aufgabenspezialisierung einher.[1237] Dabei sind auf Ebene des Top-Managements besonders die beinahe explosionsartige Wissensausdehnung und die daraus resultierenden Professionalisierungstendenzen zu berücksichtigen.[1238] Die Gesamtaufgabe der Unternehmensleitung wird in der Regel in spezialisierte Teilbereiche (Ressorts) zergliedert, für deren Bearbeitung eine ausgesprochen hohe Qualifikation bzw. eine spezifische Berufsausbildung (z.B. Hochschulstudium) erforderlich ist.[1239] Arbeitsteilung und Professionalisierung sind dabei zentrale Voraussetzungen für hohe Produktivität.[1240]

1235 Vgl. Vahs 1999: 46; Laux/Liermann 1993: 7.

1236 Vgl. Reiß 1992: 171.

1237 Vgl. zu den Aufgaben und Aktivitäten des Top-Managments Mintzberg 1994; Bartlett/Ghoshal 1995; Bartlett/Goshal 1994; Schreyögg/Hübl 1992: 84-89; Ramme 1990; Tholen/Eberwein 1990: 109-164; Klautke/Böling/Ramme 1989.

1238 In der US-amerikanischen Literatur wird insbesondere die Diversität der Zusammensetzung untersucht, auf die hier jedoch nicht eingegangen wird. Diese wird z.B. im Hinblick auf das Alter der Mitglieder, den funktionellen Hintergrund, Ausbildung, Dauer der Top-Management-Zugehörigkeit oder Dauer der Unternehmenszugehörigkeit operationalisiert. Vgl. Boeker 1995, Smith/Kofron/Anderson 1995, Murmann/Tushman 1995, Alexander et al. 1995, Daily/Johnson/Dalton 1995; Jackson 1992. Dabei wird grundsätzlich davon ausgegangen, daß eine Erhöhung der Diversität bei sehr komplexen Aufgabenstellungen erfolgsfördernd ist. Allerdings gehen damit auch Verzögerungen, z.B. aufgrund längerer Verhandlungsdauer, und ein Anstieg konfligierender Beziehungen einher. Vgl. Bronner 1993: 730. Die Wirkungsweise eines heterogen zusammengesetzten Top-Managements wird dabei sehr stark von den unternehmensindividuellen Rahmenbedingungen (z.B. Unternehmensstrategie, Unternehmenserfolg, Unternehmensgröße, Unternehmenshistorie) bestimmt, so daß hier keine grundsätzlichen Empfehlungen gegeben werden können. Ein gewisses Mindestmaß an Wertehomogenität ist jedoch auch hier empfehlenswert, damit die Voraussetzungen zur Entwicklung einer gemeinsamen Lebenswelt gegeben sind.

1239 Vgl. Steinmann/Löhr 1994a: 33. Vgl. zur schulischen bzw. akademischen und beruflichen Bildung Geschka 1997: 9-12 und Scheuch/Scheuch 1995: 12f.. 40% aller Top-Manager verfügen über einen akademischen Abschluß in den Fächern BWL und VWL, 25% über einen ingenieurwissenschaflichen, 19% über einen juristischen und 11% über einen naturwissenschaftlichen akademischen Abschluß. Der Anteil der promovierten Top-Manager deutscher Aktiengesellschaften liegt bei 33%. Vgl. Geschka 1997: 9f..

1240 Vgl. Kieser/Kubicek 1992: 77.

Die Art der Aufgabenspezialisierung kommt insbesondere durch die *Ressortzuteilung* zum Ausdruck.[1241] Zwar ist auch eine mehrköpfige Unternehmensleitung von Generalisten, ohne Ressortspezialisierung denkbar. Praktikabilitätsaspekte sprechen jedoch im allgemeinen *für* eine Ressortzuteilung.[1242] Die *Ressortbildung* im Top-Management kann grundsätzlich nach verschiedenen Prinzipien erfolgen:[1243]

- Nach *Funktionen* (z.B. Marketing, Personal, Finanzen oder Vertrieb),
- Nach *Sparten* (z.B. Wasch-/Hygienemittel, Kosmetika, Haarpflege),
- Nach *Regionen* (z.B. Asien, Europa, Afrika),
- Nach *Kunden* (z.B. Aldi, Metro, Karstadt, Tengelmann) und
- Nach *Tochtergesellschaften* (z.B. beim Parion Konzern: Gothaer Versicherungsbank, Berlin-Kölnische Krankenversicherung, Astell Versicherung, Car Garantie Versicherung)[1244].

Bei größeren Unternehmen ist das Top-Management überwiegend durch eine kombinierte Ressorteinteilung konstituiert. Der unerläßliche Funktionalaspekt wird dann meist durch unterschiedliche Kombinationen der vorgestellten Gliederungssystematiken ergänzt. Praktiziert wird vielfach auch eine Mehrfachzuordnung, bei der bestimmte Mitglieder zugleich für eine Funktion und Sparte oder sogar noch zusätzlich für einen Großkunden zuständig sind.[1245] Damit können verschiedene Ressortbildungsaspekte bei einer noch vertretbaren Kopfzahl simultan berücksichtigt werden. Die meisten Unternehmensleitungen von Großunternehmen werden nach dem *Modell der Personalunion* gebildet: Die Mitglieder fungieren einerseits gemeinsam als Top-Management und andererseits jeweils als Leiter eines organisatorischen Teilbereichs (oder einer Division), den sie im Rahmen der Vorgaben selbständig führen.[1246]

Die angesprochenen „organizational blocks" werden nun den Bedingungen der idealen Sprechsituation bzw. denen der Entwicklung moralischer Kompetenz gegenübergestellt und auf ihre möglichen Auswirkungen hin untersucht:

1241 Vgl. Diese ist vor allem von der Größe, Entwicklung und Organisationsstruktur des Gesamtunternehmens abhängig. Vgl. Bernhardt/Witt 1999: 832f..

1242 Vgl. Chmielewicz 1992: 2477.

1243 Vgl. Bühner 1999: 133-135 und 149-151; Chmielewicz 1992: 2477; Hoffmann 1969: 115f..

1244 Diese Variante nennt man auch Doppelmandat, d.h., die Vorsitzenden der Vorstände der Tochtergesellschaft sind gleichzeitig Mitglieder im Vorstand des Konzerns. Vgl. ausführlich Biehler/Ortmann 1985.

1245 Vgl. Bleicher 1991: 30; Hahn 1988: 128.

1246 Vgl. v. Werder 1987: 2267. Erstreckt sich die Personalunion auf alle Personen des Top-Managements, so spricht man von einer *völligen Leiteridentität*; erstreckt sie sich lediglich auf einige Mitglieder des Top-Managements, während die jeweils anderen Personen z.B. ausschließlich Funktionen der Gesamtleitung ausüben, so liegt eine *teilweise Leiteridentität* vor. Vgl. Seidel/Redel 1987: 133f..

I. Chancengleichheit:

Die strukturelle Voraussetzung der *Chancengleichheit* setzt die Erhebung und Einbindung der Sichtweisen aller von einer Entscheidung betroffenen Personen oder Gruppen voraus.[1247] Die formale Organisationsstruktur beeinflußt dabei die *Beziehungen zwischen Unternehmen und Umwelt*. „Damit Systeme, wie die Unternehmung, überhaupt bestehen können, sind sie darauf angewiesen, die Komplexität einer sehr wechselhaften und nur teilweise kontrollierbaren Umwelt auf ein Maß zu reduzieren, das wirksames Handeln erlaubt. Systembildung als Leistung betrachtet, besteht also – sehr abstrakt – zunächst einmal in der Reduktion von Komplexität. D.h. dem Zweck des Systems entsprechend müssen die relevanten Umweltbereiche ausgewählt und je nach dem Grad der Wichtigkeit mehr oder weniger intensiv beobachtet bzw. bearbeitet werden."[1248] Diese Selektionsentscheidung spiegelt sich in der Ressortaufteilung wider.[1249] Es werden dadurch Bereiche abgesteckt, die von seiten des Unternehmens als besonders bedeutsam eingeschätzt werden. Damit wird aber gleichzeitig die Wissensbasis für Unternehmensentscheidungen und -handlungen weitgehend fixiert bzw. begrenzt, da jedes Top-Management-Mitglied in der Regel über ein auf sein Ressort begrenztes Wissen verfügt. Die ungenügende Ausgestaltung der „external relations" kann dazu führen, daß das Wissen, z.B. über die Interessen der vom unternehmerischen Handeln Betroffenen oder die Wirkungen bestimmter Handlungsalternativen auf die soziale Umwelt, gar nicht erst aufgebaut wird. Dieses Know-how stellt jedoch eine Grundvoraussetzung für unternehmensethisches Handeln dar. Fehlt es oder ist es nur fragmentarisch vorhanden, ist eine vollständige Situationsbeschreibung und damit eine diskursive Problemdefinition nicht möglich.[1250]

II. Herrschaftsfreiheit:

Die horizontale Arbeitsteilung wirft in bezug auf die *Herrschaftsfreiheit* von Diskursen vor allem die Frage nach der Wertigkeit der einzelnen Bereiche auf. Im Sinne der diskursiven Willensbildung muß grundsätzlich allen Top-Ma-

---

1247 Vgl. hierzu und im folgenden Scholl 1992a: 904-907.

1248 Oppenrieder 1986: 32f..

1249 Zumeist werden Stellen oder Abteilungen für die als relevant erachteten Umweltbereiche geschaffen. Meist sind diese organisatorischen Einheiten dann einem Top-Manager unterstellt (z.B. die Abteilung Investor Relations oder Public Relations). Hieraus können organisatorisch bedingte Filtereffekte resultieren, da Informationen über Bezugsgruppen bereits vorselektiert und (vor-)interpretiert wurden. Gleichzeitig besteht die Gefahr, daß gar keine problembezogenen Informationen erhoben werden.

1250 Je dynamischer die Umwelten von Unternehmen sich entwickeln, um so mehr neues Wissen muß ständig produziert werden. Insbesondere bürokratische Unternehmen tun sich damit besonders schwer, denn in ihren Strukturen und Prozessen ist die Berücksichtigung bestimmter Interessen meist festgeschrieben. Den ständig wechselnden Erfordernissen der Umwelt kann damit allerdings nur ungenügend Rechnung getragen werden. Vgl. Scholl 1992a: 908.

nagern die gleiche Chance eingeräumt werden, einen Diskurs zu eröffnen sowie ihre Meinungen, Deutungen, Behauptungen und Rechtfertigungen einzubinden. Hiernach sind alle Ressorts als gleichwertig anzusehen.[1251] Der Einfluß der einzelnen Bereiche auf die Entscheidungsfindung kann jedoch erheblich differieren.[1252] Tatsache ist, daß – je nach Situation und Branche – z.B. den Ressorts „Absatz", „Finanzen" oder „Forschung und Entwicklung" ein ganz besonderer Stellenwert zugemessen wird.[1253] Dies ist vornehmlich auf den „Engpaßcharakter" einer Aufgabe zurückzuführen. Entscheidend ist dabei nicht der absolute Umfang des Engpasses, sondern die *relative Bedeutung*, die dieser Funktion im Vergleich zu den anderen Ressorts zukommt.

Daraus kann eine starke *Zentralisation der Kommunikation* resultieren. Die Interaktion konzentriert sich dann meist auf eine kleine Spitzengruppe und die Zahl der passiven Teilnehmer wächst.[1254] Da der Informationsfluß in der Unternehmensleitung nicht verbindlich geregelt ist, steigt also mit ungleichen Einflußmöglichkeiten die Wahrscheinlichkeit, daß potentielle Kommunikationswege – auch außerhalb gemeinsamer Sitzungen – sehr ungleich frequentiert und einige Bereiche gar nicht mit relevanten Informationen versorgt werden.[1255] Aufgrund der unterschiedlichen Informationsvoraussetzungen ist damit zu rechnen, daß während eines Diskurses entweder sehr viel Zeit mit der Klä-

---

1251 Dies sollte nach Gutenberg auch innerbetrieblich angestrebt werden. Vgl. Krüger 1974: 29.

1252 An dieser Stelle werden lediglich die Aufgaben- und Situationsvariablen als Determinanten der individuellen Macht einzelner Top-Manager thematisiert, da diese aus der horizontalen Arbeitsteilung resultieren. Darüber hinaus beeinflussen Variablen des individuellen Wollens, individuellen Wissens und Könnens sowie organisatorisch-institutionelle Merkmale das Einflußpotential des Einzelnen. Vgl. ausführlich Krüger 1974: 79-96.

1253 Neuere Untersuchungen sprechen dafür, daß unter komplexen Umweltbedingungen der Einfluß der entsprechenden Abteilungen (z.B. Marketing) deutlich zunimmt. Vgl. Remer 1992: 1276. Vgl. zu den Einflußgrößen dieser Abteilungsmacht ausführlich Hickson et al. 1971: 219-224.

1254 Vgl. Donaldson 1995: 100. Dabei wird davon ausgegangen, daß aufgrund der face-to-face-Situation während der Sitzungen die sog. „Vollstruktur" die einzig mögliche formale Kommunikationsstruktur im Top-Management darstellt. Sie ist dadurch gekennzeichnet, daß prinzipiell jeder Teilnehmer mit jedem anderen Teilnehmer kommunizieren kann. Vgl. Hoff 1986: 52. Alternativ werden die zentralisierten Kommunikationsstrukturen „Kette" und „Rad" sowie die dezentralisierte Struktur des „Kreises" vom Autor angeführt. Redel bezeichnet die „Vollstruktur" auch als „Plenar". Vgl. Redel 1982: 330.

1255 „Schon die Wortmeldung im Gremium will gut überlegt sein. Wer fragt, wo stumme Übereinkunft angesagt ist; oder wer gar glaubt, Gesamtverantwortung bedeute, daß sich jeder für jeden Bereich interessieren dürfe, der lernt, was Konsensprinzip wirklich bedeutet und was Eckart van Hooven, Ex-Vorstand der Deutschen Bank, ‚den Mann kanalisieren' nennt." Risch 1998: 178. Die Kommunikation wird zwar nicht nach dem reinen zentralisierten Kommunikationsmuster ablaufen; es wird aber davon ausgegangen, daß die Beteiligung der Kollegienmitglieder so ungleichmäßig verteilt ist, d.h. die Kommunikationskanäle unterschiedlich frequentiert werden, daß sich die tatsächliche Kommunikation einer zentralisierten Struktur nähert. Dies ist z.B. der Fall, wenn die Teilnehmer B, C und D untereinander nur wenige Informationen austauschen, aber mit A jeweils sehr rege kommunizieren. Vgl. Hoff 1986: 52.

rung von Verständnisproblemen und Detailfragen verbracht wird, ohne daß die Argumentation wirklich vorangetrieben wird, oder eine gemeinsame Problemdefinition aufgrund unterschiedlicher Informationen und Deutungen nicht möglich ist.[1256] So steigt die Wahrscheinlichkeit, daß Mitglieder, die ohnehin nicht an der Vorbereitung beteiligt wurden, sich aus der Diskussion „ausklinken". Diejenigen, die intensiv daran beteiligt waren und sehr gut informiert sind, können dann ihre Ansichten und Perspektiven leicht und problemlos durchsetzen.

III. Erfahrung von Wert- und Regelkonflikten:

Die Strukturen professionalisierter Tätigkeiten sind grundsätzlich geeignet, die postkonventionelle moralische Entwicklung zu fördern.[1257] So sind Top-Manager im Rahmen ihrer Tätigkeiten vielfach Situationen ausgesetzt, in denen sie komplexe Umweltsituationen bewerten, verschiedene (konfligierende) Forderungen gegeneinander abwägen und angemessene Handlungsstrategien ableiten müssen. Daraus können sich zahlreiche disäquilibrierende Effekte ergeben, die zur Förderung der postkonventionellen Urteilsfähigkeit beitragen.[1258]

Resultieren aus der Ressortbildung jedoch Egoismen und Konflikte, d.h., führt Spezialisierung zu *Ressortdenken* oder „Abschottung" gegenüber anderen Top-Management-Mitgliedern, so verringert sich die Gelegenheit zur Konfrontation mit widerstreitenden moralischen Normen.[1259] Desweiteren sinkt die Bereitschaft, sich mit den wahrgenommenen Normensystemen kognitiv auseinanderzusetzen.[1260] Dies ist vor allem in Unternehmen zu beobachten in denen Top-Manager über eine eigene, unabhängige Machtbasis verfügen.[1261] Hierdurch verringern sich auch die Möglichkeiten, grundsätzliche Meinungsverschieden-

1256 So werden in vielen Fällen Projekte und Entscheidungen vertagt, was keiner besonderen Kreativität bedarf: „Es genügt eine simple Verständnisfrage oder der Hinweis in der Sitzung, das scheine doch irgendwie noch nicht schlüssig zu sein." Dann wird das Projekt unter Umständen monatelang geprüft, optimiert und zwischen Stäben und Gremium hin- und hergeschickt. Baumhardt 1998: 169.

1257 Vgl. Lempert 1988: 485f..

1258 Vgl. Rebstock 1992: 132f..

1259 Vgl. Bühner 1999: 133.

1260 Waters hält das Ressortdenken für eine hochwirksame Barriere für unternehmensethisches Handeln. Vgl. Waters 1978: 10.

1261 Vgl. Hout/Carter 1996: 60f.. Dies ist insbesondere bei einer ressortgebundenen Kollegialorganisation des Top-Managements zu beobachten, bei der den einzelnen Top-Managern – in Verbindung mit einer sog. Geschäftsverteilung – individuelle Entscheidungskompetenzen für ihre Ressorts eingeräumt werden. Sie dürfen damit ihre Ressorts im Rahmen der vorgegebenen Entscheidungsprämissen selbständig leiten. Im Gegensatz dazu steht die portefeuillegebundene Organisation, bei der die Mitglieder lediglich die Aufgabe haben alle ihr Portefeuille betreffenden Entscheidungen vorzubereiten und in die Beschlußfassung der Unternehmensleitung einzubringen. Vgl. v. Werder 1987: 2266-2268; Seidel/Redel 1987: 132.

heiten und Bewertungsunterschiede – die eine Akkomodation und damit moralische Entwicklung begünstigen – offen auszutragen und beizulegen.[1262]

Hinzu treten oftmals gravierende *Verständigungsprobleme*, da die Ressortspezialisten häufig eigene, nur schwer nachvollziehbare Sprachspiele/-stile entwickeln.[1263] Die durch die (Hochschul-) Ausbildung und Berufsausführung ausgebildeten Denkkategorien decken unterschiedliche Teilprobleme ab, passen oft nicht zueinander und sind partiell interessengefärbt. So wird die Toleranzgrenze für Meinungsunterschiede leichter überschritten und der Kontakt bzw. die Zahl symmetrischer Kommunikation nimmt ab.[1264] Mangelndes Verständnis für die fachlichen Probleme anderer Bereiche verstärkt die Konzentration auf das eigene Ressort und führt dazu, daß Abstimmungen so weit wie möglich umgangen werden. Diskussionen verlaufen unfruchtbar, wenn sprachliche Barrieren nicht überbrückt werden. In der Regel werden diese Schwierigkeiten jedoch nicht ausgeräumt.

IV. Möglichkeiten verständigungsorientierter Kommunikation:

Die zur Koordinierung der Aktivitäten notwendigen Interaktionen zwischen den verschiedenen Spezialisten können sich ebenfalls ausgesprochen förderlich auswirken, wenn unterschiedliche Meinungen und Normen offenbar werden und Konflikte von den Beteiligten erlebt und beigelegt werden müssen. Grundsätzlich wird davon ausgegangen, daß mit der Ressortbildung auch ein höherer persönlicher Abstimmungs- und damit Kommunikationsbedarf einhergeht.[1265]

Die Höhe des Koordinationsbedarfs wird u.a. durch die *Art der Ressortbildung* bestimmt:[1266] Sind mehrere Bereiche auf eine begrenzte Menge von Ressourcen angewiesen (gepoolte Interdependenzen), so besteht ein nur geringer Abstimmungsbedarf zwischen den einzelnen Ressorts. Wurden sequentielle Interdependenzen geschaffen, d.h., sind die verschiedenen Bereiche im Leistungsprozeß hintereinandergeschaltet und damit jeweils mindestens auf die Vorleistung eines anderen Ressorts angewiesen, so entsteht ein mittlerer Koordinationsbedarf. Der höchste Interaktionsbedarf liegt vor, wenn zwischen zwei oder mehreren Einheiten ein gegenseitiger Austausch von Leistungen besteht (reziproke

---

1262 Horizontale Arbeitsteilung kann zur strukturellen Restriktion für Kommunikations- und Kooperationsprozesse werden, wenn Mikropolitik betrieben wird. Vgl. Laske/Weiskopf 1992: 799.

1263 Vgl. Steinmann/Löhr 1994a: 34 und Oppenrieder 1986: 27. Solche Probleme sind z.B. auf die diskrepanten kognitiven Strukturen, die u.a. aus den vollkommen verschiedenen Denkschemata resultieren, zurückzuführen. Zum einen unterscheidet sich das Vokabular von Technikern, Ökonomen und Juristen oft erheblich; zum anderen sind die Wertorientierungen der Top-Manager häufig sehr diskrepant: Die technisch beste Lösung konkurriert hier beispielsweise mit der wirtschaftlichsten. Vgl. Hoff 1986: 43-45 und Redel 1982: 344-348.

1264 Vgl. Scholl 1992a: 907.

1265 Vgl. Rebstock 1992: 135.

1266 Vgl. Spieß 1996: 15.

Interdependenzen). Abbildung 20 visualisiert den Zusammenhang zwischen der Art der Ressortbildung und dem Koordinations- bzw. Abstimmungsbedarf.

Abb. 20: Typen der Interdependenz zwischen organisatorischen Bereichen

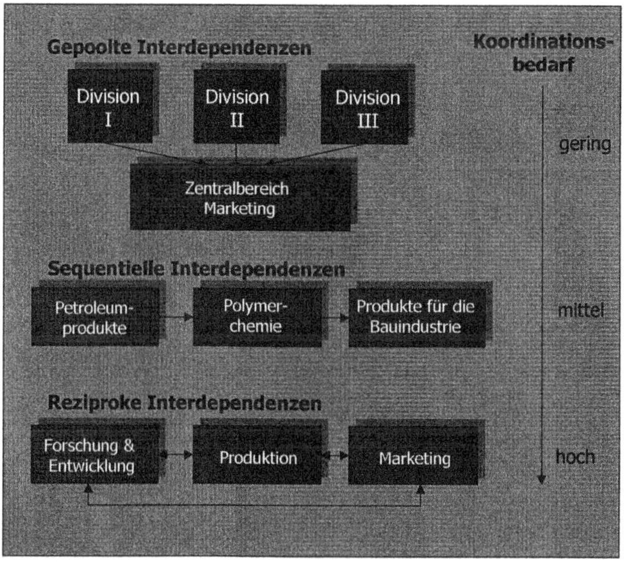

Quelle: In Anlehnung an Bühner 1999: 75-77; Kieser/Kubicek 1992: 94.

Grundsätzlich ist davon auszugehen, daß mit zunehmendem Koordinationsaufwand auch die Chancen zur *symmetrischen Kommunikation* steigen, da nicht alle Interaktionserfordernisse vorhergesehen und formal – durch festgelegte Verfahren – vorstrukturiert werden können. Die Koordination wird in solchen Fällen durch *Selbstabstimmung* der beteiligten Top-Manager geleistet.[1267] Innerhalb der formal organisierten Handlungsbereiche bieten sich damit Möglichkeiten zur *unmittelbaren persönlichen Kommunikation und Abstimmung* zwischen Organisationsmitgliedern der gleichen Hierarchieebene. Diese können verständigungsorientiert genutzt werden.[1268]

Auch wenn so Koordinationserfordernisse entstehen, die in der Regel nicht durch Rückgriff auf formelle Regelungen (z.B. Programme oder Pläne) gelöst werden können, ist noch nichts über die moralfördernden Qualitäten der Inter-

1267 Vgl. Kieser/Kubicek 1992: 106f..

1268 Aufgrund der großen Umweltkomplexität und -dynamik ist der nicht durch formelle Regelungen zu strukturierende Koordinationsaufwand auf Ebene des Top-Managements nicht nur insgesamt sehr hoch, sondern wächst für beinah alle Unternehmen kontinuierlich.

aktion gesagt.[1269] Bestehen außer den strukturbedingten keine weiteren, sozial begründeten Kontakte, so entfallen verständigungsorientierte Bemühungen weitgehend. KIESER/KUBICEK stellen in diesem Zusammenhang fest, daß Koordinationsentscheidungen als ein sozialer Prozeß anzusehen sind, in dem vor allem Macht und ähnliche Kategorien eine Rolle spielen.[1270] Durch *Ressortdenken* kann diese Tendenz soweit verstärkt werden, daß die Kommunikation *ausschließlich erfolgsorientiert* vorgenommen wird oder die erforderliche Abstimmung sogar unterbleibt.[1271]

Eine verständigungsorientierte Kommunikation ist eher bei *informellen Beziehungen* zu erwarten, da dort ein größerer Freiraum zur Ausgestaltung der Interaktionsbeziehungen sowie ein größeres Interesse an der Aufrechterhaltung der persönlichen Beziehung besteht.[1272] Der Umfang informeller Kommunikation ist jedoch nur bedingt mit der Art der Ressortbildung verknüpft; hierbei dürften eher persönliche (z.B. Sympathie, gegenseitiger Respekt, gemeinsame Interessen) und sachliche Aspekte (z.B. Häufigkeit von Kontakten, Gelegenheiten zu informellen Gesprächen) ausschlaggebend sein. Je stärker das Ressortdenken bei den einzelnen Top-Managern ausgeprägt ist, desto größer die Wahrscheinlichkeit, daß keine informellen Beziehungen bestehen.

V. Erfahrung von Kooperation:

Professionalisierte Tätigkeiten können grundsätzlich die Erfahrung von Kooperation fördern, da die meisten Entscheidungen ohne den Beitrag der verschiedenen „Spezialisten“ gar nicht mehr begründet zu treffen sind. Sie erfordern die Mitwirkung aller Ressortleiter, die gemeinsam eine für die Unternehmung als Ganzes optimale Strategie entwickeln müssen. *Ressortdenken* erschwert jedoch das gemeinsame Treffen von Entscheidungen: Die Aufteilung in Ressorts hat zur Folge, daß Ressortsicht und Unternehmensgesamtsicht häufig kollidieren. Aus den Konzernvorständen werden dann Bereichslobbyisten, die versuchen, die Interessen ihres Aufgabengebietes möglichst umfassend zur Geltung zu bringen. In vielen Unternehmensleitungen resultieren daraus Mikropolitik und offene Machtkämpfe, die eine kooperative Entscheidungsfindung verhindern. Einen großen Teil ihrer Zeit verbringen Top-Manager dann mit Aktivitäten, die nichts mehr mit dem eigentlichen Geschäft zu tun haben und eher der Absiche-

---

[1269] „Die durch Organisationsmitgliedschaft konstituierten innerbetrieblichen Beziehungen ersetzen kommunikatives Handeln nicht, aber sie *entmächtigen* dessen Geltungsgrundlage zugunsten der legitimen Möglichkeit, den Bereich verständigungsorientierten Handelns nach Belieben in eine von lebensweltlichen Kontexten entkleidete, nicht länger auf Konsenserzielung abgestellte Handlungssituation umzudefinieren.“ Habermas 1995b: 460.

[1270] Kieser/Kubicek 1992: 103f..

[1271] Vgl. Oppenrieder 1986: 27.

[1272] Vgl. Rebstock 1992: 135.

rung der eigenen Machtbereiche sowie der Abwehr persönlicher bzw. bereichsbezogener Angriffe dienen.[1273] Die Interessen des Gesamtunternehmens geraten dabei schnell ins Hintertreffen.[1274]

VI. Übernahme persönlicher Verantwortung:

Die Aufgaben der Unternehmensleitung bieten viele Möglichkeiten zur Übernahme persönlicher Verantwortung, da die Ressortleiter zahlreiche, weitreichende Entscheidungen aufgrund ihres Fachwissens treffen müssen, für die sie automatisch verantwortlich sind.[1275] Allerdings kann die horizontale Arbeitsteilung das *individuelle Verantwortungsbewußtsein* sowohl für die *eigenen Handlungen* als auch für die Wirkungen *kollektiver Aktivitäten* erheblich *mindern.*

Der Zuständigkeitsbereich der einzelnen Top-Manager ist in vielen Fällen so spezialisiert (z.B. Mergers&Acquisitions, Recht, Ingenieurtechnik), daß der Gesamtzusammenhang für den Einzelnen nahezu unübersehbar wird. Hierdurch können die Konsequenzen des Handelns oftmals nur noch im Hinblick auf das eigene Fachgebiet, nicht aber hinsichtlich aller relevanten Bereiche kalkuliert werden. „Wo aber die Konsequenzen des eigenen Tuns nur noch in beschränktem Ausmaß überschaubar sind, entfällt eine wichtige Voraussetzung für verantwortungsbewußtes Handeln und ethische Reflektionen.“[1276] Erschwerend erweisen sich dabei die Gefahren des „Spezialistentums“: Experten neigen dazu, die Selektivität des eigenen Blickwinkels zu übersehen und Risiken, mit denen sie tagtäglich umgehen, zu verniedlichen.[1277]

Ein weiteres Problem ergibt sich daraus, daß unethische Praktiken von Kollegen zwar oft erkannt, in vielen Fällen aber nicht moniert werden. Dies resultiert

---

[1273] „Angriff und Verteidigung, Taktieren, Tricksen, Hausmacht sichern, falsche Fährten legen und Verbündete suchen für all die Projekte, die einem wirklich wichtig sind.“ Risch 1998: 175. „Daher herrscht unter den Vorstandsmitgliedern immer eine gewisse Spannung und ein wenig Mißtrauen. Das Klima erinnert zuweilen an das Spiel „Die Reise nach Jerusalem“, in dem jeder um seinen Platz kämpfen muß, eine Ellbogengesellschaft, in der man versucht, den anderen auszutricksen.“ Goeudevert 1996: 133f.. Vgl. als eines der bekanntesten Beispiele den monatelangen Machtkampf bei Daimler Benz zwischen Mercedes-Chef Helmut Werner und Daimler-Benz-Chef Jürgen Schrempp Antrecht/Hillebrand 1996: 36-41; o.V. 1996a: 114-117; o.V. 1996b: 118f; o.V. 1996c: 122-124 oder bei BMW Linden 1999: 52-66. Vgl. z.B. zu den Machtkämpfen im Vorstand des Axel Springer Verlages, o.V. 1997: 58-61. Mit Querelen und Machtkämpfen im Vorstand hat zeitweise so gut wie jedes Großunternehmen zu kämpfen. Vgl. Radermacher 1998: 186; Viehöfer 1990: 54f.. Nicht zuletzt ist dies auch auf die sog. „Mergerwelle“ zurückzuführen. Die Akquisition von Unternehmen führt meist dazu, daß ein Teil des Top-Managements (meist des Targetunternehmens) den Vorstand verlassen muß. Vgl. Gerpott 1994a und 1994b.

[1274] Vgl. Bühner 1990: 55.

[1275] Vgl. Katzenbach 1998: 15.

[1276] Steinmann/Löhr 1994a: 32.

[1277] Vgl. Böckle 1991: 120; Sorg 1982: 355.

daraus, daß sie (vermeintlich oder tatsächlich) nicht in den eigenen Zuständigkeitsbereich fallen.[1278] Diese auch mit „Lehensherrentum“ beschriebene Praxis von Top-Managern, die eigene Baronie zu schützen und die der anderen zu respektieren, hat zahlreiche Gründe:[1279] Einer ist sicherlich die Angst vor Schwierigkeiten, die mit der Einmischung in einen anderen Bereich verbunden sind und sich negativ auf das eigene Ressort auswirken können.[1280] Das Gewissen wird dann mit der Begründung entlastet, daß jedes Top-Management-Mitglied für das, was es tut selbst verantwortlich ist.[1281]

3.3.2.2 Klassische Hierarchie („strict line of command")

Die Entfaltung hierarchisch abgestufter Entscheidungsstrukturen ist für das Management moderner Großunternehmen notwendig, um die binnenorganisatorische Komplexität bei der Steuerung der Aktivitäten zu beherrschen. Die Hierarchie als Ordnungsprinzip ist konstitutiv für die Entstehung *asymmetrischer Beziehungsmuster*, die sich vor allem aus der einseitigen Zuordnung von Weisungs-/Kontroll- sowie Sanktionsbefugnissen ergibt. Diese wird durch die Verpflichtung der Organisationsmitglieder zur Akzeptanz der betrieblichen Autoritäts- und Einflußstruktur abgesichert. Die Leitungsstruktur ist traditionell durch verschiedene Varianten des Stab-Linien-Systems gekennzeichnet. Dieses erscheint besonders geeignet, da eine Reihe von Aufgaben anfallen, die nicht

---

1278 Vgl. Bernhardt/Witt 1999: 828; Oppenrieder 1986: 26f.. Ein Grund ist sicherlich auch die anstehende Vertragsverlängerung. „Wenn das zweite Jahr als Vorstand vorbei ist, dann ist der Mann Mitte 50. Seine Lage wird heikel, der Zeitpunkt der Vertragsverlängerung rückt langsam in Sicht. Und da darf er keinem mehr weh tun, sonst könnte im Ernstfall gegen ihn gestimmt werden.“ Risch 1998: 169.

1279 Wer sich in andere Bereiche einmischt trägt ein großes persönliches Risiko „Weil er vermeintlich gegen den Vorsitzenden schießt oder nächstes Jahr die Vertragsverlängerung ansteht. Weil er scharfe Nachfolger hat, die nur auf ihre Chance warten [...] Weil es einfach klüger ist, sich gerade jetzt nicht hervorzutun oder weil das Thema, das in einem halben Jahr zur Debatte steht, sonst gefährdet ist.“ Von Dörnberg 1998: 178f.. In den Spezialbereich des Kollegen darf man sich in der Regel nicht einmischen. Vgl. Apel 1997: 275.

1280 Hoffmann macht darauf aufmerksam, daß für den Fall der Nichteinmütigkeit über einen bestimmten Vorschlag der Vorstand seine Nichtaktionsfähigkeit unter Beweis stellen würde und der Aufsichtsrat intervenieren müßte. Aus diesem Grunde unterbleiben ebenfalls vielfach kritische Einwände. Vgl. Hoffmann 1969: 118. So unterblieb beispielsweise im Fall Philipp Holzmann AG, bei dem der Gesamtvorstand sowohl über mögliche Verluste als auch bilanzielle Konsequenzen des Projektgeschäftes informiert war, eine abschließende Bewertung der möglichen Risiken (obwohl diese bereits bekannt waren), um dem Finanzchef Westphal, der den Bereich aufgebaut und verantwortet hatte, nicht ins Handwerk zu pfuschen.

1281 Darüber hinaus konnte empirisch nachgewiesen werden, daß das individuelle Verantwortungsbewußtsein deutlich niedriger ist, wenn auch noch andere Personen hätten eingreifen können (Vgl. Milgram-Experiment); selbst wenn eine gemeinsame Entscheidung getroffen wurde, ist der „Sündenbock“, der die Handlungsweise vorgeschlagen oder durchgesetzt hat, ja schnell auszumachen und zu sanktionieren. Der Einzelne fühlt sich so von seiner Pflicht zu Widerspruch schnell entbunden. Vgl. Lay 1993: 46-49.

von der Unternehmensleitung selbst, sondern von Stabsstellen oder Zentralabteilungen bis zur Entscheidungsreife aufbereitet werden.[1282] Diese Abteilungen/Stellen sind entweder dem Vorsitzenden, bestimmten Top-Managern oder der gesamten Unternehmensleitung direkt unterstellt.[1283] Damit soll sichergestellt werden, daß die Unternehmensführung ständig über ausreichende Informationen verfügt, die sie in die Lage versetzen, schnell und problembezogen zu Entscheidungen zu gelangen.[1284] Diese Stellen/Abteilungen pflegen in der Regel auch die Kontakte zu bestimmten Anspruchsgruppen, so z.B. die Abteilung Öffentlichkeitsarbeit zu Presse, Gesellschaft und Medien. Dieser Aspekt ist ebenfalls bezüglich der Voraussetzungen ethischer Argumentationen zu analysieren.

I. Chancengleichheit:

Im Hinblick auf die Möglichkeit, alle Perspektiven zu erheben und zur Sprache zu bringen, ist besonders auf den bereits seit längerer Zeit unter dem Stichwort „Expertenmacht" in der Diskussion um die klassische Stab-Linien-Organisation thematisierten Tatbestand hinzuweisen.[1285] Demnach verfügen Abteilungen oder Stellen aufgrund ihres Umweltbezuges, d.h. aufgrund ihrer Kontakte zu relevanten Umweltbereichen über eine nicht unerhebliche Machtressource.[1286] Im vorliegenden Zusammenhang spielen vor allem Informationsverzerrungen in der „bottom-up-Kommunikation" eine zentrale Rolle.[1287] Meist verfügen die Stäbe über direkte Kontakte zu relevanten Umweltbereichen wie Markt, Politik oder verschiedenen Interessengruppen. Sie sind in der Lage, Informationen zu selektieren, sie der Unternehmensleitung vorzuenthalten und/oder sie – bewußt oder unbewußt – zu verfälschen.[1288] Aufgrund ihrer fachlichen Qualifikationen geben sie Empfehlungen, die in der Regel vom Top-Management ohne weiteres übernommen werden.[1289] Damit können sie Entscheidungen bzw. Informationen so darstellen und beeinflussen, daß bereits zentrale Vorentscheidungen getroffen werden. De facto entscheiden also nicht selten die Stäbe, welche Sicht-

---

1282 Als die Unternehmen noch kleiner und noch nicht diversifiziert waren, konnte die Unternehmensleitung relativ problemlos die Unternehmensstrategie festlegen. Als diese jedoch immer größer wurden, brauchten sie ausgeklügelte Systeme von Stäben und Spezialisten, um die strategische Planung in den einzelnen Geschäftsbereichen prüfen, beeinflussen und genehmigen zu können. Vgl. Bartlett/Goshal 1995: 58; Büschgen 1992: 1193.

1283 Vgl. Hoffmann 1969: 116.

1284 Vgl. Laske/Weiskopf 1992: 794.

1285 Vgl. Bühner 1999: 142-144; Bea/Göbel 1999: 269f.; Frese 1998: 321-324; Hill et al. 1976: 196-198.

1286 Vgl. Remer 1992: 1275.

1287 Vgl. Steinmann/Gerhard 1992: 166f.; Oppenrieder 1986: 29.

1288 S. Krüger 1974: 13.

1289 Vgl. Raffée/Fritz 1992: 317f..

weisen und Problemlösungen überhaupt in Betracht zu ziehen sind und welche Interessen favorisiert werden.[1290]

Zusätzlich ist festzustellen, daß die „bottom-up"-Kommunikation einer Informationsselektion unterliegt. Negative Vorkommnisse werden häufig beschönigt oder verschwiegen, da die Gefahr besteht, daß man dafür verantwortlich gemacht wird.[1291] Insbesondere „moralische Bedenken" werden herausgefiltert, da sie nicht in die spezifisch ökonomische Terminologie passen und vielfach Unverständnis bei den Vorgesetzten auslösen. Durch die zum Teil sehr langen Befehlswege der klassischen *Hierarchie* potenzieren sich zudem die Verfälschungsmöglichkeiten. Informationen, die das Top-Management erreichen, sind meist so gefiltert, daß ihr eigentliches „Wesen" kaum mehr zu erkennen ist.[1292] Die Folgen dieser internen Informationsbarrieren werden am Beispiel der Firma GOODRICH deutlich. Bei der Überprüfung einer Unfallserie von Flugzeugen stellte das Untersuchungskomitee folgendes fest: Das Top-Management konnte seiner Verantwortung deshalb nicht gerecht werden, weil ausschließlich die positiven, nicht aber die negativen Ergebnisse der Bremsentests an sie weitergeleitet wurden.[1293]

II. Herrschaftsfreiheit:

Auch die *Herrschaftsfreiheit* kann während des Diskurses von der Hierarchie beeinträchtigt werden. In der Regel sind die Zentralabteilungen oder -bereiche dem Vorsitzenden oder Mitgliedern der Unternehmensleitung zugeordnet, die diese selbständig und in eigener Verantwortung führen.[1294] Die Leiter dieser Abteilungen/-bereiche berichten damit direkt an das ihnen vorgesetzte Top-Management-Mitglied. Damit verfügen die einzelnen Top-Manager bzw. der Vorsitzende grundsätzlich über ganz unterschiedliche Informationen. Werden diese nicht über ein Management-Informationssystem oder -persönliche Verflechtungen (z.B. ein informelles Interaktionsnetz) ausgetauscht, so kommt es zu Informationsasymmetrien, die sich während der Sitzungen bemerkbar machen können: Die Möglichkeit, aktiv an Diskussionen teilzunehmen und begründete Argumente einzubringen, wird dadurch für einige Mitglieder beschränkt.

III. Erfahrung von Wert- und Regelkonflikten:

Ohne direkte Konfrontation der Top-Manager mit den Interessen und Bedürfnissen der vom unternehmerischen Handeln Betroffenen ist eine kritische Aus-

---

[1290] Vgl. Remer 1992: 1271 und 1276.
[1291] Vgl. Scholl 1992a: 907; Steinmann/Gerhard 1992: 167.
[1292] Vgl. Bartlett/Goshal 1995: 58; Schneidewind 1991: 293 und Shimizu 1990: 639.
[1293] Vgl. Oppenrieder 1986: 30.
[1294] Vgl. Bleicher 1991: 450.

einandersetzung mit abweichenden Normensystemen kaum zu erwarten. Konflikte zwischen den Wertmaßstäben verschiedener Anspruchsgruppen und der Unternehmensleitung werden wohl kaum mit den untergebenen Stellen/Abteilungen ausgetragen. Die skalare Differenzierung in „Vorgesetzte" und „Untergebene" beruht ausdrücklich auf gestuften Befehls- und Durchsetzungsrechten. Sie unterminieren in der Regel die Motivation von Mitarbeitern, unethische Praktiken zur Sprache zu bringen oder Konflikte auszutragen.

IV. Intensive verständigungsorientierte Kommunikation:

Fehlen direkte Kontakte zu Bezugsgruppen, so wird auch die Möglichkeit zur intensiven, verständigungsorientierten Kommunikation verhindert. Wertvolle Aspekte der Situationsbeurteilung und Möglichkeiten zur Perspektivenübernahme gehen damit verloren. Aufgrund der hierarchischen Abhängigkeitsverhältnisse und der (normalerweise vorhandenen) subjektiven Hemmschwelle davor, mit formal höhergestellten Personen informell zu kommunizieren, ist auch eine verständigungsorientierte Kommunikation mit den zuständigen Stellen nur schwer möglich. Hierzu bedarf es eines hierarchiefreien Raumes und des Aufbaus von Vertrauensbeziehungen, die innerhalb einer Organisation – und insbesondere auf Ebene des Top-Managements – jedoch nur mühsam realisiert werden können.[1295]

V. Erfahrung von Kooperation:

Stäbe und Zentralabteilungen werden zwar maßgeblich an der Entscheidungsvorbereitung beteiligt, die bestehenden Über- bzw. Unterordnungsverhältnisse sehen jedoch keine Teilnahme an der eigentlichen Entscheidung vor.[1296] Die entsprechenden Entscheidungsbefugnisse bestehen auf Ebene des Top-Managements. Die Beziehung zu den Stabsmitarbeitern oder Mitarbeitern der Zentralabteilungen beschränkt sich dabei vielfach auf den Austausch von Informationen. Charakteristisches Merkmal hierarchischer Strukturen ist, daß der Vorgesetzte einen höheren oder zumindest gleich hohen Wissens- und Informationsstand wie seine Mitarbeiter besitzen sollte. Entscheidungen können so auch ohne Mitwirkung der vorbereitenden Stellen getroffen werden. Die Notwendigkeit kooperativer Entscheidungen entfällt damit.[1297]

[1295] „Steigt man in der Hierarchie eines Unternehmens bis zum Vorsitzenden, dann befindet man sich meist auch auf der letzten Etage des Firmengebäudes. Und je weiter man aufsteigt, desto mehr verwandeln sich die Fenster in Spiegel [...] Der Blick auf die Außenwelt ist verwehrt. Man sieht nur noch sich selbst. Auch die Mitarbeiter, mit denen man verkehrt, stellen ständig einen Spiegel auf: Gucken Sie mal, Chef, Sie sind der Beste. Selbst wenn man versucht, sie zu Widerspruch oder Dialog zu animieren, bekommt man selten eine Resonanz, die zu weiterem Nachdenken stimuliert." Goeudevert 1996: 180.

[1296] Vgl. Kieser/Kubicek 1992: 135f..

[1297] Vgl. Rebstock 1992: 138.

VI. Übernahme persönlicher Verantwortung:
Die subjektive Empfindung von „echter“ Verantwortung hängt eng zusammen mit der empfundenen Möglichkeit, Entscheidungen selbst oder kooperativ zu treffen. Fehlen diese Möglichkeiten, so sinkt tendenziell auch der Grad der empfundenen Verantwortung.[1298] Daher sind sich (Stabs-)Spezialisten ihrer Verantwortung vielfach nicht bewußt bzw. schieben diese leichtfertig an die eigentlichen Entscheidungsträger ab. In vielen Fällen übernimmt das Top-Management, das meist unter Zeitdruck (re-)agiert, die Vorschläge der Stäbe relativ unreflektiert.[1299] Ohne das entsprechende Vorwissen kann sich jedoch bei der Unternehmensleitung ein kritisches Verantwortungsbewußtsein nur schwer entwickeln. Hinzu kommt, daß der fehlende direkte Kontakt mit Betroffenen keine personenbezogene Verpflichtung entstehen läßt. Solange sich die Verantwortung der Unternehmensleitung jedoch auf relativ unkonkrete Sachverhalte bezieht oder von bestimmten partikularen Interessen stark beeinflußt ist bzw. wird, können sich keine oder nur geringe Effekte moralischer Entwicklung zeigen.[1300]

3.3.2.3 Diffusion der Entscheidungskompetenzen („separation of decision")

Gemäß § 76 Abs. 2, Satz 2 AktG ist beispielsweise für Aktiengesellschaften mit einem Grundkapital von mehr als drei Millionen DM das *Kollegialprinzip* gesetzlich vorgesehen, d.h., der Vorstand besteht, soweit nicht in der Unternehmenssatzung anders verfügt, aus mindestens zwei Personen, die nur *gemeinschaftlich* zur Geschäftsführung legitimiert sind (§ 77 Abs. 1, Satz 1).[1301] Dabei kann nach § 77 Abs. 1, Satz 2 AktG ein (oder mehrere) Vorstandsmitglied(er) bei Meinungsverschiedenheiten im Vorstand nicht gegen die Mehrheit seiner Mitglieder entscheiden; dies gilt auch für den Vorsitzenden des Vorstands, der nach § 84 Abs. 2 AktG vom Aufsichtsrat bestellt werden kann. Allerdings verkennt dieses theoretische Bild vom Kollegialorgan Vorstand zunehmend die Realität. Faktisch ist die Struktur der Führungsgruppe nämlich häufig stark durch die „persönliche Handschrift“ des *Vorstandsvorsitzenden oder -sprechers* geprägt.[1302] Ihm kommt oft ein Letzt- oder Alleinentschei-

---

1298 Vgl. Aßländer 1997: 8.
1299 Vgl. Oppenrieder 1986: 28
1300 Vgl. Rebstock 1992: 156.
1301 Vgl. auch Bernhardt/Witt 1999: 829.
1302 Vgl. Bernhardt/Witt 1999: 830; v. Werder 1998: Sp. 1197; Bleicher/Leberl/Paul 1989: 262f.. So kam etwa Trenkle zu dem Ergebnis, daß 69 Unternehmen (86%) die Position des Vorstandsvorsitzenden besetzt hatten, während 11 Vorstände über keinen Vorsitzenden verfügten. In 51% kam dem Vorstandsvorsitzenden die Funktion der obersten Entscheidungsinstanz innerhalb des Unternehmens zu, in 37% glich er Meinungsverschiedenheiten innerhalb des Vorstands aus.

dungsrecht (wie beim Direktorialprinzip) zu.[1303] Auch wenn kaum empirische Untersuchungen über den wirklichen Einfluß des Vorsitzenden vorliegen, so ist davon auszugehen, daß er eine gewaltige Wirkung auf die übrigen Top-Management-Mitglieder, die Zusammenarbeit innerhalb der Unternehmensleitung sowie die Wahl von Strategien und das Zustandekommen von Ergebnissen hat.[1304] De facto entscheidet letztlich in vielen Unternehmen der Vorsitzende.[1305] Aus diesem Grunde wird im folgenden die Rollen- und Kräfteverteilung im Top-Management respektive die *Zentralisation der Entscheidungsbefugnisse* beim Vorsitzenden oder Sprecher der Unternehmensleitung im Hinblick auf die Voraussetzungen einer diskursiven Unternehmensethik untersucht.[1306]

I. Chancengleicheit:

Die Frage, ob alle möglicherweise betroffenen Sichtweisen die gleiche Chance haben, in einen Diskurs eingebracht zu werden, ist eng mit dem Führungsstil des Vorsitzenden verknüpft.[1307] Nur wenn er allen Mitgliedern die Möglichkeit einräumt, Sichtweisen und Meinungen umfassend darzulegen und Unterschiede in der Bewertung auszuräumen, kann die Chancengleichheit gewährleistet werden.[1308] Behindert er die Argumentation durch unzweckmäßige Abläufe, zu frühen Abbruch oder Herausstellung der eigenen Meinung, so können nicht alle Perspektiven diskutiert und umfassend reflektiert werden.

II. Herrschaftsfreiheit:

Fehlende oder eingeschränkte Entscheidungskompetenz der einzelnen Top-Management-Mitglieder kann als extremer Informationsfilter wirken, sei es, weil sie für sich selbst kritische Informationen nicht weiterleiten oder unangenehme Argumente bereits „verdrängt" haben. Durch die Zurückhaltung oder bewußte Verfälschung von Informationen kann sehr subtil Macht ausgeübt werden, und es steigt die Gefahr, daß Informationen wissentlich verzerrt werden, um die eigenen Interessen beim Vorsitzenden gezielter durchsetzen zu können. Außerdem wollen „Vorsitzende" sich vielfach nicht auf eine lange

---

Damit kommt zum Ausdruck, über welche herausragende Stellung der Vorsitzende in vielen Fällen innerhalb des Vorstands verfügt. Vgl. Trenkle 1983: 91-93.

1303 Vgl. zu den Vor- und Nachteilen des Kollegial- bzw. Direktorialprinzips die Übersicht bei Seidel/Redel 1987: 133.

1304 Vgl. Finkelstein/Hambrick 1996: 142. Eine sehr eindrucksvolle Charakterisierung deutscher Top-Management-Vorsitzender findet sich bei Krause-Burger 1995 und Krause-Burger 1989.

1305 Vgl. Risch 1998: 172. Zudem liegt das Einkommen der Vorsitzenden im Schnitt doppelt so hoch wie das der übrigen Top-Manager. Ebd. 185.

1306 Vgl. v. Werder 1987: 2268. Insbesondere wenn – wie z.B. im Bankenbereich üblich – der Vorsitzende als „primus inter pares" agiert, verfügt er faktisch über einen ausgesprochen großen Einfluß, während das einfache Mitglied allein kaum etwas bewegen kann. Vgl. Risch 1998: 172.

1307 Vgl. ausführlich zum Führungsstil des VW-Chefs Piech, der autokratisch und mit dem Prinzip „Angst" regiert, Linden 1998: 60.

1308 Vgl. zum Verhältnis zwischen Macht und Wissenszuwachs Scholl 1991: 60f.

Diskussion einlassen, so daß abweichende Meinungen schnell durch Konformitätsdruck angeglichen oder ausgegrenzt werden.[1309] Dies spielt zum einen im Verhältnis der einzelnen Mitgliedern zu den ihnen untergeordneten Bereichen und Abteilungen eine Rolle; zum anderen zeigt sich auch, daß Vorstandsvorsitzende nicht selten nur ihre *eigene Meinung* bestärkt sehen wollen.[1310] Von Herrschaftsfreiheit kann dabei wohl kaum gesprochen werden.[1311]

III. Erfahrung von Wert- und Regelkonflikten:

Mit einer Zentralisierung der Entscheidungskompetenzen geht meist eine Verringerung der Chancen einher, sich mit den abweichenden Situationsbewertungen der anderen Mitglieder der Unternehmensleitung direkt auseinanderzusetzen. Top-Manager stellen ihre Argumente dann lediglich dem Vorsitzenden vor, der letztlich auch die Entscheidung trifft. Moralisch relevante Wertkonflikte kommen so nicht zustande.[1312] Die betroffenen Mitglieder erfahren abweichende Bewertungen ihrer „Kollegen“ nur über den Filter des Vorsitzenden. Eine direkte Auseinandersetzung mit den Argumenten anderer Ressorts unterbleibt.

IV. Intensive verständigungsorientierte Kommunikation:

Die Häufigkeit horizontaler Kommunikation wird durch Entscheidungszentralisation auf ein Mindestmaß reduziert, da Abstimmungen zwischen den Ressortleitern zur Verbesserung der Entscheidungsgrundlage nicht erforderlich sind.[1313] Die interne Rangdifferenzierung führt dazu, daß die Kommunikation stark zentralisiert wird, da die Top-Management-Mitglieder überwiegend über den Vorsitzenden, der die Beiträge koordiniert und letztlich entscheidet, kommunizieren. Damit dominiert eine formelle, vertikal auf den Vorstandsvorsitzenden bezogene Kommunikation, die tendenziell strategisch gefärbt ist.[1314]

1309 S. Scholl 1992a: 907.

1310 Vgl. für viele Balzer/Wilhelm 1996: 57 und 70, über den ehemaligen Vorstandsvorsitzenden Wolfgang Schieren, der für seine „einsamen Beschlüsse“ und seine eindringliche Art, in Vier-Augen-Gesprächen und durch Wutanfälle seine Vorstände zu überzeugen, bekannt war.

1311 Macht und Einfluß bedeuten in vielen Fällen jedoch, daß der Vorsitzende Alternativen grundsätzlich abwertet und seine eigene Meinung für den „Stein des Weisen“ hält. Vgl. v. Rosenstiel 1993: 181.

1312 Bewertet beispielsweise der Vorstand „Entwicklung“ ein neues Produkt aufgrund der Entsorgungsproblematik bei einem bestimmten Materialeinsatz als nicht sinnvoll, hält der Marketingvorstand das gleiche Produkt jedoch aufgrund von Preisvorteilen für vorteilhaft, so kann keine kognitive Auseinandersetzung mit den Argumenten der Gegenseite stattfinden. Vgl. Rebstock 1992: 134.

1313 Vgl. Rebstock 1992: 137.

1314 Vgl. Rebstock 1992: 136f.. Ogger schreibt hierzu: „Aber selbst gegenüber den eigenen Kollegen nutzt man offene Kommunikation nur in beschränktem Maße, nämlich da, wo es zur Erreichung der eigenen Ziele dient.“ Ogger 1995: 209.

V. Erfahrung von Kooperation:

Kommt dem Vorsitzenden eine dominante Rolle zu, so besteht die Gefahr, daß sich die Leiter der verschiedenen Ressorts verstärkt voneinander „abschotten" und ihre Belange bilateral mit dem Vorsitzenden regeln. Die Notwendigkeit zur Kooperation mit den Leitern der übrigen Ressorts entfällt damit weitgehend.[1315] Die Erfahrung von Kooperation kann sich jedoch nicht einstellen, wenn Entscheidungen auch ohne die Mitwirkung der übrigen Top-Management-Mitglieder getroffen werden können.[1316] Darüber hinaus konnte empirisch nachgewiesen werden, daß die Zentralisierung der Entscheidungsbefugnisse eng mit den mikropolitischen Aktivitäten innerhalb der Unternehmensleitung zusammenhängt: Je dominanter der Vorsitzende, desto weniger Informationen werden ausgetauscht und um so gespannter gestalten sich die Beziehungen zwischen den einzelnen Top-Management-Mitgliedern.[1317]

VI. Übernahme persönlicher Verantwortung:

Je nach Führungsstil des Vorsitzenden wird die Möglichkeit, an seinen Entscheidungen zu partizipieren, begrenzt.[1318] Damit steigt zusätzlich die Wahrscheinlichkeit, daß das einzelne Mitglied seine individuelle Verantwortung abschiebt. Die Existenz einer übergeordneten Instanz „verführt" dazu, sich selbst nicht unmittelbar verantwortlich zu fühlen, sei es, weil der eigene Anteil an der Entscheidung relativ unwesentlich ist oder weil der Vorsitzende die Letztverantwortung übernimmt.[1319]

3.3.3 Leitgedanken zur Organisation der Top-Management-Arbeit

Im Vordergrund der nachfolgenden Ausführungen stehen die beiden strukturellen Voraussetzungen der idealen Sprechsituation. Damit geht es zum einen um die Schaffung der Bedingungen einer umfassenden und kontinuierlichen

1315 So pflegte der Exvorsitzende der Allianz AG Wolfgang Schieren beispielsweise Entscheidungen im „intimen Kreis" vorzubereiten und relativ autoritär durchzusetzen. Hierzu traf er sich mit den entsprechenden Vorstandsmitgliedern am Wochenende um „hinter verschlossenen Türen zu kungeln". Daraus resultierte nicht nur eine unglaubliche Rivalität zwischen den Top-Managern, oft waren die Vorstände noch nicht einmal darüber informiert, über was denn genau im anderen Ressort entschieden wurde. Vgl. Balzer/Wilhelm 1996: 61 und 63f..

1316 Vgl. Rebstock 1992: 138.

1317 Vgl. Eisenhardt/Bourgeois 1988: 749. Siehe auch das Beispiel des Alte-Leipziger-Vorsitzenden Paul Wolf bei Palan 2000: 36-39.

1318 Vgl. beispielsweise zum „Rambo"-Führungsstil des Vorsitzenden der Metallgesellschaft, Karl Josef Neukirchen, Hoffmann/Linden 1997: 95-98 sowie Balzer/Werres 2000: 110-114.

1319 Viele Vorstände warten geradezu darauf, daß der Vorsitzende die Verantwortung für eine Entscheidung übernimmt und sie selbst damit keine eigene Verantwortung übernehmen müssen. Vgl. Gäb 1998: 171. Insofern wird auch für Fehlschläge der Vorsitzende und nicht der gesamte Vorstand verantwortlich gemacht. Ein Beispiel ist die Entlassung des Vorsitzenden der BMW AG Bernd Pischetsrieder.

Erhebung und Reflexion der Interessen, Präferenzen und Situationsdeutungen aller vom Handeln des Unternehmens betroffenen Personen oder Personengruppen (Chancengleichheit). Zum anderen sollen Machteinflüsse bei ethischen Argumentationen weitestgehend abgebaut werden (Herrschaftsfreiheit). Die sozialen Bedingungen der Förderung der moralischen Urteilskompetenz werden hierbei ergänzend berücksichtigt, da sie ganz bestimmte organisatorische Empfehlungen nahelegen.

3.3.3.1 Vorbemerkungen

Die im vorangehenden Kapitel vorgestellten potentiellen strukturellen Barrieren ethischer Argumentationen lassen in diesem Zusammenhang folgendes deutlich werden: Die Analyse der Wirkungen der Ressortbildung hat ergeben, daß die Art der Top-Management-Tätigkeit grundsätzlich gute Voraussetzungen zur Entwicklung des moralischen Denkens und zur ethischen Argumentation bietet. Die größte Barriere entsteht, wenn Ressortdenken und/oder „Lehensherrentum" zur Grundlage der horizontalen Interaktion avancieren. Die Aufteilung in verschiedene Zuständigkeitsbereiche führt vielfach dazu, daß Ressort- und Gesamtsicht aufeinanderprallen.[1320] Die Interessen der einzelnen Ressorts weichen dabei in vielen Fällen von den Zielen des Gesamtunternehmens ab (z.B. bei der Zuteilung von Ressourcen ein möglichst hohes Budget zu bekommen versus Kosten zu minimieren). Das Ergebnis sind „Grabenkriege" zwischen den einzelnen Top-Managern, die um begrenzte Ressourcen „rangeln". Die Ressortleiter werden zu „Lobbyisten", die ihrem Bereich im Zweifelsfall näher stehen als dem Unternehmen pars toto.[1321] Mikropolitiken verhindern jedoch die Ausrichtung des Unternehmens auf *eine* erfolgreiche (bereichsneutrale) Unternehmenspolitik. Eine solche bedarf der *konstruktiven Integration* der voneinander abweichenden Perspektiven der einzelnen Top-Manager.[1322] Eine naheliegende Möglichkeit ist sicherlich die portefeuillegebundene Gestaltung der Unternehmensleitung. Hierbei bereiten die Mitglieder des Top-Managements für den Bereich, für den sie jeweils zuständig sind, Entscheidungsvorlagen vor, die sie dann in die Gesamtleitung zur Beschlußfassung einbringen.[1323] Darüber hinaus dominiert in solchen Unternehmen eine rein strategische Kommunikation, die nur wenig moralförderndes Potential besitzt.[1324] Um die Chancen der symmetrischen Kommunikation besser auszunut-

1320 Vgl. Seidel/Redel 1987: 134.

1321 Vgl. Bühner 1990: 55. „Wenn ich fünf Vorstände nach dem primären Unternehmensziel frage, bekomme ich unter Umständen fünf verschiedene Antworten." Lay 1999: 16.

1322 Vgl. Kirsch 1994: 74f..

1323 Vgl. Bernhardt/Witt 1999: 828.

1324 Vgl. Rebstock 1992: 135. Rupert Lay macht beispielsweise darauf aufmerksam, daß es in vielen Vorständen gar nicht mehr darum geht, Probleme optimal zu lösen, sondern sich durchzusetzen,

zen, sind daher vor allem *informelle Strukturen* auszubauen, die gleichzeitig mit einer stärkeren Personenorientierung einhergehen.[1325] Im Mittelpunkt steht die Schaffung von „positiven Kontakten" zwischen den Mitgliedern des Top-Managements, die als besonders sozialintegrativ und moralfördernd eingestuft werden.[1326] Hierzu gehören z.B. die Verstärkung der team*artigen*[1327] Zusammenarbeit, die Förderung ressortübergreifender Sozialbeziehungen sowie die sporadisch erfolgende, intensive Kooperation und Kommunikation, die Einzelarbeit mit minimaler kooperativer Bindung mehr und mehr ersetzen sollen.[1328] Möglichkeiten zur Verbesserung der informellen Beziehungen reichen vom Zusammenlegen der Büros auf einem Flur (und den daraus resultierenden unvermeidlichen Treffen) über das gemeinsame Frühstück bis hin zur Veranstaltung von gemeinsamen Workshops und/oder Incentive-Reisen. Wichtig ist, daß Gelegenheiten zur informellen und tendenziell verständigungsorientierten Kommunikation geschaffen werden. Die Verbesserung der (informellen) Zusammenarbeit wird im Rahmen dieser Arbeit unter dem Aspekt der Top-Management-Kultur vertieft.

Weiterhin wurde herausgestellt, daß die Ressortbildung eine Selektionsentscheidung über die als zentral erachteten Bereiche der Umwelt darstellt. Jedes (Groß-)Unternehmen ist jedoch heutzutage quasi als Konzessionär und im Auftrag der gesamten Gesellschaft tätig. Wird die Bedeutung selbst der kleinsten Bezugsgruppe dabei unterschätzt, kann dies zu gravierenden betriebswirtschaftlichen Konsequenzen führen. „You can be closed down or closed out by a handful of people with some placards who go down on the steps of your company and the camera comes in and they zoom that thing down as tight as they can and they are only 14 but it looks like 1.400. There are only four yelling but it sounds like 4.000 and they only got one minute on the 6 o'clock news but it is just devastating to you and your product and your company."[1329]

Da bislang kaum Voraussetzungen auf Ebene des Top-Managements institutionalisiert wurden, die Präferenzen und Sichtweisen der verschiedenen Anspruchsgruppen systematisch zu erheben und in die Willensbildung einzubinden, sind entsprechende organisatorische Regelungen zu implementieren.[1330]

Recht zu behalten und den eigenen Claim abzustecken. Alles das ist natürlich wenig zielführend. Auf der Strecke bleibt dabei die optimale Lösung. Vgl. Lay 1999: 15.

1325 Vgl. zu diesem Aspekt Bleicher 1991: 76f..

1326 Vgl. Lempert 1993b: 12.

1327 Damit eng verknüpft ist die Frage, ob der Vorstand als Team oder besser als Arbeitsgruppe agieren soll. Vgl. hierzu ausführlich Katzenbach/Smith 1993: 276-308.

1328 Vgl. Lempert 1993a: 13.

1329 Grunig/Grunig/Dozier 1996: 212f..

1330 Bei der Swissair wurde hierfür beispielsweise eine Stelle „Aussenbeziehung" und ein Fachausschuß „Umwelt" formalisiert Vgl. Böhi 1993: 30.

Hierzu wird empfohlen, *ethische Verantwortungsbereiche* zu schaffen, die das gesamte Umfeld eines Unternehmens stärker ins Blickfeld der Entscheidungsträger rücken.[1331] Nur so kann ein systematisches und umfassendes *Monitoring* des kulturellen Umfeldes betrieben werden.

Die klassische Hierarchie in Form des Stab-Linien-Systems wirkt sich vor allem in Form systematischer Informationsverzerrungen aus. Sämtliche Informationen, die beim Top-Management ankommen sind bereits durch irgendeinen Filter selektiert.[1332] Ziel muß es sein, die verschiedenen Situationsdeutungen und Präferenzen der vom unternehmerischen Handeln Betroffenen situationsspezifisch und möglichst unverzerrt zu ermitteln. Richtige Entscheidungen basieren auf der korrekten Einschätzung und Deutung der Situation.[1333] Damit Perspektiven und Standpunkte kennengelernt und verstanden werden können, ist der *unmittelbare Informationsaustausch* mit möglichst vielen – wenn nicht gar allen – Anspruchsgruppen unumgänglich. Viele Probleme und Sichtweisen werden besser verständlich, wenn das Top-Management persönlich „vor Ort" ist und sich in die Lage der jeweiligen Stakeholder versetzt.[1334] Dabei spielt besonders der folgende Aspekt eine wichtige Rolle: Bezieht sich die empfundene Verantwortung auf konkrete Personen, die vom eigenen Handeln abhängig sind, von deren Interessen das eigene Handeln jedoch nicht konstant bestimmt wird, so lassen sich positive Wirkungen auf die moralische Entwicklung konstatieren.[1335] Somit sind entsprechende *Foren* zu institutionalisieren, die eine solche direkte Verständigung mit den potentiell Betroffenen ermöglichen.

Die faktische *Zentralisation der Entscheidungsbefugnisse* auf den Vorsitzenden oder Sprecher der Unternehmensleitung (in einigen Fällen auch auf den Aufsichtsratsvorsitzenden), führt dazu, daß die Geschicke des Unternehmens nur noch von einer einzelnen Person abhängig sind.[1336] Je mehr Einfluß der Vorsit-

---

[1331] Vgl. Oppenrieder 1986: 35.

[1332] Vgl. Shimizu 1990: 639.

[1333] Vgl. Gouillart/Sturdivant 1994: 42.

[1334] So legen besonders japanische Top-Manager sehr viel Wert auf direkten Kontakt mit möglichst vielen, im Idealfall allen Mitarbeitern. Hierzu dienen regelmäßige formale Besprechungen, zahlreiche informelle Anlässe sowie ständiges „Management by walking around". Vgl. Schneidewind 1991: 306.

[1335] Kohlberg belegt dies anhand der beiden Extrema des Arztberufes einerseits und des Berufes des Wirtschaftsanwaltes andererseits: Beim Arzt bezieht sich die empfundene Verantwortung unmittelbar auf den Patienten, der von seinem Handeln abhängig ist. Die Fälle zweier Ärzte zeigen in Kohlbergs Längsschnittstudie über einen Zeitraum von 10 Jahren eine weitergehende postkonventionelle Entwicklung. Im Gegensatz dazu stagnierte die Entwicklung eines Wirtschaftsanwaltes, dessen Verantwortung sich meist auf abstrakte Geldsummen bezog und der konstant von den Interessen seines Klienten abhängig ist. Vgl. Neugebauer 1992: 110, hier Fußnote Nr. 61.

[1336] Vgl. Linden 1998: 63.

zende ausübt, desto größer ist die Gefahr, daß personelle Querelen und Machtkämpfe die Kräfte des übrigen Top-Managements binden: Kollegen meiden sich, schließen sich zu Machtkoalitionen zusammen und schneiden andere Top-Manager von wichtigen Informationen ab.[1337] Wichtige Themen werden meist bilateral mit dem Vorsitzenden abgeklärt und nicht im gesamten Gremium diskutiert.[1338] Hierdurch werden moralfördernde Prozesse weitgehend ausgeschlossen: Weder Kooperation noch Verantwortung können so erfahren werden und die Wahrscheinlichkeit zur verständigungsorientierten Koordination sinkt. Die Entscheidungsqualität leidet nachhaltig, da der Vorsitzende überfordert ist, und ihm nicht sämtliche erforderlichen Informationen und Sichtweisen zur Verfügung stehen.[1339] Zusätzlich verfügt er aufgrund seiner exponierten Stellung über ein Machtpotential, das dazu mißbraucht werden kann, die übrigen Vorstände zu loyalen „Adjutanten" zu degradieren, die lediglich seine Macht nach innen absichern, seinen Ideen zum Durchbruch verhelfen und den Druck auf die übrige Organisation verstärken.[1340] Eine ethische Argumentation wird damit jedoch konterkariert.

Nachfolgend wird ein Lösungsansatz vorgestellt, der eine *Richtung* zur Erweiterung der unternehmenspolitischen/-strategischen Entscheidungsfindung um normative Aspekte weist. Dabei werden die herausgestellten Erkenntnisse aufgegriffen und in die Gestaltung der Struktur der Unternehmensleitung eingebunden. Zu berücksichtigen ist, daß im Rahmen der vorliegenden Arbeit nur *Anregungen* formuliert und nicht alle möglichen Problemfelder systematisch und umfassend berücksichtigt werden können. Dies bleibt m.E. weiteren Untersuchungen vorbehalten.

Im Rahmen der Arbeit werden lediglich folgende *Hauptaspekte* thematisiert:

- Von der eindimensionalen (Ressort-)Sicht zur mehrdimensionalen (Unternehmens-)Problemgesamtsicht,
- Von der mittelbaren (unstrukturierten) Erhebung der Stakeholder-Perspektiven zum systematischen Aufbau von Verständigungspotentialen,
- Vom Firmenchef zum Mediator.

1337 Vgl. Jensen/Student 1998: 60-68.

1338 Vgl. Linden 1998: 66.

1339 Entscheidungen werden so oft in letzter Sekunde getroffen, „...wenn die Kosten am höchsten und die Risiken am größten sind." Linden 1998: 63.

1340 Diese Sanktionsmacht erstreckt sich von der Streichung von Privilegien (z.B. zweite Sekretärin) über Versetzungen ins Ausland, bis hin zur Kündigung. Den Industrierekord hält Kajo Neukirchen, gefolgt von Ferdinand Piech. Während Neukirchen mehr als 50 Top-Manager zum Opfer fielen, kam Piech während seiner ersten Amtszeit immerhin auf rund 25 Vorstände. Vgl. Balzer/Werres 2000: 110; Linden 1998: 70.

Die vorgestellten Zusammenhänge zwischen „organizational blocks und dem hier zugrundegelegten Lösungsansatz werden in Abbildung 21 zusammengefaßt.

Abb. 21: Lösungsansätze zur Beseitigung „struktureller Hemnisse" einer diskursiven Unternehmensethik

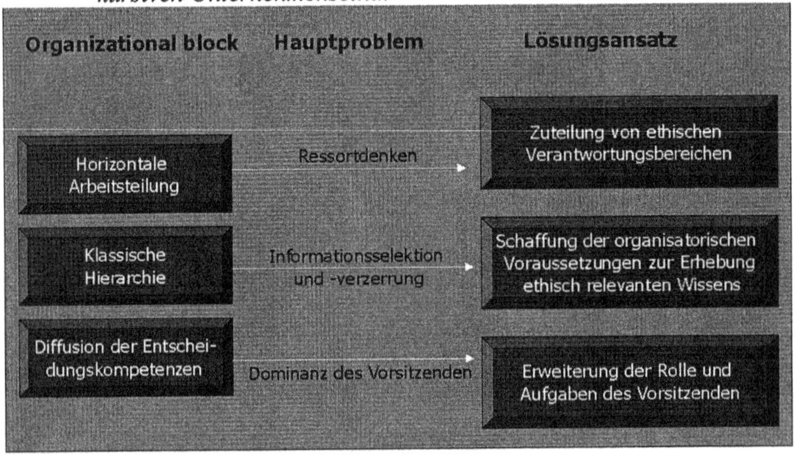

Quelle: Eigene Darstellung.

3.3.3.2 Zuteilung von ethischen Verantwortungsbereichen

Um dem Ressortdenken und damit der einseitigen Berücksichtigung der Bereichsinteressen entgegenzuwirken, sind zum einen die Möglichkeiten zur *symmetrischen Kommunikation* zwischen den einzelnen Top-Managern auszubauen. Hierdurch kann mehr entscheidungsrelevantes Wissen bereits im Vorfeld diskutiert und einbezogen werden.[1341] Zum anderen ist die *Unternehmensgesamtsicht* stärker zu fördern. Dies ist z.B. durch die *gemeinsame Situationsdeutung* im Rahmen des Entscheidungsprozesses zu realisieren. Die gemeinschaftliche Erfüllung dieser Aufgabe kann die soziale Integrität der Top-Manager fördern. Damit jedoch alle Bezugsgruppen umfassend berücksichtigt werden, sind *ethische Verantwortungsbereiche* zu konstituieren und den einzelnen Top-Managern zuzuweisen.

Hierzu ist die Primärorganisation durch eine *Sekundärorganisation* zu überlagern:[1342] Jedem Mitglied der Unternehmensleitung wird zusätzlich zu seinen

1341 Vgl. Teil IV, Kap. 3.4.

1342 Damit soll zum Ausdruck kommen, daß die primäre Ressorteinteilung von der hier vorgestellten Lösung gänzlich unberührt bleibt. Fragen der allgemeinen Top-Management-Organisation können an dieser Stelle nicht geklärt werden.

originären Aufgabenbereichen die Verantwortung für eine bestimmte Bezugsgruppe zugeteilt.[1343] Damit lassen sich verschiedene Perspektiven und Interessen gleich in der Konzernspitze abgleichen. Diese Verantwortung für eine *unternehmensweite Aufgabe* kann ein sehr effizientes Instrument sein, den Blick stärker auf das Unternehmen als Ganzes zu richten und bereichs- und gesamtunternehmensbezogene Aspekte miteinander in Einklang zu bringen.[1344] Bei der internen Strukturierung sollten allerdings nicht nur die subjektiv wichtigsten Stakeholder Berücksichtigung finden, sondern tendenziell alle Anspruchsgruppen, die sich durch die unternehmerische Tätigkeit in irgendeiner Weise angesprochen fühlen.[1345] Die Frage der Institutionalisierung ist eng mit der Art der Beziehung zu den verschiedenen Stakeholdern verknüpft. Es bietet sich folgende Systematisierung an:[1346]

- **Organisationsbezogene (interne) Anspruchsgruppen:** Hierzu zählen alle Beziehungen zu Gruppen oder Individuen, die durch die Unternehmensverfassung konstituiert werden, wie z.B. zum Aufsichtsrat, zur Eigentümerversammlung, zu den Mitarbeitern oder zum Management.
- **Marktliche Anspruchsgruppen:** Dies sind Gruppen oder Individuen, zu denen das Unternehmen ökonomische Austauschbeziehungen unterhält, wie z.B. zu Kunden, Lieferanten, Kapitalgebern, Mitbewerbern oder zum Handel.
- **Gesellschaftliches Umfeld:** Dazu gehören Gruppen oder Individuen, die in keiner marktlichen Beziehung zum Unternehmen stehen, aber dennoch in irgendeiner Form von der Unternehmenstätigkeit berührt werden, wie z.B. Anwohner, Wissenschaftler, Kritikergruppen, Regierungen, Behörden, Parteien, Verbände, Kirchen, Gewerkschaften oder auch Nicht-Regierungsorganisationen (NGOs).

Ziel einer solchen Gliederung ist es, Verbindungen bzw. Vertrauensbeziehungen zu den verschiedenen Stakeholdern des Unternehmens herzustellen, um problemrelevantes Wissen, das sich aus diesen Beziehungen gewinnen läßt, ständig in den Entscheidungsprozeß einfließen zu lassen. Standpunkte und Sichtweisen lassen sich nur in der direkten Auseinandersetzung klären: Daher müssen Themen offen angesprochen und aktiv diskutiert werden.[1347] Nur so

[1343] Die Informationen sind für alle Ressorts entsprechend aufzubereiten.
[1344] Vgl. Hambrick 1994: 207; Hout/Carter 1996: 63.
[1345] Vgl. Böhi 1993: 26.
[1346] Diese Systematisierung geht auf Zerfaß zurück. Vgl. Zerfaß 1996: 38-40.
[1347] Vgl. Schönefeld 1996: 378.

kann sichergestellt werden, daß gesellschaftliche Entwicklungen frühzeitig erkannt und im Rahmen des Entscheidungsprozesses berücksichtigt werden.[1348]

Selbstverständlich sind die den einzelnen Sektionen zugehörigen Anspruchsgruppen von den jeweiligen Verantwortungsträgern genauer zu umreißen. Dies kann allerdings nur unternehmensindividuell geschehen und ist von der Größe des Unternehmens, der Branche und den unternehmensspezifischen Bedingungen, abhängig.[1349] Insbesondere im gesellschaftlichen Umfeld dürfen Anspruchsgruppen nicht zu eng definiert werden. Weitere oder neu auftretende Gruppen sind flexibel in den zu sondierenden Kreis aufzunehmen, um eine möglichst vollständige Situationsbeschreibung sicherzustellen.

Um den Informations- und Meinungsaustausch in der Unternehmensleitung zu intensivieren und Verständigungsprobleme sowie Ressortdenken zwischen den einzelnen Mitgliedern abzubauen, sollten mindestens zwei Top-Manager *gemeinsam* einen Verantwortungsbereich zugeteilt bekommen.[1350] Dadurch, daß die Verantwortlichen möglichst nur zusammen an Treffen und Veranstaltungen der ihnen zugeteilten Stakeholder-Gruppen teilnehmen, ergeben sich zahlreiche Chancen zur symmetrischen Kommunikation. Die daraus resultierenden Möglichkeiten zur face-to-face-Interaktion und zum Abgleich unterschiedlicher Sichtweisen kann die verständigungsorientierte Kommunikation fördern und die Erfahrung von Kooperation erhöhen. Die ressortübergreifende Zusammenarbeit kann einer Zentralisierung der Kommunikation entgegenwirken.[1351] Aus der gemeinsamen Erfahrung ergeben sich viele direkte Gespräche, die Möglichkeiten zum besseren Kennenlernen und zur „Beziehungspflege" bieten.[1352]

1348 Allerdings werden in diesen Gesprächsforen keine unternehmerischen Entscheidungen getroffen; außer Frage steht jedoch, daß die Vorschläge und Sichtweisen der verschiedenen Gesprächsteilnehmer die Situationsdeutung und Einstellung der Top-Manager verändern und damit auch die Entscheidungsprozesse beeinflussen.

1349 So macht es sicherlich keinen Sinn für einen Nahrungsmittelhersteller, der ausschließlich in Deutschland produziert, sich mit den Sichtweisen von Amnesty International auseinanderzusetzen. Vgl. auch Schönefeld 1996: 372.

1350 Hierdurch kann gewährleistet werden, daß keine wichtigen Informationen verloren gehen und zwischen den Mitgliedern bereits ein Austausch gefördert wird. Eine solche Lösung ist abhängig von der Größe des Top-Managements. Sie bedarf damit wenigstens sechs Personen. In kleineren Unternehmensleitungen sind die einzelnen Bereiche dann von nur einem Mitglied wahrzunehmen. Zur Not sind auch Doppelzuordnungen denkbar, d.h., ein Mitglied ist für zwei Stakeholderbereiche zuständig. Empirische Untersuchungen haben gezeigt, daß die ideale Größe der Unternehmensleitung zwischen vier und zehn Personen liegt. Vgl. Bernhardt/Witt 1999: 832.

1351 Vgl. Scholl 1992a: 904.

1352 Grundsätzlich ist damit festzuhalten, daß die Erhöhung und Intensivierung der informelle Interaktion zwischen den Top-Managern positive Wirkungen auf die moralische Entwicklung hat. Vgl. Lempert 1990: 10.

Diese Aufgabenzuteilung bietet verschiedene Vorteile: Sie ermöglicht eine aktive Auseinandersetzung mit unterschiedlichen sozialen Perspektiven und damit eine umfassendere Situationsdeutung. Die Möglichkeit der aktiven, verständigungsorientierten Auseinandersetzung mit den Sichtweisen der diversen Anspruchsgruppen kann die Fähigkeit zur Perspektivenübernahme schulen und so die Entwicklung der moralischen Kompetenz fördern.[1353] Versuchen alle Beteiligten, den Standpunkt der einzelnen Anspruchsgruppen wirklich zu verstehen, so eröffnen sich meist leicht Alternativen, das Problem auf für alle möglichst befriedigende Weise zu lösen.[1354]

Zudem erscheint es empfehlenswert, daß jedes Mitglied der Unternehmensleitung ebenfalls Gelegenheit bekommt, sich nicht nur mit „seiner" Anspruchsgruppe, sondern auch mit anderen Stakeholdergruppen und deren Sichtweisen auseinanderzusetzen.[1355] Aus pragmatischen Überlegungen heraus ist es jedoch angeraten, dabei keinen (formellen) Verantwortungswechsel vorzunehmen, da insbesondere der kontinuierliche, persönliche Kontakt zu bestimmten Anspruchsgruppen von unschätzbarem Wert für den Auf- und Ausbau von Verständigungspotentialen ist.[1356] Die Teilnahme an Gesprächen oder Veranstaltungen mit Gruppen, die nicht zum eigenen Verantwortungsbereich gehören, sollte daher eher situativ und informell (z.B. durch kurzfristige Absprachen) gehandhabt werden. Sie sind jedoch von großer Bedeutung, damit sich die Fähigkeit zur Perspektivenübernahme nicht nur auf den eigenen Bereich beschränkt und keine zu große Identifikation mit Einzelinteressen stattfindet.[1357] Auf diese Art und Weise ist es möglich, immer wieder mit neuen Normensystemen konfrontiert zu werden, ohne einer Überforderung zu unterliegen. Au-

[1353] Disäquilibrierende Effekte treten nur dann auf, wenn eine Person aktiv an moralisch relevanten interindividuellen Auseinandersetzungen teilnimmt. Es nützt also nichts, wenn die entsprechenden Wertstrukturen dem Vorstand aus zweiter (z.B. vom Vorstandsassistenten) oder gar dritter Hand (z.B. der Presse oder anderen Medien) zugetragen werden. Top-Manager müssen den Bedürfnissen und Interpretationen selbst nachspüren. „Sie schnuppern die Alltagsluft ihrer Kunden und versetzen sich in deren Lage, halten Augen und Ohren offen für alles, was Kunden freut oder drückt. [...] Der Instinkt eines Top-Managers, sich in seine Kunden zu versetzen und von ihnen zu lernen, ist sein wichtigstes Kapital." Gouillart/Sturdivant 1994: 42f.. Die erforderlichen Strukturen oder Möglichkeiten sind gegebenenfalls erst zu institutionalisieren.

[1354] Vgl. Covey 1994: 202f..

[1355] Vgl. Hout/Carter 1996: 63.

[1356] „Vielmehr basiert eine auf gegenseitiger Wertschätzung beruhende Kommunikation auf langfristigen sozialen und kommunikativen Beziehungen zwischen Unternehmen und gesellschaftlichem Umfeld." Schönefeld 1996: 380.

[1357] Wichtig ist, noch einmal hervorzuheben, daß die einzelnen Top-Manager nicht zu Interessenvertretern der jeweiligen Anspruchsgruppen werden, sondern lediglich deren Sichtweisen ermitteln und angemessen zur Geltung bringen. Nach wie vor kann nur eine unparteiische Abwägung der Angemessenheit der jeweiligen Ansprüche im Rahmen eines Diskurses zu ethisch gerechtfertigten Entscheidungen führen. Dies ist nur durch eine Perspektivenübernahme aller Mitglieder der Unternehmensleitung zu gewährleisten.

ßerdem entwickelt sich bei jedem Top-Manager ein immer stärkeres Verständnis für die anstehenden Probleme der einzelnen Bereiche und schließlich ein umfassendes Problembewußtsein, das über die einzelnen abweichenden Perspektiven hinausreicht.[1358]

Die Zuständigkeit für einen ethischen Verantwortungsbereich beinhaltet auch die Notwendigkeit, das unternehmerische Handeln vor den jeweiligen Gruppen zu rechtfertigen bzw. Ziele und Handlungen des Unternehmens zu ver*antworten.*[1359] Diese zusätzliche Aufgabe kann auch einen zentralen Mechanismus zum Ausgleich von Spannungen und Interessenkonflikten im Tagesgeschäft darstellen: Die doppelte Verantwortung zwingt dazu, mehr und gründlicher abzuwägen sowie gegensätzliche Erfordernisse in Einklang zu bringen.[1360] Es entstehen in immer größerem Umfang soziale Situationen, in die unterschiedliche Denkhaltungen und Erwartungen eingebracht werden und die gute Voraussetzungen zum moralischen Lernen bieten. Der Meinungs- und Informationsaustausch kann intensiviert und selbstgewonnene und weiterentwickelte Einsichten für das gesamte Unternehmen nutzbar gemacht werden. Abbildung 22 auf Seite 281 zeigt exemplarisch eine solche Top-Management-Organisation für die DEUTSCHE SHELL AG.

Hier wurde den einzelnen Ressorts ein ethischer Verantwortungsbereich zugewiesen, der mit den Tätigkeiten weitgehend korrespondiert (z.B. dem Ressort „Verkauf" marktliche und dem Ressort „Personal" organisationsinterne Anspruchsgruppen). Diese Zuordnung ist naheliegend, da bei den für diese Bereiche zuständigen Personen eine gewisse Affinität zu den Anspruchsgruppen und

---

1358 Hierbei ist die Konfrontation mit den Wert- und Regelsystemen der vom jeweiligen Ressort/Aufgabenbereich betroffenen Interessengruppen gemeint, mit denen sich das jeweilige Vorstandsmitglied durch seine Rotation direkt auseinandersetzen sollte.

1359 In Abgrenzung zur Öffentlichkeitsarbeit (Public-Relations) geht es hier vornehmlich um die gemeinsame Situationsdeutung und den Meinungsaustausch. Um langfristige Kommunikations- und Vertrauensbeziehungen aufzubauen, muß das Top-Management natürlich auch authentisch kommunizieren, d.h. Fehler eingestehen und Entscheidungen, die nicht ganz den Erwartungen der Gesprächspartner entsprechen, rechtfertigen bzw. begründen. Damit entspricht diese Form des Dialogs dem zweiseitigen Modell symmetrischer Public Relations nach Grunig/Grunig/Dozier. Vgl. hierzu Grunig/Grunig/Dozier 1996: 218-221. Nach Ansicht der Verfasserin ist die Einbindung der Unternehmensleitung in dieser Form ein zentraler Erfolgsfaktor. Nur so kann es den eigentlichen Entscheidern gelingen, sich in die Erfahrungswelt der Kommunikationspartner tatsächlich hineinzuversetzen. Ansonsten werden die Deutungen weiterhin verzerrt, bewertet und gewichtet nur von Dritten an das Top-Management herangetragen. Aufgabe der einzelnen Mitglieder ist damit aber weder die Propaganda noch die reine Information oder die Überzeugung der internen und externen Öffentlichkeit, um ein bestimmtes Vorstellungsbild vom Unternehmen im Urteil dieser Gruppen zu schaffen. Diese Funktionen sowie die Vorbereitung und Durchführung der Dialoge sind nach wie vor Aufgabe der Abteilung Öffentlichkeitsarbeit. Vgl. Springer 1996: 352.

1360 Vgl. Hout/Carter 1996: 62.

ein Vorwissen über deren Bedürfnisse und Perspektiven vorausgesetzt werden kann. Allerdings ist auch eine grundsätzlich entgegengesetzte Verantwortungszuteilung denkbar, z.B. wird dem Ressort „Personal" die Verantwortung für marktliche Anspruchsgruppen zugeteilt. Dies ist aufgrund des fehlenden Vorwissens wahrscheinlich schwieriger durch- und umsetzbar, würde allerdings die Auseinandersetzung mit ganz unterschiedlichen Normensystemen erheblich fördern.[1361]

Abb. 22: Verantwortungsorientierte Gestaltung der Top-Management-Struktur am Beispiel der deutschen SHELL AG

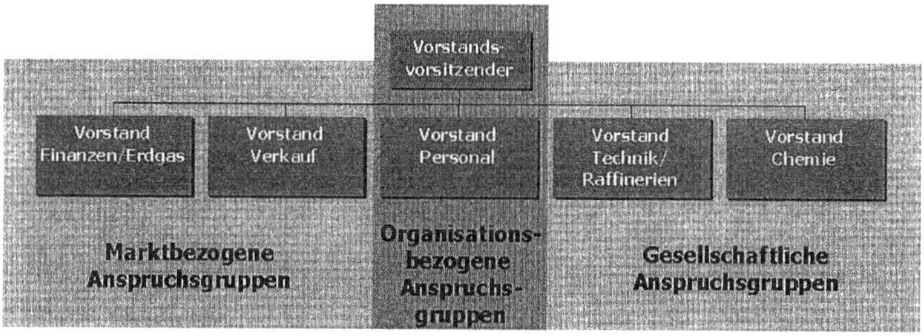

Quelle: Eigene Darstellung.

3.3.3.3 Schaffung der organisatorischen Voraussetzungen zur Erhebung ethisch relevanten Wissens

Entscheidungen der Geschäftsleitung sind nicht nur von der fachlichen Kompetenz der Entscheidungsträger abhängig, sondern in hohem Maße auch von der Zuverlässigkeit und richtigen Interpretation der Daten, auf denen solche Entscheidungen basieren. Die klassische Hierarchie wirkt dabei vielfach als extremer Informationsfilter. Es ist somit von besonderer Bedeutung, daß *ethisch relevantes Wissen* um Bedürfnisse, Interessen und Sichtweisen der vom unternehmerischen Handeln Betroffenen sowohl unverfälscht und umfassend

1361 Aus Praktikabilitätsüberlegungen scheint die aufgezeigte Gliederung erfolgsfördernder, da es den Mitgliedern des Top-Managements leichter fallen wird, für Bereiche und Personen Verantwortung zu tragen, mit denen man bereits vertraut ist. Langfristig ist jedoch eine Verantwortungszuweisung, die konfligierende Interessen und ganz unterschiedliche Sichtweisen mit sich bringt, als wesentlich erfolgversprechender im Hinblick auf die Voraussetzungen ethischer Argumentationen anzusehen. Dies sollte im Rahmen der strukturellen Organisationsentwicklung berücksichtigt werden. Ob eine solche Zuteilung allerdings bereits zu Beginn der Implementierung einer diskursiven Ethik realisierbar ist, müßten empirische Untersuchungen zeigen.

als auch rechtzeitig vom Top-Management generiert wird.[1362] Hierzu sind organisatorische Voraussetzungen zu schaffen, die einen solchen Informationsfluß gewährleisten.[1363]

Auch wenn sich immer mehr Unternehmen im sog. „Wissensmanagement" versuchen, so bleibt es Aufgabe des Top-Managements, das erfaßte Know-how zu verstehen, in seinem Wert für das Unternehmen zu erkennen und nutzbar zu machen.[1364] Hierzu ist es empfehlenswert, wenn die Mitglieder der Unternehmensleitung den verschiedenen Perspektiven selbst „nachspüren".[1365] Diese können nur dann wirklich verstanden werden, wenn die Mitglieder bereit sind, ihre eigene Position zunächst zurückzustellen, den verschiedenen Anspruchsgruppen „aktiv" zuzuhören und zu gemeinsamen Situationsdeutungen zu gelangen. Kommunikation als gegenseitiges, aneinander orientiertes Handeln kann nur gelingen, wenn Mitteilungs- und Verstehenshandlung zusammenfallen. Dabei verfolgen die Beteiligten zwei Absichten: Erstens versuchen sie, sich untereinander zu verständigen, d.h. sinnvolle Interpretationen zu vermitteln und zu entschlüsseln. Zweitens dient diese Bedeutungsvermittlung dazu, die eigene Situationsdeutung bzw. die des Gegenübers, zu verändern.[1366] Erst durch diese *gemeinsamen Aktivitäten* und die Modifikation der Situationsinterpretation werden Verständigungspotentiale aufgebaut, die ganz zentral für den langfristigen Beziehungsaufbau und deren Pflege sind.

Verstehen ist also immer auch abhängig vom Wahrnehmungs- und Interaktionsprozeß des Empfängers einer Information. Nur wenn die Möglichkeit zum Feedback besteht, können Sender und Empfänger sicher sein, daß der gemeinte Sinn auch verstanden wurde. Daher wird eine symmetrische Kommunikation zwischen den Mitgliedern der Unternehmensleitung und den jeweiligen An-

---

[1362] Um die Vollständigkeit der Situationsbeschreibung sicherzustellen, sind alle möglichen Perspektiven und Sichtweisen in den Entscheidungsprozeß einzubinden. Doch die Top-Manager deutscher Großunternehmen werden häufig nicht richtig informiert: 77% aller – in einer aktuellen Umfrage befragten 200 Top-Manager – sind davon überzeugt, daß sich Entscheidungen verzögern, weil die entsprechenden Informationen aus dem eigenen Unternehmen nicht schnell genug zur Verfügung stehen. Weit über die Hälfte der befragten Führungskräfte treffen sogar regelmäßig Fehlentscheidungen, weil notwendige Informationen fehlen oder veraltet sind. Am größten sind die Defizite bei Kunden- und Lieferanteninformationen. So wünschen sich 56% der Top-Manager einen genaueren Überblick über deren Bedürfnisse und Interessen. Vgl. o.V. 1998: 4.

[1363] Vgl. Hansen 1989: 242.

[1364] Vgl. Nonaka/Krogh 1999: 164.

[1365] „Selten oder nie geschieht es, daß er (der Top-Manager, a.d. Verf.) einem Mitmenschen nur begegnet, um dabei auch in sich selbst hineinzuhorchen. Um nicht irgendwann nur noch im eigenen Saft zu schmoren, ist es wichtig, die Auseinandersetzung mit anderen Gruppen der Gesellschaft zu suchen ..." Goeudevert 1996: 182f..

[1366] S. Zerfaß 1996: 27.

spruchsgruppen empfohlen.[1367] Der Diskurs sollte auch hier als Leitbild fungieren, da eine gemeinsame Situationsdeutung nur nach den Regeln der idealen Sprechsituation gelingen kann.[1368] Die Bereitschaft zum aktiven Zuhören und zum vorurteilsfreien Überprüfen aller Argumente wird dabei vorausgesetzt.[1369]

Mitteilungs- und Verstehenshandlung fallen auseinander, wenn lediglich der Assistent oder Mitarbeiter dem Top-Management etwas mitteilt. Dadurch gehen wertvolle Chancen verloren, den Standpunkt des Gegenübers kennenzulernen und zu verstehen sowie nach akzeptablen Anschlußmöglichkeiten zu suchen. Die Unternehmensleitung profitiert dann nur noch eingeschränkt von der Möglichkeit, strittige Themen aus der Perspektive eines anderen Betroffenen wahrzunehmen (Möglichkeit zum Rollenwechsel), um die eigene Situationsdeutung auszuweiten.[1370]

So rückt die *verständigungsorientierte Kommunikation* zwischen Top-Management und Stakeholdern in den Mittelpunkt der Betrachtung. Hierbei steht nicht die Beilegung konkreter Konflikte oder die Überzeugung der verschiedenen Gruppen von der Vorteilhaftigkeit einer geplanten Strategie im Vordergrund. In erster Linie sollen die verschiedenen Situationsdeutungen und Präferenzen möglichst genau erhoben werden.[1371] Eine solche Form der Verständigung ist allein Ausdruck des Wissens um den Wert gemeinsamer Informationen und Situationsdeutungen: Die direkte Kommunikation mit externen Gruppen erhöht die Fähigkeit des Top-Managements, mit der hohen Umweltdynamik umzugehen. „We're finding that we're making better decisions when they're (community groups) involved in our process. It's not like we're doing it for fun or to

1367 Vgl. Szyszka 1996: 89f.. Im Unterschied zur Einweg-Kommunikation findet bei dieser zweiseitigen Kommunikation ein Rollenwechsel zwischen Sender und Empfänger statt, so das wechselseitig Nachfragen und Erläuterungen möglich sind. Damit sinkt das Risiko von Fehlinterpretationen, da die Möglichkeit zur Situationsklärung durch Nachfragen gegeben ist. Vgl. Zerfaß 1996: 43.

1368 Vgl. Hansen 1999: 3.

1369 Vgl. ausführlich Steil/Summerfield/DeMare 1986.

1370 Vgl. Grunig/Grunig/Dozier 1996: 217. Diese Form der Kommunikation wird in der PR-Literatur unter dem Stichwort symmetrische Zweiweg-Kommunikation thematisiert. Diese bildet den Ausgangspunkt der vorgestellten unternehmensethischen Ansätze von Steinmann/Löhr und Ulrich. Rettberg/Niedergesäß konnten z.B. im Rahmen ihres sog. „Unternehmensdialogs" nachweisen, daß der hierarchische Status der Unternehmensvertreter bei diesen Dialogen einen zentralen Erfolgsfaktor für das Gelingen darstellt. Die Stellung des Vertreters übt nicht nur eine enorme Anziehungskraft auf die Teilnehmer aus und wirkt so als Anreiz, an den Dialogen teilzunehmen; darüber hinaus spielt der Vertreter auch eine exponierte Rolle im Dialog, da ihm ein gewisser Einfluß bei der späteren Entscheidungsfindung zugesprochen wird. Vgl. Rettberg/Niedergesäß 1997: 4.

1371 Im weitesten Sinne geht es damit um eine eher qualitativ ausgerichtete Form der Meinungsanalyse, sprich der Erforschung der Sichtweisen und Perspektiven. Vgl. Bentele/Steinmann/Zerfaß 1996b: 453.

keep them quiet and off our backs. It's that we've learned a lot from them and we're making a lot of improvements because of public involvement."[1372]

Es geht darum, eine möglichst weitgehende Übereinstimmung in der *Beurteilung* einer verschiedene Seiten betreffenden bzw. interessierenden Angelegenheit zu erreichen, respektive Unterschiede der Bewertung aufzudecken. Daß dabei eine völlig einheitliche Sicht und Bewertung der Dinge nur schwer möglich ist, erklärt sich von selbst. Klarheit ist jedoch bereits dann erreicht, wenn die Unternehmensleitung genau über die Punkte informiert ist, bei denen Uneinigkeit besteht und Klärungsbedarf erforderlich wird. Nur so können potentielle Problembereiche und ihre Interdependenzen erhellt werden. Der für die Situationsdefinition relevante Problemausschnitt wird dadurch immer genauer abgegrenzt.

Die Gestaltung der Interaktionen zwischen Unternehmensführung und Stakeholdern kann auf verschiedenen Wegen erfolgen und in Art und Intensität durchaus variieren. Sie ist nur *situativ* und *unternehmensindividuell* vorzunehmen. Die Kommunikation ist dabei an den spezifischen Problemen der verschiedenen Handlungsfelder zu orientieren.[1373] Allerdings sollten die verschiedenen Verständigungsbeziehungen unbedingt institutionalisiert werden, um Verständigungspotentiale langfristig aufzubauen und zu erhalten.[1374]

Für die symmetrische Zweiweg-Kommunikation kommen grundsätzlich ganz unterschiedliche *Foren* in Betracht: Neben Mitarbeiter-, Abteilungs- und Gruppengesprächen werden in der Literatur insbesondere Meetings, Klausuren, Tagungen, Vorträge und Seminare, Podiumsdiskussionen, Workshops sowie die Einrichtung spezieller Gesprächskreise oder gar Kommunikationszentren genannt.[1375] Nachfolgend werden exemplarisch einige praktische Beispiele für die Gestaltung solcher Kommunikationsforen vorgestellt. Die Ausführungen sollen dabei lediglich verschiedene Möglichkeiten der Institutionalisierung aufzeigen, ohne einen Anspruch auf Vollständigkeit zu erheben. Die Systematisierung erfolgt in Anlehnung an die vorgestellte Verantwortungszuteilung.

Wichtig hervorzuheben ist noch einmal, daß die zuständigen Top-Manager *nicht* als eine Art *Lobbyisten* fungieren und die speziellen Interessen der ein-

---

1372 Grunig/Grunig/Dozier 1996: 213.

1373 So können z.B. bei Vorliegen aktueller Problemlagen oder brennender Themen Gespräche durchaus häufiger stattfinden als üblich oder gar ad hoc mehrtägige Workshops oder Foren eingerichtet werden. Es sind besonders wichtige Gruppen von weniger wichtigen (z.B. weil diese seltener betroffen sind) zu trennen. Mit einigen Gesellschaftsgruppen reicht durchaus der jährliche oder noch seltener stattfindende Austausch.

1374 Vgl. Burkart 1996: 259 sowie zur Bedeutung der Kontinuität von Informations- bzw. Kommunikationsveranstaltungen Wever 1996: 192.

1375 Vgl. Hansen/Niedergesäß/Rettberg 1996: 310f..

zelnen Anspruchsgruppen im Rahmen der ethischen Argumentation angemessen repräsentieren sollen. Vielmehr soll das Know-how über bestimmte Tendenzen und Entwicklungen sowie Probleme und Sichtweisen der verschiedenen Gruppen aktiviert, für alle Ressortleiter entsprechend aufbereitet und für die ethische Argumentation nutzbar gemacht werden. Eine solche Institutionalisierung bildet ein hochwirksames *Frühwarnsystem*, durch das Entwicklungstendenzen rechtzeitig ausfindig gemacht werden können. Diese lassen sich damit frühzeitig in die Unternehmenspolitik einbinden und bei der Entwicklung von Unternehmensstrategien berücksichtigen.

Organisationsbezogene (interne) Kommunikation:
In Abhängigkeit von der Rechtsform des Unternehmens sind eine Reihe dieser Beziehungen bereits gesetzlich konstituiert, so beispielsweise in der Aktiengesellschaft das Verhältnis der Unternehmensleitung zum *Aufsichtsrat* oder zum *Betriebsrat.*[1376] Auch zu den Personen des *Wirtschaftsausschusses*, der vom Gesetz damit beauftragt ist, wirtschaftliche Angelegenheiten mit der Unternehmensleitung (möglichst einmal monatlich) zu beraten und den Betriebsrat über die Ergebnisse zu informieren, bestehen bereits formalisierte Kontakte. Daneben nehmen Mitglieder des Top-Managements häufig an Klausuren des Gesamtbetriebsausschusses (Betriebsrat und Gewerkschaften) teil und unterhalten persönliche Kontakte zu Eigentümern. Insbesondere die organisationsbezogene Kommunikation ist als formal gut ausgestaltet zu bezeichnen, auch wenn die Potentiale dieser Beziehungen nur selten voll ausgeschöpft werden.[1377] Im Schnitt nutzen Unternehmen nur 42,2% ihres unternehmensrelevanten Wissens.[1378] Aus diesem Grunde haben einige Unternehmen weitere Foren eingerichtet, um relevantes Wissen möglichst umfassend zu erheben und bei der Entscheidungsfindung berücksichtigen zu können.

BMW setzt beispielsweise interne Kommunikationskreise dazu ein, um die Unternehmens- und Produktpolitik gesellschaftsgerecht zu entwickeln. Der *Produkt-Kommunikations-Kreis* setzt sich aus dem Entwicklungschef und einem Bereichsleiter für Grundsatzfragen der Fahrzeugentwicklung sowie dem Leiter der Presse- und Öffentlichkeitsarbeit und einem medienerfahrenen Diplom-Ingenieur zusammen. Sie debattieren regelmäßig über die Produktpolitik des Unternehmens, wobei die beiden letztgenannten Personen die Öffentlichkeit ersetzen. Aus Wettbewerbsgründen können solche Fragen nicht öffentlich

---

[1376] Bei der Besetzung des Aufsichtsrates kommen insbesondere das Betriebsverfassungsgesetz (BetrVG), das Mitbestimmungsgesetzt (MitbestG) sowie das Montanmitbestimmungsgesetz (Montan MitbestG) zum Tragen.

[1377] Vgl. Gewald 1996: 636.

[1378] Vgl. Lay 1999: 17.

diskutiert werden. Analoges gilt für den *Finanz-Kommunikations-Kreis*, der alle Entscheidungen, die den Finanzmarkt betreffen, erörtert. Dadurch kann sichergestellt werden, daß Produkte und Dienstleistungen der Bewertung durch die Öffentlichkeit tatsächlich standhalten.[1379] Eine Unternehmenspolitik, die so entwickelt wird, daß sie öffentlich zustimmungsfähig ist, nimmt Wünsche und Einwände der Umwelt nach Möglichkeit analytisch vorweg und fügt sie zweckmäßig in ihre Konzeptionen ein.

Bei der Firma HOECHST (heute AVENTIS)[1380] wurde der sog. *„Vorstands-Dialog"* etabliert, an dem der gesamte Vorstand einschließlich seines Vorsitzenden teilnimmt. Zugang zu diesem Forum hat prinzipiell jeder Mitarbeiter. Alle erdenklichen Themen können dabei angesprochen und diskutiert werden.[1381]

Die HYPO-BANK richtete im Bereich (integrierte) Unternehmenskommunikation ein *„jour fixe"* für die Führungsmannschaft ein. Jeden Montag von 10 bis 13 Uhr treffen sich die Führungskräfte am „runden Tisch" und besprechen alle laufenden Projekte, Probleme und Erfolge. Sämtliche Vorhaben werden hier unter verschiedenen Blickwinkeln diskutiert und es wird gemeinsam geprüft, welche Wirkungen und Relevanz jedes Projekt nach innen und außen haben könnte.[1382] Bei der Formulierung und Beurteilung von bereichsspezifischen Zielen, Strategien und Projekten kann so auf das Know-how möglichst vieler Führungskräfte zurückgegriffen werden.[1383]

Des weiteren hat die HYPO-BANK eine Reihe von Aktivitäten ergriffen, um die Verständigung zwischen Geschäftsleitung und Oberem Führungskreis (OFK) nachhaltig zu verbessern.[1384] Unter anderem wurden eine Dialogveranstaltung, eine Personalkonferenz sowie Vorstandskolloquien institutionalisiert.[1385] Im Rahmen der *Dialogveranstaltung* treffen sich Vorstand und OFK jährlich für 1,5 Tage, um aktuelle und grundsätzliche Fragen der Geschäfts- und Führungspolitik zu besprechen. Nach anfänglichen „Berührungsängsten" können heute erhebliche Erfolge vorgewiesen werden. „Neben der zunehmen-

---

1379 Vgl. Brauer 1996: 279f..

1380 Vgl. Neukirchen/Wilhelm 1999: 64.

1381 Vgl. Schönefeld 1996: 378.

1382 Vgl. Wever 1996: 184f..

1383 „Sie sparen Unmengen an Zeit, Geld und Energie, wenn Sie die menschlichen Ressourcen auf jeder Ebene des Betriebs anzapfen. Wenn Sie zuhören, lernen Sie [...] Wenn wir einander wirklich verstehen, öffnen wir kreativen Lösungen und dritten Alternativen die Tür." Covey 1994: 236.

1384 Vgl. hierzu und im folgenden Wever 1996: 169-174.

1385 Insgesamt wurden vier Maßnahmen zur Verbesserung der internen Kommunikation eingeführt. Neben den bereits genannten wurden/werden Top-Management-Kolloquien und Mitarbeitermeinungsumfragen durchgeführt.

den Offenheit und Ehrlichkeit im Umgang miteinander, hat insbesondere die Regelmäßigkeit dieser Veranstaltung zu einem hohen Maß an Übereinstimmung in der Situationsbewertung und zur Identifikation mit den Zielen der Bank geführt."[1386] Die Personalkonferenz (neuerdings: „Herbstkonferenz") findet ebenfalls jährlich statt und führt die Spitzen des Personalressorts und den OFK zur Entwicklung der Personalpolitik zusammen. Die Führungskräfte wirken am Entwurf mit und entwickeln angemessene Instrumente und Vorschläge zu deren Implementierung. Auch hieraus resultiert ein hohes Maß an Identifikation mit der Personalpolitik des Unternehmens. Im Rahmen der Vorstandskolloquien befassen sich Vorstand und OFK mit Fragen der Führungspolitik sowie mit konkreten Projekten, Maßnahmen und Instrumenten zu ihrer Umsetzung. In diesen Sondersitzungen des Vorstands soll diesem insbesondere der Zusammenhang und die Tragweite der von ihm zu treffenden Entscheidungen vor Augen geführt werden.

Die ALLIANZ AG hat den sog. *„Strategischen Management-Dialog"* ins Leben gerufen. Dieser beginnt mit einer Vorstandsklausur im Februar, bei der die obere Führung strategische Optionen für die längerfristige Konzernentwicklung und Ziele für die nächste Planungsperiode festlegt. Im Juli treffen sich dann die Geschäftsleiter der 50 größten Gruppengesellschaften, um ihre Vorstellungen mit dem Konzernvorstand zu diskutieren. Im November besucht der Vorsitzende SCHULTE-NOELLE sämtliche Tochtergesellschaften vor Ort, um Einzelpläne und Probleme zu besprechen. Einmal jährlich findet ein „Get together" statt, um den Zusammenhalt der obersten Führungskräfte der weltweit verzweigten Gruppe zu stärken. Zusätzlich wurden zahlreiche international besetzte Fachausschüsse mit Experten der ALLIANZ aus aller Welt gegründet, an denen der Vorsitzende ebenfalls teilnimmt.[1387]

Marktbezogene Dialoge:

Grundlage für den Markterfolg ist die Akzeptanz eines Produktes oder einer Dienstleistung durch den Kunden.[1388] Viele Unternehmen versuchen daher, ihre strategische Positionierung zu verbessern, indem sie Kunden und Lieferanten frühzeitig in den Prozeß der Produktentwicklung einbeziehen oder Wünschen bei der konkreten Gestaltung von Produktsortimenten und Dienstleistungen

---

1386 Wever 1996: 170.

1387 Vgl. Balzer/Wilhelm 1996: 61f..

1388 Aus ähnlichem Grund gewinnt auch das *After-Sales-Marketing* und *das Relationship-Marketing*, bei dem z.B. relevante Informationen über Produkt- und Serviceschwächen erhoben werden können, zunehmend an Bedeutung.Vgl. Hansen 1999: 3. Spezielle Ausprägungen dieser Orientierung sind Dialogangebote im Bereich des Beschwerdemanagements oder in der Partizipation des Kunden bei der Leistungsgestaltung (Co-Produzent).

Rechnung tragen.[1389] Die Legitimität von Strategien und der ökonomische Erfolg von Produkten oder Dienstleistungen können so sichergestellt werden. Kontakte, beispielsweise zu Kunden, unterhalten in den meisten Unternehmen die Mitarbeiter der Abteilungen Marketing oder Verkauf.[1390] Angesichts der Globalisierung der Märkte, des verschärften Wettbewerbs und des zunehmend uneinheitlichen Konsumentenverhaltens ist aber auch die Unternehmensleitung aufgerufen, den „Wünschen der Kunden selbst nachzuspüren".[1391] Die Fähigkeit des Top-Managements, sich in seine Kunden zu versetzen stellt dabei einen wichtigen Erfolgsfaktor dar.[1392]

Insbesondere im *Business-to-Business-Bereich* sind nicht nur die direkten Kunden und Lieferanten, d.h. das nächste bzw. vorangehende Glied in der Vertriebskette zu berücksichtigen. Erst die Marktdaten über die Wünsche und Bedürfnisse der Akteure des gesamten Lebensweges eines Produktes ergeben ein vollständiges Bild. Top-Manager müssen sich also um Abnehmer und Lieferanten *aller* Vertriebsstufen kümmern und Gespräche führen, um eine angemessene Unternehmensstrategie zu entwickeln. Selbst optimal aufbereitetes Wissen kann das Vorstellungsvermögen und das persönliche Know-how eines Top-Managers über den Markt und seine Bedingungen nicht ersetzen. Dieses ermöglicht eine kontinuierliche und schnelle Marktanpassung „am Puls der Zeit".[1393]

Die Firmen BAHLSEN und OTTO VERSAND haben aus diesen Gründen *Firmenbeiräte* gegründet, die gemeinsam mit der Geschäftsleitung Lösungen für Fragen der Unternehmenspolitik und -strategie entwickeln.[1394] Dieses, eher bei klein- und mittelständischen Unternehmen übliche Instrument, eignet sich hervorragend als ein Forum für Konzeptionsgespräche mit Fachleuten aus unterschiedlichen Bereichen (z.B. Vertreter der Hausbanken, der Kommunalpolitik, Zulieferer, Großabnehmer oder Endkunden), die hierbei ihre eigenen Erfahrungen einbringen können. Dadurch erweitert sich der Horizont der Unterneh-

---

1389 Vgl. Zerfaß 1996: 46.

1390 Vgl. Ciucci 1996: 38.

1391 Vgl. Gouillart/Sturdivant 1994: 42.

1392 Vgl. Gouillart/Sturdivant 1994: 43. Als Beispiel für die eindimensionale Orientierung an Nutzenkalkülen und die daraus resultierenden monologischen Beziehungsstrukturen führt Oppenrieder die klassische Marktforschung an. Sie beleuchtet zwar das Umweltsegment der Konsumenten, beschränkt sich aber auf Methoden, die die Betroffenen zu Forschungsobjekten degradieren, als auch auf Inhalte, die ausschließlich dem ökonomischen Verwertungsinteresse dienen, ohne z.B. Probleme zu thematisieren, die mit dem Ge-/Verbrauch der jeweiligen Güter für den einzelnen oder die Gesellschaft verbunden sind. Vgl. Oppenrieder 1986: 42.

1393 Vgl. Gouillart/Sturdivant 1994: 43.

1394 Vgl. o.V. 1985: 80-84. Der Beirat der Bahlsen GmbH wurde bereits im Jahre 1956 in der Firmensatzung verankert und hat sich nach Angaben des Inhabers Hermann Bahlsen bislang „...konkret glänzend bewährt." Ebd. 82.

mensleitung.[1395] Ansichten und Ideen werden kritisch reflektiert und Probleme können nach allen Seiten hin bedacht und abgewogen werden.[1396] Die Notwendigkeit, Vorschläge den Beiratsmitgliedern vorzustellen und vor ihnen zu rechtfertigen, fördert das Entstehen erfolgreicher Konzepte.[1397] Der Beirat ist ein freiwillig geschaffenes, kleines und nur gelegentlich tagendes Gremium, das hierarchisch in der Unternehmensspitze angesiedelt ist.[1398] Für die vorliegenden Zwecke eignet sich besonders die Institutionalisierung eines *Beratungsbeirates*, der aber auch verschiedene andere Funktionen, die auf die Bedürfnisse des Unternehmens abzustimmen sind, übernehmen kann.[1399] Da Aufgaben und Kompetenzen nicht gesetzlich fixiert sind, kann dieses Gremium auf die unternehmensindividuelle Situation zugeschnitten werden. Es eignet sich damit ausgezeichnet, um dem Unternehmen persönliche Beziehungen zu wichtigen Geschäftspartnern zu verschaffen bzw. abzusichern.[1400]

Kontakte zu Kunden lassen sich aber auch über andere Kommunikationsmaßnahmen vertiefen. In den OBI-Baumärkten finden beispielsweise jährlich sog. *„Kundenforen"* statt.[1401] Diese dienen dem Ziel, die Kundenzufriedenheit mit den OBI-Dienst- und Serviceleistungen zu evaluieren und gezielt Schwächen der einzelnen Märkte zu beheben. In einem Workshop teilen die Kunden der Geschäftsleitung und den Mitarbeitern ihre Anliegen mit und erarbeiten gemeinsam Verbesserungsvorschläge. Eine Optimierung des Angebots sowie eine hohe Kundenzufriedenheit und -bindung sind die Folge dieser dialogorientierten Kommunikationsmaßnahme.[1402]

1395 Vgl. Bierach 1997: 204; Raffée/Fritz 1992: 320, die bspw. sog. „Kundenbeiräte" vorschlagen.

1396 Die dem Beirat anvertrauten Unterlagen und Informationen unterliegen einer absoluten Geheimhaltung. Der Beirat ist zu einem redlichen und ordnungsgemäßen Verhalten verpflichtet, das die Interessen des Unternehmens nicht schädigen darf. Vgl. Hinterhuber/Minrath 1991: 1203.

1397 Vgl. Hinterhuber/Minrath 1991: 1201.

1398 Beiräte tagen in der Regel viermal pro Jahr, wobei Sitzungen oder telefonische Kontakte sehr flexibel einberufen bzw. angebahnt werden können. An den Sitzungen nehmen auch Mitglieder der Geschäftsleitung teil. Vgl. Hinterhuber/Minrath 1991: 1206.

1399 Ca. 80% aller eingerichteten Beiräte übernehmen Beratungsfunktionen. Nur 20% fungieren als Kontrollorgan mit Entscheidungskompetenzen. Vgl. Hinterhuber/Minrath 1991: 1202. Ein solcher Beirat ist in der Regel schuldrechtlich verankert, während der Kontrollbeirat organschaftlich (statutarisch) zu institutionalisieren ist. Vgl. Thümmel 1995: 2461.

1400 Beiräte sollten zwischen 3-5 Mitgliedern besitzen. Die Mitgliedschaft ist in der Regel zeitlich begrenzt, meist auf 3-5 Jahre und danach verlängerbar. Für den Aufbau von Vertrauenspotentialen, die sich auch in Krisenzeiten bewähren, steht die Kontinuität dieses Gremiums eindeutig im Vordergrund. Vgl. Bierach 1997: 84. Eine Institutionalisierung ist auch für große Unternehmen angeraten, die über einen Aufsichtsrat verfügen. Das ausgeprägte Vertrauen zwischen Beiratsmitgliedern und Geschäftsleitung soll konstruktive Auseinandersetzungen und gemeinsame Lösungen fördern, die im Aufsichtsrat meist nicht möglich sind. Vgl. o.V. 1985: 76.

1401 Vgl. hierzu Creusen/Aschenbrenner 1997: 23.

1402 Hansen schlägt zudem die Einrichtung von Verbraucherabteilungen vor, in denen ebenfalls viel kundenspezifisches Wissen generiert werden kann. Vgl. Hansen 1989: 242.

Kontakte zu Wettbewerbern oder anderen Führungskräften kommen insbesondere über personelle Verflechtungen, wie z.B. wechselseitige Aufsichtsratsmandate, zustande. Aber auch der Eintritt in besondere Zirkel, wie z.B. dem Treffen der Führungselite in Evian, oder der Beitritt in Clubs wie Rotary oder Lions dient der Pflege von Bekanntschaften und dem Knüpfen wertvoller Kontakte.[1403] Auch aus der Mitgliedschaft in Vereinen oder aus sportlichen Aktivitäten, z.B. Golf oder Tennis, ergeben sich oft Möglichkeiten zum Austausch von Meinungen und Perspektiven.

Gesellschaftliche Kommunikation:

Unternehmen treffen im gesellschaftlichen Umfeld auf eine Reihe höchst unterschiedlicher Bezugsgruppen, die Einfluß auf die Unternehmenstätigkeit nehmen können. „Heute gilt es, Foren zu schaffen, die dem Interessenpluralismus im gesellschaftlichen Umfeld und konkret auch dem Partizipationswillen der Nachbarn gerecht werden."[1404] Dabei wird ein großer Teil der gesellschaftspolitischen Beziehungen bereits durch Gesetze und Verordnungen strukturiert (z.B. Genehmigungsverfahren für Industrieanlagen).[1405] Doch auch denjenigen Beziehungen, die nicht rechtlich vorstrukturiert sind, kann eine große unternehmenspolitische Bedeutung zukommen. Dabei ist konkret an den immer spezialisierter und differenzierter werdenden Anspruchsgruppen anzuknüpfen. Eine besondere Beachtung sollte in diesem Zusammenhang den Medien sowie Meinungsführern zuteil werden. Allerdings scheinen die Instrumente des gesellschaftlichen Dialogs bislang nur unzureichend erkannt und eingesetzt zu werden.[1406] STEINMANN/LÖHR weisen in diesem Zusammenhang besonders auf das Konzept der *Ethik-Kommissionen* als Möglichkeit des Austauschs mit potentiellen Anspruchsgruppen hin:[1407] Eine solche, fest institutionalisierte, aus der traditionellen Machtstruktur ausgegliederte Kommission kann als „Dialogforum" für unterschiedliche Interessen und Standpunkte fungieren und übernimmt eine Art Katalysatorfunktion. Ihre Hauptaufgabe ist es, moralische Bedenken hinsichtlich bestimmter Geschäftsaktivitäten zur Sprache zu bringen.[1408] Je nach Problemlage können direkt beteiligte Parteien angehört und in die Kommission eingebunden werden.[1409]

1403 Vgl. ausführlich zur Möglichkeit der personellen Verflechtung Bierach 1997: 200-204; Biehler/Ortmann 1985: 7-14. Etwa 70% aller Spitzenmanager sind Mitglieder in diesen Clubs. Vgl. Geschka 1997: 74f.. Ebenso Ogger 1995: 29-33.

1404 Schönefeld 1996: 379.

1405 Vgl. Zerfaß 1996: 48.

1406 Vgl. Brauer 1996: 278.

1407 Vgl. Steinmann/Löhr 1992: 2453.

1408 Vgl. Ulrich/Lunau/Weber 1996: 21.

1409 Die Autoren führen folgende fünf Bedingungen als Erfolgsvoraussetzungen an: (1) Repräsentative Zusammensetzung, (2) Unabhängigkeit, (3) Unterstützung, (4) Aktives Selbstverständnis als

HANSEN et al. schlagen den *Unternehmensdialog* als Möglichkeit der verständigungsorientierten Kommunikation mit Anspruchsgruppen vor:[1410] Dieses Verfahren wird von Unternehmen initiiert, „... um mit den relevanten Anspruchsgruppen situative und strukturelle Probleme, die sich aus der unternehmerischen Leistungserstellung und -verwertung ergeben haben oder ergeben könnten, verständigungsorientiert zu kommunizieren“[1411]. Der Hautpflege und Gesundheit- (HAGE-II-) Dialog von PROCTER & GAMBLE soll dieses Verfahren beispielhaft konkretisieren.[1412] Mit diesem Unternehmensdialog wollte das Unternehmen der vielschichtigen gesellschaftlichen Meinung ein Forum bieten.[1413] Es sollte eine Möglichkeit zum Austausch über grundlegende Aspekte und Problematiken in bezug auf Haut- und Haarpflege der Zukunft geschaffen werden, ohne daß es einen akuten Anlaß gab. An dem zweitägigen Workshop haben insgesamt 47 Personen teilgenommen, die unter dem Gesichtspunkt der Betroffenheit mit dem Ziel ausgewählt wurden, das gesamte Meinungsspektrum der relevanten Anspruchsgruppen abzudecken.[1414] Mit den Ergebnissen dieses Dialogworkshops waren 82% der Teilnehmer insgesamt sehr zufrieden (57%) bzw. zufrieden (25%). Insgesamt vermuteten beinah 80% einen Einfluß des Dialoges auf die Unternehmenspolitik von PROCTER& GAMBLE.[1415]

Auch die HOECHST AG (heute AVENTIS) hat 1993 mit dem „Gesprächskreis Hoechster Nachbarn“ ein Forum geschaffen, in dem Bürger und Führungskräfte (auch Top-Manager) alle aus der Nachbarschaft mit dem Werk resultierenden Fragen am „runden Tisch“ in einer offenen Atmosphäre besprechen können.[1416]

Initiator und (5) Umsetzung der Ergebnisse der Kommission. Vgl. Steinmann/Löhr 1994a: 152-155.

1410 In den USA sind solche „Stakeholder-Audits“ bereits seit langem verbreitet. Vgl. Roberts/King 1989: 64-74.

1411 Hansen/Niedergesäß/Rettberg 1996: 311.

1412 Darüber hinaus führt Procter&Gamble regelmäßig die sog. „Schwalbacher Gespräche“ zu aktuellen gesellschaftlichen Fragen wie z.B. „Perspektiven und Alternativen zukünftiger Gesundheitspolitik“, „Arbeitsgesellschaft der Zukunft“ oder „Der demographische Wandel in Deutschland: Wirtschaftliche und gesellschaftliche Konsequenzen und politische Optionen“ durch. Diese werden mit einem Vortrag eingeleitet und münden in einer Diskussion zwischen interessierten Bürgern und Experten. Vgl. Wille 1998 sowie die Übersicht der aktuellen Schwalbacher Gespräche im Internet unter der Adresse (http://www.procterandgamble.de/gwp/reden/content.html).

1413 Vgl. ausführlich Rettberg/Niedergesäß 1997: 1-9.

1414 Der Leiter der Abteilung Medienpolitik der Firma BMW AG hält etwa drei Dutzend sehr sorgfältig ausgesuchte Experten für ausreichend, um das Meinungsbild eines Landes in Grundzügen erfassen zu können. Vgl. Brauer 1996: 278. In Anbetracht der Größe dieser Veranstaltung stellt sich jedoch die Frage, ob eine gemeinsame Situationsdeutung in einem solchen Rahmen noch möglich ist.

1415 Vgl. Rettberg/Niedergesäß 1997: 6.

1416 Vgl. Schönefeld 1996: 380f..

Diesem Kreis gehören neben Vertretern des Vereinslebens, der Behörden und der Kirchen, dem Handel, Handwerk und Gewerbe auch Mitglieder der lokalen Bürgerinitiativen an. Vorrangig werden Fragen der Sicherheit und des Umweltschutzes behandelt. Allerdings erweitert sich das Themenspektrum zusehends auch um Fragen des lokalen Umfeldes, etwa der Ausbildung, der Kultur oder des Verkehrs. In diesem Gesprächskreis werden keine unternehmerischen Entscheidungen getroffen. Dennoch kann davon ausgegangen werden, daß Vorschläge und Empfehlungen des Gesprächskreises die Entscheidungsprozesse durchaus beeinflussen.

Brisanten gesellschaftlichen Problemen öffnet sich die HYPO-BANK mit ihren externen Aktivitäten. Im Mittelpunkt steht die jährlich stattfindende, mehrtägige Dialogveranstaltung mit ca. 200 Schülerzeitungsredakteuren von Gymnasien, das sog. *„Jugendforum“* (JuFo).[1417] Hier werden gesellschaftliche Themen mit profilierten Experten diskutiert.[1418] Ziel dieser Veranstaltungen ist es, den Dialog mit „Andersdenkenden“ bzw. Gesellschaftskritikern zu führen, Berührungsängste abzubauen, sich anderen Perspektiven gegenüber zu öffnen und daraus selber zu lernen. Diesen Ideen sind auch die sog. *„Kempfenhausener Gespräche“* verpflichtet.[1419] Um ein Forum zur Diskussion drängender gesellschaftspolitischer Fragen bereitzustellen, erwarb die HYPO-BANK Ende der 80er Jahre ein Anwesen in Kempfenhausen, am Starnberger See. Dieses Haus wurde ein Forum für die Kommunikation zwischen den Führungskräften der Bank, aber auch für den Austausch mit Kunden oder Vertretern anderer gesellschaftlicher Gruppen. Insbesondere werden hier Gesprächszyklen durchgeführt, um einzelne Schwerpunktthemen (z.B. Wie ist qualitatives Wachstum möglich?) einmal gründlich und intensiv zu behandeln. Ein Zyklus umfaßt dabei jeweils acht einwöchige Gesprächsrunden, an denen ca. 25 Teilnehmern mitwirken. Dialogpartner sind Mitarbeiter der HYPO-BANK (einschließlich eines Vorstandsmitglieds), Wissenschaftler sowie Vertreter der Wirtschaft und anderer gesellschaftlicher Gruppen. Ziel ist die wechselseitige Befruchtung von Wissenschaft und Praxis, die Förderung der Bereitschaft zum Perspektivenwechsel und damit das Verständnis anderer Positionen und Sichtweisen.[1420]

Bei den hier gewählten Beispielen dialogorientierter Kommunikation handelt es sich um persönliche Begegnungen der Beteiligten, die *face-to-face* – und nicht

[1417] Vgl. Wever 1996: 175-177.

[1418] Zu den geladenen Rednern gehörten beispielsweise Hoimar von Ditfurth, Rita Süßmuth, Heiner Geissler, Gregor Gysi, Paul Watzlawick oder Niklas Luhmann.

[1419] Vgl. Wever 1996: 191f..

[1420] Der Autor bezeichnet diese Art des Austauschs auch als „Lernschule“ für Mitarbeiter und Vorstände, bei der es nicht ausbleibt, daß im Denken und Handeln der Bank ethische Gesichtpunkte zunehmend an Gewicht gewinnen. Vgl. ebd. 192.

per e-mail oder Telefon – miteinander kommunizieren.[1421] Unterschiede der einzelnen *Kommunikationsforen* liegen insbesondere im Status der Institutionalisierung (episodische Begegnungen versus kontinuierliche Zusammenkünfte) sowie in der Variabilität der Zusammensetzungen (feste versus variable Zusammensetzung). Die folgende Abbildung systematisiert diesen Zusammenhang.

Abb. 23: Stati der Institutionalisierungsmöglichkeiten zur Beschaffung ethisch relevanten Wissens

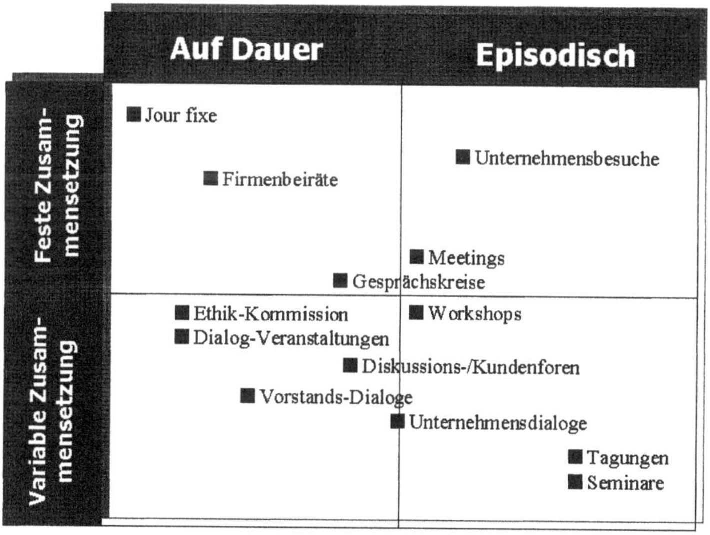

Quelle: Eigene Darstellung.

Je nach Zusammensetzung variiert auch die Reichweite der betrachteten Konsequenzen und Perspektiven (Nachbarschaftsgespräche versus globale Veranstaltungen) sowie der Möglichkeit, Informationen wahrzunehmen oder gar zu einer gemeinsamen Situationsdeutung zu gelangen. Letztere ist eng mit der Zahl der Gesprächsteilnehmer verknüpft, wobei davon ausgegangen wird, daß echte Verständigung ab einer bestimmten Gruppengröße problematisch wird.[1422] Allerdings können hier keine grundsätzlichen Empfehlungen getroffen werden, da die Wirkungen u.a. auch von der Gruppenstruktur und dem Gruppenklima beeinflußt werden.[1423] Es gibt jedoch einen bestimmten Schwellen-

1421 Vgl. Bentele/Steinmann/Zerfaß 1996b: 454.
1422 Vgl. Brandstätter 1989: 520.
1423 Vgl. Wiswede 1992: 750; Seidel 1992: 719, Redel 1982: 302.

wert der Effizienz, der überwiegend durch die Möglichkeit, aktiv an Diskussionen teilzunehmen und Argumente auszutauschen, bestimmt wird.[1424] HECKMANN empfiehlt eine Teilnehmerzahl von 10-12 Personen.[1425] Nach KROHN sollte die Gruppengröße nicht mehr als zehn Teilnehmer umfassen, da bis zu dieser Anzahl gerade noch erreicht werden kann, daß alle konzentriert das Vorgebrachte auffassen, prüfen und ihre Fragen und Gegenpositionen formulieren können.[1426] Bei dieser Gruppengröße ist es möglich, Fragen und Verständnisprobleme so lange zu erörtern, bis die gerade zur Diskussion stehende Teilfrage zur Zufriedenheit aller Teilnehmer gelöst wurde, ohne daß sich die Diskussion auf diversen „Nebenkriegsschauplätzen" verliert oder der reinen Profilierung dient.[1427]

Solche Gesprächsforen bieten eine ideale Möglichkeit, aktuelle gesellschaftspolitische, aber auch individuelle Themen und Probleme zu erörtern, ohne daß ein unmittelbarer *Handlungsbedarf* besteht. Alle Beteiligten können sich ein Bild von den Einschätzungen, Einstellungen und dem Stellenwert von Problemen der Gesprächspartner machen und *Verständigungspotentiale* aufbauen und vertiefen. *Kommunikation* wird hier verstanden als die Fähigkeit, die Beweggründe von anderen Menschen wahrzunehmen und zu verstehen. Dadurch können Möglichkeiten entwickelt werden, auf diese Motive einzugehen und gleichzeitig zu erkennen, wie die Anspruchsgruppen auf das unternehmerische Handeln reagieren werden. Ziel ist der Aufbau eines *Netzes von Vertrauensbeziehungen* als Grundvoraussetzung für die Informationsbeschaffung. Nur so kann der Zugang zu authentischen und unverfälschten Informationen aller potentieller Anspruchsgruppen sichergestellt werden. Daraus ergibt sich ein immer umfassenderes und vollständigeres *Meinungs- und Erwartungsbild*, das als Grundlage der Entscheidungsfindung des Top-Managements dienen kann.[1428]

1424 Da sich der Ablauf der gemeinsamen Situationsdeutung mit Stakeholdern ebenfalls an die Sokratische Methode anlehnen soll, kann hier auf die Erfahrungen mit Teilnehmerzahlen aus solchen Seminaren bzw. Gesprächen zurückgegriffen werden.

1425 Vgl. Heckmann 1993: 15; Belbin 1988: 114. Bei dieser Gruppengröße kann ein angemessenes Spektrum an sozialen Perspektiven eingebunden werden, ohne daß es zu einer Subgruppenbildung kommt. Vgl. auch Chitayat 1981: 42-44.

1426 Vgl. Krohn 1989: 12.

1427 Überdies läßt diese Gruppengröße es zu, daß zwischen allen Teilnehmern positive Interaktionen aufgebaut und aufrechterhalten werden können und so die Erfahrung von intensiver Kooperation und Kommunikation stattfinden kann.

1428 Dabei wird keinesfalls in Abrede gestellt, daß solche Treffen bereits regelmäßig durchgeführt werden, mithin die organisatorischen Voraussetzungen möglicherweise bereits bestehen. Bezweifelt wird allerdings, daß diese dem Anspruch des gegenseitigen Verstehens gerecht werden. Vielmehr scheinen solche Treffen der Profilierung und der eigenen Positionierung zu dienen. Nur wenn Vorstände bereit sind, ihre persönlichen Präferenzen zurückzustellen und die der an-

Für den *Erfolg* solcher Dialoge sind bereits eine Reihe von Voraussetzungen herausgearbeitet worden.[1429] Insbesondere sollte eine gewisse *Kontinuität* der Kommunikationsveranstaltungen sichergestellt werden, um langfristige, vertrauensvolle Beziehungen aufzubauen und die Bedeutung der Bemühungen glaubwürdig zu vermitteln.[1430] Die Akzeptanz und Motivation der verschiedenen Gesprächsforen lebt jedoch davon, daß der Dialog mit der erforderlichen Ernsthaftigkeit geführt wird und die geäußerten Erwartungen der Dialogpartner auch – zumindest ansatzweise sichtbar – erfüllt werden.[1431] Das Top-Management sollte während der Dialoge mit seinen Ansichten nicht „hinterm Berg halten“, sondern Grenzen und Dissense offen markieren. Aufgrund ihres prinzipiell ungewissen Ausgangs können Dialoge zu zahlreichen Anregungen, zur intensiveren Auseinandersetzung mit eigenen Ideen und Ansichten und dadurch zu erfolgreicheren Konzepten führen. Zumindest ergibt sich ein Informationszuwachs aus der Offenlegung der Sichtweisen und Standpunkte und der dahinterstehenden Interessen, woraus eine *verbesserte Risikowahrnehmung* resultiert. Allerdings birgt der Einsatz von Dialogen auch verschiedene Gefahren, z.B. wenn sie nicht „ehrlich“ geführt werden und nur der Profilierung oder Imageverbesserung dienen.[1432]

3.3.3.4 Erweiterung der Rolle und Aufgaben des Vorsitzenden

Die Rollen und Kräfte in der Unternehmensleitung sind häufig asymmetrisch verteilt.[1433] Insbesondere dem Vorsitzenden kommt vielfach eine herausragende

---

deren zu begreifen, können langfristig Strategien entwickelt werden, die sowohl ökonomisch profitabel als auch gesellschaftlich förderlich sind. Vgl. Shimizu 1990: 639.

1429 Vgl. Ahrens/Behrent 1996: 343-347.

1430 Spektakuläre Einzelveranstaltungen verfehlen hier meist ihren Zweck. Sie werden von den Beteiligten im nachhinein oftmals als reine „Show-Veranstaltung“ gedeutet, was als kontraproduktiv zu werten ist. Die fehlende Möglichkeit zum Feedback und zur intensiveren Auseinandersetzung können keine echten Beziehungen entstehen lassen. Vertrauen entwickelt sich erst im Zeitablauf und muß systematisch erneuert bzw. ausgebaut und bestätigt werden. Vgl. Wever 1996: 192f..

1431 Nur wenn die Teilnehmer davon überzeugt sind, daß ihre Meinungen und Ansichten auch Berücksichtigung finden, d.h., wenn sie sich in der vom Unternehmen gewählten Geschäftspolitik auch faktisch niederschlagen, kann die Teilnahme an solchen Veranstaltungen langfristig gesichert werden. Aus diesem Grunde sollten Vorschläge mit relativ geringem Umsetzungsaufwand auch sofort aufgegriffen und schnell verwirklicht werden. Nur solche „ersten Erfolge“, die selbstverständlich langfristig in einer legitimen Unternehmenspolitik münden müssen, können die Akzeptanz solcher Foren sichern und zum Aufbau echter Vertrauensbeziehungen beitragen. Inaktivität und enttäuschte Erwartungen können im Gegenteil dazu führen, daß sich das Unternehmen unversehens am „Pranger der öffentlichen Meinung“ wiederfindet. Vgl. auch Bohlen 1997: 122. Vgl. zur vielfach fehlenden Ernsthaftigkeit bei solchen Sitzungen Gewald 1996: 636-639.

1432 Vgl. zu den Risiken von Dialogen Hansen 1999: 5f..

1433 Vgl. Bernhardt/Witt 1999: 830.

Stellung zu.[1434] Ethische Argumentationen setzen jedoch eine *gleichberechtigte Zusammenarbeit* ohne jede interne Rangdifferenzierung voraus. Nur so kann eine gleichrangige Berücksichtigung aller Verantwortungsbereiche gewährleistet werden. Allerdings kann die Benennung eines Vorsitzenden oder Sprechers durchaus sinnvoll sein, wenn sich der „Chef" nicht als Prinzipal, sondern als *Mediator* versteht.[1435] Seine Aufgabe besteht darin, die verschiedenen Sichtweisen möglichst umfassend darzustellen und in die Entscheidungsfindung einfließen zu lassen.[1436] Insofern ist er idealerweise eine *Art Vermittler*, der anregt und motiviert, zum Widerspruch aufruft und Konflikte zwischen den Mitgliedern zuläßt und konstruktiv begleitet.[1437]

Er leitet die Sitzungen und trägt dafür Sorge, daß sich die Angehörigen der Unternehmensführung auch untereinander stärker abstimmen und Verständigungsschwierigkeiten einvernehmlich beilegen.[1438] Eine besondere Rolle spielt seine Fähigkeit, sozialintegrative Beziehungen zwischen den Mitgliedern zu fördern.[1439] Als Vorbild können die in Japan gängigen *Nemawashis* (informelle Diskussionen) dienen: Hierbei legt der Präsident eines japanischen Unternehmens bei verschiedenen inoffiziellen Anlässen wie Frühstück oder Abendessen seinen Führungskräften einen Plan vor, über den dann diskutiert wird. Jede Führungskraft macht ihre Position zu den vorgebrachten Themen deutlich und äußert offen Bedenken und Zweifel. Die Mitglieder entwickeln Szenarien, in denen die Auswirkungen der Entscheidung unter verschiedenen Gesichtspunkten aus allen relevanten Perspektiven beleuchtet werden.[1440] Diese werden vom Präsidenten aufgenommen und während des weiteren Entscheidungsprozesses berücksichtigt.[1441] Auf gutes Einvernehmen und eine überzeugende Argumentation wird hierbei besonderer Wert gelegt.

1434 Vgl. zur Bedeutung des Vorsitzenden auch Bennis/O'Toole 2000: 95.

1435 Vgl. zu den Rollen des Top-Managements Mintzberg 1991: 30.

1436 Diese Forderung stellen auch Bernhardt/Witt 1999: 841. Dies entspräche auch der Auffassung Apels, der eine „chairperson" zur Diskursleitung vorsieht. Vgl. Apel 1993: 45.

1437 Daß dies kein unerfüllbares Ideal darstellt, zeigt der Führungsstil des Allianzchefs Henning Schulte-Noelle oder des Siemenschefs Heinrich von Pierer. Vgl. ausführlich Müller/Preissner 2000: 73; Balzer/Wilhelm 1996: 57-64. Siehe zur Bedeutung der konstruktiven Bewältigung von Konflikten im Top-Management Amason/Thompson 1995.

1438 Vgl. zur Bedeutung des Vorsitzenden bei der Förderung der Zusammenarbeit Hambrick 1994: 207. Er stellt fest, daß dem Vorsitzenden eine tragende Rolle bei der Gestaltung einer diskursiven Willensbildung zukommt. Vgl. Hout/Carter 1996: 67; Hambrick 1994: 206.

1439 Die verbesserte Kommunikation und Zusammenarbeit in der Führungsspitze stellen nach Hout/Carter einen Erfolgsfaktor dar, der mehr zu leisten vermag als Kostensenkungen. Vgl. Hout/Carter 1996: 67.

1440 Vgl. Spieß 1996: 62.

1441 Eine solche lebhafte Diskussion ist möglich, da es eine ausgeprägte Vertrauensbeziehung zwischen dem Vorsitzenden und den anderen konstituierenden Mitgliedern gibt. Vgl. zum Prozeß des Nemawashis ausführlich Shimizu 1990: 632f..

Als Mediator sollte der Vorsitzende „win-win"-Situationen fördern, d.h. darauf achten, daß kein Mitglied der Unternehmensführung als Verlierer aus einer Auseinandersetzung hervorgeht. Unterschiedliche Sichtweisen sollen nicht eliminiert, sondern auf beiderseitig befriedigende Weise gelöst werden.[1442] Hierzu muß er verantwortungsbewußt sein und sich in die persönlichen Sichtweisen anderer einfühlen können.[1443] Selbstreflexion und Zurückhaltung kennzeichnen sein Handeln. Darüber hinaus verpflichtet er die einzelnen Mitglieder zu hohen Leistungsstandards, wobei dem Erreichen der Ziele für das Gesamtunternehmen Vorrang eingeräumt wird.[1444] Ihm ist bewußt, daß der Fortbestand des Unternehmens gefährdet werden kann, wenn Unternehmenspolitik und -strategien nicht im Einklang mit gesellschaftlichen und kulturellen Erwartungen stehen.[1445] Insofern führt er effiziente Abläufe in die Diskussionsrunden ein, damit sämtliche Erfahrungen, Einsichten und Beurteilungen zur Sprache gebracht und ausdiskutiert werden können.[1446] Im Rahmen der Entscheidungsfindung stellt er die Leistung des gesamten Top-Managements in den Vordergrund und betont die Bedeutung der einander ergänzenden Sichtweisen, die erst ein möglichst vollständiges Bild der Situation ermöglichen.[1447] Um zu einer angemessenen Gewichtung der einzelnen Interessen zu gelangen, aus der die Richtung für Unternehmenspolitik und -strategie hervorgeht, fordert er die Mitglieder immer wieder auf, ihre persönlichen Präferenzen zurückzustellen und nur die Argumente einzubinden, die allen vernünftig und angemessen erscheinen.[1448] Die Entscheidung erfolgt erst, wenn sämtliche Aspekte kommunikativ erwogen und ausdiskutiert wurden. Die Verantwortung für eine derart erarbeitete Unternehmenspolitik/-strategie wird so von allen Top-Managern mitgetragen.[1449]

Die formale Autorität des Vorsitzenden bleibt unangefochten. Wann, ob und wie er diese einsetzt, ist abhängig von der Situation. Läßt eine Entscheidung keinen Raum für lange Diskussionen und Absprachen, so muß er auch einmal

[1442] Vgl. Bennis/O'Toole 2000: 100; Covey 1994: 202f..
[1443] Vgl. Bennis/O'Toole 2000: 97.
[1444] Nestle-Chef Helmut Maucher macht auf die Bedeutung der Vorstandsvorsitzenden aufmerksam: „Die Medien konzentrieren sich auf die Spitze, auf den Boß. Das Dilemma ist: Wir sind daran interessiert, daß Nestlé glaubwürdig ist, als Firma anerkannt wird und das Image stimmt. Wir wissen auch, daß dieser Imagetransfer am besten über eine Person funktioniert. Und zwar über den, der an der Spitze steht. Jeder andere kann das nicht leisten." Maucher 1996: 77.
[1445] Vgl. Shimizu 1990: 637.
[1446] Vgl. Hambrick 1994: 206f..
[1447] Finkelstein/Hambrick bezeichnen diese Fähigkeit als „openness" – a composite of such facets of CEO personality as awareness of multiple perspectives, valuing discourse and debate, and openness to new ideas." Finkelstein/Hambrick 1996: 142.
[1448] Vgl. Bennis/O'Toole 2000: 100.
[1449] Vgl. Berkel/Herzog 1997: 116. Vgl. zu den Konsequenzen eines Kompromisses, mit dem einige Mitglieder nicht ganz zufrieden sind, Schmaldienst 1995: 22.

im „Alleingang“ handeln.[1450] Allerdings sollte er eine solche Entscheidung nicht treffen, ohne sich zuvor eine vollständige Vorstellung von den Konsequenzen möglicher Lösungen gemacht zu haben (fiktiver Diskurs). Die ganzheitliche Sichtweise beinhaltet die Betrachtung einer Angelegenheit innerhalb eines umfassenderen Gesamtsystems.[1451] Ein fiktiver Diskurs kann nur gelingen, wenn beim Vorsitzenden die ständige Bereitschaft, sich andere Meinungen anzuhören und zu verstehen, vorhanden ist. Er hat andere Meinungen und Interessen in angemessenem Umfang zu berücksichtigen und bildet im Idealfall sein Urteil erst, nachdem er alle Aspekte reflektiert hat.[1452]

3.3.3.5 Zum Prozeß der Organisationsentwicklung

Bei neu zu bildenden Unternehmensleitungen können die abgeleiteten Aussagen zu den angeführten Gestaltungsaspekten als Entscheidungshilfen für eine diskursermöglichende und -fördernde Top-Management-Struktur herangezogen werden. Bei bereits bestehenden Unternehmensführungen können die Aussagen zur Schwachstellenanalyse Verwendung finden. Allerdings ist darauf hinzuweisen, daß nur eine unternehmensindividuelle Untersuchung aller relevanten Kriterien die organisatorischen Barrieren unternehmensethischen Handelns beseitigen kann. Aufgrund der Vielfalt möglicher Ausprägungen der Strukturdimensionen konnten hier auch lediglich Anregungen zur Richtung der Top-Management-Entwicklung gegeben werden: Die eigentliche Veränderung kann nur an den speziellen Voraussetzungen der jeweiligen Unternehmensleitung anknüpfen.[1453] Insbesondere die Art der Aufgabenteilung sowie der Grad der Interaktionen beeinflussen dabei die Funktionsfähigkeit ethischer Argumentationen und bedürfen einer besonderen Berücksichtigung. Daher sollte zu Beginn einer jeden organisationsstrukturellen Veränderung ein Diskurs über aktuelle Regelungen, Verfahren und Abläufe stattfinden. In diesem sind die unternehmensspezifischen Barrieren des moralischen Denkens und Handelns aufzudecken und gemeinsame Lösungen zur Verbesserung unternehmensethischer Rahmenbedingungen zu suchen und zu verabschieden (Struktureller Metadiskurs). Die faktischen Strukturen und Prozesse werden dahingehend untersucht, inwieweit sie die sozialen Bedingungen der Entwicklung moralischer Kompetenz ermöglichen bzw. welche Dimensionen eine ethische Argumentation be-

---

[1450] Vgl. Schmaldienst 1995: 23; Goeudevert 1996: 210-212.

[1451] So sehen viele Menschen das Universum nicht mehr nur als eine Ansammlung von Dingen, sondern als eine Menge von in Wechselwirkung stehenden Ereignissen oder Prozessen. Diese Sichtweise entspricht dem ostasiatischen Denken, auch Unternehmen letztlich als Teile eines großen vernetzten Ganzen zu sehen. Dem japanischen Manager ist jederzeit bewußt, daß jede seiner Handlungen andere Menschen und Systeme tangiert. Vgl. Schneidewind 1991: 294f..

[1452] Vgl. Shimizu 1990: 636.

[1453] Vgl. auch Beschorner 2000: 78.

hindern. Unter anderem sind auch Möglichkeiten einer stakeholderbezogenen Aufgabenzuteilung sowie Fragen der Institutionalisierung von Kommunikationsforen zu thematisieren.

Um gezielt Barrieren zu identifizieren, wurde die nachfolgende Checkliste erarbeitet, die als Einstieg in eine Diskussion über strukturelle Bedingungen, die den Voraussetzungen einer idealen Sprechsituation entgegenstehen, dienen kann (vgl. Tab. 20 auf S. 314).[1454] Dabei wurde die folgende Skalierung zugrundegelegt:

- 1 = trifft genau zu,
- 2 = trifft meistens zu,
- 3 = trifft nur teilweise zu,
- 4 = trifft kaum zu,
- 5 = trifft gar nicht zu

Strukturveränderungen in Richtung ethischer Argumentation sind allerdings nicht ad hoc, sondern nur *evolutionär*, d.h. im Rahmen eines selbstkontrollierten Lernvorgangs, vorzunehmen.[1455] Dabei wird davon ausgegangen, daß mit einer Erhöhung der individuellen Urteilskompetenz und mit zunehmender Erfahrung im Umgang mit Diskursen auch die Bereitschaft wächst, diese in realen Situationen anzuwenden und Strukturen in diese Richtung zu verändern. Sicherlich ist dabei auch eine Fülle gruppendynamischer Arbeit zu leisten, da es darum geht, dogmatische Positionen und Machtstrukturen aufzubrechen, Konflikte zu handhaben und die je eigene Sichtweise in Frage zu stellen.

Allerdings muß das Top-Management von der Vorteilhaftigkeit einer ethischen Argumentation auch überzeugt sein, bzw. deren Chancen richtig einschätzen. Die Breite der Foren garantiert, daß ein hinreichender Perspektivenfundus aufgebaut wird. Die institutionalisierten Möglichkeiten lateraler in- und externer Kommunikation befähigen die Unternehmensführung, normative Aspekte und kulturelle Veränderungen der Umwelt aufzunehmen und organisationsintern zu reflektieren.[1456] Neben strukturellen Hindernissen werden viele Unternehmensleitungen aber auch auf nachhaltige *kulturelle Barrieren* stoßen, die es ebenfalls auszuräumen gilt.

[1454] Dabei sollte jedes Mitglied die Fragen möglichst für sich oder gemeinsam mit einem Berater beantworten, wobei die Auswertung geheim bleiben sollte. Die Checkliste kann den beteiligten Top-Managern allerdings Einstiegsmöglichkeiten eröffnen, indem bei einfach zu handhabenden Barrieren angesetzt wird (z.B. Vereinbarung eines Termins zum besseren persönlichen Kennenlernen oder Entwicklung eines Verfahrens, bei dem alle Mitglieder gehört werden). Gleichzeitig wird dadurch das individuelle Bewußtsein für eigene Problemfelder oder Lösungsmöglichkeiten geschärft.

[1455] Vgl. Probst 1992: 2255-2259; Reber 1992: 1241-1247.

[1456] Vgl. Gebert 1998: 158f..

Tab. 20: Checkliste der organisatorischen Bedingungen ethischer Argumentationen

Organisatorische Bedingungen	1	2	3	4	5
Arbeitsteilung					
• Es werden nur sehr eingeschränkt Sichtweisen von Betroffenen zur Sprache gebracht.					
• Die Einflußmöglichkeiten der einzelnen Top-Manager sind recht unterschiedlich.					
• Die Kommunikation während der Sitzungen beschränkt sich oft auf eine kleine Spitzengruppe.					
• Ich setze mich mit meinen Kollegen nicht oder nur ungern auseinander.					
• Ich stimme mich nur in den Fällen mit meinen Kollegen ab, in denen es unvermeidlich ist.					
• Unsere Fachgebiete sind so hochgradig spezialisiert, daß jede Facheinheit ihre eigene Sprache spricht.					
• Ich weiß nicht genau, was in den anderen Ressorts vor sich geht und welche Probleme dort auftauchen.					
• Ich wäge die Konsequenzen meines Handelns nur für meinen eigenen Bereich ab. Schließlich bin ich für die anderen nicht verantwortlich.					
• Leute, die weniger Ahnung von meinem Fachgebiet haben, übertreiben gerne das Risiko, das in ihm steckt.					
• Ich bringe bedenkliche Praktiken, die ich bei anderen Top-Managern beobachte, nicht zur Sprache.					
• Ich fühle mich für bestimmte Entscheidungen nur eingeschränkt verantwortlich.					
Klassische Hierarchie					
• Es werden nur die Präferenzen und Wünsche einflußreicher Stakeholder (z.B. Shareholder-Interessen) erhoben und bei der Entscheidungsfindung berücksichtigt.					
• Entscheidungen sind meist soweit vorbereitet, daß nicht mehr deutlich wird, welche bzw. wessen Vorstellungen darin zum Ausdruck kommen.					
• Die Informationsvoraussetzungen während der Sitzungen sind asymmetrisch.					
• Ich setze mich nur selten direkt mit Personen oder Gruppen und deren Ansprüchen und Erwartungen im internen/externen Umfeld auseinander.					
• Ich weiß genau, was die verschiedenen Anspruchsgruppen von unserem Unternehmen wollen. Dafür muß ich mich nicht erst in deren Lage versetzen.					
• Entscheidungen werden weitgehend von den Stabsmitarbeitern oder den Leitern der Zentralbereiche vorbereitet.					
• Für das Wohl der von einer Entscheidung Betroffenen fühle ich mich nicht verantwortlich.					
Diffusion der Entscheidungskompetenzen					
• Ich kann meine Argumente und Sichtweise nicht umfassend vorbringen.					
• Es gehört viel Mut dazu, auch begründete Bedenken dem Vorsitzenden gegenüber zur Sprache zu bringen.					
• Ich versuche, Informationen so zu „verpacken", daß sie möglichst viel Gehör finden.					
• Abstimmungen und Gespräche konzentrieren sich auf den Vorsitzenden.					
• Ich habe oft nur einen geringen Einfluß auf die Entscheidungen des Vorsitzenden.					
• Der Vorsitzende entscheidet aufgrund seiner persönlichen Erfahrung und berücksichtigt nur sehr eingeschränkt alternative Sichtweisen und Meinungen.					
• Dem Vorsitzenden kommt die Funktion der oberen Entscheidungsinstanz zu. Er übernimmt auch die Gesamtverantwortung.					

Quelle: In Anlehnung an Berkel/Herzog 1997: 84f..

3.4 Kulturelle Aspekte diskursiver Unternehmensethik

Der gezielte Abbau von strukturellen Hemmnissen kann ohne Zweifel dazu beitragen, die Durchführung ethischer Argumentationen zu erleichtern. Allerdings läßt sich damit die *„innere Verfassung"* des Top-Managements nur selten bereinigen: Etliche Probleme in der Zusammenarbeit sind tief verwurzelt und nur auf grundlegende Überzeugungen zurückzuführen.[1457] Um die Wahrscheinlichkeit erfolgreicher ethischer Argumentationen zu erhöhen, ist daher zusätzlich an der *Kultur des Top-Managements* anzuknüpfen.[1458]

3.4.1 Bedeutung kultureller Faktoren für die Implementierung einer diskursiven Unternehmensethik

Im Hinblick auf die kulturellen Faktoren der Implementierung einer diskursiven Unternehmensethik spielen insbesondere die persönlichen Einstellungen der Top-Management-Mitglieder sowie deren Streben nach Akzeptanz oder nach Erfüllung der eigenen Vorstellungen und Wünsche eine zentrale Rolle. Egoistische Motive führen oft zu Neid, Mißtrauen und Auseinandersetzungen, die nicht allein durch strukturelle Veränderungen zu beheben sind. Vielmehr sind es ganz bestimmte Denkweisen und Verhaltensmuster, die Einfluß auf die Art der Zusammenarbeit innerhalb der Unternehmensleitung nehmen.[1459]

Gleichzeitig wirken sich die vom Top-Management geteilten Werte und Normen auf die konkreten Handlungsweisen oder die Auswahl von Entscheidungsalternativen aus.[1460] So kann die stark ökonomisch-quantitative Grundhaltung in Unternehmen leicht zur ethischen Barriere werden, wenn die exakt definierten, quantitativen Vorgaben und Informationen, die weniger präzisen und eher qualitativen ethischen Zielformulierungen in den Hintergrund treten lassen bzw. sogar negieren. Die Rolle *kultureller Faktoren* darf somit bei der Entwicklung und Umsetzung ethischer Argumentationen nicht unterschätzt werden.

Aufgrund der Fülle der in Literatur und Praxis verwendeten Begriffsdefinitionen sowie der unterschiedlichen Forschungsrichtungen innerhalb des organisationskulturellen Ansatzes ist zunächst zu klären, was unter (Unternehmens-) Kultur im vorliegenden Zusammenhang zu verstehen ist.[1461] Darüber hinaus ist

---

1457 Vgl. Bennis/O'Toole 2000: 100. Vgl. zur Bedeutung der Unternehmenskultur Peters/Waterman 1997: 322-325.

1458 Vgl. Barben/Dierkes 1991: 222.

1459 Vgl. Heinen/Dill 1986: 207.

1460 Vgl. Berkel/Herzog 1997: 13.

1461 Vgl. Dierkes 1990: 14; v. Rosenstiel 1990: 133; Krulis-Randa 1990: 3f. und 7f..

zu präzisieren, welche kulturellen Faktoren eine diskursive Willensbildung hemmen können und in welche Richtung eine diskursfördernde Kultur entwikkelt werden muß.

3.4.2 Zum Wesen der (Unternehmens-)Kultur

Der betriebswirtschaftlich ausgerichtete Begriff „Unternehmenskultur"[1462] wurde in den 70er Jahren zunächst in den USA und ab den 80er Jahren auch in Deutschland als wichtige Einflußgröße für den Unternehmenserfolg erkannt.[1463] Oft fungiert er als Sammelbegriff für verschiedene „weiche Faktoren" wie z.B. Loyalität zum Unternehmen, Kooperationsfähigkeit und Identifikation. Im folgenden wird Unternehmenskultur als ein System verstanden, das aus unverwechselbaren Wert- und Orientierungsmustern besteht, die das Verhalten der Mitglieder und somit das Erscheinungsbild eines Unternehmens prägen.[1464]

Die Fragen einer diskursermöglichenden Unternehmenskultur lassen sich vor dem Hintergrund des Kulturkonzeptes von SCHEIN differenzierter betrachten.[1465] Zuvor ist jedoch die Bezugseinheit einer Kultur zu bestimmen. Diese wird auf eine aus einer beliebigen Zahl von Menschen bestehenden *sozialen Gruppe* festgelegt.[1466] Eine Kultur entwickelt sich, indem die Gruppenmitglieder durch gemeinsame Erfahrungen „lernen" und mit der Zeit gewisse Einstellungen, Rituale oder andere soziale Elemente als gegeben hinnehmen. Die zunächst durchaus reflektierbaren Einstellungen, Prozeduren und Beziehungen verfestigen sich nach und nach und sinken in den Bereich der nicht hinterfragbaren sozialen Gewißheiten.[1467] Die Bestandteile der Kultur werden zunehmend

---

1462 Ohne nennenswerte Bedeutungsunterschiede werden auch die Begriffe Firmenkultur, Organisationskultur und Corporate culture in der Literatur verwendet. Vgl. Hopfenbeck 1990: 708.

1463 Vgl. Berkel/Herzog 1997: 9. Die Publikationsspitzen lagen in der Zeit zwischen 1978 und 1990. Prätorius und Tiebler ermittelten in einer selektiven Recherche insgesamt 205 Beiträge in Fachzeitschriften, Wirtschaftsmagazinen, Sammelbänden, Monographien und Arbeitspapieren in den Jahren 1983 bis 1988. Vgl. Prätorius/Tiebler 1993: 30f.; Prätorius 1990.

1464 Vgl. Berkel/Herzog 1997: 11; Bleicher 1995: 260; v. Rosenstiel 1990: 133. Kultur leitet sich aus dem lateinischen Begriff „cultura" ab und bezieht sich ursprünglich auf die agrarische Tätigkeit des Ackerbaus im Sinne von pflegen, hegen, bebauen. Im Gegensatz zur Natur ist Kultur damit immer ein Werk von Menschen. Vgl. Krulis-Randa 1990: 2.

1465 Grundsätzlich lassen sich zwei verschiedene Ansätze der Unternehmenskulturdiskussion unterscheiden: Nach dem deskriptiven Ansatz erfolgt der Zugang durch Beschreibung konkreter Tatbestände, insbesondere durch die Darstellung wahrnehmbarer Ergebnisse in Form von Umgang und Verhaltensweisen in einem Unternehmen. Demgegenüber versucht der explikative Ansatz beobachtbare Verhaltensweisen durch die dahinter wirkenden Werte, Normen und Überzeugungen zu erklären.

1466 Vgl. Schein 1995: 7.

1467 Dabei geht Schein davon aus, daß sich nur Annahmen verfestigen, die sich in der Gruppe bewährt haben, d.h. die dazu geeignet sind, gruppenexterne Probleme der Anpassung und gruppeninterne Probleme der Integration zu lösen. Allerdings wird hier die Ansicht vertreten, daß z.B. auch Verfahren, die sich als nicht so effizient erwiesen haben, aber auf bestimmten Macht-

„unbewußt".[1468] Wird Kultur als das Ergebnis eines Entwicklungsprozesses innerhalb einer „stabilen sozialen Einheit" verstanden, so ist die Entwicklung von spezifischen Kulturen einzelner Gruppen innerhalb des Unternehmens, z.B. bestimmter Hierarchieebenen oder bestimmter Abteilungen, wahrscheinlich.[1469] Da im Rahmen dieser Arbeit ein Ansatz zur Implementierung der Diskursethik auf Ebene der Unternehmensleitung erarbeitet wurde, werden sich die nachfolgenden Ausführungen auf die Analyse, Entwicklung und Gestaltung der *Top-Management-Kultur* beschränken.[1470]

Aufbauend auf diesem Verständnis lassen sich mit SCHEIN drei Ebenen von Elementen der Kultur des Top-Managements differenzieren, die in der nachfolgenden Abbildung dargestellt werden.

Abb 24: Drei-Ebenen-Modell von SCHEIN

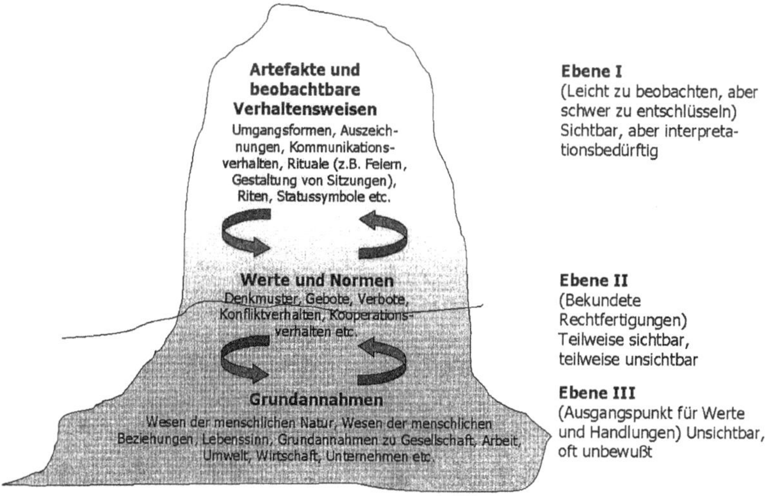

Quelle: Schein 1995: 29.

ressourcen oder Gewohnheit basieren, durchaus Bestandteil einer Kultur werden können. Ähnlich Rebstock 1992: 174.

1468 Vgl. Schein 1995: 7.

1469 Vgl. Scholz/Hofbauer 1990: 120; Heinen 1987: 27. Eine unternehmensweite Kultur wird eher dann gebildet werden können, wenn sich alle Mitglieder des Unternehmens als eine Gruppe verstehen und über einen längeren Zeitraum zahlreiche Möglichkeiten zu intensiven gemeinsamen Erfahrungen haben. Vgl. Rebstock 1992: 175.

1470 Die Überlegungen sind selbstverständlich auch auf die gesamte Unternehmenskultur übertragbar. Allerdings sollte je nach Situation und Unternehmensaufgabe darüber nachgedacht werden, in welchem Umfang und Ausmaß die Inhalte der Kultur sich auf das einzelne Unternehmen übertragen lassen.

Zu den *Artefakten* und *beobachtbaren Verhaltensweisen* zählen alle empirischen Ausprägungen einer Kultur, wie z.B. ihre Sprache, Symbole, Riten, Kommunikationsstile und -inhalte oder die Gestaltung und der Ablauf von Sitzungen.[1471] Sie sind für Außenstehende sichtbar, häufig aber nur schwer dechiffrierbar. Die Bedeutung der einzelnen Symbole und Handlungen läßt sich vielfach nur mit Hilfe von Insiderwissen erschließen.[1472]

Werte und Normen beinhalten eine verhaltenssteuernde Wirkung.[1473] Sie stellen von allen Mitgliedern geteilte Erwartungen an das Denken und Handeln in bestimmten Situationen dar.[1474] Dieses gemeinsame Werte- und Normensystem trägt dazu bei, Wahrnehmungen zu filtern, und Interpretationen, Verhalten, Entscheidungen und Handlungen der Unternehmensmitglieder zu beeinflussen. Gleichzeitig dient es aber auch dazu, Entscheidungen zu legitimieren. Werte und Normen sind zum Teil bewußt, wirken in vielen Fällen jedoch auch unbewußt als Verhaltens-/Entscheidungskriterium. Sie bilden gemeinsam die konstitutiven Elemente einer spezifischen Unternehmenskultur.[1475]

Diesen quasi vorgelagert sind die *impliziten Grundannahmen*, z.B. über das Wesen menschlicher Handlungen und Beziehungen, über die Rolle des Unternehmens und das Funktionieren und die Legitimität marktlicher Koordination.[1476] Sie sind in der Regel relativ konstant und nur schwer veränderbar. Somit verleihen Sie dem Handeln eine Persistenz und transsituative Konsistenz.[1477]

Für die Top-Management-Kultur relevant sind vor allem *gesamtgesellschaftliche Werte und Normen*, die im Rahmen der sog. Primärsozialisation „erlernt" wurden.[1478] Es ist also davon auszugehen, daß Top-Manager aufgrund dieses Sozialisationsprozesses, die in der Gesamtgesellschaft und im Wirtschaftsbereich generell vertretenen Weltbilder und Wertvorstellungen internalisiert haben. Aber auch die durch sog. Sekundärsozialisation erworbenen Werte und Normen sind ausschlaggebend für die spezifische Kultur. Hierbei handelt es sich vor allem um solche, die im Unternehmen vorgelebt bzw. durch die Aufgabenwahrnehmung übernommen werden.[1479] Die typisch „westliche" Einstellung des (Zweck-)Rationalismus oder auch Ökonomismus dürfte dabei domi-

---

1471 Vgl. zu deren Bedeutung im Unternehmen Wever 1990: 62-67.

1472 Vgl. Hopfenbeck 1990: 713.

1473 Vgl. Grunwald 1993: 338; Rühli 1990: 189; Hopfenbeck 1990: 712. Siehe zu weiteren Funktionen der Unternehmenskultur ausführlich Hopfenbeck 1990: 721-724.

1474 Vgl. v. Rosenstiel 1992: 265.

1475 Vgl. Hopfenbeck 1997: 600.

1476 Vgl. Schein 1995: 31.

1477 Vgl. Spieß 1996: 40.

1478 Vgl. Heinen/Dill 1986: 208.

1479 Vgl. zu den Entwicklungsphasen einer Unternehmenskultur Hopfenbeck 1990: 717f..

nieren.[1480] Die charakteristischen Merkmale dieses Weltbildes kommen einerseits in der Nutzenmaximierung des Homo oeconomicus sowie in dem Eifer, die wirtschaftlichen Vorgänge nach dem naturwissenschaftlichen Vorbild möglichst zu objektivieren und zu quantifizieren, zum Ausdruck.[1481] Andererseits dominiert die Neigung des einzelnen zu einer individualistischen Weltsicht und Lebensführung.[1482] Hieraus können z.B. im Hinblick auf die Zusammenarbeit im Top-Management Konkurrenzdenken, individuelles Karriere- und Erfolgsstreben, Durchsetzung der eigenen Interessen oder Unterdrückung von Konflikten (als Normen der Zusammenarbeit) resultieren.[1483] Die Arbeitsatmosphäre – als beobachtbares Kulturelement – ist dann oft gespannt, konfliktgeladen und durch fehlenden Informationsaustausch und persönliche Gegensätze gekennzeichnet.[1484]

Diese Weltsicht stellt handlungsleitende Kriterien zu Verfügung, die ihren Ausdruck in sichtbaren Verhaltensweisen, wie z.B. im Rahmen von Strategien, aber auch in den Umgangsformen der Mitglieder untereinander, finden.[1485] Sie erscheint so allgemeingültig und selbstverständlich, daß die handelnden Personen sich ihres Einflusses, z.B. bei unternehmenspolitischen oder -strategischen Entscheidungen, oftmals nicht bewußt sind.[1486] Abbildung 25 auf Seite 306 zeigt die Entstehung von Kultur.

3.4.3 Top-Management-Kultur und Unternehmensethik

Die von SCHEIN vorgestellten Ebenen der Kultur sind unmittelbar miteinander verknüpft. *Ethische Reflexionen* können dazu beitragen, die in der Kultur des Top-Managements verankerten Normen und Werte sowie implizite Hintergrundüberzeugungen bewußt zu machen und sie kritisch zu hinterfragen.[1487] So werden die *unternehmenspolitischen/-strategischen Entscheidungen* zugrunde-

---

1480 Vgl. Spieß 1996: 75; Ulrich 1990a: 277. Diese Denkhaltung wird im Studium der Wirtschaftswissenschaften vertieft.

1481 Vgl. Ulrich 1997a: 106 und 179.

1482 Die ja auch im Menschenbild der Ökonomie des Homo oeconomicus als egoistischen Nutzenmaximierer ihren Ausdruck findet. Vgl. Dülfer 1992: 1206.

1483 Das Individuum als Fach- und Führungskraft ist in den westlichen Sphären daher eher extrovertiert, verlangt nach klarer Aufgabenabgrenzung, eigener Entscheidungskompetenz und ist zu Kompromissen bereit. Vgl. Dülfer 1992: 1206.

1484 Vgl. Bennis/O'Toole 2000: 100; Schmaldienst 1995: 22.

1485 Die jeweiligen Werte sind den Mitgliedern einer Kultur zum Teil durchaus bewußt. Allerdings werden diese Vorstellungen nur selten reflektiert, d.h., es wird nicht darüber nachgedacht, woher diese Vorstellungen stammen und ob sie noch zeitgemäß sind. Sie agieren damit ganz im Sinne ihrer Grundannahmen zu Gesellschaft, Umwelt oder Menschen.

1486 Vgl. Dülfer 1992: Sp. 1204.

1487 Ethik kuriert damit nicht nur an den Symptomen, sondern packt gleichzeitig an den Wurzeln an. Was nutzt es, nur ein Verfahren zu implementieren, dessen Ergebnis letztlich wiederum nur Ausdruck spezifischer, „alteingesessener" Grundannahmen ist.

liegenden Kriterien entsprechend modifiziert und fortlaufend angepaßt. Gleichzeitig bedarf das Verfahren der ethischen Argumentation jedoch selbst entsprechender kultureller Voraussetzungen.

Abb. 25: Entstehung von Kultur

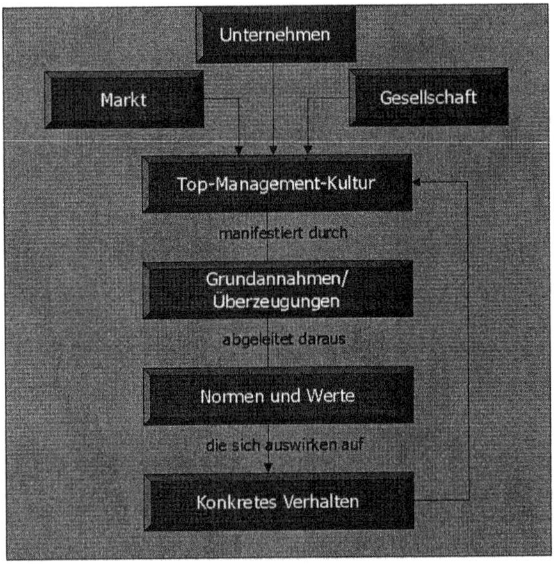

Quelle: In Anlehnung an Hopfenbeck 1990: 712.

Im vorliegenden Zusammenhang sind daher vor allem *zwei* Zusammenhänge zwischen *Kultur* und *Unternehmensethik* von Bedeutung:

- Wenn sich die auf Ebene der Normen und Werte manifestierten Denkmuster im *unternehmerischen Handeln* widerspiegeln, dann ist es wichtig, diese in Einklang mit gesellschaftlichen Strömungen kontinuierlich fortzuentwikkeln, um die Legitimität von Unternehmenspolitik und -strategien auf Dauer zu gewährleisten.
- Daneben bestimmen die auf Ebene der Artefakte beobachtbaren Verhaltensweisen (z.B. Kommunikationsstil, Informationsverhalten) die Art der *Zusammenarbeit* der Top-Management-Mitglieder und nehmen damit auch Einfluß auf den möglichen Ablauf von ethischen Argumentationen. Daher sind auf dieser Ebene Verhaltensregeln zu entwickeln, die den Diskurs ermöglichen bzw. fördern und gleichzeitig das Kooperations- und Konfliktverhalten aller Top-Manager in Richtung auf eine diskursive Willensbildung verändern.

Beide Aspekte werden im folgenden vertieft. Während der erste Punkt vor allem die Grundidee HABERMAS der kommunikativen Verflüssigung aller Werte und Normen sowie der dahinterliegenden Grundüberzeugungen wieder aufgreift, betrifft der zweite Gesichtspunkt den meist auch umgangssprachlich unter Kultur verstandenen Aspekt des Klimas bzw. der Art der Zusammenarbeit. Hier werden die (meist beobachtbaren) Kernelemente einer diskursermöglichenden Top-Management-Kultur durch Rückgriff auf eine Kulturtypologie verdeutlicht und herausgestellt.

Es wird davon ausgegangen, daß ethische Reflexionen dazu beitragen können, daß sich entscheidungsrelevante Normen und Werte des Top-Managements in Einklang mit gesellschaftlichen Vorstellungen fortentwickeln: Ausgangspunkt bildet der Wissensvorrat, der die Mitglieder mit unproblematischen, gemeinsam als garantiert unterstellten Hintergrundüberzeugungen versorgt. Sowohl Deutungsschemata als auch implizit geteilte Wissensfragmente dienen als Ressourcen für die Verständigung der Interaktionsteilnehmer. Jede neue Situation baut sich aus diesem vertrauten Wissensvorrat auf, der für praktisch jede Situation Vorinterpretiertes bereit hält. HABERMAS bezeichnet diesen allgemeinen Wissensvorrat als *Lebenswelt*.[1488]

Die Verbindung zwischen den spezifischen Grundannahmen sowie den (explizit oder implizit) gelebten Normen- und Wertvorstellungen der Top-Management-Kultur und dem Konzept der Lebenswelt ist naheliegend.[1489] Dieser Bereich besteht jedoch nicht ausschließlich aus kulturell überliefertem Hintergrundwissen, sondern enthält zusätzlich unternehmensspezifische, sozial eingelebte Praktiken und Erfahrungen. Daher ist eine weitere Differenzierung erforderlich.

KIRSCH schlägt die Unterscheidung in originäre und derivative Lebenswelt vor. Die *originäre Lebenswelt* beinhaltet im wesentlichen das alltägliche Wissen der Privatsphäre und des Bereiches der Öffentlichkeit. Hingegen umfaßt die *derivative Lebenswelt* die Ansichten, Annahmen und Selbstverständlichkeiten der Top-Manager, die das Ergebnis von Überlieferungen, Sozialisations- oder Lernprozessen in speziellen sozialen Zusammenhängen, hier in Unternehmen, sind. Beide müssen keineswegs übereinstimmen.[1490] Vielmehr ist, wie bereits

[1488] Aus Gründen der Komplexitätsreduktion wird hier nicht das vollständige Lebensweltkonzept von Habermas zugrundegelegt, sondern die einzelnen Elemente Kultur, Gesellschaft und Person unter den Begriff des Wissens subsumiert. Vgl. ausführlich zur „kulturalistischen Verkürzung" des Konzeptes der Lebenswelt Habermas 1995b: 205-228.

[1489] Vgl. auch Ulrich 1990a: 294-296.

[1490] Vgl. Kirsch 1997: 82. Hierzu gehört neben der universitären Ausbildung sicherlich auch die berufliche oder unternehmensbezogene Sozialisation sowie die Erfahrung mit bestimmten Verhaltensweisen innerhalb einer Branche oder eines Unternehmens.

dargelegt, davon auszugehen, daß die derivative Lebenswelt das Ergebnis sowohl gesellschaftlicher, als auch wirtschaftlicher und unternehmensspezifischer Normen- und Wertvorstellungen ist.

Allerdings wird auch hier vorausgesetzt, daß die einzelnen Bestandteile dieses Vorrats an Deutungsmustern Gegenstand einer kritischen Auseinandersetzung werden können. Solche Prozesse der (kommunikativen) Rationalisierung der (derivativen) Lebenswelt führen dazu, daß für immer mehr Verhaltensweisen und Ansichten Gründe angeführt werden können. Gleichzeitig werden bestimmte Deutungen und Interpretationen aber auch um- oder neudefiniert, so daß es zwangsläufig zu einer Entwicklung der gemeinsamen (derivativen) Lebenswelt des Top-Managements kommt.[1491] Vom Niveau der *kommunikativen Rationalisierung* ist es abhängig, ob und inwieweit ein Unternehmen adäquat auf moralische Forderungen des Umfeldes reagieren kann.[1492] Dieses Wissen fungiert – wie bereits erläutert – als Selektionsfilter für Wahrnehmungen und Informationen (werden ethisch relevante Aspekte überhaupt wahrgenommen?) und liefert Interpretationsmuster und Orientierungsschemata, welche die Informationswahrnehmung und -verarbeitung im Top-Management maßgeblich prägen. Dadurch wird die Qualität von Situationsinterpretationen erheblich beeinflußt.[1493]

In diesem Zusammenhang ist die Forderung einer *kontinuierlichen Überprüfung und Anpassung* der derivativen Lebenswelt zu stellen. Diese steht in Einklang mit der weltweiten Beschleunigung kultureller Entwicklungen, die zahlreiche und vielfältige Anpassungen z.B. des Produktprogramms, der Produktions- und Vermarktungsmethoden etc. bedingen.[1494] Sie tragen dazu bei, daß immer mehr Ansprüche und Erwartungen an das Unternehmen herangetragen werden, denen es sich nicht länger verschließen kann.[1495] Es ist daher von eminenter Bedeutung, Verständnis für sein „kulturelles Umfeld" zu entwickeln,

---

[1491] Davon betroffen ist dann natürlich auch die Bewertung der Angemessenheit von Normen und Werten in einer bestimmten Situation. Mit der Veränderung von Sichtweisen einher geht auch eine Verschiebung der Prioritäten von Werten, die damit – je nach Situation – einen neuen Stellenwert gewinnen. Somit wird es möglich, daß in einer bestimmten Situation unter Umständen eine sehr lukrative Alternative in Anbetracht ihrer gesellschaftlichen Konsequenzen fallengelassen wird.

[1492] Vgl. Pümpin/Koller 1990: 315; v. Rosenstiel 1990: 146f..

[1493] Dieses kulturelle Umfeld eines Unternehmens kann nur unternehmensindividuell bestimmt werden. Wichtig ist, zumindest die Deutungsmuster des unmittelbaren Umfeldes zu integrieren; allerdings kann dieses Umfeld auch sukzessive um potentielle Organisationsteilnehmer, potentielle Betroffene oder Anspruchsgruppen erweitert werden. Vgl. Kirsch 1997: 100.

[1494] Vgl. Dülfer 1992: 1205; Pümpin/Koller 1990: 316.

[1495] Vgl. Warnecke 1993: 142.

mithin Deutungsmuster und Interpretationen fortwährend auszutauschen und in den eigenen Wissensvorrat zu integrieren.[1496]

3.4.3.1 Kulturelle Barrieren einer diskursiven Unternehmensethik

Eine diskursive Unternehmensethik zeichnet sich durch eine kommunikative Verflüssigung der als selbstverständlich geltenden Normen und Werte bzw. Hintergrundannahmen aus. In der jeweiligen Situation werden bestimmte Bestandteile der Lebenswelt „aktiviert“ und in Frage gestellt.[1497] Nur das bessere Argument entscheidet über die „Wiedereinordnung“ oder Modifikation dieses Wissens. Zur systematischen *Barriere ethischen Handelns* wird eine Kultur erst durch ihre *Geschlossenheit* gegenüber argumentativen Veränderungen und *nicht* durch ihre jeweils speziellen *Inhalte* (z.B. dem Menschenbild des Homo oeconomicus).[1498]

Offenheit setzt jedoch die Möglichkeiten zur ethischen Reflexion voraus. Daher wird im folgenden analysiert, welche kulturellen Faktoren eine Abgeschlossenheit hervorrufen und welche die Durchführung ethischer Argumentationen hemmen. Dieser Analyse liegen die noch nicht besprochenen „organizational blocks“ von WATERS zugrunde. Konsequenterweise wäre auch hier zu untersuchen, wie sich diese einerseits auf die Möglichkeit der Durchführung von Diskursen und andererseits auf die sozialen Bedingungen der Förderung postkonventioneller Urteilskompetenz auswirken.[1499] Allerdings wird aus folgendem Grund von einer solchen Vorgehensweise abgesehen: Die Bedingungen der moralischen Urteilsfähigkeit und die Voraussetzungen ethischer Argumentationen überschneiden sich im Hinblick auf die Kultur sehr stark. So ist davon auszugehen, daß eine Kultur, in der die Werte Wahrhaftigkeit, Unvoreingenommenheit und gegenseitige Akzeptanz verankert sind, gleichzeitig sehr gute Voraussetzung zur moralischen Entwicklung bietet. Das Individuum ist dann mit einer höheren Wahrscheinlichkeit der Notwendigkeit ausgesetzt, sein Wertesystem argumentativ zu verteidigen.[1500] Die Möglichkeit zur intensiven (verständigungsorientierten) Kommunikation ist um so größer, je mehr Wert auf

---

1496 Dem liegt die Auffassung zugrunde, daß alles Denken prinzipiell als vorläufig und erweiterungsbedürftig konzeptionalisiert wird. Vgl. Gebert 1998: 156.

1497 Es wird davon ausgegangen, daß ein Weltbild um so rationaler ist, je stärker es sich einer kommunikativ erzielten Verständigung und nicht einem normativ zugeschriebenen Einverständnis verdankt. Vgl. Teil III, Kap. 2.2.2.

1498 Vgl. zu den charakteristischen Merkmalen offener und geschlossener Kulturen Gebert 1998: 155. Siehe zu den Gefahren und Risiken von geschlossenen Kulturen das Beispiel von Berkel/Herzog 1997: 26f..

1499 Vgl. auch Zimmerli/Aßländer 1995: 50.

1500 Vgl. Amason/Sapienza 1995: 11-14; Rebstock 1992: 178.

interne Zusammenarbeit gelegt wird und je mehr das Urteil oder die Meinung der Kollegen geschätzt werden. Voraussetzung ist, daß Informationen unverfälscht und vollständig ausgetauscht werden, um zu einer gemeinsamen Situationsdefinition zu gelangen. Daraus resultiert auch ein hohes Maß an Kooperationsgefühl. Ist es allen Top-Managern möglich, ihre grundlegenden Vorstellungen zur Sprache zu bringen, sie zur Disposition zu stellen und Gegensätze verständigungsorientiert zu lösen, so werden sich ebenfalls alle Mitglieder an eine so entstandene Alternative gebunden und verantwortlich fühlen.

Aus diesem Grunde wird nachfolgend untersucht, ob und wie sich die von WATERS identifizierten Hemmnisse auf die Voraussetzungen der Wahrhaftigkeit, Unvoreingenommenheit und die gegenseitige Akzeptanz auswirken und wodurch möglicherweise eine kommunikative Rationalisierung verhindert wird.[1501] Da nicht jeder „organizational block" Auswirkungen auf jede dieser Bedingungen hat, wird hier anders als bei den strukturellen Voraussetzungen lediglich ein Überblick über die möglichen Wirkungsweisen vorgestellt.

I. Strenge Verhaltenserwartungen („strong role models"):

In jedem Top-Management gibt es gewisse Erwartungen an das Denken und Handeln der einzelnen Mitglieder. Die prägende Kraft solcher kultureller Normen und Werte kommt besonders deutlich bei der Eingliederung neu eingestellter Spitzenführungskräfte zum Ausdruck. Die gültigen Maßstäbe werden hier häufig durch einige exponierte oder dominante Personen, insbesondere dem Vorsitzenden, verkörpert. Dieser macht vielfach unmißverständlich deutlich, welches Verhalten er genau erwartet. Eine Übernahme dieser herrschenden Handlungsorientierung ist meistens unausweichlich, wenn das neue Mitglied nicht ins soziale Abseits gestellt werden oder berufliche Sanktionen in Kauf nehmen will.[1502] Dadurch kommt es zu einem gewissen Maß an Konformitätsdruck, der dazu führt, „... daß Mitglieder einer Gruppe sich häufig gegen ihre Überzeugungen der (vermeintlichen) Mehrheitsmeinung anpassen"[1503]. Solche strengen Verhaltenserwartungen wirken sich in diesem Fall negativ auf die Bedingungen der Aufrichtigkeit sowie der Unvoreingenommenheit aus. Es wird dann meist nur das ausgesprochen, was erwünscht ist bzw. in das Verhaltensspektrum paßt und damit keine Sanktionen nach sich zieht.

Strenge Verhaltenserwartungen führen auch dazu, daß selbst Normen und Wertvorstellungen, die als unethisch oder illegal bezeichnet werden, aufgebaut und übernommen werden. Die derivative Lebenswelt enthält in vielen Fällen berufsspezifische Verhaltensregeln, die zu den im Privatleben gültigen Maßstä-

1501 Vgl. Waters 1978: 6-8 und 11f..
1502 Vgl. Retzmann 2000: 15; Lenk/Maring 1998: 19; Steinmann/Löhr 1994a: 40f..
1503 v. Rosenstiel 1992: 327.

ben in geradezu diametralem Gegensatz stehen. Die strenge Kultur löst so „kollektive Neutralisierungseffekte“ aus, durch die beim Einzelnen moralische Hemmschwellen abgebaut werden, die eine gleichartige Handlung im Privatleben oftmals verhindert hätten. Die Übereinstimmung der Weltbilder führt dazu, daß ein Konsens über strategische Ziele und Maßnahmen, über die Wahrnehmung der Umwelt, die strategische Position des Unternehmens und seine Entwicklung relativ schnell und ohne große Diskussionen herbeigeführt werden kann.[1504] Neue Tendenzen oder Sichtweisen werden aufgrund der Strenge, mit der diese in der Berufswelt gültigen Werthaltungen gelebt und weitergegeben werden, nicht in die Kultur integriert.[1505] Sie ist damit in aller Regel resistent gegenüber einer Entwicklung und Reflexion ihrer Annahmen.[1506]

II. Gruppenkohäsion („task group cohesiveness"):

Unter Kohäsion wird die durchschnittliche Attraktivität verstanden, die die Gruppe bei ihren Mitgliedern genießt. Hohe Kohäsion führt meist zu einer verringerten Streubreite der Leistungen, zu stärkerer Koordination der Aufgaben und zu weniger Konkurrenz. Ein starker Zusammenhalt kann aber auch die Selbständigkeit und Eigenverantwortung reduzieren.[1507] So bestehen innerhalb eines Top-Managements, in dem sich z.B. aufgrund der Dauer seines Bestehens oder seiner relativ homogenen Zusammensetzung eine Kultur entwickelt hat, deren Inhalte von allen Mitgliedern geteilt werden, oft große Hindernisse bei der Durchführung von Diskursen.[1508] Hier sind moralisch relevante Konfliktsituationen nur in geringem Ausmaß zu finden, da die gültigen Werthaltungen von allen Mitgliedern verinnerlicht und damit als „richtig“ anerkannt werden. Damit steigt die Wahrscheinlichkeit, daß dieses gemeinsame System von Grundannahmen und darauf aufbauenden Werten und Normen relativ *stabil* ist, da es auf zahlreichen gemeinsamen Erfahrungen und persönlichen Überzeugungen beruht.[1509] Die Notwendigkeit, dieses System oder übliche Verfahrens-

1504 Vgl. Hambrick 1994: 203. Der Autor nennt diese Konformität der Weltbilder „paradigm homogeneity“. Zwar werden die Mitglieder des Top-Managements niemals über identische Ansichten verfügen, der Grad der Übereinstimmung kann aber in einigen Fällen außerordentlich sein. Dies ist nicht zuletzt auf die Auswahl von Top-Managern sowie die Sozialisation innerhalb des Vorstandes zurückzuführen. Vgl. ebd. 1994: 203-206.

1505 Vgl. Waters 1978: 6.

1506 Vgl. Spieß 1996: 86.

1507 Vgl. Spieß 1996: 88.

1508 Vgl. Steinmann/Gerhard 1992: 171.

1509 Vgl. Rebstock 1992: 179f..

weisen in Frage zu stellen und argumentativ zu begründen, besteht in solchen Unternehmensleitungen meist nicht.[1510]

Nicht selten resultieren aus dieser grundlegenden Übereinstimmung auch Tendenzen, vorschnell Einmütigkeit herzustellen und dazu in Widerspruch stehende Meinungen außer acht zu lassen. Solche Dysfunktionalitäten entfalten sich besonders in stark kohäsiven Gruppen. Der strenge Zusammenhalt läßt ein massives Bedürfnis nach Harmonie entstehen, aus dem heraus oft jede der Gruppenmeinung zuwider laufende Ansicht negiert wird. Der drohende Konflikt mit der Gruppenloyalität hindert die einzelnen Mitglieder daran, eingeschliffene Praktiken in Frage zu stellen oder sich über ein Problem argumentativ auseinanderzusetzen. Dieses Phänomen, das autonomes und kritisches Denken unterdrückt und unter Umständen zu gefährlichen Fehlentscheidungen führen kann, nennt JANIS „Gruppendenken".[1511] Trotz hoher fachlicher Kompetenz scheuen sich die Mitglieder vor kontroversen, argumentativen Auseinandersetzungen. Sie sind mehr an der Aufrechterhaltung des Konsenses als an einer unvoreingenommenen Prüfung der Sachlage interessiert. Dabei werden Informationen, die der ursprünglichen Gruppenmeinung und -einschätzung zuwiderlaufen, einfach ignoriert.[1512]

Aber auch ein zu geringes Maß an Gruppenkohäsion kann sich als Barriere für ethisches Denken und Handeln erweisen.[1513] Fehlt der innere Zusammenhalt, so werden zwar ständig Meinungen bekundet, aber keiner hört dem anderen wirklich zu. Jeder vermeidet es, sich selbst in Frage zu stellen, da dies als persönliche Schwäche ausgelegt werden könnte.[1514] Dadurch wird es aber nahezu unmöglich, z.B. bei nahenden Krisen, die Situation und deren Risiken rasch und einheitlich einzuschätzen und die notwendigen Maßnahmen einzuleiten. Der Umgang der Top-Manager miteinander entscheidet darüber, ob hinreichend

---

1510 Vgl. Simon 2000: 73. In diesem Zusammenhang ist auch das Risikoschub-Phänomen hervorzuheben. Hiernach wählen Gruppen häufig deutlich risikoreichere Alternativen als Individuen. Vgl. Steinmann/Schreyögg 1993: 526f..

1511 Janis analysierte eine Reihe von Fehlentscheidungen in der US-amerikanischen Außenpolitik und benennt acht Symptome des Gruppendenkens: (1) Illusion der Unverwundbarkeit, (2) Glaube an die Moralität der Gruppe, (3) Rationalisierung, (4) Stereotypisierung, (5) Selbstzensur, (6) Gruppenzensur, (7) Gehirnwächter, (8) Illusion der Einmütigkeit. Vgl. Janis 1982: 220.

1512 Vgl. Lenk/Maring 1998: 19; v. Rosenstiel 1992: 327.

1513 Auch wenn keine empirischen Untersuchungen über die tatsächliche Arbeitsweise der Unternehmensleitungen deutscher Großunternehmen vorliegen, so kann davon ausgegangen werden, daß ein Top-Management, das über keinen inneren Zusammenhalt verfügt, keineswegs ein Sonderfall ist. Vgl. Schmaldienst 1995: 21.

1514 Unausgesprochen verbindet sich mit jeder Sachfrage die Furcht vor Einwendungen der anderen, vor Blamage, vor Hohn oder gar vor direkten Angriffen. Da zieht man es vor, Konflikte zu vermeiden und sich auf die Maxime zu einigen „Ich helfe Dir, damit Du mir hilfst." Vgl. Schmaldienst 1995: 21f..

offen und damit auch rechtzeitig bestimmte Probleme angegangen und gelöst werden. Können persönliche Gegensätze nicht konstruktiv ausgeräumt werden, so verfestigen sie sich schnell und strahlen nach allen Seiten hin negativ aus.[1515]

III. Unklare Prioritäten („ambiguity about priorities"):

Eine Barriere besonderer Art stellen die Prioritätenregelungen im Unternehmen dar. Zwar wird allerorten zu ethischem Handeln aufgerufen, unter der Hand wird jedoch erwartet, daß sich die Entscheidungsträger auf ökonomische Ziele des Unternehmens verpflichten. So lassen die exakt definierten quantitativen Vorgaben und Informationen die weniger präzisen ethischen Zielformulierungen (z.B. Unparteilichkeit) meist in den Hintergrund treten. Eine ethische Orientierung ist zwar erwünscht, darf aber die ökonomische Zielsetzung keinesfalls gefährden.[1516] Zudem gehen ethische Ziele bzw. daraus ableitbare Maßstäbe nur selten in das Entgeltsystem ein. Damit sinkt auch der (materielle oder immaterielle) Anreiz, solche Vorgaben zu erfüllen. Bei Konflikten hinsichtlich der anzuwendenden Normen und Werte wird daher meist zugunsten der ökonomisch quantitativen Ziele entschieden, da diese operationaler und ihre Erreichung auch innerhalb der Organisation angesehener sind.[1517]

Je geringer die soziale Akzeptanz für ethische Anliegen und Ziele (auch wenn sie im Leitbild immer wieder hervorgehoben werden) innerhalb der Gruppe ausgeprägt ist, desto höher die Wahrscheinlichkeit, daß ethische Reflexionen unterlassen werden.[1518] In Abhängigkeit vom Grad der sozialen Akzeptanz ethischer Handlungen, kann das Einbringen z.B. moralischer Bedenken bereits geradezu „verpönt" sein und mit sozialen Sanktionen (die von belächeln, über Unverständnis äußern bis hin zur klaren Ablehnung reichen können) belegt werden. Damit wird eine aufrichtige und unparteiische Abwägung der Handlungssituation verhindert.

Ähnliches gilt auch für die Zusammenarbeit des Top-Managements. Dabei kann eine doppelbödige Moral konstatiert werden. Denn: Gerade bei Auswahlverfahren sowie bei Aufstiegsentscheidungen werden kompetitive und tenden-

---

1515 Hieraus resultieren nicht selten Rivalitäten, die bis hin zur offenen Feindseligkeit reichen, bei der man sich gelegentlich sogar „bis aufs Messer" bekämpft. Da geht es um die Durchsetzung der eigenen Ansicht, um ein größeres Ressort, um den Chefsessel oder sonstige Insignien, die so vehement verteidigt werden, daß wichtige Prozesse im Unternehmen vollständig brachgelegt, Entscheidungen verzögert und Mitarbeiter aufgewiegelt werden. Das Unternehmen als Ganzes profitiert jedoch nur selten von solchen Auseinandersetzungen. Vgl. ausführlich Küpper/ Ortmann 1986: 590-602.

1516 S. Steinmann/Löhr 1994a: 43.

1517 Ulrich 1999: 88. Auf das Problem, daß auch die Anreizsysteme in der Regel auf die Erreichung quantitativer Ziele ausgerichtet sind, wurde bereits eingegangen.

1518 Selbstverständlich ist dieser Zusammenhang um so stärker, je höher die Kohäsion innerhalb der Gruppe ausgeprägt ist. Vgl. auch Rebstock 1992: 188.

ziell teamfeindliche Verhaltensweisen positiv verstärkt. So begünstigen z.B. die Beförderungmechanismen in Unternehmen Einzelkämpfer mit Durchsetzungsvermögen und „Sinn für Macht". Daher demonstrieren eine Reihe von Top-Managern nach außen hin kooperative und teamorientierte Einstellungen, müssen aber bezüglich spezifischer Beurteilungskriterien traditionell auch konkurrenzorientiert handeln.[1519] Dadurch werden ehrliche und unvoreingenommene Argumentationen eingeschränkt.

IV. Abschirmung gegenüber äußeren Einflüssen („protection from outside intervention"):

Diese inzwischen besonders bedeutsam gewordene Barriere ethischen Handelns kann als Ausdruck einer generellen kulturellen Grundhaltung von Unternehmen verstanden werden.[1520] Kritische und damit ethisch relevante Informationen werden weder nach innen zugelassen noch nach außen weitergegeben, so daß eine kritische Beurteilung bestimmter Tatbestände gar nicht erst begonnen werden kann.[1521] Aufgrund der sehr wenigen und sorgfältig ausgewählten Kontakte zu ausschließlich einflußreichen Stakeholdern, verschließt sich das Unternehmen allen weiteren Entwicklungen im kulturellen Umfeld. Ethisch relevante Wirkungen unternehmerischen Handelns können damit aber nicht richtig und nur unzureichend eingeschätzt werden. Die dringend erforderlichen Lernprozesse über Deutungen und Interpretationen bestimmter Handlungen durch verschiedene Anspruchsgruppen werden so blockiert.

Diese knappe Analyse kultureller Barrieren macht folgendes deutlich: Alle vier Faktoren erweisen sich in erster Linie als grundsätzlicher Hemmschuh einer ethischen Reflexion und damit einer Veränderung des gegenwärtigen Normen- und Wertgefüges der Top-Management-Kultur. Dies ist in erster Linie darauf zurückzuführen, daß die Notwendigkeit einer kommunikativen Rationalisierung aufgrund der als unproblematisch und richtig erachteten handlungsleitenden Kriterien gar nicht erst in das Blickfeld des Top-Managements gerät. Daher ist eine Kultur zu fördern, in der Meinungen und Ansichten offen und unverfälscht ausgetauscht und verschiedene Sichtweisen kontinuierlich erhoben und kritisch hinterfragt werden. Nur so können Chancen und Risiken im gesellschaftlichen Umfeld des Unternehmens systematisch erkannt und die Entwicklung angemessener Handlungsalternativen angeregt werden.

Im Vordergrund steht damit die Schaffung einer Art „Vertrauenskultur", die nichts mit Gleichschaltung oder Gleichheit des Geistes oder des Denkens zu

[1519] Vgl. Spieß 1996: 126 und 167.
[1520] Vgl. Steinmann/Löhr 1994a: 43f..
[1521] Vgl. Hansen 1989: 241.

tun hat, sondern eine konstruktive Atmosphäre für offene Auseinandersetzungen innerhalb der Unternehmensleitung schafft.[1522]

3.4.3.2 Kernelemente einer diskursermöglichenden Top-Management-Kultur

Eine Kultur, die offen gegenüber Veränderungen und neuen Sichtweisen ist, in der Aufrichtigkeit, Unvoreingenommenheit und Kritik positiv belegt sind und die sich durch gegenseitigen Respekt und Anerkennung der Mitglieder auszeichnet, bietet gute Voraussetzungen zur ethischen Reflexion.[1523] Dabei geht es vor allem darum, die eigenen Ansichten systematisch in Frage zu stellen und um vernünftige Aspekte des kulturellen Umfeldes zu erweitern.[1524] Hierzu sind neben der bereits erwähnten Öffnung gegenüber den Erwartungen und Problemen sämtlicher Anspruchsgruppen insbesondere die Bedingungen dafür zu schaffen, daß nicht nur vertrauensvoll kommuniziert wird, sondern gleichzeitig gemeinsame Ziele verfolgt werden können.[1525]

In der Praxis finden sich eine Reihe von Versuchen der Typenbildung von Unternehmenskulturen. Diese *deskripitiven Ansätze* beschreiben kulturelle Phänomene durch Schilderung konkreter Tatbestände, insbesondere durch die Darstellung wahrnehmbarer Ergebnisse z.B. in Form von Umgang und Verhaltensweisen.[1526] Dabei werden z.B. verschiedene Kriterien/Dimensionen zu einer (meist vierfeldrigen) Portfolio-Matrix verknüpft und den einzelnen Feldern ein bestimmter Kulturtyp zugeordnet.[1527] Im folgenden wird auf eine Typologie zurückgegriffen, die sich in der Soziologie zum Studium menschlicher Organi-

---

1522 Vgl. ausführlich Spieß 1996: 121-123. Nicht selten wird ein im Top-Management beschlossener Kompromiß, an dem ein Mitglied nicht richtig beteiligt wurde oder mit dem es nicht recht einverstanden ist, abgeändert. Da werden Termine versäumt, Prioritäten geändert oder wichtige Personen (versehentlich) nicht informiert. Vgl. Schmaldienst 1995: 23. Nur so kann es zu einer Integration der Einzelauffassungen und somit zu einem Ganzen kommen. Dies ist die Basis für eine einheitliche Ausrichtung des Unternehmens und für Politiken und Strategien aus einem Guß, die schnell und effizient umgesetzt werden.

1523 Vgl. zu den Chancen und Risiken offener und geschlossener Unternehmenskulturen Flöther 1991: 43-46. Siehe auch Amason/Sapienza 1995: 11.

1524 In den USA versucht man z.B. das Problem der Homogenität der Paradigmen durch eine Erhöhung der Diversität der Zusammensetzung zu lösen. Diese wird z.B. im Hinblick auf das Alter der Mitglieder, den funktionellen Hintergrund, Ausbildung, Dauer der Top-Management-Zugehörigkeit oder Dauer der Unternehmenszugehörigkeit operationalisiert. Vgl. Boeker 1995, Smith/Kofron/Anderson 1995, Murmann/Tushman 1995, Alexander et al. 1995, Daily/Johnson/ Dalton 1995. Dabei wird grundsätzlich davon ausgegangen, daß eine Erhöhung der Diversität bei sehr komplexen Aufgabenstellungen erfolgsfördernd ist. Allerdings gehen damit auch Verzögerungen, z.B. aufgrund längerer Verhandlungsdauer, und ein Anstieg konfligierender Beziehungen einher. Vgl. Bronner 1993: 730.

1525 Vgl. Smith/Sims 1995: 122.

1526 Vgl. Berkel/Herzog 1997: 13 und 19.

1527 Die wohl bekannteste Kulturtypologie stammt von Deal/Kennedy. Vgl. Deal/Kennedy 1982.

sationen bereits seit langer Zeit bewährt hat und zentrale Elemente einer diskursermöglichenden Top-Management-Kultur beinhaltet. Ziel der Kulturidentifikation ist es, eine Kultur zu beschreiben, die ethische Reflexionen ermöglicht und besonders geeignet ist, die kommunikative Rationalisierung der derivativen Lebenswelt zu fördern.[1528] Dabei werden die beiden charakteristischen Formen menschlicher Beziehungen *Soziabilität* und *Solidarität* als Dimensionen zugrundegelegt und in einem Modell gegenübergestellt (vgl. Abb. 26).[1529]

Abb. 26: Top-Management-Kulturtypen

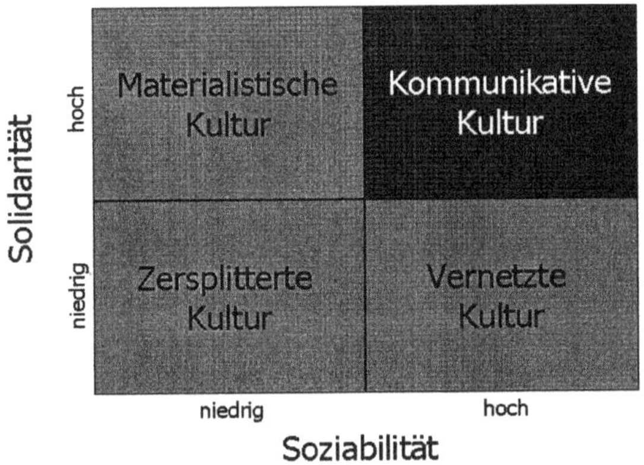

Quelle: In Anlehnung an Goffee/Jones 1997: 42.

Die Dimension der *Soziabilität* beschreibt einen Typ sozialer Interaktion, der um seiner selbst willen geschätzt wird. Zahlreiche, intensive persönliche Kontakte, geprägt von einem ausgesprochenen Gefühl der Gegenseitigkeit, bilden die Basis. Sie fördert den (unbürokratischen) Informationsaustausch und die Aufgeschlossenheit für neue Ideen, da auch Freiräume für kritische Fragen und „verrückte Ideen" gewährt werden. Desweiteren zeichnet sie sich durch ein hohes Maß an gegenseitiger Akzeptanz aus.

Die Dimension der *Solidarität* bezeichnet eine Verpflichtung, bei der sich jeder an das gemeinsame Werk oder auch Ziel gebunden fühlt.[1530] Sie besteht aufgrund gemeinsamer Aufgaben, vielfältiger Interessen oder Zielen, die allen Be-

1528 Aus diesem Grunde werden hier auch nicht Symbole und Artefakte beschrieben, sondern speziell die Atmosphäre der Zusammenarbeit innerhalb des Vorstands ausgewählt.

1529 Vgl. hierzu und im folgenden Goffee/Jones 1997: 42-54.

1530 Vgl. Bierich 1995: 188. Gerechtigkeit kann nur bei entsprechender Solidarität verwirklicht werden. Vgl. Cortina 1993: 286.

teiligten zum Vorteil gereichen.[1531] Sie erzeugt ein hohes Maß an strategischem Fokus und eine Fixierung auf hohe Leistungsstandards sowie die Ziele und Zwecke des Unternehmens. Solidarität ist weniger eine Frage der gegenseitigen Sympathie als des Kopfes. Daher kann sie durchaus auch zwischen Individuen entstehen, die sich persönlich kaum näher kommen.[1532] Aus der Kombination der beiden Dimensionen ergeben sich die folgenden vier Kulturtypen:

I. Zersplitterte Top-Management-Kultur: (niedrige Soziabilität – niedrige Solidarität)

Charakteristisch für eine solche Kultur ist die sehr geringe Identifikation der Mitglieder des Top-Managements mit dem Unternehmen.[1533] Angehörige einer solchen Kultur glauben meist nur für sich selbst zu arbeiten oder identifizieren sich mit ihrer jeweiligen Berufsgruppe.[1534] Daher arbeiten sie vielfach hinter verschlossenen Türen oder von zu Hause aus, wo sie sich ungestört fühlen. Ins Büro kommen sie vor allem, um die Post abzuholen und wichtige Telefonate zu führen. Gegenüber Kollegen erwähnen sie Arbeitsvorhaben und -fortschritte selten und wenn, nur auf direkte Fragen hin.[1535] Im Extremfall ist die Soziabilität soweit unterentwickelt, daß die Arbeit von „Kollegen" durch Klatsch, Gerüchte oder Böswilligkeiten abgewertet oder sogar sabotiert wird. Selten können sich die Beteiligten auf Gesamtziele des Unternehmens oder überbetriebliche Leistungsstandards verständigen.

Bei niedriger Solidarität bringen sich die Mitglieder nur insoweit ein, wie es sich für sie persönlich lohnt. Meist dominiert jedoch das Streben nach Durchsetzung der eigenen Interessen und der Betonung der eigenen Arbeit oder des eigenen Bereichs. Zu Personen oder Anspruchsgruppen inner- oder außerhalb des Unternehmens bestehen eher selten Kontakte, die nur aufgebaut oder aufrechterhalten werden, wenn sie die eigene Arbeit bereichern, nicht aber, weil sie dem Unternehmen als Ganzes nützen. Die gemeinsame Teilnahme an ge-

---

[1531] Vgl. zur Tendenz der Konzernchefs, für mehr Solidarität im Unternehmen zu werben. Fleischhauer 1999: 69.

[1532] Allerdings kommt eine Zusammenarbeit meist nur dann zustande, wenn den Einzelnen ihr persönlicher Vorteil klar ist.

[1533] Auch zersplitterte Gemeinschaften können durchaus erfolgreich arbeiten, nämlich wenn die einzelnen Vorstände nur schwer voneinander lernen können oder der Berufsstolz der Weitergabe von Wissen entgegensteht; allerdings werden damit Diskurse förmlich ausgeschlossen. Vgl. Goffee/Jones 1997: 51.

[1534] Angenommen, jemand wird auf einer Party danach gefragt, womit er seinen Lebensunterhalt verdient, so würde der Betreffende lediglich antworten, „Ich bin Top-Manager", ohne den Namen des Unternehmens zu erwähnen, in dem er tätig ist. Eine zersplitterte Kultur findet man vor allem an Hochschulen oder Business-Schools.

[1535] „Top-Manager reden im Normalfall nicht offen miteinander. Sie betreiben vielmehr eine Form der Kommunikation, bei der nur versteht, wer gut zwischen den Zeilen lesen kann. Dialog? Es ist ein Wünschelrutengehen auf hohem intellektuellen Niveau." Radermacher 1998: 186.

sellschaftlichen Ereignissen oder die Einrichtung von informellen Zusammenkünften ist in solchen Unternehmensleitungen eher die Ausnahme.

II. Materialistische Top-Management-Kultur: (niedrige Soziabilität – hohe Solidarität)

In einer solchen Kultur sind meist Menschen tätig, die ihren Beruf über das Privatleben stellen. Die Kommunikation innerhalb einer materialistischen Kultur erstreckt sich damit fast ausschließlich auf geschäftliche Angelegenheiten. Prioritäten werden unverzüglich festgesetzt und rasch mit vereinten Kräften umgesetzt. Individuelle Interessen decken sich mit den Unternehmenszielen, so daß relativ schnell auf Marktchancen und Wettbewerbsgefahren reagiert wird. Treffen außerhalb des Unternehmens finden allerdings nur statt, wenn ein geschäftlicher Anlaß besteht.

Da es an starken persönlichen Bindungen fehlt, werden schwache Leistungen im allgemeinen nicht toleriert. Wer die volle Leistung nicht erbringt, wird abgemahnt und/oder entlassen. Ein gewisses Maß an Rücksichtslosigkeit und Grabenkriege sind oft die negativen Folgen. Wo die Erfüllung von Vorgaben und die Erreichung hochgesteckter Ziele im Vordergrund stehen, fehlt meist die Bereitschaft zur Zusammenarbeit, zum Informationsaustausch oder zur Diskussion neuer Ideen. Alternative Gesichtspunkte werden nur berücksichtigt, wenn sie sich mit den eigenen Interessen decken. Beziehungen zu Externen werden daher in erster Linie unter Nutzengesichtspunkten auf- und ausgebaut und dienen vor allem der Stabilisierung von Geschäftsbeziehungen. Entspricht die Mitarbeit in der Unternehmensleitung nicht mehr den persönlichen Präferenzen, so wird sie – frei von allen Sentimentalitäten – beendet.[1536]

III. Vernetzte Top-Management-Kultur: (hohe Soziabilität – niedrige Solidarität)

Soziale Kontakte zwischen Kollegen finden hierbei auch außerhalb des Unternehmens statt. Die Manager bleiben im Flur stehen, um sich zu begrüßen und einen kleinen Schwatz zu halten. Spitznamen, hausinterne Witze und Insider-Sprache, die auf gemeinsamen Erlebnissen basiert, sind hier die Regel. In einer vernetzten Kultur herrscht eine sehr familiäre Arbeitsatmosphäre. Man wird zu Hochzeiten, Geburtstagen, Kindstaufen und sonstigen Feierlichkeiten eingeladen und lädt ein. Informelle Gespräche sind an der Tagesordnung und es werden Informationen offen und unverfälscht ausgetauscht. Damit verfügt die Kultur über ein hohes Maß an Flexibilität, da Besprechungen und Treffen un-

[1536] Materialistische Kulturen sind gut geeignet, wenn das Unternehmen klar gesteckte Ziele verfolgt. Hohe Ziele und der gemeinsame Wille zu siegen, können dem Unternehmen Wettbewerbsvorsprünge sichern; allerdings geraten angesichts der strengen Blickrichtung oft der strategische Horizont sowie relevante Entwicklungen oftmals aus dem Sichtfeld.

abhängig von Tageszeit und Ort schnell und unbürokratisch einberufen werden können. Die Mitglieder sind meist innerhalb eines ausgeprägten Netzwerkes engagiert, das sowohl interne, als auch externe Anspruchsgruppen integriert.

Das geringe Maß an Solidarität führt jedoch dazu, daß dieses Wissen nicht unbedingt dem Unternehmen als Ganzes zur Verfügung gestellt wird.[1537] Das Engagement für gemeinsame Unternehmensziele ist ausgesprochen niedrig. Aus diesem Grunde wird auch nicht viel „gestritten", sondern man versteht es, sich zu arrangieren. D. h., den einzelnen Ressortleitern werden entsprechende Freiräume eingeräumt, aus denen sich die anderen freundschaftlich „heraushalten", auch wenn schlechte Leistungen erbracht wurden.[1538] Aufgrund der weitgehend übereinstimmenden Ansichten und Meinungen werden anstehende Entscheidungen meist problemlos und schnell getroffen. Kritische Meinungen, die der Gruppenmeinung zuwiderlaufen, werden ausgesondert, um die innere „Harmonie" nicht zu zerstören.[1539]

IV. Kommunikative Top-Management-Kultur: (hohe Soziabilität – hohe Solidarität)

Ein hohes, manchmal übertriebenes Unternehmenszugehörigkeitsgefühl kennzeichnet die Mitglieder dieser Kultur. [1540] Gesellige Ereignisse und zahlreiche Treffen außerhalb des Unternehmens, bei dem sowohl private als auch geschäftliche Dinge intensiv diskutiert werden, bestimmen hier den Arbeitsalltag. Über Gefühle wird genauso freimütig wie über Tatsachen oder Meinungen geredet. Gegenseitige Unterstützung ist selbstverständlich.

Dennoch zeigen die Mitglieder einen ausgesprochenen Sinn für das gesamte Unternehmen. In zahlreichen Workshops und Brainstorming-Sitzungen wird eine erhebliche Energie darauf verwendet, eine kollektive Vision zu entwickeln oder auszubauen. Dabei hält niemand seine Meinung und Ansichten zurück.[1541] Im Gegenteil, wenn es um geschäftliche Belange geht, ist jeder ermuntert, die

[1537] Die Beziehungen dienen eher den eigenen Interessen, als denen des Unternehmens.

[1538] Freundschaftliche Beziehungen stehen einem Meinungsstreit eher entgegen. Freunde widersprechen oder kritisieren einander nur ungern. Im Geschäftsleben kann es dann dazu kommen, daß Debatten über Ziele, Strategien oder Arbeitsabläufe nur halbherzig geführt werden und ein Kompromiß und nicht die beste Lösung umgesetzt wird. Ebenso werden schwache Leistungen hingenommen, da man einen Freund oder guten Bekannten nicht tadelt oder gar hart kritisiert. Vgl. Goffee/Jones 1997: 42 und 47.

[1539] „Unsere Manager kämpfen nicht um die Strategie, sie wird durch die Konsenssucht nur zu Tode geredet", so ein einflußreicher Vice President der Firma Unilever, die als Beispiel für eine vernetzte Kultur angeführt wird. Goffee/Jones 1997: 44.

[1540] Meist wird ein solches hohes Maß an Soziabilität und Solidarität durch eine besondere Führungspersönlichkeit konstituiert. Dies korrespondiert mit den in Teil IV, Kap. 3.3.3.4 vorgestellten Aufgaben des Vorstandsvorsitzenden, dem eine tragende Rolle bei der Entwicklung einer solchen Kultur zukommt.

[1541] Vgl. Bennis/O'Toole 2000: 100.

Dinge so anzusprechen, wie er sie sieht. Diese Offenheit schafft ein herausforderndes und diskussionsfreundliches Klima, das als Markenzeichen einer hochgradig solidarischen Kultur gelten kann. Strenge Leistungsstandards und hochgesteckte Ziele werden von allen gemeinsam verfolgt und unerfüllte Leistungsvorgaben oder Erwartungen offen angesprochen und getadelt. Viel Wert wird auf die Gerechtigkeit gelegt.[1542] Auch mit den zahlreichen Anspruchsgruppen werden ähnliche Beziehungen und eine harmonische und vielseitige Abstimmung angestrebt. Die Kontakte dienen der Stabilisierung der Beziehungen sowie der kritischen Auseinandersetzung mit kulturellen Entwicklungen.

Es bedarf nicht vieler Worte, um die Überlegenheit der kommunikativen Top-Management-Kultur für die Implementierung einer diskursiven Unternehmensethik zu belegen. Eine solche Kultur ist nicht nur offen gegenüber Veränderungen, sondern zeichnet sich aufgrund ihres hohen Soziabilitätsgrades auch durch gegenseitigen Respekt, Aufrichtigkeit, Unvoreingenommenheit und offenem, verständigungsorientiertem Informationsaustausch aus. Das hohe Solidaritätsgefühl verpflichtet die Mitglieder auf gemeinsame Ziele. Dadurch werden auch Wert- und Normenkonflikte, die eine positive disäquilibrierende Wirkung haben können, ausgetragen.[1543] Es bieten sich – nicht zuletzt aufgrund der vielfältigen Beziehungen zu Anspruchsgruppen – zahlreiche Möglichkeiten zur Perspektivenübernahme und damit zur Auseinandersetzung mit moralischen Konfliktsituationen. Entscheidungen werden hier gemeinsam getroffen, was meist eine intensive Argumentation und eine Einigung auf die für das Unternehmen beste Lösung zur Folge hat. Aufgrund der Möglichkeit aller Mitglieder, ihre eigenen Sichtweisen unbefangen zur Sprache zu bringen und an dem Ergebnis mitgewirkt zu haben, wird sich dadurch auch ein deutlich höheres Verantwortungsbewußtsein einstellen.[1544]

3.4.4 Entwicklung einer diskursermöglichenden Top Management-Kultur

Es stellt sich die Frage, *ob* und *inwieweit* eine Top-Management-Kultur in diese Richtung ausgebaut werden kann. Ohne den Aspekt der Veränderbarkeit einer Unternehmenskultur dezidiert zu erörtern, sei auf folgendes hingewiesen:[1545]

1542 So entschied sich beispielsweise Hewlett-Packard während der Rezession in den 70er Jahren bei gleicher Arbeitszeit auf allen (!) Ebenen die Löhne um 10% zu kürzen, statt Entlassungen vorzunehmen. Es gab keinerlei Widerstand gegen diese Maßnahme. Im Gegenteil genießen die Top-Manager weiterhin Respekt, Hochachtung, ja sogar Zuneigung. Vgl. Goffee/Jones 1997: 52.

1543 Vgl. Amason/Thompson 1995: 20.

1544 Vgl. Berkel/Herzog 1997: 115f..

1545 Während Sackmann und Rühli beispielsweise von der Möglichkeit einer zielgerichteten Veränderung der Unternehmenskultur ausgehen, sind Klimecki/Probst der Ansicht, daß Kultur zwar

Die Entwicklung der Top-Management-Kultur ist eng mit der moralischen Urteilskompetenz sowie mit der Schaffung der strukturellen Voraussetzungen, insbesondere der Rolle und Führungspersönlichkeit des Vorsitzenden, verknüpft. Nur wenn alle drei elementaren Subsysteme einvernehmlich entwickelt werden, kann langfristig eine Kultur entstehen, die eine ethische Argumentation ermöglicht. Für einige Unternehmen bildet die kommunikative Kultur sicherlich ein unerreichbares Ideal. Zu überlegen wäre, ob nicht auch ein geringeres Maß an Solidarität bzw. Soziabilität bereits die Voraussetzungen der Diskursethik im weitesten Sinne zu erfüllen vermag. Die Dichotomisierung der beiden Dimensionen täuscht sicherlich ein wenig darüber hinweg, daß z.B. auch ein mittleres Maß an Soziabilität gekoppelt mit einem mittleren Maß an Solidarität bereits für die Zwecke des jeweiligen Unternehmens ausreichend sein kann. Dies ist jedoch wiederum nur unternehmensindividuell zu bestimmen. Daher wird bei der Entwicklung der Top-Management-Kultur das folgende, schrittweise Vorgehen angeraten:[1546]

I. Kulturbeschreibung und -bewußtmachung (IST-Analyse):
Ausgangspunkt bildet immer die jeweils im Top-Management herrschende Kultur, die zunächst zu bestimmen bzw. zu beschreiben ist. Ziel ist eine möglichst realistische Positionierung innerhalb der vorgestellten Matrix. Die erforderlichen Achsenwerte ergeben sich durch Aggregation mehrerer qualitativer Kriterien, die z.B. im Rahmen eines Punktebewertungsverfahrens bewertet und gewichtet werden können. Als heuristische Kriterien kommen beispielsweise die in Tabelle 21 auf Seite 322 genannten Faktoren in Betracht.[1547]

Die Bewertung der jeweiligen Faktoren erfolgt mit Hilfe eines *Scoring-Modells*. Sie wird vom Top-Management gemeinsam vorgenommen, da sich oft gravierende Unterschiede in der subjektiven Einschätzung der Ausprägung eines Kriteriums ergeben können. Gegensätze sind im Rahmen eines Diskurses offenzulegen und verständigungsorientiert beizulegen (indem z.B. die Gründe für die unterschiedliche Einschätzung dargelegt werden), da bereits hier eine Reihe von Bewertungskonflikten auftreten dürften. Nachdem jedem Kriterium ein Punktwert (von 1 = sehr niedrig ausgeprägt bis 5 = sehr hoch ausgeprägt)

beeinflußt, nicht aber punktgenau und zielgerichtet gestaltet werden kann. Vgl. Sackmann 1990: 164; Rühli 1990: 190; Klimecki/Probst 1990: 41.

1546 Vgl. Bleicher 1995: 263-266, der allerdings nur auf die Diagnose des Ist- und Soll-Profils hinweist. Vgl. auch Osterloh 1989: 154, welche die drei Schritte (1) Beschreibung und Bewußtmachung, (2) Reflexive Brechung und (3) Einleitung von Veränderungsprozessen vorschlägt. Wesentlich ausführlicher ist die Darstellung bei Flöther 1991: 31-70, der insgesamt zehn Schritte differenziert.

1547 Diese Auflistung ist keinesfalls abschließend und kann selbstverständlich unternehmensindividuell ergänzt werden.

zugeschrieben wurde, wird es gewichtet (1 = weniger wichtig bis 3 = sehr wichtig). Der Punktwert wird mit dem jeweiligen Gewichtungsfaktor multipliziert und die Ergebnisse aufaddiert. Die Summe ergibt den Koordinaten-Positionierungswert.[1548] Die Ergebnisse beider Dimensionen werden in die Matrix eingetragen und anschließend von allen Top-Managern im Hinblick auf die Implementierung einer diskursiven Unternehmensethik kritisch diskutiert.

Tab. 21: Faktoren der Kulturanalyse

Soziabilität	Solidarität
• Häufigkeit informaler Kontakte, z.B. Treffen innerhalb oder außerhalb des Unternehmens • Offenheit des Informationsaustausches • Grad der gegenseitigen Akzeptanz und Toleranz • Grad gegenseitigen Vertrauens • Grad verständigungsorientierter Kommunikation • Häufigkeit und Intensität gegenseitiger Unterstützung/Kooperation • Vielfalt der Interaktionsbeziehungen	• Gemeinsamkeit der verfolgten Ziele • Deutlichkeit der Schwergewichte • Höhe und Strenge der Leistungsstandards • Grad der Intoleranz gegenüber nicht erfüllten Leistungsvorgaben • Diskussionsfreundlichkeit und Kritikfähigkeit des Sitzungsklimas • Art und Anzahl der Wert- und Normenkonflikte • Verantwortungsübernahme des einzelnen • Vielfalt von Initiativen zur Entwicklung einer gemeinsamen Vision • Art und Anzahl der Beziehungen zu Anspruchsgruppen

Quelle: Eigene Darstellung.

II. Entwicklung einer Kulturvision (SOLL-Kultur):

Bevor darüber nachgedacht wird, *wie* die Kultur verändert werden soll, muß über das *Ziel der Kulturentwicklung* gemeinsam entschieden werden. Dabei geht es um eine Art Vision, wie die Zusammenarbeit auf Ebene des Top-Managements zukünftig gestaltet werden soll. Insbesondere den verschiedenen Charakteren des Top-Managements sowie der Situation des Unternehmens (z.B. im Hinblick auf Größe, Branche, Zahl und Erwartungen der Anspruchsgruppen) ist Rechnung zu tragen. Unter Umständen kann ein mittleres Maß an Soziabilität in Unternehmen, deren Gesamterfolg sich aus lokalen Erfolgen zusammensetzt, d.h. deren Manager auch räumlich sehr weit getrennt voneinander operieren, erfolgsfördernder sein, als eine Kultur, die sich durch permanente Zusammenkünfte zu einer Art „zwanghaften Geselligkeit" zu entwickeln droht. Ähnlich ist in einem Unternehmen, daß in einem stabilen Umfeld agiert u.U.

[1548] Das Vorgehen bei den beiden Achsen der Matrix ist entsprechend. Geht man davon aus, daß jeweils sieben Kriterien in die Bewertung eingehen, so ist eins der niedrigste und 105 der höchste erreichbare Punktwert einer jeden Dimension.

ein zu hohes Maß an Solidarität kontraproduktiv. Sind die Unternehmensziele eindeutig und meßbar vorgegeben und vollziehen sich Umfeldveränderungen eher langsam und ohne nennenswerte Auswirkungen, so kann ein zu starkes gemeinsames Engagement schnell zu persönlichen Enttäuschungen führen. Wichtig ist, daß die *SOLL-Kultur* nicht nur eine Markierung innerhalb der Matrix darstellt, sondern eine Vision, von der sich alle Top-Manager eine klare und deutliche Vorstellung machen können.

III. Verabschiedung und Einleitung von Veränderungsmaßnahmen:

Sinnvoll ist es zunächst, im Sinne einer „Anamnese", Gründe für die Entstehung der derzeitigen Kultur zu suchen und aufzudecken (z.B. bestimmte Personen, die durch ihr Verhalten ein stark konkurrenzorientiertes Klima fördern, das Gruppenverständnis oder das Kommunikationsverhalten). Hierdurch können entscheidende Hinweise auf die durchzuführenden Maßnahmen gewonnen werden und es wird gewährleistet, daß diese situationskonform und auf das jeweilige Top-Management abgestimmt sind.[1549] Erst nach dieser gemeinsamen „Diagnose" sind Maßnahmen zu entwickeln, die dazu beitragen können, die Soziabilität und/oder die Solidarität zu erhöhen.[1550] Hierzu eignen sich beinahe sämtliche Instrumente der Organisationsentwicklung.[1551] Einige davon werden in Tabelle 22 auf Seite 324 angeführt, die allerdings mit Blick auf die speziellen Gegebenheiten und Probleme des jeweiligen Top-Managements maßzuschneidern sind.

Die meisten dieser Maßnahmen sind bereits in der Literatur ausführlich beschrieben und sollen nicht weiter ausgeführt werden.[1552] Eine besondere Bedeutung kommt dem Entgeltsystem zu. Entlohnung und Belohnung stellen wichtige Mittel zur Orientierung dar und zeigen jedem Mitglied des Top-

---

[1549] Die Verfasserin lehnt grundsätzlich jede Form von Patentrezept ab und hält nur ein differenziertes, auf die jeweilige Unternehmensleitung individuell zugeschnittenes Konzept (im Sinne einer Therapie) für sinnvoll. Nur wenn die „wahren" Gründe und Hemmnisse für eine den Diskurs ermöglichende Top-Management-Kultur ausgeräumt werden, kann eine Diskursethik langfristig implementiert werden.

[1550] Auch hier müssen die Maßnahmen individuell eingeleitet werden. So ist der Möglichkeit Rechnung zu tragen, daß u.U. zwei oder mehrere Personen des Top-Managements persönliche Differenzen untereinander haben und dadurch eine hohe Soziabilität verhindert wird, während die übrigen Mitglieder bereits persönliche Kontakte entwickelt haben. Im Extremfall ist es auch erforderlich, daß Top-Manager, die sich gegen jede Integration zur Wehr setzen und permanent „quertreiben", die Unternehmensleitung verlassen müssen. Im Idealfall wird bereits bei der Auswahl der Top-Manager auf die entsprechenden Fähigkeiten geachtet.

[1551] Vgl. ausführlich zu den Interventionen der Organisationsentwicklung auf Ebene der Gruppe Staehle 1999: 951-961; French/Bell 1994: 142-152.

[1552] Vgl. Bennis/O'Toole 2000: 100; Staehle 1999: 898-982; Bea/Göbel 1999: 415-435; French/Bell 1994.

Managements deutlich, welche Verhaltensweisen finanziell belohnt werden, d.h. welche Art von Einsatz sich „bezahlt macht“. Wichtig ist, daß die Entlohnung auf die gewünschten Denk- und Verhaltensmuster abgestimmt wird und damit zumindest die Voraussetzungen für solche Verhaltensweisen geschaffen werden.[1553]

Tab. 22: Maßnahmen zur Entwicklung einer diskursiven Top-Management-Kultur

Soziabilität	Solidarität
• Nutzung neuer Technologien zum Informationsaustausch, z.B. Videokonferenzen, e-mail • Veränderung der Architektur und Raumgestaltung entsprechend den kommunikativen Bedürfnissen (z.B. alle Mitglieder der Unternehmensleitung in einem Gebäude, in einem Stockwerk) • Verbesserung der sozialen Interaktion zwischen den Top-Managern durch zwanglose Zusammenkünfte inner- und außerhalb des Büros, z.B. Parties, Ausflüge oder Workshops • Förderung des offenen Informationsaustauschs durch reflexives Management-Kommunikationstraining[1554] • Teamtrainings[1555] • Prozeßberatung	• Entwicklung einer gemeinsamen Unternehmensvision • Konflikttraining • Aufnahme von moralischen Leistungsstandards ins Entlohnungssystem • Aufnahme von teamorientierten Kriterien ins Entgeltsystem • Ethisches Dilemmatraining • Aufnahme von Querdenkern in die Unternehmensleitung • Aufbau von Beziehungen im Unternehmensumfeld

Quelle: Eigene Darstellung.

Eine Barriere besonderer Art stellt die stark ergebnisorientierte Gestaltung der *Anreizsysteme* für das Top-Management dar.[1556] Solange Erfolg – und damit Anerkennung – der Unternehmensleitung allein nach *ökonomischen Erfolgsgrößen* bemessen wird, kann ein Umdenken kaum stattfinden.[1557] Eine erfolgsversprechende Berücksichtigung von gesellschaftlichen Interessen bzw. eine Umstellung von egoistischem auf kooperatives Verhalten ist nur zu erwarten, wenn es durch entsprechende Normen, die durch Anreize und/oder Sanktionen gestärkt werden, unterstützt wird.[1558] An dieser Stelle mag ein kurzer Verweis

1553 Vgl. Sackmann 1990: 177.
1554 Vgl. Surmann 1990.
1555 Vgl. Staehle 1999: 953f.; French/Bell 1994: 142-151.
1556 Vgl. Spieß 1996: 176; Hax 1993: Die Befolgung ist durch entsprechende Anreize sicherzustellen.
1557 Vgl. Badaracco/Webb 1996: 93.
1558 Vgl. Spieß 1996: 15; Dierkes/Zimmermann 1991: 22; Hansen 1989: 241 und 244.

genügen: Die Mitglieder der Unternehmensleitung erhalten ein hohes Einkommen, das in der Regel sog. Erfolgstantiemen einschließt.[1559] Das Gehalt eines Top-Managers setzt sich dabei aus einem Fixgehalt und einem variablen, leistungsbezogenen Anteil zusammen, der abhängig von der Erreichung bestimmter – oft bereichsbezogener - Gewinn-/Umsatz- oder Marktanteilsziele ist.[1560] Der Anteil des Fixgehaltes an den Gesamtbezügen liegt je nach Unternehmen und Vertrag zwischen 15 und 80 Prozent.[1561] Immer häufiger erhalten Top-Manager von Aktiengesellschaften auch die Möglichkeit zum Kauf sog. Stock options zu festgelegten Vorzugspreisen, so daß sie persönlich von steigenden Kursen des Unternehmens profitieren können. Dadurch soll die Perspektive der Shareholder favorisiert werden, da die Top-Manager so alles unternehmen, um den Firmenwert – und damit das eigene Vermögen – zu steigern.[1562]

Werden ethische Reflexionen also nicht entsprechend honoriert oder anerkannt, so wird das Entlohnungssystem systematisch zur Barriere für moralisches Handeln.[1563] Analoges gilt für die Umstellung der Zusammenarbeit des Top-Ma-

---

1559 Vgl. hierzu ausführlich Balzer/Sommer 1998. Rund 95% aller Vorstandsmitglieder deutscher Aktiengesellschaften haben eine solche erfolgsabhängige Vergütung in ihren Arbeitsverträgen fixiert. Vgl. zur Berechnung der Gewinnbeteiligung auch §86 AktG.

1560 Vgl. ausführlich Bühner 1989: 2181-2186. Durch die Ausrichtung auf die Bereichsziele wird das Ressortdenken vehement verstärkt, da die Höhe des eigenen Einkommens eng mit dem Erfolg des Ressorts verknüpft ist. Darüber hinaus spielen auch Neid und Mißgunst eine erhebliche Rolle. Wer die konstruktive Zusammenarbeit mit Blick auf die diskursive Willensbildung fördern will, muß auch Ungerechtigkeiten bei der Entlohnung ausräumen. Idealerweise erhalten alle das gleiche Gehalt, die gleichen Boni und jährlichen Erhöhungen in Abhängigkeit vom Gesamtergebnis. Die Tendenz zur Nivellierung ist jedoch bereits in zahlreichen Publikumsgesellschaften zu beobachten. Hier bewegen sich die Gehälter bereits in einem vergleichsweise engen Korridor. Vgl. Balzer/Sommer 1998: 222. Aber auch die Möglichkeit, zumindest Teile der variablen Vergütung von der Leistung des gesamten Top-Managements abhängig zu machen (Gruppenanreizprinzip), sollte in Erwägung gezogen werden, um die Zusammenarbeit zu verbessern. Vgl. Fischer/Gronwald/Sommer 1997: 172 oder auch das Gehaltssystem bei Compunet, ebd.: 173.

1561 So erhält beispielsweise der Vorsitzende der Metallgesellschaft Kajo Neukirchen ein festes Gehalt von 1 Mio. DM jährlich zuzüglich einer Erfolgstantieme von weiteren 10 Mio. DM für den Zeitraum von 5 Jahren für die Erfüllung bestimmter Kriterien. Vgl. zur Ausgestaltung des Vertragstextes Hoffmann/Linden 1997: 96. Die Vorstände der BMW AG erhalten gut 30% fix und knapp 70% abhängig von Bilanzüberschuß und Dividende. Balzer/Sommer 1998: 224.

1562 Vgl. Balzer/Sommer 1998: 222.

1563 Jedes Organisationsmitglied übernimmt mit Eintritt in die Organisation eine bestimmte Rollen- und Aufgabenverantwortung, deren Erfüllung meist eng mit den persönlichen Karrierefortschritten verknüpft ist. Die Realisierung von ethisch gebotenen Handlungen wird aufgrund der Sanktionsmechanismen, die für den einzelnen mit größeren Nachteilen verbunden sein können als die Belastung des Gewissens, mit der Ausführung einer unethischen Handlung, unterlassen. Darüber hinaus kann sich das Individuum durch die geringe Einschätzung der persönlichen Verantwortung und fehlende Handlungsmöglichkeiten meist vor sich selber rechtfertigen. Vgl. Löwisch 1995: 76f..

nagements von nicht-kooperativen auf kooperative Verhaltensweisen. Beides muß im Rahmen der *Leistungsbeurteilungs- und Anreizsysteme* Berücksichtigung finden. Hierzu ist die Maxime des „gerechten" unternehmerischen Handelns auch in die langfristige Unternehmensvision bzw. -philosophie aufzunehmen.

Ethische Ziele müssen zu tatsächlich *meßbaren Bestandteilen* des Unternehmenserfolges werden. Als Meßgrößen kommen z.B. die Qualität der Zusammenarbeit oder des inneren und äußeren Beziehungsmanagements in Betracht. Im Mittelpunkt steht hier der Aufbau von Vertrauensfeldern im Unternehmen, aber natürlich auch zu Kunden, Lieferanten und dem gesellschaftlichem Umfeld des Unternehmens, die Qualität der Kommunikation sowie der Informationsweitergabe.[1564] Solche Kriterien sind systematisch und unternehmensbezogen zu operationalisieren und bei der variablen, leistungsorientierten Vergütung angemessen zu berücksichtigen.[1565] Nur wenn ethisches Denken und Handeln keine unverhältnismäßig hohen materiellen (z.B. Gehaltseinbußen) und immateriellen (z.B. Ansehen und Prestige) Nachteile (sondern sogar Vorteile) für den einzelnen mit sich bringt, ist langfristig mit einer Umorientierung zu rechnen. In diesem Zusammenhang werden die inzwischen weit verbreiteten Stock options eher kritisch gesehen, da dem einzelnen Top-Management-Mitglied extrem hohe Gewinne aus der kurzfristigen Maximierung des Unternehmenswertes erwachsen können.[1566]

Auch wenn man die Top-Management-Kultur für höchst behutsam und nur begrenzt beeinflußbar hält, ist zu berücksichtigen, daß sie das Ergebnis einer zeitlich langen Entwicklung ist. Eine Veränderung ist daher auch nur mittel- bis langfristig möglich, da neue Inhalte erst erfaßt und akzeptiert werden müssen.[1567] Von allzu euphorischen Erwartungen ist daher abzusehen. Eine solche Kultur bedarf zudem der Pflege und Fortführung, sei es weil neue Top-Mana-

---

1564 Lay 1999: 15. In den USA ist z.B. die Kundenzufriedenheit fester Bestandteil der Vergütung von Top-Managern. Grundlage bildet hier eine regelmäßig stattfindende Kundenbefragung, deren Ergebnisse unmittelbar in die variablen Bezüge einfließen. In Deutschland sind kundenorientierte Vergütungssysteme kaum verbreitet und auch für die Zukunft nicht unbedingt geplant. Hommburg/Jensen führten 1998 eine empirische Untersuchung bei 100 Konzernen im Produktions- und Dienstleistungsbereich durch und stellten fest, daß lediglich 3% des produzierenden Gewerbes und 7,9% der Dienstleister Kundendaten als Leistungsbeurteilungskriterien heranzogen. Vgl. ausführlich Schäfer 1998: 86f..

1565 Vgl. exemplarisch zur Gestaltung von Anreizsystemen Wehling 1999.

1566 Dadurch profitieren selbst Aktionäre nicht immer von diesem Anreizinstrument, da in einigen Fällen Top-Manager durch „Tricks" in kurzer Zeit mit Hilfe der Stock options ein gewaltiges Vermögen angehäuft haben. Vgl. zu den Schwächen der – auch für das Unternehmen nicht ganz preiswerten – Anreize Balzer/Sommer 1998: 218-228 und Fischer/Gronwald/Sommer 1997: 185-188.

1567 Vgl. Hopfenbeck 1990: 739.

ger in das Unternehmen kommen oder zeitliche und räumliche Restriktionen den Aufbau und Erhalt der Soziabilität leicht erschweren können.

4 Zur Implementierung einer diskursiven Unternehmensethik auf Ebene des Top-Managements: Kritische Würdigung und Ausblick

"In Wahrheit nützt mir nicht, was mir allein nützt, sondern was dem Mitmenschen, der Gemeinschaft, der Gesellschaft nützt" (Carl Friedrich von Weizsäcker)

Der *Erfolg von Unternehmen* ist immer mehr von der *Akzeptanz der Gesellschaft* abhängig, so die einleitende These dieser Arbeit. Dabei wurde herausgestellt, daß die Koordinationsinstrumente Markt, Gesetz und Moral bei der Legitimation unternehmerischen Handelns zunehmend an ihre Grenzen stoßen. Die Soziale Marktwirtschaft sei eben „in die Jahre gekommen“, so konstatieren Kritiker, die diese für nicht mehr in der Lage halten, den aktuellen Anforderungen der Wirtschaft genüge zu leisten.[1568] Daher wurde nach einem Koordinationsmechanismus gesucht, der die aktuelle Lage und die geänderten Bedürfnisse der Bevölkerung angemessen berücksichtigen kann.

Im Mittelpunkt stand dabei die Ethikauffassung des Begründers der Theorie der Marktwirtschaft, ADAM SMITH. Sein Ansatz integriert privatwirtschaftliche und gesellschaftliche Aspekte auf einvernehmliche Weise. Im Vordergrund steht dabei die *Gerechtigkeit*. Sie kommt im System der Marktwirtschaft insbesondere durch das kritische Auge des neutralen Beobachters zur Geltung, das auch das wirtschaftliche Handeln der Akteure „durchdringen“ soll. Diesen Mechanismus faßt SMITH unter den Begriff der Ethik (Sympathie). Er zeigt, daß diese ein zentrales Instrument zur Bewältigung der Legitimationsproblematik darstellt. Durch Rückgriff auf den Ansatz eines der wohl berühmtesten und anerkanntesten Wirtschaftswissenschaftler sollte gezeigt werden, daß Ethik keineswegs einen nicht zu integrierenden „Fremdkörper“ in der Wirtschaft darstellt. Im Gegenteil bildet sie einen bislang unberücksichtigt gebliebenen zentralen Baustein der Theorie der Marktwirtschaft. Daher sollte die Arbeit darlegen, wie dieser Koordinationsmechanismus wieder in das System der heutigen Marktwirtschaft eingefügt werden kann.

Grundidee der Fundierung bildet die Auffassung, daß Ethik integraler Bestandteil unternehmerischen Handelns werden soll, da sie es ermöglicht, gesellschaftliche Aspekte in die Betriebswirtschaftslehre einzubinden ohne selbst

[1568] S. Dietzfelbinger 1999: 7.

dogmatisch zu sein.[1569] Sie ist auf Ebene der Unternehmen und zunächst beim Top-Management zu implementieren, da nur dort die von einer Entscheidung betroffenen Interessen systematisch und umfassend erhoben werden können. Allerdings soll sie sich nicht moralisierend gegen ökonomisches Denken richten, sondern gleichgewichtig neben dieses treten.[1570] Die Prüfung der Legitimität einer Handlung wird somit zum festen Element professioneller unternehmenspolitischer/-strategischer Entscheidungsfindung.[1571] Die Analysen der Grundlagen der Ethik haben gezeigt, daß die von HABERMAS ausgearbeitete Diskursethik und deren Bedingungen eine hohe Affinität zur Ethikauffassung SMITHs aufweisen. Diese Konzeption stellt einen umfassend ausgearbeiteten und begründeten Bezugsrahmen zur Verfügung, auf den bei der Implementierung auf Ebene des Top-Managements ideal zurückgegriffen werden konnte. Daher wurden die zentralen Anknüpfungspunkte ausführlich vorgestellt und im Hinblick auf die vorliegende Problematik konkretisiert.

Um den Ansatz für die unternehmenspolitische/-strategische Entscheidungsfindung fruchtbar zu machen, wurde ein Verfahren entwickelt, das es ermöglicht, ausgehend von einer vollständigen Situationsbeschreibung, die Relevanz der jeweils angeführten Interessen zu bestimmen und zu gewichten. Darauf aufbauend ist die *Entwicklung legitimer Handlungsweisen* möglich. Dabei wird davon ausgegangen, daß nicht nur das Ergebnis einer ethischen Reflexion, sondern bereits das Verfahren Zufriedenheit erzeugen kann, wenn es als gerecht empfunden wird.[1572] Die wahrgenommene Verfahrensgerechtigkeit wirkt sich nachweislich positiv auf die psychische Verarbeitung nachteiliger Entscheidungskonsequenzen bei den Betroffenen aus, selbst wenn es um weitreichende Folgen geht.[1573] Ungerechtigkeitsgefühle bei den Betroffenen können durch ein als gerecht empfundenes Verfahren bereits begrenzt werden und lösen damit in weitaus geringerem Umfang für das Unternehmen destruktive Wirkungen, wie z.B. Streiks oder Boykotte, aus. Unternehmen sind also gut beraten, wenn sie diesen Aspekt der Entscheidungsgerechtigkeit umfassend berücksichtigen. Ethik ist also nicht nur *normativ erwünscht*, sondern ist durchaus auch *ökonomisch vorteilhaft*.

1569 Vgl. Ulrich 1999: 83. Unternehmensethik beinhaltet danach also nicht die Vorgabe von konkreten verbindlichen Normen, an denen die Unternehmensleitung ihr Handeln auszurichten hat, sondern setzt auf die kontextspezifische Begründung einzelfallspezifischer Normen und Orientierungen.

1570 Vgl. Gebhardt/Weber 1997: 31.

1571 Vgl. Ulrich/Lunau 1997: 52.

1572 Vgl. Aßländer 1997: 10; Burkart 1996: 263.

1573 Vgl. Müller 1998: 58.

Ethik sollte allerdings nicht zum *„Etikettenschwindel"* mißbraucht werden.[1574] Diskursive Unternehmensethik darf nicht als „Deckmäntelchen" für bereits zuvor getroffene Entscheidungen dienen. Sie ist kein Instrument, um schlechte Entscheidungen in einem besseren Licht erscheinen zu lassen. Dazu ist die Wahrscheinlichkeit, daß die Diskrepanz zwischen dem Ist und dem Soll einer gerechten Entscheidungsfindung in einem eng vernetzten kooperativen System relativ schnell durchschaut wird, viel zu hoch.[1575] Hinter der Fassade prozeduraler Gerechtigkeit unbeirrt eigene Ziele und Absichten verfolgen zu wollen, ist einfach zu durchsichtig: Würde diese „Schein"-Gerechtigkeit denn erst einmal als solche erkannt, so unterstriche sie im Gegenteil die Unglaubwürdigkeit des Unternehmens und würde den für eine produktive und soziale Zusammenarbeit erforderlichen Grundkonsens mit den Betroffenen nachhaltig erschüttern. Die daraus resultierenden öffentlichen Wirkungen liegen auf der Hand.

Im Rahmen dieser Arbeit übernimmt das *Top-Management* die Aufgabe, *legitime Handlungsweisen* zu entwickeln. Dabei sind verschiedene Anliegen, Interessen und Sichtweisen zur Sprache zu bringen und im Diskurs *unparteiisch* abzuwägen. Die Spitzenführungskräfte avancieren damit jedoch nicht zum Sprachrohr einer bestimmten Interessengruppe, sondern haben grundsätzlich im Rahmen einer idealen Rollenübernahme die Ansprüche sämtlicher Betroffenen zu prüfen und verantwortlich abzuwägen. Angesichts der üblichen „mikropolitischen Spielchen" erscheint es auf den ersten Blick relativ naiv, ausgerechnet der Unternehmensleitung diese Rolle zuzuordnen: Wird damit nicht gerade der Bock zum Gärtner gemacht?[1576] Doch wer sonst kann im Unternehmen ethische Aspekte zur Geltung bringen? Und wer ist in erster Linie gefordert, solche Gesichtspunkte zu berücksichtigen, wenn nicht das Top-Management?

Darüber hinaus kommt der Unternehmensführung auch in anderer Hinsicht eine prominente Stellung zu. So hat das Verhalten der Unternehmensleitung einerseits einen prägenden Einfluß auf die *Unternehmenskultur*.[1577] Unternehmen, in denen die Leitenden durch unethische Praktiken, wie z.B. „Bestechung", Abrechnung privater Aktivitäten auf Firmenkosten oder fahrlässige Berücksichtigung von Sicherheitsvorkehrungen, auffällt, laufen schnell Gefahr, daß sich die gesamte Unternehmenskultur in diese Richtung verschiebt. Daraus resultiert fast zwangsläufig eine Abwärtsspirale, die in eine unkalkulierbare Selbstbedienungsmentalität der Mitarbeiter mündet und dem Unternehmen beträchtlichen

---

[1574] Thielemann/Breuer verwenden hierzu sehr treffend den Slogan „Nur wo Ethik draufsteht, ist auch Ethik drin." Vgl. Thielemann/Breuer 2000: 13.

[1575] Vgl. Müller 1998: 67.

[1576] Vgl. Berkel 1998: 129.

[1577] Vgl. Aßländer 1997: 8; Löhnert 1997: 10f..

Schaden zufügen kann.[1578] Andererseits werden im Medienzeitalter Unternehmen immer häufiger *personifiziert*.[1579] Das Verhalten des Top-Managements wirkt somit unmittelbar auf das *Image* des Unternehmens. Geht die Unternehmensleitung also mit gutem *Vorbild* voran und trägt dafür Sorge, daß ethische Reflexionen sich auch auf Ebene des Middle- und Lower-Managements fortsetzen, so ist davon auszugehen, daß sich das „Corporate Behavior" des gesamten Unternehmens langfristig durch ethisches Handeln auszeichnen wird.[1580] Davon wird auch das „Corporate Image" des Unternehmens profitieren.[1581]

Daß die Implementierung auf Ebene des Top-Managements nicht einfach ist, steht außer Frage. *Macht- und Einflußstreben* sowie ein gewisses Maß an „Realitätsverlust" und Egozentrik sind Phänomene, die gar nicht aus Organisationen und insbesondere nicht aus dem Top-Management wegzudenken sind.[1582] Diese wirken sich besonders hemmend auf ethische Reflexionen aus und können eine unparteiische und damit gerechte Entscheidungsfindung, die ein Zurückstellen des persönlichen Interesses verlangt, grundsätzlich verhindern. Vom Typus des „weisen" und „tugendhaften" Top-Managers dürften die meisten Unternehmensleiter noch weit entfernt sein.[1583] Auch wenn der individuelle Entwicklungsprozeß nur langsam und schrittweise erfolgt und sich ein vollständiges Umdenken vielleicht erst mit dem Wechsel der Unternehmensleitung vollziehen wird, so ist dies kein Grund, von einer Implementierung gänzlich abzusehen. Die entscheidende Zielsetzung der Arbeit liegt darin, die Unternehmensleitung für die *Notwendigkeit und Vorteilhaftigkeit* des *Verfahrens der ethischen Argumentation* zu sensibilisieren und durch Erkenntnisse im Hinblick auf

1578 S. Wieland 1999: 58.; Corsten/Lempert 1996: 77. Wenn sich das Top-Management - trotz seines hohen Gehalts - selbst bedient, glaubt auch der „kleine Mann" sich nicht mehr an die Regeln halten zu müssen. Meist beginnt dieser zerstörerische Prozeß auf Ebene des Top-Managements, das als Vorbild betrachtet wird. Amerikanische Kriminologen haben dabei die sog. „Broken Windows"-Theorie entwickelt: Meist beginnt die Spirale mit kleinen Delikten, wie z.B. der Mitnahme von Arbeitsmitteln für private Zwecke; bleibt diese Tat unbemerkt oder ungeahndet, so sinkt die Hemmschwelle und es schließen sich oft immer größere Delikte an. Dabei wird das Gewissen damit beruhigt, daß die „Großen" es ja nicht anders machen und damit das eigene Vergehen gerechtfertigt ist. Vgl. Albes 1999: 56.

1579 Vgl. Bernhardt/Witt 1999: 831.

1580 Allerdings sind die hier vorfindbaren Bedingungen gesondert im Hinblick auf ihre Möglichkeiten zur Förderung der postkonventionellen Urteilsfähigkeit zu untersuchen. Es wird davon ausgegangen, daß aufgrund deutlich geringerer Handlungsspielräume eine Umsetzung anderer Implementierungsansätze bedarf als auf Ebene des Top-Managements.

1581 Vgl. Dierkes/Zimmermann 1991: 22. Davon profitiert das Unternehmen auch bei der Gewinnung guter Mitarbeiter, da deren Werthaltungen stark von den Veränderungen in der Gesellschaft geprägt werden. Ebd. 27; Hauff 1991: 79f..

1582 Vgl. Gouedevert 1996: 135 und 160f; Krüger 1974; Irle 1971. Gerade das ausgeprägte Machtstreben stellt ja eine der wichtigsten Voraussetzungen zum Aufstieg in die Spitze dar. Vgl. v. Rosenstiel 1993: 278f.

1583 Vgl. zur Persönlichkeitsstruktur von „Chefs" Hesse/Schrader 1998: 75-162.

individuelle und institutionelle Rahmenbedingungen bei der Realisierung zu unterstützen. Damit sollen *erste Schritte* in Richtung einer diskursiven Unternehmensethik gegangen werden. Sie fungiert als *Vision und Leitvorstellung gerechter Entscheidungsfindung*, auf deren Realisierung die Bemühungen der Unternehmensführung (individuell) auszurichten sind.[1584]

Dabei konnten keine umfassend fundierten Ansätze, sondern lediglich *Anhaltspunkte* zur Gestaltung dieser Rahmenbedingungen vorgestellt werden. Diese sind durch weitere Forschungsarbeiten systematisch zu vertiefen und auszubauen. Dazu wären Längsschnittuntersuchungen zu den spezifischen Erfolgswirkungen der einzelnen vorgestellten Maßnahmen zu initiieren. Insbesondere ist zu untersuchen, ob Unternehmen, die auf das Verfahren der ethischen Argumentation zurückgreifen, erfolgreicher sind als solche, die ausschließlich auf eine erfolgsorientierte Koordination abstellen. Mit anderen Worten gilt es zunächst empirisch zu bestätigen, daß die *Legitimität* bzw. *Gerechtigkeit* von Entscheidungen einen Erfolgsfaktor unternehmerischen Handelns darstellt. Weiterhin wäre zu präzisieren, inwieweit sich die empfohlenen individuellen, strukturellen und kulturellen Maßnahmen auf die Förderung der moralischen Urteilskompetenz auswirken respektive wie sie die Bedingungen der Durchführung ethischer Argumentationen verbessern. Dies ist meiner Ansicht nach im Rahmen weiterer und insbesondere empirischer Forschungsvorhaben zu leisten.

Es sollte hier vor allem deutlich gemacht werden, daß Unternehmensethik keine simple Maßnahme oder gar Mode darstellt, die man „mal eben" umsetzen kann. Vielmehr bedarf es umfassender und systematischer Implementierungsbedingungen sowie einer grundlegend veränderten Denkhaltung, die nur nach und nach im Unternehmen durchgesetzt werden können. Ethische Argumentationen stellen damit – wie beschrieben – ein *experimentelles Verfahren* und einen *Lernprozeß* dar. Um diese erfolgreich durchzuführen ist ein *schrittweises Vorgehen* angeraten, das sich – je nach Ausgangssituation – über mehrere Jahre hinweg erstrecken kann. Hierzu sind die vorhandenen individuellen, strukturellen und kulturellen Voraussetzungen zu analysieren, um darauf aufbauend ein *Konzept zur Implementierung* zu entwickeln. Dabei kann nur an den *speziellen Bedingungen* der *einzelnen Unternehmensleitung* angesetzt werden, da davon auszugehen ist, daß sich je nach Größe, Branche, Umfeld und Entwicklung des Unternehmens höchst unterschiedliche Voraussetzungen für eine Umsetzung ergeben, die unbedingt Berücksichtigung finden müssen. Es ist daher

[1584] Dies entspricht der Forderung Kettners, in allen Bereichen, die hinreichend viele Betroffene hinreichend wichtig finden, Äquivalente für diskursive Prozeduren zumindest erreichbar zu machen. Vgl. Kettner 1993b: 345.

dringend angeraten, ein solches Projekt ebenfalls diskursiv und nur mit Begleitung eines externen Moderators anzugehen.

Insofern ist der ethischen Reflexion in aller Regel zu Beginn der Implementierung ein bescheidenerer *Stellenwert* im Rahmen der Entscheidungsfindung einzuräumen. Besonders bei der Alternativensuche und -auswahl werden sich die fehlenden individuellen, strukturellen und kulturellen Voraussetzungen bemerkbar machen. Daher wird von der Entwicklung einer kohärenten Handlungsweise zunächst vermutlich abzusehen sein. Dennoch kann die ethische Reflexion besonders im Rahmen der *Situationsdeutung* erprobt und eingesetzt werden, da diese Phase des Entscheidungsprozesses meist noch relativ handlungsentlastet ist. Fehlt die Notwendigkeit, eine verbindliche Handlungsweise zu fixieren, so dürfte die Bereitschaft der Top-Management-Mitglieder zum Perspektivenwechsel ungleich höher sein, als wenn dieser bereits Konsequenzen für die eigene Arbeit oder das eigene Ressort hat. Damit kann die ethische Reflexion immerhin als *strategisches Frühaufklärungsinstrument* fungieren. Sie trägt so dazu bei, allgemeine kulturelle Entwicklungen rechtzeitig aufzudecken und entsprechende Maßnahmen einzuleiten.[1585]

Damit könnte auch dem am 01. Mai 1998 in Kraft getretenem *„Gesetz zur Kontrolle und Transparenz im Unternehmensbereich (KonTraG)"* Rechnung getragen werden.[1586] Um Fehlentwicklungen frühzeitig zu erkennen, hat das KonTraG die Rahmenbedingungen für das Top-Management wie folgt verschärft: Die Unternehmensleitung hat nunmehr ein sogenanntes Risikomanagementsystem (RMS) einzuführen, also geeignete Maßnahmen zu treffen, insbesondere ein Überwachungssystem einzurichten, damit Entwicklungen, die den Fortbestand des Unternehmens gefährden könnten, frühzeitig erkannt werden.[1587] Das dort geforderte Management-System hat auch Risiken und Bedrohungen aus *ethischem Fehlverhalten* zu berücksichtigen.[1588] Über solche Risiken der künftigen Entwicklung hat das Top-Management im Lagebericht zutreffend zu berichten. Die Verletzung dieser Organisationspflicht führt zu Schadensersatzpflichten der Unternehmensführung.[1589] Die systematische ethi-

1585 Vgl. Smith/Sims 1995: 143.

1586 Vgl. Kemnitzer/Klunk 1999: 3.

1587 Das Gesetz sagt allerdings nichts darüber aus, wie dieses Überwachungssystem konkret auszusehen hat. Immerhin können die Vorstände hier jedoch persönlich haftbar gemacht werden. Vgl. Werres 2000: 99.

1588 Vgl. Bierich 2000: 9.

1589 Auch wenn diese Regelung zunächst nur ins Aktiengesetz aufgenommen wurde, wird doch bereits in der Begründung zum Gesetzesentwurf davon ausgegangen, daß für Gesellschaften mit beschränkter Haftung nichts anderes gilt. S. Kemnitzer/Klunk 1999: 3.

sche Reflexion könnte als Kernelement eines solchen Risikomanagementsystems fungieren und sollte daher in dieses integriert werden.[1590]

Auf die enge Verknüpfung zwischen moralischer Urteilskompetenz und moralischem Handeln wurde bereits hingewiesen.[1591] Es ist davon auszugehen, daß eine umfassende Situationsdeutung die Wahrscheinlichkeit einer gerechten Handlungsweise erheblich erhöht.[1592] Viele Entscheidung sind deshalb nicht gerecht, weil sie sich auf eine bestimmte Perspektive bzw. Dimension beschränken und alternative Sichtweisen erst gar nicht in den Blickwinkel der Unternehmensleitung geraten.[1593] Daher ist damit zu rechnen, daß die ausdrückliche Behandlung ethischer Aspekte bereits zu Beginn der Implementierung einer Unternehmensethik erste Früchte trägt und diese zumindest *implizit* bei der Entscheidungsfindung Berücksichtigung finden. Eine umfassende Integration des Verfahrens im Sinne der Entwicklung gerechter Handlungsweisen ist allerdings erst zu erwarten, wenn die *Handlungszwänge* des Top-Managements wachsen. Dies ist stark von der *Initiative* bzw. der Bereitschaft der Gesellschaft zum *Druck auf Unternehmen* abhängig.[1594]

Daß der Weg dorthin langwierig und mühsam ist, wurde bereits verdeutlicht. Insbesondere die persönlichen Anforderungen an die einzelnen Top-Manager sind dabei ausgesprochen hoch. Neben der *Kompetenz zur idealen Rollenübernahme* sind auch handlungsrelevante Fähigkeiten wie Ambiguitätstoleranz, Ich-Stärke und Empathie zur „reifen" ethischen Urteilsbildung unerläßlich. Diese können nicht unbedingt vorausgesetzt werden und sind in den meisten Fällen erst auszubilden.[1595] Daß dieser Lern- und Umdenkprozeß unter Umständen viel Zeit in Anspruch nimmt und je nach Zusammensetzung und Organisation des Top-Managements auch scheitern kann, stellt ein weiteres Risiko dar.

Daher sind die Chancen einer diskursiven Unternehmensethik nicht nur durch Einsicht des Top-Managements in deren Vorteilhaftigkeit, sondern auch auf

---

1590 Auch v. Werder wählt die Argumentationsrationalität als Kriterium für gerechte Entscheidungen. Vgl. v. Werder 1997: 905-916; v. Werder 1994. Kommunikatives Handeln wird in einigen Firmen bereits zur Wissensentwicklung erfolgreich eingesetzt. Vgl. v. Krogh/Venzin 1995: 428. Damit wird auch deutlich, daß die Organisation und Entscheidungsfindung im Top-Management zunehmend in den Fokus wissenschaftlicher Bemühungen rücken. Vgl. Bernhardt/Witt 1999: 840.

1591 Vgl. Kohlberg/Candee 1999; siehe auch Teil IV, Kap. 3.2.1.

1592 Allerdings darf nicht übersehen werden, daß dem Individuum auch die entsprechenden Handlungsspielräume zur Verfügung stehen müssen. Ansonsten kommt es zu inneren Konflikten, die ethische Entscheidungen meist konterkarieren. Vgl. Baethge/Denkinger/Kadritzke 1995: 215f.; Lempert 1993a: 5f..

1593 Vgl. Brown 1996: V.

1594 Vgl. Sloterdijk/Horntrich 1995: 65f.

1595 Vgl. Retzmann 1994: 320-324.

anderen Wegen zu erhöhen. Eine Möglichkeit besteht darin, die persönlichen Fähigkeiten der Top-Manager bei der *Selektion* zu berücksichtigen. Hierzu wurden bereits Verfahren der psychologischen Eignungsdiagnostik entwickelt und erfolgreich erprobt.[1596] Doch angesichts der Feststellung, daß es bei deutschen Wirtschaftsstudenten offenbar ein deutliches Defizit an moralischer Urteilskompetenz gibt, führt kein Weg an der Forderung vorbei, daß man diesem Manko bereits in der Hochschulausbildung erfolgreich begegnen sollte.[1597] Die *sozial-moralische Entwicklung* der *wirtschaftswissenschaftlichen Studenten* ist also deutlich stärker zu fördern als bisher.[1598] Mögliche Anhaltspunkte für Lehrkonzepte bietet das in Teil IV, Kap. 3.2.3.2 vorgestellte Rollenspiel. Parallel dazu müßten verstärkte Anstrengungen in der schulischen Ausbildung, der betrieblichen Aus- und Weiterbildung bis hin zum familiären Bereich treten.[1599] Die Institutionalisierung von „Ethik-Lehrstühlen" an Universitäten und Fachhochschulen ist ein erster Schritt in die richtige Richtung, der flächendekkend im Rahmen der betriebs- und volkswirtschaftlichen Ausbildung zum Tragen kommen sollte.

Doch auch moralpädagogische Bemühungen stoßen an ihre Grenzen, wenn der in der Diskursethik vorausgesetzte „Wille zur Vernunft" nicht vorhanden ist.[1600] Eine Garantie dafür, daß sich die erzielte Entwicklung auch dauerhaft im Handeln niederschlägt, kann nicht gegeben werden. Es bedarf selbst auf der postkonventionellen Urteilsstufe eines willentlichen Entschlusses im Sinne einer Entscheidung zum Moralischsein, die durch nichts ersetzt werden kann.[1601] „Gegen einen bösen Willen sind aber auch moralpädagogische Bemühungen, die auf die Entwicklung der moralischen Urteilskompetenz und rationalen Diskussion setzen, weitgehend machtlos, denn der böse Wille entscheidet sich gerade in Anbetracht guter Argumente gegen die guten Argumente."[1602] Daher ist eine Institutionalisierung und Kodifizierung ethischer Argumentationen z.B. im

---

1596 Vgl. Moser/Hertel 1998; Schneider 1993. Vgl. auch die Möglichkeiten zur Messung der moralischen Urteilskompetenz bei Lind/Wakenhut 1980: Lind 1978.

1597 Vgl. Löhr 1998: 185 und 200. Dabei ist darauf hinzuweisen, daß es deutsche Studenten im Vergleich zu Studenten anderer Länder aufgrund der spezifischen Unterrichtssituation (Vorlesungen, wenig Möglichkeiten zur Kleingruppenarbeit) ungleich schwerer haben, ethische Sensibilität zu entwickeln und aufrechtzuerhalten. Ebd. 201.

1598 Vgl. Kötter 1997: 121. In den USA sind in den wirtschafts-, rechts- und staatswissenschaftlichen Studiengängen Business Ethics bereits fester Bestandteil der Ausbildung. Vgl. Grabner-Kräuter 1997: 211.

1599 S. Löhr 1998: 202. Einen Rahmen für eine ethikorientierte Personalentwicklung findet sich bei Hohner 1998: 210f.. Vgl. kritisch Kettner 1993a: 12f.

1600 Vgl. Kaiser 1993: 382; Cortina 1993: 294.

1601 Vgl. Apel 1997: 349.

1602 Retzmann 1994: 447.

Rahmen der Unternehmensverfassung dringend erforderlich.[1603] Die Bedingungen zur ethischen Reflexion sind hierzu systematisch in jedem Unternehmen zu analysieren und entsprechend zu gestalten. Im Vordergrund steht zunächst die Gestaltung von Anreizsystemen, um die Wahrscheinlichkeit moralischer Handlungen zu erhöhen. Darüber hinaus sind wie im Rahmen dieser Arbeit beschrieben, die strukturellen und kulturellen Voraussetzungen ethischen Argumentierens möglichst umfassend herzustellen. Eine solche Institutionalisierung hat nur Chancen auf Erfolg, wenn auch auf *Ebene der Wirtschaftsethik* die entsprechenden Vorgaben und Rahmenbedingungen gesetzt werden.[1604] Vielleicht kann dies durch die gesetzliche Fundierung der „ethischen Reflexion" im Rahmen der *Grundsätze ordnungsgemäßer Unternehmensführung* gelingen. Erste Anregungen zu einer solchen Form der Konkretisierung werden in der Literatur bereits besprochen.[1605] Allerdings erscheinen die dort vorgestellten Vorgehensschritte der rationalen Argumentation relativ unkonkret und diffus.[1606] Der vorliegende Ansatz könnte hier Abhilfe schaffen, da er *operational* ist und eine *nachvollziehbare Legitimation/Rechtfertigung* in einer speziellen unternehmerischen Situation ermöglicht.

Auch wenn das Erfordernis ethischer Argumentationen *noch* keine unumgängliche Bedingung unternehmerischen Handelns darstellt, so deuten doch zahlreiche „Signale" auf ihre *zunehmende Bedeutung* in Deutschland hin.[1607] Unternehmen tangieren durch ihre Aktivitäten heute weit stärker als je zuvor die komplexen Elemente und Beziehungen des sozialen „Systems" Gesellschaft.[1608] Immer mehr Menschen wird bewußt, daß Marktmechanismus und staatliche Eingriffe in vielen Fällen nicht dazu geeignet sind, als falsch und gefährlich erkannte Entwicklungen rasch genug zu korrigieren. Je größer der *Leidensdruck in der Gesellschaft*, desto wahrscheinlicher werden sich Initiativen bilden, die sich nicht nur empören, sondern durch Handlungsaufforderungen

---

[1603] S. Detzer 1999: 11. Auch wenn die soziale Marktwirtschaft immer hinter dem Ideal von wohlverstandenem Eigennutz und Gemeinwohl zurückbleiben wird, besteht für Staat, Institutionen und Individuen die Verpflichtung, auf dieses Ideal hinzuarbeiten, wenn man es denn aufrecht erhalten will. Vgl. Dietzfelbinger 1999: 9.

[1604] Vgl. Bausch 1999: 5. Die ordnungspolitische Lösung der Koordinationsproblematik korrespondiert nach Ansicht Ulrichs ebenfalls mit der Konzeption von Smith. Vgl. Ulrich 1991a: 182.

[1605] Vgl. Talaulicar 1999: 11; v. Werder 1997: 904-913; v. Werder 1996b: 43-56.

[1606] Vgl. Kötter 1997: 108.

[1607] Vgl. Fassbender 1996: 9, so z.B. der Status der Institutionalisierung (vgl. Ulrich/Lunau/Weber 1996; Kreikebaum 1996: 290) oder die Tatsache, daß sich sehr viele Führungskräfte latent oder manifest in einem ethischen Konflikt an ihrem Arbeitsplatz sehen (vgl. Baethge/Denkinger/Kadritzke 1995: 195).

[1608] S. Bernet 1993: 40.

Einfluß auf die Profitabilität der Unternehmen zu nehmen suchen.[1609] So stießen beispielsweise in den USA zahlreiche öffentliche und privatwirtschaftliche Skandale auf ein deutlich erhöhtes allgemeines Interesse eines „wehrhaften" Konsumenten und führten zu einer Vielzahl von Forschungsbemühungen sowie dem Ausbau des Lehrangebotes in „Business Ethics" und einem professionellen Beratungsangebot bei konkreten Entscheidungsproblemen.[1610]

Während bislang vor allem *multinationale Unternehmen* aufgrund interkultureller Wertunterschiede mit dem Problem der Berücksichtigung nationaler Werte und Normen konfrontiert waren, werden sich in Zukunft Unternehmen jeglicher Art mit der Frage der Integration normativer Aspekte in die Entscheidungsfindung auseinanderzusetzen haben.[1611] Die aufgezeigten Entwicklungen werden dazu beitragen, die Bedeutung der Ethik als zweite Dimension der Unternehmensführung zukünftig zu stärken.[1612] Wer sich auf diese Entwicklung nicht rechtzeitig genug einstellt, wird mittel- bis langfristig deutliche Wettbe-

---

1609 Vgl. Daub 1999: 9f.. Dies setzt allerdings auch ein kritisch reflektiertes, wohlverstandenes Selbstinteresse der Konsumenten voraus, die ihre Ansprüche und Interessen ebenfalls gemäß den Ansichten des neutralen Beobachters abwägen. Vgl. Ulrich 1991a: 182. Bislang ist die „persönliche Betroffenheit" eines der wichtigsten Kriterien dafür, daß auch z.B. in Form von Boykotten oder sonstigen Aktivitäten gehandelt wird. Je mehr Menschen also vom unternehmerischen Handeln betroffen sind, desto größer die Wahrscheinlichkeit, daß dem gestiegenen Bewußtsein Handlungen folgen. Ein Weg in die richtige Richtung ist die Initiative des Institutes für Markt und Gesellschaft (IMUG). Dessen wichtigstes Projekt ist der *sozial-ökologische Unternehmenstest*. Das IMUG untersucht unaufgefordert die sozialen und ökologischen Leistungen von Unternehmen und veröffentlicht die Untersuchungsergebnisse. Neben den Ergebnissen über Unternehmen der Lebensmittelbranche sind nun auch die Ergebnisse der zweiten Untersuchung der Kosmetik-, Körperpflege- und Waschmittelindustrie z.B. im Internet recherchierbar. Die von IMUG untersuchten Unternehmen (sie reichen von Bahlsen bis zu Unilever sowie von Beiersdorf bis Yves Rocher) werden nach sozialen, ökologischen und anderen ethischen Kriterien bewertet.

1610 Vgl. Grabner-Kräuter 1997: 210f.

1611 Vgl. Haueisen 1999: 18; Zimmerli/Aßländer 1996: 59; Kumar/Sjurts 1991: 159f. sowie zur Anwendung des Diskurskonzeptes in multinationalen Unternehmen Kumar/Sjurts 1991: 176-178; Kumar 1989. In diesem Zusammenhang sei auch auf die Aktivitäten des *Deutsche Netzwerk Wirtschaftsethik* (DNWE) hingewiesen. Das DNWE ist ein nationaler Verband des European Business Ethics Network (EBEN), das 1987 in Brüssel gegründet wurde und sich um die Förderung des interkulturellen Dialogs über Fragen der Wirtschafts- und Unternehmensethik bemüht.[1611] Das DNWE verfolgt das Ziel, den Austausch von Gedanken und Ideen über ethische Fragen des Wirtschaftens zu fördern und wirtschaftliches Handeln ethisch zu orientieren, um zur Lösung von moralischen Dilemmasituationen im wirtschaftlichen Wettbewerb beizutragen. Im Sinne des Netzwerkgedankens treffen sich Vertreter der Wissenschaft, z.B. aus den Bereichen Volks- und Betriebswirtschaft, Philosophie, Theologie, Recht, Psychologie, der Praxis, z.B. Unternehmer, Manager, Wirtschafts- und Sozialpolitiker, und der Verbände, Kirchen, Interessengruppen und Medien regelmäßig in regionalen Arbeitsgruppen, zu Tagungen, Kongressen und Seminaren. Hier bieten sich zahlreiche Möglichkeiten für Unternehmensvertreter, gemeinsam mit Wissenschaftlern und Spezialisten Probleme zu thematisieren und Lösungsansätze weiter voran zu treiben.

1612 Vgl. Bierich 2000: 9; Otto 2000: 12.

werbsnachteile in Kauf zu nehmen haben.[1613] Das in dieser Arbeit vorgestellte Verfahren der ethischen Argumentation und die hierzu erforderlichen flankierenden Maßnahmen bieten daher zahlreiche konkrete Ansatzpunkte zur Bewältigung der aufgezeigten Herausforderungen.

[1613] Dabei wird davon ausgegangen, daß ohne Ethik auch der Shareholder value eines Unternehmens mittel- bis langfristig nachhaltig Schaden nehmen wird. Vgl. DeGeus 1998, der feststellte, daß die Lebensdauer von Unternehmen ohne Ethik deutlich kürzer ist als die von Unternehmen, die mit einer solchen geführt werden.

Literaturverzeichnis

A

Achleitner, P.M. (1985): Sozio-politische Strategien multinationaler Unternehmungen, Bern, Stuttgart.

Ahrens, R./Behrent, M. (1996): Dialogkommunikation als strategisches Konzept. Praktische Erfahrungen mit dialogorientierten Kampagnen. In: Bentele, G./Steinmann, H./Zerfaß, A. (Hrsg.): Dialogorientierte Unternehmenskommunikation. Grundlagen – Praxiserfahrungen – Perspektiven, Berlin: 333-349.

Albert, H. (1972): Wertfreiheit als methodisches Prinzip. Zur Frage der Notwendigkeit einer normativen Sozialwissenschaft. In: Topitsch, E. (Hrsg.): Logik der Sozialwissenschaften, Köln: 181-212.

Albert, H. (1980): Traktat über kritische Vernunft, 4., verb. Aufl., Tübingen.

Albes, A./Doinet, R./Schmitt, J./Steinhoff, J./Wedemeyer, G./ Wirtgen, K./Wüllenweber, W. (1999): Wie geschmiert. Eine Serie von Durchstechereien erschüttert die Republik. Politiker, Spitzenbeamte und Manager stehen in Verdacht. In: Stern, Nr. 49/1999: 52-58.

Alexander, J./Nuchols, B./Bloom, J./Lee, S.Y. (1995): Organizational Demography and Turnover: An Examination of Multiform and Nonlinear Heterogeneity. In: Human Relations, No.12/1995: 1455-1480.

Alexy, R. (1978): Eine Theorie des praktischen Diskurses. In: Oelmüller, W. (Hrsg.): Normenbegründung und Normendurchsetzung, Paderborn: 22-58.

Alexy, R. (1985): Theorie der Grundrechte, Baden-Baden.

Amason, A.C. (1996): Distinguishing the Effects of Functional and Dysfunctional Conflict on Strategic Decision Making: Resolving a Paradoxon for Top Management Teams. In: Academy of Management Journal, No. 1/1996: 123-148.

Amason, A.C./Sapienza, H.J. (1995): The Effects of Top Management Team Size and Interaction Norms on Cognitive and Affective Conflict. Paper Presented at the Annual Meeting of the Academy of Management Business Policy and Strategy Division, Vancouver, British Columbia, August 8, 1995.

Amason, A.C./Thompson, K.R. (1995): Conflict: An Important Dimension in Successful Management Teams. In: Organizational Dynamics, No. 3/1995: 20-33.

Antrecht, R./Hillebrand, W. (1996): Inside Mercedes. In: Capital, Nr. 8/1996: 36-41.

Apel, K.-O. (1976a): Transformation der Philosophie, Bd. 2, Das Apriori der Kommunikationsgemeinschaft, Frankfurt a.M..

Apel, K.-O. (1976b): Sprechakttheorie und transzendentale Sprachpragmatik zur Frage ethischer Normen. In: Apel, K.-O. (Hrsg.): Sprachpragmatik und Philosophie, Frankfurt a.M.: 10-173.

Apel, K.-O. (1986): Kann der postkantische Standpunkt der Moralität noch einmal in substantieller Sittlichkeit „aufgehoben“ werden? In: Kuhlmann, W. (Hrsg.): Moralität und Sittlichkeit. Das Problem Hegels und die Diskursethik, Frankfurt a.M.: 217ff..

Apel, K.-O. (1989): Das Sokratische Gespräch und die gegenwärtige Transformation der Philosophie. In: Krohn, D. et al. (Hrsg.): Das Sokratische Gespräch. Ein Symposion, Hamburg.

Apel, K.-O. (1993): Diskursethik vor der Problematik von Recht und Politik: Können die Rationalitätsdifferenzen zwischen Moralität, Recht und Politik selbst noch durch die Diskursethik normativ-rational gerechtfertigt werden? In: Apel, K.-O./Kettner,

M. (Hrsg.): Zur Anwendung der Diskursethik in Politik, Recht und Wissenschaft, Frankfurt a.M.: 29-61.

Apel, K.-O. (1997): Diskurs und Verantwortung. Das Problem des Übergangs zur postkonventionellen Moral, Frankfurt a.M..

Aßländer, M. (1997): Durch Führungskultur richtig entscheiden. In: Gablers Magazin, Nr. 9/1997: 6-10.

B

Backhaus, J. (1979): Praktische Philosophie und politische Ökonomie. Eine Auseinandersetzung mit Friedrich Kambartels Idee einer normativen Ökonomie. In: Mittelstraß, J. (Hrsg.): Methodenprobleme der Wissenschaften vom gesellschaftlichen Handeln, Frankfurt a.M.: 320-369.

Badaracco, J.L./Webb, A.P. (1996): Jungmanager: Der erste Spagat zwischen Karriere und Moral. In: Harvard Business Manager (HBM), Nr. 1/1996: 91-103.

Baethge, M./Denkinger, J./Kadritzke, U. (1995): Das Führungskräfte-Dilemma. Manager und industrielle Experten zwischen Unternehmen und Lebenswelt, Frankfurt a.M., New York.

Balzer, A./Sommer, Ch. (1998): Mehr Geld für die Chefs? In: Manager Magazin, Nr. 9/1998: 214-228.

Balzer, A./Werres, T. (2000): „Ich bin kein Jobkiller". Interview mit Kajo Neukirchen. In: Manager Magazin, Nr. 9/2000: 110-117.

Balzer, A./Wilhelm, W. (1996): Der Manager des Jahres. In: Manager Magazin, Nr. 12/1996: 52-67.

Barben, D./Dierkes, M. (1991): Wirtschaftsethik, Unternehmenskultur und Technikfolgenabschätzung – Orientierungsgrundlagen für die tägliche Praxis? In: Dierkes, M./Zimmermann, K. (Hrsg.): Ethik und Geschäft. Dimensionen und Grenzen unternehmerischer Verantwortung, Wiesbaden: 205-240.

Bartlett, C.A./Ghoshal, S. (1995): Die wahre Aufgabe des Topmanagements heute. In: Harvard Business Manager (HBM), Nr. 2/1995: 56-65.

Bartlett, Ch.A./Ghoshal, S. (1994): Changing the Role of Top Management: Beyond Strategy to Purpose. In: Harvard Business Review, No. 6/1994: 79-88.

Bartlett, Ch.A./Ghoshal, S. (1995): Changing the Role of Top Management: Beyond Systems to People. In: Harvard Business Review, No. 3/1995: 132-142.

Baßeler, U./Heinrich, J./Koch, W. (1991): Grundlagen und Probleme der Volkswirtschaft, 13., überarb. und erw. Aufl., Köln.

Batisweiler, G. (2000): Die pädagogische Umsetzung der moralpsychologischen Entwicklungstheorie von Kohlberg. In: http://paedpsych.jk.uni-linz.ac.at/arbeitsblaetter/Moralisch/Batisweiler.htm vom 26.09.2000.

Baumhardt, J. (1998): o.T. In: Manager Magazin, Nr. 1/1998: 169.

Bausch, T. (1994): Wirtschaft und Ethik. Notizen zu einem dialogischen Brückenschlag. In: Blasche, S./Köhler, W.R./Rohs, P. (Hrsg.): Markt und Moral. Die Diskussion um die Unternehmensethik, Stuttgart, Wien: 19-35.

Bausch, T. (1999): Wirtschaftsethik? Fragen und Antworten. In: Forum Wirtschaftsethik, Nr. 3/1999: 3-6.

Bea, F.X./Göbel, E. (1999): Organisation. Theorie und Gestaltung, Stuttgart.

Beaúchamp, T.L. (1989): Case Studies in Business, Society, and Ethics, Englewood Cliffs, New Jersey.

Beck, U. (1986): Risikogesellschaft. Auf dem Weg in eine andere Moderne, Frankfurt a.M..

Becker, M. (1994): Wertende oder werturteilsfreie Betriebswirtschaftslehre? Aktuelle Anmerkungen zu einer alten Streitfrage. Wirtschaftswissenschaftliche Diskussionsbeiträge der Martin-Luther-Universität Halle-Wittenberg, Diskussionspapier Nr. 11.

Beiner, M. (1998): Diskursprinzip und wirtschaftliches Handeln. Ein Integrationsmodell, Diss. RWTH Aachen, St. Augustin.

Belbin, R. M. (1988): Management Teams. Why They Succeed or Fail, Oxford, London, Melbourne Auckland.

Belzer, V. (1995): Sinn in Organisationen? Oder: Warum haben moderne Organisationen Leitbilder? München.

Bender, W. (1988): Ethische Urteilsbildung, Stuttgart.

Bennis, W./O'Toole, J. (2000): Der neue Firmenchef – hoffentlich ist es der Richtige. In: Harvard Business Manager (HBM), Nr. 6/2000: 95-106.

Bentele, G./Steinmann, H./Zerfaß, A. (1996a): Dialogorientierte Unternehmenskommunikation? In: Bentele, G./Steinmann, H./Zerfaß, A. (Hrsg.): Dialogorientierte Unternehmenskommunikation. Grundlagen – Praxiserfahrungen – Perspektiven, Berlin: 11-19.

Bentele, G./Steinmann, H./Zerfaß, A. (1996b): Dialogorientierte Unternehmenskommunikation. Ein Handlungsprogramm für die Kommunikationspraxis. In: Bentele, G./Steinmann, H./Zerfaß, A. (Hrsg.): Dialogorientierte Unternehmenskommunikation. Grundlagen – Praxiserfahrungen – Perspektiven, Berlin: 447-463.

Berkel, K. (1998): Führungsethik: Organisationspsychologische Perspektiven. In: Blickle, G. (Hrsg.): Ethik in Organisationen, Göttingen: 117-136.

Berkel, K./Herzog, R. (1997): Unternehmenskultur und Ethik, Heidelberg.

Bernet, B. (1993): Management, Macht und Moral. Der Wertewandel in unserer Gesellschaft, Frankfurt a.M..

Bernhardt, W./Witt, P. (1999): Unternehmensleitung im Spannungsfeld zwischen Ressortverteilung und Gesamtverantwortung. In: Zeitschrift für Betriebswirtschaft (ZfB), Nr. 8/1999: 825-844.

Bertram, H. (1986): Gesellschaftlicher Zwang und moralische Autonomie, Frankfurt a.M..

Beschorner, T. (2000): „Achte auf Deine Gewohnheiten..." – eine institutionenethische Betrachtung aus Sicht der Evolutorischen Ökonomik. In: Zeitschrift für Wirtschafts- und Unternehmensethik (zfwu), Nr. 1/2000: 64-83.

Biehler, H./Ortmann, R. (1985): Personelle Verbindungen zwischen Unternehmen. Ergebnisse einer Interviewserie bei Vorstands- und Aufsichtsratsmitgliedern großer deutscher Unternehmen. In: Die Betriebswirtschaft (DBW), Nr. 1/1985: 4-18.

Bierach, B. (1997): Das Ende der Jasager. In: WirtschaftsWoche, Nr. 46/1997: 199-204.

Bierich, M. (1995): Moral und Effizienz in der Marktwirtschaft. In: Schmalenbachs Zeitschrift für betriebswirtschaftliche Forschung (zfbf), Nr. 2/1995: 186-196.

Bierich, M. (2000): Laudatio. In: Deutsches Netzwerk Wirtschaftsethik (Hrsg.): Preis für Unternehmensethik des Deutschen Netzwerks Wirtschaftsethik, Dokumentation 2000: 9-11.

Biervert, B./Fischer-Winkelmann, W.F./Rock, R. (1977): Grundlagen der Verbraucherpolitik. Eine gesamt- und einzelwirtschaftliche Analyse, Reinbek bei Hamburg.

Birnbacher, D./Hoerster, N. (1997): Texte zur Ethik, 10. Aufl., München.

Bleicher, K. (1991): Organisation. Strategien – Strukturen – Kulturen, 2., vollst. neubearb. und erw. Aufl., Wiesbaden.

Bleicher, K. (1994a): Normatives Management. Politik, Verfassung und Philosophie des Unternehmens, Frankfurt a.M., New York.

Bleicher, K. (1994b): Integrative Management in a Time of Transformation. In: Long Range Planning, Nr. 5/1994: 136-144.

Bleicher, K. (1995): Unternehmenskultur in unternehmenspolitischen Seminaren. In: Sattelberger, T. (Hrsg.): Innovative Personalentwicklung. Grundlagen, Konzepte, Erfahrungen, 3. Aufl., Wiesbaden: 259-268.

Bleicher, K./Leberl, D./Paul, H. (1989): Unternehmensverfassung und Spitzenorganisation, Wiesbaden.

Blickle, G. (1994a): Individualpsychologische Voraussetzungen der Argumentationsbereitschaft. In: Steinmann, H./Löhr, A. (Hrsg.): Grundlagen der Unternehmensethik, 2. überarb. und erw. Auflage, Stuttgart: 182-198.

Blickle, G. (1994b): Kommunikationsethik im Management, Stuttgart.

Blickle, G. (1998a): Ethik in Organisationen – eine Standortbestimmung. In: Blickle, G. (Hrsg.): Ethik in Organisationen, Göttingen: 3-15.

Blickle, G. (1998b): Chancen der ethischen Selbstregulierung der Wirtschaft. In: Forum Wirtschaftsethik, Nr. 3/1998: 16-18.

Bliesener, T. (1994): Authentizität in der Simulation. Möglichkeiten des Trainers zur nachträglichen Behandlung und zur vorsorglichen Verhinderung von Artefakten in Rollenspielen. In: Bliesener, T./Brons-Albert, R. (Hrsg.): Rollenspiele in Kommunikations- und Verhaltenstrainings, Darmstadt: 13-32.

Blumröder, M.v./Hanser, P./Kaiser, J. (1995): Wie handeln die Manager von morgen? In: Absatzwirtschaft, Nr. 11/1995: 43-53.

Böckle, F. (1991): Individualethik und Ethik institutionellen Handelns: Verantwortung des einzelnen und des Unternehmens. In: Dierkes, M./Zimmermann, K. (Hrsg.): Ethik und Geschäft. Dimensionen und Grenzen unternehmerischer Verantwortung, Wiesbaden: 112-127.

Bodenstein, G./Geise, W. (1987): Das Rollenspiel in der betriebswirtschaftlichen Hochschulausbildung. Dargestellt am Thema „Nachfragemacht auf dem Lebensmittelmarkt“, Alsbach.

Bodenstein, G./Spiller, A. (1998): Marketing. Strategien, Instrumente und Organisation, Landsberg/Lech.

Boeker, W. (1995): Strategic Change: The Influence of Managerial Characteristics and Organizational Performance. Paper Presented at the Annual Meeting of the Academy of Management Business Policy and Strategy Division, Vancouver, British Columbia, August 8, 1995.

Böhi, D. (1993): Stakeholder-Management bei Swissair. In: Die Unternehmung, Nr. 1/1993: 21-31.

Bohlen, F.N. (1997): Dem Kunden genau zuhören. In: Harvard Business Manager (HBM), Nr. 2/1997: 119-122.

Böhler, D. (1981): Philosophischer Diskurs im Spannungsfeld von Theorie und Praxis. In: Deutsches Institut für Fernstudien an der Universität Tübingen (Hrsg.): Funkkolleg Praktische Philosophie/Ethik, Studienbegleitbrief, Weinheim/Basel: 11-51.

Bölke, P. (1999): Höllenfahrt der Selbsterkenntnis. Manager zählen sich zur Elite – mit deren Tugenden aber haben sie es schwer. In: Spiegel Special, Nr. 1: 34-37.

Boyd, B.K./Carroll, W.O. (1995): Corporate Governance and Social Performance. Paper Presented at the Annual Meeting of the Academy of Management Business Policy and Strategy Division, Vancouver, British Columbia, August 8, 1995.

Boysen, T. (2000): Wandel der Arbeit – Identität und Identifikation zwischen Lebens- und Arbeitswelt. In: Zeitschrift für Wirtschafts- und Unternehmensethik (zfwu), Nr. 1/2000: 87-103.

Brandstätter, H. (1989): Problemlösen und Entscheiden in Gruppen. In: Roth, E. (Hrsg.): Organisationspsychologie. Enzyklopädie der Psychologie (Themenbereich D, Serie III, Bd. 3), Göttingen: 505-527.

Brantl, S. (1985): Management und Ethik. Unternehmenspolitische Rahmenplanung und moralisch-praktische Rationalisierung der Unternehmensführung, München.

Brauer, G. (1996): Dialogorientierte Öffentlichkeitsarbeit als Wegbereiter integrierter Leistungskonzepte. Das Beispiel der BMW AG. In: Bentele, G./Steinmann, H./Zerfaß, A. (Hrsg.): Dialogorientierte Unternehmenskommunikation. Grundlagen – Praxiserfahrungen – Perspektiven, Berlin: 271-285.

Brenner, St.N./Molander, E.A. (1977): Is the Ethics of Business Changing? In: Harvard Business Review (HBR), No.1/1977: 37-71.

Brewing, J. (1995): Kritik der Unternehmensethik. An den Grenzen der konsensual-kommunikativ orientierten Unternehmensethik, Bern, Stuttgart, Wien.

Bronner, R. (1993): Entscheidungsverhalten. In: Hauschildt, J./Grün, O. (Hrsg.): Ergebnisse empirischer betriebswirtschaftlicher Forschung, Stuttgart: 713-745.

Brown, M.T. (1996): Der ethische Prozeß. Strategien für gute Entscheidungen, München, Mering.

Brown, V. (1994): Adam Smith's Discourse – Canonicity, Commerce and Conscience, London, New York.

Brügmann, R. (2000): Verstehen und Verständigung. Die Rolle der Ethik im Austausch der Kulturen. In: Forum Wirtschaftsethik, Nr. 1/2000: 22.

Buddensiek, W. (1992): Entscheidungstraining im Methodenverbund – Didaktische Begründung für die Verbindung von Fallstudie und Simulationsspiel. In: Keim, H. (Hrsg.): Planspiel, Rollenspiel, Fallstudie. Zur Praxis und Theorie lernaktiver Methoden, Köln: 9-24.

Bühner, R. (1989): Möglichkeiten der unternehmerischen Gehaltsvereinbarungen für das Top-Management. In: Die Betriebswirtschaft (DBW), Nr. 44/1989: 2181-2188.

Bühner, R. (1990): „Teile korrigieren". In: WirtschaftsWoche, Nr. 25/1990: 55.

Bühner, R. (1999): Betriebswirtschaftliche Organisationslehre, 9., bearb. und erg. Aufl., München, Wien.

Bürgenmeier, B. (1997): Die Wirtschaftswissenschaft auf der Suche nach einer sozio-ökonomischen Synthese: Neue Ansätze im Umweltschutz. In: Seifert, E.K./Priddat, B.P. (Hrsg.): Neuorientierungen in der ökonomischen Theorie. Zur moralischen, institutionellen und evolutorischen Dimension des Wirtschaftens, Marburg: 55-72.

Burkart, R. (1996): Verständigungsorientierte Öffentlichkeitsarbeit. Der Dialog als PR-Konzeption. In: Bentele, G./Steinmann, H./Zerfaß, A. (Hrsg.): Dialogorientierte Unternehmenskommunikation. Grundlagen - Praxiserfahrungen - Perspektiven, Berlin: 245-270.

Burns, T./Stalker, G.M. (1961): The Management of Innovation, London.

Büscher, M. (1991): Gott und Markt – religionsgeschichtliche Wurzeln Adam Smith und die „Invisible Hand" in der säkularisierten Gesellschaft. In: Meyer-Faje, A./Ulrich, P. (Hrsg.): Der andere Adam Smith. Beiträge zur Neubestimmung von Ökonomie als politischer Ökonomie, Bern, Stuttgart: 123-144.

Büscher, M. (1995): Integrative Wirtschaftsethik. Grundkonzept und wirtschaftswissenschaftliche Forschungshorizonte. In: Die Unternehmung, Nr. 4/1995: 273-284.

Büschgen, H.E. (1992): Organisation der Kreditinstitute. In: Frese, E. (Hrsg.): Handwörterbuch der Organisation (HWO), 3., völlig neu gest. Aufl., Stuttgart: Sp. 1189-1200.

C

Capurro (1999): Ethik –Skript. In: http://www.machno.hbi-stuttgart.de vom 13.01.1999.

Cavanagh, G.F./Moberg, D.J./Velasquez, M. (1995): Making Business Ethics Practical. In: Business Ethics Quarterly: 399-418.

Chandler, A.D. (1962): Strategy and Structure. Chapters in the History of Industrial Enterprise. Cambridge, Mass./London.

Chitayat, G. (1981): The Organisation and Effectiveness of Boards of Directors. In: Journal of General Management, No. 2/1981: 42-52.

Chmielewicz, K. (1992): Organisation der Unternehmensleitung. In: Frese, E. (Hrsg.): Handwörterbuch der Organisation (HWO), 3., völlig neu gest. Aufl., Stuttgart: Sp. 2464-2480.

Ciucci, R. (1996): Kommunikation als Kernfähigkeit – ein integrales Konzept der Hilti AG. In: Thexis, Nr. 3/1996: 38-42.

Colby, A./Kohlberg, L. (1984): Das moralische Urteil: Der kognitionszentrierte entwicklungspsychologische Ansatz. In: Steiner, G. (Hrsg.): Kindlers „Psychologie des 20. Jahrhunderts", Entwicklungspsychologie, Bd. 1, Weinheim, Basel: 348-384.

Corsten, M./Lempert, W. (1996): Moralische Kompetenz in einfachen Berufen als „human capital" und als humanes Kapital. In: Die Unternehmung, Nr. 2/1996: 75-97.

Cortina, A. (1993): Ethik ohne Moral? Grenzen einer postkantischen Prinzipienethik? In: Apel, K.-O./Kettner, M. (Hrsg.): Zur Anwendung der Diskursethik in Politik, Recht und Wissenschaft, Frankfurt a.M.: 278-295.

Covey, S.R. (1994) Die sieben Wege zur Effektivität: Ein Konzept zur Meisterung Ihres beruflichen und privaten Lebens, 3. Aufl., Frankfurt a.M., New York.

Creusen, U./Aschenbrenner, S.H. (1997): Gestaltung einer integrierten Mitarbeiterkommunikation. In: Thexis, Nr. 2/1997: 20-23.

D

Daboub, A.J./Rasheed, A.M.A./Priem, R.L./Gray, D.A. (1995): Top Management Team Characteristics and Corporate Illegal Activity. In: Academy of Management Review, No. 1/1995: 138-170.

Daily, C.M./Johnson, J.L./Dalton, D.R. (1995): The Many Ways To Board Composition: If You Have Seen One, You Certainly Have Not Seen Them All. Paper Presented at the Annual Meeting of the Academy of Management Business Policy and Strategy Division, Vancouver, British Columbia, August 8, 1995.

Däschlein, H. (1998): Selbstbindung aus Verantwortung: EthikManagementSystem für die Bauwirtschaft in Deutschland. In: Forum Wirtschaftsethik, Nr. 2/1998: 6-8.

Daub, C.-H. (1999): Medien und Konsumenten im Kampf um ethisches Verhalten in der Wirtschaft. In: Forum Wirtschaftsethik, Nr. 3/1999: 7-11.

De Geus, A. (1998): Jenseits der Ökonomie – Die Verantwortung der Unternehmen, Stuttgart.

De Haan, G. (1995): Ökologische Kommunikation. Der Stand der Debatte. In: De Haan, G. (Hrsg.): Umweltbewußtsein und Massenmedien. Perspektiven ökologischer Kommunikation, Berlin: 17-34.

Deal, T.E./Kennedy, A.A. (1982): Corporate Cultures – The Rites and Rituals of Corporate Life, Mass.

DeGeorge, R.T. (1989): The Status of Business Ethics: Past and Future. In: Steinmann, H./Löhr, A. (Hrsg.): Unternehmensethik, Stuttgart: 437-454.

Deller, J. (1998): Verantwortung im Management – ein Personalentwicklungsprojekt. In: Blickle, G. (Hrsg.): Ethik in Organisationen, Göttingen: 223-232.

Demuth, A. (2000): Glaubwürdigkeit zählt. In: Manager Magazin, Nr. 2/2000: 82.

Detzer, K.A. (1999): Unternehmens- und Technikethik in der Sozialen Marktwirtschaft. In: Forum Wirtschaftsethik, Nr. 1/1999: 10-13.

Deutsche Shell AG (1998): Gewinne und ethische Grundsätze – ein Widerspruch in sich? Shell Report 1998.

Dierkes, M. (1990): Veränderung von Unternehmenskultur durch OE. Konzept, Grundlagen und praktische Erfahrungen. In: Merkens, H./Schmidt, F./Dürr, W. (Hrsg.): Strategie, Unternehmenskultur und Organisationsentwicklung im Spannungsfeld zwischen Wissenschaft und Praxis, Baltmannsweiler: 13-45.

Dierkes, M./Zimmermann, K. (1991): Unternehmensethik: Mehr Schein als Sein? In: Dierkes, M./Zimmermann, K. (Hrsg.): Ethik und Geschäft. Dimensionen und Grenzen unternehmerischer Verantwortung, Wiesbaden: 15-69.

Dietzfelbinger, D. (1999): Die soziale Marktwirtschaft als sozioökonomischer Imperativ. Plädoyer für die Aufrechterhaltung einer bewährten Dynamik. In: Forum Wirtschaftsethik, Nr. 1/1999: 7-9.

Donaldson, J. (1992): Business Ethics. A European Casebook, London.

Dörnberg, A. v. (1998): o.T. In: Manager Magazin, Nr. 1/1998: 178f.

Dörner, D. (2000): Zusammenarbeit von Aufsichtsrat und Wirtschaftsprüfer im Lichte des KonTraG – Schlüssel zur Verbesserung der Corporate Governance. In: Der Betrieb (DB), Nr. 3/2000: 101-105.

Dülfer, E. (1992): Kultur und Organisationsstruktur. In: Frese, E. (Hrsg.): Handwörterbuch der Organisation (HWO), 3., völlig neu gest. Aufl., Stuttgart: Sp. 1201-1214.

Dyllick, T. (1984): Das Anspruchsgruppen-Konzept: Eine Methodik zum Erfassen der Umweltbeziehungen der Unternehmung. In: Management-Zeitschrift IO, Nr. 2/1984: 74-78.

Dyllick, T. (1990a): Management der Umweltbeziehungen. Öffentliche Auseinandersetzungen als Herausforderung, Wiesbaden.

Dyllick, T. (1990b): Ökologisch bewußtes Management, Bern.

E

Eberwein, W./Tholen, J. (1990): Managermentalität, Industrieelle Unternehmensleitung als Beruf und Politik, Frankfurt a.M..

Eckstein, W. (1994): Einleitung des Herausgebers. In: Smith, A. (1994): Theorie der ethischen Gefühle, nach der Aufl. letzter Hand übersetzt und mit Einleitung, Anmerkungen und Registern hrsg. von Walther Eckstein, Hamburg: XI-LXXI.

Ehlers, J. (1995): Kokettieren mit dem Kartoffeldruck. Außendarstellung von Non-Profit- und anderen Unternehmen. In: De Haan, G. (Hrsg.): Umweltbewußtsein und Massenmedien. Perspektiven ökologischer Kommunikation, Berlin: 167-175.

Eisenhardt, K.M./Bourgeois, L.J. (1988): Politics of Strategic Decision Making in High-Velocity Environments: Toward a Midrange Theory. In: Academy of Management Journal, No. 4/1988: 737-770.

Enderle, G. (1987): Ethik als unternehmerische Herausforderung. In: Die Unternehmung, Nr. 6/1987: 433-450.

Enderle, G. (1988): Wirtschaftsethik im Werden. Ansätze und Problembereiche der Wirtschaftsethik. Stuttgart, Akademie der Diözese Rottenburg-Stuttgart.

Enderle, G. (1989): Zum Zusammenhang von Wirtschaftsethik, Unternehmensethik und Führungsethik. In: Steinmann, H./Löhr, A. (Hrsg.): Unternehmensethik, Stuttgart: 163-199.

Enderle, G. (1992): Zur Grundlegung einer Unternehmensethik: Das Unternehmen als moralischer Akteur. In: Homann, K. (Hrsg.): Aktuelle Probleme der Wirtschaftsethik, Berlin, S. 143-158.

Etzioni, A. (1994): Jenseits des Egoismus-Prinzips: Ein neues Bild von Wirtschaft, Politik und Gesellschaft, Stuttgart.

F

Farmer, K./Kubin, I. (1990): Marktpreise und natürliche Preise: Adam Smith' Konzeption und ihre gegenwärtige Bedeutung aus neoricardianischer und neowalrasianischer Sicht. In: Kurz, H.D. (Hrsg.): Adam Smith (1723-1790). Ein Werk und seine Wirkungsgeschichte, Marburg: 203-236.

Fassbender, P. (1996): Managementwerte und Unternehmenserfolg. Ergebnisse einer Führungskräftebefragung. In: Die Unternehmung, Nr. 2/1996: 89-97.

Finkelstein, S./Hambrick, D.C. (1990): Top-Management-Team Tenure and Organizational Outcomes: The Moderating Role of Managerial Discretion. In: Administrative Science Quarterly, No. 3/1990: 484-503.

Finkelstein, S./Hambrick, D.C. (1996): Strategic Leadership. Top Executives and Their Effects on Organizations, Minneapolis/St. Paul.

Fischer, G. (1991): Familienleben. Die fernen Väter. In: Manager Magazin, Nr. 2/1991: 165-169.

Fischer, G./Gronwald, S./Sommer, Ch. (1997): Balance-Akt. In: Manager Magazin, Nr. 9/1997: 170-188.

Fischer-Winkelmann, W.F. (1971): Methodologie der Betriebswirtschaftslehre, München.

Fleischhauer, J. (1999): Good bye Mr. Brutalo. In: Der Spiegel, Nr. 1/1999: 68-70.

Flöther, E. (1991): Zehn Schritte zur marktgerechten Firmenkultur. Wie Sie Ihre Firmenkultur zum strategischen Erfolgsfaktor machen, Wiesbaden.

Frankena, W. K. (1972): Analytische Ethik. Eine Einführung, München.

Freeman, R.E. (1984): Strategic Management. A Stakeholder Approach, Boston.

Freeman, R.E./Gilbert, D.R. jr. (1991): Unternehmensstrategie, Ethik und persönliche Verantwortung, Boston.

French, W.L./Bell, C.H. (1994): Organisationsentwicklung. Sozialwissenschaftliche Strategien zur Organisationsveränderung, 4. Aufl., Bern, Stuttgart.

Frese, E. (1998): Grundlagen der Organisation. Konzepte – Prinzipien - Strukturen, 7., überarb. Aufl., Wiesbaden.

Friedman, M. (1970): The Social Responsibility of Business is to Increase its Profits. In: New York Times Magazin, No. 13/1970: 32f.

Friedman, M. (1971): Die soziale Verantwortung der Geschäftswelt. In: Schmölders, G. (Hrsg.): Der Unternehmer im Ansehen der Welt. Bergisch Gladbach: 198-206.

Fukuyama, F. (1995): Konfuzius und Marktwirtschaft. Der Konflikt der Kulturen, München.

Fülgraff, G.M. (1991): Die Rolle der Wirtschaft in der Risikogesellschaft – Umweltrisiken und „proaktives“ Handeln. In: Dierkes, M./Zimmermann, K. (Hrsg.): Ethik und Geschäft. Dimensionen und Grenzen unternehmerischer Verantwortung, Wiesbaden: 311-334.

G

Gäb, H.W. (1998): o.T. In: Manager Magazin, Nr. 1/1998: 170f.

Gadamer, H.-G. (1974): Wahrheit und Methode, 4. Aufl., Tübingen.

Garavan, T.N. (1995): Stakeholders and Strategic Human Resource Development. In: Journal of European Industrial Training, No. 10/1995: 11-16.

Gebert, D. (1998): Die offene Organisation als Leitkonzept? In: Blickle, G. (Hrsg.): Ethik in Organisationen, Göttingen: 149-166.

Gebhardt, W./Weber, M. (1997): Ökonomie und Ethik in der Führung vereinen. In: Gablers Magazin, Nr. 4/1997: 30-33.

Gehrke, Ch. (1990): Wachstumstheoretische Vorstellungen bei Adam Smith. In: Kurz, H.D. (Hrsg.): Adam Smith (1723-1790). Ein Werk und seine Wirkungsgeschichte, Marburg: 129-152.

Geise, W. (1992): Möglichkeiten der Evaluation von Rollenspielen. In: Keim, H. (Hrsg.): Planspiel, Rollenspiel, Fallstudie. Zur Praxis und Theorie lernaktiver Methoden, Köln: 196-218.

Geissler, K.-H. A. (1974): Berufserziehung und kritische Kompetenz, München.

Gemünden, H.G. (1983): „Echte Führungsentscheidungen" – empirische Beobachtungen zu Gutenbergs Idealtypologie. In: Die Betriebswirtschaft (DBW), Nr. 1/1983: 49-64.

Gentz, M. (1992): Wirtschaftsethik in der Unternehmensführung. Chancen und Grenzen. In: Homann, K. (Hrsg.): Aktuelle Probleme der Wirtschaftsethik, Berlin: 92-108.

Gerpott, T.J. (1994a): Abschied von der Spitze. Eine empirische Studie zur Höhe und zu Determinanten der Ausscheidensquote von Top-Managern akquirierter deutscher Unternehmen. In: Schmalenbachs Zeitschrift für betriebswirtschaftliche Forschung (zfbf), Nr. 1/1994: 4-31.

Gerpott, T.J. (1994b): Abgang von Top Managern in turbulenten Zeiten: Eine Analyse der empirischen Forschung zum Ausmaß, zu Ursachen und zu Folgen des Ausscheidens von Top Managern nach Unternehmensakquisitionen. In: Schreyögg, G./Conrad, P. (Hrsg.): Managementforschung 4, Berlin: 267-312.

Gerum, E. (1989): Unternehmensethik und Unternehmensverfassung. In: Steinmann, H./Löhr, A. (Hrsg.): Unternehmensethik, Stuttgart: 131-142.

Gerum, E. (1992): Unternehmensverfassung. In: Frese, E. (Hrsg.): Handwörterbuch der Organisation (HWO), 3., völlig neu gest. Aufl., Stuttgart: Sp. 2480-2502.

Gerum, E. (1995): Führungsorganisation, Eigentümerstruktur und Unternehmensstrategie. In: Die Betriebswirtschaft (DBW), Nr. 3/1995: 359-379.

Gerum, E. (1997): Unternehmensordnung. In: Bea, F.X./Dichtl, E./Schweitzer, M. (Hrsg.): Allgemeine Betriebswirtschaftslehre, Band 1: Grundfragen, 7., neubearb. und erw. Aufl., Stuttgart: 280-375.

Geschka, H. (1997): Einsam an der Spitze - Perspektiven für die Arbeits- und Lebensweise des Top Managers, Berlin et al..

Gewald, S. (1996): Der Wirtschaftsausschuß und seine Beziehungen zur Unternehmensleitung. In: Personal, Nr. 12/1996: 636-639.

Gil, T. (1993): Ethik, Stuttgart.

Goeudevert, D. (1996): Wie ein Vogel im Aquarium. Aus dem Leben eines Managers, Berlin.

Goffee, R./Jones, G. (1997): Kultur: Der Stoff, der Unternehmen zusammenhält. In: Harvard Business Manager (HBM), Nr. 2/1997: 41-54.

Goodstein, J./Gautam, K./Boeker, W. (1994): The Effects of Board Size and Diversity on Strategic Change. In: Strategic Management Journal: 241-250.

Gouillart, F.J./Sturdivant, F.D. (1994): Topmanager müssen den Wünschen der Kunden selbst nachspüren. In: Harvard Business Manager (HBM), Nr. 3/1994: 34-41.

Grabner-Kräuter, S. (1997): State of the Art der amerikanischen Business Ethics-Forschung. In: Schmalenbachs Zeitschrift für betriebswirtschaftliche Forschung (zfbf), Nr. 3/1997: 210-235.

Greenley, G.E./Foxall, G.R. (1996): Consumer and Nonconsumer Stakeholder Orientation in U.K. Companies. In: Journal of Business Research, No. 3/1996: 105-116.

Grimm, B.A. (1994): Ethik des Führens. Guter Mensch – schlechter Manager? München.

Gripp, H. (1986): Jürgen Habermas. Und es gibt sie doch - Zur kommunikationstheoretischen Begründung von Vernunft bei Jürgen Habermas, Paderborn, München, Wien.

Gronke, H. (1996): Die Grundlagen der Diskursethik und ihre Anwendung im Sokratischen Gespräch. In: Krohn, D./Neißer, B./Walter, N. (Hrsg.): Diskurstheorie und Sokratisches Gespräch, Frankfurt a.M.: 17-38.

Gronwald, S. (2000): Stunde der Frauen. In: Manager Magazin, Nr. 5/2000: 290-300.

Gröschner, R. (1989): Zur rechtsphilosophischen Fundierung einer Unternehmensethik. In: Steinmann, H./Löhr, A. (Hrsg.): Unternehmensethik, Stuttgart: 93-114.

Grunig, J.E./Grunig, L.A./Dozier, D.M. (1996): Das situative Modell exzellenter Public Relations. Schlußfolgerungen aus einer internationalen Studie. In: Bentele, G./Steinmann, H./Zerfaß, A. (Hrsg.): Dialogorientierte Unternehmenskommunikation. Grundlagen – Praxiserfahrungen – Perspektiven, Berlin: 199-228.

Grunwald, W. (1993): Führung in den 90er Jahren: Ethik tut not! In: Zeitschrift Führung und Organisation (zfo), Nr. 5/1993: 337-340.

Grunwald, W./Rudolph, H. (1993): Qualifikation von Spitzenkräften: Was erfolgreiche Manager auszeichnet. In: Würtele, G. (Hrsg.): Lernende Elite. Was gute Manager noch besser macht, Frankfurt a.M.: 195-220.

Günther, K. (1988): Der Sinn für Angemessenheit. Anwendungsdiskurse in Moral und Recht, Frankfurt a.M..

Gutenberg, E. (1983): Grundlagen der Betriebswirtschaftslehre, Die Produktion, Bd. 1, 24. Aufl., Wiesbaden.

H

Habermann, G. (1992): Unternehmer und Brüderlichkeitsethik. In: Albach, H. (Hrsg.): Unternehmensethik. Konzepte – Grenzen – Perspektiven. ZfB-Ergänzungsheft Nr. 1/1992: 157-162.

Habermas, J. (1971): Vorbereitende Bemerkungen zu einer Theorie der kommunikativen Kompetenz. In: Habermas, J./Luhmann, N. (Hrsg.): Theorie der Gesellschaft oder Sozialtechnologie - Was leistet die Systemforschung?, Frankfurt a.M.: 101-141.

Habermas, J. (1973): Legitimationsprobleme im Spätkapitalismus, Frankfurt a.M..

Habermas, J. (1981): Dialektik der Rationalisierung. Jürgen Habermas im Gespräch mit Axel Honneth, Eberhard Knödler-Bunte und Arno Widmann. In: Ästhetik und Kommunikation, Nr. 45/46: 126-155.

Habermas, J. (1986): Moralität und Sittlichkeit. In: Kuhlmann, W. (Hrsg.): Moralität und Sittlichkeit. Das Problem Hegels und die Diskursethik, Frankfurt a.M.: 16-37.

Habermas, J. (1992): Erläuterungen zur Diskursethik, 2. Aufl., Frankfurt a.M..

Habermas, J. (1995a): Theorie des kommunikativen Handelns. Bd. 1, Handlungsrationalität und gesellschaftliche Rationalisierung, Frankfurt a.M..

Habermas, J. (1995b): Theorie des kommunikativen Handelns. Bd. 2, Zur Kritik der funktionalistischen Vernunft, Frankfurt a.M..

Habermas, J. (1995c): Vorstudien und Ergänzungen zur Theorie des kommunikativen Handelns, Frankfurt a.M..

Habermas, J. (1996): Moralbewußtsein und kommunikatives Handeln, 6. Aufl., Frankfurt a.M..

Habermas, J. (1997): Faktizität und Geltung. Beiträge zur Diskurstheorie des Rechts und des demokratischen Rechtsstaats, Frankfurt a.M..

Habermas, J. (1998): Was heißt Diskursethik? In: Höffe, O. (Hrsg.): Lesebuch zur Ethik, München: 393-396.

Hahn, D. (1988): Führung und Führungsorganisation. Gestaltungsmöglichkeiten bei veränderten Rahmenbedingungen in der heutigen Industriegesellschaft. In: Schmalenbachs Zeitschrift für betriebswirtschaftliche Forschung (zfbf), Nr. 2/1988: 112-137.

Hambrick, D.C. (1988): The Executive Effect: Concepts and Methods for Studying Top Managers, Greenwich, Connecticut.

Hambrick, D.C. (1994): Top Management Groups: A Conceptual Integration and Reconsideration of the „Team" Label. In: Research in Organizational Behavior, Vol. 16/1994: 171-213.

Hambrick, D.C./Mason, P.A. (1984): Upper Echelons: The Organization as a Reflection of its Top Managers. In: Academy of Management Review, No. 2/1984: 195-206.

Hamm, H. (1992): Wirtschaften für wen? In: Albach, H. (Hrsg.): Unternehmensethik. Konzepte – Grenzen – Perspektiven. ZfB-Ergänzungsheft Nr. 1/1992: 137-156.

Hanekamp, G. (2000): Kulturalistische Bemerkungen zur Wirtschaftsethik. In: Forum Wirtschaftsethik, Nr. 1/2000: 14-17.

Hansen, T. (1988): Marktversagen versus Politikversagen: Ein Beitrag zur Theorie der optimalen intertemporalen Allokation erschöpfbarer natürlicher Ressourcen unter dem Aspekt des Planungshorizontes, Freiburg im Breisgau.

Hansen, U. (1989): Marketing und soziale Verantwortung. In: Steinmann, H./Löhr, A. (Hrsg.): Unternehmensethik, Stuttgart: 233-246.

Hansen, U. (1999): Marketing im gesellschaftlichen Dialog – Leseprobe im Internet. http://www.wiwi.uni-hannover.de/muk/probe.htm vom 26.06.1999.

Hansen, U./Niedergesäß, U./Rettberg, B. (1996): Dialogische Kommunikationsverfahren zur Vorbeugung und Bewältigung von Umweltskandalen. Das Beispiel des Unternehmensdialoges. In: Bentele, G./Steinmann, H./Zerfaß, A. (Hrsg.): Dialogorientierte Unternehmenskommunikation. Grundlagen – Praxiserfahrungen – Perspektiven, Berlin: 307-331.

Hansen, U./Niedergesäß, U./Rettberg, B./Schoenheit, I. (1995): Unternehmensdialoge als besondere Verfahren im Rahmen des Interessenausgleichs zwischen Unternehmen und Gesellschaft. In: Hansen, U. (Hrsg.): Verbraucher- und umweltorientiertes Marketing, Stuttgart: 109-125.

Hare, R.M. (1972): Die Sprache der Moral, Frankfurt a.M..

Hare, R.M. (1973): Freiheit und Vernunft, Düsseldorf.

Hartmann, G./Härter, F. (1999): Allgemeine Wirtschaftslehre, Rinteln.

Haslinger, F. (1997): Individuum und Verteilung in einer unsicheren Welt – Zur Rolle der Moral in der Ökonomik In: Held, M. (Hrsg.): Normative Grundfragen der Ökonomik. Folgen für die Theoriebildung, Frankfurt a.M., New York: 150-167.

Hastedt, H./Martens, E. (1996): Vorwort: Was ist und soll ein „Grundkurs" Ethik? In: Hastedt, H./Martens, E. (Hrsg.): Ethik. Ein Grundkurs, 2. Aufl., Reinbek bei Hamburg.

Haueisen, G. (1999): Social Accountability 8000. Einige Problembereiche globaler Sozial-Standards für Produktionsstätten. In: Forum Wirtschaftsethik, Nr. 3/1999: 18-20.

Hauff, V. (1991): Soziale und ökologische Verantwortung von Unternehmen. In: Dierkes, M./Zimmermann, K. (Hrsg.): Ethik und Geschäft. Dimensionen und Grenzen unternehmerischer Verantwortung, Wiesbaden: 71-86.

Haug, Ch.V. (1998): Erfolgreich im Team. Praxisnahe Anregungen und Hilfestellungen für effiziente Zusammenarbeit, 2., überarb. und erw. Aufl., München.

Hax, H. (1993): Unternehmensethik – Ordnungselement in der Marktwirtschaft. In: Schmalenbachs Zeitschrift für betriebswirtschaftliche Forschung (zfbf), Nr. 9/1993: 769-779.

Heckmann, G. (1993): Das sokratische Gespräch. Erfahrungen in Hochschulseminaren, Frankfurt a.M..

Heidbrink, H. (1991): Stufen der Moral. Zur Gültigkeit der kognitiven Entwicklungstheorie Lawrence Kohlbergs, München.

Heidrick & Struggles (1990): Der Vorstand Deutscher Aktiengesellschaften, Struktur und Entscheidungsfindung, Frankfurt a.M..

Heinen, E. (1987): Unternehmenskultur als Gegenstand der Betriebswirtschaftslehre. In: Heinen, E. (Hrsg.): Unternehmenskultur – Perspektiven für Wissenschaft und Praxis, Oldenburg, München, Wien: 1-48.

Heinen, E./Dietel, B. (1976a): Zur „Wertfreiheit" in der Betriebswirtschaftslehre. In: Zeitschrift für Betriebswirtschaft (ZfB), Nr. 1/1976: 21-26.

Heinen, E./Dietel, B. (1976b): Zur „Wertfreiheit" in der Betriebswirtschaftslehre. In: Zeitschrift für Betriebswirtschaft (ZfB), Nr. 2/1976: 101-122.

Heinen, E./Dill, P. (1986): Unternehmenskultur, Überlegungen aus betriebswirtschaftlicher Sicht. In: Zeitschrift für Betriebswirtschaft (ZfB), Nr. 3/1986: 212-220.

Held, M. (1997): Norms matter – Folgerungen für die ökonomische Theoriebildung. In: Held, M. (Hrsg.): Normative Grundfragen der Ökonomik. Folgen für die Theoriebildung, Frankfurt a.M., New York: 11-40.

Hellbardt, G. (1998): Verantwortlichkeit muß organisiert werden. In: Forum Wirtschaftsethik, Nr. 2/1998: 20f..

Hellesnes, J. (1993): Toleranz und Diskurs. Diskurstheoretische Bemerkungen über Mill und Rorty. In: Apel, K.-O./Kettner, M. (Hrsg.): Zur Anwendung der Diskursethik in Politik, Recht und Wissenschaft, Frankfurt a.M.: 187-200.

Herms, E. (1989): Der religöse Sinn der Moral. Unzeitgemäße Betrachtungen zu den Grundlagen einer Ethik der Unternehmensführung. In: Steinmann, H./Löhr, A. (Hrsg.): Unternehmensethik, Stuttgart: 59-92

Herrmann, B. (1992): Wirtschaftsethik – Stand der Forschung. In: Albach, H. (Hrsg.): Unternehmensethik. Konzepte – Grenzen – Perspektiven. ZfB-Ergänzungsheft Nr. 1/1992: 1-34.

Hess, W. (1988): Die Ethik aus der Sicht der Unternehmensführung. In: Lattmann, Ch. (Hrsg.): Ethik und Unternehmensführung, Heidelberg: 179-191.

Hesse, J./Schrader, H. Ch. (1998): Die Neurosen der Chefs und wie Sie mit ihnen fertig werden, München.

Hickson, D.J./Butler, R.J./Cray, D./Mallory, G.R./Wilson, D.C. (1986): Top Decisions: Strategic Decision-Making in Organizations, Oxford.

Hickson, D.J./Hinings, C.R./Lee, C.A./Schneck, R.E./Pennings, J.M. (1971): A Strategic Contingencies'Theory of Intraorganizational Power. In: Administrative Science Quarterly, No. 2/1971: 216-229.

Hilb, M. (1995): Leitbilder international tätiger Unternehmen. Die Herausforderungen der Zukunft meistern, Frankfurt a.M.: 11-26.

Hildebrandt, T./Koch, D./Krach, W./Schimöller, H. (1999): „Das Problem Kiep heißt Kohl". In: Der Spiegel, Nr. 48/1999: 22-27.

Hill, W./Fehlbaum, R./Ulrich, P. (1976): Organisationslehre, Bd. 1, 2., verb. Aufl., Stuttgart.

Hinterhuber, H.H./Minrath, R. (1991): Der Beirat einer mittelständischen Familienunternehmung. In: Betriebs-Berater, Nr. 18/1991: 1201-1210.

Hinterhuber, H.H./Stahl, H.K. (1996): Die Unternehmung als Deutungsgemeinschaft. In: Technologie & Management, Nr. 1/1996: 8-13.

Hoefert, H.-W./König, F.(1977): Zur Funktion von Rollenspielen im Lehrerverhaltenstraining. In: Wendlandt, W. (Hrsg.): Rollenspiel in Erziehung und Unterricht, München: 167-194.

Hoerster, N. (1997): Ethik und Moral. In: Birnbacher, D./Hoerster, N. (Hrsg.): Texte zur Ethik, 10. Aufl., München.

Hoff, E./ Lempert, W./ Lappe, L. (1991): Persönlichkeitsentwicklung in Facharbeiterbiographien, Bern.

Hoff, E./Lappe, L./Lempert, W. (1985): Arbeitsbiographie und Persönlichkeitsentwicklung, Bern.

Hoff, H. (1986): Die Gestaltung von Entscheidungsprozessen in betrieblichen Gremien, Frankfurt a.M., Bern, New York.

Höffe, O. (1997): Lexikon der Ethik, 5., neubearb. und erw. Aufl., München.

Höffe, O. (1998): Lesebuch zur Ethik: Philosophische Texte von der Antike bis zur Gegenwart, limitierte Sonderauflage, München.

Hoffman, W.M./Moore, J.M. (1990): Business Ethics. Readings and Cases in Corporate Morality, 2nd Edition, New York.

Hoffman, W.M. (1999): A Blueprint For Corporal Ethical Development. In: Ulrich, P./ Wieland, J. (Hrsg.): Unternehmensethik in der Praxis. Impulse aus den USA, Deutschland und der Schweiz, 2. unver. Aufl., Bern, Stuttgart, Wien: 49-62.

Hoffmann, F. (1969): Organisation der Führungsgruppe, Berlin.

Hoffmann, J./Reisch, L.A./Scherhorn, G. (1998): Ethische Kriterien zur Bewertung von Unternehmen – Bericht über den Frankfurt-Hohenheim-Leitfaden – In: Forum Wirtschaftsethik, Nr. 4/1998: 3-7.

Hoffmann, K./Linden, F.A. (1997): Rambo vor der Reifeprüfung. In: Manager Magazin, Nr. 12/1997: 94-111.

Hogrefe, J./Vehlewald, H.-J. (1999):"Feuchtwarmes Biotop". In: Der Spiegel, Nr. 48/1999: 34-36.

Hohner, H.-U. (1998): Perspektiven für eine ethikorientierte Personalentwicklung. In: Blickle, G. (Hrsg.): Ethik in Organisationen, Göttingen: 209-221.

Holtbernd, Th./Kochanek, B. (1999): Coaching. Die zehn Schritte der erfolgreichen Managementbegleitung, Köln.

Homann, K. (1992): Marktwirtschaftliche Ordnung und Unternehmensethik. In: Albach, H. (Hrsg.): Unternehmensethik. Konzepte – Grenzen – Perspektiven. ZfB-Ergänzungsheft Nr. 1/1992: 75-90.

Homann, K. (1993): Wirtschaftsethik. Die Funktion der Moral in der modernen Wirtschaft. In: Wieland, J. (Hrsg.): Wirtschaftsethik und Theorie der Gesellschaft, Frankfurt a.M.: 32-53.

Homann, K. (1994a): Ethik und Ökonomik: Zur Theoriestrategie der Wirtschaft. In: Homann, K. (Hrsg.): Wirtschaftsethische Perspektiven, Berlin: 9-30.

Homann, K. (1994b): Marktwirtschaft und Unternehmensethik. In: Blasche, S./Köhler, W.R./Rohs, P. (Hrsg.): Markt und Moral. Die Diskussion um die Unternehmensethik, Stuttgart, Wien: 109-130.

Homann, K. (1997a): Unternehmensethik und Korruption. In: Schmalenbachs Zeitschrift für betriebswirtschaftliche Forschung (zfbf), Nr. 3/1997: 187-209.

Homann, K. (1997b): Sinn und Grenze der ökonomischen Methode in der Wirtschaftsethik. In: Aufderheide, D./Dabrowski, M. (Hrsg.): Wirtschaftsethik und Moralökonomik. Normen, soziale Ordnung und der Beitrag der Ökonomik, Bern: 11-42.

Homann, K./Blome-Drees, F. (1992): Wirtschafts- und Unternehmensethik, Göttingen.

Honecker, M. (1992): Aufgaben und Grenzen der Wirtschaftsethik. In: Albach, H. (Hrsg.): Unternehmensethik. Konzepte – Grenzen – Perspektiven. ZfB-Ergänzungsheft Nr. 1/1992: 107-119.

Honecker, M. (1993): Ethik. In: Enderle et al. (Hrsg.): Lexikon der Wirtschaftsethik, Freiburg, Basel, Wien: Sp. 249-258.

Hope, V.M. (1989): Virtue by Consensus. The Moral Philosophy of Hutcheson, Hume, and Adam Smith, Oxford.

Hopfenbeck, W. (1990): Allgemeine Betriebswirtschafts- und Managementlehre. Das Unternehmen im Spannungsfeld zwischen ökonomischen, sozialen und ökologischen Interessen, 2., durchgesehene Aufl., Landsberg/Lech.

Hopfenbeck, W. (1997): Allgemeine Betriebswirtschafts- und Managementlehre. Das Unternehmen im Spannungsfeld zwischen ökonomischen, sozialen und ökologischen Interessen, 11. Aufl., Landsberg/Lech.

Horn, K. I. (1996): Moral und Wirtschaft. Zur Synthese von Ethik und Ökonomie in der modernen Wirtschaftsethik und zur Moral in der Wirtschaftstheorie und im Ordnungskonzept der sozialen Marktwirtschaft, Tübingen.

Horster, D. (1989): Sokratische Gespräche in der Erwachsenenbildung. In: Krohn, D. et al. (Hrsg.): Das Sokratische Gespräch. Ein Symposion, Hamburg: 147-166.

Hout, T.M./Carter, J.C. (1996): Es liegt beim Firmenchef, ob der Wandel gelingt. In: Harvard Business Manager (HBM), Nr. 2/1996: 59-69.

Hrubi, F.R. (1993): Wem sich Manager verantwortlich fühlen. In: Gablers Magazin, Nr. 11-12/1993: 34-37.

Hrubi, F.R./Karmasin, M. (1996): Manager zwischen Markt und Moral. Hat die Krise Auswirkungen auf ethische Einstellungen von Führungskräften? In: Journal für Betriebswirtschaft, Nr. 6/1996: 228-264.

I

Irle, M. (1971): Macht und Entscheidungen in Organisationen, Frankfurt a.M..

J

Jackson, S.E. (1992): Consequences of Group Composition for the Interpersonal Dynamics of Strategic Issue Processing. In: Advances in Strategic Management, No. 7/1992 : 345-382.

Janis, I.L. (1982): Victims of Groupthink, 2. Aufl., Boston.

Jensen, S./Student, D. (1998): Catch & Carry. In: Manager Magazin, Nr. 7/1998: 60-73.

Jonas, H. (1984): Das Prinzip Verantwortung. Versuch einer Ethik für die technologische Zivilisation, Frankfurt a. M..

Jönck, U. (1992): Ethische Fragen in der betrieblichen Praxis eines international tätigen Unternehmens. In: Albach, H. (Hrsg.): Unternehmensethik. Konzepte – Grenzen – Perspektiven. ZfB-Ergänzungsheft Nr. 1/1992: 163-174.

Jörgens, H. (1997): Strategische Umweltplanung und umweltpolitisches Staatsversagen. In: Mez, L./Weidner, H. (Hrsg.): Umweltpolitik und Staatsversagen. Perspektiven und Grenzen der Umweltpolitikanalyse, Berlin: 190-197.

K

Kaden, W. (2000): Ohne Reue. In: Manager Magazin, Nr. 5/2000: 3.

Kaiser, A. (1976): Erfolgreich lehren in Aus- und Fortbildung, Stuttgart.

Kaiser, F.-J. (1983): Grundlagen der Fallstudiendidaktik – Historische Entwicklung – Theoretische Grundlagen – Unterrichtliche Praxis. In: Kaiser, F.-J. (Hrsg.): Die Fallstudie, Bad Heilbronn.

Kaiser, F.-J. (1992): Der Beitrag aktiver partizipativer Methoden Fallstudie, Rollenspiel und Planspiel zur Vermittlung von Schlüsselqualifikationen. In: Keim, H. (Hrsg.): Planspiel, Rollenspiel, Fallstudie. Zur Praxis und Theorie lernaktiver Methoden, Köln: 62-90.

Kaiser, M. (1993): Kommunikative Rationalisierung durch Erfolgsbeteiligung der Mitarbeiter. In: Die Unternehmung, Nr. 5/1993: 371-385.

Kambartel, F. (1974): Moralisches Argumentieren. Methodische Analysen zur Ethik. In: Kambartel, F. (Hrsg.): Praktische Philosophie und Konstruktive Wissenschaftstheorie, Frankfurt a.M.: 54-72.

Kambartel, F. (1976): Zu den Grundlagen einer pragmatischen Theorie der Sprache, Konstanz.

Kambartel, F. (1979): Praktische Philosophie und konstruktive Wissenschaftstheorie, Frankfurt a.M..

Kant, I. (1945): Grundlegung zur Metaphysik der Sitten. Herausgegeben und mit Einleitung sowie Personen- und Sachregister versehen von K. Vorländer, unver. Abdruck der 4. Aufl. von 1922, Leipzig.

Kappler, E./Scheytt, T. (1995): Unternehmensführung – Wirtschaftsethik – Gesellschaftliche Evolution: Annäherung an eine verantwortungsbewußte Führungspraxis. In: Kappler, E./Scheytt, T. (Hrsg.): Unternehmensführung – Wirtschaftsethik – Gesellschaftliche Evolution: Annäherung an eine verantwortungsbewußte Führungspraxis, Gütersloh: 13-59.

Katzenbach, J.R. (1998): Muß auf der Chefetage ein Team agieren? In: Harvard Business Manager (HBM), Nr. 3/1998: 9-17.

Katzenbach, J.R./Smith, D.K. (1993): Teams. Der Schlüssel zur Hochleistungsorganisation, Wien.

Kaufmann, F.-X./Kerber, W./Zulehner, P.M. (1986a): Vorbemerkungen des Auftraggebers der Untersuchung. In: Kaufmann, F.-X./Kerber, W./Zulehner, P.M. (Hrsg.): Ethos und Religion bei Führungskräften. Eine Studie im Auftrag des Arbeitskreises in der Wirtschaft, München: 9-11.

Kaufmann, F.-X./Kerber, W./Zulehner, P.M. (1986b): Anhang 3. Standardisierte Befragung: Grundauszählung. In: Kaufmann, F.-X./Kerber, W./Zulehner, P.M. (Hrsg.):

Ethos und Religion bei Führungskräften. Eine Studie im Auftrag des Arbeitskreises in der Wirtschaft, München: 293-343.

Kaufmann, F.-X./Zulehner, P.M. (1986): Bewußtseins-Anpassung: Religiöse Indifferenz und Opportunismus. In: Kaufmann, F.-X./Kerber, W./Zulehner, P.M. (Hrsg.): Ethos und Religion bei Führungskräften. Eine Studie im Auftrag des Arbeitskreises in der Wirtschaft, München: 257-286.

Kay, W. (1975): Die moralische Entwicklung des Kindes, Düsseldorf.

Keck, S.L./Tushman, M.L. (1993): Environmental and Organizational Context and Executive Team Structure. In: Academy of Management Journal, No. 6/1993: 1314-1344.

Kemnitzer, R./Klunk, T. (1999): KonTraG – Einsatz von Risikomanagement zur Sicherung des Unternehmensbestandes. In: Forum Wirtschaftsethik, Nr. 2/1999: 3-8.

Kemper, M. (1989): Das Umweltproblem in der Marktwirtschaft. Wirtschaftstheoretische Grundlagen und vergleichende Analyse umweltpolitischer Instrumente in der Luftreinhalte- und Gewerbeschutzpolitik, Berlin.

Kerber, W. (1986): Bewußtseins-Orientierung: Zur Begründung ethischer Normen in einer säkularisierten Gesellschaft. In: Kaufmann, F.-X./Kerber, W./Zulehner, P.M. (Hrsg.): Ethos und Religion bei Führungskräften. Eine Studie im Auftrag des Arbeitskreises in der Wirtschaft, München: 121-214.

Kerber, W. (1989): Zum Ethos von Führungskräften. Ergebnisse einer empirischen Untersuchung. In: Steinmann, H./Löhr, A. (Hrsg.): Unternehmensethik, Stuttgart: 273-283.

Kern, L./Nida-Rümelin, J. (1994): Logik kollektiver Entscheidungen, München.

Kettner, M. (1993a): Einleitung: Drei Dilemmata angewandter Ethik – Die Beiträge im Kontext. In: Apel, K.-O./Kettner, M. (Hrsg.): Zur Anwendung der Diskursethik in Politik, Recht und Wissenschaft, Frankfurt a.M.: 9-28.

Kettner, M. (1993b): Bereichsspezifische Relevanz. Zur konkreten Allgemeinheit der Diskursethik. In: Apel, K.-O./Kettner, M. (Hrsg.): Zur Anwendung der Diskursethik in Politik, Recht und Wissenschaft, Frankfurt a.M.: 317-348.

Kettner, M. (1994): Rentabilität und Moralität. Offene Probleme in Karl Homanns Wirtschafts- und Unternehmensethik. In: Blasche, S./Köhler, W.R./Rohs, P. (Hrsg.): Markt und Moral. Die Diskussion um die Unternehmensethik, Stuttgart, Wien: 241-267.

Kieser, A./Kubicek, H. (1993): Organisation, 3. Aufl., Berlin, New York.

Kirchgässner, G. (1991): Homo oeconomicus, Tübingen.

Kirsch, G. (1991): Ethik und Stabilität von Institutionen. In: Dierkes, M./Zimmermann, K. (Hrsg.): Ethik und Geschäft. Dimensionen und Grenzen unternehmerischer Verantwortung, Wiesbaden: 87-111.

Kirsch, W. (1990): Unternehmenspolitik und strategische Unternehmensführung, München.

Kirsch, W. (1994): Die Handhabung von Entscheidungsproblemen. Einführung in die Theorie der Entscheidungsprozesse, 4. völlig überarb. und erw. Auflage, München.

Kirsch, W. (1997): Kommunikatives Handeln, Autopoiese, Rationalität. Kritische Aneignungen im Hinblick auf eine evolutionäre Organisationstheorie, 2., erw. Aufl., München.

Kiss, G. (1987): Paradigmenwechsel in der Kritischen Theorie: Jürgen Habermas intersubjektiver Ansatz, Stuttgart.

Kliemt, H. (1992): Normenbegründung und Normenbefolgung in Ethik und Ökonomik. In: Albach, H. (Hrsg.): Unternehmensethik. Konzepte – Grenzen – Perspektiven. ZfB-Ergänzungsheft Nr. 1/1992: 91-106.

Klimecki, R.G./Probst, G.J.B. (1990): Entstehung und Entwicklung der Unternehmenskultur. In: Lattmann, Ch. (Hrsg.): Die Unternehmenskultur. Ihre Grundlagen und ihre Bedeutung für die Führung der Unternehmung, Heidelberg: 41-65.

Klippert, H. (1992): Planspiele in Schule und Lehrerfortbildung. In: Keim, H. (Hrsg.): Planspiel, Rollenspiel, Fallstudie. Zur Praxis und Theorie lernaktiver Methoden, Köln: 219-250.

Kluge, K.-J./Schmitz, L. (1982): Die Lösung von Konfliktsituationen durch Rollenspiel, Hannover.

Knobloch, U. (1997): Effizienz als oberster Wert? Eine Auseinandersetzung mit den Antworten institutioneller Ökonomik In: Held, M. (Hrsg.): Normative Grundfragen der Ökonomik. Folgen für die Theoriebildung, Frankfurt a.M., New York: 168-188.

Kohlberg, L. (1969): State and Sequence. The Cognitive-Developmental Approach to Socialization. In: Goslin, D.A. (Ed.): Handbook of Socialization Theory and Research, Chicago: 347-480.

Kohlberg, L. (1974): Zur kognitiven Entwicklung des Kindes. Drei Aufsätze, Frankfurt a.M..

Kohlberg, L. (1981): Essays on Moral Development. Volume 1: The Philosophy of Moral Development. San Francisco.

Kohlberg, L. (1984): Essays on Moral Development. Volume 2: The Psychology of Moral development. San Francisco.

Kohlberg, L. (1987): Moralische Entwicklung und demokratische Erziehung. In: Lind, G./Raschert, J. (Hrsg.): Moralische Urteilsfähigkeit. Eine Auseinandersetzung mit Lawrence Kohlberg über Moral, Erziehung und Demokratie, Weinheim.

Kohlberg, L. /Boyd, D.R./Levine, Ch. (1986): Die Wiederkehr der sechsten Stufe: Gerechtigkeit, Wohlwollen und der Standpunkt der Moral. In: Edelstein, W./Nunner-Winkler, G. (Hrsg.): Zur Bestimmung der Moral. Philosophische und sozialwissenschaftliche Beiträge. Frankfurt a.M..

Kohlberg, L./Candee, D. (1984): The Relationship of Moral Judgement to Moral Action. In: Kohlberg, L. (Hrsg.): Essays on Moral Development. Vol. 1: The Psychology of Moral Development. San Francisco: 498-581.

Kohlberg, L./Candee, D. (1999): Die Beziehung zwischen moralischem Urteilen und moralischem Handeln. In: Garz, D./Oser, F./Althof, W. (Hrsg.): Moralisches Urteil und Handeln, Frankfurt a.M.: 13-46.

Kohlberg, L./Levine, C./Hewer, A. (1983): Moral stages: A current formulation and a response to critics, Basel.

Kohlberg, L./Turiel, E. (1978): Moralische Entwicklung und Moralerziehung. In: Portele, G. (Hrsg.): Sozialisation und Moral. Neuere Ansätze zur moralischen Entwicklung und Erziehung, Weinheim/Basel.

Kohlhof, J. (1996): Führungsverhalten und Unternehmensethik, Bonn.

Koller, P. (1993): Moralischer Diskurs und politische Legitimation. In: Apel, K.-O./Kettner, M. (Hrsg.): Zur Anwendung der Diskursethik in Politik, Recht und Wissenschaft, Frankfurt a.M.: 62-83.

König, M. (1999a): Von der philosophischen Begründung ethischer Prinzipien zur praktischen Umsetzung in Unternehmen. Vortrag auf der Jahrestagung 1999 des Deutschen Netzwerkes Wirtschaftsethik (DNWE), Unternehmensethik in der Praxis, Frankfurt, den 20. März 1999.

König, M. (1999b): Ebenen der Unternehmensethik. In: Nutzinger, H.G. (Hrsg.): Wirtschafts- und Unternehmensethik. Kritik einer neuen Generation. Zwischen Grundlagenreflexion und ökonomischer Indienstnahme, München, Mering: 55-74.

König, M. (1999c): EthikManagement- und AuditSystem: Kritische Bemerkungen zum Konzept von Wieland. In: Forum Wirtschaftsethik, Nr. 4/1999: 16-18.

König, M. (2000): Von der philosophischen Begründung ethischer Prinzipien zur spezifischen Umsetzung in Unternehmen. In: Forum Wirtschaftsethik, Nr. 1/2000: 3-5.

Koslowski, P. (1988): Prinzipien der ethischen Ökonomie: Grundlegung der Wirtschaftsethik und der auf die Ökonomie bezogenen Ethik, Tübingen.

Koslowski, P. (1991): Gesellschaftliche Koordination: Eine ontologische und kulturwissenschaftliche Theorie der Marktwirtschaft, Tübingen.

Koslowski, P. (1993): Ethische Ökonomie. In: Enderle et al. (Hrsg.): Lexikon der Wirtschaftsethik, Freiburg, Basel, Wien: Sp. 261-264.

Kötter, R. (1989): Fundierungsprobleme einer Unternehmensethik im Rahmen der neoklassischen Gleichgewichtstheorie. In: Steinmann, H./Löhr, A. (Hrsg.): Unternehmensethik, Stuttgart: 115-130.

Kötter, R. (1994): Unternehmensethik – Ethik oder Theorie der rationalen Konfliktbewältigung. In: Blasche, S./Köhler, W.R./Rohs, P. (Hrsg.): Markt und Moral. Die Diskussion um die Unternehmensethik, Stuttgart, Wien: 131- 143.

Kötter, R. (1997): Moralisch wirtschaften – Ein Lehrstück? In: Seifert, E.K./Priddat, B.P. (Hrsg.): Neuorientierungen in der ökonomischen Theorie. Zur moralischen, institutionellen und evolutorischen Dimension des Wirtschaftens, Marburg: 107-122.

Krause-Burger, S. (1989): Die andere Elite. Deutsche Topmanager im Portrait, Düsseldorf, Wien, New York.

Krause-Burger, S. (1995): Die neue Elite. Topmanager und Spitzenpolitiker aus der Nähe gesehen, Düsseldorf.

Kreikebaum, H. (1996): Grundlagen der Unternehmensethik, Stuttgart.

Kröher, M.O.R. (1999): Tatort Chefetage. In: Manager Magazin, Nr. 12/1999: 210-223.

Krogh, G. v./Venzin, M. (1995): Anhaltende Wettbewerbsvorteile durch Wissensmanagement. In: Die Unternehmung, Nr. 6/1995: 417-436.

Krohn, D. (1989): Das Sokratische Gespräch in Theorie und Praxis: Zur Einleitung. In: Krohn, D. et al. (Hrsg.): Das Sokratische Gespräch. Ein Symposion, Hamburg: 7-20.

Krüger, W. (1974): Macht in der Unternehmung. Elemente und Strukturen, Stuttgart.

Krulis-Randa, J.S. (1990): Einführung in die Unternehmenskultur. In: Lattmann, Ch. (Hrsg.): Die Unternehmenskultur. Ihre Grundlagen und ihre Bedeutung für die Führung der Unternehmung, Heidelberg: 1-20.

Krupinski, G. (1993): Führungsethik für die Wirtschaftspraxis. Grundlagen – Konzepte – Umsetzung, Wiesbaden.

Kugler, G. (1998): Allgemeine Wirtschaftslehre Industrie, Haan-Gruiten.

Kultgen, J. (1982): The Ideological Use of Professional Codes. In: Business and Professional Ethics Journal, No. 1/1982: 53-69.

Kumar, B. (1989): Unternehmensethik im Kontext internationaler Unternehmensführung. In: Steinmann, H./Löhr, A. (Hrsg.): Unternehmensethik, Stuttgart: 215-232.

Kumar, B.N./Sjurts, I. (1991): Multinationale Unternehmen und Ethik. In: Dierkes, M./Zimmermann, K. (Hrsg.): Ethik und Geschäft. Dimensionen und Grenzen unternehmerischer Verantwortung, Wiesbaden: 157-186.

Kunneman, H. (1984): Einige Bemerkungen über die Bedingungen der idealen Sprechsituation. In: van Reijen, W./Apel, K.-O. (1984): Rationales Handeln und Gesellschaftstheorie, Bochum: 131-144.

Küpper, H.-U. (1988): Verantwortung in der Wirtschaftswissenschaft. In: Schmalenbachs Zeitschrift für betriebswirtschaftliche Forschung (zfbf), Nr. 4/1988: 318-335.

Küpper, H.-U. (1999): Normenanalyse – eine betriebswirtschaftliche Aufgabe! In: Wagner, G.R. (Hrsg.): Unternehmungsführung, Ethik und Umwelt, Wiesbaden: 55-73.

Küpper, W./Ortmann, G. (1986): Mikropolitik in Organisationen. In: Die Betriebswirtschaft (DBW), Nr. 5/1986: 590-602.

Kurke, L.B./Aldrich, H.E. (1983): Mintzberg was right!: A Replication and Extension of the Nature of Managerial Work. In: Management Science, Vol. 29. No. 8: 975-984.

Kurlemann, R. (2000): Mit Gentechnik gegen Mangelernährung? Streit um den goldenen Reis. In: Rheinische Post vom 08. August 2000, Nr. 182/2000: o. S.

Kurz, H.D. (1990): Adam Smith: Eine biographische Skizze. In: Kurz, H.D. (Hrsg.): Adam Smith (1723-1790). Ein Werk und seine Wirkungsgeschichte, Marburg: 13-22.

Kyora, S. (2000): Grenzen individueller Verantwortung. In: Zeitschrift für Wirtschafts- und Unternehmensethik (zfwu), Nr. 1/2000: 34-44.

L

Lammers, J./Schmitz, O. (1995): Der moralische Handlungsspielraum von Unternehmen. Eine institutionenethische Perspektive, Marburg.

Laske, S./Weiskopf, R. (1992): Hierarchie. In: Frese, E. (Hrsg.): Handwörterbuch der Organisation (HWO), 3., völlig neu gest. Aufl., Stuttgart: Sp. 791-807.

Lattmann, Ch. (1988): Wissenschaftstheoretische Grundlagen der Unternehmungsethik. In: Lattmann, Ch. (Hrsg.): Ethik und Unternehmensführung, Heidelberg: 1-31.

Laux, H./Liermann, F. (1993): Grundlagen der Organisation. Die Steuerung von Entscheidungen als Grundproblem der Betriebswirtschaftslehre, Berlin et al..

Lay, R. (1993): Die Macht der Moral. Unternehmenserfolg durch ethisches Management, Düsseldorf, Wien.

Lay, R. (1998): Ruf nach Weisheit. In: Manager Magazin, Nr. 1/1998: 200-207.

Lay, R. (1999): Im Gespräch. In: RAG – Das Magazin, Nr. 11/1999: 14-19.

Leisinger, K.M. (1997): Unternehmensethik. Globale Verantwortung und modernes Management, München.

Lempert, W. (1985): Forderungen, Fortschritte und Schrittmacher der praktischen Vernunft. Zur moralphilosophischen, kognitions- und entwicklungspsychologischen sowie sozialisationstheoretischen Begründung einer pädagogischen Förderung moralischer Urteilsfähigkeit. In: Zeitschrift für Pädagogik, Nr. 4/1985: 255-274.

Lempert, W. (1988): Soziobiographische Bedingungen der Entwicklung moralischer Urteilsfähigkeit. In: Kölner Zeitschrift für Soziologie und Sozialpsychologie, Nr. 1/1988: 62-92.

Lempert, W. (1990): Moralische Sozialisation im Beruf. In: Zeitschrift für Berufs- und Wirtschaftspädagogik, Nr. 1/1990: 3-22.

Lempert, W. (1993a): Moralische Sozialisation im Beruf. Bedingungsvarianten und -konfigurationen, Prozeßstrukturen, Untersuchungsstrategien. In: Zeitschrift für Sozialisationsforschung und Erziehungssoziologie, Nr. 1/1993: 2-35.

Lempert, W. (1993b): Moralisches Denken und Lernen in einfachen Berufen. In: Zeitschrift für Berufs- und Wirtschaftspädagogik, Nr. 1/1993: 5-25.

Lenk, H./Maring, M. (1998): Das moralphilosophische Fundament einer Ethik für Organisationen – korporative und individuelle Verantwortung. In: Blickle, G. (Hrsg.): Ethik in Organisationen, Göttingen: 21-35.

Lind, G. (1978): Der 'Moralische-Urteil-Test'(M-U-T). Anleitung zur Anwendung und Weiterentwicklung des Tests. In: Eckensberger, L.H. (Hrsg.): Entwicklung des moralischen Urteilens – Theorie, Methoden, Praxis, Saarbrücken: 337-358.

Lind, G. (1983): Entwicklung des moralischen Urteilens – Leistungen und Problemzonen der Theorien von Piaget und Kohlberg. In: Lind, G./Hartmann, H.A./Wakenhut, R. (Hrsg.): Moralisches Urteilen und soziale Umwelt. Theoretische, methodologische und empirische Untersuchungen., Weinheim: 25-42.

Lind, G. (1989): Moralische Entwicklung in betrieblichen Organisationen. In: Steinmann, H./Löhr, A. (Hrsg.): Unternehmensethik, Stuttgart: 299-314.

Lind, G. (1999): Moralische Dilemma-Diskussion. Ziele, Aktivitäten, Zeitplan. In: http://paedpsych.jk.uni-linz.ac.at vom 01.05.1999.

Lind, G./Wakenhut, R. (1980): Erfassung von moralischem Urteil mit standardisierten Fragebogen. In: Schmitt, G. (Hrsg.): Individuum und Gesellschaft in der politischen Sozialisation, Tutzing: 191-220.

Linden, A. (1998): Volles Rohr voraus. In: Manager Magazin, Nr. 4/1998: 59-75.

Linden, A. (1999): Duo unter Druck. In: Manager Magazin, Nr. 1/1999: 52-66.

Lindenberg, B.M. (1999): Fragebogen zur Sozialen Kompetenz. In: http://www.vwo.fwm.com/fragebogen.html vom 03.07.1999.

Lohmann, K.R. (1996): Zur Integration von Werten in Entscheidungen: Entscheidungsorientierung und eine liberale Theorie der Werte. In: Lohmann, K.R./Schmidt, T. (Hrsg.): Werte und Entscheidungen im Management, Marburg: 137-194.

Löhnert, B. (1998): Korruption und unternehmerische Selbstbindung. Ein Spannungsfeld zwischen Vertrauen und Kontrolle. In: Forum Wirtschaftsethik, Nr. 2/1998: 9-11.

Löhr, A. (1998): Die moralische Urteilskraft von Wirtschaftsstudenten – Bemerkungen zum empirischen Forschungsstand. In: Blickle, G. (Hrsg.): Ethik in Organisationen, Göttingen: 185-208.

Lohr-Schütz, M. (1991): Ethik, Management und Managementausbildung, Wien.

Lorenzen, P. (1974): Konstruktive Wissenschaftstheorie, Frankfurt a.M..

Lorenzen, P. (1989): Philosophische Fundierungsprobleme einer Wirtschafts- und Unternehmensethik. In: Steinmann, H./Löhr, A. (Hrsg.): Unternehmensethik, Stuttgart: 25-57.

Loska, R. (1995): Lehren ohne Belehrung. Bad Heilbrunn.

Löwisch, D.-J. (1995): Einführung in die pädagogische Ethik: Eine handlungsorientierte Anleitung für die Durchführung von Verantwortungsdiskursen, Darmstadt.

Lübbe, H. (1980): Philosophie nach der Aufklärung. Von der Notwendigkeit praktischer Vernunft, Paderborn.

Lucas-Bachert, U./Kalchreuter, J. (1999): Werte im Unternehmensalltag. Der Mensch kehrt zurück auf die Bühne wirtschaftlicher Diskurse. In: Forum Wirtschaftsethik, Nr. 4/1999: 8-10.

Lueken, G.L. (1996): Philosophische Überlegungen zu Dialog, Diskurs und strategischem Handeln. In: Bentele, G./Steinmann, H./Zerfaß, A. (Hrsg.): Dialogorientierte Unternehmenskommunikation. Grundlagen – Praxiserfahrungen – Perspektiven, Berlin: 59-79.

Luhmann, N. (1986): Ökologische Kommunikation. Kann die moderne Gesellschaft sich auf die ökologischen Gefährdungen einstellen?, Opladen.

Luhmann, N. (1996): Paradigm lost: Über die ethische Reflexion der Moral. Rede von Niklas Luhmann anläßlich der Verleihung des Hegel-Preises 1989, 3. Aufl., Frankfurt a.M..

M

Matje, A. (1996): Unternehmensleitbilder als Führungsinstrumente. Komponenten einer erfolgreichen Unternehmensidentität, Wiesbaden.

Maucher, H. (1989): Ethik zwischen Gewinn und Wettbewerb. In: Steinmann, H./Löhr, A. (Hrsg.): Unternehmensethik, Stuttgart: 373-382.

Maucher, H. (1996): Man braucht Mut. Nestlé-Chef Helmut Maucher über das Anforderungsprofil von Top-Managern und die hohe Kunst der Konzernführung. In: Manager Magazin, Nr. 12/1996: 72-77.

Mead, G.H. (1934): Mind, Self, and Society from the Standpoint of a Social Behaviorist. Edited and with an Introduction by Charles Morris, Works of George Herbert Mead, Vol. 1, Chicago, London.

Mead, G.H. (1973): Geist, Identität und Gesellschaft aus der Sicht des Sozialbehaviorismus, Frankfurt a.M..

Mertens, W. (1974): Erziehung zur Konfliktfähigkeit. Vernachlässigte Dimensionen der Sozialforschung, München.

Meyer-Abich, K.M. (1997): Was kommt nach dem Staat? Staatsversagen durch die Globalisierung der Wirtschaft. In: Mez, L./Weidner, H. (Hrsg.): Umweltpolitik und Staatsversagen. Perspektiven und Grenzen der Umweltpolitikanalyse, Berlin: 183-189.

Meyer-Faje, A./Ulrich, P. (1991): Einführung. In: Meyer-Faje, A./Ulrich, P. (Hrsg.): Der andere Adam Smith. Beiträge zur Neubestimmung von Ökonomie als politischer Ökonomie, Bern, Stuttgart: 9-17.

Mietzel, G. (1998): Pädagogische Psychologie des Lernens und Lehrens, 5., vollst. überarb. Aufl. des Buches „Psychologie in Unterricht und Erziehung", Göttingen et al.

Mintzberg, H. (1981): Der Managerberuf: Dichtung und Wahrheit. In: Harvard Manager, Nr. 3/1981: 66-78.

Mintzberg, H. (1991): Mintzberg über Management: Führung und Organisation, Mythos und Realität, Wiesbaden.

Mintzberg, H. (1994): Rounding out the Manager's Job. In: Sloan Management Review, Nr. 3/1994: 11-25.

Mohr, G. (1993): Top-Management-Seminare: Was ankommt und was nicht. In: Würtele, G. (Hrsg.): Lernende Elite. Was gute Manager noch besser macht, Wiesbaden, Frankfurt a.M.: 416-427.

Moser, K./Hertel, G. (1998): Ethisches Verhalten in Organisationen: Möglichkeiten der Eignungsdiagnostik. In: Blickle, G. (Hrsg.): Ethik in Organisationen, Göttingen: 169-184.

Mugerauer, R. (1996): Die Bedeutung empathischer Kompetenz für die Gruppen- und Gesprächsleitung. In: Krohn, D./Neißer, B./Walter, N. (Hrsg.): Diskurstheorie und Sokratisches Gespräch, Frankfurt a.M.: 175-180.

Müller, E. (1994): Wirtschafts- und Unternehmensethik im Spiegel ihrer Institutionen und Publikationen. In: Blasche, S./Köhler, W.R./Rohs, P. (Hrsg.): Markt und Moral. Die Diskussion um die Unternehmensethik, Bern, Stuttgart, Wien: 351-384.

Müller, E. (1999): Ein Ordnungskonzept für das nächste Jahrhundert? In: Forum Wirtschaftsethik, Nr. 1/1999: 18-21.

Müller, E./Preissner, A. (2000): Auf halbem Weg. In: Manager Magazin, Nr. 8/2000: 62-73.

Müller, G.F. (1998): Prozedurale Gerechtigkeit in Organisationen. In: Blickle, G. (Hrsg.): Ethik in Organisationen, Göttingen: 57-70.

Müller, U.R. (2000): Machtwechsel im Management. Drama und Chance, München.

Müller-Böling, D./Klautke, E./Ramme, I. (1989): Soziologische Studie durchleuchtet den Manager-Alltag. In: Bild der Wissenschaft, Nr. 1/1989: 104-109.

Müller-Stewens, G. (1992): Strategie und Organisationsstruktur. In: Frese, E. (Hrsg.): Handwörterbuch der Organisation (HWO), 3., völlig neu gest. Aufl., Stuttgart: Sp. 2344-2355.

Münch, R. (1991): Dialektik der Kommunikationsgesellschaft, Frankfurt a.M..

Münch, R. (1996): Risikopolitik, Frankfurt a.M..

Murmann, J.P./Tushman, M.L. (1995): The Effects of Executive Team Characteristics and Organizational Context on Organization Responsiveness to Environmental Jolts. Paper Presented at the Annual Meeting of the Academy of Management Business Policy and Strategy Division, Vancouver, British Columbia, August 8, 1995.

Murphy, J.M./Gilligan, C. (1980): Moral Development in Late Adolescence and Adulthood: A Critique and Reconstruction of Kohlberg´s Theory: In: Human Development, No. 1/1980: 77-104.

N

Neißer, B. (1989): Leonard Nelsons Sokratische Methode im Vergleich mit der Themenzentrierten Interaktion. In: Krohn, D. et al. (Hrsg.): Das Sokratische Gespräch. Ein Symposion, Hamburg: 125-146.

Nelson, L. (1996): Die sokratische Methode. Mit einem Vorwort von Gisela Raupach-Strey, Kassel.

Neuberger, O. (1974): Organisationsstruktur und Organisationsklima. Zur Beschreibung der Situation in Organisationen. In: Problem und Entscheidung: Arbeiten zur Organisationspsychologie aus der Abteilung für Angewandte Psychologie des Psychologischen Instituts der Universität München: 26-79.

Neugebauer, U. (1994): Unternehmensethik in der Betriebswirtschaftslehre. Vergleichende Analysen ethischer Ansätze in der deutschsprachigen Betriebswirtschaftslehre, Berlin.

Neukirchen, H./Wilhelm, W. (1999): Avanti Aventis. In: Manager Magazin, Nr. 3/1999: 64-73.

Nonaka, I/v. Krogh, G. (1999): Wissens-Hysterie. In: Manager Magazin, Nr. 4/1999: 164.

Noppeney, C. (1997): Management zwischen Stake- und Shareholder. In: Gablers Magazin, Nr. 9/1997: 14-17.

Norden, R. (1998): Markt und Moral: Anmerkungen zu Theorie und Praxis. In: Bodenstein, G./Klein, A. (Hrsg.): Informationen, Macht und Moral. Anmerkungen aus theoretischer und praktischer Perspektive. Diskussionsbeitrag des Fachbereichs Wirtschaftswissenschaften der Gerhard-Mercator-Universität – Gesamthochschule Duisburg Nr. 254, Duisburg.

Nutzinger, H.G. (1999): Das Konzept „Soziale Marktwirtschaft“ und die ökologische Herausforderung. In: Forum Wirtschaftsethik, Nr. 1/1999: 3-6.

O

O.V. (1985): Unternehmensbeiräte. Mit offenen Karten. In: WirtschaftsWoche, Nr. 17/1985: 76-84.

O.V. (1996a): Krach im Bullshit Castle. In: Der Spiegel, Nr. 43/1996: 114-118.

O.V. (1996b): Einsatz der Ellenbogen. In: Der Spiegel, Nr. 44/1996: 118-121.

O.V. (1996c): Rambo und die Gespenster. In: Der Spiegel, Nr. 47/1996: 118-121.

O.V. (1997): Tamtam bei Springer. In: WirtschaftsWoche, Nr. 18/1997: 58-61.

O.V. (1998): Manager schlecht informiert. Studie: Bauchentscheidungen trotz High-Tech-Einsatz. In: Horizont, Nr. 42/1998: 4.

O.V. (2000): So gut wie Bargeld. In: Manager Magazin, Nr. 2/2000: 62-82.

Ofsti, A. (1993): Ist diskursive Vernunft nur eine Sonderpraxis? Betrachtungen zum „Verbindlichkeitstransfer“ von transzendental-reflexiv (letzt-)begründeten Normen. In: Apel, K.-O./Kettner, M. (Hrsg.): Zur Anwendung der Diskursethik in Politik, Recht und Wissenschaft, Frankfurt a.M.: 296-316.

Ogger, G. (1995): Nieten in Nadelstreifen. Deutschlands Manager im Zwielicht, München.

Ogger, G. (1999): Macher im Machtrausch. Deutschlands Manager auf gefährlichem Kurs, München.

Olson, M. (1985): Die Logik des kollektiven Handelns: Kollektivgüter und die Theorie der Gruppen, 2., durchges. Aufl., Tübingen.

Oppenrieder, B. (1986): Implementationsprobleme einer Unternehmensethik. Diskussionsbeitrag des Lehrstuhls für Allgemeine Betriebswirtschaftslehre und Unternehmensführung der Universität Erlangen-Nürnberg, Nr. 34.

Oser, F. (1983): Strukturen und Ebenen des Moralischen Diskurses. In: Lind, G./Hartmann, H.A./Wakenhut, R. (Hrsg.): Moralisches Urteilen und soziale Umwelt. Theoretische, methodologische und empirische Untersuchungen, Weinheim: 137-152.

Oser, F./Althof, W. (1986): Der moralische Kontext als Sumpfbeet möglicher Entwicklung. Erziehung angesichts der Individuum-Umwelt-Verschränkung. In: Bertram, H. (Hrsg.): Gesellschaftlicher Zwang und moralische Autonomie, Frankfurt a.M.: 322-357.

Oser, F./Althof, W. (1992): Moralische Selbstbestimmung. Modelle der Entwicklung und Erziehung im Wertebereich, Stuttgart.

Oser, F./Fatke, R./Höffe, O. (1986): Einleitung: Moralerziehung und Transformation. In: Oser, F./Fatke, R./Höffe, O. (Hrsg.): Transformation und Entwicklung, Frankfurt a.M.: 7-17.

Oser, F./Schläfli, A. (1986): Und sie bewegt sich doch: Zur Schwierigkeit der stufenmäßigen Veränderung des moralischen Urteils am Beispiel von Schweizer Banklehrlingen. In: Oser, F./Fatke, R./Höffe, O. (Hrsg.): Transformation und Entwicklung, Frankfurt a.M.: 217-251.

Osterloh, M (1989): Unternehmensethik und Unternehmenskultur. In: Steinmann, H./Löhr, A. (Hrsg.): Unternehmensethik, Stuttgart: 143-162.

Osterloh, M. (1985): Zum Begriff des Handlungsspielraums in der Organisations- und Führungstheorie. In: Zeitschrift für betriebswirtschaftliche Forschung, Nr. 4/1985: 291-310.

Osterloh, M./Tiemann, R. (1995): Konzepte der Wirtschafts- und Unternehmensethik: Das Beispiel Brent Spar. In: Die Unternehmung, Nr. 5/1995: 321-338.

Osterloh, M./Tiemann, R. (1996): Auf der Suche nach Anwendungsbedingungen einer diskursiven Unternehmensethik. In: Die Unternehmung, Nr. 1/1996: 47-50.

Osterloh, M./Wübker, S. (1995): Weiblicher Führungsnachwuchs: Einbruch in den Herrenclub? In: IO Management Zeitschrift, Nr. 10/1995: 59-63.

Otto, M. (1999): „Jeder muß bei sich anfangen". Interview mit Michael Otto. In: Manager Magazin, Nr. 2/1999: 64-73.

Otto, M. (2000): Verantwortliches Handeln – das Sozialmanagementsystem des Otto-Versands. In: Deutsches Netzwerk Wirtschaftsethik (Hrsg.): Preis für Unternehmensethik des Deutschen Netzwerks Wirtschaftsethik, Dokumentation 2000: 12-15.

Otto-Versand (o.J.): Handlungsgrundsätze für einen sozialverträglichen Handel. Broschüre, Hamburg.

P

Palan, D. (2000): Grand Hand. In: Manager Magazin, Nr. 5/2000: 36-39.

Patzen, M. (1991): Zur Diskussion des Adam Smith Problems – ein Überblick. In: Meyer-Faje, A./Ulrich, P. (Hrsg.): Der andere Adam Smith. Beiträge zur Neubestimmung von Ökonomie als politischer Ökonomie, Bern, Stuttgart: 21-54.

Payne, R.L./Mansfield, R. (1976): Relationship of perceptions and organizational structure, context, and hierarchical position. In: Administrative Science Quarterly: 515-526.

Peters, T.J./Waterman, R.H. (1997): Auf der Suche nach Spitzenleistungen. Was man von den bestgeführten US-Unternehmen lernen kann, 6. Aufl., Landsberg am Lech.

Piaget, J. (1973): Das moralische Urteil beim Kinde, Frankfurt a.M..

Piaget, J. (1974): Urteil und Denkprozeß des Kindes, 2. Aufl., Düsseldorf.

Piaget, J. (1976): Die Äquilibration der kognitiven Strukturen, Stuttgart.

Pichler, E. (1990): Adam Smith' Beitrag zur Staatsbegründung und zur Finanzwirtschaft. In: Kurz, H.D. (Hrsg.): Adam Smith (1723-1790). Ein Werk und seine Wirkungsgeschichte, Marburg: 261-286.

Picot, A. (1976): Freiwillige Beteiligung externer Gruppen als Konsensbildungsinstrument für Unternehmungsentscheidungen. In: Die Unternehmung, Nr. 4/1976: 245-259.

Pieper, A. (1991): Einführung in die Ethik, Tübingen.

Pies, I./Blome-Drees, F. (1993): Was leistet die Unternehmensethik? Zur Kontroverse um die Unternehmensethik als wissenschaftliche Disziplin. In: Schmalenbachs Zeitschrift für betriebswirtschaftliche Forschung (zfbf), Nr. 9/1993: 748-768.

Pirchmoser, M. (1995): Protzkiste und Sternschnuppe. Hinter den Hochglanzfassaden von Daimler-Benz, München.

Piwinger, M. (1996): Die Rolle von Dialogkonzepten bei der Entwicklung von Unternehmensgrundsätzen. Das Beispiel Vorwerk & Co. In: Bentele, G./Steinmann, H./Zerfaß, A. (Hrsg.): Dialogorientierte Unternehmenskommunikation. Grundlagen – Praxiserfahrungen – Perspektiven, Berlin: 147-166.

Poensgen, O.(1982): Der Weg in den Vorstand. In: Die Betriebswirtschaft (DBW), Nr. 1/1982: 3-25.

Pojana, M. (1985): Zum Konzept der kommunikativen Rationalität bei Jürgen Habermas, Essen.

Popkes, G. (2000): Kommunikative Tugenden im Management. Individualethik ist Kern des Wandels ethischer Handlungsorientierungen. In: Forum Wirtschaftsethik, Nr. 1/2000: 6-8.

Popper, K.R. (1973a): Logik der Forschung, 5. Aufl., Tübingen.

Popper, K.R. (1973b): Objektive Erkenntnis. Ein evolutionärer Entwurf, Hamburg.

Porter, M. E. (1996): Wettbewerbsvorteile: Spitzenleistungen erreichen und behaupten, 4., durchges. Aufl., Frankfurt a.M..

Pötzl, N.F. (1999): Die Kriminalität der Braven. In: Spiegel Special, Nr. 1/1999: 46-50.

Prätorius, G. (1990): Ökonomische Literatur zum Thema Unternehmenskultur: Ein Forschungsüberblick, OestrichWinkel.

Prätorius, G./Tiebler, P. (1993): Ökonomische Literatur zum Thema „Unternehmenskultur" – Ein Forschungsüberblick. In: Dierkes, M./v. Rosenstiel, L./Steger, U. (Hrsg.): Unternehmenskultur in Theorie und Praxis, Frankfurt a.M.: 23-89.

Priddat, B.P. (1994): Ökonomische Knappheit und moralischer Überschuß. Theoretische Essays zum Verhältnis von Ökonomie und Ethik, Hamburg.

Priddat, B.P. (1996): Statt einer Einleitung: Essay über Unternehmensphilosophie – und darüber, was sie nicht ist. In: Lohmann, K.R./Schmidt, T. (Hrsg.): Werte und Entscheidungen im Management, Marburg: 11-18.

Prisching, M. (1990): Adam Smith und die Soziologie – Zur Rezeption und Entfaltung seiner Ideen. In: Kurz, H.D. (Hrsg.): Adam Smith (1723-1790). Ein Werk und seine Wirkungsgeschichte, Marburg: 53-92.

Probst, G. (1992): Selbstorganisation. In: Frese, E. (Hrsg.): Handwörterbuch der Organisation (HWO), 3., völlig neu gest. Aufl., Stuttgart: Sp. 2255-2269.

Pümpin, C./Koller, H.P. (1990): Die Bedeutung der Unternehmenskultur für die Unternehmensstrategie. In: Lattmann, Ch. (Hrsg.): Die Unternehmenskultur. Ihre Grundlagen und ihre Bedeutung für die Führung der Unternehmung, Heidelberg: 303-317.

R

Radermacher, K. (1998): „Nennen Sie es Prostitution". In: Manager Magazin, Nr. 1/1998: 185f.

Raffée, H. (1974): Grundprobleme der Betriebswirtschaftslehre, Göttingen.

Raffée, H./Fritz, W. (1992): Dimensionen und Konsistenz der Führungskonzeption von Industrieunternehmen. Ergebnisse einer empirischen Untersuchung. In: Schmalenbachs Zeitschrift für betriebswirtschaftliche Forschung (zfbf), Nr. 4/1992: 303-322.

Rähme, B. (1996): Der Konsens in Theorie und Praxis des Sokratischen Gesprächs. In: Krohn, D./Neißer, B./Walter, N. (Hrsg.): Diskurstheorie und Sokratisches Gespräch, Frankfurt a.M.: 143-164.

Ramme, I. (1990): Die Arbeit von Führungskräften, Bergisch Gladbach, Köln.

Raupach-Strey, G. (1989): Über den politisch-bildenden Charakter Sokratischer Gespräche. In: Krohn, D. et al. (Hrsg.): Das Sokratische Gespräch. Ein Symposion, Hamburg: 107-124.

Raupach-Strey, G. (1996): Die Beziehung zwischen Diskurstheorie und Sokratischem Gespräch – keine Einbahnstraße! In: Krohn, D./Neißer, B./Walter, N. (Hrsg.): Diskurstheorie und Sokratisches Gespräch, Frankfurt a.M.: 39-74.

Reber, G. (1992): Organisationales Lernen. In: Frese, E. (Hrsg.): Handwörterbuch der Organisation (HWO), 3., völlig neu gest. Aufl., Stuttgart: Sp. 1240-1255.

Rebstock, M. (1992): Organisation und Ethik. Zur Entwicklung und Umsetzung individueller moralischer Kompetenz in Unternehmen, Frankfurt a.M..

Rebstock, M. (1993): Moralische Entwicklung in Organisationen. Zur Ergänzung der unternehmensethischen Diskussion. In: Die Betriebswirtschaft (DBW), Nr. 6/1993: 807-818.

Rebstock, W. (1988): Unternehmensethik. Werte und Normen für die Unternehmung, Spardorf.

Recktenwald, H.C. (1996): Würdigung des Werkes von Adam Smith. In: Smith, A. (1996): Der Wohlstand der Nationen. Eine Untersuchung seiner Natur und seiner Ursachen, aus dem Englischen übertragen und mit einer umfassenden Würdigung des Gesamtwerkes hrsg. von Horst Claus Recktenwald, 7. Aufl., München.: XV-LXXIX.

Redel, W. (1982): Kollegienmanagement. Effizienzaussagen über Einsatz und interne Gestaltung betrieblicher Kollegien, Bern, Stuttgart.

Rehbock, T. (2000): Bemerkungen zu Annette Kleinefeld: Persona Oeconomica. Personalität als Ansatz der Unternehmensethik. In: Forum Wirtschaftsethik, Nr. 1/2000: 18-20.

Reiß, M. (1992): Arbeitsteilung. In: Frese, E. (Hrsg.): Handwörterbuch der Organisation (HWO), 3., völlig neu gest. Aufl., Stuttgart: Sp. 167-178.

Remer, A. (1992): Organisatorische Aspekte der Macht. In: Frese, E. (Hrsg.): Handwörterbuch der Organisation (HWO), 3., völlig neu gest. Aufl., Stuttgart: Sp. 1271-1286.

Renn, O./Webler, T. (1994): Konfliktbewältigung durch Kooperation in der Umweltpolitik. Theoretische Grundlagen und Handlungsvorschläge. In: OIKOS. Umweltökonomische Studenteninitiative an der Hochschule St. Gallen (Hrsg.): Kooperationen für die Umwelt. Im Dialog zum Handeln, Zürich: 11-52.

Rettberg, B./Niedergesäß, U. (1997): Der HAGE II Dialog von Procter & Gamble. Analyse eines Unternehmensdialogs. In: Forum Wirtschaftsethik, Nr. 1/1997: 9-13.

Retzmann, T. (1994): Wirtschaftsethik und Wirtschaftspädagogik. Eine fachdidaktische Analyse von Möglichkeiten zur Förderung der moralischen Urteils- und Handlungskompetenz von Führungskräften, Univ. Diss, Köln.

Retzmann, T. (1999): Wirtschaftsethik und Wirtschaftspädagogik. In: http://www.wiw.uni-bielefeld.de vom 01.05.1999.

Retzmann, T. (2000): Wirtschaftsethik im wirtschaftspädagogischen Hochschulstudium. Unveröffentliches Papier des Lehrstuhls für Wirtschaftswissenschaften und Didaktik der Wirtschafts- und Sozialwissenschaften – Schwerpunkt Berufs- und Wirtschaftspädagogik – der Universität Bielefeld.

Rich, A. (1991): Wirtschaftsethik, Bd. 1: Grundlagen in theologischer Perspektive, 4. Aufl., Gütersloh.

Risch, S. (1998): Von allen guten Geistern verlassen. In: Manager Magazin, Nr. 1/1998: 166-185.

Risch, S. (1999): Eine feine Gesellschaft. In: Manager Magazin, Nr. 4/1999: 255-275.

Roberts, N.C./King, P.J. (1989): The Stakeholder Audit Goes Public. In: Organizational Dynamics, No. 3/1989: 63-79.

Rosenstiel, L. v. (1990): Der Einfluß des Wertewandels auf die Unternehmenskultur. In: Lattmann, Ch. (Hrsg.): Die Unternehmenskultur. Ihre Grundlagen und ihre Bedeutung für die Führung der Unternehmung, Heidelberg: 131-148.

Rosenstiel, L. v. (1991): Unternehmensethik – Eine verhaltenswissenschaftliche Perspektive. In: Dierkes, M./Zimmermann, K. (Hrsg.): Ethik und Geschäft. Dimensionen und Grenzen unternehmerischer Verantwortung, Wiesbaden: 128-155.

Rosenstiel, L. v. (1992): Organisationspsychologie, 3. Aufl., Stuttgart.

Rosenstiel, L. v. (1993): Lernen an der Spitze: In: Würtele, G. (Hrsg.): Lernende Elite. Was gute Manager noch besser macht, Wiesbaden, Frankfurt a.M.: 272-289.

Rosenstiel, L. v. (1999): „Stumme Diener". In: Manager Magazin, Nr. 4/1999: 256.

Roß, K. (1996): Zum Teufel mit dem advocatus diaboli? – Einige Gedanken zur Argumentation in Sokratischen Gesprächen. In: Krohn, D./Neißer, B./Walter, N. (Hrsg.): Diskurstheorie und Sokratisches Gespräch, Frankfurt a.M.: 165-174.

Roth, S. (2000): Selbsttäuschung. In: Manager Magazin, Nr. 5/2000: 323.

Ruh, H. (1988): Unternehmenspolitik und Ethik. In: Lattmann, Ch. (Hrsg.): Ethik und Unternehmensführung, Heidelberg: 79-95.

Rühli, E. (1990): Ein methodischer Ansatz zur Erfassung und Gestaltung von Unternehmenskulturen. In: Lattmann, Ch. (Hrsg.): Die Unternehmenskultur. Ihre Grundlagen und ihre Bedeutung für die Führung der Unternehmung, Heidelberg: 189-205.

Rumelt, R.F. (1974): Strategy, Structure and Economic Performance. Boston.

Rusche, T. (1992): Philosophische versus ökonomische Imperative einer Unternehmensethik, Münster, Hamburg. Ethik und Wirtschaft im Dialog, Bd. 1.

Rust, H. (2000): Die ordnende Hand. In: Manager Magazin, Nr. 7/2000: 226-230.

Rüter, H.D. (1999): Dilemma-Training bei der Adam Opel AG. Vortrag auf der Jahrestagung 1999 des Deutschen Netzwerkes Wirtschaftsethik (DNWE), Unternehmensethik in der Praxis, Frankfurt, den 20. März 1999.

S

Sackmann, S.A. (1990): Möglichkeiten der Gestaltung von Unternehmenskulturen. In: Lattmann, Ch. (Hrsg.): Die Unternehmenskultur. Ihre Grundlagen und ihre Bedeutung für die Führung der Unternehmung, Heidelberg: 153-188.

Salecker, J. (1995): Der Kommunikationsauftrag von Unternehmen bei Mergers & Acquisitions. Problemdimensionen und Gestaltungsoptionen der Kommunikation bei Unternehmensübernahmen, Bern, Stuttgart, Wien.

Sälter, P.M. (1989): Externe Effekte – Marktversagen oder Systemmerkmal? Univ. Diss., Heidelberg.

Schäfer, A. (1998): „Leere Worte". In: Manager Magazin, Nr. 8/1998: 86f.

Schaltegger, S. (1999): Bildung und Durchsetzung von Interessen zwischen Stakeholdern der Unternehmung. Eine politisch-ökonomische Perspektive. In: Die Unternehmung, Nr. 1/1999: 3-20.

Schanz, G. (1994): Wissenschaftsprogramme der Betriebswirtschaftslehre. In: Bea, F.X./Dichtl, E./Schweitzer, M. (Hrsg.): Allgemeine Betriebswirtschaftslehre, Band 1: Grundfragen, 7., neubearb. und erw. Aufl., Stuttgart: 81-202.

Schauenberg, B. (1991): Zur Notwendigkeit der Verbindung von Ethik und Betriebswirtschaftslehre. In: Schauenberg, B. (Hrsg.): Wirtschaftsethik: Schnittstellen von Ökonomie und Wissenschaftstheorie, Wiesbaden: 1-12.

Schauenberg, B. (1998): Die Sensibilisierung der Unternehmung für die Umweltverantwortung: Personen, Strukturen, Prozesse. In: Steinmann, H./Wagner, G.R. (Hrsg.): Umwelt und Wirtschaftsethik, Stuttgart: 146-171.

Schein, W. (1995): Unternehmenskultur, Frankfurt a.M., New York.

Scherer, A.G. (1997): Spirale nach unten? Zur Verantwortung multinationaler Unternehmen bei der Etablierung weltweiter Sozial- und Umweltstandards. In: Forum Wirtschaftsethik, Nr. 3/1997: 11-13.

Scheuch, E.K./Scheuch, U. (1995): Bürokraten in den Chefetagen. Deutsche Karrieren: Spitzenmanager und Politiker heute. Reinbek bei Hamburg.

Schlegelmilch, B.B. (1990): Die Kodifizierung ethischer Grundsätze in europäischen Unternehmen: Eine empirische Untersuchung. In: Die Betriebswirtschaft (DBW), Nr. 3/1990: 365-374.

Schlote, S. (1998): Der beste Ruf in der deutschen Wirtschaft. In: Manager Magazin, Nr. 2/1998: 54-70.

Schmaldienst, P.H. (1995): Der Vorstand uneins – eine Gefahr. In: Harvard Business Manager (HBM), Nr. 1/1995: 20-25.

Schmalen, H. (1996): Grundlagen und Probleme der Betriebswirtschaft, 10., überarb. und aktualisierte Aufl., Köln.

Schmidt, R. (1998): Wandel von Unternehmensleitbild und Unternehmenszielen: Eine Analyse anhand der Geschäftsberichte der größten AG's aus vier europäischen Ländern. In: Berndt, R. (Hrsg.): Unternehmen im Wandel – Change Management, Berlin u.a.: 119-138.

Schmidt, S. (1988): Rollenspiel, Fallstudie, Planspiel. Darstellung und Vergleich der Lehrmethoden, München.

Schmidt, T. (1996): Werte und Entscheidungen: Über die Relevanz einiger ausgewählter Kapitel der praktischen Philosophie für ein empirisches Forschungsprojekt. In: Lohmann, K.R./Schmidt, T. (Hrsg.): Werte und Entscheidungen im Management, Marburg: 29-82.

Schnädelbach, H. (1989): Zum Verhältnis von Diskurswandel und Paradigmenwechsel in der Geschichte der Philosophie. In: Krohn, D. et al. (Hrsg.): Das Sokratische Gespräch. Ein Symposion, Hamburg: 21-32.

Schneider, A. (1993): Ethik bei der Auswahl von Führungskräften. Herausforderungen an die Weiterbildung, Frankfurt.

Schneider, D. (1990a): Unternehmensethik und Gewinnprinzip in der Betriebswirtschaftslehre. In: Schmalenbachs Zeitschrift für betriebswirtschaftliche Forschung (zfbf), Nr. 10/1990: 869-891.

Schneidewind, D. (1991): Beobachtungen zur Entscheidungsfindung in japanischen Unternehmen. In: Zeitschrift für Betriebswirtschaft (ZfB), Nr. 3/1991: 291-308.

Scholl, W. (1991): Soziale Interaktion. Ein interdisziplinärer Bezugsrahmen, 2., verb. Aufl., Göttingen.

Scholl, W. (1992a): Informationspathologien. In: Frese, E. (Hrsg.): Handwörterbuch der Organisation (HWO), 3., völlig neu gest. Aufl., Stuttgart: Sp. 900- 912.

Scholl, W. (1992b): Politische Prozesse in Organisationen. In: Frese, E. (Hrsg.): Handwörterbuch der Organisation (HWO), 3., völlig neu gest. Aufl., Stuttgart: Sp. 1993-2004.

Scholz, Ch./Hofbauer, W. (1990): Organisationskultur – Die vier Erfolgsprinzipien, Wiesbaden.

Schönefeld, L. (1996): Dialogorientierte Unternehmenskommunikation im lokalen Umfeld. Das Beispiel Hoechst. In: Bentele, G./Steinmann, H./Zerfaß, A. (Hrsg.): Dialogorientierte Unternehmenskommunikation. Grundlagen – Praxiserfahrungen – Perspektiven, Berlin: 369-392.

Schomberg, R. v. (1993): Argumentation im Kontext wissenschaftlicher Kontroversen. In: Apel, K.-O./Kettner, M. (Hrsg.): Zur Anwendung der Diskursethik in Politik, Recht und Wissenschaft, Frankfurt a.M.: 260-277.

Schrader, S. (1995): Spitzenführungskräfte, Unternehmensstrategie und Unternehmenserfolg. Habilschrift Uni Kiel, Tübingen.

Schreyögg, G. (1989): Implementation einer Unternehmensethik in Planungs- und Entscheidungsprozessen. In: Steinmann, H./Löhr, A. (Hrsg.): Unternehmensethik, Stuttgart: 247-258.

Schreyögg, G. (1998): Strategische Diskurse: Strategieentwicklung im organisatorischen Prozess. In: Organisationsentwicklung, Nr. 4/1998: 32-43.

Schreyögg, G./Hübl, G.(1992): Manager in Aktion: Ergebnisse einer Beobachtungsstudie in mittelständischen Unternehmen. In: Zeitschrift Führung und Organisation (zfo), Nr. 2/1992: 82-89.

Schreyögg, G./Noss, Ch. (1995): Organisatorischer Wandel. Von der Organisationsentwicklung zur lernenden Organisation. In: Die Betriebswirtschaft (DBW), Nr. 2/19995: 169-185.

Schulz, R. (1999): Gespräch der Regionalgruppe Nordrhein des DNWE mit dem Vorstandsmitglied der Henkel AG Düsseldorf, Herrn Dr. Schulz am 29.07.1999.

Schüßler, R. (1996): Licht und Schatten des Diskurses. Bemerkungen zur diskursiven Lösung von Konflikten. In: Analyse und Kritik, Nr. 2/1996: 208-224.

Schützenberger, A. (1976): Einführung in das Rollenspiel. Anwendungen in Sozialarbeit, Wirtschaft, Erziehung und Psychotherapie, Stuttgart.

Schwarz, J. (1998): Keine Angst vor großen Namen. In: Rheinischer Merkur, Nr. 16/1998: o.S..

Schwarzer, U./Sommer, Ch. (1998): Sicherer Weg in den Tod. Interview mit Arie de Geus. In: Manager Magazin, Nr. 12/1998: 192-197.

Schweizer, R.W. (1990): Die gesellschaftliche Akzeptanz des Unternehmens als Voraussetzung für die Wettbewerbsfähigkeit. In: Die Unternehmung, Nr. 5/1990: 340-349.

Scior, W. (1998): Corporate Governance bei der Benckiser N.V. In: Forum Wirtschaftsethik, Nr. 2/1998: 12-15.

Seeber, G. (1999): Die didaktischen Grundlagen für eine Umsetzung von Wirtschaftsethik an Fachhochschulen und Hochschulen fehlen. In: Forum Wirtschaftsethik, Nr. 2/1999: 17f.

Seidel, E. (1992): Gremienorganisation. In: Frese, E. (Hrsg.): Handwörterbuch der Organisation (HWO), 3., völlig neu gest. Aufl., Stuttgart: Sp. 714-724.

Seidel, E./Redel, W. (1987): Organisation der obersten Unternehmensleitung. In: Das Wirtschaftsstudium (wisu), Nr. 3/1987: 131-136.

Seidel, F. (1997): Integration der ethischen Dimension in Unternehmenspolitik und -praxis bei „Lyonnaise des Eaux". In: Forum Wirtschaftsethik, Nr. 3/1997: 14-16.

Seifert, E.K. (1991): Das Forschungsparadox bei Adam Smith – sein unvollendetes System der Moralphilosophie in ökonomischer Absicht. In: Meyer-Faje, A./Ulrich, P. (Hrsg.): Der andere Adam Smith. Beiträge zur Neubestimmung von Ökonomie als politischer Ökonomie, Bern, Stuttgart: 55-96.

Seifert, E.K./Priddat, B.P. (1997): Neuorientierungen in der ökonomischen Theorie. In: Seifert, E.K./Priddat, B.P. (Hrsg.): Neuorientierungen in der ökonomischen Theorie. Zur moralischen, institutionellen und evolutorischen Dimension des Wirtschaftens, Marburg: 7-54.

Seiler, T. B. (1973): Kognitive Strukturiertheit: Theorien, Analysen, Befunde, Stuttgart.

Shaftel, F./Shaftel, G. (1973): Rollenspiel als soziales Entscheidungstraining, München, Basel.

Shimizu, R. (1990): Top Management in japanischen Unternehmen. In: Die Betriebswirtschaft (DBW), Nr. 5/1990: 625-641.

Siebert, U. (1996a): Das Sokratische Gespräch. Darstellung seiner Geschichte und Entwicklung, Kassel.

Siebert, U. (1996b): Nelson zwischen den Stühlen. In: Krohn, D./Neißer, B./Walter, N. (Hrsg.): Diskurstheorie und Sokratisches Gespräch, Frankfurt a.M.: 11-16.

Silbereisen, R.K. (1977): Förderung sozial-kognitiver Prozesse durch Rollenspiel? In: Wendlandt, W. (Hrsg.): Rollenspiel in Erziehung und Unterricht, München: 51-66.

Simon, F. (1993): Unternehmerischer Erfolg und gesellschaftliche Verantwortung, Wiesbaden.

Simon, H. (2000): Inzestuöses System. In: Manager Magazin, Nr. 3/2000: 70-73.

Skirbekk, G. (1982): Rationaler Konsens und Ideale Sprechsituation als Geltungsgrund? Über Recht und Grenze eines transzendentalpragmatischen Geltungskonzepts. In: Kuhlmann, W./Böhler, D. (Hrsg.): Kommunikation und Reflexion. Zur Diskussion der Transzendentalpragmatik. Antworten auf Karl-Otto Apel, Frankfurt a.M.: 54-82.

Sloterdijk, P./Horntrich, G. (1995): Wertigkeit und Visionen. Ein Gespräch moderiert von Matthias Fuchs. In: De Haan, G. (Hrsg.): Umweltbewußtsein und Massenmedien. Perspektiven ökologischer Kommunikation, Berlin: 63-68.

Smith, A. (1994): Theorie der ethischen Gefühle, nach der Aufl. letzter Hand übersetzt und mit Einleitung, Anmerkungen und Registern hrsg. von Walther Eckstein, Hamburg.

Smith, A. (1996): Der Wohlstand der Nationen. Eine Untersuchung seiner Natur und seiner Ursachen, aus dem Englischen übertragen und mit einer umfassenden Würdigung des Gesamtwerkes hrsg. von Horst Claus Recktenwald, 7. Aufl., München.

Smith, K.A./Kofron, E.A./Anderson, M. (1995): Strategy Implementation: A Missing Variable in Top-Management Team Research. Paper Presented at the Annual Meeting of the Academy of Management Business Policy and Strategy Division, Vancouver, British Columbia, August 8, 1995.

Smith, K.A./Sims, H.P. jr. (1995): Team-Based Strategy Making. In: Advances in Applied Business Strategy, No. 4/1995: 121-146.

Snell, R. (1993): Developing Skills for Ethical Management, London et al.

Sorg, St. (1982): Informationspathologien und Erkenntnisfortschritt in Organisationen, München.

Spaemann, R. (1987): Ethik-Lesebuch. Von Platon bis Heute, München.

Spaemann, R. (1994): Moralische Grundbegriffe, 5. Aufl., München.

Spieß, E. (1996): Kooperatives Handeln in Organisationen, München und Mering.

Spinnler, R. (1999): Wohin der Egotrip führt. Soziologen und Philosophen auf der Suche nach einer neuen Moral. In: Spiegel Special, Nr.1/1999: 138f.

Springer, H. (1996): Das Kommunikationszentrum als Forum für Information und Dialog. Das Beispiel der Bayer AG. In: Bentele, G./Steinmann, H./Zerfaß, A. (Hrsg.): Dialogorientierte Unternehmenskommunikation. Grundlagen – Praxiserfahrungen – Perspektiven, Berlin: 351-367.

Staehle, W.H. (1999): Management. Eine verhaltenswissenschaftliche Perspektive, 8. Aufl., überarb. von Conrad, P./Sydow, J., München.

Staffelbach, B. (1987): Ethik und Management. Grundlagen und Ansätze. In: Die Unternehmung, Nr. 6/1987: 458-479.

Staffelbach, B. (1988): Plädoyer für eine Management-Ethik. In: Lattmann, Ch. (Hrsg.): Ethik und Unternehmensführung, Heidelberg: 32-58.

Staffelbach, B. (1994): Management-Ethik. Ansätze und Konzepte aus betriebswirtschaftlicher Sicht, Bern.

Starbatty, J. (1985): Die Englischen Klassiker der Nationalökonomie. Lehre und Wirkung, Darmstadt.

Stark, W. (1960): Die Geschichte der Volkswirtschaftslehre in ihrer Beziehung zur sozialen Entwicklung, Dordrecht.

Steger, U. (1991): Läßt sich „ethische Unternehmensführung" verwirklichen? – Vom guten Vorsatz zur täglichen Praxis. In: Dierkes, M./Zimmermann, K. (Hrsg.): Ethik und Geschäft. Dimensionen und Grenzen unternehmerischer Verantwortung, Wiesbaden: 187-204.

Steil, L.K./Summerfield, J./DeMare, G. (1986): Aktives Zuhören. Eine Anleitung zur erfolgreichen Kommunikation, Heidelberg.

Steinmann, B. (1992): Konstruktion und Bedeutung gesellschaftsbezogener Unterrichtsspiele. In: Keim, H. (Hrsg.): Planspiel, Rollenspiel, Fallstudie. Zur Praxis und Theorie lernaktiver Methoden, Köln: 152-172.

Steinmann, H. (1969): Das Großunternehmen im Interessenkonflikt. Ein wirtschaftswissenschaftlicher Diskussionsbeitrag zu Grundfragen einer Reform der Unternehmensordnung in hochentwickelten Industriegesellschaften, Stuttgart.

Steinmann, H. (1973): Zur Lehre von der „Gesellschaftlichen Verantwortung der Unternehmensführung" - Zugleich eine Kritik des Davoser Manifests. In: Wirtschaftswissenschaftliches Studium (WiSt), Nr. 10/1973: 467-473.

Steinmann, H. (1993): Unternehmensethik. In: Wittmann, W. et al. (Hrsg.): Handwörterbuch der Betriebswirtschaftslehre, Band 3, 5. Aufl., Stuttgart: Sp. 4331-4343.

Steinmann, H. (2000): Die wachsende Bedeutung der Wirtschaftsethik. In: Deutsches Netzwerk Wirtschaftsethik (Hrsg.): Preis für Unternehmensethik des Deutschen Netzwerks Wirtschaftsethik, Dokumentation 2000: 16-19.

Steinmann, H./Oppenrieder, B. (1985): Brauchen wir eine Unternehmensethik? Ein thesenartiger Aufriß einzulösender Argumentationspflichten. In: Die Betriebswirtschaft (DBW), 45 (1985): 170-183.

Steinmann, H. /Wurche, S. (1993): Unternehmensführung. In: Enderle et al. (Hrsg.): Lexikon der Wirtschaftsethik, Freiburg, Basel, Wien: Sp. 1122-1132.

Steinmann, H./Gerhard, B. (1992): Effizienz und Ethik in der Unternehmensführung. In: Homann, K. (Hrsg.): Aktuelle Probleme in der Unternehmensführung, Berlin: 159-182.

Steinmann, H./Gerum, E. (1985): Unternehmensordnung. In: Bea, F.X./Dichtl, E./ Schweitzer, M. (Hrsg.): Allgemeine Betriebswirtschaftslehre, Band 1: Grundfragen, 3. Aufl.: Stuttgart: 164-251.

Steinmann, H./Löhr, A. (1987): Unternehmensverfassung und Unternehmensethik. In: Die Unternehmung, Nr. 6/1987: 451-457.

Steinmann, H./Löhr, A. (1988a): Unternehmensethik – eine „realistische Idee". Versuch einer Begriffsbestimmung anhand eines praktischen Falles. In: Schmalenbachs Zeitschrift für betriebswirtschaftliche Forschung (zfbf), Nr. 4/1988: 299-317.

Steinmann, H./Löhr, A. (1988b): Unternehmensethik. Begriff, Problembestände und Begründungsleistungen, 2., inhaltlich unver. Aufl., Diskussionsbeitrag des Lehrstuhls für Allgemeine Betriebswirtschaftslehre und Unternehmensführung der Universität Erlangen-Nürnberg, Nr. 35.

Steinmann, H./Löhr, A. (1989a): Einleitung: Grundfragen und Problembestände einer Unternehmensethik. In: Steinmann, H./Löhr, A. (Hrsg.): Unternehmensethik, Stuttgart: 3-24.

Steinmann, H./Löhr, A. (1989b): Der Beitrag von Ethik-Kommissionen zur Legitimation der Unternehmensführung. In: Steinmann, H./Löhr, A. (Hrsg.): Unternehmensethik, Stuttgart: 259-272.

Steinmann, H./Löhr, A. (1992): Unternehmungsethik. In: Frese, E. (Hrsg.): Handwörterbuch der Organisation (HWO), 3., völlig neu gest. Aufl., Stuttgart: Sp. 2451-2463.

Steinmann, H./Löhr, A. (1994a): Grundlagen der Unternehmensethik. 2. Aufl., Stuttgart.

Steinmann, H./Löhr, A. (1994b): Unternehmensethik – Ein republikanisches Programm in der Kritik. In: Blasche, S./Köhler, W.R./Rohs, P. (Hrsg.): Markt und Moral. Die Diskussion um die Unternehmensethik, Stuttgart, Wien: 145-180.

Steinmann, H./Löhr, A. (1995): Unternehmensethik als Ordnungselement in der Marktwirtschaft. In: Schmalenbachs Zeitschrift für betriebswirtschaftliche Forschung (zfbf), Nr. 2/1995: 143-174.

Steinmann, H./Löhr, A./Kustermann, B. (1996): Unternehmensleitbilder – Instrumente einer effizienten und sozialverträglichen Unternehmensführung. In: Forum Wirtschaftsethik, Nr.1/1996: 1-5.

Steinmann, H./Olbrich, T. (1998): Ethik-Management: Integrierte Steuerung ethischer und ökonomischer Prozesse. In: Blickle, G. (Hrsg.): Ethik in Organisationen, Göttingen: 95-115.

Steinmann, H. /Olbrich, T. (1999): Business Ethics in U.S.-Corporations – Results from an Interview Series. In: Ulrich, P./Wieland, J. (Hrsg.): Unternehmensethik in der Praxis. Impulse aus den USA, Deutschland und der Schweiz, 2. unver. Aufl., Bern, Stuttgart, Wien: 63-89.

Steinmann, H./Schreyögg, G. (1993): Management. Grundlagen der Unternehmensführung. Konzepte – Funktionen – Fallstudien, 3., überarb. und erw. Aufl., Wiesbaden.

Steinmann, H./Zerfaß, A. (1993): Unternehmensethik. In: Enderle et al. (Hrsg.): Lexikon der Wirtschaftsethik, Freiburg, Basel, Wien: Sp. 1113-1122.

Steinmann, H./Zerfaß, A. (1994): Wirtschaftsethik: Mit Konsens zu neuen Werten. In: Top-Business, Nr. 6/1994: 64-66.

Streich, R.K. (1994): Managerleben - im Spannungsfeld von Arbeit und Familie, Paderborn.

Streminger, G. (1990): Adam Smith: Der Sprachphilosoph. In: Kurz, H.D. (Hrsg.): Adam Smith (1723-1790). Ein Werk und seine Wirkungsgeschichte, Marburg: 23-52.

Stroh, L.K./Reilly, A.H. (1998): Zählt für Manager noch Treue zur Firma? In: Harvard Business Manager (HBM), Nr. 2/1998: 9-15.

Strümpel, B. (1991): Verantwortung für soziale Folgen von Technik. In: Dierkes, M./Zimmermann, K. (Hrsg.): Ethik und Geschäft. Dimensionen und Grenzen unternehmerischer Verantwortung, Wiesbaden: 244-252.

Stübinger, E. (1999): Das Konzept Soziale Marktwirtschaft im Urteil kirchlicher Stellungnahmen und Denkschriften. In: Forum Wirtschaftsethik, Nr. 1/1999: 14-17.

Sturn, R. (1990): Natürliche Freiheit und soziale Kontingenz – Individualismus und Kollektivismus der Smith´schen Handlungstheorie. In: Kurz, H.D. (Hrsg.): Adam Smith (1723-1790). Ein Werk und seine Wirkungsgeschichte, Marburg: 93-118.

Sturn, R. (1991): Soziales Handeln und ökonomischer Tausch – die stoischen Wurzeln Adam Smith. In: Meyer-Faje, A./Ulrich, P. (Hrsg.): Der andere Adam Smith. Beiträge zur Neubestimmung von Ökonomie als politischer Ökonomie, Bern, Stuttgart: 99-122.

Sturn, R. (1997): Moral, Normen und ökonomische Rationalität. In: Held, M. (Hrsg.): Normative Grundfragen der Ökonomik. Folgen für die Theoriebildung, Frankfurt a.M., New York: 213-237.

Suchanek, A. (1997): Erfolgreiche Therapie ohne gute Diagnose? Zum Zusammenhang von normativer und positiver Analyse in der Ökonomik. In: Held, M. (Hrsg.): Normative Grundfragen der Ökonomik. Folgen für die Theoriebildung, Frankfurt a.M., New York: 189-212.

Surmann, R. (1990): Reflexives Management – ein Aspekt der Organisationsentwicklung. In: Merkens, H./Schmidt, F./Dürr, W. (Hrsg.): Strategie, Unternehmenskultur und Organisationsentwicklung im Spannungsfeld zwischen Wissenschaft und Praxis, Baltmannsweiler: 107-114.

Szyperski, N. (1971): Zur wissenschaftsprogrammatischen und forschungsstrategischen Orientierung der Betriebswirtschaftslehre. In: Schmalenbachs Zeitschrift für betriebswirtschaftliche Forschung (zfbf), Nr. 4/1971: 261-274.

Szyszka, P. (1996): Kommunikationswissenschaftliche Perspektiven des Dialogbegriffs. In: Bentele, G./Steinmann, H./Zerfaß, A. (Hrsg.): Dialogorientierte Unternehmenskommunikation. Grundlagen – Praxiserfahrungen – Perspektiven, Berlin: 81-106.

T

Talaulicar, T. (1999): Unternehmensethik, Managementhaftung und Grundsätze ordnungsmäßiger Unternehmensleitung. In: Forum Wirtschaftsethik, Nr. 2/1999: 9-12.

Theobald, H. (1998): Frauen in leitender Position in der Privatwirtschaft, Berlin.

Thielemann, U./Breuer, M. (2000): Ethik zahlt sich langfristig aus – stimmt das? In: Forum Wirtschaftsethik, Nr. 2/2000: 8-13.

Thomas, A.S./Simerly, R.L. (1995): Internal Determinants of Corporate Social Performance; The Role of Top Managers. Paper Presented at the Annual Meeting of the Academy of Management Business Policy and Strategy Division, Vancouver, British Columbia, August 8, 1995.

Thümmel, R.C. (1995): Möglichkeiten und Grenzen der Kompetenzverlagerung auf Beiräte in der Personengesellschaft und in der GmbH. In: Der Betrieb (DB), Nr. 49/1995: 2461-2465.

Tippelt, H./Zimmermann, K. (1991): Zwischen Zweck- und Wertorientierung – Unternehmensethik in systemischer Perspektive. In: Dierkes, M./Zimmermann, K. (Hrsg.): Ethik und Geschäft. Dimensionen und Grenzen unternehmerischer Verantwortung, Wiesbaden: 335-370.

Toulmin, St. (1975): Der Gebrauch von Argumenten, Kronberg/Taunus.

Trenkle, T. (1983): Organisation der Vorstandsentscheidung. Eine empirische Analyse, Frankfurt a.M., Bern, New York.

Tugendhat, E. (1984): Kann man aus der Erfahrung moralisch lernen? In: Tugendhat, E. (Hrsg.): Probleme der Ethik, Stuttgart: 87-102.

Turiel, E./Smetana, J.G. (1986): Soziales Wissen und Handeln: Die Koordination von Bereichen. In: Oser, F./Althof, W./Garz, D. (Hrsg.): Moralische Zugänge zum Menschen – Zugänge zum moralischen Menschen. Beiträge zur Entstehung moralischer Identität, München: 180-204.

U

Ulrich, P. (1981): Wirtschaftsethik und Unternehmensverfassung: Das Prinzip des unternehmenspolitischen Dialogs. In: Ulrich, H. (Hrsg.): Management-Philosophien für die Zukunft, Bern, Stuttgart: 57-75.

Ulrich, P. (1983): Konsensus-Management: Die zweite Dimension rationaler Unternehmensführung. In: Betriebswirtschaftliche Forschung und Praxis (BfuP), Nr. 3/1983: 70-84.

Ulrich, P. (1987): Die neue Sachlichkeit. Oder: Wie kann die Unternehmensethik betriebswirtschaftlich zur Sache kommen? In: Die Unternehmung, Nr. 6/1987: 409-424.

Ulrich, P. (1988): Unternehmensethik – Diesseits oder jenseits der betriebswirtschaftlichen Vernunft. In: Lattmann, Ch. (Hrsg.): Ethik und Unternehmensführung, Heidelberg: 96-116.

Ulrich, P. (1989): Unternehmensethik – Führungsinstrument oder Grundlagenreflexion? In: Steinmann, H./Löhr, A. (Hrsg.): Unternehmensethik, Stuttgart: 179-202.

Ulrich, P. (1990a): „Symbolisches Management". Ethisch-kritische Anmerkungen zur gegenwärtigen Diskussion über Unternehmenskultur. In: Lattmann, Ch. (Hrsg.): Die Unternehmenskultur. Ihre Grundlagen und ihre Bedeutung für die Führung der Unternehmung, Heidelberg: 277-302.

Ulrich, P. (1990b): Wirtschaftsethik als Kritik der „reinen" ökonomischen Kritik. In: Matthiesen, Ch. (Hrsg.): Ökonomie und Ethik. Moral des Marktes und Kritik der reinen ökonomischen Vernunft, Freiburg: 111-138.

Ulrich, P. (1991a): Der kritische Adam Smith – im Spannungsfeld zwischen sittlichem Gefühl und ethischer Vernunft. In: Meyer-Faje, A./Ulrich, P. (Hrsg.): Der andere Adam Smith. Beiträge zur Neubestimmung von Ökonomie als politischer Ökonomie, Bern, Stuttgart: 145-191.

Ulrich, P. (1991b): Schwierigkeiten mit der unternehmensethischen Herausforderung. Anmerkungen zu Dieter Schneiders Beitrag „Unternehmensethik und Gewinnprinzip in der Betriebswirtschaftslehre". In: Schmalenbachs Zeitschrift für betriebswirtschaftliche Forschung (zfbf), Nr. 6/1991: 529-535.

Ulrich, P. (1991c): Betriebswirtschaftliche Rationalisierungskonzepte im Umbruch – neue Chancen ethikbewußter Organisationsgestaltung. In: Die Unternehmung, Nr. 3/1991: 146-166.

Ulrich, P. (1993): Transformation der ökonomischen Vernunft: Fortschrittsperspektiven der modernen Industriegesellschaft, 3., rev. Aufl., Bern, Wien, Stuttgart.

Ulrich, P. (1994): Integrative Wirtschafts- und Unternehmensethik – ein Rahmenkonzept. In: Blasche, S./Köhler, W.R./Rohs, P. (Hrsg.): Markt und Moral. Die Diskussion um die Unternehmensethik, Bern, Stuttgart, Wien: 75-108.

Ulrich, P. (1996a): Brent Spar und der „moral point of view". Reinterpretation eines unternehmensethischen Realfalls (Replik). In: Die Unternehmung, Nr. 1/1996: 27-46.

Ulrich, P. (1996b): Ethik in Wirtschaft und Gesellschaft. 24 Lehreinheiten, Aarau.

Ulrich, P. (1997): Integrative Wirtschaftsethik. Grundlagen einer lebensdienlichen Ökonomie, Bern, Stuttgart, Wien.

Ulrich, P. (1997b): Wofür sind Unternehmen verantwortlich? Teil I: Zu den institutionellen Voraussetzungen der unternehmensethischen Verantwortungskonzeption. In: Forum Wirtschaftsethik, Nr. 3/1997: 3-9.

Ulrich, P. (1998a): Wofür sind Unternehmen verantwortlich? Teil II: Stakeholder-Dialog und republikanische Mitverantwortung. In: Forum Wirtschaftsethik, Nr. 1/1998: 3-9.

Ulrich, P. (1998b): Unternehmerische Umweltverantwortung aus diskursethischer Sicht. In: Steinmann, H./Wagner, G.R. (Hrsg.): Umwelt und Wirtschaftsethik, Stuttgart: 33-47.

Ulrich, P. (1999): Zum Praxisbezug der Unternehmensethik. In: Wagner, G.R. (Hrsg.): Unternehmungsführung, Ethik und Umwelt, Wiesbaden: 74-94.

Ulrich, P./Fluri, E. (1995): Management, 7. Aufl., Bern, Stuttgart, Wien.

Ulrich, P./Lunau, Y. (1997): „Ethikmaßnahmen" in schweizerischen und deutschen Unternehmen. Konzeptionelle Überlegungen und empirische Befunde. In: Die Unternehmung, Nr. 1/1997: 49-65.

Ulrich, P./Lunau, Y./Weber, T. (1999): Ethikmaßnahmen in der Unternehmenspraxis. Zum Stand der Wahrnehmung und Institutionalisierung von Unternehmensethik in deutschen und schweizerischen Firmen. Ergebnisse einer Befragung. In: Ulrich, P./Wieland, J. (Hrsg.): Unternehmensethik in der Praxis. Impulse aus den USA, Deutschland und der Schweiz, 2. unver. Aufl., Bern, Stuttgart, Wien: 121-194.

Ulrich, P./Lunau, Y./Weber, T. (1996): Ethikmaßnahmen in der Unternehmenspraxis. Zum Stand der Wahrnehmung und Institutionalisierung von Unternehmensethik in schweizerischen und deutschen Firmen. Ergebnisse einer Befragung. Diskussionsbeitrag Nr. 73 des Institutes für Wirtschaftsethik, St. Gallen.

Ulrich, P./Thielemann, U. (1992): Ethik und Erfolg. Unternehmensethische Denkmuster von Führungskräften – eine empirische Studie, Bern, Stuttgart.

Ulrich, P./Thielemann, U. (1993b): Unternehmensethische Denkmuster von Führungskräften. In: Die Betriebswirtschaft (DBW), Nr. 5/1993: 663-682.

Ulrich, P./Thielemann, U. (1993b): Wie denken Manager über Markt und Moral? Empirische Untersuchung unternehmerischer Denkmuster im Vergleich. In: Wieland, J. (Hrsg.): Wirtschaftsethik und Theorie der Gesellschaft, Frankfurt a.M.: 54-91.

V

Van de Ven, B. (1999): Moralische Verantwortung von Unternehmen. Vortrag auf der Jahrestagung 1999 des Deutschen Netzwerkes Wirtschaftsethik (DNWE), Unternehmensethik in der Praxis, Frankfurt, den 20. März 1999.

Velasquez, M.G. (1992): Business Ethics. Concepts, and Cases. 3rd Edition, New Jersey.

Viehöfer, U. (1990): Grenzen verwischt. Konflikte im Daimler-Vorstand werden durch Konstruktionsmängel in der Holding provoziert. Eine Korrektur ist überfällig. In: WirtschaftsWoche, Nr. 25/1990: 54f.

Völzing, P.-L. (1979): Begründen, erklären, argumentieren : Modelle und Materialien zu einer Theorie der Metakommunikation, Heidelberg.

W

Wagner, M. (1996): Werte im Management: Eine empirische Untersuchung. In: Lohmann, K.R./Schmidt, T. (Hrsg.): Werte und Entscheidungen im Management, Marburg: 83-135.

Wang, J./Dewhirst, H.D. (1992): Boards of Directors and Stakeholder Orientation. In: Journal of Business Ethics: 115-123.

Warnecke, H.-J. (1993): Revolution der Unternehmenskultur. Das fraktale Unternehmen, 2. Aufl., Berlin et al.

Waters, J.A. (1978): Catch 20.5: Corporate Morality as an Organzational Phenomenon. In: Organizational Dynamics, Vol. 6: 3-19.

Werder, A. v. (1987): Organisation der Unternehmensleitung und Haftung des Top-Managements. In: Der Betrieb (DB), Nr. 45/1987: 2265-2273.

Werder, A. v. (1994): Unternehmensführung und Argumentationsrationalität. Grundlagen einer abgestuften Entscheidungsvorbereitung, Stuttgart.

Werder, A. v. (1996a): Grundsätze ordnungsmäßiger Unternehmensführung (GoF) – Zusammenhang, Grundlagen und Systemstruktur von Führungsgrundsätzen für die Unternehmensleitung (GoU), Überwachung (GoÜ) und Abschlußprüfung (GoA). In: Werder, A. v. (Hrsg.): Grundsätze ordnungsmäßiger Unternehmensführung (GoF) –für die Unternehmensleitung (GoU), Überwachung (GoÜ) und Abschlußprüfung (GoA), ZfbF Sonderheft Nr. 36, Düsseldorf, Frankfurt a.M.: 1-26.

Werder, A. v. (1996b): Grundsätze ordnungsmäßiger Unternehmensleitung (GoU) – Bedeutung und erste Konkretisierung von Leitlinien für das Top-Management. In: Werder, A. v. (Hrsg.): Grundsätze ordnungsmäßiger Unternehmensführung (GoF) – für die Unternehmensleitung (GoU), Überwachung (GoÜ) und Abschlußprüfung (GoA), ZfbF Sonderheft Nr. 36, Düsseldorf, Frankfurt a.M.: 27-73.

Werder, A. v. (1997): Vorstandsentscheidungen nur auf der Grundlage „sämtlicher relevanter Informationen"? In: Zeitschrift für Betriebswirtschaft (ZfB), Nr. 9/1997: 901-922.

Werder, A. v./Maly, W./Pohle, K./Wolff, G. (1998): Grundsätze ordnungsmäßiger Unternehmensleitung im Urteil der Praxis – Ergebnisse einer Erhebung bei deutschen Top-Managern. In: Der Betrieb (DB), Nr. 24/1998: 1193-1198.

Vahs, D. (1999): Organisation. Einführung in die Organisationstheorie und -praxis. 2. überarb. und erw. Auflage, Stuttgart.

Wehling, M. (1999): Anreizsysteme im Multi-Level-Marketing. Erscheinungsformen und Gestaltungsoptionen, Stuttgart.

Weise, E. (1991): Das Prinzip Verantwortung in der Marktwirtschaft. In: Dierkes, M./Zimmermann, K. (Hrsg.): Ethik und Geschäft. Dimensionen und Grenzen unternehmerischer Verantwortung, Wiesbaden: 265-274.

Weise, P. (1997a): Ökonomie und Ethik. In: Aufderheide, D./Dabrowski, M. (Hrsg.): Wirtschaftsethik und Moralökonomik. Normen, soziale Ordnung und der Beitrag der Ökonomik, Bern: 59-69.

Weise, P. (1997b): Moral: Die Handlungsbeschränkung für den Deppen? Seifert, E.K./Priddat, B.P. (Hrsg.): Neuorientierungen in der ökonomischen Theorie. Zur moralischen, institutionellen und evolutorischen Dimension des Wirtschaftens, Marburg: 73-105.

Weise, P. (2000): Individualethik oder Institutionenethik: Die Resozialisierung des Homo oeconomicus. In: Zeitschrift für Wirtschafts- und Unternehmensethik, Nr. 1/2000: 9-30.

Weitzig, J. (1979): Gesellschaftsorientierte Unternehmenspolitik und Unternehmensverfassung, Berlin, New York.

Wellmer, A. (1986): Ethik und Dialog, Frankfurt a.M..

Wendlandt, W. (1977): Verhaltensmodifikation durch Rollenspiele. In: Wendlandt, W. (Hrsg.): Rollenspiel in Erziehung und Unterricht, München: 15-50.

Werres, T. (2000): Das Ende der Schonzeit. In: Manager Magazin, Nr. 8/2000: 92-99.

Weston, A. (1999): Einladung zum ethischen Denken. Die richtigen Fragen stellen, kreative Lösungen finden, Freiburg im Breisgau.

Wever, U.A. (1990): Unternehmenskultur in der Praxis. Erfahrungen eines Insiders bei zwei Spitzenunternehmen. Frankfurt a.M., New York.

Wever, U.A. (1996): Interne Dialogbereitschaft als externer Erfolgsfaktor. Das Beispiel der Hypo-Bank. In: Bentele, G./Steinmann, H./Zerfaß, A. (Hrsg.): Dialogorientierte Unternehmenskommunikation. Grundlagen – Praxiserfahrungen – Perspektiven, Berlin: 167-196.

Wieczorek-Zeul, H. (2000): Wirtschaftsethik und Entwicklungszusammenarbeit. In: Deutsches Netzwerk Wirtschaftsethik (Hrsg.): Preis für Unternehmensethik des Deutschen Netzwerks Wirtschaftsethik, Dokumentation 2000: 5-8.

Wieland, J. (1993): Die Ethik der Wirtschaft als Problem lokaler und konstitutioneller Gerechtigkeit. In: Wieland, J. (Hrsg.): Wirtschaftsethik und Theorie der Gesellschaft, Frankfurt a.M.: 7-31.

Wieland, J. (1994): Warum Unternehmensethik? In: Blasche, S./Köhler, W.R./Rohs, P. (Hrsg.): Markt und Moral. Die Diskussion um die Unternehmensethik, Bern, Stuttgart, Wien: 215-239.

Wieland, J. (1997a): Unternehmen als moralische Akteure. In: Forum Wirtschaftsethik, Nr. 3: 10.

Wieland, J. (1997b): Die langen Wellen institutionellen Wandels – Ökonomische Theorie und Theorie der Gesellschaft. In: Held, M. (Hrsg.): Normative Grundfragen der Ökonomik. Folgen für die Theoriebildung, Frankfurt a.M., New York: 238-262.

Wieland, J. (1998a): Wie kann Unternehmensethik praktiziert werden? – Aufgabenfelder und strategische Anknüpfungspunkte. In: Ulrich, P./Wieland, J. (Hrsg.): Unternehmensethik in der Praxis. Impulse aus den USA, Deutschland und der Schweiz, 2. unver. Aufl., Bern, Stuttgart, Wien: 29-46.

Wieland, J. (1998b): Ethikmanagement in der Bauwirtschaft e.V.: EthikManagementSystem für die Bauwirtschaft in Deutschland. In: Unternehmensethik in der Praxis. Impulse aus den USA, Deutschland und der Schweiz, 2. unver. Aufl., Bern, Stuttgart, Wien: 239-254.

Wieland, J. (1998c): Selbstbindung und gesellschaftliche Verantwortung der Unternehmen. In: Forum Wirtschaftsethik, Nr. 2/1998: 3-5.

Wieland, J. (1999): Die Ethik der Governance, Marburg.

Wieland, J. (1999): Wirtschaft und Moral. Korruption lohnt sich nicht. In: Stern, Nr. 49/1999: 58.

Wille, E. (1998): Schwalbacher Gespräche. Perspektiven und Alternativen zukünftiger Gesundheitspolitik. Broschüre der Procter & Gamble GmbH, Schwalbach.

Wiswede, G. (1992): Gruppen und Gruppenstrukturen. In: Frese, E. (Hrsg.): Handwörterbuch der Organisation (HWO), 3., völlig neu gest. Aufl., Stuttgart: Sp. 735-754.

Witte, E. (1981): Die Unabhängigkeit des Vorstandes im Einflußsystem der Unternehmung. In: Schmalenbachs Zeitschrift für betriebswirtschaftliche Forschung (zfbf), Nr. 4/1981: 273-296.

Wöhe, G. (1959): Methodologische Grundprobleme der Betriebswirtschaftslehre, Meisenheim am Glan.

Wöhrmann, K.-R. (1983): Über einen strukturellen Unterschied zwischen der Maieutik des Sokrates und dem Sokratischen Gespräch nach Leonard Nelson. In: Horster, D./Krohn, D. (Hrsg.): Vernunft, Ethik, Politik. Gustav Heckmann zum 85. Geburtstag, Hannover: 289-300.

Woll, A. (1990): Allgemeine Volkswirtschaftslehre, 10., überarb. und ergänzte Aufl., München.

Z

Zabel, H.-U. (1999): Wissenschaft und Wissenschaftler vor ethischen Herausforderungen – dem Ethiker Hartmut Kreikebaum zum 65. Geburtstag. In: Forum Wirtschaftsethik, Nr. 2/1999: 24f.

Zerfaß, A. (1994): Kommunikative Kompetenz und Unternehmensethik: Perspektiven für die interne und externe Kommunikation. In: Bartsch, E. (Hrsg.): Sprechen, Führen, Kooperieren in Betrieb und Verwaltung, München/Basel: 297-306.

Zerfaß, A. (1996): Dialogkommunikation und strategische Unternehmensführung. In: Bentele, G./Steinmann, H./Zerfaß, A. (Hrsg.): Dialogorientierte Unternehmenskommunikation. Grundlagen – Praxiserfahrungen – Perspektiven, Berlin: 23-58.

Ziegler, A. (1987): Unternehmensethik - Schöne Worte oder dringende Notwendigkeit? St. Galler Beiträge und Berichte Nr. 17.

Zimmerli, W. Ch./Aßländer, M. (1995): Ethik als Unternehmenskultur. In: Gablers Magazin, Nr. 9/1995: 50f.

Zimmerli, W. Ch./Aßländer, M. (1996): Die Wirtschaftsethik von multinationalen Unternehmen. In. Gablers Magazin, Nr. 11-12/1996: 59-61.

Zundel, S. (1991): Zur Kritik der Egoismusannahme in der Ökonomie. In: Schauenberg, B. (Hrsg.): Wirtschaftsethik: Schnittstellen von Ökonomie und Wissenschaftstheorie, Wiesbaden: 37-49.

Internetquellen (ohne Verfasser):

- http://archiv.berliner-morgenpost.de/bm/archiv1997/970901/wirtschaft/story02.html vom 02.01.2000.
- http://www.manager-magazin.de/magazin/artikel/0,1113,53984,00.html vom 02.01.2000.
- http://www.bka.de/pks/pks1998/rg038.html und http://www.bka.de/pks/pks1998/rg035.html vom 02.01.2000.
- http://www.bka.de/pks/pks1998/rg038.html vom 02.01.2000.
- http:/members.aol.com/ppaev/Philkon.html vom 07.03.1999.

Martina Kollmannsperger

Erfolgskriterien des Konfliktmanagements

Eine empirische Untersuchung

Frankfurt/M., Berlin, Bern, Bruxelles, New York, Oxford, Wien, 2001.
XXVI, 268 S., 30 Abb., 64 Tab.
Schriften zur empirischen Entscheidungs- und Organisationsforschung.
Herausgegeben von Rolf Bronner. Bd. 20
ISBN 3-631-36742-2 · br. € 45.50*

Konflikte gehören zur betrieblichen Realität. Sie beeinflussen das Arbeitsklima, prägen das Selbstbild der Beteiligten und wirken sich auf die Effektivität von Organisationen aus. Das Ausmaß der jeweiligen positiven oder negativen Folgen hängt von der konkreten Situation und der Gestaltung des Konfliktmanagements ab. Die Autorin gibt einen Überblick über in der Literatur genannte Kriterien zur Beurteilung des Konfliktmanagements und identifiziert Situationsmerkmale, von denen erwartet wird, daß sie die Bedeutung der einzelnen Beurteilungskriterien beeinflussen. In einer empirischen Studie werden Interdependenzen zwischen den Ausprägungen verschiedener Merkmale einer Konfliktsituation und der Relevanz einzelner Kriterien zur Beurteilung des Konfliktmanagements überprüft.

Aus dem Inhalt: Konflikttheoretische Grundlagen · Konflikmanagement, prozeß-/ergebnisbezogene Kriterien der Konfliktregelungsgüte · Merkmale der Konfliktsituation · Interdependenzen zwischen den Ausprägungen verschiedener Merkmale einer Konfliktsituation und der Relevanz einzelner Kriterien zur Beurteilung des Konfliktmanagements